罗马史

第五卷

〔德〕特奥多尔·蒙森◎著
严晓滕　李娟◎译

重庆出版集团　重庆出版社

图书在版编目(CIP)数据

罗马史.第五卷/(德)特奥多尔·蒙森著;严晓朦,李娟译.—重庆:重庆出版社,2018.8
ISBN 978-7-229-11681-1

Ⅰ.①罗… Ⅱ.①特… ②严… ③李… Ⅲ.①古罗马—历史 Ⅳ.①K126

中国版本图书馆CIP数据核字(2018)第092309号

罗马史 第五卷
LUOMA SHI DI-WU JUAN
〔德〕特奥多尔·蒙森 著 严晓朦 李 娟 译

责任编辑:刘 嘉
责任校对:郑 葱
版式设计:卢晓鸣
封面设计:严春艳

重庆出版集团
重庆出版社 出版

重庆市南岸区南滨路162号1幢 邮政编码:400061 http://www.cqph.com
重庆出版社艺术设计有限公司制版
重庆市鹏程印务有限公司印刷
重庆出版集团图书发行有限公司发行
E-MAIL:fxchu@cqph.com 邮购电话:023-61520646
全国新华书店经销

开本:880mm×1230mm 1/32 印张:22.75 字数:550千
2018年10月第1版 2018年10月第1次印刷
ISBN 978-7-229-11681-1
定价:85.00元

如有印装质量问题,请向本集团图书发行有限公司调换:023-61520678

第五卷　军人君主制的创立

“他如此环视四周，
这事在他脑海里翻滚，
他该如何诉说这一切?
他该如何将涌现的事联系起来?
他该如何保持精力旺盛
笔耕不辍地撰写？”

——歌德

目 录

第一章　马尔库斯·雷必达与昆图斯·塞多留

反对派法学家对改革平民党持友好态度

苏拉逝于罗马纪元676年（即公元前78年），当时他恢复的寡头政府完全掌控着整个罗马国家。但这个政府是依靠武力建立起来的，因此它仍需诉诸武力才能在无数潜在或公开的敌人面前捍卫自己的地位。对抗它的并不是某个有明确目标并隶属于公认首领之卜的单纯党派，而是成分极为庞杂的一群人。他们被通称为平民党，但实际上他们却以各不相同的立场和大相径庭的目的，来反对苏拉的共和组织。这其中包括拟订法律的法学家，他们既不参政，也丝毫不了解政治，但对苏拉独断专行地处置公民的生命及财产的行为感到深恶痛绝。即使苏拉在世时，所有的反对派都噤若寒蝉，这些严肃的法学家就已经揭竿而起，反对摄政。例如，剥夺了各意大利公社罗马公民权的科尔涅利乌斯法，在司法裁决中全部被视为无效。同样地，若一位公民在革命期间成为战俘而后被卖作奴隶，法庭也认为他并未丧失公民权。旧时元老院中的少数自由派仍有存在者，他们以前致力于与改革派和意大利人达成妥协，现在则秉承同样的精神对平民党作出让步，以改良苏拉那种强硬的寡头体制。更有甚者，在所谓的平民党中，那些真诚笃信而心胸狭窄的激进分子，他们曾为了如今的党纲口号而牺牲自己的财产甚至生命，在胜利之后，却悲痛地发现他们所奋斗以求的并不是事实，而是一句空话。他们的特殊目的是恢复保民官的权力。苏拉虽然没有废除他们的权力，但剥夺了其最重要的特权。由于这种制度没有显著的实际用途，且事实上只是一个虚幻的幽灵，因此保民官的权力对于民众更能发挥神秘的魔力——一千余年后，仅仅是保民官这一名目就能使罗马发生翻天覆地的变化。

尤为重要的是，一些人数众多且位高权重的阶级对苏拉的复辟感到不满，他们的政治利益或个人利益遭到了直接损害。其中部分生活在波河与阿尔卑斯山之间富庶区的人民属于反对派，他们理所当然地认为，于罗马纪元665年（即公元前89年）授予的拉丁权只是所有罗马公民权的一部分，这样做容易引起骚乱。属于此类的还有自由民，他们人数众多，资产雄厚，且聚居于首都，因此尤为可畏。复辟之后，他们重新回到之前无实际作用的表决权地位，对此他们感到无法忍受。许多大资本家也处于相同的地位，他们谨慎小心，保持缄默，但仍似往常一样怀有满腔的怨恨，掌握着坚不可摧的势力。首都的民众意识到只有白送粮食才能获得真正的自由，因此也感到不满。受到苏拉没收财产之害的公民更加义愤填膺——他们如庞培人一样，财产被苏拉的殖民者所剥削，并与后者同处一座城墙之内，双方陷入了无休止的纷争之中。抑或如阿雷提纳人（Arretines）和沃拉帖雷人（Volaterrans），虽实际保有其领土的所有权，但头顶似乎悬挂着“达摩克利斯之剑”，随时有被罗马人没收土地的危险。尤其如在伊特鲁里亚，留守故地的人沦为乞丐，逃入森林的人沦为盗贼。最终，那些平民党首领有的因复辟而丧命，有的流浪于毛里塔尼亚海岸，或旅居于米特拉达特斯的宫廷和军队中，饱受流亡异乡之苦，他们所有的亲属和自由民都开始躁动不安。由于紧密的家族联系主宰着当时的政治见解，因此那些留在国内的人为了维护脸面，[①] 就必须设法使流亡在外的亲属获得回归国土的特权。如果亲属不幸客死他乡，他们至少也须尽力将那沾在其遗属及子孙身上的污点抹去，并将祖传的产业归还给其子孙。尤其是罪人的子女已被摄政者贬为法律上的贱民，他们实质上是受到法律的召唤，纷纷揭竿而起，反抗现有的秩序。

破产之徒

反对派除以上各部外，还加上了全体的破产之徒。这些乌合之众不分贵贱，将其全部资产通通挥霍于或高雅或庸俗的酒色之中。其中有高官贵族，他们除债务外无以见其高贵；有苏拉的士兵，他们虽能依据摄政者颁布的法令成为地主，却无法成为农民，当挥霍掉罪人的第一批遗产后，他们还渴望得到第二批——这些人只顾等待那召集其共同反抗现有秩序的旗帜展开，至于旗帜上还写着什么，他们却毫不关心。基于相同的需要，所有雄心勃勃并寻求民之所向的才智之士都依附于反对派。不仅有那些被严格封闭的贵族圈拒之门外、或至少没有快

①有一件很有意义的事：一位名叫斯达伯·埃罗（Staberius Eros）的新自由民，他是个有名的文学教师，他允许罪人的孩子免费上课。

速升迁机会的人，他们因此试图冲入那座阵营，凭借人民的支持打破独断专行且注重资历的法律，还有更为可畏的人，他们野心勃勃，其志向远不止于在同僚制的阴谋诡计中来决定世界的命运。唯一免于被苏拉封闭的合法反抗场所只有法学家的讲坛，尤其在这讲坛上，即使在摄政者在世时，这些壮志满怀的人就开始以正式法学和灵巧的雄辩术为武器，对复辟进行猛烈抨击。例如，出色的演说家马尔库斯·图利乌斯·西塞罗（Marcus Tullius Cicero），他是地主阿尔皮努姆之子，出生于罗马纪元648年（即公元前106年）1月3日，凭借谨慎而又大胆的反对独裁行动骤然成名。如果反抗者想要的只不过是凭借自己的手段获得宝座，然后心满意足地稳坐其上，那这样的努力便无足轻重。毫无疑问，若此宝座无法满足一个深得民心的人，而且在盖乌斯·格拉古已经后继有人的前提下，一场生死较量便不可避免。但至少在当时，还没有一个人有如此崇高的志向。

反对派的势力

以上所说的就是苏拉设立的寡头政府必须要对抗的反对派。苏拉死后，该寡头政府便不得不依靠自己的能力，这比苏拉预料的要早。这项任务本就不易，当时社会及政治上的弊端又使其更加困难——尤其是一方面要使各省的军事首领服从于最高民政当局，另一方面，不仅要应付聚居于首都的意大利人和非意大利籍人，又要应付首都那些实际上已获自由之身的奴隶，并且没有任何军队可供支配，实在是难上加难。元老院似乎处于一座毫无屏障、四面受敌的堡垒之中，严重的战事接连发生。但是苏拉所组建的抵抗力量却也强大持久，虽然大多数国民都对苏拉创建的政府表示不满，甚至对其心存敌意，但面对那迷乱纷纭、既没有一致的目标和手段、又缺乏领导者且分裂为数百个派别的反对派，该政府却能在堡垒中长久自保。元老院必须有维护其地位的决心，至少要拿出一点建造堡垒的精力来保卫它。因为如果连卫戍部队都不肯自卫，那么即使有最出色的设防能手来修建城池也是枉然。

朋党组织缺乏领袖

严格来说，双方都缺乏领袖，因此一切事情越有赖于双方领袖的品质，便越是不幸。那一时期，政界完全被最为恶劣的朋党制度所控制，这固然不是什么新鲜事了。各个家庭与社团的紧密结合原本与贵族政体密不可分，且数百年来都盛行于罗马，但那时它们开始变得所向无敌，到了现在（始于罗马纪元690 年，即公元前 64 年），它们的影响力仍然不因法律禁令而有所减弱，却因这种禁令而更加有凭有据。

所有贵族，无论是倾向于平民党的还是真正的寡头党，都结成帮会。同样的，只要是经常参与政事的公民大众，也根据他们的选举区组成几乎与军事组织无异的紧密团体，将区长即区分配官作为他们的领袖和代表。所有东西都可以在这些政治团体中进行交易，尤其是选民的表决权，除此之外还有元老院议员和法官的表决权，以及引发街头暴动的打手和指挥暴动的头目。上流阶级团体与下流阶级团体的不同之处仅仅在于价目表的差异。帮会操纵选举，帮会进行弹劾，帮会还组织辩护。它不仅聘请了有名望的律师，而且与靠大规模买卖法官表决权而暴富的投机商人签订合约，以在必要时获得赦免。帮会凭借团结紧凑的群体控制着首都的街市，又因控制首都而主宰全国。这一切都按照某种规则进行，也可以说是公开进行着。在组织与管理方面，帮会制度要优于其他任何行政管理机构。虽然人们对于不法行为都会心照不宣地避免直接提及，但没有人会隐瞒包庇，有名望的律师也不会因公开表明自己与顾客所属帮会的关系而感到羞耻。如果一个人违背这样的原则却仍参与公众生活，那么这个人就如马尔库斯·加图一样，必定是个政界的堂·吉诃德。党派和党派斗争被社团及其相互之间的冲突所取代，政治被阴谋诡计所取代。有一个颇为可疑的人物，名叫普布利乌斯·克塞古斯（Publius Cethegus），他先前是一名最为积极的马略党，后来投奔苏拉，颇受重用，在当时的政治活动中发挥着最为重要的作用——他是狡猾的告密者，游走斡旋于元老院各派之间，掌握各党的秘密阴谋，有时根据情人普雷琪娅（Praecia）的一句话，他就能知道最重要将领的任职命令。只有当参政之人的才能极为平庸时，才会出现这样的困境，任何才能出众的人都会如扫蛛网一样扫荡这种朋党，但那时最为缺乏的正是具有政治或军事才能的人。

腓力普斯、梅特路斯、卡图卢斯和卢库勒斯

在内战中幸存下来的老一辈，颇具名望的只剩下精明老成而又口才过人的卢奇乌斯·腓力普斯（Lucius Philippus，于罗马纪元663年，即公元前91年任执政官）。他之前曾倾向于平民党，后来领导资本阶级对抗元老院，并与马略党关系密切，最后又转而投奔取胜的寡头党，博得感激和称赞，得以在两党

之间保全性命。在下一代中，最著名的贵族领袖有昆图斯·梅特路斯·皮乌斯（Quintus Metellus Pius，于罗马纪元674年，即公元前80年任执政官），他与苏拉并肩奋斗，同甘共苦；有昆图斯·卢塔提乌斯·卡图卢斯（Quintus Lutatius Catulus），于苏拉去世那年——罗马纪元676年（即公元前78年）任执政官，是得胜将军维尔塞莱之子；还有两位年轻的军官，即卢奇乌斯·卢库勒斯和马尔库斯·卢库勒斯两兄弟，前者在亚细亚，后者在意大利，同隶属于苏拉部下，战功赫赫。且不说像昆图斯·霍腾西乌斯（Quintus Hortensius，罗马纪元640—704年，即公元前114—前50年）这样的贵族，仅仅在辩护时才能发挥一点作用；更不用说于罗马纪元677年（即公元前77年）任执政官的德奇姆斯·尤尼乌斯·布鲁图斯（Decimus Junius Brutus）和马莫库斯·埃米利乌斯·雷必达·李维亚努斯（Mamercus Aemilius Lepidus Livianus）等无能之辈了，他们最大的优点就在于其贵族式的名字。

但即使是那四个人，也比不上当时平庸的贵族。卡图卢斯和他的父亲一样，是一位高雅正直的贵族，但资质平平，尤其不善用兵。梅特路斯不仅人品可敬，还是一位才能出众且经验丰富的军官。罗马纪元675年（即公元前79年），在辞去执政官的职务后，他被派往西班牙，当时卢西塔尼亚人[①]与昆图斯·塞多留率领的罗马亡命徒正在西班牙再度起事。他之所以被派往该地，并不是因为他与摄政者的关系甚密，而是由于其

①即今葡萄牙境内的伊比利亚人，公元前2世纪曾抵御罗马入侵。——译者注

公认的杰出才能。卢库勒斯两兄弟也是良将，尤其是哥哥，集军事才能和文化修养于一身，酷爱写作，为人也备受尊敬。但是，就从政而言，即使是这些较为优秀的贵族，其疏忽短视也不亚于当时的一般元老院议员。面对外敌，他们之中的佼佼者无疑显示出了出色的才能和过人的胆量，但没有人想要或者想出办法来解决真正的政治问题，也没有人充当舵手，带领民族之船渡过那阴谋诡计与党派纷争的汹涌大海。他们的政治才能仅限于笃信寡头政治是救世的不二法门，痛恨煽风点火的恶劣行径和所有自谋解放的个人专权。他们没有很高的追求，一点琐事就能使其满足。据说梅特路斯在西班牙时，不仅喜欢西班牙应景诗人随意弹奏的不协调的七弦竖琴，而且所到之处，人们都会像供奉神一样，为他敬酒焚香。宴席上，胜利之神在假造的雷霆中降临，人们将胜利者的金冠戴在他的头上。这些事情与大多数历史逸事同样荒诞无稽，但这种传闻反映了后辈们堕落的野心。

即使这些较为优秀的人并未获得权势，只得到执政权、胜利和元老院的一个尊位，他们也感到十分满足。当他们壮志满怀，正要开始真正为自己的国家和党派作出贡献时，却退出了政治舞台，沉迷于皇室骄奢淫逸的生活之中。像梅特路斯和卢奇乌斯·卢库勒斯这样的人，即使在任将军之时，他们所关心的也不是如何通过征服新君主和新民族来扩大罗马的疆域，而是如何获得非洲和小亚细亚的新美味，以增加罗马烹饪法中野味、家禽和甜点的种类，他们将人生中最美好的年华都虚度在了这或多或少有些创意的无用之事上。祖传的天资和个人的克己是所有寡头政治的基础，在当时日趋没落且依靠人工恢复的罗马贵族中，这两种品质已经荡然无存了。人们普遍认为，党派精神就是爱国主义，爱慕虚荣就是满怀抱负，目光短浅就是始终如一。假如维护苏拉政治体制的人曾出席罗马红衣主教团或威尼斯十人会议，那么反对派是否能如此迅速地动摇其政治体制，我们就无从得知了。有这样的维护者，每次攻击当然会造成严重的危机。

格涅乌斯·庞培

在那些对苏拉的政治体制既不绝对服从又不公然反抗的人当中，最引人注目的莫过于年轻的格涅乌斯·庞培，苏拉去世时他年仅 28 岁（生于罗马纪元 648 年，即公元前 106 年 9 月 29 日）。此事对于景仰者和被景仰者来说都是不幸的，但这也是理所当然的。庞培拥有强壮的身体和健全的精神，非常擅长运动，即使在任高级军官时也与手下的士兵比赛跳远、跑步和举重。他还是一位技艺高超的骑手和击剑手，为义勇队的一名猛将。这个年轻人在还不能任官职和入元老院的年龄，就已成为了最高统帅和得胜将军，且在民意调查中获得了仅次于苏拉的地位。不仅如此，宽容的摄政者还半承认半讥讽地授予了他“大帝”的称号。遗憾的是，他的天资与这些史无前例的成功完全不符。他不是一个坏人，也不是一个无能之辈，而只是个十足的普通人，他天生是个优秀的军士，当时的形势使其成为了将军和政治家。但作为一名智勇双全、骁勇善战的军人，即使就军事才能而言，他也没有任何更高的天赋。在做将军或其他事情时，他的特点是谨小慎微，近于胆怯。如果可能，他只有在占据极大优势时才会给敌人断然一击。他的修养就代表着当时普通人的修养，虽然他是个彻头彻尾的军人，但当他到达罗德岛时，却没有忘记向当地的雄辩家致以赞赏和馈赠。他的正直与那些谨慎管理巨大资产的富人如出一辙。他并不排斥按参议员的常规方法来赚钱，但是他太过冷静和富裕了，因此不会为了这种事冒特别的风险，也不会自取其辱。他之所以能获得公正无私的美名，并不是因为他所具备的美德，而是因为同时代的人都恶习盛行。他的“诚实面貌”几乎尽人皆知，即使在他去世后，也被尊为道德高尚的君子。实际上，他是个好邻居，从未参与当时贵族的阴谋，如强迫卑贱的邻居出售田地或采取更加恶劣的手段来扩充地界。在家庭生活中，他对妻儿的感情有目共睹。除此之外，当时还盛行一种野蛮的风气，即将俘虏的敌国君主和将军游街示众，然后将其处死，而庞培是废除这一陋习的第一人。

但这些并不妨碍他做以下事情：他奉君主苏拉之命忍痛与爱妻分离，只因为她是罪臣之女；他还依苏拉的指示，非常冷静地令人将那些曾跟他患难与共，甚至向他伸出过援手的人处死。他并非凶狠残暴，虽然人们都这样责备他。但他无论是对待善行还是恶举，一概都冷酷无情，这或许更加恶劣。在战争中，他面对敌人，毫不畏惧；在生活中，他害羞内敛，会因为一点小事而两颊泛红；当众发言时，他不免有些局促紧张，与人交际通常会稍显笨拙僵硬，无所适从。他固执傲慢，正如所有夸耀自身独立性的人一样，但在懂得如何运用他的人手里，尤其在那些他不怕受其支配的自由人和门客手里，他是一个用起来得心应手的工具。他最不适合做的就是政治家。没有确定的目标，没有选择策略方法的能力，对待大小事务都目光短浅，束手无策；他习惯将自己的优柔寡断、犹豫不决隐藏在冷酷的外表之下，当他耍手段时，自以为欺骗了别人，而实际上只是欺骗了自己。由于他军事地位较高且与各地联系密切，因此就算无所作为也能得到大群私党的拥护，有了他们的支持，他便可以大展宏图。但庞培在各方面都没有能力领导和团结一个党派，如果党派始终保持团结一致，那也不是他的功劳，而是时势使然。这件事情如同其他事情一样，使我想到了马略，但马略虽然生性粗暴，却不及这位招人厌恶又呆板固执的假伟人那样令人无法忍受。他的政治立场是完全错误的。他是苏拉的部下，理应有义务维护恢复的政治体制，然而他不仅再次反对苏拉个人，而且还反对整个元老院。庞培一族仅在最近六十年来才被载入执政者名录，但在贵族看来尚未获得足够的地位。庞培的父亲曾对元老院抱有可恨的模棱两可的态度，他自己曾属于秦纳党（Cinnans），这些陈年旧事或许积压在人们心底，但尚未被遗忘。庞培在苏拉手下身居高位，因此他虽表面上与贵族来往，但内心却与他们不和。庞培头脑简单，又轻而易举地迅速登上了荣誉的巅峰，不免会感到头晕目眩。正如他将自己与最富诗意的英雄角色相比，以嘲笑自身的无趣与平凡一样，他开始将自己比作亚历山大大帝，并自诩为独一无二的人物，似乎不仅仅是罗马五百元老之一。

实际上，没有人比庞培更适合参与贵族政治。他外表庄严，举止得体，勇敢无畏且私生活检点。如果他早出生两百年，或许他那缺乏主动性的性格能使他获得尊贵的地位，与昆图斯·马克西姆斯（Quintus Maximus）和普布利乌斯·德西乌斯（Publius Decius）平起平坐。平庸之才是真正的贵族和罗马人的特点，庞培与公民大众和元老院之所以能够如此契合，大多得益于此。他生来就注定会成为元老院的将军，如果他以此为足，那么即使在他那个时代，也可以获得一个明确而备受尊敬的地位。但是他并不感到满足，于是陷入了一种致命的困境，想要去做自己力所不能及的事情。他始终渴求能在国内占据一个特殊地位，可当这一地位出现时，他又无法断然将之占为己有。众人和法律若没有无条件服从于他，他就会愤愤不平，可是他又会视众人为其同列，而不仅是假装谦虚，并且只要一想到做任何违反宪法的事，他便心惊胆战。因此，这位始终与寡头党存在本质上的分歧，但同时又听命于寡头党的奴仆，内心一直饱受折磨：一方面怀有雄心壮志，一方面又害怕目标实现，于是便在内心永久的矛盾中无趣地度过了自己纷纭缭绕的一生。

马尔克斯·克拉苏

马尔克斯·克拉苏与庞培一样，不能算作是寡头党绝对的拥护者，他带有鲜明的时代特征。他比庞培年长几岁，与之相似，也属于罗马的高等贵族阶层，并接受了该阶层寻常的教育，而且也像庞培一样曾作为苏拉的部下，在意大利内战中立下战功。论天资、文学素养和军事才能，他远不及许多同辈，但凭借大量实战经验和力争掌控一切的毅力，他竟赶超了他们。最重要的是，他还投身商业。革命期间，他购买的房产奠定了其财富基础。但他不以任何牟利之事为耻，他非常谨慎地在首都经营着大规模的建筑业；与自由人在不同领域合营事业；在罗马城内外开设银行，或亲自料理或委人代办；贷款给元老院的同僚，若有需要还会替他们办事或贿赂法院，在牟利上他通常不择手段。苏拉在审讯时，证明克拉苏有伪造名单之罪，因此苏拉从此没有在国事上任用过他。众所周知，那份写有他名字的遗嘱是伪造的，但他却没有拒绝这份遗产。由于一个小农的田地与他的田地毗邻，他的管家便连赶带骗地将其逐出，克拉苏竟没有反对这一做法。无论如何，他都会避免公然犯法，过着平凡而简单的富人生活。这样，克拉苏在几年间从一个与普通元老院议员财富相当的人，变成了一个腰缠万贯的富豪。他去世前不久，在支付了一笔巨大的额外开销以后，其资产仍达一亿七千万赛斯特斯（合一百七十万英镑）。他成为了罗马的首富，在政界也颇具影响力。

若照他的说法，不能以自己的收入养活一军的人，就不能自称为富人，那么如果有人能这样做，便不只是个公民了。实际上，克拉苏的目标远不止成为罗马的首富。他尽力扩展自己的人脉，首都的每一位公民，他都能叫得出名字并与他们寒暄。在法庭上，凡有求于他的，他都不会拒绝。上天固然没有赋予他杰出的演讲才能，他的演说枯燥无味，发言千篇一律，听力也严重受损。但他那不屈不挠的精神没有被厌倦所遏止，也没有被其他乐趣所分散，他最终克服了种种障碍。他时刻准备着，从不临阵磨枪，因此成为了一名深受人们信赖的辩护律师。毫不夸张地说，经过他手的案子很少出现太恶劣的后果，他懂得如何去说动法官，不仅仅靠其口才，还依靠其广阔的人脉，偶尔还会用金钱来达到他的目的。元老院中都有一些人欠他的钱，他习惯于借钱给“朋友”，不收利息，且随意收回借款，使一些颇有势力的人物依赖于他。他像个真正的生意人一样，不分党派，与各方都维持着良好的关系，欣然将钱借给那些有能力偿还或有用之人。最大胆的政党领袖可以向各方发动猛烈的攻击，但他却不敢与克拉苏发生冲突。人们将他比作牛群中的一头公牛，别人不敢轻易激怒他。显而易见，这样的人处在这样的地位，其志向绝对非常远大。与庞培不同的是，克拉苏如一位银行家，深谙政治投机活动的目的和手段。自罗马起源以来，资本在这里就是一种政治力量，身处这样的时代，似乎有了金和铁，做任何事情都能畅通无阻。在革命时期，贵族资本家或许想要推翻氏族寡头政体，像克拉苏这样的人，其着眼点或许高于凯旋将军的束棒和绣衣。那时他属于苏拉党，服从于元老院，但他更像一个金融家，不专属于某一个党派，也不追求个人利益以外的任何事物。克拉苏作为罗马最富有且最受欢迎的人，绝不是个吝啬的守财奴，而是个规模极大的投机者，那他为何不能在王位上进行投机呢？或许只凭他一人无法达到这一目的，但他已与人合伙干了许多大事。所以，关于此事，有一个合适的人出来与他合作也并非不可能。这是那个时代的特征：一个普通的演说家及军人，一个活跃且雄心勃勃的政治家，一个实际上除了万贯家财和经商才能之外一无所有的人——就是这样一个人，依靠万能的党派和阴谋诡计，居然自以为可以同当时最杰出的将军和政治家不相上下，而且竟敢与他们竞争那激起政治野心的最高战利品。

平民党领袖

在真正的反对党中，无论是自由的保守党还是平民党，革命的风暴已经造成了可怕的损害。在保守党中，幸存的名人只剩下盖乌斯·科塔（Gaius Cotta，罗马纪元630—681年，即公元前124—前73年）了，他是德鲁苏斯的朋友和同盟，因此于罗马纪元663年（即公元前91年）遭到流放，后来苏拉取胜后，才得以回国。他是一个非常精明的人，也是一个很有能力的支持者，但无论就其党派还是其个人地位而言，他都只能占据受人尊敬的次要地位。在平民党的后起之秀中，时年24岁的盖乌斯·尤里乌斯·恺撒（Gaius Julius Caesar，生于罗马纪元652年，即公元前102年7月12日[①]），引起了朋友和敌人

---

①人们常以罗马纪元654年（即公元前100年）作为恺撒降生之年，因为据苏埃托尼乌斯、普鲁塔克和阿庇安之说，他死时（罗马纪元710年，即公元前44年3月15日）年五十六岁。有人说苏拉褫夺人权时（罗马纪元672年，即公元前82年），他年十八岁，也与上述说法大致吻合。但这种见解与下述事实绝对不合：恺撒在罗马纪元689年（即公元前65年）担任市政官职，而按年龄法，任这些职位最早的年龄，依次序说，为三十七至三十八岁，四十至四十一岁，四十三至四十四岁。我们不能想象为什么恺撒在法定年龄两年之前就充任这种官职，更不能想象为什么此事不见于任何记载。这些事实无疑引起了一种猜度，就是他的生日即在7月12日，毫无可疑，那么他生于罗马纪元652年（即公元前102年）而非生于罗马纪元654年（即公元前100年），这样，在罗马纪元672年（即公元前82年），他正是二十至二十一岁。并且他死时不是五十六岁而是五十七岁零八个月。再者，我们可以举出事实为后说的佐证——说来奇怪，这种事实竟被引来做反证——恺撒差不多还是个童子的时候，便受马略和秦纳的任命，做朱庇特的点火僧。马略死于罗马纪元668年（即公元前86年）1月，按寻常的说法，恺撒那时不过十三岁零六个月，所以非如维莱乌斯所谓的“差不多”，而确实仍是个童子，大概就是因为这个缘故，这个年龄绝不能担任这种祭司职。反之，如果他生于罗马纪元652年（即公元前102年）7月，则在马略死时，他十六岁。这与维莱乌斯之说以及一般法规吻合。按一般法规，未逾童年的人不能就公职。而且，只有后说能合于下列事实，即恺撒在内战将起时所造钱币都刻有数字LII，大

（转下页）

的注意。他与马略和秦纳都有亲戚关系（他的姑母是马略的妻子，他自己娶了秦纳的女儿）。这个年轻人初生牛犊不怕虎，独裁者命其与娇妻科妮莉亚（Cornelia）离婚，他断然拒绝，没

（接上页）
概就代表他的年龄，因为内战开始时，按这种说法，恺撒的年龄稍逾五十二岁。以上四种说法很可能出自一个共同的渊源。它们没有令人深信的证据，因为较早时期在日时法案肇始之前，甚至关于最著名、最显要的罗马人的生年，例如庞培，也有极不相同的说法，令人诧异。拿破仑三世所作的《恺撒传》反对此说，一者，根据年龄法，恺撒的生年不在罗马纪元 652 年（即公元前 102 年），而在罗马纪元 651 年（即公元前 103 年）。再者，尤为重要的是，我们知道一些其他不守年龄法的事。但第一层出于误会，因为如西塞罗的例子所示，年龄法所要求的只是就职的人须初届四十三岁，不是已满四十三岁。再者，所谓此种规则的例外一概不合实情。塔西佗说昔日授官时，不注意年龄，又说执政的独裁者都曾委托很年轻的人充任，他所指的，如一切注解家所公认，当然是较早时期，即公布年龄法之前——瓦列里乌斯·科尔弗斯二十三岁做执政官以及其他类似的事。相传卢库勒斯未到法定年龄就担任最高官职，此话不确。见于记载的只是根据一种我们所不详知的特殊条文——实际说来，他在罗马纪元 675 年（即公元前 79 年）做市政官，大约在罗马纪元 677 年（即公元前 77 年）做副执政官，罗马纪元 680 年（即公元前 74 年）做执政官。不言而喻，庞培的情形与此完全不同，但甚至说到庞培，也有几次见于明文，说元老院使他免受年龄的限制。庞培是个得胜的元帅，凯旋的将军，一军的领袖，他与克拉苏联合之后，又是一个强大党派的魁首，他请求担任执政官时有这种事，自在意料之中。但恺撒请求担任较小官职时，他不比其他初入仕途的人关系重要，如果此时也有这种事，那就太奇怪了。还有更为奇怪的，人们既然提到那个不言而喻的例外，却不说起这个太少有的离奇事，尤其关于奥克塔维娅努斯二十一岁为执政官的事。与所举的例证如出一辙的，是得自于例证的推论，即“关于出类拔萃的人，罗马人不尊重这种法律”。说到罗马和罗马人，没有比这句话更错误的了。罗马共和国及其伟大的将军和政治家之所以伟大，尤其与一件事有关，即法律不但对别人有效，对他们自己也有效。

有重蹈庞培的覆辙。马略授予他的祭司职也被苏拉卸掉了。在剥夺人权时期，他受到了威胁，被迫流亡在外，因其亲属帮忙求情才勉强逃过一劫。他在米蒂利尼[①]（Mytilene）和西里西亚英勇作战，没有人会料到这个娇生惯养，甚至有些游手好闲的纨绔子弟，竟然会如此勇敢。甚至连苏拉都警告别人要小心这个“穿着裙子的男孩”，藏在他心中的不止一个马略——以上这些，在平民党看来，正是他的可取之处。但是恺撒只能寄希望于将来，等待那些靠资历和公共职位而有资格掌控政党和国家的人，不是死了，就是流亡在外。

雷必达

由于平民党缺乏真正有资格的人来担任领袖，因此凡是愿意奋力拥护受压迫民权的人，都有可能成为平民党的领袖。马尔库斯·埃米利乌斯·雷必达（Marcus Aemilius Lepidus）便是这样成为了该党的领袖。他本属于苏拉党，后转而加入平民党的阵营，其动机非常可疑。他曾是一个热心的贵族，也是地产拍卖会中的大买家，后来成为了西西里的省长，但由于横征暴敛而面临弹劾的危险，于是他为了避免被弹劾，便加入了反对派。这是个未必有益的收获。毫无疑问，反对派因此得到了一个颇有名气的人，一位贵族，一位激情澎湃的演说家。但雷必达是个无足轻重、做事鲁莽轻率的人，无论在政坛还是在战场上，他都不配担任领袖。然而反对派却欣然接受了他，平民党

①米蒂利尼，城市名，位于希腊爱琴海莱斯博斯岛东南岸，为该岛屿的首府，也是莱斯沃斯州的州府所在地。——译者注

的新领袖不仅成功阻止了控告者对其发动的攻击，而且还使他通过选举，于罗马纪元676年（即公元前78年）成为了执政官。要补充说明的是，他之所以能达到以上目的，除了靠从西西里掠来的财物外，还有赖于庞培愚昧的企图，即试图向苏拉和纯苏拉派展示其才能。如今苏拉已经去世，反对派有了雷必达这个新领袖，而现在，他们的领袖又成为了国家的最高官员，首都爆发新一轮革命指日可待。

西班牙的移民

在首都的平民党采取行动之前，那些平民党移民就已在西班牙再次起事。这次运动的领袖是昆图斯·塞多留。这位杰出的人才出生于萨宾的努西亚（Nursia），他天性温和多情——从他对其母亲雷伊娅（Raia）近乎狂热的爱慕便可见一斑——同时又最具勇士气概，他在辛布里、西班牙和意大利各战场上所受的创痕可以为证。虽然他完全没有受过演说方面的训练，但他凭借自然流畅、明确中肯的演说，获得了博学之士的啧啧赞叹。尤其在革命战争中，平民党采取的战术愚蠢拙劣，于是他得以展现自己过人的军事才能和政治才能，并与之形成了鲜明的对比。人们一致认为，他是平民党军官中唯一一位懂得如何部署及指挥战争的人，也是平民党政治家中唯一一位能以政治家的魄力反对本党愚蠢鲁莽行为的人。他手下的西班牙士兵称他为新汉尼拔，这不仅是因为他像那位英雄一样在战争中失去了一只眼睛，而是因为他那巧妙而有胆识的战术，他以战养战的杰出才能，吸引外国人为他效劳并帮助他达到目的，无论在顺境还是逆境都一贯保持的谨慎态度，以及那能利用胜利、挽救失败的创造力，都让人不禁想起伟大的腓尼基人。就各项才能而言，古今罗马政治家中是否有人能与塞多留相媲美，还有待商榷。苏拉的将军强迫他离开西班牙后，他便在西班牙和非洲的沿岸地区过上了居无定所且充满冒险的生活，有时与侵扰该地的西里西亚海盗和利比亚游牧部落的酋长相互联合，有时与他们交战。得胜的罗马复辟政府甚至也追击到了这里。他围攻丁吉斯（Tingis，即丹吉尔）时，为了援助该城之君，帕琪古（Pacciaecus）由罗马属下的阿非利加率兵赶到，但塞多留还是大破帕琪古，攻陷了丁吉斯。罗马的流亡者获此战功的消息不胫而走，卢西塔尼亚人虽表面上臣服于罗马霸权，但实际上仍保持其独立地位，他们与远西班牙的长官连年交战，后派遣使者前往阿非利加与塞多留见面，邀请他加入他们的阵营，并委任他为民兵的统帅。

西班牙再次爆发叛乱

二十年前，塞多留曾在西班牙任职于蒂乌斯·狄第乌斯部下，因此比较了解该地的资源，于是他决定接受邀请，便留下一个分队驻守毛里塔尼亚海岸，登船前往西班牙（罗马纪元约674年，即公元前80年）。位于西班牙和非洲之间的海峡有科塔指挥的罗马舰队驻守，要暗渡海峡是不可能的，所以塞多留奋勇向前，冲破了他们的防线，成功抵达卢西塔尼亚人之地。服从他指挥的卢西塔尼亚民社不过二十个，至于“罗马人”，他只招募了2600人，其中大部分是帕琪古军的逃兵或按罗马方式武装的非洲人。塞多留明白一切都取决于一件事情，那就是要以具有罗马编制和纪律的军队作为散漫游击队的坚强核心。因此，他征募了4000名步兵和700名骑兵来壮大他的队伍，并率领这个兵团和大批西班牙义勇军向罗马人发动了进攻。远西班牙省的将军是卢奇乌斯·福菲狄乌斯（Lucius Fufidius），他绝对尽忠于苏拉（在剥夺人权时期便足以见其忠诚），因此由下级军官晋升为代理副执政官。他在贝狄河（Baetis）遭遇惨败，2000名罗马士兵横尸战场。使者火速召见邻省埃布罗的长官马尔库斯·多米提乌斯·卡尔维努斯（Marcus Domitius Calvinus），以阻止塞多留的进一步攻击。不久（罗马纪元675年，即公元前79年），苏拉派身经百战的将军昆图斯·梅特路斯前往南西班牙，协助无能的福菲狄乌斯，但他们仍然没有平定叛乱。在埃布罗省，不仅塞多留的副将——财务官卢奇乌斯·赫尔图勒乌斯（Lucius Hirtuleius）歼灭了卡尔维努斯的军队，并杀死了卡尔维努斯；而且外阿尔卑斯的高卢省长官卢奇乌斯·曼利乌斯（Lucius Manlius）率领三个兵团越过比利牛斯山增援同胞，也被这位勇将所击溃。曼利乌斯带着残余部队好不容易才逃到了伊莱尔达（Ilerda，即莱里达），再从那里回到他本省，途中遭到阿奎塔尼亚（Aquitanian）部落的突袭，丧失了全部辎重。在远西班牙，梅特路斯悄悄潜入卢西塔尼亚人境内，但在围攻郎果布利伽（Longobriga，位于塔霍河口附近）时，塞多留成功将阿奎努斯（Aquinus）率领的一个分队诱进了埋伏，因此梅特路斯只好停止围攻，撤出了卢西塔尼亚人之境。塞多留乘胜追击，紧随其后，在阿纳（Anas，即瓜迪亚纳）击败了托里乌斯（Thorius）的队伍，又以游击战术对这位将领所率领的军队发动攻击，给他们以重创。梅特路斯的这个对手坚持不肯决战，他阻断了罗马军队的物资供应和交通线，并时刻对其各方进行侵扰。梅特路斯是个办事有条有理但稍显笨拙的战术家，面对这个对手，他束手无策，陷入了绝望之中。

塞多留及其组织

塞多留在西班牙的两个省所取得的胜利具有重大意义，因为这些胜利不仅仅是靠武力取得的，也不仅仅属于军事性质。这些移民其实并不可怕，卢西塔尼亚人在这个或那个外国移民的指挥下偶尔取得的几次胜利也不值一提。但塞多留在政治和爱国方面都有随机应变之智，任何时候他都不会自称是反抗罗马的卢西塔尼亚人首领，而是以罗马将军和西班牙省长自居，实际上他确实是以这种资格被昔日的统治者派往那里的。他开始[①]将移民的首领组建成元老院，该元老院人数增至 300 人，其职责是按照罗马的方式处理政务，推举官吏。他视手下的军队为罗马军队，且毫不例外地命罗马人担任将领。于西班牙人而言，他是省长，凭借他的职权征募军队并获得其他援助。但他作为省长，并没有照例施行暴政，而是致力于拉拢臣民，使他们追随罗马和他自己。他的侠义性格令其很快便融入了西班牙的风俗习惯，并使西班牙贵族对这位与他们志趣相投的外国人产生了极大好感。西班牙人与凯尔特人和日耳曼人一样都比较崇尚武力，按照这一风气，成千上万名西班牙贵族发誓要坚

---

①至少这些组织的纲领须归在罗马纪元 674 年（即公元前 80 年）、675 年（即公元前 79 年）、676 年（即公元前 78 年）等，可是实行属于以后的几年。

决拥护这位罗马将军，至死不渝。塞多留发现，在他们之中有比同胞和盟友更为可靠的人。他不齿于利用西班牙野蛮部落的迷信，使人们认为他的作战计划是黛安娜派白鹿送来的命令。

他自始至终都在施行公正宽容的政治。他的军队，至少在他目所能见和力所能及之处，必须保持最为严格的纪律。尽管他在处罚上比较仁慈，但只要是他的士兵在友邦犯了罪，他从来都不留情面。对于能永久改善人民生活状况的事情，他也比较上心。他削减贡额，命士兵自筑冬营，这样，不仅减轻了军队沉重的负担，而且从根源上防止了诸多的损害和麻烦。在奥斯卡（Osca，即韦斯卡），他为西班牙贵族的子女建了一所高等学校，让他们能接受罗马常有的高等教育，学会说拉丁语和希腊语，以及如何穿外罩——这一点很重要，西班牙的盟邦不可避免要送来质子，这个办法不仅是为了以尽可能客气的方式由各盟邦换取质子，而且更为重要的是，盖乌斯·格拉古和平民党曾有使外省逐渐罗马化的宏伟计划，这就是那个计划的延续和推进。不通过灭绝原住民然后以意大利移民取而代之来实现罗马化，而是使省内人民自身实现罗马化，这是史无前例的一次尝试。罗马的贵族嘲笑那些可怜的移民、意大利军队的逃兵和卡尔博匪军的残余部队，但此举使他们遭到了报应。他们调至前线以对抗塞多留的大军，包括西班牙征兵在内，共计步兵一万二千，弓箭手和投射手两千，骑兵六千。面对如此强大的兵力，塞多留不仅数战数捷，守住了自己的阵地，而且还控制了西班牙大部分兵力。在远西班牙省，梅特路斯发现他的势力仅限于部下军队直接驻防的地区，各部落只要能够做到，都归附了塞多留。在近西班牙省，自从赫尔图勒乌斯获胜之后，罗马军队便不见踪影了。塞多留的使者遍布高卢全境，高卢各部落也开始蠢蠢欲动，成群结队的人开始侵扰阿尔卑斯山的关隘。最终海洋也归叛党和合法政府所共有，由于叛党与海盗联合了起来，因此在西班牙的海域，海盗的实力几乎与罗马战船相当。在黛安娜岬（位于瓦伦西亚和卡塔赫纳之间），塞多留为海盗船建了一个固定兵站，他们在那里等候那些将物资运往罗马沿海城市和军队的船只，一方面替叛党取货或运货，一方面形成了意大利和小亚细亚的交通媒介。令人担忧的是，他们时刻准备将火星从火场带到所有地方去，尤其是在易燃物遍布罗马帝国各处之时。

苏拉之死及其影响

在这种情形之下，苏拉突然离世（罗马纪元 676 年，即公元前 78 年）。只要这个人还活着，一支训练有素且值得信赖的军队就会随时准备任他差遣。西班牙两省似乎必定会落入移民手中，国内也必定会推举反对党领袖为最高官吏，对此，寡头党或许会认为是暂时的不幸，并可能加以容忍。他们目光短浅，但并非完全毫无道理，他们或许相信反对党不会冒险公然开战，就算反对党敢冒这个险，苏拉既然曾两度拯救寡头党，那么第三次也一定会使他们复位。如今形势变了，首都平民党的激进派已受够了无止境的拖延，从西班牙传来的捷报也燃起了他们的斗志，于是他们迫切地想要发动攻击。当时雷必达掌握着决定权，他满怀背叛者的热忱，加之自身特有的轻率性格，于是赞成了这项提议。转瞬之间，那点燃统治者火葬柴堆的火炬，似乎也要点燃内战之火。但反对党考虑到庞培的势力和苏拉部下老兵的心情，便使苏拉的葬礼顺利进行，没有发起战端。

雷必达发动叛乱

然而从那以后，他们更加明目张胆地筹备新一轮革命。对“滑稽的罗慕路斯”及其刽子手的控诉，终日响彻首都的广场。甚至在那位伟大的统治者尚未瞑目之时，雷必达及其党羽便已公然表明了他们的目标，即推翻苏拉宪法，重立分配粮食制度，恢复保民官的职位，召回那些因违法而被流放的人，归还被没收的土地。如今他们与被放逐的罪人建立了联系。在秦纳时代任西西里省长的马尔库斯·佩彭纳来到了首都，苏拉所谓的卖国贼之子，在复辟政府的法律下遭受着难以忍受的压迫，现在他们与信奉圣母玛利亚的名人们均得以就职。不少人，如小卢奇乌斯·秦纳等都参加了这个运动。然而，其他人却效仿盖乌斯·恺撒，恺撒一得知苏拉的死讯和雷必达的计划，便离开亚洲回了国，可当他明确了解领袖和这一运动的性质之后，却退缩了。人们在首都的酒馆和妓院中畅饮嫖妓，全都记在雷必达的账上。最后，一个反对新秩序的阴谋终于在埃特鲁斯坎人的不满者中酝酿而成[①]。

政府亲眼目睹了以上种种事情。执政官卡图卢斯和较为明智的贵族党都主张立即进行干涉，将叛乱扼杀在摇篮中。可是松懈的多数派却无法做出发动斗争的决定，而是想通过妥协和

①以下的叙述大体根据李锡尼的记载，他的记载在这点上虽残缺不全，却仍把雷必达之乱的重要资料传达给我们。

退让的方法一直自欺下去。最初雷必达也赞成这种做法。有人建议归还所剥夺的保民官职权，但被雷必达及其同僚卡图卢斯驳回了。另一方面，格拉古的分配粮食制度却在有限范围内得以恢复。此次做法与森普罗尼乌斯法不同，按照这次的做法，受昔日格拉古所定恩典的——每月以六点五赛斯特的价格买粮五牟底——似乎不是全部而是定数的贫穷公民，约计四万人，这个规定使得国库每年所受的净损失至少达四万镑。[①] 反对党得到了部分让步，胆子明显大了许多，也表示自己对此感到并不满意，于是在首都肆意妄为，尽显其粗野狂暴。伊特鲁里亚是意大利无产阶级所有暴动真正的中心地带，内战已经在此地爆发，被驱逐的菲苏兰人用武力夺回了失地的所有权，苏拉安置在那里的老兵有几个已死于战乱。元老院听闻此事，决定派

①罗马纪元681年（即公元前73年）执政官马尔库斯·特伦提乌斯·卢库勒斯和盖乌斯·卡西乌斯·瓦鲁斯的法律，即西塞罗所说和萨路斯特所提及的法律，并非开始恢复五牟底的法律，而只是整理西西里粮食的收买以保障粮食的布施，在许多细节上或许也有所变更。森普罗尼乌斯法确许每个住在罗马的公民共享赠粮。但以后的分配范围却不如此，因为罗马公民的每月粮食共计不过三万三千梅丁（即十九万八千牟底），那么，当时只有约四万人领粮食，而住在首都的公民当然比这数目要多得多。这种重大的改革大约出自奥克塔维乌斯法，这法律不遵行森普罗尼乌斯浪费的布施，却创行“国家所能堪，平民所必需的一种有节制的布施”。从各方面来看，李锡尼所说的粮食法正是这种法律。雷必达容许这种调停的建议与他对恢复保民官职权所抱的态度相合。这也与一种情形相合，即平民党绝不满意由此而来的粮食分配法。损失的数目以粮食值至少加倍的价钱为基础，当海盗或其他原因提高粮价之时，必有较重大的损失。

遣两名执政官前往该地，以征兵平定叛乱。[①] 没有比这个更荒唐的事了。元老院面对叛乱，表现出其优柔寡断和胆小懦弱的一面，恢复了粮食法。为了平息街市的暴乱，他们给臭名昭著的叛党领袖拨了一支军队。两名执政官作出了最为庄重的誓言，承诺彼此不用武力互相攻击，只有寡头党那种魔鬼般的顽固良心才会想到构建这样的堡垒来抵御即将发生的叛乱。当然，雷必达在伊特鲁里亚全副武装，其目的不是为了元老院，而是为了叛党，他以讽刺的口吻说，之前发的誓言只能在本年约束他。元老院动用神谕机构劝他回来，并委托他筹备即将到来的执政官选举。但雷必达避而不从，在使者为此事奔走之时，执政官的任期经调解建议已告届满，他的兵力蔚为一观。次年初（罗马纪元677年，即公元前77年），元老院对雷必达下了最后通牒，命其尽快归来，不得延误。这位不可一世的执政官拒不从命，并要求恢复昔日保民官的职位，归还那些被驱逐者的公民权和财产，此外还要求重新选举他为本年的执政官，换句话说，就是建立合法的僭主政治。

战争爆发，雷必达战败

因此双方宣布开战。苏拉部下老兵的公民权受到雷必达的

---

①由李锡尼残缺的记述看来，元老院的法令显然不是说派遣尚未任满的执政官往他们治下的省份去做续任执政官，这样便毫无理由，而是说派遣他们到伊特鲁里亚去讨伐叛变的菲苏兰人，正如在卡底里那战争，执政官盖乌斯·安东尼被派往该地。萨路斯特书中记腓力普斯的话，说雷必达 ob seditionem provinciam cum exercitu adeptus est，完全与此说相合，因为执政官在伊特鲁里亚的非常统帅之职，正与续任执政官在纳博高卢的平常统帅之职同为一种 procincia。

威胁，元老院除了他们之外，还能倚仗执政官卡图卢斯所召集的军队。于是，元老院听从了较明智者，尤其是腓力普斯的紧急警告，委托卡图卢斯保卫首都，抵御平民党驻扎在伊特鲁里亚的主力军。与此同时，庞培奉命率领其他部队，从昔日受他保护的人手中夺取波河流域，当时守在波河流域的是雷必达的副将马尔库斯·布鲁图斯。庞培迅速完成了这一任务，将敌方将军围困在穆提那。雷必达这时来到了首都，要效仿昔日马略的方法为革命党攻克此城。台伯河右岸完全落入雷必达之手，他竟能渡河。决战发生于马斯广场，就在城墙不远处，但卡图卢斯获胜，雷必达不得不撤退至伊特鲁里亚，他的儿子西庇阿所率领的另外一支分队进入了阿尔巴的堡垒。战事大致告一段落。穆提那向庞培投降，布鲁图斯虽获准得到安全通行权，但庞培随后就将他处死了。经过长时间的围困，阿尔巴也粮尽投降了，这里的首领被处决。雷必达被卡图卢斯和庞培两面夹攻，为了取得退路，在伊特鲁里亚的海岸处再次与敌军交战，然后在科萨港登船前往撒丁。他希望能在那里截断首都的供应线，从而与西班牙叛党取得联系。但是该岛的长官奋力抵抗，雷必达登陆后不久便死于肺痨（罗马纪元677年，即公元前77年），至此，撒丁的战事结束了。他部下的士兵有一部分已经溃散，副执政官马尔库斯·佩彭纳率领叛军的精锐部队，携带完备的军火向利古里亚进发，再从那儿前往西班牙，加入塞多留党。

庞培夺取西班牙领袖之职

因此，寡头党战胜了雷必达，但对塞多留的战事正处于非常危险的转折点，他们深感必须要作出违反苏拉宪法精神和文字的让步。他们绝对需要派遣一支强大的军队和一位能干的将军前往西班牙。庞培非常直白地表明了自己的愿望，更确切地说是要求完成这一任务。他所提的这个要求十分大胆。罗马人在雷必达革命吃紧时，允许这个秘密敌人再次获得领袖之职，已经是非常不幸了，但更为危险的，是无视苏拉制定的所有等级制度，让一个从未做过文职的人担任最重要的寻常省长之职，完全将遵守一年法定任期的规定置之度外。所以，即使姑且不论对他们的将军梅特路斯应有的尊敬，对于这位野心勃勃的年轻人要永保其特殊地位的新企图，寡头党也有理由竭尽全力来加以阻止。但这并不容易。首先，他们当中没有一个人能胜任西班牙将军这一颇具难度的职务，那年的两名执政官都表示不愿意做塞多留的对手。关于卢奇乌斯·腓力普斯在元老院全体大会中所说的话，我们必须承认都是真的——他说，所有有名望的元老没有一个有能力或愿意率兵进行一场恶战。可是他们或许可以不计较此事，而且按照寡头党的惯例，如果庞培只是要求做统帅而不是率领一军，那么当他们没有合适的候选人时，便会派人临时充数。卡图卢斯命他解散军队，但他对此充耳不闻。元老院的命令是否能为人接受，至少还不得而知，可是一旦违抗命令，后果就不堪设想了——如果一位名将加入到了反对党，那么贵族党的势力便会剧增，所以多数派决意让步。按照宪法，将最高官吏的职权赋予在野的人时，应征求人民的意见，但庞培却不由人民而由元老院授予特任代执政官的权力和近西班牙元帅之职。罗马纪元 677 年（即公元前 77 年）夏，在受命后四十天，庞培便越过了阿尔卑斯山。

起初，这位新将军任职于高卢，这里没有发生正式的叛变，但多处的治安受到了严重扰乱。因此，庞培取消了沃尔卡—阿瑞克米奇（Volcae－Arecomici）和赫尔维（Helvii）等邑的独立，并使它们处于马西利亚的统治之下。他还修了一条经过科蒂安阿尔卑斯山的新路，波河流域和高卢之间便建起了一条较短的交通线。那年最好的时节就在这个工作中消逝了，庞培直到晚秋才越过比利牛斯山。

庞培抵达西班牙

与此同时，塞多留并没有懈怠。他派赫图勒乌斯前往远西班牙省以牵制梅特路斯，他自己则在近西班牙省乘胜追击，并准备对付即将到来的庞培。在那里，仍附属于罗马的几个凯尔特伊比利亚城遭受攻击，并陆续被攻陷。最后，坚固的孔特比亚城（Contrebia，位于萨拉格萨东南方向）于仲冬时节也失守了。处于水深火热之中的城市再三传信给庞培，但都只是徒然，他惯于缓缓前进，任何恳求都无法使他加快步伐。沿海城市有罗马舰队防守，庞培越过比利牛斯山后，在西班牙东北隅占领的印第加登（Indigetes）和拉勒坦（Laletani）等地，全冬都有新兵在此安营驻守，这使得他们习于劳苦。罗马纪元677年底（即公元前77年底），除以上各地外，塞多留或以签订条约的方式，或以武力征服的方式，将整个近西班牙地区全数收入囊中。自此，埃布罗河上游和中游地区成了其势力最坚固的支柱。罗马生力军将军的威名令叛军心生恐惧，这种恐惧甚至激起了他们的斗志，对其产生了有益的效果。马尔库斯·佩彭纳与塞多留官阶相当，他此前一直宣称要独立统领他那由利古里亚带来的军队，但他的士兵一听说庞培即将抵达西班牙，便强迫他听命于更有能力的同僚。

在罗马纪元678年（即公元前76年）的战事中，塞多留再次派赫图勒乌斯的军团对抗梅特路斯，佩彭纳则率领一支强大部队沿埃布罗河下游驻守，如果不出他所料，庞培为了与梅特路斯会军，必定会向南进军，并且要获得军需物资，一定会沿海前进，那么他便可阻止庞培渡河。盖乌斯·赫伦尼乌斯（Gaius Herennius）的军团必是佩彭纳的头号援军。在埃布罗河上游，塞多留一方面亲自平定几个与罗马关系友好地区的叛乱，一方面准备依据形势尽快支援佩彭纳或赫图勒乌斯。他的目的依然是避免发动任何大战，而是用小冲突和阻断粮道的方法骚扰敌人。

庞培战败

然而，庞培却冲破佩彭纳的防守，强渡埃布罗河，并列阵于萨贡杜姆附近的帕兰提亚河（Pallantias）上，如上所述，塞多留党就是由此与意大利和东方保持联系。此时，塞多留须亲自出马，以其强盛的兵力和出色的才能与敌方的精兵一决高下。劳罗城（Lauro，在苏克罗河上，瓦伦西亚以南）已表明拥护庞培，因此遭到了塞多留的围攻，战事集中在此城四周，历时弥久。庞培竭尽全力解救此城，但他的几支分队被逐个击破，已经溃不成军。于是正当他以为自己包围了塞多留军，请守兵目睹他擒获围军之时，这位大将猛然发现自己完全落入了敌人的圈套。为了避免被围困，他只能作壁上观，眼看着这座同盟城市被攻陷和焚烧，其居民都转移到了卢西塔尼亚——此举致使西班牙中部及东部一些摇摆不定的城市重新归附于塞多留。

梅特路斯获胜

梅特路斯运气较佳。在意大利加（与塞维利亚相距不远），赫图勒乌斯不小心冒险进行了一场激烈的会战，双方将军近身肉搏，赫图勒乌斯负伤，梅特路斯打败了他，并将他赶出罗马本境，入守卢西塔尼亚。此次胜利使得梅特路斯得以与庞培会师。罗马纪元678—679年（即公元前76—前75年）冬，这两位将军都决定在比利牛斯山安营扎寨。至于下一场战役，他们打算联合攻击敌人在瓦伦提亚附近的阵地。可是在梅特路斯进军之时，庞培为了一雪劳罗之耻，可能的话，还想独享荣誉，于是便率先向敌军主力发起进攻。塞多留在梅特路斯到达之前，欣然迎战庞培。

苏克罗河之战

两军在苏克罗河相遇（Sucro，即Xucar）。经过一番激战，庞培在右翼落败，身受重伤，被带离战场。阿弗拉尼乌斯以左翼克敌，夺取了塞多留的营地，但在行动中突然遭到了塞多留的袭击，只好逃走。若次日塞多留还能开战，庞培的军队可能就被歼灭了，但此时梅特路斯已经抵达，并击败了佩彭纳的军队，夺取了其营地。现罗马两军已经会合，塞多留不可能再与他们交战。梅特路斯获胜，敌军会师，胜利之后的骤然停顿，都使塞多留党倍感恐慌。正如在西班牙军队中时常发生的一样，由于局势出现了这样的转变，塞多留部下的大部分军队都已支离破碎。但消沉的情绪来得快，去得也快。那在群众看来代表着将军战略的白鹿，很快变得比以前更受人爱戴了。不久，塞多留率领一支新军，在萨贡杜姆（今莫维多）南面平原上与罗马人对抗，而塞多留的私掠船又阻挠罗马的海上供给，罗马军营中已开始出现饥荒。在图里亚河（Turia，今瓜达拉维亚尔）的平原上，双方又打了一仗，这场战争持续了很久都没有分出胜负。庞培及其骑兵被塞多留所击败，他的姻兄弟，即财务官卢奇乌斯·莫密乌斯（Lucius Memmius）英勇战死。另一方面，梅特路斯打败了佩彭纳，成功击退了敌军主力向他发起的进攻，但在战争中负了伤。塞多留的军队再次落败。盖乌斯·赫伦尼乌斯为塞多留守卫的瓦伦提亚，被罗马军攻陷并夷为平地。罗马人或许一时还抱着希望，以为他们与其劲敌的战事已告结束。塞多留的军队已销声匿迹，罗马军深入内地，围攻位于杜罗河上游的克卢尼亚（Clunia）堡垒。但在他们徒劳地对这座坚如磐石的堡垒发起围攻之时，叛军的分遣队却在别处集合。塞多留偷偷溜出堡垒，在年终之前再次成为了军队的首领。

罗马将军又不得不入驻冬营，永远也做不完的苦工无可避免，他们因此陷入了深深的绝望。想要在瓦伦提亚安营扎寨是不可能的，因为这里沟通意大利和东方，具有很重要的战略地位，但此地已被同盟和敌人严重破坏。庞培先率领军队进入巴斯克人（Vascones）境内（仅比斯开），然后在瓦凯伊人之地（位于巴利亚多利德附近）度冬，梅特路斯甚至在高卢度过了冬天。

塞多留战事历时弥久，后果惨重

塞多留战事就这样持续了五年，而且仍然没有结束的迹象，国家所受的战祸难以言表。意大利的少年精英都被无休止的战乱折磨得精疲力竭，直至死亡。国库不仅失去了西班牙的岁贡，而且每年还需支付巨款给西班牙，以维持西班牙军队庞大的支出，政府简直不知该如何筹措这笔巨款。西班牙荒凉而又贫困，罗马文明在那里有十分灿烂的发展，如今却受到了严重的冲击。叛党与政府间的冲突愈演愈烈，许多民社不幸完全覆灭，甚至那些依附罗马当权党的城市也在忍受着无尽的苦难。沿岸城市必须靠罗马船队提供必需品，内陆的忠诚民社几乎处于绝望之中。高卢所受的苦难也不亚于此，该地一方面要承担步兵和骑兵分遣队的支出，为其提供粮食金钱，一方面还肩负着冬营的重担，由于罗马纪元 680 年（即公元前 74 年）歉收，这种负担已达到难以忍受的程度。几乎所有的地方财政机构都不得不求助于罗马银行家，承担起极度沉重的债务。将军和士兵都消极参战。将军遇到了才智更胜一筹的敌人，进行了令人厌倦的顽强抵抗，经历了危机重重、胜算不大而又不甚光荣的战事。据说庞培曾设法让政府将其从西班牙召回，给他在别处找个更加合适的统帅之职。士兵们在此次战争中，不仅遭受重创，除了毫无价值的战利品外一无所获，而且他们的饷金也发放得极不规律。

罗马纪元 679 年（即公元前 75 年）底，庞培向元老院报告称，军饷已经拖欠两年，将士们有自行解散之势。倘若罗马政府在西班牙战事上能够少一些疏忽怠慢，更不用说积极作战了，他们定能避免大部分的弊端。然而大致看来，像塞多留这样杰出的天才将领，无论对方在兵力和军事上占据多大优势，都能在一个完全有利于叛徒和海盗战争的地方年复一年地进行这种游击战，这既不能归咎于罗马政府，也不能归咎于政府的将军。战争的结果无法预见，塞多留发动的叛乱似乎与同时期的其他叛乱合而为一，因此其危险性大大增加。此时与罗马人交战的，在海上有海盗船队，在意大利有叛变的奴隶，在马其顿有多瑙河下游的部落；在东方，米特拉达特斯王在一定程度上受西班牙叛党获胜的影响，想再次试试他的武力。塞多留是否联络过在意大利和马其顿的罗马仇敌，没有明确的证据加以佐证，但是他的确经常与意大利的马略党往来。另一方面，他先前曾公然与海盗结盟。至于本都王，其朝中住有罗马移民，塞多留早就通过他们与本都王保持联系，现在双方已达成正式盟约——塞多留将小亚细亚各属国而非亚细亚省割让给本都王，承诺派一名合格的军官率领他的军队，并派遣若干士兵前往；本都王则承诺给他四十艘船和三千塔兰特（合七十二万英镑）。首都睿智的政治家们，想起了意大利受腓力和汉尼拔东西夹攻之时的情况，他们以为新汉尼拔正如他的前辈一样，征服西班牙后便能轻松率领西班牙的军队先于庞培到达意大利，以像之前的腓尼基人那样，号召埃特鲁斯坎人和萨谟奈人起兵反抗罗马。

塞多留倒台

但这种比较虽然十分独特，却有失准确性，塞多留的力量远不足以干出汉尼拔那样的伟大事业。他的成功有赖于西班牙独特的地理位置和人民，他若离开西班牙，便会一败涂地。即使在西班牙，他也日益被迫放弃攻势。作为领袖，他才能出众，但这无法改变他部下军队的本性。西班牙的民兵不改故态，其不可靠犹如海浪和风暴，忽而聚集成一支一万五千人的军队，忽而消散成寥寥数人。罗马移民也一如既往地桀骜不驯，固执傲慢。那些需要一队人长期团结一致的兵种，尤其像骑兵这样的军队，在他的队伍中当然非常缺乏。战争渐渐使他失去了最能干的军官和精锐的老兵，甚至最可靠的民社也厌倦了罗马人的侵扰和塞多留部下军官的虐待，开始显得不堪忍耐和游移不定。值得注意的是，塞多留在这方面也像汉尼拔一样，即使身处绝境也从不掩饰。他绝不会错过任何能达成妥协的机会，只要有安居祖国的保证，他便时刻准备卸下兵权。但政治的正统派对妥协与调解全然不知。塞多留不能撤退或退让，他所踏上的道路无论如何狭窄而险峻，他都必须坚持走下去。

由于米特拉达特斯在东方有所行动，庞培对罗马的抗议引起了人们的重视，产生了非常成功的效果。元老院拨给他所需的款项，并派两个新兵团前去增援。因此，两位将军于罗马纪元680年（即公元前74年）春又开始行动，再次渡过埃布罗河。苏克罗和瓜达拉维亚尔两场战役使得塞多留失去了西班牙，自此，战事的中心转移到了埃布罗河的上游和中游地带，位于塞多留党主要据点的四周，即卡拉古里（Calagurris）、奥斯卡（Osca）和伊莱尔达（Ilerda）。梅特路斯在战争初期屡立战功，这次也获得了最重要的胜利。他的宿敌赫图勒乌斯再次与他对抗，结果遭遇惨败，与其弟弟一同阵亡——这是塞多留党无法挽回的损失。正当塞多留对敌人发动进攻之时，噩耗便传来了，他杀死了使者以免影响士气。但此消息不能长期隐瞒下去，各城相继投降。梅特路斯占领了凯尔特伊比利亚人的城市塞哥布利迦（Segobriga，位于托莱多与昆卡之间）和毕尔毕里（Bilbilis，位于卡拉塔尤附近）。庞培围攻帕兰提亚（Pallantia，今帕兰西亚，位于巴里亚多利德上游），但塞多留成功突围，迫使庞培撤退至梅特路斯处。塞多留进入卡拉古里（今卡拉奥拉，位于埃布罗河上游），两位将军兵临该城，均遭受重大损失。然而，当他们入驻冬营——庞培前往高卢，梅特路斯回到本省——之时，他们已取得了非常可观的战绩，大部分叛党已经投降或被武力征服。

次年（罗马纪元681年，即公元前73年），战事的经过亦复如是。正是由于庞培顽强的抗争，叛党的疆土才日益减少。

塞多留党的内部矛盾

叛党节节败退，他们的军队士气锐减。塞多留在军事上取得的胜利如汉尼拔的一样，必然会越来越微不足道。人们开始怀疑他的军事才能，据说他已经完全变了一个人，整日饮酒作乐，挥霍钱财与时间。背弃者和离叛的城市与日俱增。不久，有人向他报告称，罗马移民要谋害他的性命。这一消息听起来十分可信，特别是因为叛军中有许多将领，尤其佩彭纳当初臣服于塞多留并非出于自愿，而且罗马省长早已承诺会赦免和重赏杀他的人。塞多留一听到这个消息便下令撤走罗马军，转而挑选西班牙人做他的卫兵。他对嫌犯执行极其严厉而又非常必要的程序，没有照例征求元老院的意见便判了许多人死刑。因此，对他心存不满的人称，他现在不仅加害敌人，更加害朋友。

塞多留被刺

第二个阴谋很快便被发现了，此次阴谋以他的部僚为主谋。任何被指控的人要么逃之夭夭，要么必死无疑。但他们没有全数背逃，残余的同谋者，尤其是佩彭纳因此事受到刺激而加快了行动。他们在奥斯卡的指挥部，佩彭纳派人报告将军，说他的军队大获全胜，然后安排了宴席以庆祝胜利。塞多留应邀出席，像往常一样带着他的西班牙卫兵。一反塞多留指挥部的惯例，宴会很快变成了狂欢。在座的宾客恶语相加，似乎有些人想寻衅滋事。塞多留靠在卧榻上，仿佛不愿听到这些争吵。然后，一只酒杯摔到了地板上，这是佩彭纳发出的行动信号。坐在塞多留旁边的马尔库斯·安东尼率先出击，塞多留转身试图站起来，刺客又冲向他将他按倒在地。其他的宾客都是同谋，他们群起而攻之，一齐扑上去抓住塞多留的双臂，刺死了这个毫无抵抗之力的将军（罗马纪元682年，即公元前72年）。他忠诚的卫兵们也都死了。在罗马迄今出现的各位伟人中，塞多留即使算不上最伟大者，也在最伟大者之列，若时运较好，他或许能复兴祖国，但不幸的是，他率领一批卑鄙的移民抵达本国，如今却这样死于这批人的阴谋。历史不喜欢这位“科里奥兰”（Coriolani），即使对其中最宽容、最多才、最可惜的一个也不例外。

佩彭纳继承塞多留的遗产

谋杀者想要继承被谋杀者的遗产。塞多留死后，佩彭纳成为了西班牙军队官职最高的罗马将领，拥有主要指挥权。军队虽听命于他，但他不得人心且饱受质疑。塞多留在世时，人们虽然对他颇有微词，可他的离世使他重获了英雄的荣誉。公布他的遗嘱时，佩彭纳的名字出现在了继承人之中，于是士兵们勃然大怒。一部分士兵，尤其是卢西塔尼亚人私自离开了队伍，剩下的士兵则预感塞多留一死，他们的精神和运气也随之消散了。

庞培成功平定叛乱

因此，叛党这支指挥欠佳、士气低沉的军队一与庞培交战，便被彻底击败了，佩彭纳和其他将领都被俘了。这个卑鄙小人想用塞多留的信札换自己一条命，这样做会连累意大利许多有身份的人。但庞培没有看这些信件，并命人将其通通烧毁，然后将佩彭纳和其他叛党领袖都送上了断头台。幸免于难的移民们四处逃窜，多数人都进入了毛里塔尼亚沙漠，或加入了海盗的队伍。不久之后，普洛提乌斯法盛行，尤其受到少年恺撒的热烈支持，此法使得他们中的一部分人有机会回国。但那些参与刺杀塞多留的人，除一人以外，都遭遇横祸。奥斯卡和近西班牙仍依附于塞多留的城市，如今都主动对庞培敞开大门。只有乌卡萨马（Uxama，今奥斯马）、克卢尼亚（Clunia）和卡拉古里需以武力征服。两省重定法制。在远西班牙，梅特路斯增加了罪责最大的民社的岁贡；在近西班牙，庞培赏罚分明，例如卡拉古里失去了独立地位，归属于奥斯卡。塞多留部下的一队士兵聚集在比利牛斯山，庞培对其进行劝降，让他们居住在比利牛斯山以北的卢古杜努姆（Lugudunum，今上加龙省的圣贝特朗）附近，成为“聚会民社”。罗马胜利的标志竖立在比利牛斯山隘口的顶峰。罗马纪元683年（即公元前71年）底，梅特路斯和庞培率军穿过首都的街市，因战胜西班牙人一事向天父约维斯致以全国人民的谢意。苏拉死后，他的好运似乎仍伴随着他所创造的事业，这种好运要胜于那些受命来保卫它的无能而又懈怠的守护者。意大利反对派由于其领袖的无能和鲁莽，已经处于崩溃的边缘，移民反对派则由于内部纷争不断而濒临瓦解。这些失败虽然在很大程度上是由其自身的乖张不睦，而非敌人的顽强抗争所造成，但都是寡头党的胜利。寡头党的宝座再次转危为安。

第二章　苏拉的复辟政治

对外关系

当秦纳的革命元老院构成威胁时，复古的元老院政府则要再次投入必要的精力去维护帝国的内外安全。这时有许多事亟待解决，刻不容缓，否则必然损害最重要的利益，现在的不便必将演变为未来的祸患。除西班牙非常严重的战争风波外，盘查色雷斯（Thrace）和多瑙河地区的野蛮人是绝对必要的。苏拉的军队经过马其顿时，只能通过军事干涉进行表面的惩罚，管制希腊半岛北部边界的无序状态；彻底打压侵扰各海域的海盗团体，特别是东部海域的海盗；最后在小亚细亚半岛动荡地区建立稳定的秩序。罗马纪元 670 年（即公元前 84 年），苏拉与本都国王米特拉达特斯（Mithradates）缔结和约，罗马纪元 673 年（即公元前 81 年），穆列纳（Murena）和他签订的条款不过是重申之前签订的和约，这和约完全带着临时商定的色彩，以应当下之急；罗马人实际上对亚美尼亚国王提格兰发动过战争，因此他们之间的僵硬关系在这个和平条约下仍未改变。提格兰当然以为这是默许他侵占罗马在亚洲的属地，如果罗马不打算放弃这些属地，那么就有必要通过友好协商或使用武力与亚洲这位新国王达成协议了。上一章，我们已经讨论了意大利和西班牙那些与平民党活动关联的运动，以及元老院政府荡平他们的情况，本章将探讨对外的政治，看苏拉所设立的政府是否能主持这事。

达尔马托－马其顿远征队

在苏拉摄政末期，元老院几乎同时对塞多留党、达尔马提亚人和色雷斯人以及西里西亚海盗采取了反抗措施，苏拉的有力手腕仍可见于此。远征希腊－伊利里亚半岛，一部分原因是为了征服或至少驯服从黑海到亚得里亚海全境范围内的野蛮部落，其中尤以贝斯人（在大巴尔干地区）为首。据当时的人们所说，他们是一群即使在强盗堆里都臭名昭著的强盗；另一部分原因是为了剿灭海盗基地的海盗，尤其是达尔马提亚海岸的海盗。像往常一样，罗马人在达尔马提亚和马其顿同时进攻，因此他们屯聚了五个军团。在达尔马提亚，前执政官盖乌斯·科斯科纽斯（Gaius Cosconius）任指挥官，从各个方向全面进军。经过两年的围攻，罗马人夺取了萨洛纳。在马其顿，总督阿庇乌斯·克劳狄乌斯（Appius Claudius）（罗马纪元676—678年，即公元前78—前76年）起初试图沿着马其顿－色雷斯边境占领卡苏拉河左岸的山区。双方的交战野蛮残忍，色雷斯人摧毁了他们占领的乡镇，屠杀俘虏，而罗马人也采取了报复手段，但最终没有取得重大成果。艰辛的行军，与无数勇猛的山地居民交战无数，使得军队毫无进展。克劳狄乌斯将军后来患病而死，他的继任者盖乌斯·斯克里波尼乌斯·库里奥（Gaius Scribonius Curio，罗马纪元679—681年，即公元前75—前73年）遭受了各种挫折，特别是一次严重的军事背叛，使他放弃远征色雷斯人，而转向马其顿边界。在这里，他征服了实力较弱的达达尼人（在塞尔维亚），势力直抵多瑙河。马库斯·卢库勒斯（Marcus Lucullus）（罗马纪元682年即公元前72年、罗马纪元683年即公元前71年）骁勇有将才，他是第一个再次向东方进军的人。他击败了贝斯人，占领了他们的首都乌斯库达玛（Uscudama，今阿德里安堡［Adrianople］），迫使他们服从罗马的至上权力。奥德里西亚人（Odrysians）的君主沙多拉（Sadala）和东海岸巴尔干南北一带的希腊城镇——伊斯特罗波利斯（Istropolis）、托米（Tomi）、卡拉提斯（Callatis）、奥德修斯（Odessus，在瓦尔纳［Varna］附近）和梅森布利亚（Mesembria）等地——均成为罗马人的藩属。迄今为止，罗马人一向所拥有的色雷斯，不过是阿塔卢斯王家在切尔松尼斯半岛（Chersonese）上的领土，现在色雷斯已经成为马其顿省的一部分，不过它不听从号令。

强盗

但由于色雷斯和达达尼只是帝国的一小部分，其祸国殃民的程度远不如蔓延日广、组织日盛的海盗，整个地中海的商业都被海盗所控制。意大利既不能出口本地产品，也不能从其他地方进口粮食；如果不能进口粮食，人们就要挨饿；如果不能出口产品，玉米田就会因没有销路而停止耕作。寄钱和旅行不再是安全的事；国库遭受极大的损失；许多罗马贵族被海盗所掳，被迫以重金自赎。如果海盗不乐意对个人执行死刑判决，那么海盗便将他们晒干，真是一种粗野的嘲弄！商人，甚至前往东方的罗马军队都开始把航行时间推迟到不适宜航行的季节。相比恶劣的冬季风暴，他们更惧怕海盗船，而即使在冬季，海盗船也不完全绝迹于海上。海上的封锁虽使人感到痛苦，但却不及希腊和小亚细亚岛屿和沿海地区遭受的侵略那样难堪。正如后来诺曼人时代的情形，一群海盗跑到沿海城市，迫使人们献巨金以免灾，或围困抢夺他们的财产。苏拉与米特拉达特斯结合后，海盗就在他眼皮底下劫掠萨莫色雷斯、克拉佐美纳伊、萨摩斯和伊索斯（罗马纪元670年，即公元前84年）。那么，那附近既无罗马陆军、又无罗马海军进行援助，此乃何种景象，我们可以想见。希腊和小亚细亚沿海的一切殷富古庙相继被劫；据说，仅萨摩色雷斯（Samothrace）一地就被掳去一千塔兰特（24万镑）的财宝。据当时一位罗马诗人的记载，阿波罗被海盗抢得身无分文，以至燕子飞到他身边时，他没法从自己的财宝中拿出一点分给它，甚至连一个金子也拿不出。四百多个村镇都遭到海盗的掠夺，包括尼多斯、萨摩斯、科洛丰等地都成了牺牲品。岛上或沿海有不少地方昔日繁盛，如今全部居民均迁往他处，以免为海盗所掳。甚至连内地都不再是安全地带，海盗有时还攻打距海岸一两日路程的地方。以后希腊东部所有城市遭受的可怕债务，大部分来源于这个不幸的时期。

海盗组织

海盗行为的性质已完全改变。这些海盗不再只是凶猛的流寇，在昔兰尼（Cyrene）和伯罗奔尼撒半岛之间的克里特海域——海盗所谓的“黄金海”——海盗向从意大利到东方载运奴隶和奢侈品的大型商船征收贡税；他们甚至不再只是武装猎取奴隶，还兼营“战争、贸易和海盗业”；他们现在成立了一个海盗国，有着特殊的团队精神，有坚固而受人尊敬的组织，有自己的领地和新生的霸主制度，当然还有明确的政治企图。这些海盗自称西里西亚人，其实他们的船只是各地亡命之徒和冒险家们的避难所。这些人是克里特募兵场退伍的佣兵，是意大利、西班牙和亚细亚被灭城镇的公民，是芬布里亚和塞多留部下的军官和士兵。总之，他们是各国潦倒的人，是所有失败政党中被追捕的逃难者。任何困苦而有胆识的人，在这个不幸的年代，怎会不感到痛苦和愤慨？这不再是一群聚在一起的盗贼，而是一个团结有序的国家。这里亡命徒和罪犯同病相怜，没有国籍之分；这里罪犯照例以最慷慨的公德心来自我赎罪。在一个恣意妄为的时代，卑怯和抗命盛行，一切社会秩序均已废弛，正统国家可能效仿这个在患难和暴力中产生的伪国；在这里，并肩同行的坚固信念、同伴的情谊、对誓言的尊重、对自己选择的首领的尊敬以及战斗的勇猛和机敏似乎得到追捧。文明社会曾正当或不正当地驱逐此国公民，如果此国国旗因此标有向文明社会报仇的字样，那么，这种计划是否更恶于意大利寡头政党和东方苏丹似将平分世界的计划，这是个问题。这些海盗至少觉得自己不低于任何正统国家；他们的贼傲气、贼浮华、贼幽默在许多荒淫作乐、侠肝义胆的盗匪故事中仍然可见：他们宣称要对全世界发动正义的战争，并以此为荣。他们不把这种战争中的所获称为贼赃，而美其名曰战利品；尽管被捕的海盗必然死于罗马海港的十字架，他们仍自称有权处决任何俘虏。

海盗的军事与政治权力

他们的军事政治组织甚为坚固，尤其是在米特拉达特斯战争之后。他们的船只大部分是“鼠艇”（myoparons），就是无顶的小快船，只有小部分是两层桨和三层桨的船，现在这些船常结成队伍由首领指挥在海上航行，首领的座船常常闪耀着金光和紫光。遇到身处险境的同伴，就算他完全是个陌生人，海盗船主也不会拒绝施救。任一海盗与人结约，全体均绝对承认；一个海盗受害，全体为他报仇。他们真正的家是从赫拉克勒斯的底柱到叙利亚和埃及的海域；毛里塔尼亚和达尔马提亚的海岸、克里特岛，尤其是小亚细亚的南岸，能随时为这些海盗和他们的船只提供藏身之处。那里有许多地岬和避难所，控制着当时海上贸易的主要通道，且几乎是无主之地，这里的利西亚（Lycia）城市联盟和潘菲利亚（Pamphylia）各民社的地位无足轻重。西里西亚自罗马纪元652年（即公元前102年）就有罗马兵站，但这兵站远不足以控制狭长的海岸。叙利亚对西里西亚的主权总是有名无实，最近又被亚美尼亚夺取。统治亚美尼亚的人，犹如一位真国王，毫不关心这片海洋，欣然把它舍给西里西亚人，让他们去劫掠。所以海盗在这里比在别处更加兴旺，这并不奇怪。他们不但占领了沿岸信号台和兵站的所有地方，而且深入内地——在利西亚、潘菲利亚和西里西亚险峻多山的腹地选择最幽僻之地建立山寨，他们出海时便将妻儿和钱财藏匿于此。毫无疑问，在危急时刻，这里也是他们的避难所。尤其在西里西亚的荒野地带，建有大量这种海盗城堡，那里的森林又给海盗们提供了绝佳的造船木材。因此，他们主要的造船厂和兵工厂都建于此处。这个有组织的军事国在希腊沿海城市中有着一批坚定的属国，这些城市多少有点被放任不管，自行其是：根据明确的条约，他们与海盗友好为邻，与其通商。罗马总督下令让它们出船进攻海盗，它们竟不从命。例如，潘菲利亚一座不小的城镇西第（Side）准许海盗在其码头上造船，在其市场上出卖俘获的自由人。这样一个海盗团体就等于一个政权，他们也以此自命；自叙利亚国王特立冯（Tryphon）首次把它当做一个政权借以支持他的王位以来，它便得到人们的认可。我们发现，海盗是本都王米特拉达特斯的同盟，也是罗马民主党流亡分子的同盟；我们发现，海盗向东部和西部水域的苏拉舰队发起攻击；我们发现，个别海盗王统治着相当大面积的沿海城镇。这个位于海面的国家的内政已发展到何种程度，我们无从知晓，但不容否认的是，这个组织孕育着一个海上王国。这个海国已开始萌芽，若在有利的条件下，或可发展成为一个长久的国家。

罗马海警的无效

正如我们已经指出的，这种情形表明罗马人是如何维持或扰乱“他们的海洋”秩序的。罗马对各省的保护主要依靠军事监护；各省向罗马纳税或进贡，以感谢罗马对其海陆的防护，这种防护为罗马一手抄办。但从来没有哪个守卫者像寡头政治罗马那样无耻，欺诈其受监护者。罗马没有为帝国设置一个总舰队，也没有集中其海上警备，元老院听任海上警备的统一指挥（没有它的统一指挥，在这里便不能有所作为）暂停职权，让每个总督和属国各随其意、各尽其力，以免遭海盗的侵害。

罗马违反条约用它自己的人力、物力和形式上仍系自主的属国的人力财力来供养一支舰队，却让意大利的海军衰落而亡，凑合用几个商业城镇提供的船只维持着；或者更常见的是，到处设有海防队，而这所有的费用都得属国来承担。倘若罗马总督把为海岸防务征收来的钱财实实在在地用到正题上而不是中饱私囊，那人民便可引以为幸；倘若某罗马贵族被海盗掳走，总督破天荒地不让他们自己筹集赎金的话，他们也可引以为幸。起初判断明智的举动，如占领西里西亚（罗马纪元 653 年，即公元前 101 年），执行时必然遭到破坏。在这个时期，大多数罗马人都醉心于本国的伟大，如果有一人不为此念所惑，他必愿拆除佛罗场讲坛上的船首，至少免得他每见船首，便想起往昔盛世取得的海上胜利。

在小亚细亚南岸的远征中，罗马执政官普布利乌斯·塞尔维利乌斯（Publius Servilius）战胜了伊苏里亚人（Isaurians），这极大地挫败了苏拉。苏拉在米特拉达特斯战争中，确实深知忽略海军所致的危险，于是采取各种措施，力矫此弊。他曾命令亚细亚的总督在沿海城镇建立一支舰队以防海盗，但却毫无效果，因为穆列纳宁愿与米特拉达特斯开战，而西里西亚总督格涅乌斯·多拉贝拉（Gnaeus Dolabella）却显然毫无能力。因此，到了罗马纪元 675 年（即公元前 79 年），元老院决定委派一位执政官前往西里西亚，贤能的普布利乌斯·塞尔维利乌斯（Publius Servilius）中选。他在一番血战中击败海盗的舰队，然后捣毁小亚细亚南岸那些给海盗提供停泊和商贸的地方。海上霸王泽尼凯第斯（Zeniketes）的堡垒——东利西亚（Lycia）的奥林波斯（Olympos）、科赖果（Korykos）、法西里（Phaselis）

和潘菲利亚的阿达莱亚（Attalia）——都被攻破，海王本人也死于奥林匹斯堡的烈焰中。其次是进攻伊苏里亚人（Isaurians），这些人生活在西里西亚的荒野地带（Rough Cilicia），陶鲁斯山的北面，所居之地崇山峻岭、岩石幽谷交互错综，漫山遍野都是繁茂的橡树林——即使在今天，这一带仍充斥着往古盗贼时代的遗迹。伊苏里亚（Isaurian）这些堡垒是盗贼们最后、也是最安全的退路。为荡平它们，塞尔维利乌斯（Servilius）率罗马第一军越过陶鲁斯山，攻破敌人在欧隆达（Oranda）的据点。更重要的是，攻破伊苏里亚——这是一座地理位置极佳的盗贼城，位于一条难以通行的山脊上，能完全俯瞰和控制广阔的伊康（Ikonion）平原。此战到罗马纪元679年（即公元前75年）才平息，普布利乌斯·塞尔维利乌斯因此替他自己和子孙后代赢得“伊苏里亚克斯”（Isanrikers）的别号，这几年的征战硕果累累；大批海盗和海盗船因此落到罗马人怀里，利西亚（Lycia）、潘菲利亚（Pamphylia）和西里西亚都受到重创。罗马人侵占被灭城镇的领土，从而大大拓宽了西里西亚的疆土。但海盗行为绝然未被这些手段所制服，反之，海盗只是迁往他处，尤其是迁往克里特（Crete）这个地中海海盗最古老的巢穴。只有大规模、统一的围剿计划——实际上，只有建立长久的海上警卫军，这事才有彻底解决的希望。

亚洲关系：提格兰和亚美尼亚新王国

小亚细亚大陆的局势与这次海上战争有着千丝万缕的关系，罗马与本都王和亚美尼亚王的争执不减反增。一方面，亚美尼亚王提格兰毫无顾忌地进行侵略扩张。当时帕提亚

(Parthians)国因内争而分裂，国势一落千丈，在长期的战争中逐渐被赶往越来越偏远的亚洲内地。在亚美尼亚(Armenia)，美索不达米亚和伊朗之间的各国，科杜内(Corduene，库尔德斯坦北部）和亚特罗帕的米底（Media Atropatene，今阿塞拜疆［Azerbijan］）原为帕提亚的封地，现在变为亚美尼亚的封地。尼尼微国（Ninive，今摩苏尔［Mosul］）也被迫至少暂时成为亚美尼亚的属国。在美索不达米亚，特别是尼西比斯（Nisibis）及其四周，亚美尼亚奠定了其统治权；只有大部分为沙漠的南部，似乎还未成为新国王的固定属地，特别是底格里斯河上的塞琉西亚（Seleucia）似乎并未服从其统治。亚美尼亚国王把一个阿拉伯游牧部落从美索不达米亚南部迁往埃德萨国（Edessa，又名欧斯隆［Osrhoene］)，意在使他们控制幼发拉底河的渡口和贸易大道。[①]

---

①埃德萨国的开创，在其本国编年史中列在罗马纪元620年（即公元前134年)，但开国后过了很长一段时间，才传到以后见于此地的阿拉伯王朝阿伯伽罗斯和曼诺斯。该王朝显然与提格兰大王将许多阿拉伯人迁至埃德萨、迦里罗、迦拉等地有关。关于此事，普鲁塔克也说提格兰转移了穹庐阿拉伯人的风俗，使他们迁至距其国较近的地方，以便借他们的力量取得商业利益。大概这句话的意义是，贝都因人惯于开辟穿过他们境内的路线，在路线上征收定额的过境税，他们为大王管理通行税，在幼发拉底河的渡口替他和他们自己征收通行税。普林尼称他们为“欧斯隆的西阿拉伯人”，他们必然就是阿夫拉尼乌斯所平定的阿蒙山的阿拉伯人。

卡帕多奇亚与亚美尼亚

但提格兰的征服绝不限于幼发拉底河东岸，卡帕多奇亚尤其成为他的攻击目标。此地毫无防御措施，因此遭到这位强大邻国的毁灭性一击。提格兰夺去卡帕多奇亚东部的梅利泰内（Melitene）省，把它并入对岸亚美尼亚的索芬涅（Sophene）省。这样一来，他便能控制幼发拉底河的渡口和小亚细亚与亚美尼亚之间的贸易大道。苏拉死后，亚美尼亚人甚至攻入卡帕多奇亚本部，把首城马扎卡（Mazaka，以后的恺撒里亚[Caesarea]）和另外11个希腊城市的居民迁往亚美尼亚。

提格兰统治下的叙利亚

日益衰败的塞琉西（Seleucids）帝国也无法对这位新国王作出更强烈的抵抗。南部由埃及边境到斯特拉顿塔（Stratons Thrum，即恺撒里亚）为犹太军长亚历山大·詹尼亚斯（Alexander Jannaeus）所统治。他与邻近的叙利亚、埃及和阿拉伯以及帝国各城交战，逐步扩大并巩固他的疆土。叙利亚较大的几个城市，如加沙（Gaza）、斯特拉顿塔、托勒密（Ptolemais）和贝罗亚（Beroea）企图以自己的力量自立，它们有时是自由的社区，有时则被所谓的僭主所统治，尤其是首都安提俄克（Antioch）实际上已经独立。大马士革（Damascus）和黎巴嫩（Lebanon）流域已归顺纳巴泰（Nabataean）君长、佩特拉国王阿雷塔斯（Aretas）。最后，海盗或罗马人统治西里西亚。而为了这顶支离破碎的王冠，塞琉西各王子竟互相争论不休，仿佛欲使王位弄成笑柄，让所有人生厌。不仅如此，这个王室家族就像拉伊俄斯（Laius）家族一样，永受纷争之祸。本国臣民起身反抗，该王族甚至由于亚历山大二世死后无子嗣继承而声称要继承埃及王位。因此，提格兰（Tigranes）国王开始肆虐侵占，毫不客气。东西里西亚（Cilicia）很快就沦陷了，索里（Soli）和其他城市的市民犹如卡帕多奇亚人，也被掳到亚美尼亚。同样，上叙利亚省除欧朗提斯河（Orontes）口英勇抵抗的塞琉西亚（Seleucia）城外，腓尼基大部分城镇被武力征服。罗马纪元680年（即公元前74年）前后，托勒密也被亚美尼亚人占领，犹太国也受到他们的严重威胁。

安提俄克（Antioch）曾是塞琉西王族的故都，现在成为这位国王的寝宫。自罗马纪元671年（公元前83年），即苏拉与米特拉达特斯缔结和约的第二年，叙利亚编年史已称提格兰为国王。西里西亚和叙利亚似乎成了亚美尼亚的辖地，隶属于国王的陆军中尉马伽达底（Magadates）的统治之下。尼尼微（Nineveh）君工、沙尔马纳萨（Salmanezers）和辛那赫里布（Sennacheribs）的时代往而复返，东方的专制政体沉重地压迫着叙利亚海岸的商人，一如昔日对推罗和西顿那样。内地的大国又对地中海各地发起猛攻，亚洲的大军，据说有50万战士，又现身于西里西亚和叙利亚沿海一带。正如沙尔马纳萨和尼布甲尼撒二世（Nebuchadnezzar）曾经把犹太人迁于巴比伦，现在提格兰也强迫新国一切边境地带——科杜内、阿迪亚波纳（Adiabene）、亚述、西里西亚和卡帕多奇亚——的居民，尤其是城市里的希腊人或半希腊人，带上各自的全部家产（留下的东西一律充公）迁居新都；新都是个硕大无朋的城市，只见人民的渺小，而不见君主的伟大。只要新的大苏丹下发指令对最高主权进行调整，这种城市就在幼发拉底河沿岸如春笋般衍生出来。“新提格兰城”（Tigranocerta）建于亚美尼亚和美索不达米亚的交界处，被定为亚美尼亚新近获得领土的首都，是个与尼尼微和巴比伦差不多的城市，城墙高三十多公尺，备有苏丹制度所不可或缺的宫殿、庄园和苑囿。在其他方面，这位国王也不辜负他的身份。在东方根深蒂固的幼稚念头中，他们对于头戴皇冠的国王从未脱去孩子气的观念。提格兰每次出席公众场合，总摆出一副大流士（Darius）和薛西斯（Xerxes）继承人的架势，身穿紫袍，内着半白半紫的衬衣，下拖多褶长裤，头戴长头巾和王冠，无论走到哪里，站在哪里，总有四个“小王”站在旁边，像奴隶似的侍奉他。

米特拉达特斯

米特拉达特斯国王行事较为谨慎。他避免侵犯小亚细亚，只满足于在条约规定范围内行事，以巩固他在黑海沿岸的领土。现在博斯普鲁斯（Bosporan）王国在他的王权下，由他的儿子马卡尔斯（Machares）统治，他逐渐使本国与本都国之间的区域界限更加明确。但他也竭尽全力操练他的舰队和军队，特别是效仿罗马的方式来武装和编制军队。很多来自罗马的流亡人士客居他的宫廷，为他帮了不少忙。东埃及罗马人已受东方事物的牵连，他们不愿继续受其牵连。这种态度在一个事件中展露无遗，即当时有着绝佳的机会可以通过和平手段使埃及受到罗马的直接统治，但元老院却嗤之以鼻。苏拉所立的埃及王托勒密·索特二世拉代罗（Ptolemaeus Soter II Lathyrus，即亚历山大二世，亚历山大一世之子）即位数日以后，便在首都的暴乱中被杀（罗马纪元673年，即公元前81年），于是托勒密·拉古斯（Ptolemaeus Lagus）不再有合法的后嗣。这个亚历山大国王曾在遗嘱[①]中指定罗马民众为其继任者，该文件的真实性无疑受到人们的争议，但元老院承认其真实性，因为遗嘱规定由推罗收回已故国王账上的存款。不过，该遗嘱却让两个臭名昭著的私生子——一个是拉代罗，托勒密十一世（Lathyrus，Ptolemaeus XI），绰号新狄厄尼索斯（Dionysos），或吹笛者（Auletes）；另一个是塞浦路斯人托勒密（Ptolemaeus the Cyprian）——分别占领埃及和塞浦路斯。元老院虽没明言承认他们，但也没有明确要求他们交出国土。元老院允许这种模棱两可的状态存在，并且没有表态要绝对放弃埃及和塞浦路斯，毫无疑问是因为这两位国王在默许的情况下，为维持这种不确定状态而定期交付给罗马党魁的巨额年金。但是元老院放

①有一个争论的问题：这个假的或真的遗嘱究竟是出自亚历山大一世（死于罗马纪元666年，即公元前88年），还是出自亚历山大二世（死于罗马纪元673年，即公元前81年），人们常断定其出自前者，不过理由不够充足。因为西塞罗未言埃及于罗马纪元666年（即公元前88年）归于罗马，而言埃及在该年或之后归于罗马。亚历山大一世死在国外，亚历山大二世死在亚历山大城，有人由此推测，遗嘱所称留推罗的财宝必属于前者，他们却忘了亚历山大二世到埃及才十九天便被弑，那时他的财宝或许还在推罗。另一方面，亚历山大二世是拉吉德王家最末的真后裔，这是确定无疑的，因为在罗马经同样情形获得波加蒙、昔兰尼和比提尼亚时，指定罗马为继承者的，永远是王家最末的子孙。古代的宪法，至少应用到罗马属国的宪法，似乎不绝对给在位君主最后支配其国的权利，只在缺乏有继承权的亲属时，他才有这种权力。遗嘱究竟是真是假，我们无从考证，并且不甚重要。我们没有认之为伪造的特殊理由。

弃这诱人的利益，却另有预谋。埃及因其独特的地位和财政机构，使统治此地的每一位长官手握财政大权和海上势力，并且总揽政权，这与寡头政权的多疑和软弱绝对不符。从这点来看，放弃对尼罗河区域的直接占有是明智之举。

不干涉小亚细亚和叙利亚

元老院虽未直接干涉小亚细亚和叙利亚地区的事务，但却不那么情有可原。罗马政府虽并未真正承认亚美尼亚征服者是卡帕多奇亚和叙利亚的国王，但也没有将他驱逐出去，虽迫于无奈于罗马纪元 676 年（即公元前 78 年）对西里西亚的海盗开战，自然暗示要特别干涉叙利亚。实际上，罗马政府对卡帕多奇亚和叙利亚的失陷表示容忍而未为此宣战，不仅舍弃了那些受它保护的属地，而且放弃了自身强大实力所依赖的最重要的基础。幼发拉底河和底格里斯河上的希腊殖民地和国家是罗马领土的藩属，政府牺牲了它们，已属冒险；但当它允许亚洲人在其帝国的政治根基地中海地区建立政权时，这并不是说明它有多热爱和平，而是承认了一个事实，即苏拉复辟的寡头政府变得更加寡头，但却无疑没有更明智，也未更加充满活力。就罗马在世界上的实力而言，寡头政府是没落的开始。

另一方面，提格兰也没有开战的想法。罗马甚至在未开战的情况下将其所有盟邦弃予提格兰，提格兰自无愿战的理由。米特拉达特斯不只是个苏丹人，并且在胜败之中与敌友交手无数，他深知一旦对罗马再度开战，他很可能像第一次那样孤立无援，他最谨慎的做法莫过于守静不动，以巩固其国内势力。在与穆列纳会谈时，米特拉达特斯已充分表明对和平宣言的诚意，他仍避免一切会迫使罗马政府放弃其消极态度的行为。

罗马的疑虑

但由于第一次米特拉达特斯战争是在双方不情愿的情况下发生的，因此现在由于双方利益出现分歧而互生猜疑，从而引起双方均进行自卫准备。这种准备以其积重难返之势，最终导致双方关系公开破裂。罗马人总是不自信军备已准备就绪，随时可以应战，他们的政略久为这种疑虑所左右——其原因或在于缺乏常备军和那不足为训的同僚政治。因此，他们仿佛有个政治公理，即他们每次开战不仅要征服敌人，还要歼灭敌军。就此而言，罗马人从一开始就不满意与苏拉签订的和约，因为他们在此之前就同意西庇阿给迦太基人的条款。眼见本都王的第二次攻势在即，又因今日的局势在某种程度上与十二年前的非常相似，他们的忧虑显而易见。危险的内战再次与米特拉达特斯的危险军备同时发生，色雷斯人又再次践踏马其顿王国，海盗舰队又成群结队横行于整个地中海；从前，使者来来去去往返于地中海和意大利之间，现在则往来于西班牙与锡诺普宫廷的罗马流亡人士之间。早在罗马纪元 677 年（即公元前 77 年）初，就有人在元老院说，国王只是等待时机，意大利内战一起，便进攻罗马的亚细亚省。于是，罗马增强亚细亚省和西里西亚的军队，以防患于未然。

米特拉达特斯的忧虑

就米特拉达特斯而言，他越来越担心罗马政策的变动。他深信，软弱的元老院虽害怕战争，但从长远来看，罗马人和提格兰人之间的战争几乎是不可避免的，他也不能避免参战。他试图从罗马元老院获得和约的文献记录，但适逢雷必达革命之乱而作罢，至今仍无结果。米特拉达特斯发现，这些迹象表明战争将再次来袭。由于海盗是东方君主的同盟，罗马远征海盗与东方君主有着间接关系，这似乎是战争的开端。更令人怀疑的是罗马对埃及和塞浦路斯悬而未决的诉求：本都王把他的两个女儿米特拉达特蒂（Mithradatis）和奈萨（Nyssa）许配给两位托勒密王朝的人，而元老院对他们拒不承认。罗马的流亡人士力主开战，米特拉达特斯以相当的托辞派遣使者到庞培的司令部获取塞多留的情报，这时塞多留在西班牙的势力确实惊人，本都王展望前景，以为这次战争不至像第一次罗马战争那样同罗马两党同时作战，而是可以协同一党压制另一党。现在是最好的时候，毕竟主动宣战比被动迎战总是好些。罗马纪元679年（即公元前75年），比提尼亚（Bithynia）国王尼科密底三世菲洛帕托（Nicomedes III Philopator）去世，他是王族的最后一位继承人——因为奈萨生的是儿子，或据说是私生子——便把他的王国传给罗马，这个王国与罗马边界接壤，罗马的官吏和商人早已充斥此地，所以罗马便毫无迟疑地接收此国。与此同时，于罗马纪元658年（即公元前96年）就被传给罗马的昔兰尼终于开始设立建省，罗马派遣一位长官到那里管辖（罗马纪元679年，即公元前75年）。

这些举动，加上几乎同时对小亚细亚南岸的海盗进行攻击的行动，必然引起本都王的忧虑；尤其是比提尼亚的兼并，使得罗马人成为本都国的近邻。大概此事成为转变局面的临界点，本都王果断决定在罗马纪元679—680年（即公元前75—前74年）冬季对罗马人宣战。

米特拉达特斯的准备工作

米特拉达特斯很高兴可以不必独自承担这件难事。他最亲近的天然盟友是提格兰，不过这位目光短浅的人拒绝了他岳父的提议，于是他只留下叛党和海盗。米特拉达特斯与这两方打交道时小心翼翼，派出强大的军队到西班牙和克里特岛。他与塞多留签订了一份正式协议，规定罗马把比提尼亚、帕夫拉戈尼亚（Paphlagonia）、加拉提亚（Galatia）和卡帕多奇亚割让给他——当然，这些属地需要在战场决出胜负后方可真正获得。更重要的是，西班牙将军派遣罗马军官率领国王的陆军和舰队予以支持。流亡在东方的罗马人卢奇乌斯·马吉乌斯（Lucius Magius）和卢奇乌斯·法尼乌斯（Lucius Fannius）最为活跃，塞多留任命他们为他的代表，驻在锡诺普的宫廷。也有海盗给予的帮助，他们大批聚集在本都国，正是得力于他们的力量，国王才能建成一支数量庞大、质量精良的海军。他的主要支持仍归功于自己的军队，国王希望在罗马人到达亚洲以前，用这支军队占领他们在此处的属地：特别是由于苏拉战争在亚细亚省造成了财政困难，比提尼亚厌恶新立的罗马政府，此时西里西亚和潘菲利亚的焦土行动最近结束，成为这场极大破坏力的战争的导火索，这些都为本都王创造了有利的前景。

战备储量也不错。王室粮仓例存有两百万梅丁的粮食，而舰队和士兵数量庞大、训练有素，尤其是巴斯塔尼亚（Bastarnian）的佣兵，这是一支精锐部队，甚至能与意大利军团相抗衡。在此情形下，国王采取了攻势。狄奥凡图斯（Diophantus）率领一支军队攻入卡帕多奇亚，以便占据那里的堡垒，封锁罗马人进入本都国的要道。塞多留派出的将领马尔库斯·马略（Marcus Marius）与本都长官欧马库斯（Eumachus）共同前往弗里吉亚（Phrygia），意在煽动罗马行省和托鲁斯山一带人民的反抗；由塔格西莱斯（Taxiles）和赫莫克拉斯特（Hermocrates）率领、国王亲自监军的一支主力军拥有十多万士兵，其中骑兵一万六千，镰刀战车一百辆；阿里斯托尼库斯（Aristonicus）指挥的战舰400艘，他们共同沿着小亚细亚北岸行进，以占领帕夫拉戈尼亚和比提尼亚。

罗马备战

在罗马方面，他们选用罗马纪元680年（即公元前74年）的执政官卢奇乌斯·卢库勒斯（Lucius Lucullus），令其指挥第一线战争。作为亚细亚和西里西亚的省长，卢库勒斯统领驻小亚细亚的四个兵团和由他从意大利带来的第五兵团，这支兵团共计步兵三万，骑兵一千六百，他奉命率领此军经弗里吉亚进入本都国境内。他的同僚马尔库斯·科塔（Marcus Cotta）率领舰队和另一支罗马兵团前往普罗彭提斯（Propontis），以掩护亚细亚省和比提尼亚。最后，罗马命沿海一带，特别是直接受到本都国舰队威胁的色雷斯海岸，一律补给武器装备，并下达非常的法令，将清除所有海面、沿海的海盗和本都党羽的责任委派给执政官马尔库斯·安东尼（Marcus Antonius），他是三十年前首次惩治西里西亚海盗的英雄之子。此外，元老院拨款7200万塞斯特斯（古罗马货币）供卢库勒斯支配，以兴建舰队，然而，卢库勒斯拒绝了。所有这些行为表明，罗马政府承认祸根在于忽略了海军的发展。从他们所颁发的法令来看，至少表明了他们对这个问题的担忧。

战争爆发

于是在罗马纪元680年（即公元前74年），战争全面爆发。米特拉达特斯很不幸，就在他宣战的关键时刻，塞多留的战争面临危机，因此，他主要的希望从一开始就成了泡影，也正因为如此，罗马政府可以集中全部力量用于海上和亚细亚的战争。另一方面，米特拉达特斯在小亚细亚获得了进攻的优势。小亚细亚的众多城市纷纷敞开大门欢迎掌管罗马行省的塞多留执政官，他们又像罗马纪元666年（即公元前88年）那样，屠杀侨居在他们中间的罗马家庭：皮西迪亚、伊苏里亚和西里西亚人起兵反抗罗马。当时的罗马在受到威胁时没有部队援助，个别热血青年试图凭借自己的力量阻遏省民的叛乱，因此，在得知事件的详情后，当时正在罗德（Rhodes）留学的年轻的盖马斯·恺撒（Gaius Caesar）便离开那里，率领一支仓促集合的人马阻挡叛徒，但这些志愿军取得不了什么大成就。如果托列斯托波伊（Tolistobogii，居于培希努［Pessinus］附近的凯尔特人）的骁勇酋长德奥塔鲁斯（Deiotarus）不归附罗马人并战胜本都的将军，卢库勒斯将不得不付出代价从敌人手里重新夺回罗马在该省的腹地。但即便如此，他在平息省境和逐退敌人时也耗费了宝贵的时间，因此，他部下的骑兵取得的小胜远不足以补偿时间的损失。对罗马人而言，小亚细亚北岸的局势比弗里吉亚更为不利。这里，本都的大军和舰队已经完全占据了比提尼亚，迫使罗马执政官科塔率领他那为数不多的部队和船舰在卡尔西顿的城垣和港湾寻求庇护，米特拉达特斯把他们封锁在里面。

罗马在卡尔西顿战败

然而，此次封锁对于罗马人来说是有利的，因为如果科塔能把本都的军队牵制在卡尔西顿城下，而卢库勒斯也向此地进军，那么，罗马的全部武力便可以在卡尔西顿集聚，迫使敌军在此决战，而不必决战于路远难行的本都境内。卢库勒斯确实采取向卡尔西顿进军的路线，但是科塔欲在同僚到达之前自立大功，便命他的海军上将普布利乌斯·鲁提利乌斯·努杜斯（Publius Rutilius Nudus）发起突袭，结果不但造成罗马人惨败，而且竟使得本都国的军队获得机会攻打港湾的突破口，破坏拦截港口的锁链，焚毁一切停在港口的罗马战船共约七十艘。卢库勒斯在桑加里斯河（Sangarius）收到罗马的败讯后，下令部队加速进军，这令部下将士大为不满。在他们看来，科塔无足轻重，并且他们更愿意掠夺一个毫无防备的地方而不愿带领同伴去血战。但卢库勒斯的到来弥补了罗马军队一定的挫败：国王撤出卡尔西顿，但没撤出本都国。他向南进入旧属罗马的省份，在那里沿普罗庞提斯和赫勒斯滂海峡展开攻势，一举占领兰普萨库斯（Lampsacus），开始围攻殷富的大城西济库姆。他只有利用距离来牵制罗马，才有成功的希望；现在他不这样做，却走入死胡同，陷在里面，日甚一日。

米特拉达特斯围困西济库姆

在西济库姆，古希腊人的灵巧和天分保存得如此纯粹，举世无双。这里的公民虽在卡尔西顿的两次战败中损失了大量的兵将和船只，却仍誓死抵抗。西济库姆位于大陆正对面的一座岛上，通过一座桥与大陆相连。攻方军队不但夺得大陆上一处延绵到桥边的高地和位于那里的城郊，还夺得了岛上著名的丁底孟（Dindymene）高地。无论是在大陆还是在岛上，希腊的工程师们都用尽所有技术为攻城铺路。他们终于打开了一个缺口，不过到了夜间，守军又把缺口给堵住。王军作出的所有努力都徒劳无用，正如国王耸人听闻地恐吓西济库姆的公民，称若他们仍拒绝投降，他就要在城墙前把俘获的西济库姆人处死一样毫无用处。西济库姆人仍继续勇敢地守着城墙，未让敌人得逞。在被困期间，他们几乎要抓住本都王本人了。

本都军队的溃败

同时，卢库勒斯在本都军队的后方拥有非常坚固的阵地，这虽不能使他直接救援被困的城市，却能使他在陆地上切断敌人的一切救济物资。因此，米特拉达特斯率领的庞大军队，连随营者估计三十多万，既不能作战，又不能进军，牢牢地被钳制在无法攻下的城池和不可动摇的罗马军之间，一切只能依靠海上的物资。但幸运的是，本都舰队独自控制着这个海道。然而恶劣气候来临，一场暴风雪摧毁了大部分攻城设施。粮食不足，尤其是马的饲料供给不足，使得士兵们无法忍受。在大部分本都军队的护送下，他们遣走了驮重物和行李的驼兽，命令他们不惜一切代价偷渡或冲过去。但在西济库姆西边的林达库斯河（Rhyndacus）上，卢库勒斯追上了他们，把全军打得落花流水。梅特罗凡尼斯（Metrophanes）和卢奇乌斯·法尼乌斯率领的另一支骑兵在小亚细亚的西边久久徘徊，又被迫回到西济库姆前的营地。饥饿和疾病在本都军队中肆虐，使得军队人数大减。春季将近（罗马纪元681年，即公元前73年），守军加倍努力，夺回了丁底孟上修建的壕沟；国王别无办法，只好撤围，凭借舰队的协助救出所有能救出的东西。他随着舰队行至赫勒斯滂，但由于在出发时遇到麻烦，又在行驶途中遇到风暴，他们遭受了巨大的损失。赫尔迈乌斯（Hermaeus）和马略率领的陆军也向那里进军，意欲借城垣的庇护，在兰普萨库斯（Lampsacus）上船。他们把辎重和伤残人士弃于途中，这些人后来都被愤恨的西济库姆人杀害。中途渡过埃塞浦斯河（Aesepus）和格拉尼库斯河（Granicus）时，他们遭到卢库勒斯的打击，损失惨重，但最终还是到达目的地。本都王的舰队只把大军的残部和兰普萨库斯的人民运往罗马人所不及之处。

海上之战：米特拉达特斯被赶回本都

卢库勒斯一鼓作气而又谨慎的作战方式不仅补救了同僚的错误，而且未经激战就摧毁了敌军的精锐部队——据说有二十万人。倘若他的军队没有在卡尔西顿港口被焚毁，他必能将敌军全部歼灭。事实既然如此，破坏的工作仍未结束。本都舰队虽遭到西济库姆的惨败，但仍驻在普罗庞提斯，封锁皮林塔斯（Perinthus）和拜占庭的欧洲海岸，还入侵普利亚波斯

(Priapus) 的亚洲海岸，国王又在比提尼亚的海港尼科米底亚 (Nicomedia) 建立大本营，这些事都令卢库勒斯不得不坐视不理。事实上，一支五十艘船的精锐中队载着一万精英部将，其中包括马尔库斯·马略和罗马流亡人士的精英，他们竟扬帆驶往爱琴海；据说，这支舰队将在意大利登陆，企图再次煽动意大利的内战。但在卡尔西顿战败之后，卢库勒斯就要求亚细亚各民社提供船只，现在船只已一一就位，一支舰队便开始追击那支驶入爱琴海的敌军舰队。卢库勒斯有指挥海军的丰富经验，于是自任统帅。敌军的 13 艘五层橹船在伊西多鲁斯 (Isidorus) 的指挥下驶向利姆诺斯岛，在亚该亚港口外的特洛伊沿岸和忒涅多斯岛 (Tenedos) 之间的海面上，这 13 艘船全部被击沉。在利姆诺斯和斯基罗斯 (Scyros) 之间的小岛尼亚 (Neae) 上，卢库勒斯发现，本都一支有着 32 艘船的小舰队，一字排在这座荒岛的岸边，于是立即向这些船只和散在岛上的船员发起进攻，最后夺得了全部舰队。马尔库斯·马略和骁勇能干的罗马流亡人士均死于这里，他们或死于当时的冲突，或随后死于刽子手的刀斧之下。敌军驶往爱琴海的整支舰队均为卢库勒斯歼灭。同时，科塔以及卢库勒斯的副将沃克尼乌斯 (Voconius)、盖乌斯·瓦勒里乌斯·特里亚里乌斯 (Gaius Valerius Triarius) 和巴尔巴 (Barba) 继续开展比提尼亚的战争，陆军有来自意大利的增援，海军有由亚细亚征集的舰队。巴尔巴攻取内地奥林匹斯河上的普鲁西亚斯 (Prusias) 和尼西亚 (Nicaea)，特里亚里乌斯在沿海进攻阿帕米亚 (Apamea，昔名迈尔里 [Myrlea]) 和海上的普鲁西亚斯 (Prusias，昔名厄斯 [Cius])，然后两人会合，联合攻击位于尼科米底亚

（Nicomedia）的米特拉达特斯；但米特拉达特斯毫无应战的意思，他逃到自己的船上，驶回本国。他之所以能够逃走，只是因为负责封锁尼科米底亚港口的罗马海军上将沃克尼乌斯到得太迟。在航行途中，要地赫拉克里亚（Heraclea）固然被出卖给国王，为他所占，但这一带海域的风暴倾翻了其中的60多艘船，其余的船只也被吹得四处分散，国王几乎孤身一人来到锡诺普。这时，米特拉达特斯突然采取攻势，结果本都的海陆军被敌军完全击败，颜面尽失（至少对最高统帅来说是如此）。

卢库勒斯入侵本都

现在卢库勒斯反过来采取攻势侵略本都国。特里亚里乌斯接受了统帅舰队的任命，奉命先封锁赫勒斯滂海峡，等候从克里特和西班牙返航的本都船队；科塔负责围攻赫拉克里亚，提供物资的艰巨任务则交给忠实积极的加拉提亚王子和卡帕多奇亚国王阿里奥巴尔查尼斯（Ariobarzanes）。卢库勒斯自己则于罗马纪元681年（即公元前73年）秋季踏入这片久无敌人涉足的本都宝地。此时，米特拉达特斯决定保持最严格的防御，放弃与敌军交战，从锡诺普撤退到阿弥索斯（Amisus），又从阿弥索斯退到伊里斯河（Iris）支流利库斯河（Lycus）上的卡比拉（Cabira，后被叫做新恺撒利亚［Neocaesarea］，今尼克塞尔［Niksar］）。他一心想把敌人引向越来越远的内地，阻断他们的接济物资和情报。卢库勒斯火速追击，越过锡诺普，渡过罗马势力范围曾经的边界哈里斯河，包围阿弥索斯、尤帕托里亚（Eupatoria，在伊里斯河上）等大城，直到冬天来临，才停止进军，但仍围攻城市。卢库勒斯不断向前进军，使得士兵们无暇享受胜利的成果，加之天气严寒，封锁工作繁重，于是士兵们怨声载道。但卢库勒斯不惯于听这种怨言：罗马纪元 682 年（即公元前 72 年）的春季一到，他即刻进攻卡比拉，留下卢奇乌斯·穆列纳率两个军团围攻阿弥索斯。在冬季，本都王曾设法劝亚美尼亚国王参战，这次尝试与之前一样徒劳无果，或者说只得到一张空头支票。帕提亚人更不愿意插手这个不大可能成功的烂摊子。尽管如此，一支主要在赛西亚境内征兵招募的庞大部队再次归于狄奥凡图斯和塔格西莱斯麾下，在卡比拉集合。罗马军仍仅有三个兵团，在骑兵方面的确不及本都军，因此不得不尽量避开平原，历尽千辛万苦，终于到达卡比拉附近的一条小路。两军在此城进行了相当长时间的对峙。两军争抢的主要是双方都稀缺的物资，因此，米特拉达特斯将狄奥凡图斯和塔格西莱斯率领的骑兵精英和一队精锐步兵编成一个别动队，命他们巡逻吕科斯河和哈里斯河之间的地带，捉拿来自卡帕多奇亚的罗马运饷队。但卢库勒斯的副将马尔库斯·法比乌斯·哈德良（Marcus Fabius Hadrianus）护送着运饷队，不但完全击败了潜伏在隘路准备袭击的队伍，而且得到军营的援兵后，竟打败了狄奥凡图斯和塔格西莱斯的军队，从而大获全胜。本都王将希望寄托在骑兵身上，而骑兵竟这样一败涂地，对他来说是无可挽回的损失。

卡比拉的胜利

更值得注意的是，最早从战场逃亡到卡比拉的是战败的将军，本都王一从他们口中听到凶信，甚至在卢库勒斯收到胜利的消息前，便即刻决定再次撤退到更远的地方。但本都王下的决心如闪电般迅速传播到他左右的近臣，士兵们看到国王的亲信仓促收拾行李时，也纷纷陷入恐慌。他们没有一个人情愿自己是最后离开的一个，全国上下，无论尊卑，都像受惊的小鹿一般到处乱窜。没有人听从号令，甚至是本都王的号令，国王自己也在一片动乱中不知所措。卢库勒斯见到这种混乱，便采取进攻行动，本都军队任人屠戮，几乎毫无抵抗。如果罗马军队能够维持纪律，节制他们的掳掠欲望，本都军必无人能逃，国王本人也必然被擒。米特拉达特斯和少数侍从好不容易才穿过山地，逃往科马那（Comana，距托卡特［Tocat］和伊里斯河源头不远）；可是，马尔库斯·庞培（Marcus Pompeius）率领的一支罗马兵团突然到来，又吓得他从那里逃走，所剩骑兵不到二千名，在小亚美尼亚的塔劳拉（Talaura），他越过了本国边界。在亚美尼亚帝国里，他得到一个安身之所，别的一无所有（罗马纪元682年，即公元前72年底）。当然，提格兰命令以皇家之礼待见这位流亡的岳父，但不把他请到宫廷，而是以一种体面的方式把他拘留在偏远的边境省份，那里正是本都王前来的地方。

本都被罗马军队围困

罗马军队横扫本都和小亚美尼亚全境，直至特拉佩佐斯（Trapezus），平原地区均归顺侵略者，毫无抵抗。金库的长官多少迟疑一番后也投降了，献出金库。本都王无法使后宫的妇女——他的姊妹，众多王后和妃嫔成功逃走，便命令一位宦官将她们处死在法那恺亚（Pharnacea，今克拉森特［Kerasunt］）。许多城镇依然在顽强抵抗。事实上，内陆城市现在固然还有几个——卡比拉，阿马西亚（Amasia），尤帕托里亚，但不久便被罗马攻占。但是较大的沿海城市，如阿弥索斯（萨姆松的旧称）和本都的锡诺普，帕夫拉戈尼亚的阿马斯特里斯（Amastris），比提尼亚的蒂乌斯（Tius）以及本都的赫拉克里亚，它们仍然负隅顽抗，这一部分原因是表明他们对国王及其保护的自由希腊宪法的忠心，一部分原因是他们也害怕国王请来援助的海盗。锡诺普与赫拉克里亚甚至派出了军舰对抗罗马军队，其舰队还曾截获了一支从陶利半岛给卢库勒斯军队运送粮食的小型罗马舰队。但在长达两年的围攻后，赫拉克里亚与陶利半岛上希腊城邦的交通被截断，加之一场内乱，它们最终不得不向罗马投降。当阿弥索斯被逼上了绝境时，守军一把火烧了整个城邦，并在滚滚浓雾的掩护下，乘船离去。在锡诺普，骁勇的海盗头领塞琉古（Seleucus）与皇家宦官巴克奇德斯（Bacchides）并肩防御，守军在撤退前先掠夺了民居，并把不能带走的船只付之一炬。尽管大部分守军能够登上船，但据说还是有 8000 个海盗在那儿被卢库勒斯杀死。卡比拉一战（罗马纪元 682—684 年，即公元前 72—前 70 年）后，对这些城市的围攻，整整维持了两年多，卢库勒斯大多差遣他的副将去完成围攻任务，自己则处理亚细亚省的事情，他要求对亚细亚省进行一次全面的改革。

从历史的角度出发，本都的商业中心城市的负隅顽抗，虽然令人钦佩，但却是徒劳无用的，米特拉达特斯的大业也绝对不可能如愿以偿。国王显然没有一点儿打算帮他复国的意思，至少现在看来是如此。随着爱琴海舰队的毁灭，亚细亚的罗马流亡人士失去了最优秀的将士。尚存的人大多数向卢库勒斯妥协，比如当时的积极领袖卢奇乌斯·马吉乌斯和卢奇乌斯·法尼乌斯。而在卡比拉战争同年，随着塞多留的去世，流亡人士便失去了最后的希望。米特拉达特斯自己的势力也完全瓦解，残留的势力接连崩溃。他的70艘战舰的舰队从克里特和西班牙返回时，在忒涅多斯岛海外受特里亚里乌斯的攻击，全军覆没。甚至博斯普鲁斯国王的儿子马卡尔斯也背叛了他，以陶里切尔松尼斯独立君主的名义同罗马人缔结了友好和平条约（罗马纪元684年，即公元前70年）。而国王则在屈辱中一直反抗，最后被逼退到遥远的亚美尼亚的山寨，从此成为了流落在外的人，基本上算是他女婿的俘虏了。虽然成群的海盗仍然在克里特自保，由阿弥索斯和锡诺普逃出来的人沿着黑海的东海岸艰难前行，到达了散尼根（Sanigen）和拉岑（Lazi），但是由于卢库勒斯善于军事，明察事理，愿意安抚各城市叫苦不迭的群众，还肯任用归顺的流亡将领，所以能够轻而易举地从敌人手中解放小亚细亚，歼灭本都国，使其成为罗马帝国的一省。元老院渴望派遣一个委员团来，以便协同最高统帅制定新省的组织规划。

亚美尼亚战争的开始

但是罗马同亚美尼亚的关系还没有解决。上文已经提到过，罗马人对提格兰不仅有宣战的理由，也有宣战的需求。比起罗马的元老们，卢库勒斯能从更实际更高明的眼光来审视国家事务。他清楚地意识到，必须将亚美尼亚赶到底格里斯河外，恢复其丧失的地中海霸权。在处理亚细亚的事务上，他不愧是其亦师亦友的苏拉的后继人。在他的时代，他是罗马人中最亲希腊人的，因此在接管了亚历山大的国家后，他深感自己身上的责任，希望罗马成为希腊在东方的盾牌与刀剑。从个人来看——他既希望在幼发拉底河大胜一场，但又惹怒了大帝，以致大帝在来信中省掉了对自己的尊称。这两件事毫无疑问对卢库勒斯产生了一些影响，但是采取行动更主要的原因还是出于责任，而非出于自己卑鄙自私的私心。但是罗马执政人员不仅懦弱，懒惰，还目光短浅，不善治理国家，国库长期亏空。在没有受到外军直接逼迫的情况下，让他们主动发起一场浩荡且昂贵的战争，是绝不可能的。罗马纪年682年（即公元前72年前后），塞琉西王朝的合法继承人，别号亚细亚人的安条克及其兄弟，看到了本都战争中罗马的胜利，便启程去了罗马，希望罗马能干预叙利亚的事务，并且承认他们在埃及的合法继承权。如果不承认他们的合法性，那么再也找不到一个更加合适的时机，来对提格兰发动这场早就应该发动的战争了。尽管元老院的确承认这两位王子才是叙利亚合法的王位继承人，但是他们犹豫不决，不敢下命进行武力干涉。如果要抓住这次绝佳的机会，严厉地打击亚美尼亚，那么卢库勒斯便只能绕过元老院，自冒风险开战。他发现自己就像苏拉，不管元老院同意与否，他都要为国家争取这显而易见的利益。罗马与亚美尼亚长期处在似战非战的不稳定关系中，这便给卢库勒斯的行动带来便利，一来可以稍微掩盖他独霸的行为，二来也为发动战争找到了一个正式的理由。卡帕多奇亚与叙利亚的局势大可成为战争的理由，况且在本都一战中，罗马军队已经侵犯了大帝的领土。但是，攻打米特拉达特斯才是卢库勒斯的任务，他想要在完成此次任务的同时，将亚美尼亚也攻下。因此，他更愿意派出他的手下阿皮乌斯·克劳狄乌斯前往安条克城面见国王，要求他交出米特拉达特斯。当然国王不会同意，只会引发战争。

潜在的困难

这是一个危险的决策，尤其是考虑到当时罗马军队的情况。在向亚美尼亚开战期间，还必须牢牢守住本都辽阔的疆土，否则驻扎在亚美尼亚的军队与本国的联络就会被切断。况且，不难预料，米特拉达特斯会想方设法卷土重来。卢库勒斯结束米特拉达特斯一战前夕，军队的人数约达三万人，而要完成这两个任务，这些人数显然不够。通常情况下，将军会向政府请求增援一支军队，政府也一定会增援。但是卢库勒斯绕过了自己的政府开战，这既是他所希望的，也是外部形势所迫，那么他就不得不放弃向政府请求增援这个计划。尽管他可以将从本都王军队中俘虏来的色雷斯佣兵收入囊中，但是这还不足两个兵团，最多一万五千人。以这样的情况渡过幼发拉底河去开战，是一个非常冒险的举动。但是他们都是训练有素、骁勇善战的老兵，在某种程度上弥补了人数上的不足。可士兵的情绪却是一个更为危险的因素，因为卢库勒斯出身贵族，他极少关注到这点。卢库勒斯是个有才干的将领，从贵族的标准来衡量算是一位正直仁厚的男人，但却未受到将士的爱戴，这都是由于他坚决拥护寡头大国，坚决阻止罗马资本家在小亚细亚寻求暴利，给士兵指派劳苦的工作，并要求他们严守纪律，禁止他们抢掠希腊城市，然而却派人用大马车和骆驼为自己运送了大批东方宝物的结果。况且他高贵不近人情、傲慢，是典型的希腊人。只要有可能，他便沉迷于安乐，丝毫没有一点兴趣可以让他与将士们建立起感情。不但如此，大多数他手下的精兵良将因他们兵役期的无限延长而十分怨恨他。他手下最精良的两个兵团，正是弗拉库斯和芬布里亚在罗马纪年668年（即公元前86年）率领到东方的部队。他们已经服役13年，有退役的权利，并且在卡比拉一战后就得到退役的允诺，但是现在，却在卢库勒斯的率领下，远渡幼发拉底河，开启一场无法预料的新战争——似乎卡比拉一役中的胜者得到的待遇还远不如昔日坎尼的败者。就是率领着这样疲于战争、怀有怨气的士兵，卢库勒斯还颇为自负，准确来说，他是在违背宪法的情况下，去远征未知的土地，那里到处都是急流与冰雪覆盖的山脉，其地又广大无垠，冒进必然少不了危险。因此卢库勒斯的行为在罗马招致了许多的责难，而这些责难并非毫无道理。但是，在这些责难之中，一些事实不可忽略，即政府的荒谬是造成这位将军贸然行动的主要原因，即使这不足以为他的行为辩护，但也使他稍微情有可原。

卢库勒斯跨越幼发拉底河

阿皮乌斯·克劳狄乌斯的任务不仅仅是为发动战争找到一个冠冕堂皇的外交借口，同样也是为了劝服叙利亚各君长，尤其是劝说各个城邦联手对抗国王。在罗马纪年685年（即公元前69年）春，攻打正式开始了。冬季时，卡帕多奇亚王已暗备船只；罗马人已经登船从梅利泰内横渡了幼发拉底河，再借道陶鲁斯，一路到了底格里斯河。卢库勒斯又从阿米达（Amida，迪亚巴克尔）跨过此河，沿着亚美尼亚南方边界新建的第二个首都提格兰城[①]与旧都城阿塔克萨塔（Artaxata）相连的大道行军。由于同罗马人的纷争，大帝暂时终止了征服地中海的计划，从叙利亚撤兵，驻扎在提格兰城。他计划着从西里西亚和利考尼亚（Lycaonia）入侵罗马的亚细亚城，并且在揣测罗马人是会马上撤出亚细亚还是会先下手为强——可能在埃弗索（Ephesus）对他开战。这时，一个信使来报卢库勒斯正继续进军，可能会切断他到阿尔塔沙特的道路。他很生气，下令将信使斩了。但是恼人的事实依旧如故，本来他准备离开提格兰城，向亚美尼亚的腹地前行，在那里召集军队对抗罗马——这件事到现在还没做。与此同时，密德罗巴赞（Mithrobarzanes）由手上实际的军队和仓促召集的贝都因部落，共同牵制着罗马军队。但是，密德罗巴赞派出的士兵被罗马的先锋击溃，阿拉伯人也被塞克斯提利乌斯（Sextilius）的一支分队击溃。卢库勒斯抢占了从提格兰城到阿尔塔沙特的大道。罗马的一支小分队沿着底格里斯河右岸北上追击大帝，卢库勒斯亲自渡河到左岸，朝提格兰城进军。

提格兰城之战

守军对罗马军队发起猛烈进攻，弓箭如暴风骤雨般袭来，他们又用石脑油焚毁其用来围困的装备，让罗马人开始意识到伊朗战事的新危险。勇猛的指挥官曼凯乌斯（Mancaeus）在城

①萨绍就地考察，已证明提格兰城在尼西比以西约两日程的马丁，不过萨绍所确定的地点却还有可疑之处。反之，我们反对他分析卢库勒斯这次战役的说法，因为据他所假定的路线，实在谈不到渡过底格里斯河。

中坚守，直到王室的援军终于由帝国各部和容许亚美尼亚官吏征兵的邻国集合起来，穿过东北各隘口前往首都进行支援。领袖塔格西莱斯（Taxiles）在米特拉达特斯战争中积累了丰富的经验，他劝提格兰避免交战，并建议他用骑兵包围罗马的小部队，让他们饿死。但罗马将军已决定开战，国王见他们率领不到一万人的军队来对抗自己兵力强其二十倍的军队，并且罗马人还勇猛地渡过了分隔两军的河流。他看见一边是“为使团太多，为军队过少”的小队人马，另一边是他自己的庞大军队，这些来自黑海、里海的人与来自地中海、波斯湾的人在此聚集，仅仅是让人望而生畏的长矛铁骑也多于卢库勒斯的整支军队，其中甚至还不乏按罗马式武装的步兵。于是提格兰当机立断，决定如敌人所愿开战。但亚美尼亚军仍在排兵布阵，卢库勒斯眼光非常锐利，发现他们忘了把守一个能够俯瞰其全部骑兵阵地的高地。于是他连忙率领两个军团攻占高地，与此同时，他兵力薄弱的骑兵队从侧面发动进攻，以转移敌人的注意力。他一到达高地，便率领小分队进攻敌军骑兵的后方。敌军的骑兵全军覆没后，他又猛攻敌军尚未完全组建完成的步兵，致使亚美尼亚的步兵落荒而逃。战胜方的公告上说，十万亚美尼亚人和五名罗马人阵亡，国王扔掉了他的头巾和王冠，带着几个骑士疾驰逃走，没有人认出他来。这公告是卢库勒斯仿照其老师苏拉的手笔写的。罗马纪元 685 年（即公元前 69 年）10 月 6 日这一天，罗马人在提格兰城下所赢得的这场胜利，仍然是罗马的光荣战争史中最为辉煌的胜利。这场胜利不仅辉煌，而且意义重大。

亚美尼亚人的战利品尽归罗马人所有

底格里斯河以南所有从帕提亚人和叙利亚人手中夺来的土地，在战略上都不再属于亚美尼亚人了，大部分都落入到战胜者之手。大多数希腊人被迫移居此处，如今他们奋起对抗守军，为罗马军队大开城门，士兵们进城后便大肆劫掠。亚美尼亚的总督马伽达底已经撤掉了西里西亚和叙利亚的队伍以增强提格兰城下援军的兵力。卢库勒斯向叙利亚最北部的科马吉尼进军，对其都城萨撒摩撒他（Samosata）发动猛攻。他没有到达叙利亚本部，但远至红海的希腊人、叙利亚人、犹太人、阿拉伯人的统治者及民社都将罗马人奉为君主，并派遣使者前来表达敬意，甚至提格兰城以东的科杜内亲王也俯首称臣。然而，国王的兄弟古拉斯（Guras）在尼西比斯占地为王，占领着两河流域。卢库勒斯始终自诩为希腊人民的保护者，在科马吉尼，他将塞琉古家族的一个王子安条克（Antiochus）推上了王位。安条克—亚细亚人在亚美尼亚人撤退之后，便回到了安条克，卢库勒斯承认他为叙利亚王。他将被迫迁至提格兰城的居民送回到他们的家园。国王无尽的积蓄和宝藏——粮食多达三千万梅丁，单是提格兰城的钱财就有八千塔兰特——使卢库勒斯能够不开国库而支付战费。除了充裕的给养之外，士兵们每人还能得到八百第纳尔的奖金。

提格兰与米特拉达特斯

提格兰国王深感沮丧，他生性懦弱，处于顺境时便傲慢自大，处于逆境时便胆小怯懦。如果没有老米特拉达特斯，他或许能与卢库勒斯达成协议，国王有充分的理由作出巨大牺牲来换取这份协议，罗马将军也有在可接受范围内达成协议的理由。米特拉达特斯没有参与提格兰城周围的战事。罗马纪元684年（即公元前70年）六、七月间，他在被软禁了二十个月后，由于国王与罗马人发生分歧才被释放。国王派他率领一万名亚美尼亚骑兵前往他的故国，威胁敌人的交通。国王召集全部兵力解救所建都城，但米特拉达特斯还未在那座都城有所作为便被召回，来到提格兰城下，遇到了正逃出战场的群众。上自国王，下至普通士兵，所有人都认为没有胜利的希望。但如果提格兰现在提出议和，不仅米特拉达特斯会失去复国的可能性，而且议和的第一个条件必定是把他交出来。提格兰无疑会用昔日博库斯对待朱古达的方法来对待他。因此，米特拉达特斯倾尽了全力来阻止这种转变，说服亚美尼亚朝廷继续作战，他在战争中已没有什么可失去了，却可能得到一切。尽管米特拉达特斯失去了王位，逃亡国外，但他在亚美尼亚朝廷里的势力却不容小觑。虽已年逾六十，他仍然精神抖擞，孔武有力，还能披着铠甲跃上马背，徒手格斗时寸步不让，不亚于最优秀的兵士。岁月和命运似乎磨砺了他的精神，早年时他通常派将军率兵出战，绝不亲自直接参战，到了晚年却亲自率兵在战场上搏斗。在他统治的五十年间，对于那些见证了多次史无前例变故的人来说，国王的事业绝不会因提格兰城之战的失败而告终。反之，卢库勒斯的境遇已经非常艰难，如果现在不议和，而是继续作战的话，他一定会陷入更为危险的境地。

战争再次爆发

这位饱经世事的老将与提格兰国王的关系如同父子一般，现在又用自己的个人魅力打动了国王，以他的魄力征服了那个懦夫，因此国王不仅决心继续作战，而且将战争的政治和军事指挥权委托给了米特拉达特斯。现在，战争由内阁竞赛转变成了全亚洲民族的战争。亚洲的君主和人民都应该为此事团结起来，以共同抵抗专横自大的西方人。人们竭尽全力调解帕提亚和亚美尼亚人的矛盾，说服他们团结一致对抗罗马。在米特拉达特斯的建议下，提格兰提出条件，把亚美尼亚人攻占的美索不达米亚、阿迪亚波纳和大峡谷，全部归还给阿萨息斯王家的神主弗拉特斯（Phraates，罗马纪元 684 年，即公元前 70 年即位），并与之建立友好的同盟关系。但是，由于之前发生的种种事情，这一建议恐怕不会顺利地为人所接受。弗拉特斯更愿意与罗马人而非亚美尼亚人缔结条约，以巩固幼发拉底河的疆界。在可恶的邻国和恼人的异族纷争不断之时，他宁愿袖手旁观。米特拉达特斯对东方各族的号召，比他对各国君主的请求更见成效，这场战争可以被称为东方对西方的民族战争，因为它本就是如此。此战也可以视为宗教战争，他宣称卢库勒斯（Lucullus）军队的目标是波斯南尼亚神（Nanaea，又名阿奈提斯）在以莱美斯（Elymais，今卢里斯坦）的庙宇，这是整个幼发拉底河流域最著名、最殷富的神庙。[①] 在两位国王的号召下，远近各处的亚洲人蜂拥而至，团结一心以反抗不虔诚的异族，保护东方及其神灵。但事实已经证明，不仅集合庞大的队伍毫无用处，而且真正有能力行军打仗的队伍在这支大军中也成为了无用之物，被卷入全军覆没的危险之中。米特拉达特斯首先致力于发展在西方人中最弱、而在亚洲人中最强的兵种——骑兵。在他新编的队伍中，一半都是骑兵。至于步兵，他从应征入伍的士兵和志愿军中精心挑选合适的人，命其本部的军官训练他们。一支庞大的军队很快就集合于国王的麾下，然而这支军队的用途并不是一到战场上就与罗马的老兵决一胜负，而是仅限于防守和小规模作战。米特拉达特斯在上次的战役中就采取了不断退让、避免交战的方法，这次他仍然采取相似的战术，将亚美尼亚本部作为战场——此地是提格兰的祖传疆土，尚未完全受到敌人的侵害，而且就其自然状态和居民的爱国精神而言，它非常适于这种战争。

首都和军中对卢库勒斯表示不满

罗马纪元686年，即公元前68年，卢库勒斯陷入了困难重重且日益危险的境地。尽管他屡立战功，罗马城的人民却对他怨声载道。元老院认为他做事草率鲁莽，他得罪的资本阶级想尽一切阴谋诡计，并用行贿的手段将其罢免掉。公正和不公

---

①西塞罗所指的不是别处，必是埃利迈省一个殷富庙宇，叙利亚和帕提亚国王的寇抄军照例以这里为目标，大概这是一个最驰名的庙，他所指的绝不是科马那庙或任何在本都国的神祠。

的控诉终日在罗马广场回荡，有人认为这位将军有勇无谋、贪婪叛逆，根本就不是罗马人；有人认为不应该赋予这样的人以无限的权力——两个平常省长的职务和一个重要的非常统帅之职。元老院采纳了后者的意见，竟然指派一名副执政官做亚细亚省长，执政官昆图斯·马尔库斯·雷克斯做西里西亚省长，并率领三个新兵团，使卢库勒斯只担任对抗米特拉达特斯和提格兰的统帅。

这些起于罗马的指控在伊里斯河和底格里斯河的军营中得到了危险的响应，更为危险的是，几个军官——包括将军的姻亲兄弟普布利乌斯·克劳狄乌斯（Publius Clodius）在内——借此煽动士兵。上述诸人故意散播谣言，声称卢库勒斯现在想使远征帕提亚与本都—亚美尼亚战争联合进行，结果士兵们更加义愤填膺。

卢库勒斯进军亚美尼亚

然而，当政府和士兵们愤愤不平的情绪使得战胜的将军有被罢免和叛乱的危险时，他自己却像一个不顾一切的赌徒，继续加大赌注，增加风险。他的确没有进攻帕提亚，但提格兰既不表示和解，又不如卢库勒斯所愿，再度进行一场激战。卢库勒斯便决定从提格兰城进攻，穿过凡湖一带的险峻山地，进入东幼发拉底河（即阿萨尼亚斯［Arsanias］）流域，然后由此进入阿拉克斯河（Araxes）流域，亚美尼亚本部的首都阿尔塔沙特就位于阿拉拉特山的北坡，历代国王的城堡和后宫也坐落在这里。他希望能通过威胁国王所居住的城堡，以强迫他在途中或至少在阿尔塔沙特前方作战。当然，他必须得留下一支分队驻守在提格兰城。由于行军有可能再遭覆灭，所以只好削弱本都的兵力，再从那里集合部队进军提格兰城。可是最主要的困难是亚美尼亚的夏季很短，这非常不利于军事行动。亚美尼亚高原海拔五千英尺以上，埃尔泽鲁姆（Erzeroum）的小麦到六月初才发芽，九月收割的时候冬天就到来了。罗马军队必须最多在四个月内抵达阿尔塔沙特，并结束战争。

罗马纪元686年（即公元前68年）仲夏，卢库勒斯从提格兰城出发，他要经过比特利斯山隘口，然后向西行至凡湖，到达穆什（Musch）高原，进入幼发拉底河流域。罗马军队一直在与敌军的骑兵，尤其是骑射兵进行非常恼人的小规模战斗，行军十分缓慢，但并未遭遇重大阻碍。亚美尼亚的骑兵在幼发拉底河的渡口严防死守，罗马军队冲破其防线，强渡过河。亚美尼亚的步兵也出现了，罗马军队想将他们卷入战斗之中，但没有成功。因此，罗马军队抵达了真正的亚美尼亚高原，并继续行军至不明之地。他们没有遭遇过真正的不幸，可单是险峻的地形和敌军的骑兵就不可避免地延缓了行军的速度，这是很大的不利。在他们距离阿尔塔沙特还有很长一段路程时，冬季便已经来临。意大利士兵眼见四周都是冰天雪地，严厉的军纪就如绷得太紧的弦一样，戛然而断了。

卢库勒斯撤退至美索不达米亚

正式的兵变迫使将军不得不下令撤退，他用一贯的技巧完成了此次撤退。卢库勒斯安全抵达美索不达米亚，该地的气候仍适于继续行军，他渡过底格里斯河，以大部兵力进攻尼西比斯（Nisibis），这是亚美尼亚属下的最后一城。国王汲取了提格兰城下的经验，因此较为明智地对尼西比斯置之不理。尽管该城有坚固的防御，最终还是在一个雨夜被攻破，卢库勒斯的军队不仅获得了丰厚的战利品，还夺取了舒适的冬营，这冬营与去年提格兰城相比较也毫不逊色。

在本都和提格兰城的斗争

然而，与此同时，敌人倾其全部兵力攻击罗马驻守在本都和提格兰城的薄弱军队。提格兰国王强迫提格兰城的罗马指挥官卢奇乌斯·法尼乌斯——即以前塞多留和米特拉达特斯的中间人——入驻一座堡垒，并将他困在里面。米特拉达特斯率领四千亚美尼亚骑兵和四千自己的骑兵进入本都，作为解放者和复仇者号召全国人民奋起对抗公敌。举国上下都响应了他的号召。分散的罗马士兵通通被逮捕处死，本都的罗马将领哈德良率兵与其对抗，国王昔日的雇佣兵和许多随军为奴的本都人纷纷投靠敌军。这场兵力悬殊的战争持续了两天。只因本都王受了两处伤，不得不撤出战场，罗马指挥官才有机会结束这败局已定的战争，带着残余部队进入卡比拉（Cabira）。卢库勒斯另一名果敢的副将特利亚里乌斯（Triarius）碰巧来到这个地方，又收编了一些队伍，在与本都国王的斗争中取胜。但他的兵力不足以将国王再度逐出本都，因此只得眼看着国王在科马那驻扎冬营。

继续撤退至本都

罗马纪元 687 年（即公元前 67 年）的春季随之来临。罗马军队聚集于尼西比斯，士兵们在冬营中无所事事，将军又经常不在军营，因此军队越来越不服从命令，不仅他们强烈要求撤退，而且出现了一种非常明显的情况——如果将军不率领他们回国，他们便自行解散。军中物资匮乏，卢奇乌斯·法尼乌斯和特利亚里乌斯身处困境，他们派人恳请将军支援。卢库勒斯怀着沉重的心情不得已让步，放弃了尼西比斯和提格兰城，也抛下了其远征亚美尼亚的美好愿景，回到了幼发拉底河右岸。卢奇乌斯·法尼乌斯获救，但在本都，救援已经为时过晚。特利亚里乌斯的兵力不足以与米特拉达特斯抗衡，他坚守在加佐拉（Gaziura，位于伊里斯河上的土耳克萨尔，在托卡拉以西），将辎重都留在了达达萨。但是，在米特拉达特斯围攻达达萨之时，罗马士兵因担心失去他们的财物，便强迫其统帅离开这个安全的地方，在加佐拉和齐拉（Ziela，即 Zilleh）之间的斯科特斯高地上与国王交战。

本都的罗马军在齐拉战败

特利亚里乌斯所预料的果然发生了。尽管面临极其英勇的抵抗，国王亲自率领的一翼仍冲破罗马防线，将罗马步兵逼入了一条泥涧中。他们进退两难，遭到了残酷无情的屠戮。国王被一个罗马百夫长所伤，后者也因此牺牲了自己的性命。罗马军营被攻陷，步兵的精锐士兵与几乎全体中下级军官尸横遍野，尸体就这样遗弃在战场上，无人收埋。当卢库勒斯来到幼发拉底河右岸时，告知他战败消息的不是他自己的士兵，而是当地的居民。

士兵叛变

伴随着这次战败而来的是军事阴谋的发生。正在这时，从罗马传来一个消息，说人民大会已决定，准许依法服役期满的士兵，也就是芬布里亚旧部退伍，并任命本年的两位执政官为本都和比提尼亚的统帅。卢库勒斯的继任者、执政官曼尼乌斯·阿奇利乌斯·格拉波里奥（Manius Acilius Glabrio），早已在小亚细亚登陆。解散最勇猛最易暴动的兵团，召回统帅，再加上齐拉战败的影响，正在将军最需要权力约束之时，军中的权力约束已荡然无存。他在小亚美尼亚的塔劳拉附近遭遇本都的军队，本都军的统帅是提格兰的女婿——米底亚的米特拉达特斯，他已在一次骑兵之战中打败了罗马人，国王的主力部队正由亚美尼亚向此处进军。西里西亚的新省长昆图斯·马尔奇乌斯（Quintus Marcius）在率领三个兵团前往西里西亚赴任的途中，来到了利考尼亚，卢库勒斯派人向他求救，马尔奇乌斯声称他的士兵们不愿前往亚美尼亚，他派人请求格拉波里奥担任人民所委托的元帅一职。此事现在已经变得十分困难且危险，因此格拉波里奥不愿接任。为了避免与亚美尼亚和本部的联军在塔劳拉交战，卢库勒斯不得不保留军队指挥权，并下令进攻前进的亚美尼亚人。

继续撤退至小亚细亚

士兵们奉命进军，但当他们来到一个分岔路口时，一条路通往亚美尼亚，另一条通往卡帕多奇亚。大多数人都选择了后一条，前往亚细亚省。在那里，芬布里亚旧部要求即刻退伍，虽然统帅和其他队伍恳求他们放弃这一要求，但他们却仍然坚持：如果冬季到来时还没有敌军进犯，他们便解散。事实果真如此。米特拉达特斯不仅几乎再次占领了他的全部疆土，而且他的骑兵遍布整个卡帕多奇亚，远至比提尼亚。阿琉巴赞王求助于马尔奇乌斯，求助于卢库勒斯，求助于格拉波里奥，但都只是徒劳。一场指挥得如此精彩的战争竟然得到了这样令人难以置信的结果。如果仅从军事成就来说，罗马将军中再没有人能像卢库勒斯那样以如此微小的物力取得如此伟大的成就，苏拉的才能与好运似乎转移到了其弟子身上。在那种情形之下，罗马军居然能安然无恙地从亚美尼亚回到小亚细亚，这可谓是军事上的一个奇迹。据我们的判断，这个奇迹远远超过色诺芬（Xenophon）的撤退。健全可靠的罗马兵制与低效无能的东方兵制无疑是此事的主要原因，但无论如何，此次远征统帅的英名应在第一流的良将之列。如果卢库勒斯的名字不列在此之列，那么其原因只在于他所参与的战争没有在军事上传颂至今，而且评判的标准是：在任何事尤其是战事上，除了最终的结果外一切都无足轻重，而这次的结果是完败。战局的最后转变，主要是士兵的叛变，导致一场长达八年的战争最终一无所获。罗马纪元 687—688 年（即公元前 67—前 66 年）冬季，罗马重新回到了罗马纪元 679—680 年（即公元前 75—前 74 年）间所占的地位。

与海盗作战

对海盗发动的海战与陆战同时爆发，且与陆战紧密相关，其结果也并不好于陆战。如上文所说，元老院于罗马纪元 680 年（即公元前 74 年）作出了明智的决策，将肃清海盗的任务交托给一个最高海军统帅，即执政官马尔库斯·安东尼。但他们一开始就在选择元帅一事上铸成了大错，或者更确切地说，那些通过这种本属适宜的议案的人，没有考虑到元老院里所有个人问题都取决于西第古斯的势力和类似的党派。而且，他们还忽略了将这种重大任务所需的钱财和船只提供给他们所选的海军元帅，这就导致了他的大肆征发。他原本是援助各省人民的，但他大量搜刮民脂民膏，其行径与海盗无异。

安东尼战败

结果与此相当。在坎帕尼亚海域，安东尼率领的舰队截获了一些海盗船。克里特人曾与海盗交好并与之结盟，安东尼要求他们终止与海盗的联盟关系，但遭到克里特人的断然拒绝，于是双方开战。克里特军的将军拉斯特涅斯（Lasthenes）和潘那里斯（Panares）在其岛屿之外与罗马人进行了一番海战，当他们凯旋回到奇多尼亚（Cydonia）时，用安东尼船上准备捆海盗的铁链，将这位罗马将军及其他俘虏捆在了所截获的罗马船上。安东尼由于作战轻率，导致战争消耗巨大，却没有取得丝毫收获，他于罗马纪元 683 年（即公元前 71 年）死在了克里特。安东尼的远征收效甚微，且建造的舰队开销不菲，寡头党不愿意赋予地方官吏较为广泛的权力，因此在安东尼去世而这件事实际随之结束之后，他们没有再推举一个海军元帅，而是恢复旧制，让各省的省长处理本省的剿匪事宜。例如，卢库勒斯所组建的舰队，就在爱琴海致力于此项任务。

克里特之战

然而，就克里特人而言，唯有宣战才能一雪在奇多尼亚海外所受的耻辱，甚至当时那些堕落的罗马人也这样认为。可是克里特的使者在罗马纪元684年（即公元前70年）曾来到罗马，请求带回俘虏，重建联盟关系，并几乎获得了一个有利的元老院法令。可是此时元老院通过一项正式决议，规定克里特使者向罗马银行家所借的债款不可起诉——除非元老院因贪污受贿而失去职能，否则这些债款便不可起诉——于是颁布了一道法令：克里特各民社若要避免战争，就不仅要交出罗马逃兵，还要交出奇多尼亚海外暴动的始作俑者——拉斯特涅斯和潘那里斯等领袖——给罗马人按罪处罚。他们还需交出所有四只桨以上的大小船只，配备四百名人质，并缴纳赔款四千塔兰特（合九十七万五千英镑）。使者们声称他们无权接受这些条款，政府便指派第二年一个执政官前往克里特，以在那里取得其所要求的东西或开战。

梅特路斯征服克里特

罗马纪元685年（即公元前69年），继任的执政官昆图斯·梅特路斯来到克里特海域。以较大城市哥提那（Gortyna）、克诺索斯（Cnossus）和奇多尼亚为首，岛上各民社，决定宁愿以武力自卫，也不接受那些过分的要求。克里特人是一个顽强不屈的民族，海盗业与其公私生活紧密相关，正如劫掠同埃托利亚人的关系一样。但论勇猛和其他方面，他们与埃托利亚人相似，因此希腊只有这两个民社在进行勇敢而光荣的斗争，以争取独立。梅特路斯率领三个兵团在奇多尼亚登陆，拉斯特涅斯和潘那里斯则率领二万四千名克里特军准备迎战。双方在旷野中交战，经过一场激烈的争斗，罗马人取得了胜利。尽管如此，各城守军却坚守城防以抵抗罗马将军。梅特路斯决定对这些城市依次发动围攻，他的第一个目标是奇多尼亚，战败军的残余部队在此躲避。经过长时间的围攻，潘那里斯提出，若能准许他自由离城，便交出此城。拉斯特涅斯已逃出奇多尼亚，又被再次围困于克诺索斯。当这座堡垒也濒于陷落之时，他毁掉了城内的财宝，然后逃到了那些继续守卫的地方，如莱克托斯（Lyctus）、伊柳塞拉（Eleuthera）及其他地方。两年（罗马纪元686年即公元前68年，罗马纪元687年即公元前67年）时间过去了，梅特路斯成为了全岛的统治者，至此，希腊自由国土的最后一块地盘也落入了罗马人之手。克里特各民社是希腊共和国中最早发展自由城邦政体和海权的，也是希腊昔日遍布地中海的海国中最后屈服于罗马陆权的。

地中海的海盗

举行另一个寻常凯旋礼的法定条件也已齐备。梅特路斯氏族除了“马其顿克星”、“努米底亚克星”、“达尔马提亚克星”和“巴利阿里克星”的称号之外，现在又以同等权利增加了一个新称号“克里特克星”，罗马又多了一个足以令其自豪的人。然而这几年间，罗马人在地中海的势力最为衰落，海盗的势力却最为强盛。据说海上的西里西亚人和克里特人当时有一千艘船，难怪他们会嘲笑战胜伊索里库斯和克里特的胜利是毫无意义的胜利。关于海盗如何干涉米特拉达特斯之战，海盗国如何尽力援助顽强抵抗的本都城市，上文已有叙述。但这个国家自营的事业，其规模也同样巨大。罗马纪元 685 年（即公元前 69 年），几乎就在卢库勒斯舰队的目睹下，海盗阿瑟诺多鲁斯（Athenodorus）对提洛岛发动攻击，破坏了该岛远近闻名的祠堂庙宇，并将全体居民掳走为奴。西西里附近的科帕拉岛每年都向海盗缴纳固定的年金，以免遭受这样的攻击。罗马纪元 682 年（即公元前 72 年），整装待发于西西里的一支罗马舰队与另一个海盗首领赫拉克良（Heracleon）交战，最后这支舰队被赫拉克良所毁，如今海盗竟敢只带领四艘敞船驶入叙拉古的港口。两年后，他的同党波伽宁（Pyrganion）甚至也在这个港口登陆，并在此据守，派遣别动队进入该岛，直到罗马省长最终迫使他登船驶去。罗马人在所有省份都配备了舰队和海岸巡防队，至少因此而征税，人们最后对此也习以为常。然而海盗似乎还如往常一样劫掠各省，与罗马省长的行径无异。甚至圣地意大利也不再受到这些无耻之徒的尊重，他们从克罗顿将拉金的赫拉庙内的财宝洗劫一空。他们在布林迪西、米塞努姆、卡耶塔（Caieta）和伊特鲁里亚的港口登陆，甚至还登陆于奥斯提亚。他们俘虏了最杰出的罗马军官，其中包括西里西亚军的舰队司令、两个副执政官和全体随从，还劫持了那令人生畏的束棒和官爵标志。罗马海军统帅安东尼奉命歼灭海盗，海盗便将他的姊妹从米塞努姆的一座别墅中掳走了。奥斯提亚港口配备有攻打海盗的罗马舰队，由一位执政官指挥，海盗却将其毁灭了。拉丁人、阿皮安大道上的旅人、人间天堂贝亚的高贵浴客，他们的财产和生命时刻都面临着危险。所有贸易和交通都暂停了，最可怕的物资短缺盛行于意大利，尤其盛行于以海外粮食为生的首都。那个时代的人和历史对于这种无法忍受的困苦怨声载道，这里略加叙述也就够了。

奴隶叛乱

上文已经描述了苏拉所恢复的元老院如何保护马其顿的边境，惩戒小亚细亚属国的君主以及部署海上警卫，可没有一处取得令人满意的结果。还有一件或许更加紧急的事，就是监视各省，尤其是意大利无产阶级，此事也没有获得较好的成效。奴隶无产阶级的疮毒腐蚀着所有上古国家的精髓，奴隶数量越多，势力越强盛，这种情形便愈甚。因为在当时的情形之下，国家的富强照例会导致奴隶数量的过度增加，此事对罗马造成的危害自然比其他上古国家更为严重。甚至在罗马纪元六世纪，逃亡的畜牧奴隶和种植奴隶结伙作乱，政府不得不派兵镇压。意大利投机者推行的田庄制度越来越盛行，这大大增加了奴隶叛乱的危险。在格拉古昆仲和马略的政变时期，奴隶叛乱在罗马帝国的多个地方兴起，甚至在西西里演变成了两场血战（罗马纪元 619—622 年，即公元前 135—前 132 年）。但在苏拉死后复辟政府执政的十年间，既是海盗们的黄金时代，也是陆上同类劫匪的黄金时代，在一向管理较佳的意大利半岛尤其如此。这里再无安宁可言，在首都和意大利人烟稀少的地区，每天都会发生劫掠案，谋杀也屡见不鲜。或许就在这时，政府颁布了一道特殊的法令，禁止绑架外籍奴隶和自由人，一项针对强取田产的特殊诉讼法也大约在此时颁布。这些罪行是非常危险的，因为虽然犯下这些罪行的通常是无产阶级，但上层阶级作为其精神上的发动者和利益的共享者，在很大程度上也脱不了干系。掳人和抢占田地通常由大田庄的管家提议，然后交由聚集在那里并配备有武器的奴隶去执行。献殷勤的奴隶管家就这样帮助主人获得东西，正如墨菲斯特（Mephistopheles）替浮士德（Faust）获得菲勒蒙（Philemon）的菩提树一样，对此，甚至是非常体面的主人也不以为耻。从加重对侵犯所有权的武装人群的惩罚一事，可见当时的情形如何。大约在罗马纪元676年（即公元前78年）[①]，贵族党的一个贤能之士马尔库斯·卢库勒斯负责首都的司法事务，创行了这项法律，并宣称其目的在于使奴隶主加强对奴隶的管束，以免目睹罪奴受到法律的严惩。该地奉贵族党的命令实行劫掠和谋杀，奴隶和无产阶级民众自然也要为了自己的利益来进行抵抗。一个火星就足以点燃这样的易燃物，将无产阶级转化为一支起义军。机会很快就来了。

战争在意大利的斯巴达克斯爆发

如今，在意大利的各项公众娱乐中，决斗戏居于首位，因此在意大利建立了许多训练所，卡普亚及其周围地区数量尤多。这些训练所一方面用于羁押，一方面训练那些为了取悦群众而注定要杀人或被杀的奴隶。这些人当然大部分都是在战争中被俘的勇士，他们从未忘记自己曾与罗马人在战场上兵戎相见。这种暴徒有些是从卡普亚一个训练所中逃出来（罗马纪元

---

①旧法律把强盗包括在窃贼之中，这些法规开始造成以强盗为另一种罪的观念。

681 年，即公元前 73 年)，躲避在维苏威（Vesuvius）山上。他们的首领是两个凯尔特人，大家都以其奴隶名字称呼他们，一个叫做克雷斯（Crixus），一个叫做俄诺玛俄斯（Oenomaus），还有一个色雷斯人，叫做斯巴达克斯（Spartacus）。斯巴达克斯或许是贵族斯帕尔多库斯氏（Spartocids）的后裔，在其故乡色雷斯和潘提卡彭（Panticapaeum），该族甚至曾享有王者之尊，斯巴达克斯曾服役于罗马军的色雷斯助战队，后逃往山中成为劫匪，最后又被抓来供决斗戏之用。

暴动初具规模

这一小股劫匪最初只有七十四人，但很快便集结了周围城市的人，势力迅速发展壮大。他们的劫掠不久便使坎帕尼亚这种富庶地区的居民大感困扰，他们曾试着靠自己的力量进行抵抗，但一切都是徒劳，后来便求助于罗马城。克洛狄乌斯·格拉伯（Clodius Glaber）率领仓促集结的三千名兵士赶来，驻守于维苏威山口，打算饿死那些奴隶。但这些劫匪尽管人数甚少，武器也不齐全，却勇敢地爬下悬崖峭壁，对罗马部队发动袭击。可怜的士兵们一看到这些攻其不备的小队暴徒，便四下逃散。这首次胜利使劫匪获得了更多的武器，队伍也更加壮大了。虽然即使是现在，他们中的大多数都只能手执削尖的木棍。兵力更为强大的新民兵分队——由副执政官普布利乌斯·瓦里尼乌斯（Publius Varinius）率领的两个兵团——从罗马向坎帕尼亚进军，发现劫匪的军队已驻扎于平原，与正规军无异。瓦里尼乌斯身处困境，他的民兵分队被迫在敌军的对面安营扎寨，由于秋季气候潮湿，疾病大大削弱了其战斗力。比时疫更糟糕的是，一些胆小的士兵不服从命令，于是军队人数日渐减少。他部下一支队伍在一开始就全军覆没了，逃兵没有回到主力部队，而是径直回家了。后来当瓦里尼乌斯下令向敌人的堑壕进军并对其发动攻击时，军队中的多数士兵拒不从命。尽管如此，瓦里尼乌斯仍率领部队进攻劫匪，但劫匪早已不见踪影，他们已经悄然离去，转而南下，朝皮琴提亚（Picentia，即阿马尔菲［Amain］附近的维琴察［Vicenza］）进发，瓦里尼乌斯的确在此处赶上了他们，但无法阻止其退过西拉鲁斯河（Silarus），深入卢卡尼亚内地，那里是牧人和劫匪的乐土。瓦里尼乌斯也跟到了河对岸，受到轻视的敌军竟在那里布阵备战。战争的所有情形都不利于罗马军。士兵在不久之前虽强烈要求开战，但现在却处于劣势。瓦里尼乌斯彻底被击败，他的战马和官徽连同罗马军营都落入了敌人之手。南意大利的奴隶，尤其是勇猛的半野蛮牧人，成群结队地涌至这意外出现的拯救者旗帜之下。根据最保守的估计，武装反叛分子的人数骤增至四万。劫匪刚刚撤退出坎帕尼亚，该地很快便被再次占领。盖乌斯·托拉尼乌斯（Gaius Thoranius）是瓦里尼乌斯手下的财务官，此时他率领罗马军留守此地，但被叛军所歼灭。意大利整个南部和西南部的旷野地带均为获胜的劫匪首领所有，甚至像布鲁提区的康森提亚（Consentia），卢卡尼亚的图里和梅塔彭图姆，坎帕尼亚的诺拉和努塞里亚等大城，也都被他们所攻陷，饱受摧残。获胜的野蛮人强加于无保护的文明人的，脱了枷锁的奴隶能加于旧主人的，它们都经受过。不幸的是，这样的冲突完全一反常态，而且与其说它是一场战争，倒不如说是一次大屠杀。主人当然会把每位被俘的奴隶钉在十字架上，奴隶当然也会杀戮他们的俘虏，或对其施以更具嘲讽意味的报复，甚至强迫罗马俘虏进行决斗戏，自相残杀。例如后来在一个战死沙场的劫匪首领的葬礼上，有三百个俘虏被迫进行决斗。

斯巴达克斯的伟大胜利

在罗马城内，人们自然会担心这日益蔓延且极具破坏性的大火。次年（罗马纪元682年，即公元前72年），他们决定派两名执政官前去对抗凶恶的劫匪首领。副执政官昆图斯·阿里乌斯（Quintus Arrius），是执政官卢奇乌斯·盖利乌斯（Lucius Gellius）的副将，他发现克雷斯率领的凯尔特人已从匪军的大部军队中分离出来了，并自行征收贡献，他竟然能在阿普里亚的加尔加努山（Garganus）成功将他们全数俘虏歼灭。但此时，斯巴达克斯在亚平宁山和北意大利取得了更为辉煌的胜利。首先是执政官格涅乌斯·伦图卢斯（Gnaeus Lentulus）试图在这里围捕劫匪而未能得逞，之后便是他的同僚盖利乌斯和最近获胜的副执政官阿里乌斯，以及最后在穆提那，阿尔卑斯南侧的高卢省长盖乌斯·卡西乌斯（Gaius Cassius，罗马纪元681年，即公元前73年执政官）和副执政官格涅乌斯·曼利乌斯（Gnaeus Manlius），他们相继被斯巴达克斯击败。这样一群几乎没有武器的奴隶竟能令罗马军团生畏，一连串的战败使人不禁想起了汉尼拔战争的最初几年。

叛党的内部纷争

如果这些获胜队伍的首领不是逃亡的决斗奴隶，而是奥弗涅（Auvergne）山中或巴尔干半岛的民族君主，那么结果将会怎样，我们无法断言。此次奴隶运动虽然取得了辉煌的胜利，但其性质仍和之前一样，是劫匪发动的暴动，它的最终失败并非由于敌人的势力过于强盛，而是由于内部不和，缺乏明确的计划。早年在西西里的奴隶战争中，团结一致对抗公敌的情形较为突出，但在此次的意大利奴隶战争中却没有出现——造成这种差异的原因可能是由于西西里的奴隶有共同的叙利亚—希腊文化作为民族团结的核心，而意大利的奴隶却分为希腊蛮族和凯尔特—日耳曼人两个团体。凯尔特人克雷斯与色雷斯人斯巴达克斯的决裂——俄诺玛俄斯已死于最早的一场战斗——以及其他类似的冲突，使他们无法利用所获得的战绩，由此而为罗马人赢得几次重要的胜利。但相比于凯尔特—日耳曼人的拒不从命，缺乏明确的计划和目标所造成的危害更大。对于斯巴达克斯，我们知之甚少，但据我们所了解的来看，这个不凡的人在这一方面绝对优于他的同辈。他不仅善战，而且还展示出了超乎寻常的组织能力，因此从一开始，他在管理队伍和分配战利品上的公正无私便已至少与其骁勇善战一样，赢得了民众的赞赏。为了补救骑兵和武器的极度缺乏，他试图用那些从下意大利掳来的马匹训练一支骑兵。他一得到图里港，便立即从那里获得铜铁，当然是以海盗作为媒介。但他基本上无法使他率领的野蛮部队向固定的目标前进。

没有一个意大利城市自愿与叛党联合，其主要原因是劫匪攻陷城市时通常为所欲为，残忍粗暴。斯巴达克斯非常乐于制止这种暴乱，但劫匪首领在作战时所享有的威望，随着胜利的来临而消逝了，他的抗议和请求均告无效。罗马纪元 682 年（即公元前 72 年），奴隶军在亚平宁山获胜后，各方的道路都任由他们自由通行。据说，斯巴达克斯本人想要越过阿尔卑斯山，以便打开自己和部下回凯尔特或色雷斯故乡的道路。如果这一说法确有依据，那么我们便能看出这位常胜将军是如何不看重他的成就和势力。他部下的士兵不愿这么快就放弃意大利的财富，斯巴达克斯便决定前往罗马，据说计划封锁首都，然而，军队对这个冒险却计划周密的行动表示反对。他们的首领渴望做一个将军，但他们却强迫他仅仅只做一个劫匪首领，继续在意大利漫无目的地游走并伺机劫掠。事情发展成这样，罗马可能会引以为幸。但即便如此，罗马人也并无良策，他们缺乏训练有素的士兵和经验丰富的将军。昆图斯・梅特路斯和格涅乌斯・庞培任职于西班牙，马尔库斯・卢库勒斯任职于色雷斯，卢奇乌斯・卢库勒斯任职于小亚细亚，可供调遣的只有未受训练的民兵和实力平平的军官。副执政官马尔库斯・克拉苏被任命为意大利的特任元帅，他虽然不是威名远扬的将军，但曾在苏拉部下屡立战功，至少还有这个资格。八个军团都由他指挥，这支军队即使战斗力一般，至少数目惊人。这位新元帅刚刚走马上任便施行极为严苛的军法，惩治了遇到匪军便弃械逃跑的第一支部队，该部队每十人中就有一人被处以死刑。从此，各军团确实比以前更加勇猛了。斯巴达克斯在接下来的一次战役中被打败，设法经卢卡尼亚撤退至利基翁。

布鲁提之战

那时海盗不仅控制着西西里海域，而且还控制着叙拉古港。斯巴达克斯想借助他们的船只运一支部队进入西西里，西西里的奴隶只待一个鼓动，便会发动第三次叛变。进军利基翁的任务已经完成，但海盗或许是畏惧副执政官盖乌斯·维列斯（Gaius Verres）在西西里设立的海岸巡防队，或许是被罗马人所收买，从斯巴达克斯手中收取了约定的酬金，却不替他效劳。同时，克拉苏紧随叛军之后，几乎到了克拉蒂河（Crathis）的河口处。他知道士兵们不喜作战，便效仿西庇阿在努曼提亚城下的方法，命他们修筑一道长五十一公里的坚固城墙，隔绝布鲁提半岛与意大利其他各部，[①] 拦截从利基翁返回的叛军，切断他们的粮道。然而，在一个冬夜，斯巴达克斯冲破了敌军的防线，于罗马纪元 683 年（即公元前 71 年）春季又来到了卢卡尼亚[②]。之前所做的辛苦工作都成了徒劳，克拉苏丧失了完成任务的信心，他要求元老院将马尔库斯·卢库勒斯部下驻扎在马其顿的军队和格涅乌斯·庞培部下驻扎在近西班牙的军队都召回意大利，以支援他的部队。

---

①这条线长五十一公里，大约不是由斯奎拉切到皮佐，而是再往北去，约在卡斯特罗维拉里和卡萨诺间横断半岛，半岛在此地按直线算，宽约四十三公里。

②克拉苏于罗马纪元 682 年（即公元前 72 年）被任命为最高统帅，由“雪夜”可知，两军在布鲁提长城度过罗马纪元 682—683 年（即公元前 72—前 71 年）的冬季。

叛党决裂

然而并没有必要采取这样偏激的步骤，匪军的内部，分裂和嚣张傲慢的气焰，足以使其获得的成功化为乌有。凯尔特人和日耳曼人再次脱离了以色雷斯人为首领的劫匪联盟，以至于在他们本国人甘尼克斯（Gannicus）和卡斯图斯（Castus）的领导下，分别葬送在了罗马人的刀剑之下。有一次在卢卡尼亚的湖边，斯巴达克斯及时出现救了他们，于是他们便在他的营地附近驻扎。但克拉苏用骑兵牵制住了斯巴达克斯，同时还包围了凯尔特的部队，迫使他们单独应战，凯尔特全军——据说有一万二千三百名战士——全部战死沙场，他们胸前全都布满了伤痕。接着斯巴达克斯意欲率领部队进入佩特利亚（Petelia，位于迦拉布利亚附近的斯特龙戈利）周围的山区，此时罗马的先锋部队追了上来，但被他打败了。不过在此次战斗中，得胜军的损失比败军还要大。叛军沉浸在战胜的喜悦之中，不愿继续撤退，并强迫其首领率领他们穿过卢卡尼亚，进军阿普里亚，以进行最后的决战。在战争开始之前，斯巴达克斯首先刺死了他的战马。无论处于顺境还是逆境，他对部下都保持绝对忠诚，如今他的所作所为就是要向部下表示，此战不管是对于他还是对于所有人来说都只有两个结果，要么取得胜利，要么牺牲生命。在交战过程中，他如一头雄狮般奋勇搏斗，两名百夫长都死于他之手。即使受伤跪倒在地，他仍挥舞着长矛刺向逼近的敌人。

就这样，伟大的叛军首领和他最拔尖的同伴被自由人和光荣的罗马士兵所杀（罗马纪元683年，即公元前71年）。取得代价如此昂贵的胜利之后，获胜军队与战胜了塞多留党的庞培军队一同在阿普里亚和卢卡尼亚全境展开追捕，此次行动是空前绝后的，其目的是扑灭大火的最后一颗火星。即使在南部地区——如小城泰普萨（Tempsa）于罗马纪元683年（即公元前71年）被一群劫匪所占领——和饱受苏拉没收土地之苦的伊特鲁里亚，至今也没有得到普遍的安宁，然而官方却认为意大利已经恢复了和平，至少那些失去得很不光彩的鹰徽失而复得了——只在战胜了凯尔特人后才得到了五个鹰徽。从卡普亚到罗马，沿路有六千个十字架钉着被俘的奴隶，这证明秩序已经重新建立起来，公认的权力再度树立。

复辟政府概述

让我们来回顾一下苏拉复辟的十年间发生的大事。在此期间发生的所有运动，无论是国内还是国外的——包括雷必达的叛变，西班牙移民的起事，色雷斯、马其顿和小亚细亚的战争，海盗和奴隶的暴动——都不是影响国家命脉的巨大危险。可是国家在所有斗争中都几乎是为了生存而战，原因就在于当这些问题还较容易解决的时候，全都没有得到及时的处理，忽略了最简单的预防措施，从而导致了最可怕的危害和不幸，并将从属阶级和无能的君主转变成了对等的敌人。平民党和奴隶叛乱无疑已被镇压，但就此等胜利而言，胜者既没有因此而欢欣鼓舞，兵力也没有随之增强。政府中两位最具威名的将军，在长达八年的战争中胜少败多，并且没能制伏叛党首领塞多留及其西班牙游击队，只有他同僚的匕首才能使合法政府取得塞多留战争的有利结果。至于那些奴隶，战胜他们并不是光荣的事，而比这更为耻辱的则是与他们多年对等作战。汉尼拔战争过去了仅仅一百多年，当体面的罗马人回想起国家自那个伟大时代以后所经历的快速衰落，一定会觉得羞愧无比。那时意大利的奴隶像一堵坚固的城墙，抵抗着汉尼拔的老兵，而现在意大利的民兵一见到逃奴的棍棒便胆怯得像筛糠一样四下逃窜。那时每一位普通军官在必要时都会担任将军，虽然往往战败，但他们是为了荣誉而战，可如今在所有的高级军官中，连一个能力平常的领袖都很难找到。那时政府宁可让农民都放弃耕种，也不愿放弃征服西班牙和希腊，如今他们又要舍弃这两个获得已久的地区，仅仅是为了能在本国对抗叛变的奴隶。斯巴达克斯也像汉尼拔一样率军穿过意大利，从波河走到西西里海峡，打败了两位执政官，封锁了罗马城。对抗昔日的罗马，必须由古代最伟大的将军来指挥作战，而对抗如今的罗马，一个勇敢的劫匪首领便能胜任。那么，就不必奇怪没有新生力量从这种对劫匪首领和叛党的胜利中诞生了。

然而，对外战争的结果更不尽如人意。色雷斯—马其顿战争的结果虽然确实与人力和财力的消耗十分不对等，但还没有直接造成不利的影响。另一方面，在小亚细亚之战和对海盗的战争中，政府显然一败涂地。前者的结局是失去了八年浴血奋战所获得的一切，后者的结局是罗马人被尽数逐出“他们自己的领海”。罗马曾充分意识到其在陆地上的势力无法抵御外来侵略，于是将优势转移到了海上。如今这个泱泱大国在海上毫无势力，似乎即将失去至少亚洲大陆的统治权。国家的种种实力——安全的边境，平安无阻的交通运输，法律的保护，管理得当的政府机构——都在罗马国所统一的各邦中荡然无存，赐福之神似乎降临在了奥林匹斯山，使这个可怜的世界任由官吏或个人所摆布，饱受劫掠和折磨。将国家的衰落视为公众之不幸的，或许不只是那些拥有政治权力和爱国精神的人。无产阶级发起的暴动和海盗劫匪的行径，令人想到了那不勒斯王费迪南德（Ferdinands）时代，它们将衰落之感传到了意大利最偏远的山谷和最穷困的茅屋，使每个从事商业贸易或甚至只是买一斗小麦的人，都觉得这是切身的灾难。

如果要追究这种可怕且史无前例的灾难因谁而起，我们有充分的理由将之归咎于许多人。眼里只有金钱的奴隶主，不服从命令的士兵，怯懦无能或鲁莽愚昧的将军，欺行霸市的奸商，全都难辞其咎，或者更确切地说，谁能逃脱罪责！人们本能地认为这种不幸、这种耻辱、这种骚乱太过于严重，绝非一人所为。罗马共和国的伟大功绩不是杰出的个人所建立的，而是组织健全的公民团的成果，因此这个庞大结构的衰落也不能归咎于个人的破坏力，而是由于普遍的瓦解。大多数公民都是平凡之辈，建筑物每块腐朽的石头都可能造成整体坍塌，所以整个民族所遭受的灾祸都是在自食其果。如果就因为政府是作出最终具体决策的国家机构，我们便认为它应该承担国家所有可治之症和不可治之症的责任，未免有失公正，但政府确实应当承担大部分责任。例如，在亚洲战争中，当权贵族没有一个人遭受明显的失败，而且至少就军事而言，卢库勒斯不仅才能出众，而且备受称赞。因此非常明确的是，导致失败的罪责应归咎于制度和政府——起先是放弃了卡帕多奇亚和叙利亚，后又因优柔寡断使这位良将处于危险的境地。海上警备也是如此，元老院原本打算全面追捕海盗，此项计划在执行之时便遭到破坏，后来完全作废了，因此元老院又采取愚蠢的老办法，派军团与海盗交战。塞尔维利乌斯和马尔奇乌斯远征西里西亚，梅特路斯远征克里特，都是采取的此种方法，特利亚里乌斯也按这种方法修筑了一道环绕提洛岛的城墙以抵御海盗。这种保卫海洋主权的做法，令人不禁想起波斯大王曾用武力收复海权。因此，全国人民将这种失败大部分归咎于复辟政府是颇有道理的。在格拉古、马略和萨图宁覆败之后，此等管理失当的状态随寡头政府的复辟而出现，但寡头政府从未如此暴戾懈怠，也从未如此腐败凶恶。可是，当一个政府无法实行统治之时，便不再是个合法的政府，有能力推翻它的人便也有了推翻它的权利。毫无疑问，无能而残忍的政府可以长期践踏国家的幸福与光荣，这虽然非常不幸，但却是事实。后来有人有能力或愿意用政府自造的可怕武器来对抗它，并从贤人的义愤和大众的苦难中激起在此等情况下合法的革命。假如国家命运的博弈可以是一件乐事，或能长期进行下去而不受干扰，但这却是一个危险的博弈，赌徒可能会深陷其中。那么，如果有人用斧头将结出这种果实的树连根拔起，也没有人会去指责这把斧头。对于罗马寡头政府，现在已经到了这个时候。本都—亚美尼亚战争和海盗事件，成为了最可能导致推翻苏拉宪法和成立革命军事独裁制的因素。

第三章　寡头政治的覆灭和庞培主政

苏拉（Sulla）体制继续存在

苏拉体制仍旧岿然不动。雷必达（Lepidus）① 和塞多留（Sertorius）② 曾冒险予以攻击，但终以失败告终，好在并无多大损失。的确，政府没有秉承其开创者积极进取的精神完成未完成的伟业。对于苏拉指定用于分配但还未分配出去的土地，政府既不进行分配，也不直接放弃对它们的诉求，而是容许原先的土地主暂时拥有土地，但不规定他们的所有权，甚至允许个人根据旧有的占田制任意侵占许多未经分配的苏拉公地——无论是法律上还是实际上，该占田制都已为格拉古改革所废，这就是政府的特性。苏拉法规中，但凡于贵族党（Optimates）无关紧要或不甚方便的部分，他们都不予理睬或断然取缔，例

①马尔库斯·埃米利乌斯·雷必达（拉丁语：M. AEMILIVS. M. F. Q. N. LEPIDVS，约公元前89—前13年或前12年）古罗马贵族政治家，公元前43年开始统治罗马的后三头之一。——译者注

②昆图斯·塞多留（Quintus Sertorius 公元前122—前72年）是罗马共和国后期的一位著名将领。他久经沙场，功勋卓著，在马略、苏拉党争中成为马略党的一员悍将。马略党瓦解后，他又来到罗马西部行省西班牙，率领当地民族对罗马进行了旷日持久的战争。——译者注

如，剥夺整个公社公民权的判决，不许兼并新农场的禁令，以及苏拉授予某些公社的特权——当然，他们不会将为申请减免所缴纳的款项发还给这些公社。但是，政府颁布的这些条例违反了苏拉法令，动摇了苏拉体制的根基，森布罗尼法（Sempronian laws）基本作废，再无复兴之日。

民主制度遭到破坏粮食法企图恢复保民官权

诚然，有人想重建格拉古体制，也有人计划通过政制改革逐步达到雷必达和塞多留企图借革命达到的目的。苏拉一死，政府就迫于雷必达煽动民心的压力，同意有限制地恢复粮食分发制度（罗马纪元676年即公元前78年），而且政府也竭尽所能满足首都无产阶级在重大问题上的要求。尽管有这些粮食分配制度，但海盗猖獗致使粮价高涨，罗马遭遇严重饥荒，因而导致了罗马纪元679年即公元前75年的街头暴动，政府特别命人采购西西里的粮食，这才暂时渡过了极为严峻的危局。罗马纪元681年即公元前73年，众执政官又颁布粮食法，规定从今往后可采购西西里的粮食，这虽牺牲了当地人民的利益，但却使政府更有能力应付此类灾祸。然而，一些次要分歧点，即恢复保民官的旧有权限和废除元老审判厅，也不断成为鼓动民众的议题，这种情况下，政府的抵抗较为坚决。早在罗马纪元678年即公元前76年，雷必达一落败，保民官卢奇乌斯·西奇尼乌斯（Lucius Sicinius）就开始对这一职位提出异议，此人可能是四百多年前首次就任此职的同名人的后裔，但此举遭到现任执政官盖乌斯·库里奥（Gaius Curio）的反对，使其最终归于失败。罗马纪元680年即公元前74年，卢奇乌斯·昆克提乌斯（Lucius Quinctius）又开始煽动人心，但却受执政官卢奇乌斯·卢库勒斯（Lucius Lucullus）的权威所惑，放弃了他原先的计划。次年，盖乌斯·李奇尼乌斯·玛凯尔（Gaius Licinius Macer）以更大的热情投身于这项事业，他是那个时期的典型代表，将自身所学运用于公众活动，并劝公民仿照他在编年史中读过的方法拒绝应征入伍。

废除元老审判厅

元老陪审团司法处置不当，也引得民众怨声载道，而这些怨愤又颇有依据，如稍有势力的人就难以获罪。不仅同僚怜悯同僚在情理之中，已被控告或将被控告之人怜悯当下被控告的不幸罪人也不意外，而且陪审人员出售表决权也不再罕见。审判证明几位元老犯有此罪：人们指出其他同样有罪的人；最有名望的贵族党人如昆图斯·卡图卢斯（Quintus Catulus）在元老院公然承认这些怨言确有依据；有几次，如罗马纪元680年即公元前74年，个别突出案件使元老院不得不考虑采取措施制止陪审团受贿，当然，这仅仅只延续到最开始的叫嚣已经平息，而事情也得以消失在人们的视线中为止。这种万恶的司法结果在抢劫和凌虐外省人上尤其明显，相较而言，以前的暴行都似乎尚可忍受，也并无过分之处。偷窃和抢劫在一定程度上已趋于合法化；治贪所可视作这样一个机构，即向从各地归来的元老征税，以使留在国内的元老获益。一位受人尊敬的西西里人，因不愿助统治者作恶，便在毫不知情也未经审判的情况下，就被统治者判处死刑。甚至各省的罗马公民，若非骑士或元老，也不免身受罗马官吏的棍棒、斧头之苦，罗马民主最早的功绩——生命和人身安全——也开始被当权的寡头政治无情践踏。于是对各省官吏以及在道德上共担此罪责的不义法官，人们颇有微词，甚至罗马广场的民众也听信了这些言论。当然，反对党不忘在法庭上——这几乎是他们所剩的唯一场所——攻讦他们的对手。只要年纪许可，年轻的盖乌斯·恺撒（Gaius Caesar）也积极参与那恢复保民官权的运动，罗马纪元677年即公元前77年，他传讯苏拉一位最德高望重的党人——执政官格涅乌斯·多拉贝拉（Gnaeus Dolabella），又于次年传讯另一位苏拉军官——盖乌斯·安东尼（Gaius Antonius）；罗马纪元684年即公元前70年，马尔库斯·西塞罗（Marcus Cicero）查办盖乌斯·维列斯（Gaius Verres），此人是苏拉手下一个最卑鄙的奴才，对各省人民而言也是一头最恐怖的猛兽。黑暗时期人权泯灭的景象，各省人民遭受的可怖苦难，以及罗马刑事司法的可耻状态，都一次又一次以意大利式的华丽辞藻和辛辣讽刺呈现在集会民众面前。死去的头目及其未死的爪牙，也都遭到无情的怒骂和嘲笑。共和国的自由、强盛和繁荣似乎借着原始神圣的魔力与保民官权的持续紧紧相依。恢复保民官的全部权力，重建“稳固的”骑士法庭，再兴苏拉废除的审查制度，以便肃清最高统治机构的腐败和有害分子，这都是民众党拥护者每日高声疾呼的诉求。

民主运动并无结果

然而，事情至此却并无进展。流言和叫嚣不在少数，但正当和过分地批判政府，都无法获得真正的结果。只要没有军事干预，实权就仍掌握在首都公民的手里，而群集于罗马街道，在罗马广场选举官吏、制定法律的“公民”，实际毫不优于主政的元老院。无疑，政府必须要在关乎民众切身利益的地方向他们妥协让步，森布罗尼粮食法之所以能够复兴，也正是因为这一点。不过我们无法想象，这些民众会为一种观念甚至是一项明智的改革而认真起来。德摩斯梯尼（Demosthenes）形容雅典人的话，正好可以应用到这个时代的罗马人身上——人们立于讲台周围聆听改革议案时，都十分积极地采取行动，但只要他们一回到家，便没有人会再想到他们在广场听到的言论。无论这些平民党的鼓动者如何煽风点火，都是徒劳无功，因为压根没有燃料。政府对此了然于心，在重要的原则性问题上决不做出任何让步，最多只同意（约罗马纪元 682 年即公元前 72 年）赦免一部分与雷必达一同被逐的人。所有让步都出自温和贵族的试行调解，而非平民党的压迫。温和贵族党仅存的领袖盖乌斯·科塔（Gaius Cotta）在罗马纪元 679 年即公元前 75 年任执政官时通过了两项法律：一项跟审判庭有关，次年就又被废除；另一项则撤销苏拉那条“曾任保民官之人不得再任其他官职”的法令，但并不取消其他限制。这种法律同一切折中之法一样，引起了双方的不满。科塔不久之后便死去（约罗马纪元 681 年即公元前 73 年），倾向于改革的保守党因科塔早逝而失去了他们最显要的领袖，又被夹在日益突出的两个极端问题中间，声势一天比一天衰弱。但说到这两个极端问题，政府党虽卑鄙懈怠，却遇上同样卑鄙懈怠的反对党，政府党必然占据上风。

政府与庞培将军之间的争端

但政府党人的期望却不止于获得元老院的尊位和贵族的别墅，一旦他们与政府党的分歧愈加明显，那有利于政府的局势便会发生改变。站在这些人最前面的是格涅乌斯·庞培（Gnaeus Pompeius）。毋庸置疑，他是一个苏拉党人，但我们已经指出他在自己的党派中如何惴惴不安，他虽为官方认定的贵族护卫和战士，但他的血统、他的过往、他的希望又使他与贵族之间分离开来。在庞培将军远征西班牙期间（罗马纪元677—683年即公元前77—前71年），那已然明显的裂痕进一步扩大，到了无法修复的地步。政府命他与他们真正的代表昆图斯·梅特路斯（Quintus Metellus）搭档共事，并非是出于自愿，实属无奈之举，他却反过来指责元老院——此举或许不是没有理由，说他们不是疏忽大意便是心怀鬼胎，置西班牙军队于不顾，致使军队战败，远征的前途也因此陷入危境。如今他回来了，率领一支惯于征战且完全效忠于他的军队，以胜利者的姿态凌驾于他公开和秘密的敌人之上，为他的士兵谋求田地，为他自己谋求凯旋礼和执政官之职。后面的要求是不合法的，庞培虽几次以非常手段夺取最高职权，但他至今未担任任何常规官职，甚至没有做过财务官吏，一直不是元老院的一员。按规定，未担任过低级官职的人不得任执政官，未掌握过常规的最高职权的人不得行凯旋礼。若他要竞选执政官，元老院依法有权命他先竞选财务官；若他要求凯旋礼，元老院也有权让他想想伟人西庇阿的所作所为，在同样的情况下，西庇阿放弃了征服西班牙的凯旋礼。关于许给他部下士兵的土地，庞培在宪法上同样要仰仗元老院的善意。然而，即便元老院——因为他们心怀怨恨的同时也是软弱的，这一点可以想象——就此妥协，许这位战胜将军以凯旋礼、执政官之职和分田，以作为他处死平民党领袖的报偿，但是寡头党能给这位三十六岁将军的最高荣耀，也不过是让他位于一长串元老院的和平“凯旋将军”之列，最终在闲散的元老生活中光荣湮灭。他心中真正渴求的是米特拉达特斯战争（Mithradatic war）的统帅之职，这是元老院绝不会自愿赠予他的东西。为了他们自己深知的利益，寡头党绝不能允许他在非洲和欧洲的战利品之外再加上第三洲的战利品。无论如何，东方易于大量采摘的桂枝，都要留给纯粹的贵族去攀折。但如果这位名将不能在当权的寡头政治中获益，那他除了与平民党合作外，别无他法，因为要以纯粹私人的身份公然实行王朝政策，时机尚不成熟，庞培的心性也不适宜。苏拉宪法没有个人利益来束缚他，在更民主的体制范围内，他即便不能更好地追求个人目标，起码也不会太差。另一方面，他在平民党找到了他所需要的一切。关于政治领导问题，这位英雄束手无策，甚至有几分木讷，平民党那些积极敏锐的领袖有意愿也有能力助他脱困，但他们太渺小，不能甚至不愿与这位名将争首位，尤其不能甚至不愿与他争最高军事统帅之职。甚至盖乌斯·恺撒这位最显要的领袖也只不过是个少年，为他赢得名望的绝非他那热情洋溢的民主雄辩术，而是他那大胆的行径和时髦的债务，倘若这位举世闻名的“凯旋将军”让他做政治助手，他必会感到无上光荣。像庞培这样虚荣自负又能力不济的人，通常很看重名望却又不愿承认这一点，这位少年将军既然使平民党那几乎无望的事业获得胜利，必然享有极高声望。如此一来，他替自己和部下士兵所要的胜利报偿必然不求自来。一般而言，如果寡头党被推翻，反对党又没有其他的重要领袖，那么庞培似乎就可以全靠自己来决定他将来的地位。毫无疑问，这支军队才刚刚从西班牙战胜回国，仍稳固地驻扎于意大利，其将军若投归反对党，结果必会推翻现有的秩序。政府和反对党同样势单力薄，一旦反对党不再仅靠演说来斗争，而以一位战胜将军的刀剑为武器支持他们的要求，政府必然覆灭，甚至可能不战而败。

军事领袖的联合和民主政治

于是，庞培和平民党不得不联合。双方或许并不乏私人的嫌恶：战胜将军不可能喜欢街头演说家，街头演说家也不可能乐于将杀死卡尔博（Carbo）和布鲁图斯（Brutus）的凶手当作自己的领袖，但政治需要至少暂时高于一切的道德顾虑。

然而，结成这一联盟的并不只有平民党和庞培。马尔库斯·克拉苏（Marcus Crassus）[①] 的地位与庞培几近相同，尽管他与庞培同属于苏拉党，但他的政策却与庞培的无异，都是以个人政策为主，而且绝不是当权寡头党的政策。他现在也在意

---

①马尔库斯·李锡尼·克拉苏（拉丁文：M. LICINIVS. P. F. P. N. CRASSVS，约公元前115—前53年），罗马将军、政治家，在罗马由共和国转变为帝国的过程之中，扮演了重要角色。克拉苏出身在富有的上流阶级，后来又在上级（苏拉）的默许下迫害政敌、滥用职权，他也是一位成功的黑心奴隶商人，不择手段地敛财。所以他在一生中聚敛了巨大的财富，所以后人认为他是罗马历史中最富裕的人，也是世界历史中最富裕的人之一。——译者注

大利，统领着一支刚刚镇压了奴隶叛乱的得胜大军。究竟是联合寡头党来对抗该联盟，还是加入该联盟，他必须做出一个选择：他选择后者，无疑，这是较为稳妥的办法。他既有巨额的财富，又有左右首都各帮会的影响力，因而无论如何他都是一个有用的盟友。但在当时的情况下，元老院只有他这支可用来对付庞培的军队，若这支军队加入自己的对立面，则是个极大的噩耗。况且平民党与那位过于强大的将军联合，心中或许有些不安，他们乐见马尔库斯·克拉苏与他共事，与他抗衡，或许未来还会是他的敌人。

于是，罗马纪元 683 年即公元前 71 年夏，平民党与两位苏拉党将军格涅乌斯·庞培和马尔库斯·克拉苏达成了第一次联合，两位将军采纳了平民党的党纲；作为回报，他们可即刻获准成为次年的执政官，同时庞培也将获得凯旋礼，并如愿为他手下的士兵争得分田，而克拉苏作为斯巴达克斯（Spartacus）的征服者，至少应享有降重入首都的荣耀。

这两支意大利军队，一支是大资本家，一支是平民党，为了推翻苏拉宪法而这样联合出面，大概除了昆图斯·梅特路斯·皮乌斯（Quintus Metellus Pius）率领的西班牙第二军以外，元老院再无其他兵力可与他们相抗了。不过苏拉曾预言他做过的事不会再做，这话确实不假。梅特路斯绝不愿卷入内战的漩涡，一过阿尔卑斯山脉，他便立刻解散了手下的士兵，由此一来，寡头党别无他法，只得听天由命。元老院答应免除两位担任执政官和举行凯旋礼所需的某些义务，由此庞培和克拉苏毫无争议地被选为罗马纪元 684 年即公元前 70 年的执政官，同时他们的军队以等待凯旋礼为由，驻扎在都城前面。随即，庞培甚至尚未等到就职，就在保民官马尔库斯·罗利乌斯·帕利卡努斯（Marcus Lollius Palicanus）主持的人民大会上，公开正式表明自己拥护平民党的党纲。这样一来，宪法改革在原则上就通过了。

重建保民官权

他们现在要竭尽全力废除苏拉体制，首先，保民官恢复了其早期的职权。庞培作为执政官提出了一项法律，将保民官自古以来的特权归还给他们，尤其是立法权——这竟出自一个曾经最热衷于夺走公社传统特权的人之手，着实是一份特别的讽刺。

关于陪审团的新安排

至于陪审团的地位，按苏拉原先的法规，元老名录应用作陪审团名录，现在必定被废除，但这绝不意味着单纯恢复格拉古的骑士法庭。新出台的奥勒利亚法（Aurelian law）规定，将来陪审团当中要有三分之一的元老和三分之二的骑士，骑士中须有半数是曾任司库的人。最后这次改革是对平民党做出的又一次妥协，因为根据这一法令，至少有三分之一的刑事陪审团成员将间接由部落选举而来。至于为何元老院没有完全被逐出法庭，大概一部分是因为克拉苏和元老院的关系，一部分是因为元老院中间党加入了联合党。有一事必定与此有所关联，即这项法律是由执政官卢奇乌斯·科塔（Lucius Cotta）提出的，他是中间党最近死去的领袖的弟弟。

亚细亚包税制的重建

更重要的是，取消苏拉为亚细亚省制定的赋税法大概也是始于当年。当时亚细亚省的省长卢奇乌斯·卢库勒斯奉命重建盖乌斯·格拉古提出的包税制，于是，这个重要的金钱与势力之源又重归大资本家。

监察官制的复兴

最后，监察官制复兴。新执政官上任不久，就确定选举监察官，罗马纪元 682 年即公元前 72 年的两位执政官格涅乌斯·伦图卢斯·克洛狄阿努斯（Gnaeus Lentulus Clodianus）和卢奇乌斯·盖利乌斯（Lucius Gellius）当选，他们都曾因在对斯巴达克斯的作战中行事乖张而被元老院革去统帅之职，如今这样的结果显然是在嘲弄元老院。不难想象，他们自然会利用现在拥有的重要职位所能支配的一切手段，来赞颂新上任的掌权者，来对付元老院。元老院因此至少有八分之一即六十四位元老被除名，这一数字是空前的，其中包括曾被盖乌斯·恺撒弹劾但却无疾而终的盖乌斯·安东尼，以及罗马纪元 683 年即公元前 71 年执政的执政官普布利乌斯·伦图卢斯·苏拉（Publius Lentulus Sura），另外还有不少最可憎的苏拉爪牙。

新式宪法（Constitution）

因此，罗马纪元 684 年即公元前 70 年，罗马大体上又回到苏拉复辟之前的状态。首都民众又靠国库供养，也就是靠各省供养；保民官又给予每个煽动家合法特权，任他们推翻国家秩序；富豪又掌握包税权和对省长的司法监察权，像以往一样昂首骄恣地与政府并驾齐驱；元老院又因骑士阶层陪审团的裁决和监察官的责难而焦虑不安。苏拉体制以在政治上消灭商业贵族，和以群众煽动为贵族独掌政权的基础，因而被彻底推翻了。一些次要法规直到后来才被取消，如恢复神职院的自主补充权。苏拉的一般性法令中，只有两部分得以留存下来，一部分是他认为必须要向反对党做出的让步，如承认一切意大利人的罗马公民资格；另一部分是没有任何鲜明党派倾向的法规，即便是平民党也不觉得有任何问题，如限制被释奴，规定官吏的职权范围，以及郑重改革刑法等。

比起这样一场政治革命所引发的个人问题，联合党对于这些原则性的问题更能达成一致。可以预料的是，平民党并不满足于对他们党纲的普遍认可，但他们现在也要求符合自身意愿的复辟——恢复为同党死者所做的纪念仪式，惩罚害死他们的凶手，召回流亡国外的人，解除对其子女的政治歧视，归还苏拉曾没收的产业，以独裁者的后嗣及爪牙的财产赔偿他们的损失。诚然，这是平民党获得完全胜利后理所应当会产生的结果，但联合党于罗马纪元 683 年即公元前 71 年取得的胜利，则与此相去甚远。平民党为这次胜利所做的贡献就是他们的名号和党纲，但拿出实力完成此事的却是加入这场运动的军官，尤其是庞培，这些人绝不会赞成一场既动摇现存统治基础，又终将危害自身的复辟运动——庞培剑下曾流淌过谁的鲜血，克拉苏又是如何奠定了巨额财产的根基，时人对此还记忆犹新。因此，罗马纪元 683 年即公元前 71 年，联合党没有做丝毫努力去为平民党谋求复仇甚至是复权的机会，乃是理所当然的，不过这同时也说明了平民党力量的薄弱。监察官伦图卢斯在一项特殊法律中规定，追收购买充公财产所欠的所有款项，甚至是苏拉已豁免的价款。如此一来，虽然不少苏拉党人为此大受损失，但这举措本身也基本实现了苏拉所实行的充公制度。

迫在眉睫的庞培军事独裁制度

苏拉的工作就这样遭到破坏；但未来的局势将会如何，这个问题因此次破坏而起，却不因此次破坏而得到解决。联合党之所以能够联合，只因为他们拥有共同的目标，即废除复辟工作，这个目标一旦达成，他们便会自行解散，即使名存，实际也消亡了。同时，优势首先将属于哪一方，这一问题似乎就要得到迅速的解决。庞培和克拉苏的军队仍驻守在城门前面，庞培的确曾承诺在凯旋后（罗马纪元683年即公元前71年12月末）解散手下的士兵，但他没有兑现诺言，为的是用首都门前的西班牙军队威慑罗马城和元老院，让国内革命能够顺利完成——这样的借口也同样适用于克拉苏的军队。现在这种理由已不复存在，但军队仍旧迟迟不解散。局势发生转变，在与平民党联合的两位将军中，似乎有一人要夺取军事独裁地位，并把寡头党和平民党一同拴在链子上。这个人只能是庞培。从一开始，克拉苏在联合党里就居次要地位，他曾被迫自荐，甚至他当选执政官也主要是因为庞培从中游说。庞培之强大远非旁人所能及，显然，他主宰着大局。如果他能利用局势，那他似乎必能如民众现在所料想的那样，成为文明世界中最强国的绝对统治者，所有卑屈逢迎之人已簇拥到这位未来的君主身边。

他那些实力较弱的对手已在寻求一个新的联合，作为最后的救命稻草。克拉苏对这位年纪较轻但实力却完全超过他的敌人满怀嫉妒，无论是以前还是现在都是如此，他努力亲近元老院，并企图用前所未有的赏赐来笼络首都民众——克拉苏亲自帮忙摧毁的寡头党和永远不知感恩的民众——好像有能力给人任何保护，以抗击西班牙军队的老兵。一时间，庞培和克拉苏的军队似乎要开始在首都门前交战。

庞培引退

不过平民党以其机敏的品性避开了这场灾祸。为了他们的政党，也为了元老院和克拉苏，庞培都不应该夺取独裁地位，这一点是最重要的。但他们的领袖对自己的弱点和强敌的性格都有着敏锐的洞察力，于是尝试怀柔政策。要攫取王冠，庞培唯一欠缺的条件也是首要条件就是——真正王者的胆量。我们已在上文描述过他的为人：他既想做忠实的共和派，又想做罗马的主人，摇摆不定，优柔寡断，表面上自诩独断专行，实则易于顺从。这是命运对他的第一次重大考验，然而他并没有经受得住。庞培以他不信任克拉苏因而不能主动遣散士兵为由，拒绝解散军队。平民党劝克拉苏对此事采取亲善策略，在众目睽睽之下与其搭档讲和。他们公开或秘密地恳求克拉苏，在消灭敌人和调解政党的两项功绩之外，再加上第三项更大的功绩，即保卫祖国的内部和平，消除内战威胁所带来的极大恐慌。一切外交上的谄媚之术，一切渲染爱国热情的表演装置，但凡是能够影响到那位自负虚荣、呆板笨拙而又优柔寡断之人的，都为达成这一想要达成的目的而发动起来了。然而，最重要的是，由于克拉苏适时让步，事态竟演变成：庞培除公然做罗马的专制君主或隐退之外，别无他法。于是庞培终于退让了，同意解散军队。在他当选罗马纪元684年即公元前70年的执政官时，无疑他想取得米特拉达特斯战争的指挥权，但现在他无法再有此期望，因为卢库勒斯似乎已用罗马纪元683年即公元前71年的战绩实际结束了这场战争。元老院依据森布罗尼法将一个执政省分派给他，他觉得有失尊严，拒而不受，在这一点上克拉苏也以他为榜样。既已如此，庞培遣散手下的士兵，之后于罗马纪元684年即公元前70年末辞去执政官一职，一时之间完全脱离国事，并声明自此以后只愿做一个普通的公民，过安逸的生活。他曾经所处的位置迫使他非取王冠不可，既然他不愿这样做了，那他便失去了一切，徒留一个虚名——弃权的王位候选人。

元老院，骑士阶级，平民党

在当时的局势下，庞培居于最高位，他一退出历史舞台，首先就使得各党派的地位与格拉古和马略时代（Marian epochs）相差无几。苏拉只是加强了元老政府，并没有创造它，因此，苏拉所建的壁垒倒塌以后，政府仍基本掌握在元老院手里，不过毫无疑问，元老院借以执政的体制主要是复旧的格拉古体制，其中渗透着一种与寡头党为敌的精神。平民党曾促成格拉古体制的重建，然而，没有出现一位新的格拉古，这体制就是一副无首的躯壳，无论是庞培还是克拉苏都无法长久任首脑，这一点非常明了，而由最近发生的事情来看，则更加清晰了。所以，平民反对党因为缺乏一位能直接夺取政权的领袖，而不得不暂时止于步步阻挠和对政府的骚扰行为。但在寡头党和平民党之间，资本家一派东山再起，又受重用，在最近的危机中，他们曾与平民党联合，可如今寡头党却费心费力地拉拢他们，以图借此达到一个相对于平民党的均势。这样一来，财主们两边受惠，不免利用他们的优势地位，从中获利。现在（罗马纪元 687 年即公元前 67 年）又通过人民法令将他们唯一一项尚未收回的旧时特权——剧场里专为骑士阶层准备的十四个席位——归还给他们。总的来说，他们没有骤然与平民党决裂，却又越来越向政府靠拢。元老院与克拉苏及其党羽的关系正说明这一点，但元老院与有钱贵族之间之所以能进一步增强互信，似乎主要是因为这样一件事，即元老院最富才干的军官卢奇乌斯·卢库勒斯得罪了那些资本家，威胁到他们的利益，元老院竟应他们的请求，于罗马纪元 686 年即公元前 68 年撤消了卢奇乌斯·卢库勒斯对亚细亚省的管理权。

东方事件对罗马的影响

然而，就在首都各党派照常争论不休却无法达成一致意见之时，一系列厄运般的事件相继在东方发生，这已在上文叙述过，正是这些事使得首都拖沓迟缓的政治遭遇危机。在东方，无论陆战还是海战都出现了不利的转折。罗马纪元 687 年即公元前 67 年初，罗马的本都军覆灭，亚美尼亚军（Armenian army）也在撤退时彻底溃散；他们占领的地方全都失去，海洋被那些海盗独霸，意大利的粮食价格也因此暴涨，以至于他们担心会真的闹饥荒。诚然，如我们所见，这些将领的过失，尤其是海军将领马尔库斯·安东尼（Marcus Antonius）的昏庸无能，以及一向能干的卢奇乌斯·卢库勒斯的轻率蛮勇，在某种程度上导致了这些灾祸的发生，同时平民党的革命风潮也极大推动了亚美尼亚军队的解散。然而，这些灾祸不管是政府自己造成的，还是别人造成的，现在自然都要由政府负全责，愤怒的饥民只希望有机会和元老院算账。

庞培再现

这是一场决定性的危机。寡头党虽遭贬黜，失其武装，但却尚未被推翻，因为政事的管理权仍掌握在元老院手里。但如果反对党要将政事管理权尤其是军事指挥权占为己有的话，寡头党便会垮台，如今这不无可能。如果现在将用更好的管理方法指挥海陆战的议案提交公民大会（comitia），考虑到公民的情绪，元老院显然不能阻止议案的通过。公民干涉这些最高的行政问题，实际上就等于罢免元老院，转而将国政管理权移交给反对党领袖。这一连串事件，使庞培重新掌握了决定大权。两年多以来，这位名将就住在首都，做个无职的公民。无论是在元老院还是在集会场（Forum），人们都很少听到他的声音。在元老院，他不受欢迎，也没有关键的影响力。在集会场，他害怕看到各党派的狂暴行动。但只要他一露面，身边总会有众多或高贵或低贱的党羽追随左右，他那尽显庄严的隐忍缄默也博得了民众的好感。他仍是那个功勋卓著、荣誉加身的名将，若他此时自请去往东方，民众必然会满足他所有可能提出的要求，授予他全部的军事和政治权力。寡头党认为政治军事独裁制度必然会使他们灭亡，而且自罗马纪元 683 年即公元前 71 年的联合以来，他们就视庞培为死敌，对他们来说，这将是一个毁灭性的打击。而平民党对此事也并无愉悦之感，虽然结束元老院的统治本身必合乎他们的心愿，但如果事情是以这种方式发生，那便绝非他们本党的胜利，而是他们实力过于强劲的盟友个人的胜利。后者很可能会成为平民党的敌人，其危险程度远非曾经的元老院所能及。数年前，平民党因西班牙军队解散和庞培隐退而幸免于难，若庞培此时被任命为东方军队的将领，则这种危险将会再次出现，且规模更大，程度更深。

元老院统治覆灭庞培重新主政

然而，这一次庞培却有所行动，或者至少让其他人替他行动。罗马纪元 687 年即公元前 67 年，庞培提出了两项法案，一项是：除应平民党很早以前就提出的要求下令遣散亚细亚军队中服役期满的士兵外，又下令召回军队主帅卢奇乌斯·卢库勒斯，并让当年的两位执政官中的其中一位——盖乌斯·皮索（Gaius Piso）或马尼乌斯·格拉布里奥（Manius Glabrio）补其空缺；第二项是：维持元老院七年前拟定的肃清海盗计划，并加以扩充。元老院从执政官中指定一位将军，命他在海上专管自赫拉克勒斯之柱（Pillars of Hercules）至本都和叙利亚沿岸的整个地中海区域，在陆上与各个罗马长官配合，一同担任向内陆五十英里的全部海滨地区的最高统帅，另有三年的任期保证。围绕在他身边的是罗马前所未有的一支军事参谋团，其中包括二十五名元老阶级的副官，全部佩有执政官官徽，手握执政官大权，另外还有两名行使财务官职权的副财务官，所有这些人全部凭主帅个人意愿选拔而来。他可以招募步兵十二万，骑兵五千，战舰五百，因此他对各省和属国都拥有绝对支配权。此外，现有的战舰和大批军队都即刻转交到他手里。国家在首都和各省的库藏以及属国的财产都由他全权掌控，即使财政极度困难，也会立马从国库调拨一百四十万英镑（即一亿四千四百万塞斯特斯）的款项给他。

法案的影响

很显然，因为以上两个法案，尤其是与远征海盗有关的法案，元老院的政府归于覆灭。毫无疑问，一般经公民推选的最高长官本身就是国家（commonwealth）的正当将军，至少根据狭义的法律，特任长官须经公民核准才能做将军，但公社在法律上并没有权力任命特定的统帅，只有应元老院的建议，或者至少是应一个可以自行行使将军职权的长官的建议，公民大会才会偶尔干预此事，规定这种特殊职能。在这方面，自从有罗马自由邦以来，决定性话语权实际上就掌握在元老院手里，经历过一定的时间后，这种特权才得到完全的认可。毋庸置疑，平民党已经动摇过这种特权，但即便是迄今为止发生过的最可疑的事情——罗马纪元647年即公元前107年将非洲主帅之职移交给盖乌斯·马略（Gaius Marius）[①]——也只是一位在法律上有权担任将军之职的长官依公民决议，奉命指挥一场特定的远征行动。

然而时至今日，公民不仅要把最高长官的非凡特权随意赐

①盖乌斯·马略（Gaius Marius，公元前157—前86年），出生于阿鲁匹，是古罗马著名的军事统帅和政治家，曾进行军事改革，实行募兵制，击败日耳曼人。——译者注

予任何一个平民，而且还要将他们明确规定的权限给他。元老院必须从众执政官中选出这个人，但这也只是一个形式上的补救措施。之所以将选择权留给元老院，只因为实在别无选择，在群情激昂的民众面前，元老院不能把海上和海岸的主帅之职交给除庞培以外的其他任何人。但是比在原则上否定元老政权更危险的，是一旦建立起几乎无限制的军事和财政权力机关，元老政权实质上便如同废止。以前将军的任期为一年，职权范围限于指定的一个省份，所得的兵力和财力也受严格限制，而这个新设的特任官职，从一开始就有三年的任期保证，当然，不排除有进一步延长的可能性，其管辖区域占所有省份的大半，甚至昔日不属于军事管辖区的意大利也在其中，国家士兵、船只和钱财都听其调遣，几乎毫无限制。甚至我们刚刚提到过的罗马共和国法律中的早期基本原则，即没有公民协同参与便不能将最高军权和政权授予他人，也因顾及这位新任主帅的利益而遭到破坏。因为对于他将任命的这二十五位副官

(adjutant)，该项法律预先授予其执政官官职和执政官特权[①]，罗马共和国的最高官职反倒从属于一个新设官职。要为其寻得一个合适的名称，还需留待将来，但其实它现在就已经涉及到君主制了。这是现有秩序的一次彻底变革，该法案为此奠定了基础。

---

①按照罗马的政治法，特任官的职权（pro consule，pro praetore，pro quaestore）可源于三种方式。第一种方式源于在罗马城以外办理公务所适用的原则，即官职延至法定期限为止，官权却须延至继任者到来为止，这是最早、最单纯而又最常见的办法。第二种方式源于正当的机构——特别是人民大会，以后元老或许也这样做——任命一个宪法上未规定的长官，此官在其他方面都与常任官一样，但为了表示官职的特殊性，仅自称为“代理副执政官”或“代理执政官”。还有几个官吏也属于这一类，就是先用一般方法任命财务官，然后特别赋予他们副执政官甚至执政官的职权（quaestores pro praetore 或 pro consule）。例如，罗马纪元679年即公元前75年，普布利乌斯·伦图卢斯·马尔塞利努斯（Publius Lentulus Marcellinus）去往昔兰尼；罗马纪元689年即公元前65年，格涅乌斯·皮索去往近西班牙；罗马纪元696年即公元前58年，加图去往塞浦路斯，都是这种性质。第三种是特别官吏的职权基于最高官吏的委托权。如果最高官吏离开管辖区域或因其他原因不能行使他的职权，他可以命他身边的一个人做他的代理，人称legatus pro praetore；如果人选落在财务官身上，那么这财务官便名为quaestor pro praetore。同样，如果最高官吏手下没有财务官，那他可以让他的一名随员担任财务官一职，这随员便名为legatus pro quaestore，这个名称大概首见于罗马纪元665—667年即公元前89—前87年任马其顿省长副官的苏拉在马其顿造的四德拉克马银币上。不过最高官吏在行使职权上未遇阻碍，竟一就职便立即将最高权力赐予他手下的一个或几个人，这与代理的性质不符，因而为旧时的政治法所不容。就这一点来说，代理执政官庞培的代理副执政官（legati pro praetore）是一种创新，在种类上已与帝国时代占很重要地位的代理副执政官相似。

庞培和伽比尼乌斯法（Gabinian Laws）

一个人刚刚才显示出他十足的优柔寡断和软弱无能，但他所采取的举措却如此雷厉风行，这实在出乎我们的意料。不过庞培此次行事比他任执政官期间更加决断，其原因很好解释。现在的问题不是他即刻站出来做君主，而是他应该采取一项非常的军事措施，为实行君主制做准备。尽管这项举措具有革命性，但却仍然可以在现行的政制形式之下得以实施，并最先使得庞培达成他所期望的旧目标，即掌握远征米特拉达特斯和提格兰（Tigranes）的指挥权。

他也能以权宜之计为重要借口，为解除元老院兵权一事做辩护。庞培不会忘记，数年前依照相同原则制定的一项肃清海盗的计划，因元老院管理不善而归于失败；他也不会忘记，西班牙战争时，元老院罔顾军队生死，一味理财，致使战事陷入危局。他不会不知道，大多数贵族如何看待他这个苏拉党的叛徒，如果他同意去东方做一个仅拥有普通权力的政府将军，那他又会遭遇何种命运。因此，他表示，若要他担任这个统帅，首先必须赋予他独立于元老院的地位，这自是理所当然，公民也应该立即同意。再者，我们可以想象，两年前庞培隐退时他身边的人肯定非常愤懑，他这次行动之所以如此迅速，很可能也是受他们怂恿所致。召回卢库勒斯、征伐海盗的法案，是由保民官奥卢斯·伽比尼乌斯（Aulus Gabinius）[①] 提出来的，此人财势衰颓、道德败坏，但却是个圆滑的谈判家、大胆的演说家、勇猛的战士。庞培说他根本无意担任海盗战争的主帅，他只想在家休息，这话虽然没有多大诚意，但其中或许也有几分真实性；这位大胆而活跃的门客与庞培及其亲近的朋友来往甚密，完全看透时局、洞悉时人，在很大程度上他并不愿那目光短浅、毫无谋略的保护主干预他做这一决定。

与伽比尼乌斯法有关的政党

尽管平民党领袖私下里可能心存不满，但平民党却不能公然站出来反对这个法案。显然，平民党绝不可能阻止这项法案的实行，他们的反对会令平民党与庞培公然决裂，从而迫使庞培亲近寡头党，或者置两党于不顾，肆意推行他个人的政策。平民党人现在别无他法，只得继续坚持他们与庞培那有名无实的虚假联合，并把握当前的机会，至少切实推翻元老院，舍弃反对党地位，转而投入政府的怀抱，至于将来的事情，则留待将来庞培那众所周知的怯懦性情去解决。因此，他们的领袖——七年前致力于恢复保民官权的执政官卢奇乌斯·昆克提乌斯和前任财务官（quaestor）盖乌斯·恺撒——都支持伽比尼乌斯的提议。

然而，这个法案令特权阶级暴怒，不但贵族如此，而且豪

①奥卢斯·伽比尼乌斯（拉丁语：AVLVS CABINIVS；活动时期：公元前1世纪），古罗马国务活动家，是罗马共和国末期的重要政治人物，是格涅乌斯·庞培的支持者。——译者注

商（mercantile aristocracy）也是如此，他们觉得这么彻底的政治革命危害到了他们的特权，便再一次将元老院视作他们真正的保护主。保民官伽比尼乌斯提出建议后便来到了元老院，罗马城的权贵恨不得亲手把他掐死，至于这种做法会给他们带来怎样不利的后果，正在气头上的他们根本无暇考虑。他来到集会场，号召民众去攻击元老院。恰在这时，元老院散会，执政官皮索是寡头党的拥护者，却偶然落入民众手中，显然，他要成为公愤的牺牲品。幸而伽比尼乌斯出现，为了他那确定无疑的成功不受不合时宜的暴力行动威胁，他解救了这位执政官。与此同时，民众的愤懑之情未有减缓，并因高涨的粮价和半真半假的诸多流言而愈演愈烈——例如，有传闻称，卢奇乌斯·卢库勒斯将交到他手中的战费用于在罗马城发放利息，或企图利用这笔战费让执政官昆克提乌斯脱离平民党；元老院准备让素有“第二个罗慕路斯（Romulus）”之称的庞培遭受第一个罗慕路斯的命运[①]——这类传闻不绝于耳。

表决

于是投票表决的日子到了。民众摩肩接踵地站在集会场，一切能看见演讲台的建筑，甚至是屋顶上，都挤满了人。伽比尼乌斯的所有同僚已承诺把他们的否决权交给元老院，但在这汹涌的人潮面前，除卢奇乌斯·特雷贝利乌斯（Lucius Trebellius）一人以外，所有人全都默然。卢奇乌斯·特雷贝利乌斯曾对自己和元老院起誓，宁死不屈。元老院一执行他的否

①据传说，罗慕路斯王被众元老肢解。

决权，伽比尼乌斯立即中止法案的表决，并向集会民众提议，应该仿照昔日提比略·格拉古（Tiberius Gracchus）的建议处置奥克塔维厄斯（Octavius）的手段，来处置他这位倔强的同僚，也就是说，立刻将他免职。表决已然进行，开始宣读表决票。起初宣读的十七票都赞成这一提议，再有一个赞成票便可占得多数，而就在这时，特雷贝利乌斯却忘记了他的誓言，胆怯地撤消了否决票。之后保民官奥托（Otho）力谋至少保住同僚制，并且选举两位将军而非一个，但终归是徒劳。老迈的昆图斯·卡图卢斯是元老院最德高望重的人，他倾尽全力想使副将不由主帅任命而由人民选择，但最终也是白费心力。在民众的喧闹声中，奥托甚至都没有发言的机会。精于算计的伽比尼乌斯殷勤地为卡图卢斯争取到一个发言的机会，众人肃然静听这位老人的话，但这些话也基本没起什么作用。这些提议不仅原封不动地变成法律，而且庞培所提出的具体补充性请求也即刻全部得到认可。

庞培在东方的胜利

人们怀揣着高度紧张的期望，目送两位将军庞培和格拉布里奥动身去往目的地。伽比尼乌斯法一经通过，粮价立即跌至正常水平，可见人们对此次远征大军及其著名领袖寄予厚望。这些希望，我们之后还会涉及到，不仅得以实现，而且有所超越：三个月后，肃清海域的事宜便告完结。自汉尼拔战争以来，罗马政府从未在对外行动上显示出这样的魄力。与寡头党疲软无能的行政管理相比，平民党人组成的军事反对党已极为成功地证明自己拥有夺取和运用政权的能力。庞培计划肃清纳博高卢（Narbonese Gaul）的海盗，而执政官皮索却并无爱国之心，手段也不巧妙，他企图设置卑鄙的障碍加以阻挠，这只会加深公民对寡头党的怨恨，增加他们对庞培的热情。只因庞培个人从中调停，人民大会才没有直接将这位执政官免职。

同时，亚洲大陆上的情况相较之前更为混乱。格拉布里奥本应接替卢库勒斯的主帅之职，征讨米特拉达特斯和提格兰，但他却停在小亚细亚西部，虽以种种攻讦卢库勒斯的言论鼓动士兵，却不就任最高统帅一职，因而卢库勒斯不得不留任。因此，征讨米特拉达特斯毫无作为，本都骑兵在比提尼亚（Bithynia）和卡帕多奇亚（Cappadocia）[①] 肆意劫掠，无所忌惮，且不受惩罚。庞培因海盗战争率兵前往小亚细亚，他本人很久以前就想做本都—亚美尼亚战争的最高统领，如今命他就任此职，似乎是最自然不过的事。不过我们可以想象，平民党与他们将军的志愿不同，在这件事情上他们会尽量避免首倡其议。平民党可能曾劝诫伽比尼乌斯，不要一开始就把米特拉达特斯战争和海盗战争都委托给庞培，而将米特拉达特斯战争委托给格拉布里奥。无论如何，这位将军已经过于强大，平民党决不愿继续提升他的地位，或是让他长居此位。庞培本人照常保持被动的态度，如果没有发生一件各党都始料未及的事，他在完成既受的使命后，可能就要真正回国了。

---

①位于土耳其中部的卡帕多奇亚，以其童话般的斑点岩层而闻名：奇特的岩石构造、岩洞和半隐居人群的历史遗迹令人神往。这里起初是基督教徒躲避罗马迫害的避难处，公元4世纪，一群僧侣建立了卡帕多奇亚的主要部分。——译者注

马尼利乌斯法

有一个完全无用且无关紧要的人名叫盖乌斯·马尼利乌斯（Gaius Manilius），他在任保民官时，提出过一些并不妥当的法案，因而失去了贵族党和平民党的欢心。人人都知道庞培热切渴望却不敢争取的是什么，若马尼利乌斯能为他夺得此物，必能在这位强将的羽翼之下寻求庇护。抱着这份希望，马尼利乌斯向公民提议，从比提尼亚和本都召回省长格拉布里奥，从西里西亚（Cilicia）召回马尔西乌斯·雷克斯（Marcius Rex），除庞培原来的职务以外，又把二人的职位和东方战事的指挥权全数交给这位海上和海岸的执政官（罗马纪元688年即公元前66年初），这些都没有固定的期限，而且还拥有缔结和约以及结盟的自由权。从这件事情上，我们可以很清楚地看出罗马的政治体制有多么混乱。至于立法权，其倡议权掌握在政客手中，无论他们多么卑微，而最终决定权则掌握在毫无能力的民众手中，同时该项权利还延伸至最重要的行政领域中。马尼利乌斯的提议虽不为任何政治党派所采纳，但它几乎没有在任何地方遭到强烈抵制。平民党领袖曾因为一些缘故而被迫接受伽比尼乌斯法，如今也因为同样的理由而不敢明目张胆地反对马尼利乌斯法，他们将不悦和忧虑埋藏于心，转而在大庭广众之下为平民党的将军发声。温和贵族党宣布他们支持马尼利乌斯的提议，因为在伽比尼乌斯法之后，反抗无论如何都是无效的。有远见的人们已经意识到，元老院的良策是尽可能与庞培靠近，庞培与平民党关系的破裂已经可以预见，一旦他们之间出现裂痕，元老院就要把他拉拢至自己这一方。时至今日，这些整顿者似乎已有了主意，并能断然出头而不致失宠于任何一方，他们为这一天感到由衷的欣喜——马尔库斯·西塞罗第一次出现在政治讲坛上，以讲演者的身份为马尼利乌斯的提议做辩护，这具有非常重要的意义。只有以昆图斯·卡图卢斯为首的严格贵族党至少还能表露他们的意愿，发言反对这个提议。当然，该提议经大多数人几乎一致的同意，变为法律。因此，除早期的诸多权力外，庞培又获得了小亚细亚最重要省份的行政管理权，以至于在罗马的广阔领域内，几乎没有一块土地不受他管辖。他还夺取了一场战争的指挥权，这场战争就如同亚历山大远征，人们能说出它于何时何地开始，却无法道明它在何时何地结束。自罗马有史以来，从未有一人独揽如此的权力。

平民党的军事改革

元老院与平民党之间的斗争始于六十七年前的森布罗尼法，终于伽比尼乌斯—马尼利乌斯法。森布罗尼法首次将革命党定为政治上的反对党，而伽比尼乌斯—马尼利乌斯法首次使它从一个反对党转变为政府。现存政制因无视奥克塔维厄斯的否决而遭到初次破坏，这是一个伟大的时刻，元老政治的最后一道壁垒因特雷贝利乌斯的退缩而轰然倒塌，这也是一个具有重要意义的时刻。双方都深有体会，甚至元老们懈怠的灵魂也因这垂死挣扎的心态而骤然惊起，但政制争端的结局却与其开端大不相同，而且其结束的方式也远比开端更为可惜。一位无比高贵的年轻人开始了这场革命，但它却终结于最为卑贱鲁莽的阴谋家和政客之手。另一方面，这些贵族党一开始谨慎抗争，甚至连荒芜的前哨岗也认真看守，可在结束时他们却率先实行暴力政治，大言不惭地掩饰其软弱，卑鄙无耻地背信弃义。曾经好似镜花水月的东西，如今已悉数得到：元老院已不再掌握政权。但少数见过革命最初风潮、听过格拉古言论的老人抚今追昔，他们发现无论是乡人与市民，国法与军纪，还是生活与习俗，这期间所有的一切都已改变。那些将格拉古时代的理想与现实两相比较的人，都不免苦笑出声。然而，这种思考属于过去。对于目前或许也对于将来而言，贵族党的倾覆已是既定的事实。寡头党就像一支彻底解散的军队，他们的散兵可以增强任何队伍的实力，但却再也无法自守其地，也无法为自己冒险一战。但旧战争结束之日，就是新战争开始之时，之前为推翻贵族统治而联合的两派势力——一派是平民反对党的民间力量，一派是日益谋夺优势的军事力量——如今又起争端。庞培的特殊地位在伽比尼乌斯法之下已与共和政体不能相容，在马尼利乌斯法之下则更是如此。就在那时，他的敌人便已有理由说，伽比尼乌斯法不是任命他为海军将官，而是全国摄政王，而一个熟悉东方事务的希腊人称他为“王中之王”，这并不为过。如果他今后再一次从东方得胜归来，荣誉加身，将更甚从前。那时，他带着充盈的库藏，率着善战而又忠诚的部队，如果要伸手摘取王冠时，谁又能拦得住他呢？是执政官昆图斯·卡图卢斯能号召诸位元老来抵抗当时的第一将军和他久征沙场的军团？还是新受命的市政官盖乌斯·恺撒能号召刚刚因三百二十对角斗士及其银制武器而大饱眼福的民众来践行此事？卡图卢斯大声疾呼：不久之后，人们还要再一次逃到卡庇托尔（Capitol）的岩石上，以求保全自由。这场风暴不如他所预料的那样来自东方，相反，命运之神竟完全应验了他所说的话，数年后从高卢带来了这场破坏性的风暴，这并非预言家的过错。

第四章 庞培和东方

庞培剿除海盗

罗马纪元687年即公元前67年初，当庞培手握几乎无限的权力率兵攻打海盗时，罗马在东方的海陆状况有多么糟糕，我们在上文便可得见。他先把自己管辖的广阔领域划分为十三个区，每区任命一个副官（lieutenant），负责装备船只和兵士，搜查海岸，捕获盗船，或将盗船逐入同僚的陷阱。今年年初，他亲率现有的最优战舰——其中罗得（Rhodes）战舰在此次也立下卓著功绩——到海上去，一开始就扫荡西西里、非洲和撒丁的水域，尤其是重建自这几省到意大利的粮食供应体系。同时，他的副官负责肃清西班牙和高卢海岸。就在这时，庞培的使节（legate）马尔库斯·庞波尼乌斯（Marcus Pomponius）依伽比尼乌斯法在纳博省征兵，执政官盖乌斯·皮索企图从罗马加以阻挠——这是个不明智的举动，为了制止此事并让民众对执政官的正当怒气维持在合法的范围内，庞培暂时又来到了罗马。过了四十天以后，地中海西部的航海四处畅通，庞培便率领六十艘最精良的船舶去往东部海域，先到海盗最初也是最主要的场所，即利西亚（Lycia）和西里西亚（Cilicia）水域。一听到罗马舰队逼近的消息，狷獗的海盗便从公海四散奔逃；不仅如此，甚至利西亚坚固的安底克拉古斯（Anticragus）和克拉古斯（Cragus）堡垒都没有过多反抗便宣告投降。庞培恰当合理的宽和态度，比恐怖手段更能打开难以接近的海上堡垒的大门。他的前任曾下令将每一个被擒的海盗都钉在十字架上，他却毫不犹豫地一律宽大处理，对待所掳盗船上的普通船夫尤其宽容。只有勇猛的西里西亚海王敢于武装抵抗罗马人，以图至少保住他们自己的海域。他们先把妻子儿女以及大量财物安置在托鲁斯（Taurus）的山寨中，而后在西里西亚的西部边界科拉凯西乌姆（Coracesium）近海等候罗马舰队。但庞培在此处的战舰船员众多，武器装备齐全，因而大获全胜。未受阻拦，他便靠岸登陆，并开始攻打和破坏海盗的山寨，同时庞培继续承诺：若他们投降，便饶他们一命，并归还其自由。不久，堡垒和山寨中的海盗中止了这场毫无希望的战争，同意投降。庞培到达东部海域后四十九天，西里西亚平定，战争走向终结。

迅速剿除海盗是一大宽慰，但并不是一项丰功伟绩。海盗无法抵挡罗马发动的大规模战争，一如大城市中的偷盗团体无法抵挡组织有序的警察。将这一侵略性的军事袭击当作胜利来加以颂扬实属无知之举，但与经久不息、范围巨大且日益严峻的祸端相比，可怕的海盗竟能如此迅速地得到铲除，难免会对大众造成强有力的冲击。再者，这是政权集中制的首次试验，各党都翘首以待，想看看此人是否比同僚团体更谙理政之道，故而给公众带来的冲击更为巨大。庞培缴获或海盗上交给他的大小船只有将近四百艘，其中包括九十艘真正意义上的战船。据说被毁的盗船共计约一千三百艘，除此之外，海盗充盈的军械厂和弹药库都遭焚毁，约有一万名海盗丧命，被胜利者生擒的也达两万人以上。同时，驻西里西亚的罗马海军将官普布利乌斯·克洛狄乌斯（Publius Clodius）和其他众多被海盗掳走的人——其中有些人，本国人民以为他们早已死去——都因庞培而重获自由。罗马纪元 687 年即公元前 67 年夏，即开战后的三个月，商贸活动重新步入正轨，往日的饥荒不再，意大利又是一派欣欣向荣。

庞培与梅特路斯关于克里特岛的分歧

然而，克里特岛发生了一个不愉快的插曲，在一定程度上使得罗马军队所取得的这次骄人战绩稍有逊色。昆图斯·梅特路斯在克里特岛上任驻军统帅已至第二年，对于该岛的平定大业已基本告成，他正做着最后的收尾工作，这时，庞培来到了东方海域。二人的冲突在所难免，因为该岛虽然很长，但却没有一处能达到九十英里以上。根据伽比尼乌斯法，庞培应与梅特路斯共担全岛的统帅之职，但庞培却考虑得十分周到，不愿将此岛交予他手下的任何一名副官。然而，仍负隅抵抗的克里特各部落，一方面看见战败的同胞受到梅特路斯的严刑惩治，另一方面听说在小亚细亚南部，庞培对于向他投降的镇区一贯采取宽和处理的政策，因而他们宁愿向庞培提出联合投降。庞培当时在潘菲利亚（Pamphylia）[①]，他从他们的使者那里接受

①潘菲利亚（希腊语：Παμφυλία，台湾、香港地区及和合本圣经一般译作庞非利亚），古代安纳托利亚南部的一个地区，位于今土耳其安塔利亚省境内，首府位于佩尔格。——译者注

了此次投降，并派手下副官卢奇乌斯·奥克塔维厄斯（Lucius Octavius）随使者一同到梅特路斯处，通知他协约已经拟好，并接管各城。无疑，这一举动并不像是同僚会做出来的，但梅特路斯竟完全不顾各城与庞培签订的协约，继续视他们为敌。从形式上看，庞培完全正当，而梅特路斯的行为就显得大为不妥了。奥克塔维厄斯抗议无效，因为他未带兵前来，故而从亚该亚（Achaia）号召派驻此地的庞培副将卢奇乌斯·西塞纳（Lucius Sisenna）前来，却也是无效。梅特路斯不受奥克塔维厄斯或西塞纳牵制，仍然围攻埃琉特纳（Eleutherna），袭取拉帕（Lappa）。奥克塔维厄斯本人也在拉帕被俘，受辱后被释，而与他一同被擒的克里特人则全部被交给刽子手。于是，西塞纳的兵士与梅特路斯军队正式开战。西塞纳死后，奥克塔维厄斯接管其位。甚至当西塞纳的队伍受命回到亚该亚时，奥克塔维厄斯仍继续与克里特的阿里斯提昂（Aristion）协同作战，他们据守耶拉派特拉（Hierapytna），经过一番极顽强的抵抗，最终还是为梅特路斯所攻克。

这样一来，狂热的贵族党梅特路斯实际已独自与平民党的统帅正式开始内战。这些事情最终都只能导致两位将领心生不快，彼此形成诸多愤懑。两年以后，这两位将领又一次和平甚至“友好”地并肩坐在元老院里，罗马国政不可名状的混乱现象由此可见。

庞培夺取远征米特拉达特斯的最高统帅权

在上述事件进行之时，庞培一直留在西里西亚，表面上是在准备次年对克里特人或者说对梅特路斯作战，实际却是在等候召唤他的号令，以便干预小亚细亚大陆上完全混乱的局势。在遭受损失且芬布里亚（Fimbria）军团离去之后，卢库勒斯军队的余部仍逗留在本都边界上特罗克米（Trocmi）境内的哈里斯河（Halys）[①] 上游，整日无所事事。卢库勒斯仍暂掌主帅之职，因为奉命继任此职的格拉布里奥还在小亚细亚西部游荡。昆图斯·马尔西乌斯·雷克斯（Quintus Marcius Rex）所统领的三支军团也驻扎在西里西亚，无所事事。本都领土又尽归米特拉达特斯王管辖，他以残忍的手段惩治那些归附罗马的个人和城邦，如耶夫帕托里亚市（Eupatoria），让他们为反叛付出代价。东方的国王不继续对罗马人实行攻势，要么是因为这不在他们的计划之内，要么像有人声称的那样，是因为庞培在西里西亚登陆，使得米特拉达特斯和提格兰停止前进。马尼利乌斯法实现了庞培暗自怀抱的希望，这比他事先预料的更为迅速。格拉布里奥和雷克斯被召回，本都—比提尼亚和西里西亚省长之职与驻扎在那里的军队，以及本都—亚美尼亚战争的指挥权，连同对东方各君主宣战、议和与结盟的自由裁量权，现在都移交给庞培。展望着丰裕的荣誉和战利品，庞培竟将严惩脾气暴躁、谨守防地的贵族一事欣然忘怀，他放弃远征克里特和追击海盗，并计划攻击本都王和亚美尼亚王，并让他的舰队也来助攻。但在这次陆战之中，他决不会完全忽略那些不断兴风作浪的海盗。离开亚洲之前（罗马纪元 691 年即公元前 63 年），他让人在那里准备好对付海盗所必需的船只。次年，经

---

①又叫克泽尔河，或者译为“克孜勒河”，古希腊语称哈里斯河（Halys River），意为“红河”。土耳其最长河流，也是土耳其第一大河。——译者注

他提议，决定在意大利采取相似的举措，其所需的款项由元老院负担。他们仍然用巡防骑兵和小舰队来保卫海岸，尽管从下文将提到的罗马纪元 696 年即公元前 58 年对塞浦路斯和罗马纪元 699 年即公元前 55 年对埃及的两次远征来看，海盗并没有完全被控制住，但庞培远征以后，在罗马所经历的所有沧桑变迁和政治危机中，海盗却再也不能像在腐朽寡头党的统治下那样抬头，也再不能像那样把罗马人完全逐出海面。

庞培与帕提亚人（Parthians）结盟和米特拉达特斯与提格兰之间的嫌隙

还有不足数月，小亚细亚的战争就要开始，新任主帅利用这段时间抓紧活动，做外交和军事上的准备。他派使者到米特拉达特斯进行勘察，而非真正试行调解。本都朝廷希望帕提亚国王弗拉特斯（Phraates）会因同盟军最近大胜罗马而决心加入本都—亚美尼亚同盟，为了防止此事，罗马使者前往泰西封（Ctesiphon）[①] 朝廷。亚美尼亚王室的内部纠纷也成了罗马人的援助。提格兰大王有一个与他同名的儿子起兵叛父，这要么是因为他不愿等这老人逝世，要么是因为他的父亲生性多疑，已有几个兄弟因此丧命，他意识到自己唯有公然反叛才能求得生机。在被父亲彻底击败后，他与众多亚美尼亚贵族一起逃到安

---

①泰西封（Ctesiphon，Taysifun）是伊拉克著名古城遗迹，亦译“忒息丰”。位于首都巴格达东南 32 公里处，滨底格里斯河左岸，当迪亚拉河河口。此地初为希腊人抵御塞琉古王朝的驻军之地，后渐有城池，采取两河流域常见的城市建筑形制，城墙呈圆形。——译者注

息王朝（Arsacid），并在那里谋害他的父亲。由于罗马使者的努力，弗拉特斯才愿意从罗马人手上接下对方为他提供的入盟报酬——美索不达米亚平原（Mesopotamia）的确切主权。他之前曾就幼发拉底河（Euphrates）的边界问题与卢库勒斯（Lucullus）缔结一份协约，如今又与庞培重申此约，甚至还同意与罗马人合攻亚美尼亚。但小提格兰所造成的损害比他促进罗马与帕提亚结盟所带来的危害更大，因为他的反叛使得提格兰王与米特拉达特斯之间产生嫌隙。这位大王暗地里怀疑米特拉达特斯或许曾对孙子造反施以援手——小提格兰的母亲克利奥帕特拉（Cleopatra）是米特拉达特斯的女儿。由此，双方虽未公然决裂，但两位君主的政治互信，却在最为紧要的关头遭到破坏。

同时，庞培积极备战，他督促亚洲各同盟和附属公社依约出兵。另外，他还张贴公告，号召芬布里亚军团的退伍老兵重回麾下做志愿兵，由于奖励丰厚，再加上庞培名声在外，居然真的有大部分老兵应召前来。在庞培的指挥之下，除了备用兵之外，整个集合大军达到约四五万人。[①]

庞培和卢库勒斯

罗马纪元688年即公元前66年春，庞培前往加拉太（Galatia），接任卢库勒斯军队的主帅之职，并率领他们进入本

---

①庞培分给部下将士的赠金共计三亿八千四百万塞斯特斯（即一万六千塔兰特），因为将领得到一亿塞斯特斯，士兵每人得到六千塞斯特斯。凯旋时，军队仍有约四万人。

都境内，西里西亚军团奉命随后跟上。在特罗克米的塔纳拉（Danala），两位将领相会，但双方友人所期待的和解却未能达成。初见面时的礼貌不久就变成犀利的讨论，而后犀利的讨论又变成激烈的争吵，双方分手时的情绪比刚见面时更加恶劣。因为卢库勒斯依然如他在位时一般施惠分田，所以庞培宣布其前任在他到任后所做的一切行为均属无效。从形式上看，他才是正义的一方，人们不能期望他以惯常的手段对待一个有功但却备受屈辱的人。

本都遇袭及米特拉达特斯（Mithradates）撤退

只要时节允许，罗马军队便立刻越过本都边境。米特拉达特斯率三万步兵和三千骑兵在那里抵御他们，但他的盟友在危难之中弃他于不顾，加上罗马又增强兵力对他穷追猛打，于是他试图求和。但他不能接受庞培提出的无条件投降——这场最不幸的战事还能给他带来更坏的结果吗？他的军队大多是弓箭手和骑兵，为使他们免受罗马作战步兵的强势攻击，他从敌人面前缓缓撤退，所行路线曲折多变，迫使罗马人紧随其后。同时，他一有机会，便用手下优势骑兵对付敌人的骑兵，阻断罗马人的粮道，让他们吃了不少苦头。最后，庞培失去耐心，放弃追击本都军队，置国王于不顾，转而进攻本都国土。他行至幼发拉底河上游，渡河进入本都东部。但米特拉达特斯沿幼发拉底河左岸追来，一到阿奈特（Anaitic，又名阿奇利森），便在坚固多水的达斯泰拉（Dasteira）堡截断了罗马人的路线，并从这里开始用轻装部队控制平原。庞培仍未等到西里西亚军团前来支援，若没有他们，仅凭自身力量根本无法驻守阵地，因而他不得不退过幼发拉底河，到本都属下的亚美尼亚（Armenia），借着林木茂盛、岩壑纵横的广阔地域来寻求掩护，避开米特拉达特斯的骑兵和弓箭手。直到西里西亚军队到来，使得利用优势兵力恢复攻势成为可能，庞培这才再次前进，用大约十八英里长的一串哨兵包围米特拉达特斯国王的营垒，并将他完全封锁在这里。与此同时，罗马的分遣队占领了本都领土。本都军营陷入窘境，甚至须杀死拖拽重器用的牲畜来充饥。最终，在逗留了四十五天之后，国王命手下部队处死那些他不能救治但又不愿其落入敌手的病兵伤兵，然后于夜间悄无声息地拔营东去。庞培小心谨慎地追随其后，行经他并不了解的地域。军队现已行进到米特拉达特斯与提格兰的分界之处。罗马将军意识到米特拉达特斯不想在他自己的领域内进行决战，而想把紧随其后的敌人引到遥远的东部地区，于是他决定阻止这种事情发生。

尼科波利斯（Nicopolis）战役

两军扎营之处相距很近。在中午休息时，罗马军队趁敌军没有察觉，悄然出发，绕过敌后，夺取前方控制敌军必经隘道的高地，此高地位于吕库斯河（Lycus）南岸，距今恩德利斯（Enderes）不远，就是在后来建造尼科波利斯的地方。次日清晨，本都军队照常拔营，以为敌军仍在他们后面。一天的行程之后，他们在四周高地已被罗马人占领的山谷里扎营，士兵、随营人员、战车、马匹和骆驼都挤作一团。到了夜深人静的时候，突然，他们周围响起了一片骇人的呐喊声，各种投射物瞄准这支亚洲军队，从四面八方呼啸而来。虽是在暗中，但每一个投射物却都正中拥挤的人群，无一不造成重大杀伤。借着初升的月光，现在罗马人能够看见本都军队，当投射物用尽之时，他们便从高地俯冲而下，攻击本都军。这些本都人几乎毫无防备，只能任人宰割，没有死于敌军兵刃之下的，也都在马蹄和车轮恐怖的碾压中被践踏而亡。这是白发苍苍的国王与罗马人战斗的最后战场。他带着三个随从——两个骑兵，一个习惯于乔装成男子在他身边英勇作战的妃嫔——逃到希诺利亚（Sinoria）堡垒，一部分亲信前来与他会合。他将存放于此地的财物即六千塔兰特黄金（折合一百万英镑）分给他们，让他们随身携带毒药，自己也不例外，然后带着余下的一队人马火速赶往幼发拉底河上游，与其同盟亚美尼亚大王会合。

提格兰与米特拉达特斯决裂及米特拉达特斯渡过发西斯河（Phasis）

同样，这个希望也成了泡影。米特拉达特斯信赖联盟，取道前往亚美尼亚，但这一联盟如今已不复存在。在刚刚叙述的米特拉达特斯和庞培斗争期间，帕提亚国王听从罗马人尤其是流亡在外的亚美尼亚王子的劝告，武装入侵提格兰的国土，并把他逼退至难以接近的山区。侵略军甚至开始围攻都城阿塔克萨塔（Artaxata）。但是攻城旷日持久，国王弗拉特斯率大部队先行离去，于是提格兰打败了留在后面的帕提亚军队和王子所率领的亚美尼亚移民，在全国范围内恢复了统治。然而，在这种情况下，亚美尼亚国王当然不想同刚刚打完胜仗的罗马人交锋，更不想为米特拉达特斯牺牲自己。自从听说他的逆子想要去投靠其外祖父，他就更加不信任米特拉达特斯，因此他开始与罗马人商谈单独的和约，但他没有等到和约缔结成功，便断绝了与米特拉达特斯的同盟关系。米特拉达特斯一抵达亚美尼亚边境，便注定会知道提格兰大王已经悬赏一百塔兰特要他的脑袋，并且早已逮捕了他的使者，还把他们交给了罗马人。米特拉达特斯王眼见他的国土落入敌手，他的盟友也要与敌人和解，继续作战已无可能，他想沿着黑海东岸和北岸逃去，或许可以再次将他已经叛变并与罗马人勾结的儿子曼卡雷斯（Machares）逐出博斯普鲁斯（Bosporan kingdom），并在梅欧提斯（Maeotis）寻得一块新地以开展全新的计划。如果这些都得以实现的话，那他会觉得自己是个幸运之人，因此，他转而向北行去。当米特拉达特斯王逃过小亚细亚的旧时边界发西斯河，庞培便暂时停止了追击，但他没有回到幼发拉底河河源一带，而是由侧面转入阿拉克斯河（Araxes）流域，决定与提格兰决一胜负。

庞培在阿塔克萨塔与提格兰缔结和约

几乎未遇阻拦，庞培便抵达阿塔克萨塔地区（距埃里温［Erivan］不远），并在距此城十三英里处安营扎寨。提格兰大王的儿子前来面见庞培，他希望在他父亲死后能够从罗马人手里得到亚美尼亚的王权，因此用尽一切办法阻止他父亲与罗马人缔结和约。也正因为如此，提格兰大王才进一步下定决心要不惜任何代价去求和。他骑在马背上，没有身穿紫色长袍，但仍戴有王者的冠冕，他出现在罗马的营门前，请人带他去面见罗马将军。他听从执法官吏的命令，按罗马军营的规定下马解刀，然后依照蛮族的礼节匍匐在这位执政官的脚下，并将冠冕拿在手上，表示无条件投降。庞培为轻易取胜而深感欢喜，他扶起这位卑躬屈膝的王中王，将象征他尊贵身份的勋章再次授予他，然后规定和约条件。除了向军库缴纳一百四十万英镑（即六千塔兰特）、犒赏士兵每人五十第纳里（［denarii］两英镑两先令）以外，他还必须割让庞培攻取的所有领地，不仅仅包括他在腓尼基、叙利亚、西里西亚和卡帕多奇亚的属地，还包括幼发拉底河（Euphrates）右岸的索芬涅（Sophene）和科杜内（Corduene）。他所拥有的领土仅限于亚美尼亚本土，当然，他的大王之位也宣告终结。庞培在一场战事中完全征服了本都和亚美尼亚的两位霸王。罗马纪元688年即公元前66年初，没有一位罗马士兵还在旧时罗马属地的边境之内，但到当年年底，米特拉达特斯王身为流亡之人，未带一支军队，游荡于高加索（Caucasus）的深谷中；提格兰王也不再是王中王，他虽坐在亚美尼亚的王座上，却只是罗马的一个封臣。幼发拉底河以西的小亚细亚全境都无条件服从了罗马人，胜利之师在河流以东的亚美尼亚土地上扎营过冬，营地从幼发拉底河上游延伸至库尔（Kur）河，这是当时意大利人第一次在库尔河饮马。

高加索部落伊比利亚人和阿尔巴尼亚人（Albanians）

然而，罗马人踏上新土地，却又引发了新的争端。高加索中部和东部地区的英勇民族，见遥远的西方人在他们的领地内安营扎寨，便心生愤怒。在今格鲁吉亚（Georgia）那片肥沃滋润的高地上，居住着伊比利亚民族（Iberians），这是一个勇敢而有组织的农业民族，其氏族领土在族长治理下，按共有制耕种土地，土地所有权不分属于耕种者个人。军队与人民是一体的，人民领袖一部分是掌权的氏族，其中年纪最大的一位通常任国王，主持整个伊比利亚的事务，稍微年轻一点的一般任法官和军队领袖。一部分是几个特殊的祭司家族，主要负责保存与其他民族所签订的条约以及监督条约的遵守。大批非自由民被视为国王的奴隶。他们的东部邻人是阿尔巴尼亚人，即阿兰人（Alans），这一民族居住在库尔河下游，远至里海（Caspian Sea），其文化程度要比伊比利亚人低得多。阿尔巴尼亚人主要以畜牧业为生，他们步行或骑马，在今希尔万（Sirvan）的丰美草场上放牧许多兽群，他们仅有的那么一点耕地，仍在用旧时没有铁铧的木犁耕作。他们不知道铸造货币，计数不超过一百。他们总共有二十六个部落，每个部落都有自己的领袖，说的也是自己独有的方言。阿尔巴尼亚人在人数上远胜于伊比利亚人，但却不及他们勇敢。两个民族的战术大致相同，他们的武器主要是箭和轻标枪，通常仿效印第安人的方式藏身于林中，躲在树干后面向敌人射箭，或者从树顶向敌人投掷标枪。阿尔巴尼亚人也有很多骑兵，一部分仿效米底亚—亚美尼亚的方式，披重铁，戴胫甲。自古以来，两个民族就在他们的农田和草场上，过着完全独立的生活。自然在欧亚两洲之间立起高加索山脉，以作为抵御民族迁徙浪潮的堡垒，昔日居鲁士（Cyrus）和亚历山大的军队在此处就受到限制，如今戍守这堵隔墙的英勇的士兵，也准备保卫它以对抗罗马人。

庞培征服阿尔巴尼亚人与伊比利亚人

消息传来，说罗马的主帅想于次年春季翻山越岭到高加索山外去追击本都国王——因为他们听说米特拉达特斯正在黑海上的迪奥斯库里亚斯（Dioscurias，即苏琼卡莱［Suchum Kale］与阿纳克里亚［Anaklia］之间的伊斯库里亚［Iskuria］）过冬——阿尔巴尼亚人十分惊恐，罗马纪元688年即公元前66年至罗马纪元689年即公元前65年隆冬，他们在王子奥罗吉斯（Oroizes）的领导下首次渡过库尔河，攻打敌军。由于给养的缘故，罗马军被分为三大队，由昆图斯·梅特路斯·凯勒（Quintus Metellus Celer）、卢奇乌斯·弗拉库斯（Lucius Flaccus）和庞培分别亲自率领。首当其冲的凯勒英勇抵抗，庞培在摆脱一支敌人派来攻击他的分遣队之后，也四处追击战败的蛮族，远至库尔河。伊比利亚国王阿托科斯（Artoces）岿然不动，并且承诺和平友善，但庞培得知他正暗自备战，企图在罗马人行经高加索山隘口时袭击他们，于是便在罗马纪元689年即公元前65年春季追击米特拉达特斯之前，攻击与伊比利亚彼此相距约两英里的两座堡垒，一座是哈莫奇卡（Harmozica，即霍鲁姆奇科［Horum Ziche］，又名阿玛奇［Armazi］），一座是塞萨莫拉（Seusamora，即特苏玛［Tsumar］），在今第比利斯（Tiflis）稍北之处，控制库尔河及其支流阿拉瓜（Aragua）河的两个山谷，借此也控制了自亚美尼亚至伊比利亚的唯一一条要道。在阿托科斯意识到这一点之前，他的地盘就已遭敌军突袭，他慌忙烧毁库尔河上的桥梁，一面同敌军交涉，一面退至内地。庞培占领了这两座堡垒，并跟随着伊比利亚人的步伐来到了库尔河对岸，想以此诱使他们立刻投降。但阿托科斯退到内地越来越远，最终停在皮鲁斯河（Pelorus）上，此举目的不在于投降而在于作战。然而，伊比利亚的弓箭手却片刻都不能抵挡住罗马军团的攻击，阿托科斯眼见罗马人也渡过皮鲁斯河，最终只得答应胜利者所提出的条件，将他的子女遣送过去当人质。

庞培前往科尔基斯（Colchis）

现在庞培依照他从前拟定的计划，从库尔河流域经萨拉帕纳（Sarapana）隘口到发西斯河流域，沿此河顺流而下至黑海，塞尔维利乌斯（Servilius）率领的舰队已在科尔基斯海岸等他。但陆军和舰队之所以来到这传说中的科尔基斯海岸，却是因为一个不确定的想法以及一个近乎虚幻的目标。罗马军队刚刚穿越大多为敌国所有的未知领土，完成一次艰苦的行军之旅，但与前方仍将面对的旅途相比，这并不算什么。如果他们真能成功率兵从发西斯河河口行至克里米亚（Crimea），经过贫穷好战的蛮族部落和陌生荒凉的水域，沿岸有些地方的山脉垂直没入海中，登船乃绝对必要之法——如果这种或许比亚历山大和汉尼拔的诸多战役更为困难的行军得以顺利完成——那么在最好的情况下，他们由此得到何种利益才能对得起所经历的艰难困苦和重重危险呢？毫无疑问，老国王一日不死，战争便一日不会结束。但若因此开始这场空前的追击战，谁又能保证他们真能抓住国王呢？这种追击战可预见的利益甚少而危险甚多，即使米特拉达特斯有可能再次点燃小亚细亚的战火，停止追击不也是上策吗？毋庸置疑，此时此刻许多军中将士以及更多首都民众都劝将军不惜任何代价继续追击，但这些声音一部分是出自有勇无谋的性急之人，一部分是出自那些背信弃义的朋友。后者愿意付出任何代价，以使这位实力过于强劲的大将军远离首都，并用东方永无止境的事务牵绊住他。庞培是一个经验丰富且行事谨慎的军官，他绝不会以自己的声名和军队做赌注去坚持一场如此不明智的远征。阿尔巴尼亚人在军队后方起事，给了他一个停止继续追击国王并准备往回撤的借口。舰队奉命巡查黑海，保护小亚细亚北岸免受敌人入侵，严格封锁辛梅利亚（Cimmeria）的博斯普鲁斯海峡（Bosporus）①，以死罪威吓任何企图破坏封锁的商人。庞培饱经艰辛，率陆军穿过科尔奇斯（Colchia）和亚美尼亚领地，去到库尔河下游，然后渡河前进，进入阿尔巴尼亚的平原。

与阿尔巴尼亚人再起争端

数天以来，罗马军队都不得不在烈日之下走过这片缺水的黑土地，期间未遇敌人，只有到了阿巴斯河（Abas）左岸，由奥罗吉斯王之弟科西斯（Coses）率领的阿尔巴尼亚军队才整队列阵，对抗罗马人。据说包括从外高加索草原来的居民队伍在内，他们共有步兵六万人，骑兵一万两千人。然而，他们以为只需与罗马骑兵交锋，击败罗马骑兵便可获胜，于是便冒险

---

①博斯普鲁斯海峡又称伊斯坦布尔海峡，是沟通黑海和马尔马拉海的一条狭窄水道，与达达尼尔海峡和马尔马拉海一起组成土耳其海峡（又叫黑海海峡）。它是一条将土耳其亚洲部分和欧洲部分隔开的海峡（东经29度零分，北纬41度零分），全长30千米，北面入海口最宽处3.7千米，鲁梅利希萨勒和阿纳多卢费内里两城堡间最窄处750米，中流深度36.5—124米不等。海峡中央有一股由黑海流向马尔马拉海的急流，水面底下又有一股逆流把含盐的海水从马尔马拉海带到黑海。因鱼群季节性地通过海峡往返黑海，故渔业颇盛。海峡两岸树木葱郁，村庄、游览胜地、华丽的住所和别墅星罗棋布。——译者注

进攻；但罗马骑兵只是被放在前列，他们一往后退，藏在后面的罗马步兵团便即刻现身。在短暂的交锋过后，蛮族军队就被逼入森林，庞培下令包围森林并将其焚毁。于是阿尔巴尼亚人只得同意媾和，居于库尔河和里海之间的所有部落，也都以这些更为强大的阿尔巴尼亚人为榜样，与罗马将军庞培缔结条约。这样一来，阿尔巴尼亚人、伊比利亚人以及定居于高加索山脉以南及山麓中的民族几乎都至少一时依附于罗马。另一方面，发西斯河与梅欧提斯之间的各民族——科尔奇斯人（Colchians）、索阿尼人（Soani）、赫纽克人（Heniochi）、济吉人（Zygi）、亚该亚人（Achaeans），甚至遥远的巴斯塔奈人（Bastarnae）——都成为庞培所征服的一长串民族清单，“征服”这一概念，在这里显然用得非常不准确。高加索再次证明了它在世界历史上的重要性，罗马所占领的地区，如波斯（Persia）和希腊，都在此处分界。

米特拉达特斯去往潘提卡彭（Panticapaeum）

于是，罗马人便放任米特拉达特斯王自由发展，一切听天由命。昔日他的祖先即本都国的创立者为躲避安提柯（Antigonus）的追杀，初次逃入他将来的王国，随行人员只有六名骑兵；如今米特拉达特斯也被迫再次逃出国界，离开他自己及其父辈所占领的土地。命运就像骰子，能掷出极高的收益，也能掷出极大的亏损，但却从未有人掷出的结果比锡诺普（Sinope）的老苏丹掷出的更为频繁、更为反复无常。在东方，人们的命运变化迅速且不可预测。如今米特拉达特斯已到晚年，他可以接受每一个新的变化，同时也认识到每一个新变化都只是在为一场新革命做准备，唯一不变的只有命运的变化不息。究其本质的核心而言，罗马统治是东方人所不能忍受的，无论是从好的方面还是从坏的方面来看，米特拉达特斯都是真正的东方君主。此时，罗马元老院对各省的治理有所懈怠，罗马城内的党派纷争也使得内战趋于成熟，若米特拉达特斯足够幸运，在此时伺机而动，那他必能第三次恢复其统治。就因为这个原因——因为他在有生之年仍心存希望，有所筹谋——他一日不死，便一日是罗马人的心腹之患，昔日他率几十万将士想从罗马人手里夺取希腊和马其顿时便是如此，如今年老逃亡也是如此。罗马纪元 689 年即公元前 65 年，这位不甘安享晚年的老人从迪奥斯库里亚斯出发，经历各种不可言喻的艰苦，有时走陆路，有时走水路，最终抵达潘提卡彭，凭借自身名望和手下众多随从，他将逆子曼卡雷斯赶下王位，并逼其自杀。从这一点来讲，他再次企图与罗马人交涉，他恳求罗马将这祖传的国土归还于他，并声称愿意承认罗马的至尊地位，按封臣的方式纳贡。但庞培不肯给这位国王一个能让他再玩旧把戏的地位，坚持要他亲自来投降。

他为对付罗马所做的最后准备

然而，米特拉达特斯并不想向敌人投诚，而是正密谋更加放肆的新计划。他想利用他竭尽所有保存下来的财物和残余的国土资源，组建一支三万六千人的新军，其中一部分是他按罗马方式武装和操练的奴隶，另外还有一支战舰队。有传闻称：他计划向西进发，经过色雷斯（Thrace）、马其顿和潘诺尼亚（Pannonia），与萨尔马提亚（Sarmatia）草原的塞西亚人

(Scythians) 和多瑙河 (Danube) 上的凯尔特人结盟，并以其排山倒海之势攻击意大利。有人认为这是一个宏伟的计划，本都国王的作战计划也被拿来与汉尼拔的行军策略作比较。但同样的计划，出自天才之手便是妙计，出自愚人之手便属荒谬。东方人妄想这样侵犯意大利，简直可笑，这只不过是绝望过后的幻想结果罢了。由于领袖的审慎冷静，罗马人才没有愚昧地追击愚昧的敌人，也才不用在遥远的克里米亚抵御敌人的攻势。如果这种攻势不自己毁灭于萌芽阶段，那便在阿尔卑斯山麓再行防御也还不迟。

反抗米特拉达特斯

实际上，庞培不再因这位无爪老虎的威吓而困扰，他自顾治理已夺取的疆域。此时，即使没有庞培的助力，对于这位老国王最终命运的预测也已在遥远的北方得到印证。他过度备战，拆毁博斯普鲁斯人 (Bosporans) 的房屋，从田地里把他们的耕牛拉来杀掉，用房梁和牛筋造战具，从而在博斯普鲁斯人中间引发了极为激烈的暴动。士兵们也不愿参加这毫无希望的意大利远征。米特拉达特斯无法唤起手下人的敬爱与效忠之心，经常身陷猜忌与叛乱中。早年他曾逼迫手下的杰出将领阿基劳斯 (Archelaus) 去罗马军营寻求庇护，在卢库勒斯战争期间，他最信任的军官狄奥克勒斯 (Diodes)、菲尼克斯 (Phoenix)，甚至最显要的罗马移民也都投归敌方；如今，他的命星晦暗，除阉宦之外，没有人能接近这位年老体弱、满心苦闷的苏丹王。因此，跟随他的臣子相继叛逃，其叛逃速度一日甚于一日。法纳戈里亚 (Phanagoria，在亚洲海岸与刻赤

[Kertch]隔海相对）堡垒的统帅卡斯托耳（Castor）首举叛旗，他宣布此城自由，并将堡垒中米特拉达特斯的儿子们交到罗马人手里。叛乱席卷博斯普鲁斯各城，凯尔索涅索斯（Chersonesus，距塞巴斯托波尔[Sebastopol]不远）、特多西亚（Theudosia，即卡法[Kaffa]）和其他地方都响应法纳戈里亚人（Phanagorites）。而这时的国王米特拉达特斯放肆地发泄着他的猜忌和残暴。他听信卑鄙阉宦的谗言，将最为亲信之人钉在十字架上，而他自己的儿子们也性命堪忧。法纳西兹（Pharnaces）是米特拉达特斯最宠爱的儿子，估计要被立为继任人，但他却下定决心要带头叛变。米特拉达特斯派侍卫去逮捕他，又派军队去攻打他，但这些侍卫和兵士却都向他投诚。意大利逃兵和米特拉达特斯部下最为善战的武装力量，也因为不愿参加那对逃兵来说尤为危险的意大利远征行动，于是集体拥护王子，其他陆军军队和舰队也都纷纷效仿。

米特拉达特斯之死

在地方和军队都已背弃米特拉达特斯之后，首都潘提卡彭终于向叛军敞开了大门，并把受困于王宫中的老国王交给他们。老国王自城墙之上向他的儿子祈求至少饶他一命，不要双手沾满父亲的鲜血。但这种请求出自一个自己手上曾沾染过母亲鲜血，而最近又沾上无辜儿子齐法利（Xiphares）鲜血的人之口，似乎并不顺耳。法纳西兹的性格，甚至比他的父亲更加残暴不仁。所以苏丹自知必死，决定至少如在世时一般死去。他的王后、他的妃嫔、他的女儿以及埃及王和塞浦路斯（Cyprus）王的妙龄新人都须饮毒自尽，之后他自己也拿起毒药，因其见效太慢，所以他伸出脖子，让一位名叫贝退图斯（Betuitus）的凯尔特雇佣兵把他砍死。就这样，罗马纪元691年即公元前63年，米特拉达特斯·欧帕托尔（Mithradates Eupator）殒命，享年六十八岁，在位五十七年，自他初次上战场与罗马人交战到现在，共二十六年。法纳西兹把米特拉达特斯的尸首送给庞培，以显示他的功绩与忠诚，庞培命人将其葬在锡诺普的王墓里。

米特拉达特斯之死在罗马人看来无异于一场胜利：来向将军报告这一变故的使者出现在耶利哥（Jericho）城下的罗马军营，头顶王冠，好似捷报来传。他一死，就是一位伟大的敌人入墓，任何曾经在懈怠的东方抗击过罗马军队的人，都不及他伟大。民众自然而然会有这样的感想：昔日西庇阿认为战胜汉尼拔比战胜迦太基更为重要，所以如今罗马人一听到米特拉达特斯之死，便几乎忘了对众多东方部落和这位伟大国王本身的胜利；在庞培隆重进城时，吸引民众目光的不过是那些图画，他们从图中看到逃亡的米特拉达特斯自己牵着缰绳，与马同行，然后在他几个女儿的尸首中倒地而亡。不管人们对这位国王做出何种评判，他都是世界史上的一位重要人物。他不是天才，甚至可能不是一个大有作为的人，但他心怀仇恨的本领却相当高。出于这种仇恨，他将一场以弱敌强的战争持续了半个世纪之久，虽然没有成功，但也颇显光荣。相较于他的个性，他在历史上所处的地位进一步使他成为更重要的人物。作为东方对西方的民族反动先锋，他拉开了东方对西方新一轮斗争的序幕。无论是战败者还是战胜者，他们都感觉米特拉达特斯之死不是战争的终结，而是战争的开始。

庞培前往叙利亚

同时，在罗马纪元689年即公元前65年对高加索各民族的战争结束之后，庞培就回到了本都国，并捣毁了那里最后仍坚持抵抗的堡垒。庞培下令铲平这些堡垒以防匪患，并将石块填入堡内，令其不可再用。罗马纪元690年即公元前64年夏季，他由此地前往叙利亚，去整顿该地的事务。

叙利亚的情形

要把当时叙利亚各地的混乱情形清楚地描述出来，实在不易。诚然，由于卢库勒斯的攻击，亚美尼亚的统治者马伽达底（Magadates）已于罗马纪元685年即公元前69年撤离这些地区。托勒密氏（Ptolemies）虽愿继承先人的鸿志，将叙利亚海岸收为本国领土，但也担心一旦占领叙利亚，便会惹怒罗马政府。再加上罗马政府还未确定托勒密氏对埃及那尚且十分可疑的合法权利，而且叙利亚王族已数次恳求罗马，说拉基代王室已绝嗣，应承认他们为合法的继承人，因而托勒密氏更不敢占领叙利亚。然而，虽说当时所有大国都不干涉叙利亚事务，但由于王族、骑士和各城无休无止的盲目争斗，此地所遭受的危难更甚于大战之时。

阿拉伯各酋长

当时塞琉古（Seleucid）王国的实际主人是贝都因人（Bedouins）、犹太人和纳巴泰人（Nabataeans）。这片不宜居住、无泉无树的沙地自阿拉伯半岛（Arabianpeninsula）延伸并越过幼发拉底河，西抵叙利亚的山脉及其狭窄的海边，东至底格里斯河（Tigris）的肥沃低地和幼发拉底河下游，这片亚洲的撒哈拉是伊实玛利（Ishmael）子孙的原始家乡。自有传说以来，我们就发现“贝都因人”即“沙漠之子”在这里支起帐篷，放牧骆驼，或者骑上快马，时而追击部落仇敌，时而追赶行旅商人。昔日提格兰王利用他们来实行他那半商业半政治的计划，后来叙利亚完全无主，这个沙漠民族便乘机扩张至北叙利亚。有些部落与文明的叙利亚人为邻，获得安定生活的初步根基，因而提格兰在政治上几乎处于领导地位。阿拉伯当时最著名的首领有马达尼部（Mardani）酋长阿布加鲁斯（Abgarus），提格兰曾将此部安置于两河流域上游的埃德萨（Edessa）和卡雷（Carrhae）附近；然后在幼发拉底河以西、大马士革（Damascus）和安条克（Antioch）之间，有罕萨部（Hemesa，即霍姆斯［Homs］）酋长萨姆西科兰姆斯（Sampsiceramus），他也是坚固的阿瑞塞莎堡（Arethusa）的主人；有在上述区域游徙的另一部落首领业兹素（Azizus）；有已与卢库勒斯建立联络的蓝贝部（Rhambaeans）酋长阿尔考敦（Alchaudonius）；此外还有其他一些部落和酋长。

盗贼首领

除了这些贝都因酋长，还有四处涌现的一伙蛮人，在拦路抢劫这一高等行当上，他们的实力相比那些沙漠之子有过之而无不及。此类的人物中就有托勒密，他或许是这些叙利亚盗贼首领中实力最强大的，也是当时的首富之一，他管辖黎巴嫩

（Libanus）山谷和沿海的伊泰雷人（Ityraeans，今德鲁司［Druses］）的地域，以及马萨耶（Massyas）平原以北一带地区，还有赫利奥波利斯（Heliopolis，即巴尔贝克［Baalbec］）和哈尔基斯（Chalcis）等城，并以自己的私人财产训养了八千骑兵；另有狄奥尼修斯（Dionysius）和希尼拉斯（Cinyras），他们是海滨城市特里波利斯（Tripolis，即特拉布鲁斯［Tarablus］）和拜布罗斯（Byblus，在特拉布鲁斯和黎巴嫩中间）的主人；还有在利西亚斯堡的犹太人塞拉斯（Silas），此堡距奥伦提斯河（Orontes）上的阿帕米亚（Apamea）不远。

犹太人

另一方面，在叙利亚南部，犹太民族似乎将在此时结成一个政权。叙利亚王实行标准的希腊化政策，破坏了犹太民族的原始宗教。通过虔诚且英勇地守护这种宗教，哈斯摩尼（Hasmonaeans，又名马迦比［Makkabi］）家族不仅获得世袭封邑，逐渐拥有王者尊荣，而且这些身份尊贵的大祭司也将其领地扩张至南、北、东三面。英勇的詹尼亚斯·亚历山大（Jannaeus Alexander）去世之时（罗马纪元675年即公元前79年），犹太王国的疆域向南含有非利士（Philistian）全境，远至埃及边境，东南至纳巴泰人的佩特拉（Petra）国，詹尼亚斯曾由此出发夺取约旦（Jordan）河和死海右岸的大片土地，北逾撒马利亚（Samaria）和德卡波利斯（Decaplolis）而至革尼撒勒湖（Gennesareth）。他已在这里设法占领多利买（Ptolemais，即亚柯［Acco］），并成功击退伊泰雷人的进攻。归犹太人统辖的沿海区域自骆驼山（Mount Carmel）远至利诺角城（Rhinocorura），包括重要的加沙（Gaza）——只有阿什凯隆（Ascalon）仍属自由。这样一来，曾经几乎与海洋隔绝的犹太人领土，如今也可列为海盗聚集之地。亚美尼亚侵略军刚要靠近犹太边境，就为卢库勒斯的干涉所阻，若这个战绩卓著的祭司国没有因内部分裂而扼杀其军事发展，哈斯摩尼王室雄才大略的统治者们或许能将其土地扩张至更远的地方。

法利赛派（Pharisees）[1] 撒都该派（Sadducess）[2]

宗教独立精神与民族独立精神积极融合，产生了马加比（Maccabee）国，但很快又一分为二，甚至互相对立。犹太正统派即所谓的法利赛派，对宗教自由行使权深感满意，因为它是在对抗叙利亚君主时提出的。它的实际目的是根本不顾现世政府，以所有主权国家的正统派组建一个犹太公社——这一公社的统一性，可见于每个正直的犹太人都须向耶路撒冷（Jerusalem）的神堂捐税这一规定，也可见于宗教学校和宗教

①法利赛派在第二世纪开始兴起，是重要的一个派别，他们主要用全部的精神和时间来教导人民。他们建立了犹太会堂的崇拜，也复兴许多古代的宗教风俗，如逾越节的家庭礼拜，将宗教带到家庭之中。——译者注

②撒都该派不如法利赛派人多，但是他却是代表古代祭司的贵族政治，他们是富有的人，并且富有特权，在君王的时代颇受王朝的支持，结果成为一个政治而非宗教的派别。他们和其他保有世袭权力的党派一样，富有保守性。他们受希腊的影响比其他的党派大，因此人民觉得他们不是一个爱国的党派。基督降生前的几世纪，永生的信仰已有很大的进步，但是撒都该人反对这种信仰，他们认为死便是一切都终止了。他们不信身体复活，不信灵魂不朽，不信天使魔鬼的存在，不承认口传的律法，只承认笔写的律法。——译者注

法庭。正统派脱离了政治生活，在神学的形式主义与繁文缛节中日益僵化，与之相对的是旧时大家族即所谓撒都该派的代表，他们是民族独立的守卫者，因战胜异族统治而士气大增，并想要进一步恢复犹太人的国家。他们的思想一部分以教条为依据，他们只承认圣经本身，至于“撰写者的遗赠”[①]，他们只视作权威，却并不奉为法典。一部分则是特别建立在政治的基础上，他们不主张听天由命，倚靠齐保图领主（Lord of Zebaoth）的强大力量，而主张救国救民需寄希望于现世的武力，以及重建于马加比盛世的大卫王国内外实力的综合提升。正统派得到祭司阶级和民众的支持，他们否认哈斯摩尼氏担任高级祭司的合法性，通常用争夺人世财产的蛮横强硬态度攻击这种奸邪的异教徒。另一方面，国家派所倚靠的是受希腊文化影响的智能、吸纳许多皮西迪亚（Pisidia）和西里西亚雇佣兵的军队以及更加贤能的君主，这些君主在此与教会权相抗争，和千年后霍亨斯陶芬（Hohenstaufen）与教皇权（Papacy）相抗争如出一辙。詹尼亚斯曾用强硬手段打压祭司阶级，而在他的两个儿子任下（自罗马纪元685年即公元前69年起），发生了兄弟相残的内战，因为法利赛派反对励精图治的亚里斯多布鲁斯（Aristobulus），而想立他那性情温和、行事懈怠的弟弟许尔堪（Hyrcanus）为名义上的君主，以达到他们的目的。这次

---

①于是，撒都该派排斥天使和幽灵等教义，不信死者复生。法利赛派和撒都该派的争论点大都与仪式、法律和教历等次要问题有关。胜利的法利赛派，把他们在某些争论中确占优势的日子，或将异端分子驱逐出最高会议的日子，全都加入到全国纪念日或节庆之列，这是一个典型的事实。

分裂不仅使犹太的征战陷于停滞，而且也给了外国加以干涉的机会，从而取得了南叙利亚的统治地位。

纳巴泰人

纳巴泰人是首例。人们经常把这个非凡的民族与它的东邻即游徙的阿拉伯人混淆，但相较于伊实玛利的真正子孙，纳巴泰人与阿拉米（Aramaean）一支关系更为密切。在很早的时候，可能是为了贸易，阿拉米民族，或按西方人的称呼叙利亚民族，就自他们在巴比伦（Babylon）附近的最早殖民地派遣一个殖民团到阿拉伯湾北端，这就是西奈半岛（Sinaitic peninsula）上在苏伊士湾与埃拉之间的佩特拉地区（即瓦地姆沙［Wadi Mousa］）的纳巴泰人。在他们的港口，地中海的货物与印度的货物交换。自加沙通往幼发拉底河口和波斯湾的南方商队大道，经过纳巴泰人的首都佩特拉。此城现在仍有壮丽的石宫和石墓，比起那几近消散的传说，这些更能清楚地显示纳巴泰人的文明。法利赛派领袖仿效众祭司，在他们看来，以国家独立和领土完整换取本派胜利，代价并不算太高，于是他们请纳巴泰人的君主亚哩达（Aretas）助他们对抗亚里斯多布鲁斯。作为回报，他们承诺将詹尼亚斯从他手中夺来的所有领土归还于他。因此，亚哩达率着据说为数五万的兵力入侵犹太，又得到法利赛派拥护者的增援，他把国王亚里斯多布鲁斯围困在犹太都城。

叙利亚各城

暴力冲突的风气遍及叙利亚全境，在这种情况下，最遭殃的当然是那些较大的城市，如安条克、塞琉西亚（Seleucia）、大马士革（Damascus）等，这几个城市的公民眼睁睁地看着他们的农业、海上和驼队的贸易陷于瘫痪。伊泰雷人自山中和沿海的堡垒出动，闹得海陆都不得安宁，拜布罗斯和贝鲁图斯（Berytus，即黎巴嫩［Beyrout］）的公民，无法保护自己的田地和船舶不受他们的侵占。大马士革公民想投奔距离较远的纳巴泰王或犹太王，以抵御伊泰雷人和托勒密的攻击。在安条克，萨姆西科兰姆斯和亚兹素参与这些公民的内部斗争，当时希腊大城几乎已经成为阿拉伯酋长的驻地。这种情况让我们想起了德意志中世纪的无君时期，那时候纽伦堡（Nuremberg）和奥格斯堡（Augsburg）要想自保，所能倚靠的并非王法王权，而只能是他们自己的城墙。叙利亚的商人，迫不及待地希望有一支强大的武装力量，来替他们恢复和平和交通安全。

最后的塞琉古王朝

然而，叙利亚并非没有正统的国王，这种国王甚至有两三个。一位是来自塞琉古王室的安提阿古王子，他已受卢库勒斯任命，担任叙利亚最北部省份科马根（Commagene）的统治者。安提阿古·阿西阿提库斯想要叙利亚王位的诉求，已经得到元老院和卢库勒斯的一致承认，在亚美尼亚人撤退后，安提阿古·阿西阿提库斯即被迎入安条克，尊为国王。然而，第三位塞琉古王子菲利普（Philippus）即刻就地与他对抗，安条克人民众多，其易于激动和乐于反抗的特性与亚历山大城的人无异。这些人民和邻近的一两个阿拉伯酋长，都参与到这场王室斗争中，而塞琉古王室的统治现在似乎与这场斗争密不可分。

如此一来，正统君主惹其臣民讥笑厌恶，所谓的合法国王，甚至还不如那些小王和盗匪首领重要，又有何奇怪呢?

叙利亚的吞并

要想在混乱中建立秩序，所需的既不是绝妙的构思，也不是强大的武力，而是对罗马及其属国利益的清醒认识，以及建立并保持必要制度的干劲与一致性。元老院的合法政策已足够没落，将军由反对党授权，他不受王朝考量指引，而仅仅只负责叙利亚王国将来不因篡权者的争斗，或者邻国的贪婪而退出罗马属国的地位。但要达成这一目标，只有一条路可走。实际上，政权很早就不受塞琉古王室的各君主控制，这很大一部分原因是他们自己的过失而非外敌的侵扰，罗马公社应派出一位总督，以强有力的手腕执掌政权，庞培就走了这一条路。亚细亚人安提阿古要求庞培承认自己为叙利亚的世袭统治者，但他所得到的答复是：庞培不会把主权归还给一个既不知道如何维持，也不知道如何管理国家的国王，即便他的臣民有所请求，庞培也绝不同意，何况这违背他们明确表达的意愿，他就更不会干了。有了罗马执政官的这封信，塞琉古家族便于在位两百五十年后被人从王位上赶了下来。安提阿古本受酋长萨姆西科兰姆斯的庇护，在安条克呼风唤雨，不久之后，他中了萨姆西科兰姆斯的奸计而丢了性命。此后，再也没有人提到这些伪王和他们的主张。

叙利亚的军事媾和

但是要想建立一个罗马人的新政府，使混乱的局势有较好的秩序，还必须用武力进入叙利亚，用罗马军团来威吓或荡平所有兴起于多年无政府时期的治安扰乱者。在本都国和高加索作战时，庞培就已经注意到叙利亚的事务，他命几个专员和支队在必要时加以干涉。罗马纪元 689 年即公元前 65 年，奥卢斯·伽比尼乌斯——昔日做保民官时派庞培到东方去的人——率兵沿底格里斯河前进，然后经过两河流域到叙利亚，以整顿犹太的复杂局面。同样，困境中的大马士革也已被罗利乌斯和梅特路斯占领。不久以后，庞培的另一个副官马尔库斯·斯考卢斯（Marcus Scaurus）抵达犹太，平息那里层出不穷的争端。庞培远征高加索时，卢奇乌斯·阿弗拉尼乌斯（Lucius Afranius）任亚美尼亚的罗马军队统帅之职，他也从科杜内（在北库尔德斯坦［Kurdistan］）行进至两河流域上游，借助卡雷地区的希腊居民的同情帮助，成功穿过危险的沙漠，征服奥兹尔欧尼（Osrhoene）的阿拉伯人。罗马纪元 690 年即公元前 64 年末，庞培亲至叙利亚，在那里一直待到次年夏天[①]，为了现在和将来考虑，他毅然干预并整顿叙利亚的事务。他想恢复此地在塞琉古王朝统治时期的盛世景象，他废除所有篡夺的政权，命盗匪首领放弃其堡垒，再次将阿拉伯酋长限制在沙漠领地，并明确规定几个公社的事务。

---

①罗马纪元 689—690 年即公元前 65—前 64 年冬季，庞培仍在里海附近。到了罗马纪元 690 年即公元前 64 年，他才攻下本都国仍在抵抗的最后几座堡垒，然后一面徐徐南行，一面整顿各处的事务。叙利亚的组织工作确始于罗马纪元 690 年即公元前 64 年，叙利亚的地方纪元以此年为元年，西塞罗关于科马根的言论亦可为此事证明。在罗马纪元 690—691 年即公元前 64—前 63 年的冬季，庞培似乎在大马士革有了大本营。

严惩盗匪首领

为了让人服从这种严厉的命令，罗马军团扎营备战，特别是对那些强悍的盗匪首领，军团的干涉是必要的。利西亚斯的统治者塞拉斯，特里波利斯的统治者狄奥尼修斯，以及拜布罗斯的统治者希尼拉斯，都在他们的堡垒里沦为阶下囚，并被处死；伊泰雷人的山寨和沿海堡垒都被攻破，哈尔基斯的门尼厄斯之子托勒密被迫缴纳一千塔兰特（即 24 万英镑）以赎回他的自由和统治地位。而在其他地方，这位新主人的命令也得到绝大多数人的服从，未遇抵抗。

与犹太人的磋商和冲突

只有犹太人犹豫不决。昔日庞培派伽比尼乌斯和斯考卢斯去调停许尔堪和亚里斯多布鲁斯兄弟俩的争斗，据说这二人都收受了巨额贿款，最终做出了有利于亚里斯多布鲁斯的判决。他们还诱使亚哩达王撤走耶路撒冷的围军，取道回国，并让其在撤退过程中败于亚里斯多布鲁斯之手。然而，庞培一抵达叙利亚，就取消了他属下的命令，让犹太人恢复元老院于罗马纪元 593 年即公元前 161 年前后承认的大祭司旧制，并宣布放弃哈斯摩尼各君长所征服的一切领土及世袭君主制。法利赛人派最负声望的两百人作为使团去面见这位罗马将军，得到的却是一个足以摧毁犹太国的结果。这虽不利于他们的国家，却无疑有利于罗马人。就此事的本质而言，罗马人自然不能恢复塞琉古王室的旧时特权，也不能容忍詹尼亚斯这样的征服势力存在于他们的帝国范围内。亚里斯多布鲁斯不确定何为善策，是耐心忍受这不可避免的命运？还是手执武器战死？有时他似乎要向庞培投诚，有时又似乎要号召犹太人中的爱国派与罗马人斗争。最后，罗马军团已兵临城下，他这才向敌人投降。然而军队中较为决断或较为狂热的一部分人，不肯听从一位失去自由的国王的命令，在首都投降后，狂热派抱着赴死的决心顽强据守神庙的危岩，历时三个月，直到最后趁守兵安息日休息，围军才终于攻入，占领圣殿。发起这场拼死抗争的人，但凡没有死于罗马人刀剑之下的，都被交给执法吏的砍头斧。这样一来，新并入罗马的各地所发起的最后抵抗便告终结。

罗马人在东方的新关系

庞培完成了卢库勒斯开始的事业——正式独立的国家比提尼亚、本都和叙利亚，都并入罗马版图。元老院一被推翻，格拉古党一掌握政权，一百多年来被看作是必要的事，即在较为重要的属地以直接主权取代那薄弱的保护制，这个目标终于得以实现，罗马在东方获得了新疆界、新邻国以及新的友好和敌对关系。现在加入罗马间接领土的有亚美尼亚王国、高加索的封邑，加上辛梅利亚人的博斯普鲁斯国和米特拉达特斯·欧帕托尔所征服的广阔领地中所剩余的一小部分，这一小部分领土如今在他那弑父之子法纳西兹的治理下成了罗马的属邦，只有法纳戈里亚城，因其统帅卡斯托耳曾举叛旗而得到罗马人的承认，成为独立的自由城市。

与纳巴泰人的斗争

而对于与纳巴泰人的斗争，没有同样的成功可以拿来夸耀。诚然，亚哩达王已顺从罗马人的心意，撤离犹太，但大马士革仍在他手中，纳巴泰人的国土至今也没有受到任何罗马兵士的践踏。要征服这个地方，或至少要向在阿拉伯的新邻国表示——现在罗马的雄鹰已称霸于奥伦提斯河和约旦河上，而且叙利亚不再是任人蹂躏的无主之地——庞培于罗马纪元 691 年即公元前 63 年开始远征佩特拉。但在远征期间，他被犹太人的叛变耽搁，由于纳巴泰人的首都远在沙漠之中，于是他欣然让他的继任者马尔库斯·斯考卢斯去做这件困难的事①。实际上，斯考卢斯不久也不得不回来，并没有完成他的目标。由此，庞培不得不仅在约旦河左岸的沙漠中倚靠犹太人的支持与纳巴泰人作战，但却只获得了微不足道的胜利。最后，来自以土买（Idumaea）的机敏的犹太领袖安提帕特（Antipater），劝亚哩达用一笔款项，从罗马省长手里买得对包括大马士革在内的一切领土所有权的担保，这就是斯考卢斯钱币上所纪念的和平。钱币显示，亚哩达王牵着骆驼，跪在地上，献橄榄枝给罗马人。

---

①诚然，奥罗修斯和狄奥都追随李维，让庞培到达佩特拉并占领此城，甚至到达红海。但他率兵前往耶路撒冷时，半路收到米特拉达特斯的死讯，便从叙利亚折回本都。普鲁塔克记叙过这件事，并为弗洛鲁斯和约瑟夫斯所证实。如果亚哩达王在战报中位于庞培所征服的诸王之列，那么只要用庞培唆使他撤离耶路撒冷来解释就足够了。

与帕提亚人的困境

以上是罗马人与亚美尼亚人、伊比利亚人、博斯普鲁斯人和纳巴泰人的新关系，远比这更重要的是，罗马人因占领叙利亚而与帕提亚国相邻。虽然在本都国与亚美尼亚国尚存之时，罗马对弗拉特斯实行友善外交，而且当时卢库勒斯和庞培也都愿意将幼发拉底河以外的地域让度与它，但现在这个新邻国却坚决地占据了安息王朝旁边的位置。如果王室忘其过失的伎俩还可追忆，那弗拉特斯现在必会想起米特拉达特斯的警告，如帕提亚人与西方人联合攻击同族国家，会使这些国家先亡而后自己也走向覆灭。罗马人与帕提亚人联合，已使得亚美尼亚一败涂地，亚美尼亚一覆灭，罗马便信奉其旧时政策，改变对外关系，损害强大盟友的利益而袒护微贱的敌人。老提格兰深受庞培的厚待，他的儿子是帕提亚王的盟友和女婿，两者互为对照，这已是此项政策的一部分；不久之后，庞培下令逮捕小提格兰及其家属，甚至弗拉特斯向这位友好的将军为女儿女婿求情，庞培也不肯放人，这是直接的冒犯。但庞培所为并不止于此，弗拉特斯和提格兰都对科杜内省提出要求，庞培命罗马军队替提格兰占领此地，把原来据守此地的帕提亚人驱逐出境，甚至追到阿迪亚波纳（Adiabene）的阿尔倍拉（Arbela），事先并未征询泰西封政府的意见（罗马纪元 689 年即公元前 65 年）。然而最可疑的情况是，罗马人似乎根本不愿尊重依约规定的幼发拉底河界。罗马分遣队曾几次要从亚美尼亚前往叙利亚，横越两河流域；罗马以特别优厚的条件将奥兹尔欧尼的阿拉伯酋长阿布加鲁斯纳入保护；不仅如此，位于尼西比斯

（Nisibis）和底格里斯河之间的两河流域上游、在幼发拉底河的科马根渡口以东220英里的奥鲁洛斯（Oruros），也被指定为罗马疆域的东部边界——大概是他们间接疆域的东部边界，因为罗马人已把两河流域较大较肥沃的北半部分和科杜内一同分配给亚美尼亚帝国。这样一来，罗马人与帕提亚人之间的疆界就变成了叙利亚—两河流域的大沙漠而非幼发拉底河，这似乎也只是临时疆界。帕提亚派使者来坚持以幼发拉底河为界的条约——当然，这似乎只是口头协议，庞培模棱两可地回复道：罗马权利所及之处便是罗马的领地。罗马主帅与帕提亚下属米底亚地区总督甚至遥远的以利买省（Elymais，在苏锡安那［Susiana］、米底亚和波斯之间，地处今卢里斯坦［Luristan］）总督都交往甚密，值得注意，这似乎便是对此番言论的评注说明。[①] 以利买是个荒远好战的山地民族，其总督常力求独立地位，脱离大王的掌控，庞培竟接受这位君主献上的效忠之心，这对帕提亚政府而言更是个侮辱和威胁。同样重要的是，罗马人素来在政府交际中称帕提亚王为“王中王”，如今他们突然改变称呼，仅称他为王。这不但失礼，甚至更是一种威胁。自从罗马人开始拥有塞琉古王室的继承权，他们似乎就想趁机恢

①这种见解依赖于普鲁塔克的叙述，斯特拉波所述以利买省的位置又可为普鲁塔克的佐证。在庞培所征服国土和君主的名录中，竟有米底亚及其国王大流士，这是一种点缀；由此又捏造出庞培对米底亚的战争甚至他对埃克巴坦那的远征。这里还没有把此城与传说位于骆驼山上的埃克巴坦那混为一谈；只是那种不堪的夸张言辞——似乎源于庞培浮夸而故意闪烁其词的战报——把他劫掠盖图利亚人一事变为进兵非洲西岸，把他那远征纳巴泰人却无疾而终的事变为攻克佩特拉城，把他宣判亚美尼亚疆界一事变为定罗马帝国边界于尼西比斯之外。

复到昔日的状态，那时整个伊朗和图兰都受安条克统治，而且也还没有帕提亚帝国而只有帕提亚辖地。因此，泰西封的朝廷完全有理由与罗马开战。罗马纪元690年即公元前64年，帕提亚因边界问题对亚美尼亚宣战，这似乎是对罗马开战的前奏。但当这位令人畏惧的将军率强军驻扎于帕提亚帝国的边境时，弗拉特斯却不敢公然与罗马人决裂。庞培派专员和平解决帕提亚和亚美尼亚的争端，他们强制调停，将科杜内和两河流域北部都判给亚美尼亚人，弗拉特斯也默然接受。不久以后，他的女儿、外孙和女婿都成了这位罗马将军胜利的点缀。甚至帕提亚人在罗马的优势兵力面前也瑟瑟发抖，如果他们没有像本都和亚美尼亚人一样屈从于罗马的兵力，那么其原因似乎就只在于他们没有涉险作战。

各省的组织工作

现在庞培仍须负责整顿新得省份的内部关系，尽可能消除十三年前一场恶战所遗留的痕迹。小亚细亚的组织工作始于卢库勒斯和从旁协助的委员会，克里特的组织工作始于梅特路斯，二者皆因庞培而得以完成。亚细亚之前的省份包括米西亚（Mysia）、吕底亚（Lydia）、弗里吉亚（Phrygia）和卡里亚（Caria），现在由边境省份变为腹地。新设的省份有比提尼亚和本都，涵盖整个尼科美得斯（Nicomedes）故国和本都故国至哈里斯河及河外的西半部分；有西里西亚，虽成立较早，但现在才得以扩大，成为一个名副其实的省份，连同潘菲利亚和伊索里亚（Isauria）也包括在内；还有叙利亚和克里特。当然，以现代领土的意义来看，还难以将这些地方视作罗马疆域，政府形式和秩序还一如往昔，只不过罗马公社代替了以前的君主而已。这些亚细亚省份仍包括国有土地、实际上或法律上实行自治的城邦、君主和祭司的统治地以及诸王国，多样混杂。至于内政，所有这些地域或多或少都有点自主权，而在其他方面，他们又时宽松时严格地倚仗于罗马政府及其执政官，很像昔日听命于大王及其总督。

封王卡帕多奇亚、科马根、加拉太

在众多属国君主中，卡帕多奇亚王至少在等级上属第一位，卢库勒斯已将梅利泰内（Melitene，在马拉提亚［Malatia］附近）至幼发拉底河的地区封给他，扩大了他的领土，庞培又赐予他很多土地，在西部边界有自卡斯塔巴拉（Castabala）至依科尼雍（Iconium）附近的特庇（Derbe），和取自西里西亚的一些区域，在东部边界还有在幼发拉底河左岸与梅利泰内相对的索芬涅，这原本是想封给亚美尼亚王子提格兰的。这样一来，幼发拉底河最重要的渡口全都为卡帕多奇亚王掌控。而叙利亚和卡帕多奇亚之间的科马根小省及其都城撒摩撒他（Samosata，即萨姆萨特［Samsat］），都在上述塞琉古王室的安条克手中，成为其附属国[①]。他又受封获得重要的塞琉西亚堡垒（在比拉德吉克［Biradjik］附近），控制幼发拉底河更南端的渡口以及河左岸的临近地区。因此，罗马人刻意把幼发拉底

①据说安条克曾与庞培作战，这与他和卢库勒斯所订的条约以及他不受干扰、仍居王位的现状不符。大概只因科马根的安条克也见于庞培所征服的众君主之列，所以才导致这种说法的形成。

河的两个主要渡口连同东岸的相应领土，一起交到两个完全附属于罗马的君主手里。除了卡帕多奇亚王和科马根王以外，还有一位新王德奥塔鲁斯（Deiotarus）执掌小亚细亚大权，他的实力远远超过其他两位。住在培希努（Pessinus）附近的凯尔特部落托列斯托波伊（Tolistobogii）的一个四分领主，与罗马属下的其他小藩主一起，受卢库勒斯和庞培的征召入伍从军。在这些战事中，德奥塔鲁斯与所有懒惰的东方人不同，他表现不凡，充分显示出自己的可靠与激情，以至于除了加拉太的遗产和阿米苏斯（Amisus）与哈里斯河口之间的肥沃属地外，罗马将军又将本都故国的东半部分，连同法纳西亚（Pharnacia）和特拉佩佐斯（Trapezus），以及远至科尔基斯和大亚美尼亚边界的本都—亚美尼亚都赐予了他，这样就形成了小亚美尼亚王国。不久以后，德奥塔鲁斯又赶走凯尔特特罗克米部落的四分领主，夺其疆土，进一步扩大他那已然十分广阔的领地。于是，这样一个小封侯变成了小亚细亚最强大的君主，罗马人可以借他之力保卫帝国边境一段重要的部分。

君主和酋长

至于不那么重要的属国，有许多其他的加拉太领主，其中一个是特罗克米部的君主孛哥第亚塔鲁斯（Bogodiatarus），因为在米特拉达特斯战争中表现英勇，庞培赐予他昔日的本都边城米特拉达提乌姆（Mithradatium）；又有帕夫拉戈尼亚（Paphlagonia）的君主阿塔罗斯（Attalus），其宗系可追溯到旧时的拜勒门（Pylaemenids）王室；又有科尔奇斯境内的阿里斯塔克斯（Aristarchus）和其他小君长；又有达孔第牟托

(Tarcondimotus)统治着东西里西亚的阿曼(Amanus)山谷；又有门尼厄斯之子托勒密继续统治黎巴嫩山上的哈尔基斯；又有纳巴泰王亚哩达任大马士革领主；最后还有幼发拉底河两岸各地的阿拉伯酋长，如奥兹尔欧尼的阿布加鲁斯，罗马人千方百计地劝他归顺，想让他在攻打帕提亚人时担任先锋；其他还有罕萨部的萨姆西科兰姆斯、蓝贝部的阿尔考敦和玻斯托拉(Bostra)的另一个酋长。

像神职人员的君主

除了这些人之外，还有教主。在东方，教主通常与世俗君主无异，统治着土地和人民，他们的权威已在那宗教狂热主义的发源地根深蒂固。罗马人很明智，不侵犯他们的权威，甚至也不劫掠他们神庙中的库藏。教主有培希努神母的大祭司；又有妈神的两个大祭司，一个在卡帕多奇亚的科马纳(Comana，在萨鲁斯［Sarus］上游)，一个在本都的同名城(托卡特［Tocat］附近的古梅尼克［Gumenek］)，他们俩在本国的权力都仅次于国王，甚至到很晚的时候，他们每人还拥有连带特殊审判权的广阔地产和近六千人的神庙奴隶——这位同名将军之子阿基劳斯自米特拉达特斯处投归罗马人，庞培封他为本都的大祭司——在卡帕多奇亚摩门(Morimene)地区的维那西宙斯(Venasian Zeus)的大祭司——其年收入共计3600英镑(15塔兰特)；又有西里西亚的“大祭司和君长”，其后代在艾杰克斯(Ajax)之子透克尔(Teucer)建造宙斯庙的地方凭借世袭权力担任此庙的主持；又有犹太人的“大祭司和君长”，庞培已铲平其都城的城墙和国内王室的库藏和堡垒，勒令他维护和平，不再攻城略地，然后便把犹太国的君位归还于他。

城邦

除了这些世俗君主和教主之外，还有城邦。一部分城邦形成较大的联盟，享受相当的独立，尤其像利西亚二十三城联盟，秩序井然，永不参加海盗的动乱。反之，许多独立的城邦就算有特许状保证他们的自治，实际上也全都附属于罗马各省长。

在亚细亚提倡城市生活

罗马人无法不明白这一点：他们既然要代表希腊文化，又要在东方保护和拓宽亚历山大的地域，那就有提倡城市体制的基本义务，因为城市处处都是文明的支柱。东方人和西方人之间的敌对在这样一种差异中表现得尤为明显，即东方实行军事独裁的封建阶级制，而希腊和意大利则实行商业城市的共和制。卢库勒斯和庞培虽然在其他方面不愿将东方事务归于一个层面，庞培虽然也乐意在细枝末节的问题上抨击和变更前任的做法，但在原则上他们二人是完全一致的，即尽可能在小亚细亚和叙利亚推行城市生活。在上一场战争中，库齐库斯（Cyzicus）奋力抵抗，打破了敌人最初的猛烈攻势，从卢库勒斯手里大大拓宽了自己的领土。本都的赫拉克利亚（Heraclea）曾力抗罗马人，恢复其领土和港口。科塔对这座不幸城市的残暴行径，遭到元老院的强烈谴责。卢库勒斯真正深以为憾的是，命运让他遭遇不幸，他无法救锡诺普和阿米苏斯逃离本都军队和他自己部下兵士的蹂躏，但他至少尽力使这两个城市恢复原貌，大大扩展其领土，再召唤人民前来居住——一部分是以前的居民，应他的邀请，成群回到他们所热爱的家乡；一部分则是希腊籍的新移民——并为重修那些被毁坏的建筑做准备。庞培也是本着相同的理念做事，且规模更大。肃清海盗后，庞培没有仿效前任之法把两万多名俘虏钉在十字架上，而是把他们一部分安置在西里西亚平原的荒城中，如马鲁斯（Mallus）、阿达纳（Adana）、埃皮法尼亚（Epiphaneia），尤其是安置在索里（Soli，之后改名为庞培城，即庞培波利斯[Pompeiupolis]），把另一部分安置在亚该亚的代美（Dyme），甚至安置在塔伦特姆（Tarentum）。这种以海盗手段实施的殖民化政策，遭到各方非议，[1] 因为这在某种程度上像是在奖励犯罪。事实上从政治和道德层面看，这事很正当，因为在当时的情形下，海盗不同于窃贼，他当然可以按军法处置这些俘虏。

新建城市

然而，庞培最为关注的，是在罗马的新省份提倡城市生活。我们已经注意到，本都帝国是多么稀缺城市，甚至一百年以后，卡帕多奇亚的大多数地区都没有城市，而只有山寨供农民在战时避难之用。小亚细亚的整个东部，除了沿海零散的几处希腊殖民地外，当时也必是同样的状况。庞培在这些省份新

---

①西塞罗的非难大概就是针对此事而言，特别因为海盗殖民地可能受庞培的恩赐，拥有免税权，而各省属于罗马的民社则普遍有纳税的义务。

建的城市，包括西里西亚的居民点在内，总数达39处，其中有几个城市已经发展到相当繁荣的地步。在本都故国，有最著名的尼科波利斯，即“胜利之城”，建在米特拉达特斯最后战败的地点，这是一位常胜将军最华美的纪念；又有得名于庞培别号的迈加洛波利斯（Megalopolis），建在卡帕多奇亚和小亚美尼亚的交界处，即以后的塞巴斯提亚（Sebasteia，今名锡瓦斯［Siwas］）；又有泽拉（Ziela），罗马人曾不幸战败于此，此城原兴起于阿奈提斯（Anaitis）神庙周围，素来属于大祭司，而如今庞培赋予它城市的形式和特权；又有狄奥波利斯（Diopolis），昔日名为伽比拉（Cabira），后名为新恺撒利亚（Neocaesarea，即尼克萨尔［Niksar］），也是上次战争的一个战场；又有马格诺波利斯（Magnopolis），又称庞培波利斯，原名耶夫帕托里亚，在吕库斯河和伊里斯河（Iris）合流处，最初为米特拉达特斯所建，后因此城叛归罗马，又遭他摧毁，现在被庞培重建起来；又有尼亚波利斯（Neapolis），原名法兹蒙（Phazemon），在阿马西亚（Amasia）和哈里斯河之间。这种城市的建立大多不是自远方迁来移民，而是荡平村落，让村民聚居于新的围墙之内。庞培将军中伤残人士和老兵安置在尼科波利斯，这些人宁愿在此地安家立业，也不愿之后在意大利定居。在其他地方，也是因为这位摄政者的指示，希腊文明的新中心才得以兴起。在帕夫拉戈尼亚，建有第三个庞培波利斯，纪念罗马纪元666年即公元前88年米特拉达特斯军队曾在这里大胜比提尼亚人。卡帕多奇亚或许是受战祸最为严重的地方，当地的王宫马石伽（Mazaca，即以后的恺撒里亚［Caesarea］，今开塞利［Kaisarieh］）和其他七个城市都是由庞培重建，并得享城市制度。在西里西亚和切肋叙利亚(Coelesyria)，庞培所建城市共计20座。在犹太人割让的地区，德卡波利斯（Decapolis）的加大拉（Gadara）本已成为废墟，因庞培的命令又得以重建，是为塞琉基斯城（Seleucis）。在亚洲大陆上，受庞培支配的大部分领土必供他用作新聚居地，反之，庞培很少或根本不关心克里特岛，在那里，庞培的领地似乎仍然十分广阔。

庞培不仅致力于新建城市，还热衷于整顿和增加现有公社。他竭力肃清盛行的滥用职权和强取豪夺之风，草拟详尽的公社章程，并谨慎规定各种自治权限，许多特大城市因此而获得了新特权。得到自治权的有奥伦提斯河上的安条克，它是罗马最重要的亚洲城市，其地位不亚于埃及的亚历山大城和古代的巴格达，即帕提亚帝国的塞琉西亚城；还有安条克邻邑，即皮埃里亚的塞琉西亚，它是因其奋勇抵抗而给提格兰的犒赏；还有加沙和所有从犹太人统治下解放出来的城市；还有小亚细亚西部的米蒂利尼（Mytilene）以及黑海上的法纳戈里亚。

结果

如此一来，罗马国在亚洲的格局最终形成，其中包括封建君主和藩臣、教主以及一连串自由和半自由城市，这使得我们想起日耳曼民族的神圣罗马帝国。无论是从克服的困难还是从得到的结果来看，这都不足为奇。罗马上流社会对卢库勒斯大加赞赏，普通民众也对庞培不吝溢美之词，所有这些高调的言论也都无法使之成为罕见之事。特别是庞培认可别人的夸赞并且自夸，这样一来，人们几乎会认为他比真实的他要更加糊涂。米蒂利尼人视他为该城的救助者和创建人，也把他看作世界海陆战争的终结者，如果他们要为他建一座雕像，那对于一个肃清海盗、平定东方各国的伟人，这种敬礼似乎也并不为过。但是，罗马人这次却凌驾于希腊人之上。庞培的凯旋碑载明，他所征服的人民达一千两百万，所攻克的城市和堡垒共计一千五百三十八座——数量似乎会代替质量，他的胜利范围自麦奥提斯海（Maeotic Sea）延伸至里海，自里海延伸至红海，可是这三个海，他一个都没有亲眼见到过。不仅如此，即便他不明说，他也至少让民众以为兼并叙利亚（事实上这并不是什么丰功伟绩）就相当于把远至大夏（Bactria）和印度的整个东方都收入罗马帝国的版图——据他所述，他在东方所征服领土的界限竟到了如此渺茫的荒远之地。平民党奴颜婢膝和一直与朝廷互为敌手，现在也欣然加入这枯燥的浮夸圈。罗马纪元693年即公元前61年9月28和29日，即庞培“大帝”的四十六岁生辰，虚华的凯旋队伍穿过罗马街市，点缀品除了各类珠宝外，还有米特拉达特斯的王冠，和亚洲最强大的三个国王——米特拉达特斯、提格兰和弗拉特斯——的子女。然而平民党觉得还不够，于是又以王室尊荣来犒赏这位战胜二十二位国王的将军，并赐予他一顶金冠和一枚终身任执政官的徽章。为了显示对他的尊敬，他们造出一种钱币，式样为从三大洲带回国的三根桂枝绕成环托着地球，上面还挂着公民献给那位征服非洲、西班牙和亚洲的将军的金冠。既然有这样稚气的敬礼，也就无怪乎另一方发出反对的声音。在罗马贵族圈流传着这样一种说法，即平定东方的真正功绩应该属于卢库勒斯，又说庞培去东方不过是为了取代卢库勒斯，并将别人折下的桂枝编织起来戴在自己头上。这两种说法都大错特错。奉命去亚洲接替卢库勒斯的不是庞培，而是格拉布里奥，卢库勒斯虽然作战英勇，但庞培接任主帅时罗马人确实已失去了之前所有的战果，本都土地也未有一尺在他们的掌控之中。首都居民的嘲笑更为中肯，他们用他所征服的大国之名来称呼这位驰骋世界沙场的将军，有时称他为“撒冷的征服者”，有时称他为“埃米尔”（emir）[①]，有时又称他为罗马的萨姆西科兰姆斯。

作为管理者的卢库勒斯和庞培

公正的评论家既不赞同那些夸张的言论，也不认可这种轻视之辞。在平定和整顿亚洲这件事上，卢库勒斯和庞培显然都不是英雄和建国者，而是睿智进取的军队领袖和统治者。作为将军，卢库勒斯显示出非凡的才干和近乎鲁莽的自信，而庞培则显示出军事决断力和罕有的自制力；任何拥有如此兵力又身处完全自由之位的将军，都很难做到像庞培一样在东方行事如此谨慎。可以说，最辉煌的事业全都从四面八方主动前来寻他：他可以自由前往辛梅利亚的博斯普鲁斯海峡和红海，也有对帕提亚人宣战的机会；埃及的反动省请他来废黜不得罗马人认可的托勒密王，履行亚历山大的遗嘱。但庞培既不去潘提卡彭，也不去佩特拉，既不到泰西封，也不到亚历山大城，自始至终，他都只摘取主动落入他手中的果实。同样，无论海陆，他都一概用压倒性的优势兵力作战。如果如庞培常说的，这种

---

①“埃米尔”是阿拉伯国家的贵族头衔，此封号用于中东地区和北非的阿拉伯国家，突厥在历史上亦曾使用过这个封号。——译者注

节制，源于严守指示，甚至是源于这样的认知，即罗马的扩张行动须有所限制，再拓展疆土，于国无益，那么这种节制就应该受到赞美，且应该比历史上赋予最具才干的将军的更高。不过就庞培而言，他的自制无疑只是他特别缺乏决断和首创性的结果——在这种情况下，比起他前任与之相反的长处，他的短处确实对国家更为有益——诚然，卢库勒斯和庞培都犯了很严重的错误。卢库勒斯自食其果，他所有的胜利果实皆因其行事不慎而消散；庞培对帕提亚人的决策失当，让其继任者来担此恶果。如果他有这份胆量，他大可以对帕提亚人开战，或是维系与他们的和平，依约承认以幼发拉底河为界。但他却太过胆小而不敢采取前一种方法，又太过自负而不肯采取后一种方法，结果，泰西封的朝廷本愿意与邻国建立友好关系并单方面付诸行动，庞培却愚蠢地背信弃义，对其进行无休止的侵略，致使亲邻政策化作泡影，他却允许敌人自己选择决裂和反击的时机。作为亚细亚的治理者，卢库勒斯获得多于王侯的财富，庞培也因治理亚细亚而从卡帕多奇亚王、富庶的安条克城以及其他君长和公社那里，收到大笔现款和数量更大的兑付券以作回报，但这种苛捐杂税几乎已经成为一种惯常税收。在比较重要的问题上，两位将军至少不会一味贪婪，如果可能，他们会让与罗马利益共存的那一方出钱。就时局来看，即便他们有此行径，我们也不得不说，这两位将军的治理确有相对可取之处，他们的行事皆以罗马利益为先，而后才考虑各省人民的利益。

将保护国变为属国，改善东部边境的治理工作，建立一个统一强固的政府，这是统治者之幸，也是被统治者之福。罗马的财政收入难以计数，除特许免税的几个公社外，所有君主、祭司和城市都要向罗马交纳产业税，这使得罗马的财政收入几乎增加了一半。亚洲确实损失惨重。庞培归入国库的财宝共计两百万英镑（即两亿塞斯特斯［sesterce］），分给部下和士兵的共计三百九十万英镑（即一万六千塔兰特），如果我们再加上卢库勒斯带回国的巨款、罗马军队的非正式苛索以及战争损失，亚洲的财政枯竭便可想而知。就其本身而言，罗马在亚洲的课税或许并不甚于昔日统治者的课税，但由于自此以后这些税收都流出本国，仅有小部分税收用于亚洲，于是课税就变成了更为沉重的负担。无论如何，不管是在旧省还是新省，课税都是基于对各省的计划性剥削，以使罗马从中获益。但这事的责任主要不在将军本人，而在于将军需要顾忌的国内各党派。卢库勒斯甚至竭力阻止罗马资本家在亚洲重利盘剥，这也是他最终失败的重要原因。我们从这二人不受党派政策的束缚时所做的事，尤其是他们对小亚细亚各城的关注中，可以看出他们有多诚挚地希望恢复沦陷省份的繁荣。尽管数百年后，亚洲许多残破的村落会让人们想起大战的年代，但锡诺普大可以用卢库勒斯重建此城的日期来开启一个新的纪元，本都国几乎所有的内陆大城都可以敬奉庞培为它们的创建者。卢库勒斯和庞培在罗马所属亚洲地区的组织工作或有不可否认的缺陷，但总体上却可谓审慎合理、值得称道。再者，尽管它们仍有严重的弊端，但因其与那长久缺乏且令人们深感痛楚的内外和平同时造访，所以必会受到那些遭受过非常折磨的亚洲人欢迎。

庞培离开之后的东方

东方大体上保持和平状态。庞培性格胆怯，仅暗示要把幼发拉底河以东的地区并入罗马帝国的版图，后来罗马掌权的新三头政府竭力重提这个想法，但以失败告终。不久以后，东方各省和其他地方，全都被卷入内战的漩涡。在这期间，西里西亚省长必须长日与阿曼的山间部落作战，叙利亚省长必须长日与沙漠人群作战，尤其是在后者与贝都因人的战争中，许多罗马军队都覆没了。但这些行动的意义不过如此，更不寻常的是坚韧的犹太民族对征服者的顽强抵抗。奥卢斯·伽比尼乌斯任省长期间（罗马纪元 697—700 年即公元前 57—前 54 年），被废黜的国王亚里斯多布鲁斯之子亚历山大，和一段时间以后成功越狱出逃的亚里斯多布鲁斯本人，对新统治者发起了三场不同的叛变，罗马所立大祭司许尔堪的政府每次都无能地向叛党屈服。迫使他们以卵击石的并非是政治信仰，而是东方人对这逆天统治权的无比厌恶。由于埃及陷入危机，叙利亚戍军撤退，最后也是最危险的叛变即刻乘机而起，他们首先杀害居住在巴勒斯坦的罗马人。少数罗马人逃出生天，暂时藏身于基利心山（Mount Gerizim），叛党把他们围困在那里，贤能的省长颇费周折，才成功将他们解救出来，也才能在几次激烈的战争和持久的围攻过后镇压叛乱。因此，大祭司的君主政体被废，犹太人的领土如昔日的马其顿一般被分为五个独立区，由贵族组织的主政团体负责管理；撒马利亚和被犹太人铲平的其他城市都得以重建，与耶路撒冷形成均势；最后，罗马对犹太人课征的税收要高于叙利亚境内其他属地。

埃及国

我们还应该看一下埃及国以及美丽的塞浦路斯岛，拉基代王朝所征服的广阔土地现在只有这座岛屿还属于埃及。现在，埃及是东方的希腊诸国中唯一一个至少在名义上仍属独立的国家，正如以前波斯人占领地中海东部时，埃及是最晚被征服的国家一样，因此现在来自西方的强大侵略者也迟迟不吞并这块丰饶独特的国土。如上文所述，这既不是因为害怕埃及的反抗，也不是因为缺乏合适的时机。埃及差不多跟叙利亚一样无力，罗马纪元673年即公元前81年，埃及在所有正当的法律形式上都归罗马公社所有。王室守卫管制亚历山大城的朝廷，他们任免大臣，有时废立国王，肆意夺取，如果国王不许他们加饷，他们便围困王宫，这种做法在国内或在都城内绝不受欢迎（因为国内的农奴不计入考量）。那里至少有一派人希望罗马兼并埃及，甚至设法促成此事。但埃及王越不能企图用武力对抗罗马，埃及金币就越竭力阻止罗马的统一计划。由于埃及财政实行特殊的专制集中制，再加上寡头党横加猜忌，不许任何人征服或治理埃及，亚历山大朝廷的财政收入甚至在庞培增加罗马的公共收入后，仍然差不多与其持平。所以埃及和塞浦路斯的实际君主竟能通过贿赂元老院的领袖，不但暂保他们倾覆在即的王位，甚至还使他们的王位更加稳固，并从元老院买得王位的保障书。即便如此，他们的目的却还是未达成。正式的国家法须经罗马公民的决议，在法令公布之前，托勒密家族仍须依附于每个平民党掌权者，仰其鼻息，因此他们不得不对罗马的另一党派也展开贿赂战，而这一党派较为强大，要价也更高。

被吞并的塞浦路斯

与埃及的结果不同，罗马纪元696年即公元前58年，平民党领袖下令吞并塞浦路斯，至于为什么现在做这件事，罗马给出的官方理由是，塞浦路斯人支持海盗业。马尔库斯·加图（Marcus Cato）受其对手委托执行这项法令，他不带军队便来到此岛，因他无需军队。国王服毒自尽，当地居民不做抵抗便臣服于这难逃的命运，并被安置在西里西亚省长的管辖范围内。充盈的府库贮存了近七千塔兰特（即一百七十万英镑），这位国王既贪婪又吝啬，不肯将这笔款项用于行贿以保其王冠，结果钱财和王冠一同落入罗马人之手，充实了他们那空虚的国库，这样正合其心意。

埃及的托勒密为其宗主国所承认却遭到驱逐

另一方面，罗马纪元695年即公元前59年，掌握埃及王权的兄长，用人民法令成功从罗马的新主人那里买得他的认可，据说购价达六千塔兰特（即一百四十六万英镑）。然而，公民对这位好笛师和坏君主积怨已久，如今塞浦路斯已然失守，又因与罗马人做交易，人们不堪重税，已被逼到绝境的埃及人（罗马纪元696年即公元前58年），因此逐他出国。似乎因为被逐出他所购买的产业，这位国王随即向卖主求助，卖主都很通情达理，认为他既然是诚实的商人，就有义务为托勒密拿回国土。但是，用武力夺取埃及的重任以及由此带来的巨大利益应该属于谁，各党却无法达成一致意见。当三头政府在卢卡（Luça）会议上讨论此问题时，托勒密同意再缴付一万塔兰特（即两百四十万英镑），这件事才得以解决。叙利亚省长奥卢斯·伽比尼乌斯奉当权者命令，立即采取必要措施带国王回去。同时，亚历山大城的公民为被逐国王的长女贝瑞尼斯（Berenice）加冕，并将她许配给罗马亚洲属地的一个教主，名叫阿基劳斯。阿基劳斯原是科马纳的大祭司，胸怀大志，梦想登上拉基代王朝的宝座，为此不惜以他安稳体面的地位做赌注。他企图获得罗马主政者的赞助，但始终没有成功，不过，想到必须用武力保其新国甚至与罗马人对抗时，他却毫无畏惧。

伽比尼乌斯带回国王罗马戍兵守在亚历山大城

伽比尼乌斯表面上没有权力对埃及开战，但却受罗马主政者的指示，他借口说埃及人帮助海盗以及阿基劳斯组建舰队，便毅然朝埃及边境进发（罗马纪元699年即公元前55年）。军队穿过加沙和培琉喜阿姆（Pelusium）之间的沙漠，以前许多进攻埃及的军队都在沙漠行军中覆灭，但这次的行军却得以顺利完成——这尤其要归功于敏捷灵巧的骑兵将领马尔库斯·安东尼。边境培琉喜阿姆堡垒的犹太守军不战而降，罗马人与埃及人在城前相遇，埃及人战败——安东尼这次又立下赫赫战功，罗马人抵达尼罗河，这是第一支打到尼罗河的罗马军队。埃及的舰队和陆军在此做最后决战，但罗马人再次得胜，阿基劳斯及其众多党羽都战死。此战过后，首都立刻投降，于是一切抵抗都宣告终结。这片不幸的国土被交到正统的暴君手里，要不是正义的安东尼从中干涉，托勒密在培琉喜阿姆时就想用绞刑和斩首之刑来庆祝合法政府的恢复。现在此举不受阻拦了，无辜的女儿最先被她父亲送上断头台。国王无力支付与罗马当权者约定的报酬，因为这里地贫人穷，即便他们榨干穷苦人民的钱财，也绝对不可能凑出所需的巨款。但罗马人注意到至少应该保持此国的平静，于是留罗马步兵以及凯尔特和日耳曼的骑兵驻守都城，以取代埃及的御卫队，而在其他方面，罗马军也可与他们一争高下。于是，昔日罗马对埃及的霸权统治变为直接的军事占领，本地君主制在名义上仍然存在，但这并不是赐予此国的特权，而是强加在它身上的双重负担。

第五章　庞培外出时期的党争

挫败的贵族阶级

伽比尼乌斯法一经通过，首都各党派的地位就发生了变化。从选举产生的平民党将军掌握兵权之日起，凡该将军的党派被认定为是其同党的，都在首都占据了优势。毋庸置疑，贵族阶级仍然紧密团结在一起，由人民大会产生的执政官，根据平民党人的表述，无一不是在襁褓之中就被指定为执政官的人选。即使是当权者，也无法操控选举，亦不能在选举上打破旧家族的影响力。然而不幸的是，正当贵族几乎即将把“新人物”彻底排挤出执政官地位的时候，军事特权又成为冉冉升起的新星，执政官这一职位因此黯然失色。贵族阶级虽然没有开诚布公地承认，但他们对此了然于胸，他们自以为大势已去，无法挽回。唯有昆图斯·卡图卢斯岿然不动，坚守着自己全然不尽人意的地位，成为失势党派的斗士，至死方休（罗马纪元694年即公元前60年），这令人肃然起敬。除此之外，最高级的贵族中再也找不出一个英勇无畏、坚定不移维护本阶级利益的例子，其中最负盛名、才能出众的人物，例如昆图斯·梅特路斯·皮乌斯和卢奇乌斯·卢库勒斯，实际上已经退位，只要能做到不失礼节，他们都愿意归隐山林，在庭园流芳之间，香榭书阁之中，鸟舍鱼塘之侧，将佛罗广场和元老院会堂抛诸脑后。贵族的后辈当然更是如此，他们不是完全沉湎于奢华和文学，便是见风使舵、趋炎附势。

加图

年轻一代人中只有一个例外，这就是马尔库斯·波尔基乌斯·加图（Marcus Porcius Cato，生于罗马纪元659年即公元前95年）。此人志向远大，且极具奉献精神，然而在那个政治上丑态百出的时代，他的出现仍不失为一个不切实际、惹人悲悯的现象。加图为人正直且持之以恒，他目的明确、行为谨慎，大力拥护祖国和世袭政体，但天资驽钝，在感官和道德方面均缺乏热情，总之，他可以当个过得去的财务官。但不幸的是，加图早年受到形式主义的影响，他一方面信奉斯多噶哲学的教条，这些教条已经成为孤立无援、了无生气的抽象概念，却流行于当时的上流社会；另一方面是因为其曾祖父的例子，加图认为自己应该专门仿效曾祖，于是开始以模范公民和道德典范的身份行走于这座邪恶的都城，按照老加图的方式讥讽时势，行路徒步当车，借贷不取利息，当兵不求勋章，通过模仿罗慕路斯王不穿汗衫的例子，开启复古的事业。这完全是一幅描绘加图祖先的奇异讽刺画：他的祖先原来是位头发灰白的农夫，因怨世嫉俗、义愤填膺成为演说家，既善于舞刀弄枪，又善于扶犁事农桑，感官上偏狭但匠心独运、知识健全，言语往往一针见血。这位少不更事的腐儒，竟然口吐珠玑、一派学究风范，人们见他无时无刻不是手不释卷地坐着，这位哲人既不懂战术，也对其他任何艺术一无所知，只在抽象道德领域天马行空。由于他在道德方面建树极高，因而在政治上具有很高的地位。在世态炎凉、熟视无睹的年代，他的勇气和消极道德给人们极大的鼓舞，甚至形成一个学派，其中若干人等（当然人数不多）反倒争相效仿和把玩哲人的生活方式，其政治影响力也正是立足于此。因为在保守党的著名人士中，只有加图，即使才智粗浅，但至少一身正气、勇武不阿，只有他，不论有没有必要，都时刻准备孤注一掷地奉献自己。因此，虽然他在年龄、爵位、能力等方面资质不足，却在不久之后就成为贵族党公认的领袖。在一个刚毅果断的人凭借坚持就能决定成败的地方，加图自然而然地水到渠成，而且在细节问题上，尤其是关于财政性质的问题，他的干涉往往明智且审慎，因为每次元老院开会，他都必然出席。加图担任财务官时开启了一个新纪元，他在世一日，便详细核查公共预算一日，因此不可避免地常与包税商产生纠纷。除此之外，他简直没有丝毫政治家的特质，他甚至不能领会政治的目的，无法观察政治关系，他所有的策略不过是坚决反对离经叛道，或者在他看来违背贵族阶级世袭政治道德教条的人，这样一来，加图的所作所为有时有利于他自己的党派，有时正中敌党下怀。他是贵族阶级的堂·吉诃德，从他的性格和行为来看，毫无疑问仍然是个贵族人士，但是贵族党的政策不过是镜中花、水中月而已。

平民党的攻击

持续与贵族党对峙已然不足为荣，但是平民党对已经败落的敌人的攻击却理所当然并未停息。犹如随军的勇士猛冲陷落的敌军军营，平民党成员猛烈攻击已然溃败的贵族，这种痛打落水狗的举动至少在政治表面上掀起了汹涌的波涛。群众更加积极地参与到此事中来，尤其因为盖乌斯·恺撒为了讨他们的欢心，举行奢侈盛大的赛会（罗马纪元 689 年即公元前 65 年）——赛会中所有设备，甚至野兽笼似乎都由纯度很高的银材打造——而且在平常也十分慷慨，这种慷慨又完全依赖于借债，因此更显得难能可贵。对贵族展开的攻击种类不厌其多，贵族政治的弊端提供了大量材料，自由主义或带有自由主义色彩的官吏和律师，比如盖乌斯·科尔涅利乌斯（Gaius Cornelius）、奥卢斯·伽比尼乌斯、马尔库斯·西塞罗等，他们不断地有条不紊地揭示贵族主政不尽人意、臭名昭著的方面，并提出对其加以制裁的法律。元老院被要求在规定日期接见外国使臣，如此一来，往常延迟接见的现象便可以避免。驻罗马外国大使募集钱款被宣告为不可起诉，只有这样才能严禁元老院习以为常的贪腐（罗马纪元 687 年即公元前 67 年）。此外，元老院此前在某些特定案件中享有免受法律制裁的特权，现在也遭到了限制（罗马纪元 687 年即公元前 67 年）。此外还存在一种弊端，即每一位在外拥有私人产业的罗马贵族，通常需要被赋予派往该地的罗马使者资格，这时也遭到了限制（罗马纪元 691 年即公元前 63 年）。此外，对贿选和选举舞弊的处罚也加重了（罗马纪元 687 年即公元前 67 年、罗马纪元 691 年即公元前 63 年），因为骇人听闻的选举舞弊方式层出不穷，因为有些人被驱逐出元老院之后，企图再次当选，重返元老院。

按照罗马的惯例，副执政官在就职时宣布标准法，之后处理司法问题时就必须遵照标准，这一向被认为合乎情理，此时才被明确定为法律（罗马纪元 687 年即公元前 67 年）。

新自由民——波河以外人民

但平民党人尤其致力于完成平民党的复辟，以适应时势的形式，实现格拉古时代的核心思想。人民大会选举祭司的先例由格涅乌斯·多米提乌斯开创，之后被苏拉废止，罗马纪元691年即公元前63年，护民官蒂乌斯·拉比努斯（Titus Labienus）通过法律再次将其恢复。平民党人乐于指出，从当下的形势看来，彻底恢复森普罗尼乌斯谷物法，还缺乏哪些条件，与此同时却对时局变易——国家财政紧张，完全享有特权的罗马公民数量激增——避而不谈，因此复辟绝对行不通。在波河与阿尔卑斯山之间的区域，平民党人积极组织与意大利人争夺政治平等的运动。早在罗马纪元686年即公元前68年，盖乌斯·恺撒就已因此游历这一地区各地，到了罗马纪元689年即公元前65年，马尔库斯·克拉苏担任监察官，准备将此地居民直接登记在公民册上，只是由于其同僚从中作梗，最后才不了了之，之后继任的监察官似乎都经常产生这种想法。昔日格拉古和弗拉库斯曾是拉丁人的护卫者，因此现在平民党的领袖也是波河以外人民的护卫者，盖乌斯·皮索（罗马纪元687年即公元前67年执政官）竟然敢侵犯恺撒和克拉苏的这些臣属，因此不得不让他痛改前非。另一方面，这些平民党领袖似乎无意维护新自由民的政治平等权利，护民官盖乌斯·马尼利乌斯在一个与会人员寥寥无几的大会上，通过复兴苏尔庇克乌斯关于新自由民选举权的法律（罗马纪元687年即公元前67年12月31日），但随即遭到平民党领导人的否认，经他们提议，元老院在该法通过当天便将其废除。依照同一精神，罗马纪元689年即公元前65年的人民法令，要求将所有既无罗马公民权又无拉丁公民权的外国人都驱逐出首都。显然，格拉古政策的内在矛盾——既允许被排斥者通过努力进入特权阶级，又允许特权阶级努力维持手中的特权——已经传递到之后的继任者，恺撒及其同党一方面让波河流域外的人看到了获得公民权的希望，另一方面却不赞成新自由民拥有公民权，并首肯采用粗暴的方法，不允许勤勉奋进、富有商业头脑的希腊人和东方人在意大利同意大利人展开竞争。

对抗拉比里乌斯

平民党对待人民大会早期刑事裁判权的方式值得一提。苏拉并没有真正废除这种裁判权，但是实际上已被惩治反叛和谋杀的陪审法庭取而代之，旧有的程序在苏拉之前很久就已完全不适用了，任何有理性的人都未曾想过要认真重新构建它。但是因为人民主权这一观念似乎要求他们至少在原则上承认公民的刑事裁判权，所以在罗马纪元691年即公元前63年，护民官蒂乌斯·拉比努斯将三十八年前杀死、或者据说杀死护民官卢奇乌斯·萨图宁的老人告上这个高等刑事法庭，如果年史记载属实，图卢斯（Tullus）就是在这个法庭上判定谋杀姐妹的霍拉提乌斯（Horatius）无罪。被指控者是一个名叫盖乌斯·拉比里乌斯（Gaius Rabirius）的人，此人即使并未杀害萨图宁，也至少在贵族的筵席上炫耀萨图宁被砍下的首级。此外，在阿普利亚地主中，拉比里乌斯向来以杀人越货、血腥屠戮为人所知，早已声名狼藉。此事的目的——即使不是原告的目的，也至少是那些支持他的聪明人的目的——绝对不是将这个恶贯满盈的恶棍钉死在十字架上，所以元老院首先从根本上改变控诉的形式，而后反对党假借某种托辞解散被召集起来给罪人宣判的人民大会，如此一来，整个诉讼案件就此作废，平民党也不愿看到这种情况。通过这个程序，罗马自由的两个保障，一个是公民的上诉权，一个是护民官的神圣不可侵犯性，再次成为实际的权利，平民政治的法律基础再次得到承认。

个人袭击

在所有个人问题上，只要平民党反动派有能力有胆量去做，他们都表现出更大的热忱。当然，为谨慎起见，他们没有强烈要求将苏拉没收的财产物归原主，避免与友党发生纠纷，同时避免陷入与实利派的冲突，因为源于党内意图的政策鲜有能够与实利派抗衡的。流亡他乡者的召回与财产问题关系十分密切，似乎同样有失妥当。反之，他们致力于复辟被放逐者儿女被剥夺的政权（691 年即公元前 63 年），元老派的领导人不断遭到个人袭击。因此，在 668 年即公元前 86 年，盖乌斯·梅米乌斯（Gaius Memmius）针对马尔库斯·卢库勒斯提出党见诉讼。他们让卢库勒斯声望较高的兄长在都城门前等候举行应得的凯旋礼，一等就是三年（罗马纪元 688—691 年即公元前 66—前 63 年）。同样，昆图斯·列克斯和平定克里特的昆图斯·梅特路斯也遭到羞辱。

更令人叹为观止的是，在罗马纪元 691 年即公元前 63 年，平民党的青年领袖盖乌斯·恺撒不仅胆敢与最有声望的贵族——昆图斯·卡图卢斯和平定伊绍拉的普布利乌斯·塞尔维利乌斯——竞选大祭司候选人资格，而且竟然在公民大会上一举夺得胜利。据说苏拉曾侵吞公款，他的后嗣，尤其是他的儿子福斯图斯（Faustus）无时无刻不担忧被控诉追还公款。他们甚至扬言要根据瓦列里乌斯法重新审理罗马纪元664年即公元前90年搁置的平民控告案。

我们不难想象，最应该受到法律追究的，是那些参与执行苏拉法令的人。财务官马尔库斯·加图以学究式的正派开端，认为他们杀人得到的奖赏是非法从国家剥离出去的财产，要求他们偿还（罗马纪元689年即公元前65年），难怪次年（罗马纪元690年即公元前64年）盖乌斯·恺撒担任刑事长官，随即认定苏拉法令中的一条——杀害被剥夺公民权的人无罪——无效，导致苏拉最臭名昭著的刽子手卢奇乌斯·卡奇利那、卢奇乌斯·贝连努斯（Lucius Bellienus）、卢奇乌斯·卢斯奇乌斯（Lucius Luscius）被带到陪审员面前，判定他们一部分罪行。

萨图宁和马略的复兴

最后，他们毫不迟疑再次当众提起那些早已被遗忘的平民党英雄烈士的名字，尊重对他们的纪念。上文已经提及行凶者被起诉，萨图宁如何恢复名誉。昔日有人提及盖乌斯·马略的名字，所有人都心惊肉跳，这时却有了弦外之音，而且那个将意大利从北方蛮族解救下来的人，恰好就是当下平民党领袖的姑父。罗马纪元686年即公元前68年，盖乌斯·恺撒不顾禁令，竟然在马略寡妻的葬礼当日，于广场当众展示这位英雄的塑像，群众欢声雷动。但三年之后（罗马纪元689年即公元前65年）的一个早晨，此前马略命人建造于卡皮托尔、后来被苏拉下令推倒的纪胜碑，突然在原址上闪现出黄金云石的光辉，参加过非洲和辛布里战役的老兵泪眼婆娑，簇拥在昔日他们敬爱的主帅的石像周围。这座纪胜碑也是同另一个胆大之人违法重建的，但是碍于群众群情欢腾，元老院不敢将其毁坏。

平民党的成就无足轻重

虽然这些举动和争执声势浩大，但从政治上看来，结果却无足轻重。寡头政治势力已然落败，平民党掌握了政权。各个等级的下属匆忙赶来，给这屈服的敌人补上几脚。平民党也有自己的法律基础和原则信仰，他们的纯理论家在平民的所有权利完全恢复之前，绝对不肯善罢甘休，因此不免像正统主义者习以为常的那样，有时看上去十分可笑，这一切都在意料之中，而且无关紧要。总体看来，这种运动毫无目的，我们由此可知，运动发起者因找不到运动的目的而陷入困境，因为运动的发展几乎完全视情况而定，或者以次要事件为转移。

平民党与庞培面临冲突

这是别无选择、非如此不可的。在与贵族的斗争中，平民党一直处于上风。但是他们的胜利并非孤军奋战得来的，他们仍然面临重重考验——并不是与旧敌清算，而是与势力过度膨胀的盟友做个了结，在昔日与贵族的斗争中，胜利大体可以归功于这位盟友。现在，因为平民党不敢拒绝他，将空前的军事和政治权力交到了他的手上，这位东方和海上将军仍然从事君主的废立。他做这件事要花多长时间？他什么时候宣布战事完结？除他本人之外，无人能断言。因为一如其他任何事情，他回到意大利的时间，或者换句话说，一决胜负的日子，掌握在他自己手中。与此同时，罗马各党派在静观其变。当然，贵族党人期待这位令人望而生畏的将军到来，内心相对平静，他们预见庞培和平民党的关系即将破裂，二者关系的破裂，对他们来说有百利而无一害。与之相反，平民党人内心忐忑不安，痛感忧惧，企图趁庞培未归，他们还有回旋的时间，将计就计，应对即将到来的大爆炸。

施行平民党军事独裁的计划

在这项政策上，他们再次与克拉苏不谋而合。克拉苏想要对抗自己忌惮的敌人，除了与平民党再度联合，别无他法，而且这种联合较之从前更加紧密。在第一次联合中，恺撒和克拉苏都是相对弱势的，彼此不相上下，势均力敌。罗马最富裕的人与负债最多的人结成最紧密的联合，如今他们面对共同的利益和共同的威胁，也就更加精诚团结、万众一心了。大庭广众之下，平民党人声称这位在外的将军是其党派的领袖和光荣，似乎将所有的矛头都指向了贵族，暗中却着手准备对抗庞培。在历史上，平民党这些避免即将到来的军事独裁的尝试，与大多数混淆视听、甚嚣尘上的反贵族煽动相比，具有更加深远的意义。毋庸置疑，当这一切还在黑暗中铺排之时，我们掌握的文献只能在黑暗中透露出一丝游光，因为不仅在当时有必要隐瞒此事，即使下一个时代亦复如此。但是通常说来，这些努力的过程和目的却十分明确。若想摧毁一个军事力量，就只能借助另一个军事力量。平民党的计划是仿照马略和秦纳的先例，将政权据为己有，随后委任他们的一位领袖平定埃及，或者担任西班牙总督，或者某个与此类似的常任或特任官职，这样一来，他和他的军事力量才能与庞培及其军队相抗衡。为此他们需要掀起一场革命，将矛头直指形同虚设的政府，但实际上却是为了推翻当选君主的庞培，为了这场革命的顺利进行。自伽比尼乌斯－马尼利乌斯法通过至庞培归国（罗马纪元688—692年即公元前66—前62年），罗马一直笼罩在权谋之中，都城陷入一种不安的悬念，资本家意志消沉，支付活动暂停，破产随处可见，这都预示着一场酝酿已久的革命即将到来。同时这场革命似乎也要打造一个全新的政党格局，平民党的计划是越过元老院，以庞培为目标，这暗示着这位将军和元老院的地位相近。再者，平民党人企图以他们喜好人物的独裁抵制庞培的独裁，严格来说，他们也承认了军事政治，这实际上是抱薪救火，在他们手里，原则主义问题变成了个人问题。

平民党人和无政府主义者的联合

因此按照平民党领袖拟定的计划，革命的第一步就是先由平民党的共谋在罗马煽动暴乱，推翻当时的政府。首都最下等和最上等社会的道德状况，为之起了推波助澜的作用，不免令人叹惋。首都的自由无产阶级和奴隶无产阶级的性质，在此我们无须重述。一句意义深远的“只有穷人能代表穷人”早已广为传播，于是兴起了这样一种观念，即穷苦大众可以效仿独裁者，自成一个独立势力，不但可以不受凌辱，而且可以自己担任专制君主的角色。这甚至在年轻的贵族中也引起了同样的反响。喧嚷挥金如土的都市生活不仅让人倾家荡产，而且令人身心俱损。在那个盛行芳香卷发、时髦髭须和褶边袖口的上流社会中，虽有歌舞升平、畅饮达旦的欢乐，但也蕴藏着一道惊人的深渊。在那里，经济崩溃，道德沦丧，那里有仔细包装的绝望和大白天下的恐慌，也有疯狂或邪恶的决定。以上各界人士毫无保留地祈望重返秦纳时代，剥夺公权，财产充公并废除旧账，这种人为数众多，还包括不少门第不低、才能出众的人物在内，只等着有人一声令下，便像一伙强盗一般，对文明社会发动攻击，将他们挥霍掉的钱财抢回来。人只要聚集在一处，领袖就会自然而然产生，因此，这些盗匪很快就找到了适合当匪首的人。

卡塔利纳

已故的副执政官卢奇乌斯·卡塔利纳和财政官格涅乌斯·皮索，之所以在同代人中声名显赫，不单是因为他们出身贵族和位高权重。他们已经斩断了所有退路，他们荒淫无度却富有才干，令同党满怀敬畏。在那个恶贯满盈的年代，卡塔利纳尤其臭名昭著。他的恶行都记载在罪犯录上面，不属于历史，但是他的外貌——面容苍白，目露凶光，步法忽缓忽急——透露出了他黯淡的过去。卡塔利纳身上富有担任这种匪首需要具备的素质——享尽世间福，吃遍世间苦的能力、勇气、军事才能、知人善任与罪犯的魄力，以及能使弱者堕落、教堕落者犯罪的骇人听闻的教授方法。

对于财力雄厚且具有政治影响力的人来说，将这些势力组合成一个意在推翻现存社会秩序的乱党，并不算是难事。任何有望剥夺人权、废除旧账的计划，卡塔利纳、皮索及其党羽无不欣然赞同。再者，卡塔利纳尤其仇视贵族阶级，因为贵族阶级曾反对声名狼藉、阴险狡诈的卡塔利纳候选执政官。昔日他曾做过苏拉麾下的刽子手，率领一队凯尔特人搜捕被剥夺公民权的人，并亲手杀死自己年迈的岳父和另外许多人，而他现在又欣然同意为反苏拉派做同样的事情。一个秘密联合会悄然形成，据说入会人数在四百以上，意大利各城邦和区域均有分会。当然，除此之外，一个以合乎时宜的纲领——"消灭债务"——标榜的暴动一旦爆发，各个阶层的浪荡青年必定不请自来，成群归附。

同盟首个计划失利

据说在罗马纪元688年即公元前66年12月，联合会领袖认为起事的时机已经到来。当选罗马纪元689年即公元前65年执政官的普布利乌斯·科尼利厄斯·苏拉（Publius Cornelius Sulla）和普布利乌斯·奥特洛尼乌斯·帕伊图斯（Publius Autronius Paetus），此时经法庭证实均犯有贿选之罪，因此按照法律规定撤销了两人担任最高级官职的资格，于是两人便加入联合会。叛乱者决定为此二人武力夺取执政官职位，这样一来，他们就可以获得国家的最高权。在新执政官照例就职的当日——罗马纪元689年即公元前65年1月1日——他们要发动武装攻打元老院会堂的行动，杀死新执政官和其他指定的人，在取消排斥苏拉和帕伊图斯的法庭判决之后，宣布此二人为执政官。然后苏拉成为独裁者，恺撒担任骑兵统帅，毫无疑问，他们是想趁庞培远离首都任职高加索之际，建立起一支强大的军队。将领和士兵都已招募，指令已经下达，在约定的日子，恺撒一得到克拉苏的暗示，就会向卡塔利纳发信号，卡塔利纳将如约在元老院会堂附近等待信号。但他什么也没有等来，卡塔利纳并未出席这个具有决定意义的元老院会议，因而这次筹划的暴动流产了。之后他们又筹措了一个相似但规模更大的刺杀计划，于2月5日实施。但是由于卡塔利纳发号施令过早，约定的匪党还未到齐，这个计划也泡汤了。于是秘密泄露了。当然，政府当局没有胆量公开进攻叛党，但他们给受到直接威胁的执政官配备了一队卫兵，并以政府征用的队伍对抗谋反派队伍。为了调离皮索，有人建议派遣皮索以副执政之职担任近西班牙财务官，克拉苏应允，他希望以此为叛党争取到这个重要省份的资源。但进一步的建议受到护民官的阻扰。

以上都是文献记载的信息，所表述的显然是流行于政界的说法，细节上的可信度无从查证，只能是个有争议的问题。至于主要情节——恺撒和克拉苏的参与，政敌的表述必然不能当作充足证据。但他们在这一时期举世皆知的行动，显然与该报告描述的秘密行动相吻合。克拉苏是这一年的监察官，他想以监察官的名义将波河以外的人民登记在公民名录上，这一举动本身已经带有革命性质了。更值得一提的是，克拉苏这次还企图将埃及和塞浦路斯登记在罗马疆域图表上，大概在同一时间（罗马纪元689年即公元前65年或罗马纪元690年即公元前64年），恺撒也得到护民官向公民大会发出的提议，建议派遣他去埃及，拥护被亚历山大人驱逐的托勒密王复位。这些阴谋大致上与敌人提出的罪状相符合。确切情形如何，我们无从知晓，但很有可能克拉苏和恺撒原本筹划要在庞培外出时，建立军事独裁，也可能是因为埃及被选为平民党的军事力量基地。总之，罗马纪元689年即公元前65年的暴乱计划，可能就是要实现这个目的，这样一来，卡塔利纳和皮索都只是克拉苏和恺撒手中的棋子。

反叛派的重新布局

一时之间，反叛派尽皆蛰伏。罗马纪元690年即公元前64年的执政官选举，克拉苏和恺撒都没有意图谋取执政官职位，这一方面或许是因为平民党领袖的兄弟卢奇乌斯·恺撒（Lucius Caesar）——一个经常沦为亲人利用工具、意志软弱的人——成为了这次的执政官候选人。但亚洲传来消息催促他们加快行动步伐，因为小亚细亚和亚美尼亚的事务已经处理完毕。平民党的战略家指出，只有俘虏国王，米特拉达特斯战争才算结束，所以必须绕过黑海对其穷追不舍，而最重要的事情是避免进入叙利亚。但无论他们说得如何清楚，庞培都对这类言论漠不关心，罗马纪元690年即公元前64年春季，他由亚美尼亚出发，进军叙利亚。如果埃及真的被选定为平民党的大本营，现在机不可失，否则庞培很可能比恺撒先到埃及。由于禁令太过松懈，且畏手畏脚，以至于罗马纪元688年即公元前66年的叛党并未解散，随着罗马纪元691年即公元前63年的执政官选举即将到来，他们又开始摩拳擦掌、跃跃欲试。人物或许大致相同，计划也变更甚少，运动的领袖依然藏身幕后。这次他们推举卡塔利纳和盖乌斯·安东尼为执政官候选人，安东尼是演说家安东尼的小儿子，那位因兵败克里特岛而声名俱损的将军的弟弟。他们信任卡塔利纳，安东尼和卡塔利纳一样都曾经拜在苏拉门下，数年前也因此被平民党传讯并逐出元老院——而且安东尼生性怠惰，地位无足轻重，完全没有当领袖的资质，又已是身无分文——他贪图执政官及其带来的利益，因此情愿献身做平民党的工具。反叛派意图通过这两位执政官夺取政权，而后逮捕庞培留在都城的子女作为人质，在意大利和各省整顿武装对抗庞培。一听到首都起事的消息，总督格涅乌斯·皮索按计划在近西班牙举起叛党的旗帜。由于庞培掌控着海域，反叛党不能和他进行海上联络。为此，他们将希望寄托在平民党昔日的追随者波河流域外居民的身上——当时这些人中发生了激烈的骚动，他们理所当然地立即获得了公民权——此外，凯尔特人各部族也承载着期望。这种联合的线索一直延伸到毛里塔尼亚，反叛派中有一位来自努凯里亚、名为普布利乌斯·西提乌斯（Publius Sittius）的罗马批发商，他因财务纠纷被迫离开意大利，在毛里塔尼亚和西班牙纠集了一群武装亡命之徒，以佣兵首领的身份率领他们，往来于昔日与他有商业联系的西非。

执政官选举——西塞罗取代卡塔利纳胜选

平民党使出浑身解数全力备战选举。克拉苏和恺撒豪掷千金以为赌注——自己的或借来的——发挥自己的人脉作用为卡塔利纳和安东尼当选执政官保驾护航。卡塔利纳的同仁也尽心竭力拥护他当政，他承诺会给予他们政党所拥有的高官厚禄，执掌神坛和宫室田产，尤其是免去他们的债务。他们也清楚，卡塔利纳不会信守承诺。贵族阶级的处境十分困窘，主要原因是他们连与平民党竞争的候选人都推选不出。推选出来的候选人有掉脑袋的危险，这一点显而易见，公民热衷铤而走险的时代已经过去——如今甚至是野心家，也选择在危机面前缄默。

因此贵族阶级也止步于心猿意马，尝试通过颁布关于禁止贿选的新法规，以打击竞选活动的密谋——然而该法规却遭到一名护民官的否决——他们又将选票投给一位虽然差强人意，但却无伤大雅的候选人。此人便是马尔库斯·西塞罗，一个声名狼藉的骑墙政客，惯于一时倒向平民党，一时又倒向庞培，有时又向更远处的贵族阶级伸出橄榄枝。一切被控诉的权势者，不论何人不论何党（甚至连卡塔利纳也在其委托人之列），他都为他们辩护。他本来不属于任何党派，或者说——其实没有任何分别——属于实利派，这一派在法院（朝廷）占据优势，他们喜欢这位能言善辩的说客、谦恭诙谐的伙伴。西塞罗在首都和其他城镇都有关系，足以与平民党推举的候选人一较高低。由于这些因素，贵族虽然不情愿，但终究还是选了他，庞培派也选他，西塞罗最终以获得绝大多数票当选。平民党的两位候选人得票几乎相等，但安东尼的家族声誉较之另一位候选人更高，因而得票略高。这个偶然事件使卡塔利纳落选，也使罗马免于另一个秦纳的祸害。稍早，皮索已经在西班牙被其当地护卫杀害，据说是受到他的政敌兼仇人庞培唆使。结果只有安东尼一人选上了执政官，反叛派无所作为，甚至在两位执政官尚未就职之时，西塞罗就断绝了自己与反叛派结交的松散联系，同时放弃以抽签决定执政省份的法定权力，将马其顿总督这个有利可图的美差让给其债台高筑的同僚。因此，该计划的主要预备条件也不复存在了。

反叛党的新计划

与此同时，东方局势的发展给平民党带来的威胁日甚一日。叙利亚的整顿进展迅速，埃及已经有人请求庞培率军前来，为罗马占据该地，平民党人心情沉重地担忧着下一刻会听到庞培亲自攫取尼罗河流域的消息。大概正是出于这种恐惧，恺撒试图立即派遣人员去往埃及援助国王抵抗叛臣，但这一企图明显落了空，原因似乎是不论尊卑贵贱之人，都不愿意做任何有违庞培之事。庞培的回国以及因此可能发生的变故愈来愈接近，弓弦虽然已经屡次绷断，但是依旧还有再次尝试拉弓的必要。罗马城沉浸在一片阴沉的骚动之中，而政治运动领袖活跃的集会又表明某个运动正在酝酿。

塞维土地法

新任护民官就职之际（罗马纪元690年即公元前64年12月10日），这个问题变得豁然开朗，一位名为普布利乌斯·塞尔维利乌斯·鲁卢斯（Publius Servilius Rullus）的护民官随即提议一项土地法，其意旨在于为平民党领袖争取获得一项类似于庞培通过伽比尼乌斯—马尼利乌斯法案获得的地位。土地法名义上的目的是在意大利设立殖民地，然而设立殖民地的土地却并不是通过夺取个人财产得来的，相反，一切现存的个人权利都受到保护，甚至那些最近非法占用的土地也都变成了正式产业。因此，只有坎帕尼亚的出租公地要分割出来当作殖民地，在其他地方，政府要按照一般收购的方式获得被指定分配的土地。为了筹措收购款项，意大利其他地方的公地，尤其是所有意大利以外的公地应该陆续被变卖。所谓的意大利以外公地，包括马其顿、色雷斯半岛、比提尼亚、蓬塔斯、塞利尼等地区的昔日王家食邑，还包括按照战争法获得正式产权的西班牙、非洲、西西里、希腊以及西里西亚地区的领土。罗马在罗马纪元666年即公元前88年之后获得的不动产，以及凡是此前没有处置的，也要一律变卖，这一措施主要针对埃及和塞浦路斯。出于同一个目的，除了享有拉丁权利的城市以及其他自由城市外，所有藩属公社都要负担十分高额的捐税和十一税。最后还包括自罗马纪元692年即公元前62年起各省新增捐税收入，以及所有还未依法处理的战利品的收益，该措施也适用于庞培在东方开创的新税源以及庞培和苏拉后裔手中掌握的公款。为了这一措施的顺利执行，需要选出拥有司法权和兵权的十人院，这十个人要求在职五年，同时从骑士阶层选出200名副官伴其左右。但在选举这十人的时候，只有亲自报到的候选人才有机会当选，而且与祭司选举相同，先从三十五个部族中抽签确定十七个部族，只有这十七个部族可以进行选举。人们无需才思敏捷，便可以看出十人院制度是想仿效庞培政权的例子创造新的政权，只不过这个政权的军事色彩较淡，而民主色彩更加浓厚。平民党人尤其需要掌握司法权，从而便于解决埃及问题，他们也特别需要掌握兵权，以便整顿军队对抗庞培。禁止选举不到场者，这一条就是把庞培排除在外，减少有资格投票的部族数量，操纵各部族的投票，目的都在于使选举按照平民党的想法进行。

但是这种企图彻底落空了。人们发觉让人在罗马庇荫下从公仓把粮食称量给他们，比自己面朝黄土背朝天辛苦耕种要舒适得多，他们对这个提议本身的态度是漠不关心的。随即他们也感觉，庞培绝对不会允许这样一个全方面对他进行攻讦的提案，而且一个政党竟然在深感恐慌之时，屈尊俯就，提出如此没有分寸的提议，境况想来早已不妙。在这种情况下，政府不难否决这种提议。新任执政官西塞罗借机卖弄自己顺水推舟的本领，甚至在护民官准备投票否决之前，提议者就将提案撤回了（罗马纪元691年即公元前63年1月1日）。平民党一无所获，反倒汲取了一个不快意的教训，即人民大众或因爱戴，或因畏惧，仍然依附庞培，任何被公众认为是反对庞培的提议都必定无果而终。

无政府主义者在伊特鲁里亚的筹备

厌倦了这种毫无成效的运动和无果而终的谋划，卡塔利纳决心为此事画上圆满的句号。在夏季，他开始筹划发动内战。破落户和反叛者群集于伊特鲁里亚，这里有一座固若金汤的强城费苏里，该城是十五年前雷必达起事的中心，这次又被选择为反叛派的大本营。汇款寄到这里，由都城里那些与叛党有牵连的贵妇人供给款项，武器和士兵也在此聚集，还有一位苏拉麾下的老将，名唤盖乌斯·曼利乌斯（Gaius Manlius），其骁勇和肆无忌惮无异于佣兵，也在这里暂时担任主帅。在意大利的其他地方，也有类似但规模更小的战争准备。波河以外的民众喜形于色，似乎只等一声令下便发动攻击。在布鲁提区、意大利东岸、卡普亚——在任何有大量奴隶聚集的地方——与斯巴达克斯的叛乱相似的再一次奴隶叛乱似乎就要爆发了。甚至首都也酝酿着不为人知的事情，人们看到被传讯的债务人桀骜不驯地出现在市政官面前，情不自禁地联想起阿塞琉被杀害之前的情景。资本家焦急之状不可言表，似乎有必要严禁金银的出口，并且在主要港口设置警备。卡塔利纳再次声明竞选罗马纪元692年即公元前62年的执政官，反叛派的计划是在选举之际即刻杀死主持选举的执政官以及碍手碍脚的竞选者，不计代价争取卡塔利纳当选，在必要的时候，甚至调度费苏里和其他集结地点的武装队伍前来攻打首都，动用武力镇压反抗。

选举卡塔利纳为执政官的计划再次挫败

西塞罗通过手下男间谍女间谍的侦察，总能很快知晓反叛派的动向，在选定的选举当天（10月20日），在元老院大会上，他当着反叛派主要领袖的面痛斥反叛派。卡塔利纳不屑于否认此事，他大言不惭地说，如果执政官人选落到他的身上，这个群龙无首的大政党必然不会缺少领袖，以抵抗宵小之徒领导下的小党派。但是因为他们没有掌握这一阴谋的具体证据，元老院畏首畏尾无计可施，只能按照惯例预先许可官吏因时制宜，采取非常措施（10月21日）。如此一来，选举大战慢慢接近了——这次与其说是选举，不如说是战争，因为西塞罗也亲自从青年人，尤其是商人阶层的青年人中，挑选编制成一个武装卫队。元老院将选举延期至10月28日，当天保卫和控制大校场的就是西塞罗的武装队伍。反叛派既不能杀死主持选举的执政官，也不能按照他们的意愿操控选举。

叛乱在伊特鲁里亚爆发，政府的镇压手段

但与之同时内战已经打响。10月27日，盖乌斯·曼利乌斯在费苏里竖起号召叛军的鹰徽——这是辛布里亚战争中马略的鹰徽之一——他已经号召山中盗匪和乡民前来依附于他。按

照平民党的旧例，他的宣言要求解除沉重的债务负担，修改债务诉讼的程序，当然，如果债务数额的确超过了资产，仍然可以依法剥夺债务人的自由。首都的下层民众似乎自命为昔日平民农夫的合法继承人，自以为是在辛布里亚战争的光荣鹰徽之下作战，仿佛他们不仅想抹黑罗马的现在，还想抹黑罗马的过去。然而这次暴动始终孤立无援，在其他集结地点，反叛派的举动不外乎收集武器和举行秘密会议，因为杀伐决断的领袖无处可寻。这对于政府来说是值得庆幸的事情，虽然很早就公开宣布内战即将爆发，但是由于政府瞻前顾后、陈腐不堪的管理机制运转不灵，所以没有能够做任何军事筹备。到了此时，政府才开始招募民兵，下令高级军官前往意大利各个地区，准备镇压有可能在各自防区内发生的暴动。与此同时，奴隶角斗士被逐出首都，巡逻队奉命巡哨。

罗马的叛乱者

卡塔利纳此时进退维谷。按照他的计划，首都和伊特鲁里亚应该在选举执政官之日同时起事，首都的运动失利，伊特鲁里亚运动的爆发，这种形势不但危及他个人，也对其整个计划的顺利进行带来威胁。此时卡塔利纳的同党已经在费苏里起兵对抗政府，因此他不能继续留在首都了。但是，一方面一切都取决于诱导首都的反叛派迅速发动攻击，另一方面这必须在他离开罗马之前完成——因为他深知其同伙的为人，不敢将此事托付给他们。反叛派中较有声望的，有罗马纪元 683 年即公元前 71 年的执政官普布利乌斯·伦图卢斯·苏拉，在那之后他被逐出元老院，此时为了重返元老院，再次担任副执政而蠢蠢欲动；此外还有两位前任副执政，即普布利乌斯·奥特洛尼乌斯（Publius Autronius）和卢奇乌斯·卡西乌斯（Lucius Cassius），但这三人皆是无能之辈。伦图卢斯是个平庸的贵族，此人口若悬河，自命不凡，但心思迟缓，行事犹豫；奥特洛尼乌斯除了声音洪亮之外，别无长处；至于卢奇乌斯·卡西乌斯，此人体态臃肿，头脑简单，竟然能够落草反叛派，令人匪夷所思。但是同党中较有才干的人，比如年轻的元老盖乌斯·西提古斯（Gaius Cethegus），及卢奇乌斯·斯塔提利乌斯（Lucius Statilius）和普布利乌斯·盖比尼乌斯·卡皮托（Publius Gabinius Capito）两位骑士，卡塔利纳又不敢冒险让他们担任这场运动的领袖。因为在反叛党中间，传统的等级制度仍然占据优势，这些无政府主义者也认为，如果没有一位前执政或者至少一位前副执政担任领袖，他们不可能取得胜利。所以，尽管叛军急切盼望领袖人物回来运筹帷幄，尽管领袖人物在暴动发动之后依然留任政府十分危险，卡塔利纳却仍然决定在罗马继续逗留一些时日。卡塔利纳习惯了盛气凌人地震慑怯懦的敌人，他公然现身罗马广场和元老院会堂，在这些地方有人发言威吓他，他回敬道不要逼他走向极端，如果他们胆敢纵火烧他的住宅，那么他仍将在废墟中止熄余烬。实际上，无论是私人还是官吏，都不敢动手抓捕这个危险人物，如当一位年轻贵族在法院控告卡塔利纳动用暴力，但这个控告毫无作用，因为这个案子本身无足轻重，早在诉讼程序完结之前，这个问题就放到其他地方解决了。但是卡塔利纳的计划还是失败了，失败的主要原因是政府特工潜入反叛党内部，将计划的一举一动纤毫毕现地透露给政府。比如反叛党希望采用突袭战术攻下普拉内斯特这座重要堡垒，他们于11月1日现身城下，发现该城守军已经有所戒备，而且兵力增强。因此，一切都付诸东流了。卡塔利纳虽然生性鲁莽，但如今也察觉应该在近期择日离去，可是在此之前，在他的极力鼓动之下，11月6日至7日夜间反叛党召开了最后一次会议，他们决定领导人离开之前，刺杀敌方主要领导人物——时任执政官的西塞罗。为了预防内部奸细泄密，他们即刻施行决议案。因此，在11月7日清晨，反叛党选派的刺客敲开执政官的宅门，但发现卫队增防，只好落荒而逃——这次仍然是政府的间谍比反叛派更胜一筹。

卡塔利纳往赴伊特鲁里亚

次日（即11月8日），西塞罗召集元老院会议。甚至到了此时此刻，卡塔利纳还敢现身，而且执政官当面揭穿最近几日事件的原委，义正词严地攻讦他之时，他还试图为自己辩护，但是人们不再相信卡塔利纳，他落座的长凳周边空无一人。卡塔利纳离开席位，按照预先的约定前往伊特鲁里亚。毋庸置疑，即使没有发生这件事，他还是会这样做。在伊特鲁里亚，卡塔利纳自称执政官，他翘首以待，准备在得到首都反叛派起事消息的第一时间，发动军队进攻首都。政府宣布剥夺罪魁祸首卡塔利纳和曼利乌斯的法律保护，二者麾下党羽若不在指定日缴械投降，将落得同样的下场。与此同时，罗马政府还征发了一支新的民兵队伍。然而这支以讨伐卡塔利纳使命建立起来的军队，其统帅却是执政官盖乌斯·安东尼，此人与反叛派素有瓜葛，这一点人尽皆知。从安东尼的品性来看，他究竟是率军讨伐卡塔利纳，还是会临阵倒戈，完全视情况而定。他们的直接目的似乎是拉拢安东尼，使之步入雷必达的后尘。至于那些仍然滞留首都的反叛派领袖，罗马政府并未采取任何举措，虽然这些人受千夫所指，而且反叛派并没有放弃在首都发动叛乱的计划——恰恰相反，卡塔利纳离开罗马之前，已经亲自做出了实施该暴动计划的决定。

按照计划，应该先由一位护民官以召集人民大会为由，以此作为叛乱爆发的信号，而后由西提古斯于次日夜间铲除执政官西塞罗，伽比尼乌斯和斯塔提利乌斯在城中十二处同时放火，与此同时，卡塔利纳率领军队进发首都，城中同谋应尽快与之取得联系。卡塔利纳离开罗马之后，伦图卢斯成为反叛派的领袖，如果西提古斯的恳切言词卓有成效，伦图卢斯也决定迅速发动攻击，反叛派的计划到此时仍然还有成功的可能。可是叛党无能且怯弱，一如他们的敌人，数周时间转瞬即逝，然而并未取得任何实质性的成果。

定罪并抓捕首都的叛党分子

最后，反叛派将这场对抗推向了终结。伦图卢斯行事好高骛远，易忽视急切而必要的事情，却思谋宏伟高远的计策，以此掩饰自己的粗心大意；此时凯尔特的阿洛布罗吉人（Allobroges）[①] 的代表正在罗马城内，伦图卢斯与他们取得了联系。这些代表的身后，是一个已经彻底解体的共同体，他们

①阿洛布罗吉人（古希腊语：Ἀλλόβριγες；Ἀλλόβρυγες；Ἀλλόβρογες）是古代高卢人的一支，生活在罗讷河和日内瓦湖之间的地区。他们的城市建造在现代的安纳西、尚贝里、格勒诺布尔、伊泽尔省和瑞士一带，首都在今天的维也纳。——译者注

自己也是债台高筑，伦图卢斯意图策反他们加入反叛派阵营，在代表们离开罗马之际，他将需要传递给自己心腹的讯息和密信托付给他们代为转交。阿洛布罗吉人启程离开罗马，但是在12月23日夜间，他们在城门附近被罗马当局逮捕，他们携带的文件也被悉数缴获。显然，阿洛布罗吉人的代表早已沦为罗马政府的奸细，他们之所以与伦图卢斯进行会谈，不过是想以此为罗马政府拿到求之不得的反叛党首领的罪证。次日清晨，西塞罗秘密下令逮捕这场阴谋中最具威胁性的领导人物，并且成功捕获伦图卢斯、西提古斯、伽比尼乌斯和斯塔提利乌斯，其余众人逃之夭夭。被捕者以及逃脱者的罪状显而易见，此前截获的信件上有被捕者不得不承认的印章和字迹，实施抓捕之后，这些信件即刻被呈至元老院，被捕者和证人都受到审讯。此外还有更加确凿的证据，例如反叛党成员藏匿于家中的武器，他们发出的威吓性话语，不久也都水落石出了。阴谋确实存在，事实清清楚楚，有理有据，在西塞罗的提议下，那些至关重要的文件即刻以传单的形式被公布出来。

反叛党的阴谋，引起广泛的声讨和愤恨。寡头党本来可以欣然利用这次揭发的时机报复平民党，尤其是报复恺撒，但是寡头党早已彻底土崩瓦解，没有能力做到这一点，无法以昔日谋害格拉古兄弟和萨图宁的手段加诸恺撒之身。从这个方面来看，结果只能是力不从心。首都的群众对反叛党的纵火计划尤为忿恨。商人和实利派自然而然认为债务人对抗债权人的斗争，是一场决定他们生死存亡的斗争，他们的青年人群情激奋，手持刀剑纠集于元老院会堂周围，对卡塔利纳或明或暗的党羽拔刀相向。一时之间，反叛党确实受到了控制，虽然幕后的最终主使可能仍然逍遥法外，但是阴谋的执行人员或被逮捕，或已逃亡，如果没有首都的暴动支撑，集合在费苏里的人群不可能有任何大的进展。

元老院关于被捕者处决问题的讨论

在一个相对秩序井然的国家，事态发展到这一步，在政治上理应落下帷幕，军队和法庭才可以接手未尽事宜。但是在罗马，情况已经发展到了政府无法安然拘捕两个贵族的地步。伦图卢斯以及其他被捕者下属的奴隶和新自由人蠢蠢欲动，他们被囚禁在私宅中，据说有人设计动用武力将他们解救出来。由于近年来暴乱风起云涌，在罗马收取一定费用，以制造骚乱和暴动的乱党头目不乏其人。总而言之，卡塔利纳已经闻悉此事，而且身在罗马附近，足以利用麾下匪众发动袭击。这些传言究竟有几分真几分假，我们无法断言，但是这些传言带来的恐慌并非空穴来风，因为按照宪法规定，首都政府既无军队，甚至也没有一支具备威慑力量的警察队伍，确实免不了遭受各种匪徒的袭击。有人提议，通过即刻处决囚犯的方式，便可斩断一切解救囚犯的企图。但是从宪法上来说，此举不可行。

依据古代神圣的申诉权，能够宣判罗马公民死刑的只有全体公民，而非其他任何机构。此外，自从公民法庭废除以后，便不再宣判死刑刑罚。西塞罗欣然否决了这个冒险的提议，虽然在律师看来，法律问题本身无足轻重，但律师享有“豁达”之名裨益良多，他对此了然于胸，而且他不希望因为流血事件，从此与平民党分道扬镳。可是他身边的人，尤其是其出身贵族的妻子，力劝他勇敢迈出这一步，为国家鞠躬尽瘁；这位执政官与其他任何怯懦者无异，既渴望掩饰自己胆怯的形迹，在巨大的责任面前又战战兢兢，左右为难，于是召集元老院开会，将四个囚犯的生死交给元老院定夺。毫无疑问这样做没有任何意义，因为在宪法上元老院与执政官相比更不具备决断生死的权力，一切责任依法仍由执政官承担，但是怯懦之人又怎么会雷厉风行呢？恺撒竭尽全力营救囚犯，他的演讲处处暗含平民党必定会血债血偿的恐吓语，给人们留下了深刻的印象。虽然所有前任执政官以及大多数元老院成员都已赞成执行死刑，但是到了现在，以西塞罗为首的大多数人又似乎愿意遵循法律的裁决。可是加图诡计多端，致使主张温和的人有参与这场阴谋的嫌疑，他援引那些准备以街头暴动解救囚犯者的言论，成功地让没有主见的人再次陷入恐慌，使大多数人赞成立即将罪人正法。

处决卡塔利纳党人

执政官发起对卡塔利纳党人处以死刑的法令，执行该法令的责任理所当然地落到了执政官的身上。12 月 5 日深夜，囚犯被带离此前关押的牢房，经过依然人群熙攘的集市，押解至以往监禁死囚的牢中。这是卡皮托尔山麓一个十二英尺深的山洞，此前被用作井房。执政官亲自负责带领伦图卢斯，副执政带领其余囚犯，都有装备精良的护卫队跟随，但是并未出现人们预料中的有人前来解救。没有人知道，这些囚犯究竟是被送往更加守卫森严的监牢，还是被押送刑场。走到牢房门前，他们被交给执行死刑的三个人，而后在地下墓穴的炬光中被绞死。执政官在门前等候，直至行刑完毕，然后在罗马广场上，他以人们熟悉的洪亮声音，向静候的群众宣布："他们死了。"人们潮水般涌过街头，向执政官欢呼致敬，他们认为自己的房宅财产不受侵犯，都是执政官的功劳。元老院下令举行公共感恩节，贵族阶级领导人物马尔库斯·加图和昆图斯·卡图卢斯奉拟定死刑判决书的人"国父"尊号——该尊号在此之前闻所未闻。

此举令人深感惊骇，而且似乎所有人都将处决卡塔利纳党人当作值得赞誉的丰功伟绩，更是令人深感惶恐至极。从法律上来说，这些政治犯诚然有罪，但罪不至死，只是因为人们担心牢房不够坚固，警力不足，恐怕有劫狱的危险，罗马政府中大多数人便无情地通过了尽快处决的议案，公众舆论也对此亮起一片绿灯。也许从来没有哪个国家宣告破产能像罗马这般令人叹惋，这种野蛮行径只能由最摇摆不定、怯懦无能的罗马政客来完成，"首位平民党执政官"赢得选举，却摧毁了罗马共和政体长久以来自由的保护符——申诉权——这是历史悲剧中屡见不鲜的一抹诙谐。

平息伊特鲁里亚暴动

如此一来，反叛党尚未在首都起事，便已被赶尽杀绝，在此之后，伊特鲁里亚的叛乱尚待平息。卡塔利纳抵达伊特鲁里亚时，当地的兵力约有两千人，之后大量新兵蜂拥而至，兵力几乎增加五倍，已经编成差不多满额的两个兵团，但其中只有四分之一的队伍装备齐全。卡塔利纳已经率领自己的部队在山中安营扎寨，避免与安东尼的军队正面交锋，为完成麾下党羽的组织留下回旋空间，等待首都叛乱的爆发。然而反叛党首都起事失败的消息不胫而走，叛军闻讯后溃不成军，于是那些不想受到牵连的人都弃甲归田。其余意志坚决，或者说是走投无路的残部试图杀出一条路来，经亚平宁山脉进入高卢，可是这一小队人马到达皮斯托里亚（Pistoria，即皮斯托亚，Pistoja）附近的亚平宁山麓的时候，被两支军队钳制其中。前方是从阿文纳和阿里米努姆赶来的昆图斯·梅特路斯的军团，占据亚平宁山的北坡；后方是安东尼的部队，安东尼在部下将领的极力劝说下，最终同意进行冬季作战。卡塔利纳腹背受敌，补给物资耗费殆尽，只能破釜沉舟，与距离最近的敌人安东尼背水一战。

在岩石环绕的峡谷中，叛军和安东尼的部队一触即发，安东尼为了至少不必亲自手刃他以前的盟友，已经假借托辞委任久经沙场的猛将马尔库斯·彼德利乌斯（Marcus Petreius）指挥当日的战斗。由于战场地域狭小，政府军虽然实力上占优势，但却无法施展开来。卡塔利纳和彼德利乌斯都将各自最精锐的兵力安排在最前方，没有人施恩散德，也没有人跪地求饶。战斗持续了很长时间，双方勇士前赴后继，伤亡惨重。在战争开始之前，卡塔利纳将自己和所有军官的马匹尽皆遣返，从开战之日的情形来看，他的宿命注定不凡，他既有运筹帷幄的谋略，又有冲锋陷阵的英勇。最后彼德利乌斯率领卫队攻破敌人的中军，将其挫败后，从内部向两翼发起攻击。如此一来，胜负已决。卡塔利纳军队的三千阵亡士兵的遗体，仿佛排成行列，横七竖八地躺在他们厮杀过的战场上，卡塔利纳和军官们见大势已去，奋不顾身地向敌人冲杀过去，他们只求一死，最后也如愿以偿（罗马纪元 692 年即公元前 62 年初）。因为这场战争的胜利，元老院加封安东尼“常胜将军”的尊号，并举行新感恩节，这表明政府和人民开始慢慢对内战习以为常了。

克拉苏和恺撒对乱党的态度

这样一来，无论是首都还是意大利，乱党的阴谋都被血腥镇压，人们对这场阴谋仅存的忌惮，是伊特鲁里亚各乡镇以及首都正在走刑事程序剪除败党的羽翼，以及意大利的匪党剧增——例如有一股来自斯巴达克斯和卡塔利纳的散兵游勇，于罗马纪元 694 年即公元前 60 年，在图里（Thurii）被政府军队歼灭。然而我们务必铭记于心，遭受灭顶之灾的不仅是意图在首都纵火和在皮斯托里亚作战的真正的乱党，整个平民党都深受其害。有这样一个事实——虽然在法律上并非证据确凿，但在历史上无可争辩——平民党，尤其是克拉苏和恺撒，曾经牵涉到这场阴谋，一如其涉足罗马纪元 688 年即公元前 66 年的那场阴谋。毋庸讳言，卡图卢斯和元老派的其他领导人谴责平民党魁和乱党合谋反叛，寡头党意图借助法律的力量对其赶尽杀绝的时候，平民党魁又以元老院资格发言和投票反对，上述种种不无党派诡辩的事情被引证为他和卡塔利纳同谋的确凿证据。但其他一系列事件似乎更具有说服力，根据明确、无可否认的证据，克拉苏和恺撒曾大力支持卡塔利纳竞选候选执政官。罗马纪元 690 年即公元前 64 年，恺撒在惩凶所传讯苏拉的刽子手时，他判定其他人有罪，却判定罪责最为深重、臭名昭著的卡塔利纳无罪释放。12 月 3 日阴谋揭发之时，西塞罗的确没有把这两位大人物的名字列在他所听闻的谋反者的名单里，不过告密者供出的，不仅有随后受到调查的人，还包括执政官西塞罗认为应该从名单上除名的“许多无辜者”，这一点却是众所周知。之后再也找不到掩盖事实的理由，他才坦言恺撒也属于同谋者之列。还有一件事隐含着间接而明白易懂的控告，即12月3日被捕的四人中，斯塔提利乌斯和伽比尼乌斯二人危险性最小，他们被移交元老恺撒和克拉苏监管，这毫无疑问会使他们受到牵连：如果他们让罪人逃脱，公众舆论必然会认定他们为从犯；如果他们真将罪人拘禁起来，他们的同谋将视他们为叛徒。

以下情景发生在元老院，这足以表明当时的局势。伦图卢斯及其同党一被逮捕，首都叛党派往卡塔利纳处的使者立即被政府的侦探抓获，为了保证他不受责罚，人们要求他在元老院全体会议上详细招供。但是每当他供认到关键之处，尤其是指名道姓说是受克拉苏差遣，元老就打断他的话，并且由西塞罗提议，决定不再追究，将所有供词一笔勾销。虽然此人有免罪担保，但元老们对此置若罔闻，决定将他拘禁起来，直到他同意不承认之前的供状，同时供出指使他做这种伪证的幕后主使才善罢甘休。在这里形势昭然若揭，此人不仅洞明时势，被要求攻击克拉苏之时，他回复道自己不愿意触犯人中豪杰，而且西塞罗领导的大多数元老也一致认为，不应该让揭发超出某种界限。然而公众却不这样点到为止，青年们武装起来防卫纵火者，他们最痛恨的人是恺撒。12月5日恺撒离开元老院时，他们拔剑直抵他的胸口，当时他险些命丧在十七年后被刺死的同一个地方，此后他很长一段时间不再进元老院会堂。任何人只要公正地考察叛乱的经过，必然不禁产生怀疑，在此期间，卡塔利纳必然自始至终都有更强硬的人做后盾。这些人倚仗法律上缺乏确凿的证据，而大多数元老对内幕只是略知一二的现实，都抱着漠不关心、退避三舍的态度，渴望抓住任何可以不作为的借口，所以他们能够阻挠当局对反叛派的严正干涉，设法使乱党首领成功逃脱，甚至操纵对乱党宣战和派兵，这几乎无异于向乱党派遣援兵了。因此从事件过程本身来看，可以证明卡塔利纳反叛的线索牵涉甚广，远不止于伦图卢斯和卡塔利纳。同样值得注意的，是很长一段时间以后，恺撒成为国家领袖，他和卡塔利纳党仅存的一个人——毛里塔尼亚义勇队首领普布利乌斯·西提乌斯——关系密切；恺撒修改债务法，却完全遵循曼利乌斯宣言的精神。

上述种种皆是无可置疑的证据，即使并非如此，自从伽比尼乌斯—马尼利乌斯法生效以来，军事权威与平民党并驾齐驱，较之以前更是步步紧逼，平民党对此无可奈何，那么按照常理，平民党将密谋和联合乱党作为最后的出路几乎是势所必然了。当时的形势和秦纳时代的形势非常相似。庞培在东方的地位和那时苏拉的地位相差无几，所以克拉苏和恺撒意图在意大利建立一个类似于昔日秦纳和马略具有的势力来反抗他，如果有这种可能的话，可以比他们更加合理地运用这种势力。要达到这种目的，只能再次利用恐怖政策和混乱局势，卡塔利纳当之无愧是开辟该条路线的最佳人选。平民党中那些更有威望的领袖们理所当然地尽量隐身幕后，把不甚光彩的任务交给已然千夫所指的同党，希望今后能够在政治上硕果累累。计划失败以后，地位较高的同谋更是自然而然不遗余力地掩盖自己与闻其事。到了后来，这位此前的阴谋家自己成为政治阴谋的对象时，这位伟人人生中的暗淡岁月也正因此被更加严密地掩盖起来，甚至有人本着这种思想，专门为他书写辩解。

平民党的彻底瓦解

五年以来，庞培一直在东方统率陆军和舰队作战；五年以来，平民党一直在国内想方设法推翻他。但是结果不尽人意，虽然他们付出了无法估量的努力，但是一无所获，而且不论在精神还是物质上都蒙受了巨大损失。罗马纪元 683 年即公元前 71 年的联合，在纯粹的平民党人看来，无疑是耻辱，可是彼时平民党只是和反对党两位声名卓越的人联合，而且让他们接受平民党政纲的约束。

但到了现在，平民党竟然与一帮行凶者和破产者沆瀣一气，这些人几乎都是从贵族阶级阵营里被扫地出门的人，至少他们都暂时接受了平民党的政治纲领，换句话说，就是接受了秦纳的恐怖政策。实利派是罗马纪元 683 年即公元前 71 年联合的主要成员，因此与平民党失和，被迫选择首先归附贵族派或任何有能力有意愿保护他们不受乱党侵害的势力。首都的群众虽然不反对街头暴动，但是也不容许他人纵火焚烧自己的屋宇，也有点惊慌失措。值得一提的是，同年（罗马纪元 691 年即公元前 63 年）森普罗尼乌斯授粮法彻底恢复，当然，这是元老院按照加图的提议实行的。平民党领袖与乱党的联合显然造成了平民党和罗马市民的分裂，寡头党希望进一步扩大二者之间的裂痕，将民众拉拢入他们的阵营，他们至少短时间内不无成果。总而言之，格涅乌斯·庞培知晓这些阴谋之后，盛怒之下，心中亦有所戒惧。既然一切都已经发生，而平民党几乎已经自断与庞培之间的联系，那么平民党就不能再名正言顺地要求——在罗马纪元 684 年即公元前 70 年还有些许合理性——庞培不能剑拔弩张，亲自摧毁由他扶植起来并成就了他的平民势力。

如此一来，平民党颜面扫地，势力衰退，但最荒诞可笑的，是平民党毫无保留地暴露自身的困窘和弊病。在讥讽风雨飘摇的政府以及诸如此类的琐事上，平民党可谓顶天立地、势不可当，然而每当其试图在政治上取得名副其实的成就时，其结果都是必败无疑。平民党和庞培的关系充斥着虚情假意，令人唏嘘。他们给予庞培无限的褒奖和赞誉，同时一次又一次炮制阴谋对抗他，这些阴谋如肥皂泡沫一般，一次又一次自行炸裂。这位东方和海上统帅，不但没有奋起反抗，而且轻而易举地取得了对平民党的胜利，正如赫拉克勒斯取得对俾格米人（Pygmies）的胜利一样，似乎自己对一切并不知情。煽动内战的企图以惨败告终，如果说乱党至少表现出些许魄力，那么正统平民党，虽然对如何拉拢乱党了然于胸，但却不知如何领导他们、如何拯救他们，也不知如何与他们共存共亡。甚至老态龙钟的寡头党都获得了从平民党回归的群众的支持，尤其凭借——在此事上昭然若揭——他们和庞培有着一致的利益，竟然顺利镇压了这次革命企图，而最终的胜利成果还是花落平民党。与此同时，米特拉达特斯王驾鹤西去，小亚细亚和叙利亚的整顿已然就绪，庞培可能随时返回意大利。结局不再遥远，但将军回来了，而且比之前名望更大，势力更强，平民党却受到了前所未有的挫败，已然大厦将倾，二者之间是否还有谈判解决的余地呢？克拉苏准备用船载着家人和黄金去东方的某个地方避难，甚至像恺撒那样圆滑世故、精力充沛的人似乎都放弃了这种毫无意义的争夺。这一年（罗马纪元691年即公元前63年）克拉苏竞选大祭司长一职，选举当天早晨，他离家时放言，如果竞选失败，绝不再踏出家门半步。

第六章　庞培的退隐与争权者的联合

庞培在东方

庞培完成了自己所背负的使命，得以将视线投回国内，再一次发现他加冕称王已是众望所归了。罗马共和国经过长期的发展，这种变革已是大势所趋。如果废除贵族统治，君主政治必然会取而代之，对此任何心无偏私的观察者都有目共睹，也被千千万万遍地谈论。元老院经过提倡公民自由的反对派和军事势力的倾轧，现在已然被倾覆，唯一还值得考虑的问题，是解决新体制的人事安排、名称和组织形式，而且这些已经在平民党和军队革命中表现得十分明确，最近五年来各种各样的事件似乎为共和国的转型埋下了伏笔。在亚洲新设立的行政省，人们把这位处理亚洲事务的人物看作是亚历山大大帝的继承者，加之以王者的尊荣，甚至将与他交好的被解放者奉为座上宾，庞培在这里奠定了其统治基础，获得了成为罗马政权未来君主必不可少的财富、军队和荣耀。再者，首都乱党的阴谋策划，以及因之而起的内战，任何信奉政治利益，甚或仅是追求物质利益的人都认清了这一点：一个政府如果没有权威，不掌握军事实力，正如元老院政府，只会使国家蒙受奸诈政客既荒谬又令人生畏的暴政统治。因此要想维护社会秩序，就必须改革政体，使政府牢牢掌握军事权力。如此一来，君主在东方崛起，王位在意大利设立，根据我们的理解，罗马纪元 692 年即公元前 62 年，是共和末年，君政元年。

未来君主的政敌

当然，政制改革这一目标的实现不可能一帆风顺。共和政体已经延续了五百年，在共和政体下，昔日台伯河畔一座无足轻重的城市，发展成为繁荣昌盛、光辉灿烂的大都市，这种政体本身已植根于这片土地，非人力可究其深度。推翻这种政体，究竟会对社会造成怎样的冲击和动摇，完全无法估量。在改革政制的竞争中，已经有若干对手被庞培甩在了后面，但他们并未完全被淘汰。所有的力量联合起来推翻新的当权者，庞培发现，昆图斯·卡图卢斯和马尔库斯·加图、马尔库斯·克拉苏、盖乌斯·恺撒和蒂乌斯·拉比努斯相互联合起来反抗他，其实并不是完全意料之外的事。然而现在的局势，无疑最有利于发动这样一场无法避免、声势浩大的争斗。很可能，卡塔利纳叛乱依然历历在目、恍如昨日，政府向人们承诺保证社会的安全有序，即使以牺牲自由为代价，也能得到全体中间派的服从。所谓中间派，包括对物质利益趋之若鹜的商人，以及大部分贵族。贵族阶级已然分崩离析，在政治上陷入绝望的境地，不得不乘机寻求与君主达成妥协，以期至少维护其财富、地位和势力；甚至近来遭受惨痛打击的平民党，也许也有一部分人愿意委曲求全，希望通过他们推举的军事领袖，实现他们的一部分诉求。

但是无论党派关系如何发展，至少最初，在庞培及其得胜之师面前，意大利各党派无足轻重。二十年前，苏拉和米特拉达特斯签订临时和约之后，便能够以其五个兵团抗衡长期大规模备战的全体自由派（上迄贵族温和派和自由主义商人，下至乱党），发动一场倒行逆施的复辟运动。庞培要做的远没有那么困难，他回来了，已经尽心尽责圆满完成了海上陆上的各项使命。他也许期望除了极端派的反抗外，不会遇到其他的激烈对抗，而极端派之间相互孤立，不能有所作为，即使他们联合起来，也不过是一个依然相互敌视、内部意见纷呈的松散联盟。没有任何武装力量，不具备军事实力，也没有发号施令的领袖人物，在意大利没有组织，在各省也没有可以依靠的力量基础，尤其是没有能统兵作战的将领。在极端派成员中，甚至没有一个声名显赫的武士——更不必说出类拔萃的军官——敢号召公民前来与庞培决一雌雄。

还值得进一步考虑的，是革命的火山至今已熊熊燃烧了七十年，自耗其热，久而久之其火势渐渐衰微，即将自生自灭。此时为了党派的利益，把意大利人武装起来，能否像秦纳和卡尔博那样一举成功，令人生疑。在罗马共和的有机发展中，自然而然地衍生出政治革命的蓝图，如果庞培孤注一掷，他为何不发动一场政治革命呢？

涅波斯受命入罗马

庞培抓住时机，担负东征的使命，他似乎很希望能统军作战。罗马纪元 691 年即公元前 63 年秋，昆图斯·梅特路斯·涅波斯（Quintus Metellus Nepos）离开庞培军营来到首都，作为护民官的候选人现身，他坦言其目的是利用护民官一职，促成庞培顺利当选罗马纪元693年即公元前61年执政官，并且首先要得到特殊的人民法令，为庞培争取到攻打卡塔利纳战事的指挥权。罗马城内群情激昂。毋庸置疑，涅波斯的这一举动必然直接或间接受到庞培的命令，庞培意欲以将军的身份率领其亚洲兵团返回意大利，而后掌握意大利的最高军权和最高政权，这被看作是其进一步靠近君主宝座的举措，涅波斯的使命是以半官方形式宣告君主政体的诞生。

庞培与各党派的关系

一切的一切都取决于两大政党对这种表示的态度，他们未来的地位以及国家的前途都以此为转移。但涅波斯受欢迎与否，又视当时各党派与庞培的关系而定，这种关系十分奇特。庞培是以平民党将军的身份远赴东方，他有足够理由不满恺撒及其党羽，但并未公然与之决裂。庞培远在东方，终日诸事缠身，而且完全没有敏锐的政治头脑，至少当时并未识破平民党筹划反对他的阴谋，阴谋波及的范围及其相互关系他也一无所知，或许是因为他生性高傲、目光短浅，庞培甚至不屑于理会这些阴谋活动。除此之外，庞培这类人所重视的，是平民党表面上自始至终都对这位伟人充满敬意，即使到了此时此刻（罗马纪元691年即公元前63年），不等他明言，平民党就做到令其称心如意的地步，他们通过一个特殊的人民法令，授予庞培前所未有的荣誉和勋章。但即使没有上述种种礼遇，庞培也非常清楚，为自身利益考虑，他也应该至少在表面上继续依附平民党，平民政治和君主政治的关系十分紧密，欲戴王冠，必承其重，庞培必须一如既往地标榜自己为人民权利的守卫者。所以不论过去发生了什么，以个人和政治的原因，共同导致庞培和平民党领袖都不计前嫌，仍然照常保持联络，但敌对党却没有作任何努力，以弥补庞培投归平民党之后与苏拉派之间产生的嫌隙。庞培与梅特路斯和卡图卢斯的私人恩怨转变成为双方党派的势力角逐。庞培担任将军，元老院一直心谤腹非，但这在器量狭小的人看来，正因其微不足道，所以更加可恨。元老院没有按其功劳尊崇他这位非凡人物，换句话说，就是没有以非凡的方式尊崇他，庞培对此怀恨在心。最后，我们必须铭记在心的是，此时的贵族阶级因取得新的胜利欢欣鼓舞，平民党却深受挫败，贵族阶级的领袖是迂执痴拙的加图，平民党的领袖是八面玲珑、诡计多端的恺撒。

庞培与贵族阶级关系破裂

在这种情况下，庞培派遣的使者来到罗马。使者公布有利于庞培的提议，贵族阶级不仅将其视为对现行政制的宣战，而且公然以对待宣战的态度对待这些提议，毫不掩饰其惊慌和愤慨。马尔库斯·加图对此明言驳斥，并且让人选举他和涅波斯共同担任护民官，庞培企图私下与他交好，也被他严辞拒绝。自然而然地，在此之后，涅波斯认为不必再顾忌贵族阶级，倒是与平民党交集更加频繁，因为平民党一如既往地善于审时度势，他们宁愿选择将意大利元帅和执政官职位主动让给庞培，也不愿意被后者以武力夺取。这种亲善的谅解很快就表现出来。平民党认为最近元老院多数成员决议处死叛党分子属于违法冤杀，涅波斯公然声援平民党（罗马纪元 691 年即公元前 63 年 12 月），西塞罗撰文连篇累牍地辩解此事，并将其寄给庞培，庞培饶有意味地不作回应，由此可见涅波斯的主公与平民党的见解一致。另一方面，据说昆图斯·卡图卢斯侵吞了重修卡皮托尔神庙的款项，恺撒担任副执政官以后，做的第一件事就是查办卡图卢斯，并将该庙的建造移交给庞培管理。此举甚妙。卡图卢斯在建造卡皮托尔神庙前前后后历时十五年，似乎愿意终其一生监管卡皮托尔的修建工作；攻击这种假公济私——只因为受任者是声名显赫的贵族，其徇私舞弊的形迹得以掩饰——实属证据确凿、大快人心之举。但如此一来，庞培就有望在世界第一城罗马的权力巅峰上取代卡图卢斯，这既能给他带来梦寐以求的虚无的荣耀，又不损害平民党的利益。与此同时，贵族阶级绝对不允许他们最优秀的卡图卢斯地位不保，故而与庞培的矛盾迅速激化。

同时，涅波斯向公民提出其关于庞培的建议。投票选举当天，加图及其同党同仁昆图斯·米努奇乌斯（Quintus Minucius）介入，投票否决庞培担任执政。但涅波斯对此置之不理，继续宣读提案，双方随即爆发正面冲突。加图和米努奇乌斯冲向涅波斯，逼迫他停止宣读，一伙武装人员为其解围，并将贵族派逐出罗马广场，可是之后加图和米努奇乌斯又折返回来，这时他们也有武装人员跟随，最终为政府守住了战场。元老们见他们的武装人员取得了对敌党武装人员的胜利，信心倍增，宣布停止涅波斯的护民官之职，由于副执政恺撒曾经大力支持涅波斯提出的法案，亦将其停职。元老院有人提议将二人免职，遭到加图的劝阻，因为此举既不合理，更不合乎法律。恺撒对元老院的法令不予理会，依然如故地行使职权，直到元老院迫使他停职。涅波斯被强制停职的消息一经流传，人们蜂拥至其府邸前，听其调遣。到这时，是否发动巷战，或者至少是否在此提出梅特路斯提议，庞培梦寐以求的意大利统帅之职是否要为其争取，完全取决于涅波斯。然而上述种种，与恺撒的利益秋毫无涉，所以他劝告众人散去，于是元老院撤回了其停职法令。涅波斯被停职之后，即刻离城登船返回亚洲，向庞培报告其出使的结果。

庞培的退隐

对于变幻莫测的时局，庞培应该心满意足。事已至此，庞培别无选择，只能发动内战夺取王位，正因为加图不屈不挠的坚守，他才有发动战争的正当理由。卡塔利纳的党羽被非法治罪，护民官遭受到前所未有的暴力对待，庞培既可以作为罗马人民自由的两种护身符——申诉权和护民官的神圣不可侵犯权——的守卫者对贵族开战，也可以作为维护社会秩序的力量，向卡塔利纳的叛党发起进攻。庞培似乎不可能无视这个机会，然而罗马纪元 684 年即公元前 70 年，他因为解散军队陷入进退维谷的境地，如果没有伽比尼乌斯法，他无法脱离困境，所以似乎不可能明知故犯、重蹈覆辙，这个前车之鉴让他犹豫不定。可白冠加额的机会似乎唾手可得，庞培的灵魂里满是渴望，可是一旦到了需要付诸行动之际，他又心生惶惑、方寸尽乱，最后只能无疾而终。

庞培生性自命不凡，除此之外别无长处，只要不触及法律的底线，他必定怡然自得于不受法律的束缚。而正是由于他长久逗留亚洲，人们越发产生这样的怀疑。如果他愿意，完全可以在罗马纪元692 年即公元前 62 年 1 月率领其舰队和陆军抵达布隆迪西乌姆港口，在那里迎接涅波斯归来。但是他在亚洲耽搁了罗马纪元691—692年即公元前63—前62年的整个冬季，导致局面对他十分不利，贵族党意料之中地加快了征战卡塔利纳的步伐，此时已经歼灭其部众，如此一来，庞培的亚洲兵团成群屯驻意大利的无可争辩的理由便不复存在了。庞培这一类人，对自己缺乏信心，同时不敢寄望于命运的垂青，故此在公众场面谨小慎微，不越雷池半步，对于他而言，口实和动机几乎同等重要，而上述情形带来的影响十分深刻。再者，他也许会产生这样的想法：即使将麾下部队遣散，也不会让其完全脱离自己的掌控，必要时他仍然可以比其他任何党派的首领更迅速组织起一支具备作战能力的军队；平民党对他俯首帖耳，只等一声号令，即使没有军队他也足以应对元老院。诸如此类的思虑，其蕴含的事实足以令自欺欺人者更加坚信自己的思虑具有合理性。

庞培特殊的脾性再次扭转了时局。他属于那种敢于破除成规，藐视法纪，却做不到屈尊俯就，任人差遣，无论是从好的方面还是坏的方面来说，庞培都是个彻头彻尾的军人。大人物尊重法律，是尊重道德上的必要；常人尊重法律，是尊重传统的日常规范。法律被冠以习惯的形式，在军纪中表现得最为明显，军纪之所以能如同魔咒一般，束缚任何意志不甚坚定的人，正是出于这个原因。我们往往会看到这样一幕：即使士兵坚持不服从长官，若长官下令命其归队，他仍会不由自主地服从命令。拉菲特（Lafayette）和迪穆里埃（Dumouriez）在背弃前志的最后一刻犹豫不决，并最终前功尽弃，正是由于这种情愫使然。而庞培的落败，也是出于同一个原因。

罗马纪元692年即公元前62年秋，庞培乘船抵达意大利。正当首都的一切都已安排妥当，准备迎接新君主之时，消息传来，庞培刚在布隆迪西乌姆登陆，便将麾下兵团尽皆遣散，只带领小队护卫兵赶赴首都。如果一帆风顺登上王位应归功于幸运，那么庞培必然是有神明护佑，但是对于生性怯懦之人，上天的一切恩典和赏赐只能是枉费了。

庞培势孤

各党派终于得到喘息的空间。庞培再一次急流勇退，他曾经的手下败将们死灰复燃，再次展开角逐——最令人费解的，当属庞培竟然又一次加入这场新的角逐。罗马纪元693年即公元前61年1月，庞培抵达罗马。他的处境十分困窘，在两个党派之间游移不定，人们戏谑地称他为格涅乌斯·西塞罗（Gnaeus Cicero）[①]，可是他实际上已然丧失了所有人的支持。乱党视之为对手，平民党视之为反复无常的同党，马尔库斯·克拉苏将其视为政敌，富人阶级认为他是不值得依赖的护卫者，权贵阶级将其视为仇敌。毋庸置疑，庞培仍然是这个国家权力最大的人，因为其军界追随者遍布意大利，他在各省尤其是东方的权势，他在军界的威望，以及其富可敌国的财力，无人能与他相提并论。但是庞培并没有受到预期的热烈欢迎，反而遭到意料之外的冷遇，他提出的要求更是被视而不见。按照他让涅波斯公布的意见，他自请再次担任执政官，当然也要求

①庞培的全文为格涅乌斯·庞培，此处的外号“格涅乌斯·西塞罗”，冠之以西塞罗的姓，说明庞培的反复无常、背信弃义。——译者注

承认他在东方的种种举措，履行自己此前给部下士兵分配土地的承诺。对于这些要求，元老院掀起一场有计划的反对，其中主要反对意见来自卢库勒斯和克里特平定者梅特路斯的私仇、克拉苏的旧怨以及加图的顽执愚妄。他们都迅速作出回应，直言不讳，拒绝庞培再次担任执政官的要求。这位归国将军向元老院提出的第一个请求，就是将罗马纪元 693 年即公元前 61 年的执政官选举推迟到他返回首都之后，但也未被采纳，更不用说得到元老院的许可，以便不受到苏拉关于重新参加选举的法律限制。至于他在东方省份所作的安排规定，庞培自然也请求元老院全部批准；卢库勒斯提议对每一条法令逐一进行讨论和表决，如此一来，便给庞培带来了无尽的烦恼和挫败。

庞培授予亚洲军士土地的承诺虽然的确得到了元老院的完全批准，同时又将之推广到梅特路斯的克里特兵团。然而糟糕的是，由于国库空虚，元老院并不想为此动用公地，导致此事最终并未得到施行。庞培遭到元老院如此顽强而恶毒的反对，没有制胜的希望，只好向公民求助。不过对于公民，他更是不知如何是好。平民党的领袖虽然没有公然反对他，但是绝无与其休戚与共的理由，所以对庞培袖手旁观。庞培的爪牙——比如凭借庞培的势力及其部分财力得以当选罗马纪元 693 年即公元前 61 年执政官的马尔库斯·普皮乌斯·皮索（Marcus Pupius Piso），以及罗马纪元 694 年即公元前 60 年的执政官卢奇乌斯·阿弗拉尼乌斯（Lucius Afranius）——显然都是无能等闲之辈。最后护民官卢奇乌斯·弗拉尼乌斯（Lucius Flavius）以普通土地法的形式，向公民大会提出给庞培旧属分配土地，不仅没有得到平民党的支持，还受到贵族的公然抨击，只有少数人赞成（罗马纪元 694 年即公元前 60 年初）。这位尊贵的将军如今几乎要卑微地请求群众的支持，例如梅特路斯·涅波斯提出一个取消意大利关税的法案，正是由他授意（罗马纪元 694 年即公元前 60 年）。但他担任民众领袖既无技巧，亦无成效，庞培因此声誉受损，期望却无法如愿以偿。他完全是作茧自缚。一位庞培的政敌如是概述其昔日的政治地位：他极力“以缄默保全其凯旋战衣”。平心而论，他别无选择，唯有自寻烦恼。

恺撒崛起

随后产生了一个新的联合。昔日的当权者退位之后，政治局势一度风平浪静，平民党领袖利用这个机会为自己谋取利益。庞培从亚洲归来之时，恺撒与昔日的卡塔利纳无异，只不过是一个势力衰颓成阴谋派的政党的领袖，而且早已债台高筑。然而在此之后，他先是获任副执政官一职（罗马纪元 692 年即公元前 62 年），而后受命担任远西班牙总督，所以他一方面有能力偿还债务，一方面为自己建立军事威望奠定了基础。克拉苏是恺撒昔日的盟友，因皮索殒命而失去了对抗庞培的后盾，现在希望得到恺撒的支持，所以甚至在恺撒动身前往西班牙之前，就为他解决了一部分最沉重的债务。恺撒也充分利用了自己任职西班牙的短暂时间。罗马纪元 694 年即公元前 60 年，恺撒从西班牙满载而归，以得胜将军的身份要求举行凯旋仪式，并于次年成为执政官候选人。由于元老院不允许他身在外时就宣称参加执政官选举，为了顺利参加选举，恺撒毫不迟疑放弃了凯旋荣典。

多年以来，平民党竭力促成其某一位成员掌握最高官职，以此为手段获取军事力量。各个阵营的政治家都早已心知肚明，民政的纷争无法平息党争，只有依靠军事力量才能扫清内斗；但是，平民党昔日曾与强大的军事领袖联合，并因此终结了元老院的统治，这无情地昭示了这种联合的结果，必然是民政势力屈从于军事势力。如果平民党果真想要执政，就必须避免与非党内、甚至敌视平民党的将军联合，必须推举自己的领袖担任将帅。为此平民党试图选举卡塔利纳担任执政官，取得西班牙或埃及的军事后盾，然而却无功而返；现在还有一种可能，平民党可以依循法律常规，为其最重要的人物争取执政官职位和执政省份，并且建立（如果我们可以这样说）一支平民党自己的武装力量，摆脱立场暧昧、充满危险的盟友庞培。

庞培、克拉苏与恺撒再度联合

平民党要取得真正的胜利，必须建立一支自己的武装力量，这条道路带给他们的未必是最光明的希望，却是唯一的希望，他们愈是寄望于此，便愈加肯定他们的政敌会顽强抵抗。一切都取决于谁会在此事上反对平民党。贵族阶级已经被孤立，不足为惧，然而刚过去的卡塔利纳事件表明，贵族依然或多或少有实力派和庞培党徒公开予以的支持，所以仍具有一定的势力。贵族曾屡次阻扰卡塔利纳候选执政官，毋庸置疑，他们必然也会尝试挫败恺撒候任执政官。即使恺撒有可能见招拆招，顺利当选，但这并不足以建立起武装力量。恺撒需要至少数年的时间，在意大利境外心无旁骛地为国效力，方能取得稳固的军事地位，而且在这准备期间，贵族阶级必然会千方百计阻扰其计划施行。有人自然而然萌生出这样的想法：能否效法罗马纪元683—684年即公元前71—前70年那样，再次促使贵族陷入孤立的处境？平民党能否一方面与其同盟克拉苏、另一方面与庞培和大资本家建立以共同利益为稳固基础的联合？对于庞培来说，这种联合无疑是一场政治自杀。庞培在政坛向来举足轻重，因为他同时是唯一一位能够调遣兵团的党派领袖，虽然现在兵团已经遣散，但从某种意义上来说，仍然服从他的支配。平民党的计划正是要剥夺他的这种优势，让平民党领袖与之并驾齐驱，在军事上一较高下。庞培绝不允许这种事情发生，而且恺撒仅仅是一位政治家的时候就已经令他头痛不已，最近又在西班牙大放异彩，证明自己的军事能力，所以庞培更不可能去亲自帮扶这样一个人取得最高统帅的职位。然而另一方面，由于元老院无端的反对，以及群众对庞培及其诉求的漠然，他的地位，尤其是在昔日士兵中的处境变得非常艰难和屈辱，人们也许会根据他的性格，期望以解救他脱离窘境为代价，让庞培加入这种联合。至于所谓的骑士党，向来是趋炎附势，如果庞培果真再次与平民党联合起来，骑士党自然不会坐以待毙。与此同时，由于加图——在其他地方广受赞誉——对待包税商的态度十分严苛，大资本家再次与元老院爆发激烈冲突。

恺撒的地位转变

罗马纪元694年即公元前60年夏，第二次联合成功缔结。恺撒获任次年执政官，并成为同期统治者；庞培在东方制定的法规以及给亚洲军士分配土地的承诺得到准许；恺撒还允诺通过公民大会，为骑士阶级争取元老院拒绝赋予的权利；最后，虽然克拉苏至少被允许加入这个联合，但他既不能拒绝加入，也无法因为加入而得到任何明确的允诺。罗马纪元683年即公元前71年秋季和罗马纪元694年即公元前60年夏季两度出现联合，联合的势力组成依然如故，甚至缔结联合的人员都完全相同，然而各个党派的势力已今非昔比，发生了翻天覆地的变化。彼时平民党不过是一个政党，其同盟却都是统军作战的常胜将军；如今平民党的领袖就是一位战功显赫、运筹帷幄的凯旋将军，其盟友却成了不掌兵权、卸甲归田的将军。彼时平民党在路线问题上取得了胜利，为了酬谢这个胜利，平民党人将国家最高官职让给两位盟友，现在平民党更加实际，将最高政权和军权牢牢掌握在自己手中，仅在相对次要的问题上对同盟作出让步。值得一提的是，庞培之前提出再次担任执政官的要求竟然无人理会。彼时平民党为了盟友牺牲自己的利益，现在同盟却要委身于平民党。

形势发生了翻天覆地的变化，而变化最为显著的，是平民党的性质。毋庸置疑，自从诞生以来，平民党的本质中就包含着君主制的成分。然而一种政体的理想形式，以其或多或少明确的架构浮现在平民党最杰出的有识之士的脑海中的，却始终是民政共和政体，也就是伯里克利（Periclean）式的国家组织形式，在这种国家组织形式中，君王的权力来源于他全心全意代表公民的利益，公民中最高尚最杰出者也认可其君王是他们完全信赖的人。恺撒也秉持这种观点，但是观点仅仅是观点而已，或许会给现实带来些许影响，却并不会直接成为现实。纯粹地掌握政权，如盖乌斯·格拉古，或者仅仅掌握平民党武装，如秦纳作出的不甚充分的尝试，均无法在罗马共和国长期占据优势。不为某个党派而是为了某位将军作战的军事机构，佣兵军团的野蛮力量——因为筹措复辟而首次登上政治舞台，不久便显现出政党无可比拟的优势。恺撒在实际的政党事务中，必然对此深以为然，所以深思熟虑之后做出重大决议，即让这种军事机构本身唯命是从，借助佣兵军团的力量建立一个合乎其意愿的共和国政权。抱着这样的意图，恺撒于罗马纪元683年即公元前71年与反对党的将军缔结盟约。虽然后者同意接受平民党的政治纲领，这次联盟却几乎将平民党和恺撒推到了覆灭的边缘。十一年之后，恺撒竟依然带着这样的希冀，亲自担任雇佣兵统帅。两次联合或多或少都带有不成熟的意味——恺撒坚信，即使不能假借他人的力量，无论如何也可以自己兵戈铁马开创一个自由共和国。显而易见，恺撒的这种信念实属荒谬。人一旦动用邪恶的力量，最终都会成为邪恶力量的奴隶，可是最伟大的人往往不是犯错最少的人。如果历经数千年，恺撒的志向和事迹依然令我们肃然起敬，不是因为他立志成为君王，并且如愿以偿成为一代君王（其实这与王位相比无足轻重），而是因为他从未抛弃建立一个君王统治自由共和国的政体的宏伟理想，正因为有这样的理想，荣登王位之后，恺撒未落入世俗君王的窠臼。

恺撒执政

各个党派联合起来，顺利选举恺撒为罗马纪元695年即公元前59年执政官。贵族通过贿选——由整个贵族阶级共同集资，在那个贪腐成风的时代也不免令人惊异——选举一个名为马尔库斯·毕布路斯（Marcus Bibulus）的人充当恺撒的同僚。在政界，毕布路斯的偏狭和固执被认为是保守力量，如果贵族为国仗义疏财得不到相应的回报，至少不应该归咎于毕布路斯的好意。

恺撒土地法

担任执政官之后，恺撒首先提出讨论其盟友的要求，其中最重要的便是给亚洲军队的老兵分配土地。总体而言，恺撒为此草拟的土地法，坚持了前一年庞培建议提出却未能通过的法案中所罗列的原则。确定用来实施分配的土地只是意大利的公地，换言之主要是卡普亚地区，如果卡普亚地区的土地不够分配，应该以东方新立省份的税收，按照监察官册籍记载的税额估价，购买意大利其他地方的土地，所有现有产权和世袭领土因此不受影响。土地分配细化，土地分配的对象应为贫苦公民，或至少抚养三个儿女的父亲；“服兵役者享有土地产权”的原则并未见诸恺撒土地法，不过亦倡议土地分配人员特别顾及老兵和被驱逐的短期佃户，一直都合乎情理。这一法案的执行权被委托给一个由二十人组成的委员会，恺撒坦言自己不愿入选该委员会。

贵族阶级的反对

反对党对这个提案进行了艰苦卓绝的抵抗。不可否认，本都和叙利亚各省设立之后，国家财政应该有能力放弃坎帕尼亚的租金。坎帕尼亚是意大利最富饶的地区之一，特别适宜发展精细化种植，因此禁止私人经营更是毫无缘由。最后，既然公民权已经推广到了整个意大利境内，如果依然不赋予卡普亚市政权利，不但荒诞不经，而且有失公允。整个提案温和有度、开诚布公且博采众长，另外还明显带有平民党的特征，因为总体上而言，提案相当于重新建立马略时代创立、又遭苏拉废除的卡普亚殖民地。在形式上，恺撒也尽量考虑周详。他首先向元老院提出讨论土地分配法案，建议完全批准庞培在东方颁布的法规，以及请求免除包税商三分之一的税款，并且声明若有修改意见，他愿意接受意见并积极探讨对策。元老院此前对这些建议置若罔闻，导致庞培和骑士阶级加入敌方阵营，如今的形势倒给了他们一个自惭形秽的契机。或许正是这种不可言传的意味，致使达官显贵们激烈反对，这与恺撒的气定神闲形成鲜明的对比。元老院直截了当，甚至未经商议，便否决了该土地法提案。关于庞培在亚洲各项措施的法令，也未受到元老们的青睐。关于包税商的建议，加图按照罗马议会制度的陋习，企图通过长篇累牍的演说，拖延到法定的闭会时间，让这个提议胎死腹中。对此，恺撒勃然大怒，威胁说加图冥顽不灵，要将其逮捕入狱。最终这一提议也未获通过。

法案提交公民大会

按照既定程序，现在所有的提议都要提交公民大会。恺撒未添油加醋，如实向群众宣告，他毕恭毕敬地向元老院呈递这份合情合理、又必不可少的提案，仅因该提案由平民党的执政官提出，竟然遭到傲慢的拒绝。恺撒补充说明了贵族合谋驳回提案，并请求公民，尤其是庞培本人及其昔日旧属帮助他共同抵御阴谋和强权。这番言论并非全然无的放矢。以刚愎自用却羸弱不堪的毕路布斯和固执己见、天资驽钝的加图为首的贵族阶级，意图激化矛盾，引发暴力冲突。庞培受到恺撒怂恿，声明自己对当前问题的立场，并且一反常态，开诚布公地宣称：如若谁人胆敢剑拔弩张，他必然也会拔刀相向，到了那时，他必然毫不保留、全力以赴；克拉苏也如是表态。庞培的旧属奉命在投票当天——这次投票实际上牵动着他们的切身利益——身藏武器，蜂拥至投票场所。

然而贵族阶级仍不遗余力地阻挠恺撒的提议顺利通过。每天，恺撒现身人民大会时，他的同僚毕路布斯便以观测政治星象为由，中止一切政务。恺撒对所谓天命不可违毫不在意，继续进行尘世俗务。护民官投票否决，恺撒仍我行我素、置之不理。毕路布斯和加图登上演讲台慷慨陈词，鼓吹暴动。恺撒命令侍卫将他们带离罗马广场，并下令保证他们的人身安全——只要这场政治闹剧不演变成悲剧，对恺撒不无裨益。

贵族阶级消极抵制土地法案

尽管贵族阶级诡计多端且气势汹汹，土地法案、批准亚洲法规以及减免包税商税收的要求都通过了公民大会的审议，庞培和克拉苏为首的二十人委员会终告成立，委员会成员身居公职。贵族阶级不懈的努力都付之一炬，其无的放矢、心狠手辣的抵抗，反倒使联合派众志成城，贵族在这些完全无关紧要的琐事上煞费苦心，致使在即将到来的需要严阵以待的事情上心余力绌。他们相互称道各自表现出来的英勇，毕路布斯宣称自己宁死不屈，加图被捕入狱时仍然慷慨陈词，这都是他们的爱国壮举，然而除此之外，他们只能听天由命。这一年接下来的日子里，执政官毕路布斯闭门不出，同时又以公告的形式宣称，诚心希望在年内任何适于召开公民大会的日子里观测天象。毕路布斯的同僚钦佩这位伟人，正如恩尼乌斯称道法比乌斯“因循救国”一样，并且纷纷效仿，其中包括加图在内的大多数人都不再出席元老院会议，即使没有政治天文学的指导，世界依然照常运转，他们只能在家中牢骚满腹。在公众看来，毕路布斯以及大多数贵族的消极态度似乎就相当于退出政治舞台，而在联合派看来，贵族阶级对自己的进一步举措听之任之，自然是称心如意。

恺撒成为北意大利和高卢统治者

联合派最重要的举措，就是确定恺撒将来的地位。按照宪法规定，元老院应该在执政官选举开始之前，确定次年执政官就任的权限。因此，恺撒当选胜利在望之时，元老院为其指定两个省份，这两个省份在罗马纪元696年即公元前58年，除了修建道路和其他公共工程之外，再也无事可做。当然，联合派不会坐以待毙，他们决定通过人民法令，效法伽比尼乌斯—马尼利乌斯法，为恺撒争取到一个非常任统帅之职。然而恺撒已经公开声明自己不会提出为自己谋利的议案，因此护民官普布利乌斯·瓦提尼乌斯（Publius Vatinius）直接向公民大会提议，公民自然是毫无条件地赞成。恺撒因此成为阿尔卑斯南侧高卢的总督，并统率三个驻扎当地、由卢奇乌斯·阿弗拉乌斯带领、长期在边境作战的兵团，恺撒的副将和昔日庞培的副将一样，身居副执政官品级。此外，恺撒的任期确定为五年——

此前有任职期限的将军从未如此长久。多年以来，波河以外的人们一直期望获得公民权，他们投身平民党，尤其是恺撒的麾下，成为其统治的中坚力量。恺撒的管辖范围南抵阿努斯河与卢比孔河，包括卢卡和拉文纳。纳博省以及当地驻扎的一个兵团随后也被追加到恺撒的管辖范围内——元老院听取庞培的建议通过该提案，从这一点至少可以看出，恺撒的统帅之职并不是因为持有特殊人民法令。

如此一来，联合派如愿以偿。根据法律，意大利本土禁止驻军，所以此后五年时间内，北意大利和高卢的统帅可以同时控制意大利和罗马城，而掌控意大利和罗马城五年的人，便能终身掌控意大利和罗马。执政官恺撒现身说法。毋庸置疑，新当权者都会以各种盛会和娱乐讨取人们的欢心，并抓住时机充盈府库，例如，联合派以高价卖给埃及国王一道人民法令，承认其为合法君主，诸多其他君主和公社也以同样方式获得特许状和特权。

联合派巩固胜利果实的措施

这种处理方式的永久性似乎也有充分的保障。执政官官职，至少次年的执政官官职，毫无疑问掌握在联合派手中。人们本以为执政官之职必然由庞培或者克拉苏担任，然而这两位执掌政权者更倾向于在各自的党派中选出次要而可靠的两位助手——一位是庞培麾下出类拔萃的副将奥卢斯·伽比尼乌斯，另一位则是相对名不见经传、却是恺撒岳父的卢奇乌斯·皮索——担任罗马纪元696年即公元前58年执政官。庞培亲自留守意大利，并在此担任二十人委员会的会长，监管土地法的执行，将卡普亚地区的土地分给将近20000名公民，其中大部分是昔日庞培麾下的士兵。恺撒的北意大利兵团成为他抵御首都反对党的后盾。至少目前来看，当权者内部不可能关系破裂。恺撒担任执政官时颁布的法律，庞培至少和恺撒投入相同的精力予以维持，而这能保证庞培和贵族阶级的关系一直处于破裂状态——因为贵族阶级的领袖，尤其是加图，仍然不承认这些法律的有效性——而这能够保证联合的继续存在。此外，联合派领袖之间的关系也变得更加紧密。恺撒对其盟友开诚布公、无所隐瞒，他信守诺言，应许之事既不拖泥带水，也不打折扣，尤其是对于土地法。土地法的提出是出于庞培的利益，而恺撒克己奉公，运筹帷幄，不遗余力地将其落到实处。

庞培并非领会不到义举和诚意，三年以来他奔走相求、处境艰难，恺撒一举帮助他脱离窘境，他自然对恺撒心怀感激。庞培与平易近人的恺撒频繁往来，他们之间的关系逐渐由利益联合转化为友谊的联合。这份友谊的保证和结晶——同时无疑也是一份公告，宣布成立新的联合统治——就是庞培迎娶恺撒芳龄二十三岁的独女尤丽娅（Julia）为妻。尤丽娅承袭了其父的优雅温贤，与年龄几乎比她大一倍的丈夫相亲相爱，家庭生活和谐融洽。人们久经纷扰和变乱，渴望天下太平，以休养生息，将这场婚姻视为未来和平繁荣的保证。

贵族阶级的处境

庞培和恺撒的联合越紧密，贵族阶级绝地反击的希望就越渺茫。贵族们感觉头顶高悬达摩克利斯之剑，并且心知肚明，必要时，恺撒会毫不迟疑挥刀相向。一位贵族如是写道：“我们已然一败涂地，对死亡的恐惧，以及流放他乡的担心，让我们放弃了‘自由’，举世嗟叹，却杜口木舌、不敢言表。”联合派期望的不过如此。虽然大多数贵族都选择委曲求全、息事宁人，但仍不乏性情刚烈之人。恺撒一卸任执政官之职，贵族激进分子如卢奇乌斯·多米提乌斯（Lucius Domitius）和盖乌斯·梅米乌斯就在元老院全体会议中提议废除朱利安法。此举可谓愚蠢至极，反倒让联合派受益颇多，因为现在恺撒坚持认为元老院应该考察朱利安法的有效性，元老院别无选择，只能正式承认该法的有效性。不过由此可见，当权者发现有必要通过惩戒部分风头最盛、恣意妄为的敌人，以儆效尤，从而确保其余的人继续徒呼奈何，却无所作为。

按照旧例，土地法的条款需要全体元老以放弃政治权利为条件，宣誓承认新法，联合派本来希望以此迫使元老院中反对声最为强烈的人拒绝宣誓，效仿努米底亚征服者梅特路斯，自请外放。然而这些人最后的选择出人意料，甚至连刚正不阿的加图也委曲求全，服从宣誓，他的众多“桑丘”[①]（Sanchos）们追随其后。此外，联合派企图通过散布贵族阶级密谋杀害庞培的流言，以刑事诉讼逼迫贵族阶级领袖逃亡他国，可是联合派用人不当，奸计未遂。他们指定的造谣者名唤维提乌斯，此人口若悬河，自相矛盾，而护民官瓦提乌斯是奸计筹划者，人尽皆知他与维提乌斯是同谋，所以似乎最好的结局应该是将维提乌斯勒死狱中，一切作罢。然而贵族阶级的土崩瓦解、达官

①桑丘·潘沙，西班牙塞万提斯名著《堂·吉诃德》中重要人物，堂·吉诃德的忠实侍从。——译者注

贵人们的惊慌失措，由此显露无遗，甚至地位尊贵的卢奇乌斯·卢库勒斯都亲自跪拜在恺撒的脚下，当众声明自己年事已高，请求告老还乡，退出政坛。

流放加图和西塞罗

最终，联合派只能止步于清除少数狂傲不群的贵族。加图开诚布公，坚持认为朱利安法不具有法律效力，而且加图向来言必行、行必果，因此联合派当务之急是将其放逐。马尔库斯·西塞罗则不然，联合派不会对他心存畏惧。但是平民党曾理直气壮地指责西塞罗主导下的罗马纪元 691 年即公元前 63 年 12 月 5 日的冤杀案，如今他们在联合派中居领导地位，不可能胜利后还让罪人逍遥法外。如果平民党人想严惩此案的始作俑者，他们不应该将矛头指向庸弱不堪的执政官西塞罗，而应该是假借西塞罗之手杀人的贵族阶级。然而按照成文法规定，应负责任的毫无疑问不是西塞罗的顾问，而是他本人，此外，仅问责执政官西塞罗而丝毫不牵连全体元老，也算是仁至义尽。因此，在西塞罗的罪状中，他下令行刑所依据的元老院法令，直接被称为是伪造的法令。甚至对西塞罗，当权者也不想大费周章、引人注意，可是西塞罗本人却不能自制，既不向当权者提出保证，也不抓住多次为他提供的机会顺级而下，自请外放，离开罗马，甚至不保持缄默。西塞罗竭力避免触怒当权者，他步步为营，然而却没有明哲保身的自制力，有时一句无礼的戏谑，他会心生不悦，有时又因达官贵人的溢美之词而忘乎所以，他依然缅怀平民律师时期的慷慨陈词，情不自禁言辞激切。

克洛狄乌斯

处置加图和西塞罗的举措由普布利乌斯·克洛狄乌斯执行。克洛狄乌斯为人荒淫放荡，却有勇有谋，与西塞罗积怨经年。为了报仇雪恨，他成为人民领袖，在恺撒执政期间，他骤然变节，由贵族变成平民，之后被选举担任罗马纪元696年即公元前58年护民官。殖民地总督恺撒作为克洛狄乌斯的后盾，为此留在首都附近，直到加图和西塞罗获罪才翩然而去。遵照恺撒的指示，克洛狄乌斯向公民大会提议，委任加图处理拜占庭市政纠纷以及兼并塞浦路斯王国。亚历山大二世一纸遗诏，致使塞浦路斯和埃及并入罗马，不过埃及国王选择纳币以免被吞并，而塞浦路斯国王既未纳贿，昔日还曾冒犯克洛狄乌斯本人。至于西塞罗，克洛狄乌斯提出一个法案，该法案规定，不经审讯和判决便对公民执行死刑的行为，触犯者应受流放他地的惩罚。

如此一来，加图奉命光荣地离开首都，西塞罗却可能至少要受到不轻的惩罚，然而，法案上并未出现西塞罗的名字。平民党人不免喜形于色，一方面，西塞罗的怯弱为世人所知，属于政治上的骑墙派，所以平民党便惩治他此前对平民党表现出的刚毅；另一方面，加图曾激烈反对公民干涉政治，也不承认任何非常规统帅职衔，所以平民党便颁布人民法令加封他为统帅；他们以同样诙谐的态度，利用加图德高望重的特点，认定他特别擅长应对棘手的任务——没收塞浦路斯王室的巨额财产，而不中饱私囊。

处置加图和西塞罗的两个法案明显带有敬重和冷嘲的色

彩，恺撒对元老院的态度自始至终都带有这种特点。两个法案都顺利通过。元老院处置卡塔利纳事件下达的法令受到嘲笑和指责，大多数元老都公然穿上丧服以示抗议，然而这毫无疑问无济于事。至此，西塞罗后悔莫及，他跪伏在地，向庞培求饶，自然而然也是徒劳无功。甚至，禁止西塞罗留居罗马的法令尚未通过，他就不得不自行出国（罗马纪元 696 年即公元前 58 年 4 月）。加图也不敢再言语，恐招致更深重的处置，便只好接受任命，登船东去。当所有这些紧急事务都已处理妥当，恺撒便离开意大利，投身到更加重要的工作中去。

第七章　平定西方

征服西部及西部罗马化

原本政治上的利己主义只会不断带来灾难，在元老院和首都各个街道引发战争骚乱。现在我们抛开罗马首任君主是格涅乌斯、盖乌斯还是马尔库斯的问题，转而关注一个更重要的问题，一件在当下仍能左右世界命运的大事。回到此事发端之际，让我们放眼四周，就罗马征服今法国所在地及其最初与德意志和大不列颠居民交往之事，从它们与世界史关系的角度加以理解。

已壮大为一个国家的民族不断吸纳政治尚未成熟的邻族，而文明开化的民族又不断影响心智尚未成熟的邻族。这其中遵循的定律同引力定律一样普遍适用，一样符合自然规律。作为古时候唯一融合了较高政治自主和较高文明的民族（尽管文明化程度不高并且尚未内化），意大利人有权征服东方摇摇欲坠的古希腊城邦，利用移民驱逐西方文明程度较低的民族，如利比亚人、伊比利亚人、凯尔特人和日耳曼人。之所以英格兰能在亚洲征服一个地位相当却十分软弱的文明古国，一直以来将其国民性加于美国及澳大利亚广大蛮族甚至发展他们的文明，也正是如此。

至于意大利的统一大业，罗马贵族只是完成了它的前提条件，却未能解决问题本身。一直以来，他们认为意大利的对外扩张只不过是一种必要的罪恶，或根本上是一种对外的财产占有行为。罗马的民主制度和君主制度并无多大区别，其不朽的光荣在于正确理解并努力完成它的最高使命。迫于形势，元老院不得不违背本意，为将来统治东西两方奠定一系列基础。之后罗马人民出于本能移民各省，这固然是一场大规模灾难，但无论如何他们仍是西方文明的先行者。而盖乌斯·格拉古作为罗马民主的缔造者，凭借其政治家般的洞察力和决心，抓住了机遇并着手实施。

新政主要包含两个观点，一是在罗马势力范围内统一原本属于希腊人的领土，二是在原本不属于希腊人的领土开拓殖民地。格拉古在其统治时期十分认可这两个观点，相继统一阿塔鲁斯王国，并征服阿尔卑斯山北边的弗拉库斯，但后来遭到势力强大的反对派阻挠，陷入停滞。因此，罗马依旧是一片混乱不堪的景象，既未完全统一，其领土也无确切的界限。罗马在西班牙和希腊及亚细亚一带的领地与母国都相距遥远，而在两地相隔的广阔地带中，仅有沿海区域为罗马人所有；在非洲北海岸，仅迦太基和昔兰尼两地为罗马人所有，就像沙漠中的两处绿洲；甚至领地中的大片区域，尤其是西班牙，也只是在名义上属罗马人管辖。对此，政府方面毫无作为，并未将领地的统治权集中起来，加以完善，而舰队战斗力下降，最终使罗马与远方领地之间的最后一点联系消亡殆尽。

毫无疑问，一旦民主势力再次抬头，必然会依照格拉古的精神拟定对外政策，马里乌斯尤其赞赏这类观点。但因民主势力久未掌权，一切计划终究未能实现。直到罗马纪元 684 年即公元前 70 年，苏拉的独裁统治遭到推翻，民主派才实际掌握政权，自此在政治领域开始了一场巨大变革。首先，罗马恢复了其在地中海地区的统治主权，对罗马这样的国家来说，这是一个生死攸关的问题。第二，罗马吞并了东方的叙利亚两地，保卫了其在幼发拉底河的边界地带。但在阿尔卑斯山北边仍有未完成的任务，一是明确罗马疆域在北边和西边的界限，二是为古希腊文明和尚未遭受打击的意大利民族，从尚未开发的土地中汲取力量。

恺撒征服的历史意义

而这一伟大使命成就了恺撒。若将高卢视为一个练兵场，供恺撒自我操练和训练兵团以备迫在眉睫的内战所需，这不单单是个误解，更是触犯了一直以来主宰历史的神圣精神。虽然对恺撒而言，征服西方只是取得成功的一种手段，他也因阿尔卑斯北边一战奠定了自己今后的威望，但身为一位天才般的政治家，其独特优势在于，他的手段能转变为他的成功。毋庸置疑，恺撒需要军事力量支持自身所在派别，但又未以该身份征服高卢。这在政治上有一定的必然性，因为罗马始终面临着被日耳曼人入侵的威胁，一开始便将日耳曼人挡于阿尔卑斯山以外，同时它又必须修建壁垒以保卫罗马世界的和平。

但即便是这一重要因素，也并非恺撒征服高卢的根本原因。过去的国土面积对罗马公民而言太过狭小，随时面临衰落的危险，而元老院征服意大利的政策正好挽救了他们的灭亡。

如今他们又嫌意大利面积太小，整个社会再次爆发同样的危机，波及范围更广。于是恺撒萌生出一个绝妙的想法，满怀希望地跨过阿尔卑斯山，深信自己能为同胞不断开拓领土，让整个民族在更广阔的土地上发展壮大。

恺撒出征西班牙

在某种意义上，罗马纪元693年即公元前61年，恺撒出征远西班牙一战，亦可称作旨在征服西方的一项事业。虽西班牙一直以来受罗马统治，但即便在德西姆斯·布鲁图斯（Decimus Brutus）征服加利西亚（Callaeci）之后，西岸的大部分地区仍不属于他们，北岸甚至寻不到他们的足迹。各个属地不断受这两处侵掠，西班牙的文明化及罗马化进程也因此遭到极大破坏。为抵御他们，恺撒派远征军前往西海岸一带。他越过塔古斯河北边的赫米尼西亚山脉（Herminian mountains，即埃斯德雷亚山脉［Sierra de Estrella］），首先攻下这一地区，之后把当地一部分居民迁至平原地带，接着平定杜罗河两岸直到半岛的东北角。最终在由加的斯所率舰队的帮助下，他得以占领该地的布里干提姆（Brigantium，即科伦纳［Coruna］）。由此，大西洋岸的卢西塔尼亚人和加莱西亚人被迫承认罗马霸权，同时罗马相应削减纳贡数额，整顿各民族的财务，从而改善他们的生活境况。

这样一位文武双全的伟大人物，无论担任将军还是政治家，都展现出其今后身为领导的那种天赋和理念。即便如此，由于他管理伊比利亚半岛的时间过短，实在难以取得深刻成效。何况该地区地势特殊，民风独特，只有长期不断作为才能产生永久影响。

施政理念

这位文武兼备的伟人初次用兵和为政，便显出他以后在较大场面中所表现出的本领和宗旨，虽然如此，他在伊比利亚半岛的施为却嫌太短促，不能深著成效；况且此地地势和民性特殊，只有长期继续不断地活动始能发生永久影响。

高卢

在罗马的西方开拓史上，有一片区域的发展更为重要，它介于比利牛斯山脉（the Pyrenees）和莱茵河（the Rhine）以及地中海与大西洋之间。自奥古斯都时代以来，它一直有个独特的名字——高卢，意为“凯尔特人的土地”。但严格说来，凯尔特人的土地一方面并没这么大，另一方面又广阔得多，而这个所谓的城市从未实现民族的统一，在奥古斯都之前也未能完成政治上的统一。因此，恺撒于罗马纪元 696 年即公元前 58 年来到此处时，他所遇到的各种复杂情况也就不言自喻了。

罗马诸省战争及叛乱

所谓地中海沿岸区域大概包括罗纳河西边的朗格多克（Languedoc）以及东边的多菲内和普罗旺斯，过去六十年间一直是罗马的一个行省，经辛布里族侵掠扫荡之后，此地再无安宁。罗马纪元 664 年即公元前 90 年，盖乌斯·凯利乌斯在阿克瓦埃赛克斯提埃（Aquae Sextiae）与萨尔耶斯族（Salyes）交战，罗马纪元 674 年即公元前 80 年，盖乌斯·弗拉库斯征战西班牙时又与其他凯尔特部落进行交战。塞多留一战，战况紧急，省长卢奇乌斯·曼利乌斯不得不急忙越过比利牛斯山支援同伴，于伊列达城战败，归国途中又败于该省西边相邻的阿奎塔尼部落（the Aquitani，约罗马纪元 676 年即公元前 78 年）。似乎从这个时候开始，比利牛斯山和罗纳河乃至罗纳河和阿尔卑斯山之间各省便陷入了叛乱之中。庞培若想穿过高卢前往西班牙，必须用武力开辟一条道路，为惩处这些叛乱者，他将沃尔卡－阿雷哥米契部（Volcae－Arecomici）和赫尔维蒂部（Helvii，今加尔省和阿尔代什省）的土地划给了马西利亚人；省长曼尼乌斯·弗隆提乌斯（Manius Fonteius，于罗马纪元 678—680 年即公元前 76—前 74 年任职）着手实施，镇压沃康蒂（Vocontier，在今德龙省）当地的叛乱，保卫马西利亚以免受叛党所害，解放被围困的罗马省会纳博（Narbo），从而恢复了此省的安宁。高卢各省一方面忍受西班牙战争带来的灾难，一方面需向罗马缴纳各种苛捐杂税，面对这一情形，人民内心绝望不已，生活困苦不堪，再也不得安宁。尤其阿洛布罗基虽距纳博最远，但骚动不断，因此罗马纪元 688 年即公元前 66 年，盖乌斯·皮索不得不去那里主持“绥靖工作”，此外罗马纪元 691 年即公元前 63 年乱党谋反时，阿洛布罗基使者曾到罗马谈判。此后不久（罗马纪元 693 年即公元前 61 年），该族人民公然背叛。卡图基纳图斯（Catugnatus）率阿洛布罗基人殊死搏斗，一开始便战无不胜。而在索洛尼姆（Solonium）一战中，他们虽然负隅顽抗，最终还是败于省长盖乌斯·庞普提努斯（Gaius Pomptinus）之手。

与罗马之间的边境关系

经历了这些战争，罗马的疆域并未得到大幅扩张。在庞培将塞多留军队的残部迁往卢古杜努姆部落（Lugudunum Convenarum）之后，此地和托洛萨（Tolosa）维也纳以及日内瓦依旧是罗马西北部最边远的据点。而同时，这些高卢领地对罗马的发展日益重要。高卢南部气候与意大利类似，非常适宜居住，地势平坦开阔，土壤肥沃，与不列颠直通商道，十分有利于商业的发展。此地因与罗马水陆交通便利，所以对意大利的经济发展至关重要，而西班牙作为历史更为悠久的属地，历经百年，其地位仍不及高卢。这一时期罗马人政治失利后，开始四处寻求避难所，一时大批人涌入马西利亚，人们在那里再次目睹了意大利的文化和奢华，于是越来越多的意大利人渡过罗纳河或加伦河，自愿迁居马西利亚。在恺撒来此的十年前，曾有人这样记录道："高卢省到处都是商人，随处可见罗马公民。在高卢人的每一笔交易中，一定有罗马人担任中介；高卢买卖中流通的每一分钱，一定能从罗马公民的账簿中找到记录。"而从另一段描述中，我们还发现除纳博的殖民地居民外，还有大批罗马农人和牧人也住在高卢。至于这些人，我们不能忽视一点，那就是罗马人在各省所拥有的大部分土地同英国人早期在美洲占领的土地一样，只有意大利的高等贵族才可拥有，而这些贵族的仆人大多是上述的农人和牧人，即奴隶或自由民。

罗马化的初级阶段

既然如此，文明化和罗马化进程能够在当地迅速发展便不难理解了。凯尔特人不喜欢农耕，但迫于新主人的要求，他们不得不放下刀剑，换上耒耜。我们坚信，阿洛布罗基人之所以愤怒抵抗，一定程度上是这类命令所致。早期，这些地区都或多或少受到希腊文化的影响。一个高等文明的形成，离不开对马西利亚文化的借鉴和吸收。人们开始种植葡萄和橄榄、使用文字[①]以及铸造钱币，也都受到了马西利亚的影响。在这种情况下，罗马人并未弃用希腊文化，马西利亚从希腊文化中汲取的精华，远多过它自身剔除的那部分，即便是在罗马统治时期，高卢省依然公开雇佣希腊医生和修辞学家。但正如人们所想，高卢南部的希腊文化和意大利当地一致，随着罗马人的活动都汲取了同一特性，于是独特的希腊文明被一种拉丁—希腊混合的文化取代，而后者很快便吸引了一大批支持者。人们称南高卢人为“穿马裤的高卢人”，以区别意大利北部“穿托加袍的高卢人”，因为前者虽不像后者那般已完全实现罗马化，但在当时已明显不同于北部仍未被征服的“长发高卢人”。他们越来越适应这种杂糅的文化，嘲笑从中找到的大量用词粗俗的拉丁语，一旦任何人有凯尔特人血统的嫌疑，人们定会认为他“与穿马裤的人有关联”。即便这种拉丁语有诸多缺点，遥远的阿洛布罗基人也能用它与罗马当局进行商贸往来，甚至无

①例如在沃克努斯部的维松（Vaison），发现一个用普通希腊字母撰写的凯尔特铭文，其中最后一个字意谓“神圣”。

需翻译人员在罗马法庭上作证。

而这些地区的凯尔特人和利古里亚人正逐渐丧失民族性，同时在政治和经济的双重压迫下日渐衰弱，他们无法忍受这些，继而绝望地起义。随着当时意大利高等文明的传入，本土居民的人数逐渐减少。阿克瓦埃赛克斯提埃面积已算广大，纳博更甚，两座城市甚至可与贝尼温图姆（Beneventum）和卡普阿相提并论。在所有依附罗马的希腊城市中，马西利亚的管理最为有序、环境最为自由、自卫能力最强、势力最为强大。它全面实行贵族政治，这在罗马守旧派看来可谓是优秀城邦政治制度的一大范例。同时，马西利亚占有了罗马人曾大幅扩张的一块重要领土，进一步扩大了贸易规模，正如意大利的利基翁（Rhegium）和那不勒斯与贝尼温图姆和卡普阿并肩发展那般，马西利亚和那些拉丁城市之间也是如此。

自由高卢

一旦越过罗马边界，眼前便是另一幅景象了。因大批意大利移民涌入，生活在南部地区的凯尔特民族已经开始瓦解，而自始至终，塞文山脉以北的凯尔特人都享受着自由带给他们的欢乐。在前文中我们已多次提及这个民族：意大利人与凯尔特民族军队的分支和先头部队曾在台伯河和波河沿岸、卡斯提尔（Castile）和卡林西亚（Carinthia）的山上乃至小亚细亚（Asia Minor）的中心地带多次交战。但直到塞文山一战，意大利军队才第一次攻击到凯尔特民族的核心势力。自凯尔特民族定居中欧之后，人们分散居住在今法国土壤肥沃的河谷地带和气候宜人的丘陵地带，包括德意志的西部和瑞士。自此，不仅是英格兰南部，甚至大不列颠和爱尔兰[①]全部都成为了他们的土地。他们在此形成了一个不同于别处的聚居地，面积广阔，地理上高度统一。

在这样广阔的领域内，语言和风俗上的差异自然是存在的，但在罗纳河和加龙河（Garonne）及莱茵河和泰晤士河（Thames）一带，各部落间往来密切，人们内心都有一种强烈的团体意识，并能团结一致。然而，尽管这些部落在一定程度上与西班牙和今奥地利境内的某些凯尔特人有联系，但由于比利牛斯和阿尔卑斯两大山脉形成的强有力阻隔，以及罗马人和日耳曼人对此地的入侵，这种同种族间的交流和精神联系遭到破坏，这种后果远比欧洲大陆与不列颠两地凯尔特人交往遭狭长海峡阻隔要严重。遗憾的是，通过手头上现有的恺撒时期史料，我们只知道这一伟大民族的历史文化和政治发展概况，而无法逐步深入了解它在这些重要区域的内部发展史。

农业人口和牲畜饲养

据历史记载，高卢人口相当稠密。透过某些叙述，我们推

①泰晤士河两岸的英伦部落均借用贝尔格部落的名称，可见贝尔格当地的凯尔特人迁居不列颠一事，前后持续时间颇久。例如阿特雷巴特部、贝尔格部，甚至不列颠部（Britanner），“不列颠”一词的由来，大概最初是将住在亚眠下游索姆河（Somme）上的不列顿部（Britonen）名称移用到某一个英伦部落，而后推广到全岛得来。英伦的金币也源自贝尔格部，并且最初与贝尔格金币一模一样。

测，比利时族各区域平均每一平方英里人口数大约为200人[①]，赫尔维蒂部各区域平均每一平方英里人口数约为245人，其人口密度与今威尔士和利沃尼亚（Livonia）两地相当。而在较比利时文明程度更高及较赫尔维蒂地势更为平坦的地区，如比图里吉（Bituriges）、阿维尔尼（Arverni）和埃杜维（Haedui）等部，人口密度可能更大。农业在高卢取得过一定发展，即便在恺撒时期，人们也不由得惊叹莱茵河流域的泥灰岩施肥法[②]，并且凯尔特人早期用大麦酿造啤酒，可见人们早期便开始广泛种植谷物。但农业并未受到重视，即便在文明程度较高的南部地区，人们依旧认为凯尔特释放奴不应手握犁具耕作。在凯尔特人看来，畜牧业的地位远高于农业，这一时期的罗马地主十

---

①贝尔格各部落若不包括雷莫部在内，即塞纳河与斯海尔德河之间，东至雷穆和安德纳赫（Andernach）的地方，共约十一万至十二万平方公里，约计第一期征兵可出三十万；因此，如果我们把贝洛瓦奇部第一征兵与全体能战男子的已知比率认为处处可用，则贝尔格部能战的人数必达五十万，因而全部人口至少达二百万。在迁徙以前，赫尔维蒂部及其属下各族共计三十三万六千人，若我们假定他们当时已被逐出莱茵河右岸，他们的领土面积约计一万六千五百平方公里。由于不了解凯尔特的奴隶制度，所以农奴是否计算在内，我们无法断定。依据恺撒叙述奥格托里克斯（Orgetorix）的奴隶、门客和债务人的言论，他们似乎已被纳入其中。再者，远古时期的历史特别缺乏具体的统计数据，这种用推测补其缺漏的办法，我们自当慎重筛选，聪明的读者应当不被它们误导，也不因此而不予考虑。

②瓦罗书中曾记录下斯克法（Scorfa）所言："在阿尔卑斯山北边莱茵河畔的内陆地带，我还任统帅时，走过一些地方，既不见葡萄树，也不见橄榄树，又不见果树，他们用掘出的白垩土给土地施肥，他们既无岩盐，也无海盐，只把某种木料烧成碱灰，用以代盐。"这话所描写的大概是恺撒以前旧省东境阿洛布罗基领土的情形，之后普林尼又详细记录了高卢的不列颠人是如何用泥灰石增加土壤肥力的。

分偏好拥有凯尔特血统的牲畜和奴隶，因为这类奴隶刚烈果敢、擅长骑射并熟知饲养牲畜事宜[①]。

尤其是在凯尔特北部地区，畜牧业完全占据统治地位，以至于在恺撒时期，布列塔尼一直面临粮食短缺的困境。东北部是一片茂密的森林，一路绵延至阿登高地的中心地带，连接了日耳曼海（German Ocean，又称北海）至莱茵河两地间的广阔区域。而在佛兰德斯（Flanders）和洛林（Lorraine）那片如今看来十分肥沃的平原上，明纳普（Menapian）和特雷维里（Treverian）的牧民整日隐匿在橡树林中，饲养自家半野生的猪。在另一旁的波河河谷，不同于过去凯尔特人用橡果喂猪，罗马人转而生产羊毛并种植谷物，因此在斯海尔德河（Scheldt）和马斯河（Maas）的河岸平原上，我们也能找到他们农耕养羊的踪迹。与此相反，不列颠当地很少给谷物脱粒，甚至在北部几乎不发展农业，只知用土地饲养牲畜。马西利亚人通过种植橄榄和葡萄获利颇丰，但在恺撒时期，除塞文山区以外并无人从事此业。

城镇生活

一直以来，高卢人喜好群居，因而不设城墙的村庄随处可

①“高卢的牛在意大利十分出名，它们特别擅长田间耕作，而利古里亚的牛则毫无用处。”（瓦罗）固然，这里所谓的高卢仅指阿尔卑斯山以北的高卢地区，但该地的畜牧业必然起源于凯尔特时代，由普劳图斯所说的“高卢马”（Gallici canterii）可知。“不是每一种族都擅长放牧，如巴斯图尔人（Bastuler，生活在安达卢西亚［Andalusien］）和特杜尔人（Turduler，也生活在安达卢西亚）则均不擅长此事。凯尔特人最长于此，尤指可骑的牲口和负重的牲口（iumenta）。”（瓦罗）

见。罗马纪元 696 年即公元前 58 年时，仅赫尔维蒂部就有四百个这样的村庄，以及众多独立的农庄。但这里也不乏建有城墙的城镇，城墙皆由木材和石块交错堆砌而成，适用性强，结构精美，罗马人见了无不惊叹。而反观阿洛布罗基的城镇，房屋则全由木材筑造，这类城镇在赫尔维蒂和苏威西翁内斯（Suessiones）各有十二处。再放眼内尔维这类更北部的部落，当地虽有城镇，但人们一到战时不逃往城内避难，而是逃往沼泽和丛林地带。在泰晤士河以外区域，木栅栏作为原始防御工事充当了城镇的作用，是古时战争爆发时人们和牲畜唯一的避难所。

交通

城镇生活之所以能取得相对长足的发展，与便利的水陆交通密切相关。在罗马，道路和桥梁随处可见，河运发达，由于罗讷河、加伦河、卢瓦尔河（Loire）、塞纳河等河流本身就利于航行，因而河运规模极大，利润可观。而与凯尔特人的海上航运相比，后者更引人注目。总的来看，凯尔特人不仅是首个在大西洋定期通航的民族，而且我们发现，它的造船和行船技术取得了惊人发展。在相当长一段时间里，地中海海域行船都以划桨为主，从他们所经过的水道特性可知，腓尼基人、希腊人和罗马人一直以来都用桨船作战舰，桨船上的帆偶尔充当船桨的辅助。只有在所谓古代文明发达时期，帆船才成为真正意义上的商船[1]。另一方面，在恺撒时期及今后很长一段时间内，高卢人在航海中采用了一种可携带的皮艇，其中大多为常见的桨船。但在高卢的西海岸各地，如圣东尼、皮克通和威尼西亚（Venetia），当地人都选择乘坐笨重的大船航行，其中以威尼西亚人最甚。这种船上配有皮帆和铁制锚链，无需划桨便可前行，因而被大规模应用于与不列颠之间的商贸活动及海战当中。这是我们历史上第一次接触远洋航行，同时我们发现，帆船自此以后完全替代了桨船。这无疑是种进步，但在各项活动衰微的古时，人们不知如何利用它，随着我们这一时期文明的复兴，人们才开始逐渐收获这一进步所带来的硕果。

商业生产

由于不列颠与高卢海岸定期进行海上贸易，海峡两岸人民政治关系十分密切，同时迎来了海外贸易和渔业的迅猛发展。其中尤为称道的是，布列塔尼当地的凯尔特人从英格兰康沃尔（Cornwall）矿场买下锡，经高卢河道和陆路运至纳博和马西利亚。据说在恺撒时期，莱茵河口有一些部落以鱼类和鸟蛋为食，可见捕捞海鱼和捡海鸟蛋这类事件在当地十分普遍。现存有关凯尔特商贸和交通的史料相互孤立，内容残缺，若我们能综合考虑，填补其中的空白，便不难理解为何河港海港关税在埃杜维和威尼西亚等部落财政预算中占有很大比重，以及为何

①我们所以得此结论，是因此商船名为“圆”船，以别于名为“长”船的战船，同样还有划桨船与商船之别，又因为商船船员不多，至多不过二百人，而一只普通的三层桨船所用的桨手有一百七十人。

民族主神被奉为道路和商业的保护神和制造业的开创者了。因此，凯尔特民族工业并非毫无发展，事实上他们技巧娴熟，特别擅长仿造并且工艺一流，颇受恺撒称赞。然而在大多数部落中，他们的手工制品似乎未能超过一般水平，最终在罗马人的努力下，亚麻和羊毛制品随后才在高卢中部和北部广受追捧。相比之下，金属工艺的发展可谓例外，据我们所知也是唯一的例外。随着高卢古墓被人们发掘，墓中的铜器得以重见天日，因工艺精湛至今仍保留着良好的可塑性，此外阿维尔尼人铸造的金币大小轻重更是丝毫不差，这些至今都足以证明凯尔特金匠和铜匠的高超技艺。相关史料也印证了这一推断，据说罗马人曾向比图里吉人学习镀锡工艺，向阿勒西人（Alesini）学习镀银工艺，锡的发明与其贸易情形相符，并且这两种技术都起源于凯尔特自由发展时期。

采矿业

金属开采技术与金属加工的熟练程度密切相关，特别在卢瓦尔河岸的铁矿场里，这种技术发展成熟，因而采矿工在攻城时扮演重要角色。这一时期罗马人普遍认为，高卢是世界上盛产黄金的地区之一。但从当地土壤特质和凯尔特古墓中物件品类来看，这种说法显然不成立，不仅墓中黄金数量极少，而且并不像真正黄金产地那般经常出土黄金制品。之所以存在这种观念，一定是源于希腊游客和罗马士兵的描述，在描述国王的财富和托洛萨神庙里的金银财宝时，他们难免夸大其辞。但他们的话也并非纯属虚构，我们有理由相信，在发源自阿尔卑斯山和比利牛斯山的河流流域内外，淘金和寻金如以当今的劳工价格来看虽无利可图，但在文明发展程度较低时期，却能凭借奴隶制度大规模赚取大量利润。此外，对文明开化民族而言，其贸易状况往往有利于储存贵金属，高卢也不例外。

艺术与科学

设计工艺水平本就不高，与日益成熟的金属加工技术相比，其劣势更加凸显。由于缺乏一定的审美触觉，他们喜好色彩纷杂、颜色鲜艳的装饰品。对此，另一个令人叹息的佐证当属高卢钱币，钱币上的图案有的过于简单，有的稀奇古怪，但设计幼稚，表面雕刻工艺十分粗糙，几乎无一例外。此地铸币业历经几个世纪之久，技术工艺日益成熟，但本质上仍局限于对两至三种希腊钱币进行仿造，在此基础上日益变化，这在历史上大概是一特例。另一方面，诗歌艺术不仅在凯尔特颇受重视，并且与民族宗教文化乃至政治制度密切相关。在我们看来，宗教诗歌、宫廷诗以及乞丐的诗都曾历经繁荣。尽管自然科学和哲学受制于神学的形式和约束，但在凯尔特民族中仍不乏一定关注。无论身处何地，无论是何种形式，一旦遇到希腊人文主义，他们都会敞开怀抱欣然接受，至少祭司通常都会写作。到了恺撒时期，解放后的高卢大部分人都使用希腊文字，赫尔维蒂人便是其一。而在南部边境地带，人们与罗马化的凯尔特人交往频繁，因此拉丁文日益成为主流文字，如这一时期阿维尔尼钱币上便刻有拉丁文字。

政治组织部落体系

凯尔特民族的政治发展历程可谓是一部辉煌的历史。国家政治组织以氏族部落为基础建立，与任何地区无异，设有君主、元老理事会以及由可携带武器的自由民组成的社会团体。但其特别之处在于，它始终建立在部落体系之上。在希腊以及罗马，城镇早期便取代部落，成为政治单位的基础；若两个部落同处一座城镇内，便合为一个城邦；若某一公民团体派遣一部分成员迁居新的城镇，通常会形成一个新的民族，而新民族与旧团体之间的联系只有虔敬，至多不过是下属关系。另一方面，在凯尔特人看来，公民团体永远都是氏族，君主和元老会只能领导部落，而非任何城镇，而部落大会拥有整个民族的最高审判权。与东部世界一致，城镇的重要性体现在商业和战略手段，而非政治。因而在希腊人和罗马人看来，高卢城镇只不过是一处处的村落，即便是设有城墙、面积广阔的维也纳和日内瓦也无一例外。在恺撒时期，凯尔特人居住的岛屿上和大陆北部，各部落间依然存在原始的氏族组织，基本上与过去毫无变化；公民大会拥有最高权威；在重大问题上，君主受公民大会法令约束；委员会成员数量众多，其中某些部落成员多达六百人，但就其影响力而言，似乎并未超过罗马王政时期下的元老院。而在六七十年前，末代君主的孩子仍活在世上，在阿维尔尼、埃杜维、塞卡尼、赫尔维蒂等动荡的高卢南部地区，曾爆发一场大革命，推翻了王政，最终政权落入贵族之手。

骑士阶层打破旧部落组织的发展历程

如上所述，凯尔特城镇间未曾形成一个联邦，与之相反的是，政治发展过程中的另一极端现象，即骑士制度，它在凯尔特的部落体系中占有绝对主导地位。在凯尔特，贵族阶级只对高等贵族开放，其中大部分人都是王室成员或昔日王室成员。因此，有时人们会惊讶地发现，统一部落互相敌对的两个派别领导人竟常常是一家人。这些大家族同时握有财政、战备和政治特权，垄断了国家一切土地的承租权。普通自由民被迫承受繁重的赋税，不得不向贵族借钱，最终被迫放弃自由，沦为事实上的债务人，即法律上的奴隶。贵族设立了一套家兵制度，因而他们有权雇佣一大批会骑马的家仆（又称 ambacti）[①]，从而形成各自的割据势力。同时，贵族凭借自己培养的部队公然

①早在罗马纪元第六世纪，波河流域的凯尔特人便开始使用这一词语，因此恩尼乌斯已知此词。在那样早的时候，此词只能由该处传给意大利人，然而此词不只是凯尔特文，而且是德文，为德文 Amt 一词的语根；甚至家兵制本身，也是凯尔特人和日耳曼人所共有。为考证此词，我们需考证该制度究竟由日耳曼人传到凯尔特人，还是由凯尔特人传到日耳曼人，这是史学上的重要事情。若我们如往常所想，此词本系德文，原来的意义是作战时立在主人背后（and 等于“对”，bak 等于“背”）的奴仆，使与此词极早为凯尔特所知并不完全矛盾。由一切类似的现象看来，养家兵之权不可能一开始便属于凯尔特贵族，而是从古时君主制和自由民的平等对抗中渐渐发展而来。若这样看来，凯尔特家兵制并非诞生于本土，也并非由来已久，而是较晚的制度。那么，鉴于凯尔特人与日耳曼人几百年来已有的关系（详见下文），凯尔特人在意大利不可能像在高卢那般大量雇用日耳曼人作武装奴仆。若其成立，则所谓“瑞士亲兵”（Schweizer）必早于人们想法几千年。罗马人或许仿凯尔特人称日耳曼民族为 Germani，如果 Germani 一词真是源于凯尔特语，这显然符合上述说法。当然，如果 ambacti 一词能由凯尔特语根得到满意的解释，以上那些假定便值得怀疑；即如崔斯（Zeuss）探求此词的来源，以为 ambi 等于“周围”，ag 等于 agere，意指“周围行动的人”或“左右听差的人”，所以判定该词指的就是下人、奴仆，不过他还不敢确定。至于此词同时是一个凯尔特人名，或许与坎布尔语（cambrisch）中的 amaeth（小农人、苦力）也有某种联系，但这些都不能用来决定以上两种说法的是非。

违抗法律，扰乱一般税收，几乎割裂整个国家。若在一个部落中，可作战人数达到八万人，一个贵族可携一万家兵参与日常活动，尚且不计奴隶和债务人人数，那么它必然是一位独立君主，而非部落中的普通公民。此外，不同部落的大家族之间来往密切，通过联姻和一些特别条款团结成一个十分紧密的联盟，面对这样一个联盟，任何单一部落都无力对抗。因此，各城邦无力维持公共安全，人们不得不遵守这一强大势力所奉行的规矩。奴隶只能向主人寻求庇护，而主人迫于职责和利益，不得不为奴隶的损失寻求赔偿。国家丧失了保护自由民的权力，最终使得大量自由民沦为一些强权人士的奴仆。

君主政治遭到废除

公民大会在政治上失去价值。在凯尔特和拉丁姆两地，君主的权力本应用于制裁贵族的侵占行为，却遭到反噬。于是，大法官（Vergobretus）[①] 一职应运而生，取代了以往的君主，与罗马执政官相仿，任期也仅一年。若部落内部依旧团结，则一切事务交由共同理事会主导，事实上，理事会中贵族权力凌驾于政府之上。显然在这种情形之下，各个部落必然出现骚乱，昔日拉丁姆国王被逐后整个民族陷入长达几个世纪的动荡，大概也是如此。尽管各个部落贵族之间另行组建了一个反抗部落领导的同盟，民众却并未放弃恢复王政的夙愿。这时，通常会出现一位像昔日罗马斯普利乌斯·卡西乌斯那般颇有声望的贵族，依靠部落民众的支持削弱其他贵族的势力，企图恢

①源于凯尔特语的 guerg（工作者）和 breth（裁判）。

复王权来维护自身的利益。

民族统一的进程

随着个别部落因此日渐衰落，无法挽回，整个民族这时萌生出一种强烈的团结意识，通过种种方式寻求确立与发展。不同于单个部落联盟，凯尔特全体贵族团结起来虽打乱了现有秩序，却也唤醒并助长了一种民族团结统一观念。该民族常年陷于外患，在与邻国的交战中疆土日益缩减，从另一方面也激发了民族统一观念。就像昔日希腊人出征波斯以及意大利人与凯尔特人的交战，阿尔卑斯山北边的高卢人也是在与罗马的交战中才感受到民族的团结以及它所带来的力量。在部落间的纷争和封建势力的交恶当中，我们仍然能听到这样一些声音，他们主张牺牲某些部落的独立，甚至是骑士阶层的领主特权以换取整个民族的独立。在恺撒一战中，我们看到了全体人民对外族入侵的深恶痛绝，凯尔特爱国派人士对恺撒的态度，与之后德意志爱国派人士对拿破仑的态度完全相同。此外，各地区之间信息传递迅速，如电报一般，可见反抗外族入侵的运动规模庞大、组织有序。

国家宗教统一的基础——祭司

虽然凯尔特民族在政治上早已分崩离析，但对于宗教神学却有着极为一致的信仰。若非如此，我们便无法理解凯尔特人的民族认同感和强大的意志。凯尔特的祭司团即当地所谓的德鲁伊（Druids）教会，作为人与宗教之间常见的一种纽带，将大不列颠全岛及整个高卢、乃至其他凯尔特人所在地区联系起来。教会设一人专门管理，由各祭司推举产生；祭司分为几类，每类祭司队伍中流传着各式各样的传说；祭司拥有特权，特别是免交赋税及免服兵役的权利；教会每年定期在沙特尔（Chartres，即凯尔特领土的中心）附近举办理事会；最重要的是，坚定的信徒对祭司盲听盲信，一味遵从，完全不亚于现代爱尔兰人。我们可以设想，这样一个祭司团体的目的就是推翻尘世间的政权，事实也的确如此。在君主任期一年的地区，当君位虚悬时，由祭司团主持选举。此外，祭司团主张成员有权将个人甚至整个团体逐出教会，乃至最终逐出文明社会，竟大获成功。它用尽一切办法，务必将最重要的民事案件纳入管辖范围，尤指那些关乎疆界和遗产继承的案件。鉴于他们有权将他人逐出团体，同时大概考虑到凯尔特民族常杀人祭神，并且这一习俗长期以来多用罪犯作牺牲品，因此祭司团授予各位祭司广泛的刑事管辖权，以钳制国王和大法官的刑事裁定权。此外，祭司团甚至要求有宣战求和的决定权。高卢民族大体上依旧与教会团并无二致，设有教皇和教士理事会，教士有权免交赋税、免服兵役，有权停止某人参加圣事活动或出入宗教场所。不过，不同于近代的教会国家，它并未脱离民族，相反颇具民族特色。

部落联盟缺乏政治集权

当同胞情谊在凯尔特各部落间兴起，该民族却仍旧无法实现中央集权统治。就中央集权的核心而言，希腊有马其顿国王，日耳曼有弗兰克王，凯尔特民族什么也没有。凯尔特祭司团和贵族在某种程度上代表着这个民族，维系着整个民族的团结。但一方面，他们代表着各自阶级的利益，因而不能统一全民族；另一方面，他们势力强大，不允许任何君主和部落完成统一大业。人们为统一大业做出过多种努力，但正如部落组织体系那般，这些举措促使局面往另一端发展——霸权体系。强大的部落将势力弱小的部落纳为属地，在对外交往中一切行为皆代表属地，并代替属地订立国际条约，而附属部落承担服兵役的义务，有时还需纳贡。如此一来，一大批独立的联盟诞生。但对整个高卢而言，无论内部多么团结，都没有一个强大的部落能够形成某种纽带团结整个民族。

比利时联盟—沿海部落—高卢中部联盟

上文已述，罗马人远征阿尔卑斯山以北时，初期在北部发现了一支由苏埃西翁人领导的不列颠－比利时联盟，同时在高卢中部和南部发现了阿维尔尼联盟，该联盟之后与属国较少的埃杜维展开了一系列对抗。到了恺撒时期，我们发现在高卢东北部、介于塞纳河与莱茵河之间的比利时依旧是这样一个联盟，但显然不再包括不列颠。而在两河沿岸即今诺曼底和布列塔尼区域，出现了由众多沿海部落组成的阿尔摩利加（Aremorican）联盟。在高卢中部即严格意义上的高卢地区，仍有两派像过去那样争夺霸权，一派以埃杜维部落为首，一派由阿维尔尼人领导，但该部落因与罗马交战势力遭到削弱，因而丧失了霸权，改由塞卡尼人领导。这些联盟势力相当，各自独立存在，而高卢中部联盟的领国势力却似乎从未到达高卢东北部，严格说来，甚至也从未到达过高卢西北部。

各联盟的特征

毫无疑问，部落联盟在某种程度上满足了整个民族对自由的渴望，但无论从哪一方面来看，单单这点都远远不够。联盟组织十分松散，在联盟体系和霸权体系间不断徘徊。在和平时期，整个联盟的一切行为由联邦议会代表，而在战时则由将军代表[①]，代表本身势力最弱。只有比利时联盟似乎由于内部团结而更为强大，出于爱国情怀，他们成功击退了辛布里人，事实证明这种精神鼓舞是有益的。霸权之争导致各联盟产生分裂，随着时间推移，这种分裂愈演愈烈。因为无论哪一方获胜，另一方仍旧能保留部分政治残余，尽管沦为属地，它们日后也可再度争夺霸权。在势力强大的部落中，争斗不仅会破坏内部秩序，而且会波及每个附属部落乃至每座村落，通常家家户户皆不能幸免，而个人所持立场取决于各自的人际关系。我们认为，雅典的灭亡并非出于与斯巴达一派的争斗，而是每一个附属部落甚至雅典城内雅典派和斯巴达派的内讧。因此，阿维尔尼部落与埃杜维部落一再爆发小规模纷争，最终也导致了凯尔特民族的毁灭。

凯尔特骑兵部队

而这些政治和社会关系反过来影响这个民族的军事实力。凯尔特民族武装力量以骑兵为主，此外在贝尔格部族附近乃至

---

①由维钦拖利被控叛逆罪一事，可见这种联军元帅对军队方面所处的地位。

不列颠群岛，古代富有民族特色的战车已趋于完备。这些规模庞大的骑兵部队和战车部队都由贵族和他们的部下组成。就贵族而言，他们极具骑士天赋，喜爱犬马，不惜花费重金购买外国品种的骏马。这样一支队伍有独特的精神信仰和战斗模式，征兵时，凡是能骑马的，无论老少都能入伍；面对不大重视的敌人，开战时人人定要宣誓，称至少要冲破敌军防线两次，否则他们誓不回家。雇佣兵大多自由散漫、意志消沉，对自己和他人的性命漠不关心。对此，有几个流传下来的故事可以为证，且大多带点奇闻色彩。例如，凯尔特民族在宴会开始时通常以打斗热场，有时还会为生死而战。此外凯尔特当地还盛行一种习俗，比罗马的武士决斗更甚，即卖身以换取一定钱财或若干桶酒，并自愿在众目睽睽之下卧于盾上受刑至死。

凯尔特步兵

相比于骑兵，步兵装备落后。罗马军队曾在意大利和西班牙两地与凯尔特部队交战，总的看来，这里的凯尔特部队多指步兵。在步兵中，人型盾牌仍是主要的防守武器。而另一方面，长矛取代刀剑成为使用率最高的攻击武器。一旦多个部落联合发动战争，通常以部落为单位安营扎寨并执行作战计划。至于各个部落征兵是否设有专门的军事组织或是否存在规模更小的常备战略分支，并无史料记载。整个凯尔特部队一直沿用一长列运货马车拖运行李物资。不同于罗马军队每晚挖壕沟扎营，凯尔特军队只能用运货马车设置路障。而在特定部落中，如内尔维部，步兵战斗素养极高，颇引人注目，并且这些部落并未配备骑兵，甚至算不上一个凯尔特部落，更像是一个由日耳曼移民组成的部落。总而言之，这一时期的凯尔特步兵虽规模庞大，但似乎并不好战，特别是在南部各地，随着文明程度的提高，大多数战士也失去了上阵杀敌的斗志。正如恺撒所言，凯尔特人不敢与日耳曼人在战场上正面交锋。而恺撒对该支军队的抨击还不止于此，他还说道，在第一场战役见识到凯尔特步兵之后，绝不允许罗马步兵与他们联合作战。

凯尔特文明的发展阶段

若我们依据恺撒在阿尔卑斯北部地区的所见所闻来考察凯尔特的整个面貌，那么相比于一个半世纪前波河流域的文明程度，凯尔特民族的文明还是取得了长足进步。那一时期民兵组织表现优异，是所有军队的主力，而如今却被骑兵取代。那一时期凯尔特人住在不设围墙的村落，而如今他们居住的城镇外早已竖立起坚固的城墙。在伦巴蒂区古墓出土的器物中，以铜器和玻璃器皿为例，其制作工艺远不及北高卢。就文明进化程度而言，最具衡量价值的大概莫过于全民族团结统一的信念。当凯尔特人在今巴伦蒂的这片土地上作战时，这种民族认同感表现尚不显著，直到与恺撒一战，才迎来了爆发的高峰。从各方面来看，凯尔特民族与恺撒相遇之时，其文明程度已达到峰值，正由盛转衰。而对我们这些并不完全了解情况的人而言，恺撒时期阿尔卑斯山北边的凯尔特文明在某些方面令人肃然起敬，但更多表现出一种趣味性。就某些方面而言，相较于以帆船、骑士制度以及教会组织为代表、并曾大胆尝试以部落乃至更高层次的民族而非城镇作为立国之本的古希腊罗马文化，这种文明和近代文化的联系更为紧密。但正因为我们接触凯尔特民族时，它的文明已发展到某一高度，因而才愈发暴露出道德素质的低下，或者说文化实力的衰弱。

他们无法运用自身资源创造出一种本民族的特色文化，也无法创建一个民族国家，他们能做的只不过是创立一种全民性的宗教神学，并特设了一种新的贵族阶级，原本那种纯粹的勇敢不复存在，军人的勇气建立在较高的道德水平和更合理的制度之上，而后两者以文明进步为前提，因此这种勇气只能以尚未成熟的状态出现在骑士阶层中。固然真正的野蛮之风已然消逝，过去在高卢宴会上，肥美的腰腿肉通常要赏给最勇敢的人，但同桌宾客一旦认为此举有冒犯之嫌，便可随意以此为由向受奖者发出挑战。此外，死去的部队首领需用他最信赖的侍从陪葬，但这样的时代已经过去。不过杀人祭神的习俗依然得以保留，并且法律规定一切刑罚不可施于男性自由民，却可施于女性自由民和奴隶。由此可见，女性地位在凯尔特文明时期十分低下。而原始各民族混战时期所取得的特权在凯尔特人手中毁于一旦，至于文明与一个民族完全交融所带来的益处，凯尔特人从未体会过。

凯尔特人与伊比利亚人

以上便是凯尔特民族的内部情况，而它们与邻族之间的关系仍有待挖掘。在这一时期各劲敌之间战争不断，你争我夺，相比于取得胜利，寻求自保都举步维艰，而人们对此所持态度也有待我们进一步阐明。沿比利牛斯山一带，各民族长久以来和平共处，反观过去，随着凯尔特人入侵，伊比利亚土著（后又称巴斯克人，Basque）逐渐被排挤同化，那个时代早已过去。在恺撒时期，比利牛斯山的河谷地带、贝亚恩（Bearn）和加斯科尼（Gascony）两地的高山以及加伦河以南的沿岸平原，无疑都归阿奎塔尼人所有。阿奎塔尼族由许多伊比利亚后代所在的小部落构成，彼此很少接触，几乎与外界隔绝。在这片土地上，只有加伦河口和重要港口布迪格拉（即波尔多，Bordeaux）属于凯尔特民族的一个部落，该部落名为比图里吉－维维西（Bituriges－Vivisci）。

凯尔特人和罗马人和解后高卢与罗马间商贸发展

与之相比，我们需更加重视凯尔特民族与罗马人及日耳曼人之间的关系。上文已提及的事实，在此我们无需重述，如罗马人通过自身逐步发展逼退凯尔特人，最终占领了阿尔卑斯山与比利牛斯山之间的海岸地带，从而完全截断了凯尔特人通往意大利、西班牙和地中海的通道。回想几百年前，罗马人曾在罗讷河口筑起一座希腊城堡，大概从那时起就为这场风暴埋下了伏笔。我们只需强调一点，那就是凯尔特人所受到的压迫不仅来自罗马强大的军事力量，同样来自罗马的先进文化，而高卢作为古希腊灿烂文明的发源地，也有助于罗马文化的传播。尽管战争频发，商贸活动却从未停止，并常常成为战争的导火索。凯尔特人并未抛弃北方人的生活习惯，爱喝烈酒，并且喝的烈酒通常不加水稀释，以求一醉方休，这与塞西亚人（Scythian）十分相似。但性情温和并节制的南方人对此十分厌恶，不过作为商人，他们不得不与这类顾客交易，别无选择。很快，这类生意颇受意大利商人欢迎，成为他们眼中的“金矿”，用一坛酒换一个奴隶的买卖在高卢已算不上稀奇事了。

至于其他奢侈品，如意大利的马匹在高卢地区颇为畅销。据史料记载，这时罗马公民购置地产已不局限于罗马本土区域，并效仿意大利运作模式赚取利润，如早在大约罗马纪元673年即公元前81年，位于塞古西亚维部落的罗马田庄运营模式便是如此。而上文提及在解放后的高卢，尤指阿维尔尼人之间，人们在被罗马征服前已通晓罗马语言，无疑也是出于这一原因。但掌握这一知识的人大概仍占少数，绝大多数人与埃杜维联合部落中的官员交谈还需译者协助。这些烈酒商贩和擅自占用他人房宅的地主不仅打开了占领北方之路，同时吸引了日后征服高卢的勇士，并为其扫清了障碍。而对此最生动的描述莫过于高卢最强大的部落——内尔维部所签署的一份禁令，与某些日耳曼部落相似，上面明确写道禁止与罗马人交易。

凯尔特人与日耳曼人

相较于地中海区域对罗马来势汹汹的入侵，日耳曼人由波罗的海和北海往南的攻势更为猛烈。作为东方民族大摇篮里的一支新鲜力量，日耳曼人凭借年轻人的活力，当然还有年轻人的粗野，在众多历史悠久的民族当中获得一席之位。尽管该民族定居在莱茵河畔的部落，如乌斯佩特部（Usipetes）、滕克特里部（Tencteri）、苏刚布里部（Sugambri）和乌比部（Ubii）已踏上文明的进程，人们也不愿迁居。但所有历史记载都表明，在距离较远的内陆地区农业不受重视，许多部落几乎找不到定居之所。在这一点上，这一时期西边邻族很难通过部落名称来命名日耳曼境内的任一民族，只知道他们统称苏维汇人（Suebi，意为漂泊不定的人或流浪者）或马科曼尼人

（Marcomani，意为守边武士）[①]。在恺撒时期，各部落都不能以这些名称命名，虽然在罗马人看来也是如此，但它们之后还是变成了一个个部落名。

凯尔特人失去莱茵河右岸土地

这个强大的民族向凯尔特人发动了最猛烈的一次攻击。在争夺莱茵河以东地区的战事上，日耳曼人与凯尔特人也许曾大动干戈，但具体情况我们不得而知。我们所知的只是大约在罗马第七世纪末，凯尔特人失去了通往莱茵河的所有土地。过去，波伊（Boii）部落曾在巴伐利亚（Bavaria）和波西米亚（Bohemia）定居，如今却沦落到无家可归，到处流浪。甚至以前曾属于赫尔维蒂部的黑森林地区（Black Forest，今德国西南部森林地带），若非被附近的日耳曼部落占领，必然会成为边境地区大民族竞相争夺的一块荒蛮之地，这大概也很符合人们之后对它的称呼——赫尔维蒂沙漠。日耳曼人行为野蛮，善于谋划，他们大肆运用野蛮手段，放任邻近区域化成一片片荒漠，从而抵御外敌入侵。

---

①恺撒所谓的“斯维比人”大概就指卡蒂人；但此名确属于恺撒时代，甚至很久以后，此名也属于日耳曼任何其他堪称为经常游徙的部族。所以梅拉（Mela）和普林尼书中的“斯维比王”虽一定是指阿里奥维斯图斯，我们却绝不能因此断定阿里奥维斯图斯是卡蒂人，马科曼尼人自为一族，在马波德（Marbod）以前无从考证；很可能到当时为止，Marcomanen 一字也不过是其字源上的意义，即国防军或边防军。恺撒把马科曼尼人列在参加阿里奥维斯图斯军队的民族中，又曾在“斯维比人”一字上误解了一个普通名词，在这里或许也是如此。

莱茵河左岸的日耳曼部落

然而，日耳曼人却并未在莱茵河定居。辛布里部和条顿部（Teutonic）的军队单就主力而言，都由日耳曼部落成员构成。五十年前，他们大举进攻，凭借强大的军事力量横扫潘诺尼亚（Pannonia）、高卢、意大利和西班牙，但日后看来这似乎只是为进行一番大规模侦察。彼时，日耳曼各部落早已在莱茵西岸，特别是下游地带建立了永久居住地。定居者以征服者的姿态闯入，不断向邻近的高卢居民索要人质，每年征收贡物，仿佛高卢人受他们支配一般。在这些日耳曼部落中，阿杜亚都契（Aduatuci）原本只是辛布里部的一支残余力量，现已壮大成一个大部落。此外，位于列日（Liege）的马斯河的一些部落之后都改用“通格里部”（Tungri）这一统称。甚至该地区两个规模最大、势力最强的部落——特维希（Treveri，在今特瑞维附近）和内尔维（位于埃诺特），在颇有威望的权威人士看来也全由日耳曼人组成。而这些传言是否完全可信，我们仍未可知，因为据塔西佗所言，此后在最后提到的这两个部落中，人们会为拥有日耳曼人血统，而非备受轻视的凯尔特人血统而感到自豪。

不过斯海尔德河（Scheldt）、马斯河和摩泽尔河（Moselle）一带的人大多与日耳曼人往来密切，或多或少受到日耳曼人的影响。日耳曼殖民地或许本身规模不大，却举足轻重，以此为窗口我们看到了莱茵河右岸各部落在这一时期经历的跌宕起伏，同时成功预见规模较大的日耳曼部落，不久后将跟随这些先行者的足迹，横渡莱茵河。人们遭受着两方面的外来入侵威胁，民族内部也分崩离析，他们当然不奢望整个陷入灾难的凯尔特民族依靠自我努力振作起来，挽救颓势。分裂以及由此引发的衰败构成了整个民族的历史，对于这个民族而言，它在历史上再也无法列出一场战役与马拉松战和萨拉米斯战乃至阿里西亚（Aricia）战和洛丁平原之战（Raudine）媲美，即便在兴盛时期也无法团结一致打败马西利亚，如今步入迟暮之年的它，如何能抵御如此强大的敌人？

有关日耳曼侵略的罗马政策

凯尔特人若单靠自身力量，必然不是日耳曼人的对手，而愈是如此，罗马人则愈应该小心关注两民族间纠纷的事态发展。虽然由此引发的运动并未直接影响到人民，但却关系到他们最切身的利益，他们自然挂心。由此我们不难知晓，凯尔特民族的对外关系可迅速对其内部情形产生永久的影响。正如希腊斯巴达一派联合波斯人进攻雅典那般，罗马人自初次出现在阿尔卑斯山北边，就一直在埃杜维部落的帮助下与阿维尔尼部落争夺霸权，后者在当时的凯尔特南部占据统治地位。而正是因为这些“罗马民族新哥们”的鼎力相助，罗马人不仅攻下阿洛布罗基，占领了阿维尔尼部落的大片散落领土，并且在高卢还未被殖民之时，凭借自身的势力将阿维尔尼部落的霸主地位交到埃杜维部落手中。但希腊民族所遭受的威胁只来自一方，凯尔特人则需要同时面对大量仇敌来犯。当然，他们可以联合其中一方对抗另一方，并且如果凯尔特中的某一派依附于罗马人，他们的对手必然会联合日耳曼人形成对抗之势。

而这对于贝尔格人来说再正常不过了。他们与横渡莱茵河而来的日耳曼人为邻，彼此在许多方面来往日益密切。此外，或许由于文明程度较低，这让他们觉得本民族与外来民族苏维汇人的关系，就像文明程度较高的阿洛布罗基人与赫尔维蒂人那般亲近。如上所述，凯尔特南部的塞夸尼部落可谓规模庞大，是反罗马一派势力的领袖，面对罗马人赤裸裸的威胁，他们完全有理由号召所有日耳曼人来对抗罗马人。元老院无所作为，一切迹象都表明一场新的革命蓄势待发，凯尔特人目睹着这一切，认为这个时候正是铲除罗马势力的最佳时机，尤其有利于打击依附于罗马的埃杜维部。埃杜维部与塞夸尼部以索恩河（Saone）为界，两部落曾因渡河税问题发生决裂，大约在罗马纪元 683 年即公元前 71 年，日耳曼君主阿里奥维斯图斯（Ariovistus）以塞夸尼雇佣兵队长的身份，率领约一万五千名武装人员横渡莱茵河。

阿里奥维斯图斯来到莱茵河中游地区

这场战争持续了许多年，双方各有胜负。总的看来，结局对埃杜维部不利，他们的领袖埃波雷多里克斯（Eporedorix）在最后关头动员所有属下，率领一大队精兵向日耳曼人发起猛攻。但日耳曼人拒不迎战，藏身于沼泽地与森林一带。时间久了，各部落疲于等待，逐渐解散，这时日耳曼人才回到空旷地带，于是阿里奥维斯图斯在阿德玛格托布力甲（Admagetobriga）发起强攻，结果埃杜维部骑兵中的精锐全部战死。由于战败，埃杜维人不得不服从战胜方提出的条款媾和，被迫放弃霸权，并承诺连同所有属下一起归于塞夸尼部落；同时，他们需向塞夸尼部（更准确地说是阿里奥维斯图斯本人）交纳贡物，并交出最高贵族的孩子作为人质；最后，他们需立誓永不索还人质，并永不向罗马人寻求介入帮助。

罗马人的不作为

大约到了罗马纪元693年即公元前61年[①]，两部落之间才恢复和平。而基于本民族的荣誉和利益，罗马人当然不愿看到这一点。埃杜维一位贵族狄维提亚库斯（Divitiacus），作为该部落亲罗马派的领袖遭到族人驱逐，因此他亲赴罗马央求罗马人介入。此外。有一事更需大家提高警惕，那便是在罗马纪元693年即公元前61年，阿洛布罗基部发动了一场叛乱。阿洛布罗基部与塞夸尼部为邻，它的叛变无疑与上述事件有关。事实上，罗马人曾派遣高卢省长的职员赴埃杜维部，一同商议派执政官和随行军队翻过阿尔卑斯山。但这类事务的决定权仍在于元老院，元老院对此最终还是空话多于实干。罗马人最终用武力平定了阿洛布罗基部的叛乱，但就埃杜维部而言，罗马人不仅毫无作为，甚至在罗马纪元695年即公元前59年将阿里奥维斯图斯列入亲罗马一派君主的名录中[②]。

---

①据恺撒所说，阿里奥维斯图斯于罗马纪元683年即公元前71年来到高卢；而据恺撒和西塞罗之说，阿德玛格托布力甲（Admagetobriga，此地的真名，现在根据一个假铭文常称为Magetobriga）之战发生于罗马纪元693年即公元前61年。

②在信札中，像西塞罗那样著名的元老竟用轻薄口吻谈论阿尔卑斯山北边的大事，我们若能好好体会那种口吻，便不至于认为此事为不足信，或许能够在不明政治和苟且偷安以外加以更深刻的解读。

日耳曼帝国在高卢建成

如此，这位日耳曼军事领袖自然认为罗马人意图放弃其所占的凯尔特土地，于是打算在此定居，日后在高卢土地上建立一个日耳曼公国。他所率部下本就不少，之后应他的号召从家乡陆续赶来了更多的人，截至罗马纪元696年即公元前58年，渡过莱茵河的日耳曼人约计十二万人。这一场日耳曼民族的大迁徙有如江河之水，一旦水闸打开便向美丽的西部奔泻而去。而阿里奥维斯图斯的目的，便是带领这一大群人定居此地，为日后统治高卢奠定基础。至于他在莱茵河左岸创立的日耳曼定居地规模如何，我们无法定论，但那必然是一片广阔的区域，以支撑他那更为宏远的计划。在他看来，凯尔特民族完全没有自主权，各部落间毫无差异可言。原本他作为塞夸尼部雇佣的将军渡过莱茵河，如今即便是塞夸尼部也如他手下败将一般，不得不割让三分之一的领土给他，供其与部下长期居住，而这块土地大概就是后来特利波契人（Triboci）居住的阿尔萨斯（Alsace）北部地区。不过这仿佛还不够，随后哈鲁德部（Harudes）赶来，阿里奥维斯图斯又替他们向塞夸尼部索要了三分之一领土。如此看来，他立志像马其顿的菲利普国王那般统治高卢，所有亲日耳曼和依附于日耳曼人的凯尔特人，都必须臣服于他。

赫尔维蒂部入侵高卢腹地

这位野心勃勃的日耳曼君主带着危险一步步逼近，罗马人本就担忧不已，又因他背后势力庞大，愈发显得来势汹汹。乌斯佩特人和滕克特里人原本住在莱茵河右岸，专横独断的苏维汇人不断侵犯他们的领土，他们厌倦了这样的生活，于是赶在恺撒到达高卢（罗马纪元695年即公元前59年）之前便离开了旧居，去往莱茵河口附近另觅新居。他们已从门奈比人（Menapii）手中夺回了右岸本属于自己的领土，可以预见他们的下一个目标就是占领左岸。此外，苏维汇部派出的军队集结在科隆（Cologne）和美因兹（Mainz）两地之间，威胁要突袭对岸的特雷维里部。再者，位于凯尔特最东部的赫尔维蒂部尽管兵力充足，骁勇善战，却日益遭受日耳曼人的侵扰。除此之外，由于他们从丢掉的领土重回莱茵河北岸定居，可能会引发人口过剩问题。又因阿里奥维斯图斯移居塞夸尼部落领域内，赫尔维蒂部面临着与同胞完全隔绝的危险。于是，他们孤注一掷，自愿撤离自己的领土将它送给日耳曼人，转而在侏罗山（Jura）西面寻找面积更广阔、土壤更肥沃的新居所，若有可能，一并夺取高卢腹地的霸权。昔日辛布里部入侵时，赫尔维蒂的几个部落已构思出这种计划，只是在等候机会实施。同样，劳拉契人（Rauraci）的领土（巴塞尔和南阿尔萨斯）也受到了威胁，并且波伊部落残余早期便由于日耳曼人的缘故背井离乡，如今居无定所，到处流浪。于是这两个部落以及其他一些小部落也加入到赫尔维蒂部的计划中来。早在罗马纪元693年即公元前61年，他们的快速部队便越过侏罗山，千里迢迢来到罗马省。无需多久，整支军队就会发起攻势。在康斯坦茨湖（Constance）和日内瓦湖之间有一片重要区域，而当地防守军早已逃之夭夭，于是日耳曼军浩浩荡荡入驻此地。从莱茵河到大西洋，日耳曼部落从未停下前进的步伐，使得莱茵河全线区域无不感受危险逼近。这一历史性的时刻让我们联想到，之后恺撒帝国在一片风雨飘摇中应付阿勒曼尼和法兰克两部落联合攻势的场景。而就在当时，他们似乎就像用五百年后有效抵御罗马人的策略来对付凯尔特人。

恺撒去往高卢组建军队

面对这样的局面，新任省长盖乌斯·恺撒在罗马纪元 696 年即公元前 58 年春天来到高卢统治的纳博地区。原本恺撒的统治区域只包括高卢境内的阿尔卑斯山南部、伊斯特利亚半岛（Istria）和达尔马提亚地区（Dalmatia），后经元老院颁布的法令新增了纳博地区。一开始，他的任期仅有五年（至罗马纪元 700 年即公元前 54 年），之后在罗马纪元 699 年即公元前 55 年确认延任五年（至罗马纪元 705 年即公元前 49 年），他有权任命十名与省长同级的副职官员，且可以任意招募管辖范围内公民以扩充军团规模或组建新的军团，其中尤以高卢境内的阿尔卑斯山南部人口居多。而在这两省所招募的士兵中，单就常备步兵而言，包含四支训练有素、骁勇善战的军团，即第七、八、九和十号兵团，人数总计将近 24000 人，此外通常属国还会加派军队支援。骑兵和轻武装部队也颇有特色，不仅有来自西班牙的骑兵，还有来自努米底亚（Numidian）、克里特岛（Cretan）和巴里亚利群岛（Balearic）的弓箭手和投石兵。恺撒的部下都是首都民主一派中的精英，其中不乏年轻的纨绔贵族和精明能干的官员，如恺撒政界老盟友的幼子普布利乌斯·克拉苏（Publius Crassus）以及跟随民主派领袖从古罗马广场辗转到战场的忠实副官提图斯·拉比努斯（Titus Labienus）。恺撒并未接受到任何确切的指令，作为一位眼光锐利、富有胆识的军事家，眼下的情形就是他要解决的问题。在这里，人们必须设法挽回元老院因疏忽所犯下的过错，而阻止日耳曼移民狂潮则是其中的首要之举。

赫尔维蒂部撤退

就在此时，赫尔维蒂部入侵。此举与日耳曼人脱不了干系，并且蓄谋已久。一方面，他们不愿将身后的旧居拱手让与日耳曼人，一方面也是为了阻断自己的退路，赫尔维蒂部烧毁了所有城镇村庄。长串的马车载着妇女、儿童以及最值钱的家当，从四面八方赶到日内瓦附近的莱蒙湖（Leman lake），和盟友约定这一年 3 月 28 日[①]在此地汇合。依据他们估算，这波人马共计 368000 人，其中能上战场的约占四分之一。由于侏罗山脉位于莱茵河与罗纳河之间，蜿蜒数百公里，几乎对赫尔维蒂部的领土形成包围之势，仅留下西部一个缺口，山中小径适于设防，却不利于上述这类车队通行，所以诸位首领决定先向南绕道，而后在侏罗山西南最高点与萨沃伊山脉之间（今埃克吕斯堡附近）找到罗纳河的峡口，在那里开辟一条往西的道路。但在罗纳河左岸，山体距河流太近，只剩一条狭窄的山路并且随时都有落石堵塞的危险，而该片区域恰好属塞夸尼部管

①这日期系按未修正的历法。通用的更正日期在这里没有充分可靠的资料为根据，但按这种修正，此日相当于儒略历（Julianische Kalender）的四月十六日。

辖，他们必然不会轻易放行。于是赫尔维蒂部宁愿从罗纳河峡口上游渡河，绕到阿洛布罗基侧左岸，计划沿罗纳河下游走到平原地带再回到右岸，而后整装前往高卢西部的平原地区，这片区域上有一个名叫圣东尼的部落（即圣东日，位于夏朗特河河谷），濒临大西洋且土壤肥沃，于是流浪者们纷纷选择在此定居。整支队伍在经过罗纳河左岸时，必然要穿过罗马领土，而恺撒并不愿默许赫尔维蒂部在高卢西部定居，因而坚决阻止他们通行。

不过恺撒手下虽握有四个兵团，但其中三个都远远驻扎在阿奎莱亚（Aquileia）。罗纳河自日内瓦的莱蒙湖至峡口全长超过十四英里，即便他急忙召集阿尔卑斯以北省份的民兵，仅靠这么一点民兵也很难阻挡渡河的数万凯尔特大军。而赫尔维蒂部十分乐意通过和平手段渡河，并借道于阿洛布罗基领土。在与赫尔维蒂一番谈判而没有任何结果后，恺撒需在十五天内拆毁日内瓦的罗纳河桥，并修筑一条长约十九英里的战壕阻止敌人进犯罗纳河南岸。从军事角度来看，这是人们第一次用城墙和壕沟将一个个堡垒串联起来，从而形成保卫帝国边疆的一道屏障，之后就被罗马人大规模应用于战事。赫尔维蒂部企图从不同地方乘船或涉水到达罗纳河彼岸，却不想每条线路都遭到罗马人阻挠，于是他们不得不放弃渡河。

赫尔维蒂部向高卢挺进

另一方面，高卢的反罗马一派希望得到赫尔维蒂部的强力支持，特别是埃杜维部狄维提亚库斯的弟弟杜姆诺里克斯（Dumnorix），前者是部落民族党的领袖，后者是该部落罗马党的领袖，在他们二人的帮助下赫尔维蒂部才得以穿过侏罗山关隘和塞夸尼部领土。罗马人想要阻止，却苦于没有法律上的依据。而赫尔维蒂部此次远征虽无关罗马领土形式上的完整，但危及到他们的许多重大利益。只有当恺撒不像以往所有元老院任命的省长甚至马略（Marius）那般，不局限于镇守边疆的分内之事，而是率领一支大军跨越既定的疆界，才能保障这些利益。恺撒深知自己不属于元老院，而属于整个民族，因此他毫不犹豫。他迅速亲自从日内瓦赶往意大利，凭借自身极高的处事效率，将驻扎在那里的三个兵团和新增的两个扩充兵团带回。

赫尔维蒂战役

他将这些兵团与驻扎在日内瓦的兵团进行整编，而后率领所有军队渡过罗纳河。他在埃杜维领土上的意外露面，让当地罗马党立马恢复了政权，这对日后保障充足的战备物资意义十分重大。他观察到赫尔维蒂人远渡索恩河，经塞夸尼部领土进入埃杜维，而仍留在索恩河左岸的那部分人，尤其是蒂戈林（Tigorini）兵团，都被快速行进的罗马人抓获歼灭了。但这时远征军的主力已成功抵达罗纳河右岸，恺撒只得拼命追赶，赫尔维蒂庞大的主力军队二十天都未能完成的渡河任务，恺撒仅用了二十四小时便成功了。罗马军队既已渡河，赫尔维蒂部便无法继续往西行进，只能转而向北。他们必然认为恺撒不敢深入高卢腹地继续追赶，同时构思出一个新的计划，就是若恺撒放弃追赶，他们便再绕回原定目的地。在之后的十五天里，罗马军队一直偷偷追随其后，时刻保持约四英里的距离，希望待时机成熟且胜率较大时袭击赫尔维蒂部，并一举歼灭。但这一时机迟迟没有到来，虽然赫尔维蒂车队行进缓慢，但其首领深谙如何应对偷袭，不仅粮食供应充足，而且通过暗中观察将罗马军营内部事务调查得一清二楚。

相反，罗马军队一开始就面临战备物资短缺问题，尤其是在赫尔维蒂部撤离索恩河、一切河道运输线路被斩断之后。埃杜维部曾许诺的物资供应迟迟不来，这才造成了这一困难局面，而两方军队仍在各自领土四处走动，则更引起罗马人的怀疑。此外，罗马这支约四千骑的骑兵大队极不可靠，因整支队伍几乎都是凯尔特骑兵，尤以罗马众所周知的仇敌——杜姆诺里克斯所率的埃杜维私家骑兵居多，而对收留他们的恺撒而言，与其说他们是士兵，更不如说是人质。我们有理由相信，他们之所以败给实力薄弱的赫尔维蒂骑兵，皆是自身原因造成的，因为罗马阵营中的一切信息都是他们传达给敌军的。恺撒的地位岌岌可危，他面临的困难不言自明，埃杜维部不仅与罗马曾公开结盟，甚至还出于某种特殊利益支持罗马，凯尔特爱国人士对此能有何作为？若罗马军队不惧怕一步步深入这片骚动不断的土地，日益远离与外界的联系，又会产生何种后果？军队恰巧刚刚经过埃杜维部首都比布拉克特（Bibracte，又称欧坦［Autun］），还未走远，这时恺撒决定先用武力攻下这块重地，再继续进军内地。由此可见，他的实际意图很可能是完全放弃追赶，改而占领比布拉克特。不过当他放弃追赶而转攻比布拉克特时，赫尔维蒂部便以为这是罗马人准备逃窜之举，于是立马发动攻势。

比布拉克特战役

此举正中恺撒下怀。双方军队沿两条平行山脉排兵布阵，凯尔特人率先发动攻势，力挫进入平原地带的罗马骑兵，猛冲向驻守在山坡上的罗马兵团。不过在那里，他们遭到恺撒老兵的顽强抵抗，只得撤退。于是罗马军队乘胜而下来到平原，凯尔特军队再次进攻，同时预留了一小支部队从侧面进攻，形成夹击之势。而罗马军队也派出预备军从侧面迎战这一小支凯尔特军，迫使他们脱离主力部队逃到行李和车队营地，并一举歼灭之。最终，赫尔维蒂军的主力部队节节败退，不得不向东撤退——这恰恰与远征军前行的方向完全相反。经此一战，赫尔维蒂部在大西洋沿岸建立新定居地的计划成为泡影，只能听凭战胜方处置。

对战胜方而言，这同样是场恶战。恺撒当然不能完全信任他的下属官员。战争一开始，他便将所有官员的马匹送走，以便明确他们坚守阵地的职责。事实上，若罗马军队战败，他们很可能会全军覆没。原本罗马士兵早已疲惫不堪，无法全力追赶逃兵，但由于恺撒宣称一切帮助赫尔维蒂部的人都将被视为罗马的仇敌，并将以对付赫尔维蒂人的手段对付他们。因而逃兵所到之处，尤其是林贡斯人（Lingones）所在部落（在朗格勒附近），无人愿意伸出援手。赫尔维蒂人没了粮食和行李，又带着大批不能作战的随营人员，走投无路，最终只得向罗马将军投降。

赫尔维蒂人被遣送回原居住地

相较而言，战败者尚算得到宽待。埃杜维部奉命让无家可归的波伊人住在他们境内，在那几个势力强大的凯尔特部落中，战败敌人所在的居住地其地位与罗马殖民地无异。战后赫尔维蒂部和劳拉契部的幸存者约占参战人数的三分之一，自然被遣送回原来的部落据点。之后，这些据点被并入罗马行省，罗马一方提出丰厚的条件希望与当地居民结盟。如此一来，他们便能代罗马人保卫莱茵河上游一带，抵御日耳曼人的入侵。在所有赫尔维蒂部落中，仅西南角上的一个部落属于罗马的直属领土，之后在美丽的莱蒙河河岸，古老的凯尔特城镇诺维奥杜努姆（Noviodunum，今尼永［Nyon］）变成罗马边境上的一座堡垒，又称“恺撒的骑士殖民地”（Julian equestrian colony）[①]。

恺撒与阿里奥维斯图斯谈判

因此，莱茵河上游所面临的日耳曼族入侵威胁得以消除，同时凯尔特人中反罗马一派势力也遭到压制。在莱茵河中游一带，日耳曼一族早在多年前就已在此渡河，阿里奥维斯图斯和罗马两派之间的权力之争每天都在高卢上演。随着阿里奥维斯图斯势力不断壮大，罗马人也要加快扩充势力，双方关系很快就会走向破裂。对这一地区的大多数凯尔特人而言，相较于阿

---

①Julia Equestris，后面的称号可视为与恺撒其他殖民地的称号，与Sextanorum，Decimanorum等同类。恺撒部下的凯尔特或者日耳曼骑兵既能得到罗马或至少拉丁的公民权，同时还能分得土地。

里奥维斯图斯强加于他们的奴隶身份以及未来可能失去自由的风险，服从罗马权威似乎更为稳妥。而至于少数凯尔特人，他们虽对罗马人依旧怀恨在心，却也不得不保持缄默。在高卢中部，众多凯尔特部落效仿罗马举行例会，以凯尔特民族的名义邀罗马将军一同对抗日耳曼人。恺撒同意了。埃杜维部接受了他的建议，不再履行条约向阿里奥维斯图斯缴纳贡物，并要求对方交还人质。而阿里奥维斯图斯以埃杜维违约为由，大举进攻罗马属地，恺撒因而能趁机与他直接进行交涉，除要求交还人质并承诺与埃杜维部维持和平外，特别要求阿里奥维斯图斯保证不再放任日耳曼人渡过莱茵河。这位日耳曼将军充分相信双方所拥有的权利是平等的，所以在回复罗马将军时称，依据战果，高卢北部便为他所有，高卢南部归罗马人所有，他既不妨碍罗马人向阿洛布罗基人征收贡物，那么罗马人也不应阻止他在属地征税。在他之后的秘密提议中，我们不难发现这位未来的国王对罗马境况了如指掌。他提到自己收到罗马城内发出的邀请，请他除掉恺撒，此外他提议若恺撒将高卢北部留赠给他，他将助恺撒夺取意大利政权作为报答。既然凯尔特民族内的党派之争已为他打开了进入高卢的大门，他似乎还期望意大利的党派之争能够巩固他在当地的政权。数百年来，没有任何一个强大的民族完全意识到权利的平等，而是像这位日耳曼核心部落首领一样，粗鲁傲慢地向罗马人宣告其独立。当那位罗马将军要求他依照属国王子的惯例亲自拜访时，他立刻拒绝了。

阿里奥维斯图斯遇袭战败

这样一来，恺撒势必不再犹豫，立刻发兵进攻阿里奥维斯图斯。当他手下的军队，特别是下属军官，得知即将与在外征战十四年之久的日耳曼军队一决高下时，不禁陷入一片恐慌。大概受到罗马的影响，恺撒军营中士兵道德素质低下，枉顾军纪，不断有人叛逃或发动暴乱。而这位将军声称，如有必要，他将单独率领第十军团向敌军进攻，他不仅知道如何用荣誉说服他们听命于自己，同样知道如何通过军事竞赛让其他军团归于麾下，并以自我斗志激励部下。他并未给他们留下时间深思，而是加快了行军的步伐。所幸的是，他赶在阿里奥维斯图斯之前赶到了塞夸尼部的首都维桑提奥（Vesontio，今贝桑松）。应阿里奥维斯图斯的邀约，两位将军面对面进行了一次协商，不过阿里奥维斯图斯的目的，似乎只是为了掩盖他想取恺撒性命的真实动机。

对这两位来自高卢的残暴统治者来说，武力是解决问题的唯一方式，当下的和平只是暂时的。在阿尔塞斯南部的穆尔豪森（Muhlhausen）[1]，由于该地距莱茵河仅五英里，所以两军都在此驻扎且相隔不远。之后阿里奥维斯图斯率手下强兵成功避开罗马军队的耳目，绕到其背后切断了他们与总部的联系以及战备物资运输通道。恺撒希望通过一战解决当前困局，但阿里奥维斯图斯并不应战。身为罗马将军，他别无他法，无奈手头兵力薄弱，他只能效仿日耳曼军之举，派出两支军团绕过正面在日耳曼军营另一侧扎营，以恢复与外界联系，同时预留四支军团驻守旧营。阿里奥维斯图斯眼见罗马人兵力分散，便试图袭击兵力较少的那一处营地，但被罗马军队击退。这场胜仗令恺撒备受鼓舞，他随即率领所有士兵主动进攻，日耳曼军队也排成一列纵队应战，以一部落为一单位，载着行李和妇女的马车紧随队列之后，这进一步加大了逃亡的难度。恺撒亲率罗马右翼军队向敌军发起猛攻，逼得他们四处逃窜，而日耳曼右翼军队也以同样的方式取得胜利。双方各自一胜一败，但从以往

---

①格雷（Goler）以为这次战场在距穆尔豪森不远的塞尔奈（Cernay），这与拿破仑所称的贝尔福特（Belfort）战场大致相符。这臆说虽非定论，却适合当时的情势。由贝桑松到那里路程不远，恺撒竟用了七天才走到，他自己解释道，是为避开山路绕道了七十五公里；又这次的追击直到莱茵河才停止，并且显然结束在交战的那天而非经过数日。据这段叙述，鉴于古书对这事不置可否，我们断然赞成战场距莱茵河五罗马里而非五十罗马里的意见。吕斯图（Rustow）误解了此事，因此提议把战场改在萨尔河（Saar）上游。恺撒所望的塞昆部、洛伊克部和林贡斯部的粮食，并非要在进攻阿里奥维斯图斯的路上送到罗马军中，而是要在他们出发以前送到贝桑松，而后由军队自己携带；试看恺撒一面指着这些粮饷给部队看，一面又以途中可收得粮食安慰他们，这种情形便十分明白。恺撒通过贝桑松控制朗格和埃皮纳勒（Epinal）一带，其所处地区已无力再供粮饷，我们可以预见，他宁愿就地征发军需，而不愿取之于他所来的地方。

与蛮族的战争来看，其胜利都是由后备军力量决定的。这次也不例外，罗马军队凭借后备军的战术，最终战胜了日耳曼后备军。此外，普布利乌斯·克拉苏派出的第三线军队及时赶来支援，恢复了左线战斗力，最终决定了胜局。日耳曼军一路逃窜，罗马军队一直追到莱茵河畔，只有少数人（包括阿里奥维斯图斯在内）成功逃到了彼岸（罗马纪元 696 年即公元前 58 年）。

日耳曼人在莱茵河左岸定居

而这场胜利骄傲地向众人宣告，这条意大利战士来此见到的第一条大河，从此将归罗马管辖。莱茵河左岸日耳曼各殖民地的命运落入恺撒之手，作为胜利者他可以摧毁它们，但他没有。邻近的凯尔特部落，如塞夸尼部、李乌契部（Leuci）和梅狄奥马特里契部（Mediomatrici）既不能自卫，也不值得信赖。迁居而来的日耳曼人承诺不仅会成为边境地带勇敢的守卫者，同样会成为罗马更为优秀的属民。由于自身的民族性，他们与凯尔特人互不往来，又因保护新赢得的居住地关系到他们的切身利益，他们便不再与莱茵河对岸的同胞联系。因此，势单力薄的他们只得依附于中央政权。相较于无法信赖的朋友，恺撒处处更善待战败的敌人，在这里也是如此。阿里奥维斯图斯带领日耳曼一族（包括斯特拉斯堡附近的特利波契人、斯佩尔附近的讷美特斯人以及沃尔姆斯附近的汪基纳内斯人）在莱茵河左岸一带安下家来，恺撒让大家拥有了新的居所，并委托他们保卫莱茵河边境，抵御他们的同胞来犯[①]。过去，莱茵河中游上的特雷维里领土一直饱受苏维汇人威胁，阿里奥维斯图斯战败的消息一传来，苏维汇人便立马向日耳曼的内陆地区撤退，途中遭附近部落袭击，损失惨重。

以莱茵河为界

历经数个世纪，我们依然能感受到这场战役带来的众多影响。罗马帝国以莱茵河为界，禁止日耳曼人越过半步。高卢丧失了自主权，罗马人一直以来统治着莱茵河南岸地区，而不久前日耳曼人又试图占领该河以北区域。鉴于近来这些事件，高卢不仅将丧失部分主权，甚至要完全沦为罗马帝国的附庸，莱茵河这条天然屏障也将变成一条政治分界线。元老院在其强盛时期尚未停止运作，直至将罗马统治疆域扩张至意大利的疆界——由阿尔卑斯山和地中海形成的天然屏障——以及附近的一些岛屿。而在此基础上，帝国又须不断进行势力扩张，划定新的疆界。政府当局将此事交由命运，他们追求的不过是无须直接驻守疆界，而不是无疆界可以驻守。人们意识到，如今罗马的命运已由一种新的精神和新的势力掌控。

---

①关于日耳曼的这些居留地，这似乎是最简单的臆说，阿里奥维斯图斯把这些民族安置在莱茵河中游河畔，这是可能的，因为他们突然加入了他的军队作战，以前从未出现过；恺撒保留了他们的居留地，这也是可能的，因为他向阿里奥维斯图斯声明愿容忍那已居高卢的日耳曼人，而之后我们在这里还发现了他们生活的踪迹。至于有关日耳曼人的这些居留地在战后有何规定，恺撒未曾提及，因为他有意地对他在高卢所做的组织事宜一概不谈。

高卢贝尔格军远征

未来大厦的根基已经打下，但若要完成这项大业并让高卢人完全服从罗马的统治，以及让日耳曼人承认莱茵河这一分界线，这些努力还远远不够。固然，从罗马疆界至以北的沙特尔和特瑞维累的高卢中部全境都表示服从新的政权，并且莱茵河上游及中游地带暂时无需担心日耳曼一族来犯，不过高卢中部遭到攻击时，北部各省——无论是布列塔尼和诺曼底的阿尔摩利加部落，还是实力更强的贝尔格联盟，都未受到影响，人们无需向战胜者阿里奥维斯图斯屈服。此外，上文提到贝尔格部与莱茵河畔的日耳曼人来往密切，而位于莱茵河口的日耳曼部落也正准备渡河。因此，在罗那纪元 697 年即公元前 57 年春，恺撒率军（当时已增至八个军团）攻打贝尔格各部落。贝尔格联盟尚记得五十年前他们同仇敌忾，一同在领土边界英勇抵抗辛布里部并大获全胜的故事，又受到从高卢中部逃亡而来的众多爱国人士的激励，于是派出手下所有强兵，即苏埃西翁国王加尔巴领导的三十万武装兵前往南部边界迎战恺撒。面对外族入侵，唯有强大的雷默部（Remer，位于兰斯［Rheims］附近）认为这是个摆脱邻国苏埃西翁统治的机会，计划像埃杜维部在高卢中部所扮演的角色那般，在北部大干一番。而几乎同一时间，罗马军队和贝尔格军队也来到他们的境内。

埃纳河畔争端　西部部落投降

面对实力是自身六倍的勇猛敌军，恺撒不敢贸然进攻。在埃纳河北端距今蓬塔韦尔（Pontavert，位于兰斯与拉昂［Laon］之间）不远处，他选了一处高原安营扎寨，四面不是河流沼泽地便是城壕堡垒。鉴于地势易守难攻，他主张利用防守策略阻挠贝尔格部渡埃纳河，以切断他们的战备给养。他推测在此重压之下，该联盟会很快土崩瓦解，事实证明他所料不差。加尔巴国王为人正直，处处受人敬仰，但若要在敌军境内掌管三十万大军，他着实无法胜任。眼看着一切毫无进展，粮草即将告罄，引得联盟大军营内将士们纷纷不满，纠纷不断。其中贝洛瓦奇（Bellovaci）部尤为不满，它与苏埃西翁实力相当，本已不满联盟军最高领导权落入他人之手，又听前方传来罗马同盟埃杜维部正准备入侵贝洛瓦奇领土的消息，决意不再耽搁，立即回师。

他们决定退出联盟回家。为了维护各自的名誉，所有部落同一时间订约，大家一同前去支援最先遭袭的部落，但这种不切实际的条约只是以一种蹩脚的方式掩饰联盟的不幸瓦解罢了。这场变故让我们想起罗马纪元 792 年即公元前 38 年，在这片土地上发生的另一件事。正如香巴尼（Champagne）的那场战役，正因为不战而败才愈发体现战况的惨烈。因此，当队伍撤退时，由于指挥失误，导致罗马将军一路像追赶败兵一样穷追不舍，并将最后存留下来的一支小分队歼灭。但这只是那场胜利带来的结果之一。恺撒入侵贝尔格西部时，各部落相继缴械投降，几乎毫无抵抗。不仅实力强劲的苏埃西翁部（位于苏瓦松［Soissons］附近）如此，他们的对手贝洛瓦奇部（位于博韦［Beauvais］附近）和安比亚尼部（Ambiani，在亚眠［Amiens］附近）更是如此。一见到那奇怪的攻城器械，逼近城墙的塔楼，各城镇便纷纷打开城门，而不愿投诚于外来统治者的人们只能逃往海外，去不列颠避难。

与内尔维部争端

但在东部各部落间，人们因此燃起了一种强烈的民族意识。维洛曼杜伊部（Viromandui，位于阿拉斯［Arras］附近）、阿特雷巴特部（Atrebates，位于圣康坦［St. Quentin］附近）、日耳曼的阿杜亚都契部（位于那慕尔［Namur］附近），尤其是内尔维部（位于埃诺特［Hainault］境内）附属城邦力量强大，其规模不亚于苏埃西翁部和贝洛瓦奇部，更远比他们勇猛，对本民族的情感也更为浓烈。如今，这群人另组建了一个联盟，内部关系更加紧密，将所有的部队都集结在桑布尔河（Sambre）上游地带。由于凯尔特奸细将罗马军队的一切行动一一准确透露给他们，他们对本土情形十分了解。此外这些地区处处都用树围成了高高的路障以抵御大批经常来犯的马贼，所以联军能够轻易掩盖自己的军事行动，在多数情况下避免被罗马军队发现。当罗马人来到距巴维（Bavay）不远的桑布尔河时，军团正忙着在左岸山顶上安营扎寨，而骑兵和轻步兵则在侦察对岸高地。忽然之间，这支哨兵便遭到敌军全力袭击，从山上一路逃到河里。

一刹那间，敌军也过了河，全然不顾死活向左岸高地发起猛攻。正在挖壕沟的军团将士根本来不及将手头上的锄头换成武器，许多战士还未戴上头盔，站在原地就投入了战斗，毫无阵形，毫无计划，毫无章法，陷入一片混战。由于对方攻势太过突然，地面上路障分布错乱，各部队分支之间都失去了联系。而这并未发展成一场正式的战役，反倒引发了一系列毫无关联的争端。拉比努斯率左翼军击败了阿特雷巴特部，并一路追逐将他们赶到对岸。罗马中线分支则把维洛曼杜伊部赶下山坡，将士们被胜利冲昏了头脑，竟撤离了侧面阵地。于是将军本人所在的右翼军，便暴露在敌方的攻击波前，侧翼则遭到兵力更强的内尔维部围攻，甚至搭了一半的营帐也被内尔维军抢占。这两个军团各自将阵形往中间收缩，以对抗敌军在正面和左右两侧的夹击，折损了大半将领和精兵，看似溃不成军，要被敌军撕得粉碎一般。眼见罗马随营人员和盟军已四处逃窜，凯尔特骑兵效仿特里维里部的备用军，全速疾驰而去，以便早日从战场回到家中宣告战胜的喜讯。就在这千钧一发的时刻，将军拿起盾牌亲自上阵，跑到最前线杀敌。他所树立的榜样，他那即便放到现在也能激发斗志的呐喊声，稳住了早已动摇的军心。在这样的情况下，他们自寻出路，刚刚恢复这一侧两支军团之间的联系，援兵就赶来了。一部分援兵来自罗马的后卫军，彼时已拖着行李到达河岸边的山顶上，这时跑下山来；另一部分援兵来自河对岸，拉比努斯冲向对岸占领敌营后，此时才发现右翼正遭遇危险，于是立刻派出才打了胜仗的第十兵团前来支援。反观内尔维军，不仅与联盟断了联系，又遭到四面夹击。当战争局势转变，罗马人如同胜券在握一般，表现出强烈的英雄气概。身旁同胞纷纷战死，尸体堆积如山，活着的战士踩着同胞的尸体战到了最后一刻。据他们战后统计，这一天参战的六百位元老最后仅三人幸存。

征服贝尔格部

经历了这场战役，内尔维部、阿特雷巴特部和维洛曼杜伊部几乎全军覆没，不得不服从罗马帝国的统治。阿杜亚都契部的军队姗姗来迟，来不及参加桑布尔河上的战事，却仍想坚守军事重镇（位于马斯河附近的法利兹山［Mount Falhize］上，距于伊［Huy］不远）的这片土地，但没坚持多久便投降了。投降之后，他们竟敢趁夜突袭该城镇前的罗马军营，不过并未成功。而他们的背信弃义，也遭到了罗马人的残忍报复。阿杜亚都契部原本的附属城邦，有位于马斯河和莱茵河之间的艾普龙（Eburon）和附近一些规模较小的部落，如今罗马宣告这些城邦独立，同时将所有被俘的阿杜亚都契人进行拍卖，所得钱财均用来扩充国库。而对于其他投诚的部落，恺撒则要求全面裁军并遣送人质。自然，雷米成为贝尔格的领导部落，就如同埃杜维在高卢中部的地位那般。甚至在高卢中部有一些部落由于与埃杜维部不和，宁愿成为雷米部的藩属。只有远在海边的莫里尼部（位于阿图瓦地区［Artois］）和门奈比部（位于佛兰德斯［Flanders］和布拉班特［Brabant］附近），以及斯海尔德河和莱茵河之间日耳曼人居住的大部分地区，此时还未遭到罗马军入侵，享受着自古以来的宝贵自由。

讨伐沿海部落　威尼蒂战争

如今依次轮到阿雷摩利加部。罗马纪元 697 年即公元前 57 年秋，普布利乌斯·克拉苏奉命率一支罗马军到达对岸。鉴于威尼蒂人当时不仅拥有如今的莫尔比昂海港，还组建了一支豪华舰队，其航海业和商业在凯尔特众部落中都居于首位，于是克拉苏劝诱该部落以及卢瓦尔河和塞纳河之间所有的沿海区域人民向罗马政权屈服，上交人质。但没过多久他们便反悔了。次年冬天（罗马纪元697—698年即公元前57—前56年），罗马官员来这一带征收粮食，威尼蒂人竟以抵偿人质为由将他们扣留。很快，不仅是阿雷摩利加部落，还有仍保持独立的贝尔格各沿海部落都纷纷效仿这一做法。而在共同理事会拒不加入叛乱的地方，如诺曼底的某些部落，人们会处死叛乱者，并以加倍的热情投身民族事业。自卢瓦尔河至莱茵河口的整条海岸都奋起反抗罗马军，来自各个凯尔特部落的最坚定的爱国人士迅速赶到那里参加解放大业。无论是整个贝尔格联盟的叛乱、不列颠军队的支援还是渡莱茵河赶来的日耳曼军，一切都在罗马人的预料之中。

恺撒派拉比努斯率领所有骑兵去往莱茵河，目的是制止贝尔格省的骚乱，若有必要，可以阻止日耳曼军渡河。而他的另一位副将昆图斯·提图里乌斯·萨宾努斯，则率三个军团来到诺曼底，因为叛军的主力就在这里。不过叛党的真正中心当属实力强劲又颇具智慧的威尼蒂人，同时他们也是水陆两路攻势的主要目标。德奇姆斯·布鲁图斯也是恺撒的副将，他的任务是率领罗马舰队进攻，该舰队一部分是凯尔特部落的战船，一部分是在卢瓦尔河上仓促造成的罗马战船，由纳博省的桨手驾驶。恺撒本人则率步兵精锐进入威尼蒂领土境内。但当地人早有防备，他们不仅熟悉布列塔尼地形，而且拥有强大的海军力量，一切情形对他们都十分有利，他们十分巧妙地坚决利用了这一点。该地区山势复杂，粮食产量少，城镇大多坐落在悬崖和峡谷地带，若想从大陆来到此地必须经过浅滩，而浅滩又难以跨越。由陆路而来的军队面临粮食运输和攻城两大困难，而凯尔特人通过船只能轻易往城镇内运输一切必需品，对他们而言，最糟糕的情形不过是弃城而逃。罗马军团费尽时间和精力围攻威尼蒂的各个城镇，却只能眼睁睁看着胜利的灿烂果实最终被敌军的船只运走。

罗马与威尼蒂的海战　沿海部落投降

之后罗马舰队遇到风暴，在卢瓦尔河口滞留了许久，才终于来到布列塔尼沿海岸，决意用一场海战来决定此战的胜负。凯尔特人深知其在海上占有优势，派出舰队对抗布鲁图斯所率的罗马舰队。凯尔特舰队共计二百二十艘船，远多于罗马舰队的船只数量，并且他们的帆船船身高、吨位重，比船身低、吨位轻、龙骨锋利的罗马桨船更能应对大西洋的汹涌波涛。罗马军的投射器和登船搭桥够不到敌军舰队的高甲板，船头铁喙撞击到坚硬的橡木板，无力地弹了回来。凯尔特舰队的船桁与桅杆之间皆有绳索固定，一旦罗马船员将镰刀系在长竹竿的一头切断了绳索，船桁和船帆都无法再发挥作用。正因为凯尔特船员不知如何尽快修补船的破口，这船便像折了桅杆一般，已是废船。罗马众多小船联合攻击，轻易便能夺取敌军一艘残破的大船。当高卢人识破这一诡计的时候，还在海岸与罗马军交战的他们立即动身试图驶回大海中央，以便摆脱罗马舰队追击。

不幸的是，恰逢海上无风，这支配备了沿海部落所有兵力装备的大型舰队来不及逃脱，几乎遭到罗马军全歼。据记载，这是大西洋海域有史以来的第一次海战，它与二百年前的米莱（Mylae）海战颇为相似，尽管两次都面临极其不利的环境，罗马军都能在危急时刻依靠一次创举幸运地夺取胜利。随着布鲁图斯取胜，威尼蒂部和整个布列塔尼投降。恺撒曾屡次宽待凯尔特战败者，如今却用最残忍的手段对待这些顽强抵抗的人，旨在让凯尔特民族有所畏惧，而不再违背条约和拘捕罗马官吏。他下令处死共同理事会的所有人员，并将威尼蒂部落一人不剩全卖作奴隶。

正因为这悲惨的命运，以及他们表现出的智慧和民族情谊，威尼蒂人比其他任何凯尔特部族都更应该得到后世的同情。同时，沿海各部落将征兵在英吉利海峡（the Channel）附近集结，想到恺撒去年在埃纳河上征服了贝尔格的征兵，萨宾努斯决定沿用他的战术。他一开始便摆出防守型姿态，直到敌军失去耐心、粮饷供应不足，这时他设计迷惑敌军，使对方相信罗马方军心不稳、兵力不足，充分利用敌军的急躁心态引他们贸然攻打罗马军营，从而将其击败。如此一来，招募来的民兵自行解散，远至塞纳河畔的大片国土都归顺了罗马。

远征莫里尼部与门奈比部

此时，仅剩莫里尼部和门奈比部拒不服从罗马帝国的统治。为强迫他们屈服，恺撒来到了这两部落的边境。而鉴于本国同胞以往的经验，恺撒并未在他们的边境地带迎战，而是明智地退入到从阿登高地到日耳曼海绵延数千里的丛林之中。罗马人企图用斧头开辟一条道路穿过丛林，用砍下的林木排列在两旁，作为抵御敌军进攻的路障。但即便是如此勇猛的恺撒，艰难行军数日后也建议下令退兵，尤其当时已濒临冬季。尽管他已降服了小部分莫里尼人，但对于强大的门奈比部，却还未能造成任何影响。次年（罗马纪元699年即公元前55年）恺撒驻守在不列颠时，再次派出大批军队攻打这些部落，但这次远征大体又以失败告终。尽管如此，经历了以往的这些战役，高卢几乎完全接受了罗马的统治。既然高卢中部已放弃抵抗承认罗马的权威，在罗马纪元697年即公元前57年以及次年的两场战役中，贝尔格部和沿海各部落在武力的胁迫下，也依次承认了罗马的统治权。凯尔特的爱国志士抱着热切的希望发动战争，眼看着希望一个个破灭，日耳曼人和不列颠人却都未赶来支援。但在贝尔格，一旦拉比努斯出现，就足以阻止去年的那场战役再度上演。

瓦莱部与意大利之间开辟新的道路

恺撒用武力统一罗马西部的同时，也不忘为新征服的土地开辟交通，一面连接意大利本土，一面连接西班牙各省，实际意在填补意大利与西班牙领土之间的大片空缺。无疑，正因为庞培在罗马纪元677年即公元前77年修建了一条跨热内夫尔山（Mont Genevre）的军用道路，高卢与意大利两地的交通才大为改善。但自整个高卢被罗马征服之后，便需有一条道路由波河流域向北越过阿尔卑斯山山脊，相比于以往向西的行军路线，这条道路能大大缩短意大利到高卢中部的距离。已有的那条越过大圣伯纳山口（Great St. Bernard）、进入瓦莱、沿日内瓦湖的道路，长久以来一直为商人服务，恺撒为了控制它，早在罗马纪元697年即公元前57年秋便命令塞尔维乌斯·加尔巴占领了奥克托杜鲁姆（Octodurum，又称马蒂尼[Martigny]），并征服瓦莱的居民。当然，无论山民如何英勇抵抗都改变不了这一结果，至多只能推迟它的产生。

开辟通往西班牙的道路

此外，为了与西班牙取得联系，恺撒于次年（罗马纪元698年即公元前56年）派普布利乌斯·克拉苏前往阿奎塔尼亚，强迫居住在那里的各伊比利亚部落承认罗马的统治权。此番任务可谓困难重重。伊比利亚人比凯尔特人更为团结，同时比他们更懂得向敌人学习。比利牛斯山外的部落，尤其是骁勇善战的坎塔布里部都派兵前来支援身处危险中的同胞。此外，一批在塞多留领导下受过罗马式训练的军官也来到此地，当时阿奎塔尼亚的征兵在数量上已十分可观，并且个个英勇无畏，军官的职责便是尽可能向他们传授罗马战术，尤其是扎营技术。不过在恺撒的指导下，士兵们克服了一切困难。在取得几次毫无争议的胜利后，自加伦河至比利牛斯山附近的人民相继臣服于这位新主人。

日耳曼人再次越过莱茵河边界　乌斯佩特人和滕克特里人

恺撒原定的目标之一便是平定高卢，除去几乎可忽略不计的几点外，他运用武力手段大体实现了这一点。但他的另一职责离圆满完成还相距甚远，到此时为止，日耳曼人虽然被迫但仍未能全面承认以莱茵河为界。甚至在当时，即罗马纪元698—699年即公元前56—前55年的冬天，日耳曼人趁罗马人还未抵达该河下游地带，便在此处再次越界。上文已述，日耳曼的乌斯佩特和滕克特里两部落曾企图跨越门奈比部境内的莱茵河段，最终以假装撤退瞒过敌人的戒备，乘门奈比的船只成功渡河。据说这次渡河人数众多，两部落中绝大多数人都参与了，包括妇女儿童在内共计四十三万人。表面上，他们仍待在奈梅亨（Nimeguen）和克利夫斯（Cleves）地区，但据说应凯尔特爱国派的邀请，他们意图进入高卢内陆地区，并且他们的骑兵队已完成对特雷维里边境的侦察，可见传闻不虚。

但当恺撒率军来到对岸时，这些饱尝艰辛的移民似乎不愿再起冲突，相反宁愿接受罗马人给予的土地，在他们的统治下安心耕作。当双方就此事协商时，这位罗马将军心中生疑，担心日耳曼人只是在争取时间等待派出的骑兵队归来。至于这种怀疑是否确有根据，我们不得而知。不过敌军不顾双方停战的实际情况攻打罗马的先头部队，这让恺撒确信了自己的怀疑，又因损失惨重而暴怒，因而他自信有权无视一切国际法律。次日早晨，日耳曼君王和元老来到罗马军营致歉，称对此次进攻毫不知情，不料却被罗马人控制。日耳曼民众并未预见此次争端，又失去了自己的领袖，就在这时突然遭到罗马军的袭击。与其说这是一场战争，更不如说是一场搜捕。可怜的日耳曼人即便逃过了罗马士兵手中的刀剑，也都淹死在莱茵河中，只有突袭时恰好被派出去执行任务的小分队逃过了这场大屠杀，并横渡莱茵河而归。于是，河畔的苏刚布里人（Sugambri）在本部领土中为他们提供了容身之所，似乎就在利珀河上。而恺撒对日耳曼移民的所作所为引来元老们一致强烈谴责，但无论此举如何不可原谅，面对恺撒的威慑，日耳曼一族已是断然不敢再逾越半步了。

恺撒来到莱茵河右岸

然而恺撒认为应当再进一步，率军团跨过莱茵河，并与该河以外的地区一直保持联系。这一时期，日耳曼一族虽达到了一定的文明程度，却未形成一个民族该有的团结。同时出于一些别的原因，日耳曼内部产生了政治纠纷，其复杂程度丝毫不亚于凯尔特部族。作为日耳曼文明程度最高的部落，乌比部（生活在锡格河［Sieg］和兰河［Lahn］流域）近来被迫向内陆强大的苏维汇部屈服，并向其纳贡，早在罗马纪元697年即公元前57年，他们便派出使节请求恺撒还他们自由，希望能像高卢人那般摆脱苏维汇的统治。这一请求显然会给恺撒带来一系列麻烦，他并不想许下任何承诺，但若要阻止日耳曼军再次出现在莱茵河，他似乎应当率领军队到河的对岸，至少展示一下战斗实力。这样一来，苏刚布里部也有正当理由保护逃亡的乌斯佩特人和滕克特里人。于是，恺撒就在科布伦茨与安德纳赫（Andernach）之间的这片区域，在莱茵河上架起了一座桩桥，率兵团穿过特雷维里领土来到乌比部境内。

恺撒大军所到之处，一些规模较小的部落立刻投降。而苏刚布里部作为恺撒此次远征的主要攻击目标，在与罗马军正面交锋前，便与接受他们庇护的乌斯佩特人和滕克特里人一同退回到内陆地区。同样，强大的苏维汇部（大概就是后世人们所说的卡蒂部［Chatti］）原本欺压乌比人，如今也立刻撤离乌比部的邻近区域，将没有战斗力的民众安置到安全区域，同时命令一切能参与战斗的男子到部落中心地带集合。面对这一挑战，恺撒既没有理由接受，也不愿接受。他此行的目的一方面是侦察，一方面是等待时机，借这次越过莱茵河远征和威慑日耳曼人，或至少可以威慑凯尔特人和其在国内的同胞，现在这两个目的已基本实现。在莱茵河右岸停留了十八天之后，恺撒率部再次回到高卢，并拆毁了身后的那座桥（罗马纪元699年即公元前55年）。

远征不列颠

不列颠岛上的凯尔特人仍未离开那里。鉴于他们与大陆凯尔特人尤其与沿海各部落关系密切，我们可以设想，他们至少对民族中的抵抗力量抱有同情。若他们不向爱国派提供武力援助，无论如何都会在这四面环海的岛上，为所有逃离故土的人提供一个避难所。这其中当然暗藏着某种危险，即便当时人们无法察觉，未来的某一天也会暴露出来。若罗马军放弃征服这座岛，也要以攻为守，通过登岸让岛上居民知道，他们曾跨过英吉利海峡。作为最早进入布列塔尼的罗马将领普布利乌斯·克拉苏，早在罗马纪元697年即公元前57年，便跨海来到了位于英格兰西南端的“锡岛”（今锡利群岛［Scilly islands］）。罗马纪元699年即公元前55年夏，恺撒亲率两支军团从英吉利海峡的最狭窄处穿过[①]。眼见海岸上有大量敌军把守，他便带领船队继续前进。但不列颠战车在陆地上行进与罗马战船在海上航行一样迅速，于是罗马军在每艘战船上安排机器和士兵向海滩投掷炮弹，战士们以此作为掩护，有的乘船，有的蹚水，费尽了全力才得以迎着敌军登岸。当警报声初次响起，最近的一些村落纷纷投降。但岛民很快便意识到，敌军可谓不堪一击，并且不敢远离海岸，于是原本逃往内地的居民又纷纷回来威胁罗马军团。又因暴风雨突如其来，停留在开阔地带的舰队遭受巨大损害。可罗马军竟能击退蛮族的攻击，再将战船稍加修理，赶在恶劣气候来临之前乘船回到高卢海岸，不得不说十分幸运。

此次远征缺乏规划，作战手段不当，恺撒本人对结果十分不满，所以立刻（罗马纪元 699—700 年即公元前 55—前 54 年

①恺撒到不列颠的行程系由加来（Calais）与布洛涅（Boulogne）之间的沿海港埠渡到肯特（Kent）的海岸，有这事的性质和恺撒的明言为证。人们常想把地点决定得更为精密，但无成效。一切见于记载的只是：第一次航行时，步兵在一个港埠登船，骑兵在其东相距八罗马里的港埠登船；第二次航行时，恺撒于上述两埠中择一最方便的为登船之所，这就是以后不再提起的伊提港（Portus Itias），此处距不列颠海岸三十或四十罗马里。恺撒说他选择一条“最短的渡海路线”，我们由这句话，固然可以断定他渡过的不是英吉利海峡而是加来海峡，但他渡加来海峡是否循着数学上最短的路线，却不能断定。要用这些论据——其中最后也因为各家数据不同而基本不用——来决定地点，非本地绝对熟悉环境的地理学家不能完成；但众多可能性中最可取的或是下列意见：伊提港在格里诺角（Cap Gris Nez）以西昂布勒特斯（Ambleteuse）附近，骑兵登船处在同一地岬以东埃加勒（Ecale 即维桑[Wissant]）附近，登陆之处在多维（Dover）以东沃尔默堡（Walmercastle）附近。

冬季）命人组建一支由八百艘战舰组成的运输舰队，于罗马纪元700年即公元前54年春再次前往肯特（Kentish）海岸，此番随行的有五个兵团、两千骑兵。这一次，不列颠军队依然在海岸集结迎战，见对方舰队规模如此庞大，他们不战而退。恺撒立刻率兵攻向内地，经历几次胜仗后跨过了斯陶尔河（Stour）。此时，停留在开阔海域的罗马舰队再次遭遇暴风雨，折损一半，即便恺撒内心十分不愿意，这时也只能停止进攻。等到他们将战舰拉上海滩并做好大范围修船的准备时，已经丧失了进攻的最佳时机，这时凯尔特人十分巧妙地抓住了机会。

卡西维拉努斯

卡西维拉努斯君主英勇无畏，小心谨慎，统治着今米德塞斯（Middlesex）及周边地区。过去，他一直是生活在泰晤士河以南那群凯尔特人的心头之患，如今却成为整个凯尔特民族的守护者和拥护者，保卫领土的领袖。他很快发现，单凭凯尔特骑兵难以抵抗罗马军的攻势，而招募来的大批民兵又会给粮食供应造成极大困难，并且难以管理，对阵地防御弊大于利。因此，卡西维拉努斯解散民兵，仅保留战车。他一共召集了四千辆战车，车上的士兵经过训练能够熟练跳下战车并徒步作战，好似罗马最古老的公民骑兵，可应用于两种作战模式。待恺撒再次前来之时，虽然一路畅通无阻，但由于不列颠战车一直行驶在罗马军队的前边和旁边，引得居民全部撤离（由于当地不存在城镇，所以撤离过程十分顺利），罗马军也无法派出支队，粮食供应也遭遇威胁。

行至金斯敦（Kingston）和伦敦北边的布伦特福德

（Brentford）之间，罗马军跨过了泰晤士河。他们继续前进，却没能取得任何实质性进展，将军未打胜仗，战士得不到战利品，唯一取得的成绩便是今埃塞克斯境内的特里诺班特部（Trinobante）归降。但该部之所以选择投降，并非因为畏惧罗马军队，而是他们对卡西维拉努斯抱有深深的敌意。每前进一步，罗马军队面临的危险就增加一分。同时，肯特的诸位君主奉卡西维拉努斯的命令攻打罗马海军军营，尽管未能成功，但意味着一种紧急警告，提醒他们早日回头。在罗马军的猛攻下，不列颠的一座大型木栅轰然倒塌，罗马人趁机劫走了大批牲畜，这才稍稍满足，结束了漫无目的的行军之旅，也为拔军回营找了一个普遍能接受的借口。卡西维拉努斯洞悉一切，并未将敌军逼到绝境，并且答应了恺撒的要求，承诺不再侵扰特里诺班特部，并交纳贡物、交出人质。至于是否交出武器或留下一支驻军，资料并未提及，可见那些所谓的承诺当中，一切与未来相关的部分，双方都未表现出诚意。接到人质后，恺撒回到海军军营，从那里动身返回高卢。看起来他的确想借此机会征服不列颠，但是，一方面由于卡西维拉努斯制定了英明的防守战略，一方面意大利桨船不适用于北海的汹涌波涛，最终这一计划只能搁浅，约定的贡物确实一直没有缴纳。但恺撒的直接目的——使岛民抛弃过去的傲慢心态，居安思危，让他们出于个人利益考虑阻止大陆移民登岛——似乎已然达成，至少我们再也听不到保护大陆移民之类的抱怨。

爱国派的阴谋

抵御日耳曼族入侵和征服大陆凯尔特人这两项任务已经完

成，但通常看来，相比于令一个被征服的民族永远服从，征服一个自由的民族要容易得多。与其说罗马的侵略，不如说霸权之争导致了凯尔特民族的灭亡，由于胜利后征服者将霸权据为己有，这又在一定程度上搁置了争霸一事。在同样的压迫下，大家暂时抛开各自的利益，重新燃起了一种民族之情。在拥有自由和民族身份的时候，他们毫不在意，用一场豪赌葬送了它们，而如今一无所有时，他们才充分意识到它们的无限价值，只剩下无尽的懊悔。但是否真的太晚呢？尽管又羞又恼，他们也不得不承认，一个拥有超过百万英勇战士的民族，一个自古以来享有好战美名的民族，最终竟屈服于不到五万人的罗马统治。高卢中部联盟未发动攻击便选择投降，贝尔格联盟不过表示一下迎战想法也随之归降。相反，内尔维部和威尼蒂部英勇抗击却走向灭亡，莫里尼部和卡西维拉努斯领导下的不列颠人则凭借智慧成功击退了罗马军团。所有的一切，无论做过的或未做的，失败的或成功的，都激励爱国人士再做出新的尝试，若有可能，他们将寻求更为团结更为成功的做法。

特别是在凯尔特贵族阶层中，处处骚动不安，这种骚动似乎时刻都要喷涌而出，引发一场暴动。在罗马纪元700年即公元前54年春第二次远征不列颠以前，恺撒认为必须亲自前往特雷维里部，因为该部落自罗马纪元697年即公元前57年的内尔维战争中自愿和解以来，便不再出席常规会议，并与莱茵河以外的日耳曼人保持着一种十分可疑的关系。在那个时候，恺撒主张将爱国派中最具声望的男子，如鹰狄马鲁司纳入特雷维里骑兵队带回不列颠，极力无视他们的阴谋，以免采取极端措施激化矛盾，引发暴动。当时埃杜维的杜姆诺里克斯也在去往不列颠的队伍中，名义上他是一位骑兵将领，实质上是一名人质，可他断然拒绝登船反而骑马往家中奔去，恺撒只能将他视为逃兵命人追赶。很快追击分队将其抓获，他拒不配合，死于刀下（罗马纪元 700 年即公元前 54 年）。对凯尔特民族而言，杜姆诺里克斯是本族势力最强且最不仰仗罗马的部落中最受尊敬的骑士，竟然被罗马人杀害，这对所有凯尔特贵族都犹如当头一棒。和他们有着类似情感的人不在少数，他们从这场灾难中预见了各自将来的命运。

叛乱

若凯尔特贵族出于爱国情怀和上述这种绝望的情绪谋反，如今反叛者必会迫于恐慌和自卫而发起攻击。罗马纪元 700—701 年即公元前 54—前 53 年冬，除驻扎在布列塔尼的一个兵团以及驻扎在动荡的卡尔努特部（位于沙特尔附近）的另一兵团外，整支罗马军队的六个兵团都驻扎于贝尔格境内。由于粮饷不足，恺撒分别在贝洛瓦奇部、安比亚尼部、莫里尼部、内尔维部、雷米部和厄勃隆尼斯部各建了一个营地，较之于以往，各营地间距离更远。其中最东边的固定营地位于厄勃隆尼斯部境内，距阿杜亚图卡（Aduatuca，今通厄伦［Tongern］）不远，并拥有恺撒手下最出色将领——昆图斯·提图里乌斯·萨宾努斯所率的一个兵团，以及猛将卢奇乌斯·奥卢库勒乌斯

·科塔（Lucius Aurunculeius Cotta）[1] 所率的多个小分队共计半个兵团，可谓是兵力最强的营地。可是却在忽然之间，厄勃隆尼斯部君主安比奥里克斯和卡图沃尔库斯（Catuvolcus）率一大批民兵包围了这座营地。

这次袭击来得太过突然，离开营地的士兵不能及时召回，因而被敌军歼灭。除此之外，罗马人因为粮库充足，当前面临的危险尚不足为虑，并且厄勃隆尼斯部的军队面对罗马堡垒无能为力，只能撤退。这时安比奥里克斯告知罗马军指挥官：所有驻扎在高卢的罗马军营在同一天也遭到了这类袭击，若各军团不立即出发会师，罗马必走向毁灭。同时日耳曼族也从莱茵河外发兵来攻，萨宾努斯更应加快速度。由于安比奥里克斯本人与罗马人历来交好，故承诺放罗马军撤回距离最近的营地（仅两日便可到达），并未派兵追赶。尽管这些史料看似不算虚构，但厄勃隆尼斯只是一个小小的部落，甚至过去还受过罗马人的恩惠，如今却反咬一口实在令人难以信服；且考虑到各军营距离遥远，联络困难，叛党倾尽所有兵力试图对罗马人各个击破，这其中困难不容小觑。尽管如此，出于荣誉和慎重考虑，他们也必然会拒绝敌军提出的条件，坚守上次分配的据点。

---

①由于萨宾努斯早年的功绩，历史上对两人的记载总是萨宾努斯更占优势，而从此次败仗的叙述，我们可以推知科塔虽与萨宾努斯同为军使而非副将，却是一位年纪较轻、威望较小的将领，大概曾奉命遇有意见不合时须对萨宾努斯让步。再者，我们绝不能设想恺撒会命两个权力相当的将官共同主持一座兵营的工作，却完全不预防两人意见的不合。与莱茵河桥的那十二队兵马相似，这五队兵马不属于同一兵团，似乎是由全军的机动部队组成，被调来增援这座距日耳曼最近的营垒。

在军事会议上，尽管有许多人，甚至包括卢奇乌斯·奥卢库勒乌斯·科塔这样的重要人物在内都赞同这一观点，指挥官却依然决定接受安比奥里克斯的提议，于是罗马军队于次日早晨安全离开。但当他们行至距营地两英里的峡谷处时，突然遭到厄勃隆尼斯人的包围，每一个出口都被封锁了。罗马士兵试图通过武力杀出一条血路，但厄勃隆尼斯人无意近身肉搏，只是不断从各个难攻的据点向大批罗马人发射武器。萨宾努斯不知所措，似乎只有向叛党求和才能摆脱目前的困境，于是请求与安比奥里克斯商议。安比奥里克斯同意了他的请求，却在见到萨宾努斯和他的随行官员后先卸下他们的武器，然后将其杀害。罗马统帅一死，士兵无不疲惫绝望，于是厄勃隆尼斯的叛军立刻从四面八方攻向罗马阵地，破坏了他们的阵形。大多数罗马士兵，包括之前受伤的科塔都死于这场战役，一小支成功回到过去军营的分队，也在次日夜里自刎而死。最终，这一整支罗马军团全军覆没。

西塞罗遇袭

这场胜利来得太过突然，所有反叛者几乎都不敢想象。凯尔特爱国派因而愈发骚动，罗马人不再信赖除埃杜维部和雷米部以外的任何部落，反叛者却在寻求多地作乱。首先，厄勃隆尼斯乘胜进攻。阿杜亚都契部十分愿意借此机会报复恺撒对他们造成的损失，门奈比部兵力强盛且尚未被征服，于是两部的民兵纷纷加入，大大加强了厄勃隆尼斯部的兵力，所以他们一进入内尔维部境内，内尔维部即刻投降。如此一来，这支军队迅速壮大至六万人，浩浩荡荡地来到内尔维境内的罗马军营前。昆图斯·西塞罗作为当地的统帅，手下兵力不足，处境艰难，特别叛军向罗马人学习了如何建造罗马式城墙和战壕[①]，以及如何铸造龟甲形大盾和活动塔楼。火球和燃烧的长矛如骤雨般落在罗马军营的草顶营房上，被围困的将士将唯一的希望寄托于恺撒，后者当时正带着三个兵团在不远处的亚眠境内驻营过冬。但在很长一段时间内，无论是萨宾努斯的死讯，还是西塞罗所面临的困境，恺撒都一无所知，至于高卢当时盛行一种怎样的情绪，这大概是一个重要的证据。

恺撒前去解围　叛乱遭到控制

最终，一名凯尔特骑士潜出西塞罗军营，成功避过敌军的耳目找到恺撒。听说这一惊人消息，恺撒立即出发，随行的两个相对薄弱的兵团共计七千人，另有四百骑兵。按说恺撒领兵逼近的消息，本来足以让叛军停止围攻。可是，叛军面对的现实是，此时西塞罗军营中未受伤的将士已不足十分之一。叛军因此转而攻击恺撒，后者像以往取胜那样故技重施，让敌军再次误判了他的兵力。面对最不利的情况，他们都敢攻打罗马军营，正是凭着这样的勇气，他们因此吃了败仗。由于这场败仗，或者说由于恺撒亲临战场，这场起初夺得先机、传播甚远的叛变遗憾地以停战告终，这实属罕见，也颇具凯尔特民族的特点。内尔维人、门奈比人、阿杜亚都契人和厄勃隆尼斯人只

---

①当然，只有在攻击武器的用途只以劈刺为主的时代，这才可行。拿破仑说得好，在现代战事里，这种方法已不适用，因为我们的武器既由远处奏效，展开的阵势自然更优于密集的阵势，在恺撒时，情形正与此相反。

得各自回家。各沿海部落的军队原本已准备攻打驻扎在布列塔尼的罗马军团，这时也各自解散回家。厄勃隆尼斯部作为其强势邻部的附属城邦，多半受到特雷维里部领袖鹰狄马鲁司的引诱才实现了如此成功的一击，于是特雷维里部一听说阿杜亚图卡的败讯，便立即率兵进入雷米部境内，意图进攻由拉比努斯领导驻扎在那里的军团，如今他们也放弃了战斗。恺撒并非不愿将进一步讨伐叛军之事延至来年春天，眼见手下士兵已饱受高卢冬日的严寒之苦，他也不想再让他们外出受罪而放弃。而为了重回战场，他已下令公开招募三十队新兵，以填补那在战争中覆没的十五队之缺。

尽管战争暂时告一段落，这期间叛乱却从未停止。叛军在高卢中部共有两处主要据点，一处覆盖了凯尔尼特部落及相邻的塞龙部落的各个区域，并且后者曾将恺撒任命的部落首领驱逐出境；另一处便是特雷维里部，他们号召所有凯尔特移民和莱茵河以外的日耳曼人参与这场即将爆发的民族战争，并召集全部武力，待春天到来再次率兵进入雷米部领地，消灭拉比努斯的军队，并设法与塞纳河和卢瓦尔河上的叛党取得联络。恺撒在高卢中部公开召开会议，这三个部落的代表均未出席，由此便像某些贝尔格部落攻击萨宾努斯和西塞罗营地那般，等于向罗马公开宣战。

叛乱遭到镇压

冬季渐入尾声，见兵力已大幅加强，恺撒率兵出征讨伐叛党。特雷维里部企图集中作乱，却未能成功。罗马军队所到之地，一切骚乱都遭到镇压，公然的叛乱被一个个击破。首先，恺撒亲自上阵将内尔维部击溃，随后塞农部和卡尔努特部也遭遇大败。门奈比作为仅有的一个未被罗马征服的部落，在罗马军队三面合围的攻势下，被迫放弃长久以来享有的自由。同时，拉比努斯也正在为特雷维里部设计同样的命运。一方面由于相邻的日耳曼部落拒绝向他们提供雇佣兵，一方面由于整个计划的灵魂鹰狄马鲁司在与拉比努斯所率骑兵的交锋中阵亡，因而特雷维里人的第一次进攻显得软弱无力。但他们并未就此放弃，而是率领所有征兵站在拉比努斯面前，等候那些随后赶来的日耳曼部队，因为他们此前虽在莱茵河岸征兵受挫，却在日耳曼内陆许多好战的部落中颇受欢迎，尤其招募了许多卡蒂人入伍。

但眼看拉比努斯似要避开他们仓皇而逃，特雷维里人等不及日耳曼部队赶来，即便占据最不利的据点，仍攻击罗马军团不已，结果导致自己完败。待日耳曼军队赶到，战场已打扫完毕，日耳曼人只得折返，特雷维里部除了投降已别无选择，该部落政权因而落入罗马党领袖辛格托里克斯（Cingetorix），即鹰狄马鲁司女婿之手。在恺撒远征门奈比部以及拉比努斯远征特雷维里部之后，罗马全军在特雷维里境内再次会合。为杜绝日耳曼人再次来犯，恺撒再渡莱茵河，以便等待时机痛击这些惹麻烦的邻居。但由于卡蒂人笃信他们曾尝试过的策略，放弃西部边境而选择遥远的腹地——哈茨山脉附近驻守疆土，恺撒见此立刻调头，仅留一支驻军把守莱茵河渡口。

厄勃隆尼斯人遭到打击报复

如此，以上便是一切参与叛乱的部落的相关历史记载，其中厄勃隆尼斯部被略去了，但那段记忆我们一直铭记。恺撒自经历阿杜亚图卡的不幸以来，一直身着丧服。他认为阿杜亚图卡并非光荣战死，而是遭人背叛谋杀，他誓要替他的战士复仇，才脱下丧服。厄勃隆尼斯人孤立无援，悲观消极，坐在营房内眼看着邻近部落纷纷投降，直到特雷维里境内的罗马骑兵途径阿登，进入他们的领土。他们对这种攻势几乎毫无防备，罗马骑兵直接冲进安比奥里克斯家中，差点将他生擒。他费了很大劲，才在随从的舍命掩护下逃入附近的丛林。罗马的十个军团闻讯相继赶来，同一时间周围部落各自收到命令，需协同罗马士兵追捕外逃的厄勃隆尼斯人并洗劫他们的领土。一时间一呼百应，连莱茵河彼岸苏甘布雷的一支骑兵也冒险赶来，对他们而言罗马人与厄勃隆尼斯人无异，昔日阿杜亚图卡一役，他们也曾冒险突袭罗马军营，差一点得手。

厄勃隆尼斯人从而迎来了自己的厄运。尽管他们可藏身于森林与沼泽中，等来的猎人人数却远多过他们这些猎物。许多人不堪忍受而自杀，如白发君主卡图沃尔库斯，只有少数人活了下来并保留自由身份，而罗马军苦苦追捕的安比奥里克斯恰恰就在其中，他仅带了四名骑兵逃过莱茵河。在惩处了这一侵扰各处的部落之后，其他地方开始针对个人叛国罪进行惩治。宽待罪犯的时节已成为过去，奉罗马总督的命令，罗马执法吏（lictors）将卡尔努特一位德高望重的骑士亚柯（Acco）斩首示众（罗马纪元 701 年即公元前 53 年），自此法西斯式统治正式登上历史舞台。反对党沉寂了，对此不敢言语。同年（罗马纪元 701 年即公元前 53 年）年末，恺撒如往常一般向南越过阿尔卑斯山，以便冬天一过便能就近观察首都日益纷乱的局面。

二次叛乱

然而这次他的如意算盘可就打错了，好比火势得到控制，却未完全熄灭。亚柯的头颅一落，整个凯尔特贵族阶层都震惊不已。此刻，正是有史以来最好的时机。去年冬天的叛乱之所以失败，显然只是恺撒亲临战场所致，如今他距离甚远，因内战即将爆发而滞留在波河流域，而高卢军队在塞纳河上游集结，与他们令人生畏的领袖分隔两地。若现在高卢中部整体作乱，即便意大利的各种纠纷无法阻止恺撒对高卢的进一步关注，在他重新回到阿尔卑斯山北以前，罗马军团也会被包围，几乎未设防的罗马旧省也将全部沦陷。

卡尔努特部落 阿维尔尼人

高卢中部来自各个部落的反叛者聚集在一起，卡尔努特部因深受亚柯之死的直接影响，自愿作出表率。罗马纪元 701—702 年即公元前 53—前 52 年冬季的某一天，卡尔努特骑士古特鲁亚图斯（Gutruatus）和康空涅托杜姆努斯（Conconnetodumnus）在凯纳布姆（Cenabum，今奥尔良［Orleans］）发出起义信号，将恰好在那里的罗马人统统处死。一时之间，凯尔特全境民愤难平，骚乱频发，爱国志士纷纷振作起来。而对整个民族影响最深的当属阿维尔尼部的起义，该部落过去在其君主的领导下成立了高卢南部第一个政府，直到因对罗马一战失利而君权没落后，依旧是整个高卢最富裕、文明程度最高、兵力最强的部落之一，政府一贯依附罗马，不可侵犯。即便是现在，爱国派在执政的共同理事会中仍仅占少数席位，他们试图劝诱共同理事会成员加入起义，结果徒劳。因此，爱国派的进攻目标是共同理事会以及现存政治制度，而阿维尔尼部更是在罗马取胜后改革政体，用共同理事会取代君主权威，大概也是受到这类影响。

韦辛格托里克斯

阿维尔尼部爱国派领袖韦辛格托里克斯（Vercingetorix）与其他凯尔特贵族无异，在本部落内外有着近乎君王的声望，且他气宇不凡、智勇双全，乡间居民本就对专政的寡头集团像对罗马人一般仇视，于是他在这时离开首都，号召他们立即恢复阿维尔尼君主政治并向罗马开战。群众争先恐后加入，随着卢埃里乌斯（Luerius）和贝图伊图斯（Betuitus）重回王位，对罗马的民族战争从此打响。该民族过去多次试图摆脱异族的侵扰，都因缺少势力中心而失败，如今这位自命的阿维尔尼王便成为了势力中心。陆地上的凯尔特人敬仰韦辛格托里克斯，就如同岛上的凯尔特人敬仰卡西维拉努斯那般。大家心中坚信，除他之外，无人能拯救这个民族。

叛乱局势蔓延　恺撒现身

叛乱很快蔓延至西部加伦河口至塞纳河口一带，这片区域的所有部落都将韦辛格托里克斯视为最高统帅。若共同理事会从中作梗，群众便逼其加入叛乱，只有少数部落，如比图里吉部，在遭到逼迫后才加入叛乱，不过他们的加入大概只是为了装点门面罢了。叛乱发展至卢瓦尔河上游的东部地区，遇到了阻碍，这里一切都属于埃杜维部，然而该部落的立场却摇摆不定。爱国派在埃杜维拥有非常大的势力，但这种影响无法打消该部落对阿维尔尼部的旧怨。这种情形对叛党极为不利，因为若要拉拢东部各部落势力，如塞夸尼部和赫尔维蒂部，就必须先说服埃杜维部加入，并且通常来说，高卢这部分地区的决定权全在他们的掌握之中。

叛党为此忙得不可开交，一方面他们要劝诱那些仍在犹豫的部落，尤其是埃杜维部加入，另一方面要占领纳博。这时，纳博一位骁勇的罗马领袖卢克特里乌斯（Lucterius）来到这一旧省内的塔恩河畔。这位罗马最高统帅突然在深冬时节来到阿尔卑斯山的这边，让盟友和敌人都始料未及。他迅速作出安排，严守纳博省，此外派出一支军队越过积雪覆盖的塞文山进入阿尔维尼境内。但他不能在纳博久留，因他的军队驻扎在桑斯（Sens）和朗格勒（Langres）两地，若埃杜维部加入高卢联盟，随时可以截断他去往军营的道路。于是，他极其隐蔽地赶赴维也纳，再从那里出发，仅带了少量骑兵穿过埃杜维领土回到军营。叛党决意起义时所抱有的希望已成泡影，意大利依旧平静，恺撒重回军队领兵。

高卢的作战计划

但叛军的下一步计划呢？面对如此情形，用武力决一胜负实属愚笨，因为武力较量胜负已定，无法改变。他们可能会派出凯尔特军队向阿尔卑斯山投石，以求打击罗马兵团，但这必然会牺牲大批士兵的性命，甚至导致多个部落的毁灭。于是，韦辛格托里克斯放弃了这一念头，而是效仿卡西维拉努斯拯救岛上凯尔特人所用的策略。既然罗马步兵坚不可摧，但恺撒手下的骑兵几乎全部来自凯尔特贵族的后备军，随着各地叛乱爆发，骑兵早已解散。叛军大多由贵族组建，他们或许可以发展这一优势，劫掠远近各地，烧毁城镇村落，摧毁仓库，破坏敌军的粮食供应及交通，而敌军对此却无能为力。

因此，韦辛格托里克斯倾尽全力扩充骑兵和步兵中的弓箭手，在当时的作战策略中，这两个兵种通常协同作战。新招募的民兵数量庞大，反而不利于实施作战计划，他并未将他们遣送回家，但也不允许他们上阵杀敌，而是逐渐教授他们修筑壕沟、行军转移以及攻防转换，让他们了解士兵的任务不局限于近身对抗。罗马兵团之所以在战术上占据优势，全赖于其营地的独特设计，使得每支罗马军队都能同时具备攻防优势。因此，韦辛格托里克斯在向敌军学习时，着重研习了罗马式筑营法。

诚然，不列颠城镇稀少，人民粗野果敢，但总的来说十分团结，可对于那样一片土地完全适用的策略，却不能照搬用于卢瓦尔河畔那些富庶地区及其即将面临政治分裂的懒散居民。尽管如此，韦辛格托里克斯至少做到了以下几点：过去他们每城必守，最终一城都未能守住，如今他们更换策略，他们一致赞成赶在敌军来袭之前，将未设防的城镇摧毁，而倾尽全力坚守一些坚固的堡垒。同时，阿维尔尼王竭尽所能让所有人民参与到国家保卫战中，对畏缩不前的给予严厉惩罚，对犹豫不决的耐心劝导，对贪财之人施以黄金，对态度坚决的对手使用武力。至于所有下等人民，他都一视同仁，或强逼或利诱，最终都让他们为国家贡献一份力量。

争斗之始

波伊人可谓是罗马最可靠的同盟，此前被恺撒安置在埃杜维境内。因此，韦辛格托里克斯在冬季尚未结束之时，便向他们发起了进攻，想要在恺撒赶来前将其同盟彻底消灭。得知这一消息后，恺撒当即决定将行李和两个兵团留在阿格丁库姆（Agedincum，今桑斯［Sens］），向叛党发起进攻。情势危急，他不敢怠慢。由于骑兵和轻步兵兵力不足，他陆续招募了日耳曼佣兵作为备用军，后者所用之马并不是看起来孱弱矮小的品种，而是来自西班牙和意大利的马种。因为卡尔努特人曾经公然叛乱，因此恺撒下令劫掠其都城塞纳布姆（Cenabum），并将其烧毁，然后渡过卢瓦尔河来到比图里吉境内。这样一来，韦辛格托里克斯被迫放弃对波伊人的围攻，赶来支援比图里吉。新战术正是在此处得到了第一次试验。在韦辛格托里克斯的命令下，比图里吉城中有二十多处地方付之一炬，恺撒将所到之处的建筑一一摧毁。

恺撒出征阿瓦里库姆

按照韦辛格托里克斯的想法，比图里吉繁盛的都城阿瓦里库姆（Avaricum，今布尔日［Bourges］）也应遭到毁坏以坚壁清野。但比图里吉的君长苦苦跪求，军事会议中大多数人同意了他的请求，于是韦辛格托里克斯决定拼尽全力守住此城。因此，战事首先在阿瓦里库姆附近展开。韦辛格托里克斯安排步兵驻扎在附近的沼泽中，敌军难以靠近，因此即使没有骑兵助力，也无需担心罗马人的进攻。凯尔特骑兵截断了一切道路，阻断敌人的联系。城中有重兵压阵，可以同城下的部队保持密切联系。恺撒处境艰难，诱使凯尔特人步兵作战的计划也没能奏效，后者处于易守难攻的地理位置，以逸待劳。尽管罗马士兵努力修建营垒并攻城，但城中之敌同样毫不逊色，总能焚毁对手的攻城器具。同时，要在一片广阔荒芜的区域，冒着对方骑兵不断巡逻的危险，为将近六万士兵提供粮饷也是一个难度极大的任务。波伊人有限的存粮很快消耗一空，埃杜维人许下的补给还没送达，谷物吃光后，士兵只能每日靠定量肉类充饥。但无论守城将士如何拼命抵抗，这座城池不久仍将沦陷。若在敌人占领之前，趁着黑夜悄悄撤兵，然后毁掉该城，还有一线生机。韦辛格托里克斯正是如此打算，但由于撤退时把妇孺安排在队伍后面，其哭喊声引起了罗马人的注意，导致撤退失败。

征服阿瓦里库姆　恺撒分兵

第二天是个阴沉的雨天，罗马人攻上城墙，因为痛恨守城士兵的顽强抵抗给自己带来的麻烦，他们对于里面的老弱妇孺毫不留情。凯尔特人曾经在这里存放了大量的粮食，正好供罗马士兵充饥。夺下阿瓦里库姆后（罗马纪元 702 年即公元前 52 年春天），恺撒取得了对叛党的首次胜利。按照以往的经验，他确信叛党势力终会瓦解，之后只需将这些部落逐个击破就大功告成。因此，他立即亲率军队出征埃杜维部，靠着得胜的威势，暂时平息了当地爱国派引发的骚乱，接着再派拉比努斯返回阿格丁库姆，同留守的君主会合。这一次，面对卡尔努特部和塞农部带头叛乱，拉比努斯可以先带四个兵团平定两部落境内的反叛势力，恺撒本人则带着余下的六个兵团南下，前往韦辛格托里克斯的老家阿维尔尼山作战。

拉比努斯出征鲁特西亚

拉比努斯从阿格丁库姆沿着塞纳河左岸前进，意欲夺取鲁特西亚（Lutertia，今巴黎），以此处为据点向别处进攻，后者正是塞纳河上巴黎人（Parisier）所筑之城，处于叛乱的中心。但当他离开梅洛杜努姆（Melodunum，今默伦［Melun］）之后，便发现年迈的卡姆洛格努斯（Camulogenus）已经带着全部的叛军守在沼泽之中，既挡住了他的去路，又无法近身一搏。拉比努斯果断后退，在梅洛杜努姆渡过塞纳河，沿着右岸向上进攻鲁特西亚，中途畅通无阻。卡姆洛格努斯命令部下焚毁此城，拆除通往左岸的桥梁，在拉比努斯对面排兵布阵。这样一来，后者既不能让对方交战，也无法顶着他们的威胁渡河。

恺撒出征日尔戈维亚　围攻战术一无所获

另一方面，罗马军主力沿阿列河（Allier）而下，进入阿维尔尼部落。韦辛格托里克斯想要阻止罗马人到达阿列河左岸，但恺撒成功避开，数日之后便来到阿维尔尼的都城日尔戈维亚（Gergovia）[①] 城门前。但是早在韦辛格托里克斯前往阿列河阻击恺撒之前，就已经命人在日尔戈维亚囤积了充足的粮食，又在城墙前方地势陡峭的小山上新修了一座营垒，四面都是坚固的石壁。且因为他行动较早，所以比恺撒先抵达日尔戈维亚，守着坚固的城池静待敌人的攻击。恺撒手头兵力有限，既不能大肆围攻，也无法完全封锁，只能同敌方呈对峙之势，在韦辛格托里克斯占领的山头之下扎营。恺撒一时之间陷入僵局，被迫在塞纳河与阿列河附近停留，这几乎算是叛党的胜利。从最终结果来看，这次停留对恺撒而言也无异于一场败仗。

游移不定的埃杜维人

之前犹豫不决的埃杜维人如今下定决心加入爱国党。恺撒曾调动一队埃杜维士兵前往日尔戈维亚，结果他们中途在将领的指示下，投靠了叛党。同时，埃杜维人开始在本部落内残忍杀害罗马人。恺撒立即带着三分之二的围攻部队应对叛变的部队，结果因为他的突然到来，已叛变的士兵只能表面佯装听从，但这种关系实质脆弱不堪。而为了维持这种关系，之前留

---

①人们常在阿维尔尼首都尼米图姆（Nemetum 即克莱蒙 Clermont）以南一小时路程至今仍名日尔戈（Gergoie）的一片高地上寻求此地；在这里不仅挖掘到除了粗陋寨垣的遗址，还找到了与这地名相关的源自罗马第十世纪的文献，足见这地点选择得很正确，毋庸置疑。再者，这地点既符合恺撒别的叙述，又表明他在指定日尔戈维亚为阿维尔尼部首都时的深谋远虑。因此我们假定，阿维尔尼人兵败以后，不得不由日尔戈维亚迁都至坚不可摧强固的邻城尼米图姆。

守在日尔戈维亚城前的两支部队遭受大难，这代价未免太大。

韦辛格托里克斯果断抓住恺撒离去的机会，趁机攻打驻扎在城前的罗马军，取胜的同时甚至差点攻陷罗马营垒。好在恺撒反应迅速，才避免阿杜亚图卡式惨祸再次发生。埃杜维人虽再次向恺撒投诚，但毫无疑问，只要围攻没有进展，他们肯定会再次叛变，因此恺撒只得放弃围城。若是他们真的叛逃，恺撒和拉比努斯的联系必定遭到截断，后者更会陷入孤立境地，遭到巨大的危险。恺撒定然不会让事态如此发展，虽然既痛心又面临危险，但又非做不可，于是只能中途从日尔戈维亚撤退。撤退后，恺撒必然立即出发攻入埃杜维部，不惜一切代价阻止后者的大规模叛变。

恺撒进攻日尔戈维亚遭遇战败

依照恺撒活泼乐观的天性，他自然不会心甘情愿地撤退，所以在此之前，他还想最后一搏，计划用一场精彩的胜利摆脱当下的困境。此时，日尔戈维亚的大部分守军都在修筑防御工事，以为这些地方必然是敌方的必攻之地，而对方却瞅准了这一时机，向另一面较为偏僻且兵力不足的缺口发起进攻。虽然攻城的罗马士兵翻过了城墙，占领了部分城寨，但也因此惊动了不远处的守军，于是恺撒决定停止进攻。他下令退兵，而冲在最前方的士兵由于尝到了胜利的甜头，一味急躁进攻，或忽略或无视了将军的命令，继续向敌军发起冲击，有些人甚至冲入城中。城中守军早已组织大量的士兵进行反击，最前方的罗马士兵很快阵亡，攻城队也被迫停止冲击，百夫长和士兵英勇作战，慷慨就义。罗马军队伤亡惨重，一路败退到山下，好在恺撒驻扎在平原的部队及时支援，才未造成进一步伤亡。他们抱着攻下日尔戈维亚的愿望，结果却遭到迎头痛击，死伤惨重，战士死伤高达700人，其中包括46名百夫长，而相比于整场战役的损失，这点几乎不值一提。

埃杜维部再次爆发叛乱　贝尔格人起义

恺撒依靠战场上的胜利在高卢赢得了令人敬畏的地位，但如今，这胜利光环有些黯然失色。阿瓦利库姆周围的激战，恺撒并不奏效的激将策略，城池的坚壁死守和意外的陷落，都不同于凯尔特民族初期所经历的战争，这种差异也让凯尔特人对于自己领袖的信心有增无减。而且，同鲁特西亚一样，在堡垒之下依靠设防的兵营对抗强敌，这一新战术在日尔戈维亚大获成功。此外，这是恺撒本人在凯尔特人手中吃的第一次败仗，也是凯尔特民族胜利的巅峰，更是第二次叛乱爆发的信号。当下，埃杜维部正式同恺撒分道扬镳，与韦辛格托里克斯结盟。由于之前埃杜维派来的增援部队还在恺撒军中，他们不仅叛逃，而且伺机抢劫了驻扎在卢瓦尔河畔的诺维奥杜努姆军营，劫走了营中所有军需品，包括黄金、武器、大量备用马匹以及人质。与此同时，原本独善其身的贝尔格部如今也开始蠢蠢欲动，实力强大的贝洛瓦奇部也悄然行动，意图趁拉比努斯军队同高卢部落的民兵对峙之时，截断其退路。当时的形势可谓千钧一发，甚至最为果敢、最受优待的凯尔特罗马党人，也纷纷感受到爱国情怀极其强大的感召力，如阿特雷巴特部的首领康米乌斯（Commius），曾因为尽忠职守而受到罗马人的器重，为其部落争取到重要特权，并被授予监管莫里尼部的重权。叛军甚至联络罗马的旧省，期望能够诱使阿洛布罗基部起兵背叛罗马，这也不是毫不可行。许多部落纷纷响应，而只有身处漩涡中心的雷米部及其控制下的苏埃西翁部、李乌契部（Leuci）和林贡斯部保持沉默，远离喧嚣。除此之外，从比利牛斯山至莱茵河的整个凯尔特民族，如今都已经响应号召，捍卫个人与国家的自由。而最引人注目的莫过于，之前反抗最为积极的日耳曼人如今却毫无动静，甚至特雷维里部也因为同日耳曼人的争斗而缺席了此次自由之战，门奈比部似乎同样如此。

恺撒的作战计划——与拉比努斯结盟

先是在日尔戈维亚败退，又失去了诺维奥杜努姆，如今的罗马人显然正处在生死关头。于是，他们在恺撒的大本营中召开军事会议，讨论应对策略。大部分人支持翻越塞文山退往罗马旧省，由于此举面临叛军正面的冲击，所以需要罗马军团的保护。但是如此软弱的应对态度并不合时宜，还可能招致政府的训斥，因此恺撒并未采纳。他下令停止从这些地方征兵，要求他们全力保卫边境。另一方面，他亲自带兵反向行军赶往阿格丁库姆，命令拉比努斯也退往此地。凯尔特人当然不打算让两支军队汇合。拉比努斯曾把其后备兵和辎重留在阿格丁库姆，因而他可以沿塞纳河右岸下行直抵目的地，但他不想此行被凯尔特军发现。于是，他佯装要渡马恩河，最后在敌军的目送下渡过塞纳河，在其左岸同敌军交战，最后得胜，消灭了大量凯尔特士兵，其中就包括统帅老卡姆洛格努斯（Camulogenus）。叛军想将恺撒困在卢瓦尔河上，但未能如愿。恺撒并不打算等待叛军与大部队会合，抓住机会击溃了仅有的埃杜维民兵。由此，罗马两支军队顺利会师。

阿莱西亚的叛党立场

与此同时，叛军也在埃杜维都城比布拉克特商讨下一步的作战策略，会议仍由韦辛格托里克斯主持。由于日尔戈维亚一战的胜利，他赢得了广大民众的支持。诚然，即便到了这个时候，有些部落仍旧不甘落寞，在事关民族存亡的斗争中，埃杜维部仍觊觎霸权，想要以部落内另一位领袖取代韦辛格托里克斯的位置。但这一提议遭到全体与会成员否决，韦辛格托里克斯的最高统帅地位得以确立，其作战计划继续实施，该计划同他在阿瓦利库姆和日尔戈维亚所采用的策略大同小异。他选择曼杜比伊部的城市阿莱西亚（位于科多尔省［Cote d' Or］的瑟米尔［Semur］附近，今名为阿利兹－圣莱纳［Alise－Sainte Reine］）[①] 作为新阵地的中心，又在其城下建了一所设防的兵营。他们在此囤积了大量的粮食和其他补给品，又令日尔戈维亚的军队赶到此处，同时将骑兵扩充至一万五千人。

在阿格丁库姆成功会师后，恺撒立即率全军开赴贝桑松（Besancon），因为叛军的队伍已经抵达塞文山南坡的赫尔维境，威胁罗马行省，为了保护此地免遭侵犯，恺撒也只能如此。此时，向着阿莱西亚进军的部队仍在行军路上，唯一可供韦辛格托里克斯调动的军队便是骑兵。维尔特骑兵在中途伏击

①近来有个讨论不休的问题，即阿莱西亚是否与阿莱斯（Alaise，在杜省［Doubs］贝桑松以南二十五公里）是同一个地方，而所有明智的学者的回答都是否定的，这一点很正确。

了恺撒，但日耳曼新骑兵队又以罗马步兵为后盾，反攻得胜，这结果确实让人大吃一惊。

恺撒来到阿莱西亚　阿莱西亚攻城战

因此，韦辛格托里克斯更是加快了入守阿莱西亚的进程。恺撒的兵力相较之下非常薄弱，而凯尔特军队则驻守在一座防御牢固、粮饷充足的堡垒之下，手握大量身经百战的骑兵。如果恺撒不肯放弃攻势，便只能顶着危险，在一年内第三次以寡敌众。但此前，凯尔特人都是同小部分罗马军团交战，而当下，他们面对的将是恺撒率全军压境。在阿瓦利库姆和日尔戈维亚，韦辛格托里克斯将步兵置于堡垒的保护下，同时充分利用了骑兵的机动性，截断了敌人的交通，而如今这一策略却不起作用。凯尔特骑兵如今败于自己曾经蔑视的敌人，锐气尽失，现在一遇到恺撒的日耳曼骑兵就溃不成军。攻方战线长达约十五公里，覆盖全城以及附近的堡垒。韦辛格托里克斯原本打算在城下交战，但却没料到在阿莱西亚被围，因而补给虽多，却远不够供给八万步兵和一万五千骑兵以及众多城内居民。他不得不承认，自己设定的战略这次反而害了自己，除非有人前来营救，否则他这次是彻底完了。罗马人包围时，剩余粮食仅够支撑一个多月，到了最后，韦辛格托里克斯决定发挥骑兵的作用，遣散之后命他们传令给各地的领袖人物，请他们召集军队前来支援阿莱西亚。至于自己，他决定为自己的错误决策负责，与城内的居民和部下同生死共命运。但恺撒做了两手准备，一边放任包围，一边绕开敌军主力，在营造包围圈的同时布置外部防御，并囤积了大量粮食。日子一天天过去，城内补给消耗殆尽，他们不得不把城内的居民驱赶出去，这些人在两军之间挣扎，最终惨死。

阿莱西亚解围战

到了最后时刻，恺撒阵线外围终于出现了凯尔特援军的身影，据说共有二十五万步兵和八千骑兵。从英吉利海峡到塞文山，各个叛变部落为了营救民族精英和受人尊敬的将军精锐竭尽全力，只有贝洛瓦奇部以不愿在境外作战为由，拒绝了韦辛格托里克斯的求援。第一次战斗发生在三者之间，被困之人和外部援兵商量好双面夹击，结果仍被击退；但休整一天后，凯尔特军队卷土重来，竟然突破了包围圈，冒着敌军的猛烈进攻攻破了对方的防线。于是，恺撒立即派拉比努斯召集附近的队伍，带着四个兵团对敌人发起猛攻。在最危急的关头，恺撒亲临战场鼓舞士气，双方展开了惨烈的肉搏战，援军被迫回撤，恺撒的骑兵随之发起追击，大败援军。

阿莱西亚投降

这不仅仅是一场简单的胜利，它决定了阿莱西亚乃至是整个凯尔特民族的命运，此战过后再无挽回的可能。凯尔特军队士气低落到了极点，最终当即解散回归。到了此时，韦辛格托里克斯仍有逃脱的机会，至少也能以自由人的身份自救。但他不屑为之，在军事会议上，他曾发誓为了民族的存亡牺牲性命也在所不惜，他绝不会逃离，谁知这话真的成了他的结局。凯尔特人将他献给民族的仇敌恺撒，美其名曰让其受到应有的处分。阿维尔尼王骑着战马，身着全副铠甲，来到罗马执政官的面前，绕其座椅一周后，当面交出了自己的马匹和武器，默默坐到了恺撒脚下的台阶上（罗马纪元702年即公元前52年）。

韦辛格托里克斯被处死

五年后，有人洋洋得意地牵着韦辛格托里克斯走过意大利首都的街市。当胜利者在卡皮托尔山顶向满天神祇祈祷时，韦辛格托里克斯却被人以背叛罗马的罪名斩首于山下。正如一天的阴沉晦暗后，夕阳穿透云层映出晚霞，苍天也在各国灭亡时指引出最后的伟人。所以，腓尼基接近灭亡时期成就了汉尼拔，凯尔特历史的最后，韦辛格托里克斯载入史册。两人都无力拯救自己的国家而免于异族统治之下，却也使国家免于最后的耻辱——无声无息地文明毁灭！当国家堕落腐化时，常常会诞生一批愤世嫉俗的利己主义者和胆战心惊的懦夫。正如那位迦太基人，韦辛格托里克斯不仅要对抗外敌，更要排除这些成事不足败事有余的内鬼。他之所以在历史上取得非凡地位，不仅在于能攻善守的军事才能，更是因为其独特的个人魅力，毕竟在一个自私自利的国家里，能够集中全国力量反抗外侮绝非易事。生活在腓尼基商业城市中的那位市民，冷静而沉着地致力于实现一个宏大的目标，五十年如一日，坚持不懈；而凯尔特的这位受人尊敬、为国捐躯的统帅却没能坚持过一个短短的夏季，这大概就是世上最遥远的差距了吧。无论是内心修养，抑或是外表仪容，大概整个远古时期都无法找到第二位如此典型的侠客。但一个人不应当只是个侠客，政治家更应如此。无论是他不屑从阿莱西亚出逃，还是他捐躯赴国难，都是侠客而非英雄的行为，毕竟他是承载着整个国家希望的勇士。这种牺牲不过是当全民族遭到外族的侮辱时，把本应是历史上最伟大的生死斗争贬低为反抗暴君的罪行。相同情境下，汉尼拔截然不同的行为堪称明智。同这位充溢着豪侠之气的阿维尔尼王告别，我们不得不感慨于历史和人道的些许人情味，但凯尔特民族的特色在于，其最伟大的人物说到底也只是个豪侠而已。

最后一次讨伐比图里吉部和卡尔努特部

阿莱西亚城沦陷，城内军队投降，凯尔特叛军蒙受了巨大损失，整个国家更是惨遭重创，根本无法再起战事。最糟糕的是，他们损失了一员大将——韦辛格托里克斯。国家正是因为他的努力才能统一，没了他，统一似乎也就成了无土之木。叛党之间不再商量联合防御和再度任命元帅之事，爱国党的同盟自行解散，每个部落都有决定同罗马人是战是和的权利。当然，求和的呼声无处不在。恺撒也想尽快结束战事，他那十年的省长任期已过七年，最近已引起首都政敌的疑心，他自认为最多还能掌权两年。为了自己的利益和荣誉，他必须尽力掌控最近攻下的地区，方便以后移交权力。但要想完成这一任务，时间似乎太过紧迫。此时，胜方尤其需要施恩于战败方，而幸运的是，凯尔特人忙于内斗，无暇深思，欣然接受了他的提议。属于亲罗马一派的部落为数众多，如高卢中部规模最大的两个部落埃杜维部和阿维尔尼部，它们在阿莱西亚陷落之后就立即同罗马恢复了往日的关系，之前被囚禁的两万俘虏无需缴纳赎金便得以释放，其他部落的俘虏却沦为战胜者的苦役奴隶。高卢各地情形基本同两大部落相似，各部落也放弃了反抗，听天由命，等待着惩罚降临。但是，或因愚忠轻率或因垂死挣扎，仍然有些部落坚持着已无希望的反抗大业，直到罗马军队前来讨伐。而早在罗马纪元 702—703 年即公元前 52—前 51 年冬季，罗马人就曾对比图里吉和卡尔努特部进行过这类征伐。

贝洛瓦奇部

贝洛瓦奇部去年并未支援阿莱西亚，但现在却做着殊死抵抗，似乎他们是想证明自己缺席那场决战不是出于怯懦或厌恶自由。阿特雷巴特部、安比亚尼部、卡莱特部（Caletes）及其他贝尔格部落都参与了这一斗争。阿特雷巴特部君主康米乌斯，目睹了日耳曼骑兵在去年战斗中神勇的表现，便带着五百名骑兵前去支援贝洛瓦奇部。对他胆敢投靠叛党一事，罗马人无法容忍，近日拉比努斯甚至想用奸计刺杀他。贝洛瓦奇部的科雷（Correus）行事果决，才干出众，一直统管战事，依照韦辛格托里克斯的战略作战，战绩斐然。恺撒虽分批调来了大量军队，却无法逼贝洛瓦奇的步兵出战，也无法阻止对方占据其他阵地以便防御罗马大规模冲击。而且，在多次与敌方骑兵尤其是康米乌斯率领的骑兵交手中，罗马骑兵尤其是投诚的凯尔特军队损伤惨重。不幸的是，科雷在一次同罗马截粮队的遭遇战中遇害，此后这里的抵抗也随之瓦解。鉴于罗马人提出的条件尚可接受，贝洛瓦奇部也随之投诚。随后，拉比努斯又征服了特雷维里部，接着对偏远的厄勃隆尼斯部大肆劫掠。因此，贝尔格同盟最后的抵抗也彻底崩溃。

卢瓦尔河沿岸

沿海各部落仍抱着同卢瓦尔河邻邦共抗罗马统治的幻想，叛军队伍从安甸（Andian）、卡尔努特和周边地区出发，在卢瓦尔河下游集合，将皮克顿部支持罗马的君主困在了莱蒙努姆（Lemonum，今即普瓦捷［Poitiers］）。但不久后，便有大军前来攻伐。叛党立即退兵，想要渡过卢瓦尔河限制敌军，不料却在半途中遭遇罗马军队阻击，溃不成军。这样一来，卡尔努特部以及其他反叛的部落和沿海部落都相继投降。

乌克塞洛顿诺境内

除几个头目带着散兵游勇在各处继续抵抗外，其他反抗势力基本消弭。卢瓦尔河上的联军溃败后，骁勇善战的德拉佩斯（Drappes）和韦辛格托里克斯的忠实战友卢克特里乌斯（Lucterius），聚集了一批反抗意愿最为坚决的士兵，据守在洛特河（Lot）[①] 上坚固的山城乌克塞洛顿诺（Uxellodunum）之中。尽管经历了伤亡惨重的激战，他们仍保持充足的粮食供应。随后，德拉佩斯被俘，卢克特里乌斯困在城外，但守城士兵仍全力抵抗罗马人的进攻。直到恺撒亲自前来督战，令人开凿暗渠断了守军的供水通道，这一惨烈的攻守大战才宣告结束。为了向这些意志坚定、不屈不挠的勇士致敬，恺撒饶了他

---

①人们常常以为此地在距菲雅克（Figeac）不远的卡普德纳克（Capdenac），格勒最近宣称，过去有人提出它在卡奥尔（Cahors）以西的吕泽什（Luzech），他对此表示赞成。

们的性命，割下每一士兵的手以示惩戒，之后将他们遣返回家。恺撒认为，最重要的事情便是平定高卢全境的公开反抗行动；康米乌斯仍在阿拉斯一带同罗马军队展开游击战，直到罗马纪元 702—703 即公元前 52—前 51 年冬季，恺撒才同意讲和。即使这个愤怒且疑心重重的首领断然拒绝前往罗马营地的请求，恺撒也并未在意。对于高卢西北部和东北部那些偏远地带，恺撒对叛党的要求也不过是名义上归顺，甚至暂时休战而已①。

平定高卢

这样一来，经过长达八年的战争（罗马纪元 696—703 即公元前 58—前 51 年），位于莱茵河以西、比利牛斯山以北的高卢区域从此成为了罗马的属地。平定此地尚不满一年，在罗马纪元 705 年即公元前 49 年，罗马军队便因为意大利内部出现战乱而向南跨过阿尔卑斯山撤回本国，只在高卢留下了几支新兵队伍。然而，凯尔特人并未趁机再次掀起反抗运动，即便其他行省都对恺撒公开宣战，他们仍旧坚持听命于其征服者。因此在罗马事关成败的几年中，日耳曼人也不再侵略这块莱茵河左岸的土地。在之后的数次危机中，虽然这样的机会反复出现，高卢再未发生全民族的叛变或者日耳曼族入侵事件。即使有些地方发生叛乱，例如罗马纪元 708 年即公元前 46 年贝洛

①当然我们可以想象，这事恺撒虽未自行记载，但萨路斯特以恺撒同党的身份著书，却给我们提供了一条不难理解的暗示。此外，钱币又给我们提供了另一条线索。

瓦奇部起兵叛乱，但因其规模较小且同意大利纠纷毫无关联，因而罗马省长能够轻易地将其平定。当然，正如西班牙几百年的平静，这种平静也有相应的代价，即对于那些距离最远、民族意识最强的地方，如布列塔尼、斯海尔德河一带和比利牛斯山区域，只能暂时容忍它们以各种方式脱离罗马的统治。恺撒当时因为更加紧急的事情无暇顾及，因此处理凯尔特问题时显得有些草草了事，并不全面。但单就驱逐日耳曼军队和平定凯尔特叛党而言，他的安排显然经受住了考验。

罗马税收政策

在行政管理方面，纳博省长仍将最近征得的区域划在纳博省内，直到恺撒于罗马纪元 710 年即公元前 44 年离职，这些地方才划分为两个省，一为高卢，二为贝尔格。因已被罗马人征服，各个部落都丧失了政治独立性，需定期向罗马纳贡。但跟贵族和富豪用以牟利的纳贡制度不同，他们仿照西班牙的制度，给每一部落指定固定贡额，具体征收方式由他们自己决定。这样一来，高卢每年有四千万赛斯特资金流入到罗马国库，而罗马政府则主动承担了莱茵河畔的防御费用。此外，战争中储存在神庙和暗室的大批黄金也相继涌入罗马，恺撒将这些黄金慷慨地播撒在罗马全境，又再一次性地大量抛入金融市场，导致黄金对白银的比率猛跌了将近百分之二十五。由此可见，高卢因这次战争遭受了巨大损失。

沿用现行制度

征服过后，昔日的部落组织、世袭君长或封建寡头等政治团体仍旧存在，即使是小部落依附大部落的藩属制度也未废除，但既然其政治独立性已丧，所有制度也就失去了实际效力。恺撒的目的正是利用封建制度和霸权的冲突争端，借此支持那些拥护异族统治的人当权，以此进一步加强罗马的统治。恺撒欲倾尽全力在高卢成立一个罗马党派，为此他向投奔来的手下奖励大量金钱和田产，甚至凭借他个人的影响，为他们在元老院或各自部落的一级办事处谋得一官半职。那些具有强大可靠罗马党的部落，例如雷米部、林贡斯部和埃杜维部等都备受优待，组成了自由的民社组织，即所谓的同盟制度。并且由于霸权调整，他们因此占据了优势地位。至于凯尔特宗教及其祭司，恺撒从一开始就非常宽容，后来罗马当局对德鲁伊教（Druidical）采取的极端措施在当时根本毫无踪迹。除此之外，大概还有一事与此相关，即往后的不列颠战争往往带着宗教战争的色彩，而高卢战争却非如此。

国家引进罗马化进程

对于被征服的民族，恺撒做了尽可能的体谅，无论是民族、政治还是宗教制度，只要不同罗马的属国地位相冲突，恺撒都予以保留。这样的做法并不是放弃了高卢的罗马化，而是要以宽大的方式将其实现，毕竟前者是他征服此地的基本计划。此前的一些形势已使大部分高卢南部实现了罗马化，但若想在北部同样实现有些不太现实。凭着熟练老道的政治手腕，他自上而下地促进这一进程的自然发展，尽可能地缩短招致痛苦的过渡时期。他曾帮助数名凯尔特贵族获得罗马公民身份，甚至将数人推上了罗马元老的席位，除此之外，他还制定了以下措施：一是规定在高卢部落里以拉丁语取代土著语为官话，同时增加了某些限制；二是以罗马币制取代本地币制，而罗马当局保留金币和第纳尔币的铸造权，至于小额货币的铸造权则交给各部落，但后者的流通仅限于部落境内，其标准也要遵守罗马规定。从此以后，卢瓦尔河同塞纳河两岸的居民都照令使用一种杂乱不堪的拉丁语[①]。这种不伦不类的语言尽管惹人发笑，相较于纯正的拉丁语却有着更好的发展前景。日后高卢的部落组织若类似于意大利的城邦组织，其部落首领和部落会议的地位又高于凯尔特原有组织的话，那么这种转变可能就是恺撒的功劳了。从军事和政治角度来看，罗马人应该在阿尔卑斯山外建立一系列殖民地，充当新政权的支撑点和新文明的出发点，而能够做到这一点的似乎只有这位继承了盖乌斯·格拉古和马略遗慧的政治家了。如果恺撒只是将自己手中凯尔特或日耳曼的骑兵安置在诺维奥杜努姆，将波伊人安置在埃杜维境内——在对韦辛格托里克斯的战争中，埃杜维已经尽了其作为罗马殖民地的义务——那么可能的原因只是按照日后的计划，他不能让手下的兵团就此解散。有关此事，下文将就他以后数年对旧罗马省的作为展开叙述。他无法将这些制度在最近平定的区域内施行，其原因大概就是因为缺少时间吧。

①在勒梭维部（Lexovier，今利雪［Lisieux］）所在地，即卡尔瓦多斯的维戈布雷特（Vergobret），发现了一段印制在一枚半钱币上的铭文。虽然这些钱币的字迹往往难以辨认，印模质量十分恶劣，但依稀可见其与当时的拉丁语极为吻合。

凯尔特民族的灾难　凯尔特人和爱尔兰人的民族特性

凯尔特民族大势已去，恺撒一手葬送了其政治文明，整个民族也正走向灭亡。对于有发展潜力的民族，命运有时尚会施以无妄之灾，但对凯尔特人而言，却是自作孽不可活，这也是历史的必然。仅仅从最近战争的经过来看，不论是通观全局还是观察细节，都已经不言而喻。罗马人即将建立统治地位时，只有寥寥地方势力奋起反抗，而且这些地方大都属于日耳曼人或混血日耳曼人的领地。罗马人统治之后，他们也曾尝试摆脱，但其行动不是太过鲁莽，就是过分依靠少数有名的贵族，所以诸如杜提奥马尔乌斯、卡姆罗格努斯、韦辛格托里克斯或科雷之类的人物一旦阵亡或被俘，起事便宣告失败。其他地域的民族战争都会在攻城战和游击战中淋漓尽致地展现出一个民族的道德力，而在凯尔特人的反抗中，此类战斗却少得可怜。罗马人中少有并不蔑视所谓野蛮民族的人，其中一人说道：凯尔特人靠着蛮勇挑逗未来的危险，可危险一旦来临时，他们却退缩了。这句话虽有些刻薄，但凯尔特人史书上的每一页都在无可辩驳地证明这一点。在浩浩荡荡的历史漩涡里，一切缺乏钢铁般坚韧品质的民族都会遭到无情的毁灭，凯尔特人这种民族断然不可能继续存在。凯尔特人同罗马人的关系，正如他们的同族爱尔兰人同萨克逊人的关系——它们注定被更为先进的政治文明所吞并，并成为其未来发展的催化剂。在我们同这个民族告别之前，有一件事情需要注意，我们今天在爱尔兰人身上看到的独一无二的民族特性，在古人所述的卢瓦尔河与塞纳河上的凯尔特人身上同样可见。所有的特点都有着惊人的相似：懒于耕种、酷爱酗酒闹事和张扬荒诞——我们仍然记得日尔戈维亚之战胜利后，挂在阿维尔尼圣林的刀，据说是恺撒之物，他在圣地参观之后莞尔一笑，下令禁止触动神圣产业；他们在言谈中全都是比喻和夸张，带着暗讽和离奇的口吻；他们有让人大笑的诙谐——其中有个绝妙的例子，即一人当众演说时，若另外一个人插嘴，那么依照凯尔特法令，应该将这个扰乱治安者的衣服割开一个醒目的大洞；他们喜爱歌功颂德，具备演说家和诗人的天赋；他们满怀好奇心——商贩若是不先将自己已知或未知的新闻在大街上公开讲述一番，便不能顺利通过——和愚蠢轻信，众人依这种传说行事，徒增混乱，于是秩序较好的部落严禁旅客将未经证实的消息告知官吏以外的人；他们有着幼稚的虔诚，以祭祀为父，一切都要事先请教；他们有着诚挚的民族荣誉感，一国之内密切团结，能像一家人般对抗外族；他们倾向于在一时雄起的首领带头下起事造反，却不能将胜不骄败不馁的真勇气保持到最后，辨不出何时静候何时发难的正确时机，无论是任何组织、军事或政治上的纪律都无法遵守，甚至是无法容忍。无论何时何地，凯尔特民族总是懒惰却富有诗意，怯懦却又热烈，好奇轻信，和蔼聪明，但从政治观点来看，确实是个不折不扣的“无用民族”，因此它无论如何也逃不出灭亡的宿命。

罗马发展的开端

但这次战争最重要的结果并不是一个大的民族亡于恺撒的武力之下，其积极的影响远大于消极影响。毋庸置疑，如果元老院政治能再坚持几代之久，所谓的民族大迁徙必能提早四百年，在意大利文明尚未移植到高卢、多瑙河或非洲和西班牙之时，就展开其进程。恺撒，这位诞生于罗马的伟人可谓文武兼备，依靠雄谋大略断言日耳曼各部落必将是罗马、希腊世界的大敌。于是，他以强硬的手腕制定了以攻为守的新东方战略，凭借河流和人造城墙堡垒保卫帝国的边境，又在边境一带最近的野蛮部落开展殖民活动，以期防御更远的部落。他从敌国招募士兵补充罗马的兵力，这一切都为罗马和希腊文化争取了一段必要的时间，使得教化西方同之前教化东方一样变成了可能。

常人能够立即预见自己行为的结果，天才人士所播的种子却会慢慢地发芽生长。几个世纪之后，人们才知道亚历山大不仅在东方建了一个昙花一现的国家，而且把希腊文化传播到了亚细亚；又过了几个世纪，世人才晓得恺撒不仅为罗马人攻克了一个新省，而且更为西方各地的罗马化奠定了基础。从军事上来看，远征英吉利和日耳曼的行为看起来相当鲁莽，并且一无所获，但直到很久以后，人们才意识到其深远的意义。无数民族的存在和状况已经不为人知，只能依赖于水手和商人真假参半的传闻，才得以在希腊罗马世界传播。罗马纪元698年即公元前56年5月，一个罗马人写道：“每一天信件和消息接连从高卢传来，报告我们素来不合的民族、部落和区域的名称。”历史的范围因为恺撒远征外阿尔卑斯山而扩大，这在世界史上同发现美洲新大陆一样重要。除地中海狭窄地带之外，我们又发现了中欧和北欧的民族，波罗的海和北海沿岸的居民；在旧世界外，我们又增添了新的世界，两者从此相互影响。后来哥特人狄奥多里克（Theodoric）成功达成的事情，阿里奥维斯图斯也早已达成。如果那样，我们的文明与罗马、希腊文明的关系，定不会比印度和亚述（Assyrian）文明的关系更为密切。希腊、罗马过去的光荣，之所以能过渡为近代史上更成熟壮丽的结构，西欧能够实现罗马化，日耳曼能够实现古典化，地米斯托克利（Themistocles）和西庇阿等人能带来不同于阿苏卡（Asoka）和萨尔玛纳撒（Salmanassar）的声音，荷马和索福克勒斯不仅能像吠陀（Vedas）和迦梨陀娑（Kalidasa）那般受到文学家的青睐，而且写就了家喻户晓的作品，这一切都是恺撒的功劳。他的伟大前辈亚历山大在东方创立的基业，在经历了中世纪的风波后，差不多毁于一旦；而恺撒的功业，虽历经千年考验而犹存，尽管人类的宗教和组织大变，甚至是文明的中心也发生了转移，但他的功绩却称得上是永存于世。

多瑙河畔的国家

要详细叙述当时罗马与北方民族的关系，我们还要看一看意大利和希腊两个半岛以北从莱茵河源头到黑海一带的地方。当然，历史或许从未记载到当时那里曾发生的各族大乱，即使时而提及这个区域，也只能说是漆黑中闪出的一线微光，只会让人更加疑惑。但指出各国史籍资料的残缺不足，是历史学家的义务，他们不能在赞扬恺撒宏伟防御计划的同时，又避讳元老院所派将军为保护边境而在此做出的拙劣布置。

阿尔卑斯山上的民族

意大利东北部仍然受到阿尔卑斯山上部落侵犯的威胁。罗马纪元696年即公元前58年，罗马在阿奎莱亚布下重兵，而阿尔卑斯南侧的高卢省长卢奇乌斯·阿弗拉涅乌斯举行了凯旋庆祝仪式，由此看见，这段时间内肯定发生过远征阿尔卑斯的行动；不久之后，罗马人同诺里库姆族（Noricans）一位君长的联系更加密切，或许正是因为此事。但到了罗马纪元702年即公元前52年，阿尔卑斯北边的叛变导致恺撒不得不调动所有驻扎在上意大利的军队，这也导致阿尔卑斯蛮族突袭了繁盛的城市特吉斯德（Tergeste）。由此可见，日后意大利在这一区域也将面临大患。

伊利里亚

那些占据伊利里亚沿海区域的骚乱民族，不厌其烦地骚扰其罗马主人。达尔马提亚人早已发展为此处最大的民族，如今又有邻族加入，实力大增，其市镇也由二十个猛增到八十个。他们从利本尼亚人（Liburnians）手中夺取了波莫纳城（距离凯卡河［Kerka］不远），反复交涉后不肯交还，恺撒便在法尔萨莉亚（Pharsalia）一战以后派兵对其发起进攻。但此后罗马兵败，因此，达尔马提亚一时成为了反恺撒党的大本营，其居民同庞培党和海盗联合起来，在水陆两方面对抗恺撒的一众将领。

马其顿王国

最后，马其顿、伊庇鲁斯（Epirus）和希腊荒凉破败的程度，比罗马帝国其他部分更加严重。迪尔拉奇乌姆

(Dyrrhachium)、塞萨洛尼卡（Thessalonica）和拜占庭(Byzantium）虽仍有些许商业往来，雅典的名气和哲学学派仍吸引着旅行家和各路学子，但综合而言，希腊昔日人口众多的城市和人山人海的港口，现在都如同墓地般死寂。即便希腊人能够保持克制，马其顿崎岖山地中的居民仍旧不断地劫掠和争斗，例如大约在罗马纪元697—698年即公元前57—前56年，阿格雷人（Agraeans）和多罗皮人（Dolopians）侵袭埃托利亚城，到了罗马纪元700年即公元前54年，住在德林（Drin）河谷的庇鲁斯人（Pirustae）洗劫了伊利里亚南部。一时之间，四面邻居争相起而效之。在罗马纪元676—683年即公元前78—前71年的八年战争中，虽然北面的达尔达尼人（Dardani）和东面的色雷斯人早已被罗马人击败，但色雷斯最强大的君主科提斯（Cotys）还是进入了罗马藩属君长的行列，开始统治过去的奥德里西亚王国（Odrysian）。然而，这一区域仍旧受到来自北面和东面的侵扰。省长盖乌斯·安东尼曾进攻达尔达尼族以及住在今名为多布鲁恰（Dobrudscha）的多个部落，皆遭到激烈反抗，后者在多瑙河左岸巴斯塔奈人（Bastarnae）的帮助下，于伊斯特罗波利斯（Istropolis，今伊斯特［Istere］，距库斯坦基［Kustendji］不远）打败罗马人（罗马纪元692—693年即公元前62—前61年），只有盖乌斯·奥克塔维乌斯(Gaius Octavius，又称屋大维）在对培西人（Bessi）和色雷斯人的斗争中稍占上风（罗马纪元694年即公元前60年）。反之，马库斯·皮索掌权时（罗马纪元697—698年即公元前57—前56年），则成事不足败事有余。这一点并不奇怪，因为他不论对敌对友，一切皆向钱看齐。所以，在他担任省长时，色雷斯的登底勒特部（Dentheletae，在斯特律蒙河［Strymon］畔）在马其顿大肆横行抢掠，甚至将自己的哨兵安排在从迪尔拉奇乌姆到塞萨洛尼卡的罗马军事大道上。见本省的罗马军队似乎只是在那里坐山观虎斗，任由这群劫匪荼毒罗马人友好和平的藩属，塞萨洛尼卡的人民遂准备自行抵抗他们的围攻。

新达契亚王国

这种攻势当然无法危害罗马的统治，并且后者对于接连发生的耻辱早已麻木。但正是这一时期前后，有个民族开始在多瑙河外达契亚（Dacian）大草原上实现了政治的统一，其未来的历史地位与培西人和登底勒特人不同。达契亚人又称为盖塔人（Getae），其族中有一个名为扎尔默克西斯（Zalmoxis）的圣人同君主共理政务。此人远游异域，考察各种神祇的道行和灵迹，熟悉埃及祭祀和希腊毕达哥拉斯学派的知识和智慧，之后回到族中，一生隐居在“圣山”一个壁室中虔诚修道。平时，他只同国王和大臣相见，在处理重大事务时，他会向国王传达神谕，然后由国王下达给人民。最初，族内的人视他为联络神灵的祭司，直至后来将其归为摩西（Moses）和亚伦（Aaron）一类的神。人们认为天主让亚伦为先知上师，摩西为先知神，由此诞生了一项历史悠久的制度——国王必须有这样一个神灵在旁，由他之口传达命令。这种特殊制度，以神治辅助那看似毫无限制的王权，因此，盖塔国王同臣民的关系，大概跟哈里发（caliphs）与阿拉伯人的关系相近。大约同一时期，盖塔国王布雷比斯塔斯（Burebistas）和神德铿（Dekaeneos）在宗教和政治上完成了惊人的改革，正是上述制度的结果。该民族原本十分嗜酒，在道德和政治方面相当堕落腐化，如今在提倡节酒和尚武的新福音下，完成了脱胎换骨的新生；军队有了清教徒般的严明纪律，并且士气高涨，布雷比斯塔斯很快借此在数年内便建设出一个强大的国家，占领了多瑙河两岸，往南深入色雷斯、伊利里亚和诺里库姆（Noricum）。该国同罗马人并没有直接接触，这个同早期伊斯兰教颇为相似的国家将会走向何方，无人知晓；但是那些没有先知能力却妄然预言的人，就像安东尼和皮索这类执政官一样，不配同众神争锋。

第八章　庞培和恺撒的共治

庞培与恺撒地位并列

自恺撒任执政官获官方认可以来，民主派的领袖似乎获得了公开承认，换言之，成为了罗马共和国的共同统治者，形成“三头执政（triumvirs）”之势。而根据民众意见来看，位居首位的无疑是庞培。贵族派称他“个人独裁者”，西塞罗跪地向他哀求也无济于事；毕布路斯（Bibulus）墙上张贴着对其尖刻的讽刺；反对派谈及他也投以最恶毒的咒骂。这些都在意料之中。据史料记载，庞培无疑是他那个时代的第一位将军，而恺撒则是个精明的政党领袖和政治演说家，其虽有不容置疑的才略，但生性不好战，甚至在人们眼中毫无男子气概。这类看法早已根深蒂固，我们不可能指望那些贵族关注事实真相，更别指望他们听到塔古斯河上的英雄鲜为人知的种种壮举后，便放弃既定的陈腐思想。显然，恺撒虽在同盟中仅担任副将，但弗拉维乌斯、阿弗拉涅乌斯及其能力不足的手下未能做成之事，恺撒都能替首领达成。即使他担任省长，也丝毫不会改变这一状态。虽然近来阿弗拉涅乌斯的地位与省长相似，却未能因此得到半点重视。多年来，他几次兼任多个省的省长，手下领导的军队兵力远远超过四个兵团。由于阿尔卑斯山外的局势重归平静，罗马人又将阿里奥维斯图斯王视为友邻，所以那里再次发生重大战乱的概率很小。尽管庞培依靠伽比尼乌斯—马尼利乌斯法（Gabinio - Manilian law）取得的地位，可与恺撒依靠瓦提尼乌斯法（Vatinian law）取得的地位相提并论，但究其结果，显然恺撒不占优势。庞培几乎统治着整个罗马帝国的疆域，帝国的军队和国库差不多全由他一手掌控，而恺撒只管辖区区两个省，加上分拨给他的款项和两万四千人的军队；庞培可以任意规定自己的任期，恺撒虽能长期担任其职位，但到底仍设有期限；最后，庞培被委派掌管海陆最重要的几项任务，恺撒则被派往北部，从意大利北部监视首都的一切动态，确保庞培的统治不受侵扰。

庞培与陷入混乱的首都

虽说庞培接受任命管理首都，但其能力根本无法胜任这一职位。他对于“管理”概念的理解仅限于下达命令，别无其他。过去和将来的变革，一同激起了首都境内的骚动浪潮，从各个方面来看，这座城市都极像十九世纪的巴黎。手上无兵统治首都这座城市本就遇到不少困难，再加上这位态度强硬的好战勇士，一切问题就更难解决了。不久，无论是盟友还是敌人，都对其表示不满，但庞培个人却不以为然，任他们为所欲为。恺撒离开罗马之后，执政联盟依旧掌控着帝国的命运，却控制不了首都的街市。元老院只是一种名义上的政权，元老们放任城内的一切事务自然发展，究其原因，一方面是部分元老受联合派的控制，未接到统治者的命令；一方面是愤怒的反对派或冷眼旁观，或悲观消极，全然置身事外。更重要的是整个贵族阶层如果无法理解他们的无能，至少得开始有所觉察。所以一时之间，罗马城中各方执政势力毫无反抗能力，也不存在真正的权威。贵族政治已经消亡，而军人政治尚未兴起，人们就生活在这样一种权力真空期中。若较之古往今来的其他国家，罗马共和国中一切迥然不同的政治职能都过于单一，机构过于有名无实，那么从另一方面也清晰暴露出政治上的混乱——无政府状态，让人难堪。

无巧不成书，就在恺撒于阿尔卑斯山外建功立业的几年里，罗马城却在世界历史的舞台上，上演了一出荒诞无比的政治闹剧。罗马共和国的新任领袖不问政事，只是把自己关在屋里，愠怒不语。同样，半免职状态的前政府成员也撒手不管，唉声叹气，有时在别墅里的私密会议上悄声叹息，有时则在元老院齐声叹气。那些内心依然坚守自由和秩序的自由民们，厌恶这种混乱执政，但最终由于没有领头人和解决办法，也只能保持消极态度。他们不仅拒绝参与一切政治活动，而且尽可能避开这座政治上的罪恶之城。

无政府主义者

另一方面，各路下层人民也没过上好日子，从未找到快活的方式。小市民数量极多，煽动群众成为了一项事业，因此也形成了其独特的行业标志：破烂的外套、蓬乱的胡须、冗长的头发以及深沉压低的声音。靠这行业捞到大钱的人不在少数，为了这些浩大的游行呐喊，戏剧演出者用的那些特效润喉药的需求量突增[1]。希腊人、犹太人，以及自由民和奴隶最积极参与公众集会，他们嗓门最大。即使在正式投票场合，票民中通常只有少数人是合法享有投票权的公民。当时有封信里写着如下一句话："下一次，要让我们的伙计在释奴税投票中取胜。"那时团结的武装群体便意味着拥有真正的权利，于是贵族们将手下所有参与决斗的奴隶和流浪汉们集结起来，组成一支混战队。拥有这样一支队伍的人多数从一开始就属于平民党，而只有恺撒熟知管理平民党的策略，只有他懂得如何驾驭这帮人。恺撒离开罗马后，一切制度分崩离析，民众们各自为政。毫无疑问，即使到现在，这些人也依然乐意高举自由之旗互相斗争。但严格说来，他们对民主派是既不支持也不反对，见风使舵，一时以人民之名，一时又假借元老院或者政党领袖的名义，如克洛狄乌斯，他就曾先后支持或自称支持当政的民主派、元老院和克拉苏。只有当这些人无情迫害自己的仇人，如克洛狄乌斯迫害西塞罗或米洛迫害克洛狄乌斯时，他们才会跟党派合作，利用党内人士的地位作为争斗的筹码。我们若将这段混乱的政治历史记录下来，那么一定得同时配上一段喧闹声来完成这段乐章。而对于城内一切凶杀案件、住宅围攻、恶意纵火等强盗事迹，嘘声和叫骂声如何演变成互相唾骂和践踏，再又演变到互扔石头和剑拔弩张的地步，也不必再反复赘述了。

---

①这就是 cantorum convitio contiones celebrare 的意义（cic. sest. 55. 118）。

克洛狄乌斯

普布利乌斯·克洛狄乌斯便是这场卑劣政治剧的主角，而当权者如何利用他对付加图和西塞罗，正如上所述。就其个人而言，他富有影响力，满腹才华且充满活力，在工作中兢兢业业，堪称模范党人。在其出任保民官期间（罗马纪元696年即公元前58年），他推行了极端的民主政策：给公民发放粮食；禁止检察官检举不良公民；禁止从政者以宗教礼节名义阻碍公民会议举行；取消不久前（罗马纪元690年即公元前64年）为限制公民聚众闹事而设的限制下层阶级的结社权；恢复当时已废去的“街市俱乐部（collegia compitalicia）”，即城内所有自由民和无产阶级的正式组织，按照所属街区进行划分，并且具备类似于军队的编制。除此之外，在克洛狄乌斯任副执政官期间（罗马纪元702年即公元前52年），他拟定并提出了一项法案，即提倡把生而自由者的权利赋予事实上有自由的自由民和奴隶，若此项提议成功，那么这位致力于改革的政治家才可谓功德圆满。在帕拉蒂尼山上那些被焚烧的旧址中，他挑选了其中一处修建了一座自由神庙，以实现自由平等的努马二世自居，邀请城内那些可爱的民众来庙中看他举行祭祀，共庆民主时代的来临。当然，这些倡导民主自由的活动并不同于贩卖公民法令。克洛狄乌斯作为恺撒的跟随者，实质与恺撒一样，为了同僚的利益售卖省长一职以及其他大大小小的官位，为了附属君主和城镇的利益出卖国家主权。

庞培与克洛狄乌斯意见不合

对于所有的这一切，庞培一概不予过问。这样一来，他的威望大减，若他还未意识到该问题的严重性还可以自我安慰，但他的对手意识到了。在遣返亚美尼亚被俘王子这一问题上，克洛狄乌斯与罗马执政者产生了巨大分歧，并且很快演变成一场正式的对决，这件事情将庞培的无为暴露无遗。国家首脑不知道如何去应对党人，只会笨拙地动用武力，而使用武力又远不及对手巧妙。若他在亚美尼亚王子的问题上遭到克洛狄乌斯糊弄，他会予以反击，让克洛狄乌斯的仇人西塞罗免于放逐，由此达到自己的最终目的，即把他的反对者变成宿敌。若克洛狄乌斯聚集他的手下，扰乱街道治安，相应地常胜将军将集齐他的奴隶和拳击手与之对抗。两边交战，将军自然斗不过这种煽动者，大败于街市，于是盖乌斯·加图几乎永远都受制于克洛狄乌斯和其党羽之下。执政者和煽动者在这场争斗中，抢着讨好垮台的政府：一方面庞培为了讨元老院欢心，批准召回西塞罗；另一方面克洛狄乌斯宣布朱利安法典（Julian law）无效，并邀请马库斯·毕布路斯公开证明其通过法案是违法行为，而所有这些甚至根本算不上这场奇观中的惊奇之处。

自然而然，这种混乱激昂的情绪不会有什么好的结果，其主要特点就在于漫无目的，实在可笑。即使是拥有恺撒那种天分的人，也能从经验中明白，民主运动已经摇摇欲坠，即使拥有王位也无法再依靠煽动者。虽然恺撒早已将预言家那套斗篷和手杖丢弃在一边，如若在当今共和国与君主制交替之际，那些异想天开的蠢货又给自己换上了那套行装，所模仿的盖乌斯·格拉古的崇高理想失去了本来的面目，那么这也只是历史上的权宜之计罢了。事实上，挑起这些民主运动的所谓的“党派”根本算不上是党派，因此在后来的决战阶段，其根本没有分派到什么任务。在这种混乱的局势下，我们甚至都无法断言，无心政事的人们内心里是否有过强烈的愿望，渴望拥有一个依靠武力的强硬政府。这些政治中立的人们大多都居住在罗马城外，因而未直接受到城内骚乱的影响，而通常受到影响的人往往鉴于过往经验，特别是喀提林（Catilinarian）的阴谋依附于官僚主义。然而，真正为时局感到恐慌的人，恐惧的是国体一旦推翻，则整个时局将彻底改变，城内的混乱仅仅只是表象，虽然会持续一段时间，但还不足为惧。从历史观点来说，其唯一值得我们注意的结果是，庞培由于克洛狄乌斯的攻击而陷入痛苦境地，而这种痛苦境地在很大程度上决定了他的下一步行动。

恺撒高卢之战取胜对庞培的影响

庞培虽然不喜欢也不懂得采取主动，但这次迫于自己对克洛狄乌斯和恺撒两人立场的改变，一改之前的消极态度。克洛狄乌斯已将他置于可耻可恼的境地，即便他懒惰成性，最终也被激得暴怒。然而，更为重要的是他与恺撒的关系转变。对于这两位联合执政者来说，庞培可谓彻底失职，而恺撒却懂得利用其职权，面对一切算计和危险都能全身而退。恺撒并未征得同意，便在其管辖的南部地区（多半为罗马公民）内将自己军队扩充了一倍兵力；他没有一直留守在意大利北部监视首都，而是率兵穿越阿尔卑斯山，将辛布里部的再次入侵扼杀在摇篮中，两年时间内（罗马纪元696—697年即公元前58年—前57年），其军事力量已扩张到莱茵河至英吉利海峡一带。这些现实情况摆在眼前，贵族们即便持无视或轻视的态度，也吓得不敢掉以轻心。如今，昔日被嘲笑为懦夫的恺撒成为军队的偶像，成为扬名立万的大英雄，他头上新鲜的胜利者桂冠也让庞培那株枯枝黯然失色。早在罗马纪元697年即公元前57年，元老院便授予恺撒胜利英雄应有的一切荣誉，甚至比庞培所得的还要多。庞培对他这位昔日副将所持的态度，就如同伽比尼乌斯—马尼利乌斯法案（Gabinio - Manilian laws）颁布后恺撒对他所持的态度。如今，恺撒不仅是罗马的英雄，还是最强军队的主帅，而庞培只是个卸任的夕阳将军。当然，在丈人和女婿没有发生冲突之前，依然可以维持现有表面的和谐关系，但一旦出现政治联合，参政者势力范围发生变化，内部难免解体。

对庞培而言，与克洛狄乌斯的冲突只是让他感到烦恼头疼，而恺撒地位的变化才是真正令他伤神之事。同以往恺撒与其党羽寻求军事力量抗衡他一样，现在他也要寻求军事后盾与之抗衡。他现在必须放下之前清高的架子，出面担任特任官职，有了这一职位，他就能拥有与两高卢的省长同样乃至更大的权力。庞培采取的策略一如他的立场，完全照搬之前恺撒在米特拉达特斯战争（Mithridatic war）时期的谋略。为了得到同等的统帅职务，从而与远方占优势的对手形成抗衡之势，庞培首先需要政府官方机构的支持。一年半以前，这个官方机构完全受他支配。执政者的统治，一方面依靠对其绝对服从如同街市主人一般的公民大会，另一方面则是对恺撒惕然敬畏的元老院。庞培作为罗马城内的联盟代表和联盟首领，毫无疑问，他完全可以凭借公民大会和元老院通过他想颁布的法案，甚至是对恺撒不利的法案。不过，由于与克洛狄乌斯发生了争执，庞培失去了控制街市的力量，也就不能寄希望于公民大会通过他的提议了。至于元老院那边，虽不至于这般对他不利，但由于他一直以来态度放任消极，因而能否紧紧操控多数元老通过其所需的提案，也尚不可知。

公众中拥护共和政体的反对派

现今元老院（不如说是一般贵族）的地位已经不复从前，因其已经在地位极低的公民中吸纳了新成员。罗马纪元694年即公元前60年的大联合时期，许多事情尚未等到时机成熟便提前泄露了。加图和西塞罗被放逐时，执政者虽不动声色，甚至摆出一副觉得惋惜的姿态，但公众却凭借其敏锐的洞察力，推测出了幕后真正的主使人，加上恺撒和庞培又结成姻亲关系，很容易让人联想到王政时期的放逐令和家族联合，顿觉不悦。许多公民虽远离政治事件，但也都注意到未来王政的趋势越来越明显。大家开始意识到，恺撒的目的不在改革共和政体，而当下最紧要的问题是共和制的存亡。从这一刻起，那些以共和派自居并尊恺撒为领袖的有识之士们，势必将归附反对党。于是，统治贵族的客厅和村舍里不再有人谈论起“三位君主”或“三头怪物”。人们虽蜂拥着去听恺撒就任执政官发表的演讲，但却无人喝彩；这位平民出身的执政者走进剧院时，无一人鼓掌。而当他的任何一位手下在公众面前现身时，底下便嘘声四起；当某演员说出一句反君主制的台词或反庞培的隐喻，即使是那些古板的人听了也鼓起掌来。西塞罗将被放逐之际，许多公民（多数来自中产阶级，据说有两万余人）都模仿元老们穿起了丧服。当时一封信里如是说：“现在最流行的事情就是痛恨平民党。”

执政官的应对措施

执政官放出暗示，即这种对抗可能会导致骑士阶级失去他们在剧院中的特殊席位，公民们失去制作面包的谷物。于是，公民们虽然内心依然厌恶如旧，但在表达自己对抗情绪的时候变得十分谨慎。显然，这种利用物质利益来平衡关系的策略取得了不错的效果。于是在他任期内，黄金不断往外输送。表面富有而实际破产的男人们，富有势力却囊中羞涩的女士们，债台高筑的青年贵族们，困窘中的商人和银行家们，这些人不是去高卢寻求资金，便是向恺撒驻罗马城的代理点求助。无论求助于哪一方，除一些穷途末路的流氓外，极少有人遭拒。此外，恺撒曾着人在罗马城内兴建大型建筑以及大量公共娱乐设施，因而上到领事官员下到平民百姓，许多人都发现了赚钱的大好机会。庞培也是如此，只不过有所收敛，首都因此有了第一座石头搭建的戏剧院，他为此举行了一场空前盛大的典礼揭幕。显然，这种行为会令一些支持反对党的人，尤其是身处首都的反对党人对新局势的态度有所缓和，但这种行贿手段并不能触及反对党的核心。至于现行政体对人民的影响如何根深蒂固，生活在距直接政党冲突较远的地区，特别是乡镇的居民如何反对王政，甚至不甘屈服，其答案日益清晰。

元老院日益扮演重要角色

若罗马存在某种代议制，那么公民便能在选举中表达自己的不满，并从而收集各方意见。但在当下情形之下，支持这一制度的人也别无他法，只能听从元老院的安排，后者虽正在走向衰落，却依旧是典型共和制的代表和捍卫者。在元老院被推翻之后，人们忽然发现有这样一支军队听它支配，并且势力强大、忠诚可信，无论其势力还是创下的辉煌，都远胜于元老院推翻格拉古王朝并依仗苏拉的武力庇护重振国威之时。贵族见此，开始重新振作起来。而就在此时，马库斯·西塞罗因承诺听从元老院的领导，即不进行任何反抗并竭力支持执政官的工作，而得以回国。就此事而言，庞培并无意向寡头政治妥协，只是一方面想借此捉弄克洛狄乌斯，另一方面想让这位仕途顺利的上任执政官在饱经挫折后臣服于他，但正如西塞罗被逐是对元老院的示威，那么拥护共和制的一派也将利用他的回归进行一番示威。为了以示郑重，两位执政官安排蒂乌斯·安尼乌斯·米洛（Titus Annius Milo），手下保护一切反对克洛狄乌斯的公民，并下达了一项元老院的决议，向公民提交议案，请他们准许前任执政官西塞罗回国；此外，元老院号召一切支持共和制的公民在投票时不要缺席。到了投票那天（罗马纪元 697 年即公元前 57 年 8 月 4 日），大批知名人士聚集到了罗马城，其中许多更是来自乡镇，数量空前之多。于是，这位前任执政官从布隆迪西乌姆（Brundisium）到罗马城的这段旅途再次引发了一轮民意表达，场面十分精彩。而这一次元老院与共和派新的联合正如世人所了解的那般，共和派经受住了考验，取得了极其有利的成果，在很大程度上重振了贵族们早已丧失的斗志。

庞培的无助

庞培面对这些明目张胆的示威行为，无助至极。加上克洛狄乌斯的原因，他已经丧失了原有的地位，甚至到了令众人嘲笑的地步，因此无论是他自己还是盟友，都再无信誉可言。元老院中那些依附于执政者的人，因庞培执政不力而沮丧不已，但又碍于事情都得自理而手足无措。这一时期（罗马纪元697年即公元前57年），要是政权掌握在英勇干练的人手中，也不至于希望渺茫。如今该党拥有一百年来最广泛的公民支持，若它选择相信公民和自己，或许还能在最短时间以最光荣的方式达到目的。为什么不公然抨击执政者呢？为什么元老院没有一个果敢英明的人站出来，撤销那不合乎法律的特权、号召意大利所有共和党人一起对抗暴君及其党羽呢？也许这样一来，元老院能再次夺回统治权。当然，共和党这样做无疑是在冒险，但或许在这样的情况下，最果敢的决定同时可能也是最为明智的决定，事实通常如此。然而，那一时期懒惰成性的贵族们并不敢因此冒险。

不过有个方法倒是相对稳妥一些，至少符合这些共和派的特点和本性，即尽力挑拨两位执政者的关系，通过离间他们而最终自己获取执政权。两位执政者之间的关系原本已经发生缓和，但如今恺撒占得了比庞培更为有利的地位，而庞培需要通过游说去重拾权威。若庞培得权，他和恺撒势必会关系破裂，甚至交战；若庞培孤立无援，那么必败无疑。在这场混乱结束后，共和派便会发现自己仍然处于被统治的境地，只是统治者由两位变成了一位。不过，若贵族们再次效仿恺撒过去取胜的策略，与势力较弱的一方结成联盟，那么一旦有庞培这样的将军和共和派那样的军队，势必能够获胜。鉴于庞培之前在政治上无作为的姿态，获胜后找他结算应该不是什么难事。

庞培计划从元老院获得谷物供应的管控权

时局的变化，使得庞培和共和党之间自然而然达成了谅解。双方能否接近彼此，两位执政者与贵族之间谜一般的混乱关系该如何调整，最后也该有个决断了。于是，在罗马纪元697年即公元前57年秋，庞培向元老院提议，希望获得一项特别职权。他重提了十一年前自己得以掌权的理由，即面包事件，那时伽比尼乌斯法案还并未颁布，罗马城内的面包价格前所未有的高昂。克洛狄乌斯将这件事情时而归咎于庞培，时而怪罪于西塞罗，认为这是他们的个人阴谋造成的，而西塞罗和庞培反过来也归咎于克洛狄乌斯，至于事实究竟如何，无法断定。

海盗不断入侵，国库持续空虚，政府不作为导致谷物供应陷入混乱，即便没有政治上的粮食垄断，在这座几乎完全依赖于海外进口的城市，上述几件事也很容易造成粮荒。庞培计划让元老院将整个罗马帝国的谷物供应管控权交给自己，而为了达到这一目的，他一方面需要获得对罗马国库的无限支配权，另一方面需要配备军队和舰队，以及在整个帝国内通行且高于其他各个省省长的统帅权。总的来说，庞培希望打造出一项改良后的伽比尼乌斯法案。于是，一如之前为清剿海盗而获得米特拉达特斯战争指挥权那般，当时尚未决断的埃及战争指挥权再次落到庞培手中。尽管这些年元老院一直反对新任执政官，但在罗马纪元697年即公元前57年9月商议此事时，大多数元老依旧受制于恺撒带来的恐惧中。大体上他们谄媚地接受了庞培的计划，这也是西塞罗建议的结果，在放逐过程中他学会了迎合，公民们也希望他能率先有所表现，他果然没令大家失望。然而，保民官盖乌斯·美西乌斯（Gaius Messius）虽提议了这些方案，但在设定实施方案时略去了至关重要的部分。最终，庞培未能获得对国库的自由控制权，也没能拥有自己的军队和舰队，更没有所谓的高于各省省长的权力。为了让庞培能够管理首都的粮食事务，那些人只给他提供了高额款项和十五名副官，并许诺他未来五年在罗马城内拥有执政官的同等权力，并在公民大会通过了这一决定。原本的计划经过这些变动，几乎可以说是遭到否决。造成这一结果有多方因素，如大家对恺撒有所忌惮，若让他的对手与他平起平坐甚至权高于他，那即使是最懦弱的人也会对这些事揣摩不止；克拉苏作为庞培的宿敌，表面上勉强与其结成联合，暗中却从中作梗，就连庞培个人也将计划失败的原因主要归咎于这位宿敌；元老院共和派从中阻挠，对他们而言，不管是名义上的还是实际上的，所有扩大政治权势的行为都统统拒绝；当然最为重要的原因，还是庞培自己无能，他在非采取行动不可的关键时候，依旧畏畏缩缩，不敢坦陈自己的意图，只是照旧把真实想法假借他人之口传达出来，还一如既往地装出一副谦逊的姿态，声明哪怕再少点都不介怀，这样也难怪那些人会将计就计，少准给他一些东西。

去往埃及

尽管如此，庞培依旧觉得满足，认为至少找到了一件正经差事，还能有个正当理由离开首都。此外，他成功以便宜的价格向首都供应了大量谷物粮食，当然这也让其他省市深受其害。然而，庞培的真正目的尚未达到，他如今在各省市都拥有执政官的同等称号，但要是手上没有自己的军队供他调遣，那也只是徒有虚名。于是，不久后庞培便向元老院提议，请元老院授权他护送被逐的埃及国王回国，如有必要还需大量武力协助。但是，他越表现得殷勤，元老院对他的态度就越冷淡。元老们很快便在《西卜林神谕集》（*Sibylline oracles*）里找到一句话，提到派罗马军队去埃及意味着罔顾神灵，他们一向虔诚，于是一致决定不能在埃及事件中动用武力。庞培已经习惯了受挫，就算没有军队武力，他依然决定要去执行此事。他一如既往地保持其沉默态度，也由着自己的党羽去声讨，还主张投票增派一位元老同往埃及。这一提议涉及到罗马城一位元老的宝贵性命，元老们当然强烈反对。最终经过一系列讨论商议，最终得出的决议是绝不插手埃及一事（罗马纪元 698 年即公元前 56 年 1 月）。

庞培试图利用贵族复辟抨击恺撒法案

庞培在元老院多次受挫，更糟糕的是，他竟对此不予理会，也不去争辩。无论这些挫折是由何方造成，公民们都自然而然地认为它们意味着共和党的胜利和执政者的失败，因此共和派的抗争愈演愈烈，事态一步步恶化。罗马纪元698年即公元前56年的那次选举，两位执政者对选举结果都不满意。恺撒的两位副执政官候选人——普布利乌斯·瓦提尼乌斯（Publius Vatinius）和盖乌斯·阿菲乌斯（Gaius Alfius）皆以落选告终，而两位依附垮台政府的人——格涅乌斯·伦图卢斯·马西利努斯（Gnaeus Lentulus Marcellinus）和格涅乌斯·多米提乌斯·卡尔维努斯（Gnaeus Domitius Calvinus），却分别当选执政官和副执政官。到了罗马纪元699年即公元前55年的选举，卢奇乌斯·多米提乌斯·阿赫诺巴尔布斯（Lucius Domitius Ahenobarbus）竟然也来竞选执政官，他在罗马城势力很大，极具财势，要阻止他当选颇为困难。大家心里也明白，他必定会不甘于落选而暗中作梗。

于是，公民大会叛变闹事，元老院出面解决，并特地邀请了一些公认为智者的埃特鲁斯坎人，请他们就一些预兆和怪异事件发表看法，并郑重其事地加以讨论。他们认为，根据天象来看，上流阶级之间不睦，所有的兵权和财权都将被一位统治者掌控，国家将丧失民主。如此看来，神灵的意思似乎就是在暗指美西乌斯的提议，共和派不久将得到上天的授意。他们认为，恺撒任执政官时所颁布的卡普阿（意大利南部古城）领地法和其他法律，此后统统永久失效。早在罗马纪元697年即公元前57年12月，元老院就有人表态，认为这些法案不合程序，必须予以取消。到了罗马纪元698年即公元前56年4月6日，前任执政官西塞罗再次在元老院会议中提出，应针对坎帕尼亚的土地分配进行讨论，并列入5月15日的议事日程。此举便是正式宣战，更何况提出者还是一个在自以为安全的情况下方才袒露真实想法的人，这更值得我们思索。显然，贵族们以为开战时机已到，此次对战并非针对恺撒或对付庞培，而是抵制霸权统治，至于结果如何不难料想。多米提乌斯坦言道，他想以执政官身份，建议公民们立即将恺撒从高卢召回。一场贵族复辟正在酝酿，贵族们攻击卡普阿殖民地，就是对执政官的挑战。

执政者在卢卡召开会议

尽管恺撒断断续续地得知了首都城内的详细事宜，并且只要军队情况允许，便可在离南部省份最近的地方观察城内情况，按照恺撒的习惯，他一向不干涉罗马城内事务，至少不会明显干涉。不过现在，贵族们已经向他和他的党羽宣战了，且处处针对他，所以他必须采取行动了。当时他正好在罗马城附近，立刻开始了行动。贵族们也都认为应立即行动，不用待恺撒回到阿尔卑斯山外才开始动手。罗马纪元 698 年即公元前 56 年 4 月初，克拉苏离开罗马去找势力较强的盟友进行协商，在拉文纳遇到了恺撒。两人从拉文纳赶往卢卡，与庞培在此会合。原来，就在 4 月 11 日克拉苏离开后不久，庞培也谎称要去撒丁岛（Sardinia）和非洲购买粮食，借故离开了罗马城。执政官手下最著名的追随者，如近西班牙（Hither Spain）的省长梅特路斯·尼波斯（Metellus Nepos）、撒丁岛的省长阿庇乌斯·克劳狄乌斯（Appius Claudius）以及许多同僚都相继赶来卢卡。

出席本次会议的有 120 名执法吏，200 多位元老，这也体现出君主制的元老院与共和制的元老院的不同之处。就每一观点而言，其决定权都握在恺撒手中。他在平分政权的基础上，利用决定权将已有的合法制度进行了重建，使其更为牢靠。军事上，他将两个至关重要的省长职位（仅次于高卢）留给了自己的党羽，由庞培管理西班牙，克拉苏管理叙利亚。依据公民法令规定，这两个职位任期均为五年（罗马纪元700—704年即公元前54—前50年），且在军事和财政方面都会获得相应支持。此外，恺撒将自己本在罗马纪元700年即公元前54期满的统帅职位延至罗马纪元705年即公元前49年年底，并将自己的军队规模扩充至十个兵团，在任意招募士兵的同时又能令国库支付军饷。他许诺庞培和克拉苏，称他俩可在次年（罗马纪元699年即公元前55年）重新担任执政官，之后再任省长。恺撒也为自己留了退路，待罗马纪元706年即公元前48年他省长任期一满，无需依法在十年之后继任，而是可以即刻担任执政官一职。而庞培和克拉苏共同管理罗马城事务需要武力作为后盾，原本用于护城的军队已被调走，如今又无法从阿尔卑斯山外的高卢撤离，因此他们得征募新的兵团，分别组建一支西班牙军队和一支叙利亚军队，等到时机成熟再将它们各自派往目的地。如此一来，最核心的问题得到解决，至于对罗马城中反对派采取何种战略、如何监管次年的选举活动等诸多次要事情，并不会耽搁太久时间。同往常一样，恺撒用轻松的调解方式，平息了那些阻碍协商的私人恩怨，说服顽固的对立者互相合作。于是，庞培和克拉苏之间互相谅解了对方，至少从表面上看是如此。普布利乌斯·克洛狄乌斯与其党羽也恢复了平静，不再让庞培忧心。恺撒这位伟大魔法师的奇迹之处，由此可见一斑。

恺撒在此次协商中的计划

一切未处理问题全部尘埃落定且得到解决，这并非平等竞争的执政者之间妥协的结果，从当时的情形来看，那仅仅是恺撒的好心所致。庞培来卢卡时，处境十分艰难，无权无势，从罗马城逃出来求助于自己的对手。恺撒面临两种选择，要么对其不予理会，宣布解散他们的联盟；要么收留他，保留联盟的存在。无论恺撒采用何种方法，都不至于让庞培在政治上毁灭。在当时那种情况下，若庞培不与恺撒决裂，他就能得到联盟的庇护，成为其名下一位门客。相反，若是决裂（这不太可能会发生），庞培将会与贵族结盟，而这种互为敌对的双方在最后迫于利益的结盟并不足为惧，恺撒也不会因此而做出任何退让。

若说克拉苏与恺撒决裂，也完全不可能。在罗马纪元694年即公元前60年他们结成联盟时，恺撒不让其对手庞培再任执政官并掌控兵权，之后庞培和克拉苏力图武装自己，用尽各种手段，甚至是不惜违抗恺撒命令来达到自己的目的，但都只是徒劳。现在，恺撒无故放弃其优越地位，还主动让克拉苏和庞培掌握军权和执政权，实在很难揣摩其真实动机。当然，恺撒不只让庞培一人领兵，庞培的宿敌、恺撒的多年盟友克拉苏也获得了相应兵权，如此做法，毫无疑问是为了限制庞培的权力。尽管如此，恺撒仍割舍了很多权力，因为其对手原本都无权无势，如今却都成为重要的统帅。也许在恺撒看来，自己还无法完全掌控部下，所以不敢直接率领他们去对抗国家正统，他必须留守高卢以免发生内战，但是话说回来，是否发动内战与庞培关系甚微，主要还是取决于罗马城的贵族。这一理由最多只能说明恺撒不与庞培公开决裂的原因，即防止贵族们趁机壮胆发动内战，而依旧无法解释恺撒为何会对庞培作出如此让步。造成这个结果或许也有些私人原因，也许是恺撒回想起曾经他也面临着庞培的同样困境，后来因为庞培退休（不是出于慷慨而是懦弱）才得以幸免于难；又可能是恺撒的爱女对庞培极为钟情，恺撒不愿伤害爱女，毕竟在他心里除了政治还有许多其他事情令他牵挂。不过，恺撒顾及高卢这一点原因我们可以确定。不同于那些给恺撒撰写传记的学者，恺撒个人认为，平定高卢并不是为助他获得王位的附带事业，而是维护本国内外安定的大业，总而言之就是关系到国家前途命运的宏图伟业。为了寻求安定的环境完成这项伟业，而不是立即采取行动去处理罗马城的内乱，恺撒毅然舍弃了他对政敌的优势，给予庞培充分的权力，让其去对抗元老院及其党羽。若恺撒的目的只是尽快登上王位，那么做出上述让步便是犯了政治上的大错，但这位非同寻常的伟人，他的目标不仅是一个王冠这么粗俗。恺撒非常自信能够同时完成两件大业，即解决罗马城的内乱，并为国家文明争取一块全新的土地。当然，这两件事互相牵制，在恺撒通往王位的过程中，收复高卢对他来说只是阻碍，而非帮助。恺撒将本在罗马纪元 698 年即公元前 56 年就应解决的意大利革命，推延到了罗马纪元 706 年即公元前 48 年，结果对他造成不利。不过，恺撒不管是做政治家还是将军，他都像一个极为大胆的赌徒，恃才轻敌，总是给对手极大的，有时甚至是过多的胜算。

贵族臣服

那么，现在轮到贵族们来履行他们的“豪言壮语”了，他们当初既然敢于宣战，也应坚决果断作战。然而，最令人遗憾惋惜的是，懦弱的人不幸地做出了大胆的决断。贵族们丝毫没有考虑到未来，似乎无人考虑恺撒会自我防卫，也没想到庞培和克拉苏会重新和恺撒结成联盟，甚至比之前联合得更为紧密。看起来这些都令人难以相信，但若反观元老院那些反对君主制的领袖们，事情便不难理解了。加图依旧没有露面[①]，当时元老院最有影响力的是马库斯·毕布路斯，他是消极抵抗的英雄，也是历任执政官中最顽固、最愚蠢的一位。即使他们手持武器，只要对手拿起刀反抗，他们便会立刻放下武器。仅仅只是听到卢卡会议的消息，便足以打消他们脑海中反抗的念头，让元老院大多数不安守本分的懦夫，重新恢复以往那般温顺服从。贵族们未再组织讨论朱利安法的有效性，经元老院商议决定，恺撒军队的招募费用由国库承担。有人建议在调整省份执政权时，收回恺撒辖下两个高卢省份或至少其中一省的管理权，结果被多数否决了（罗马纪元 698 年即公元前 56 年 5

---

①罗马纪元 698 年即公元前 56 年 3 月 11 日，西塞罗发表演说拥护塞思提乌斯（Sestius），元老院因听到卢卡会议的决议案，讨论恺撒兵团问题，这时加图还不在罗马；到了罗马纪元 699 年即公元前 55 年初，我们始见他又在活动，并且他既然在冬季旅行，必到罗马纪元 698 年即公元前 56 年底才能回到罗马。所以，如果阿斯科尼乌斯（Asconius）一书是妄加推测，那么，加图则不能在罗马纪元 698 年即公元前 56 年 2 月为米洛辩护。

月底）。为此，贵族们公开进行忏悔。他们被自己的冲动莽撞吓得要命，背地里纷纷跑来求和，并发誓绝对服从，其中最先求和的就是马库斯·西塞罗，他为自己的背叛忏悔，并给自己那段时间的行为找了很多似乎很合理的名头，但一切还是太晚了。当然，执政者们愿意息事宁人，宽恕了所有人，不想再添麻烦。卢卡会议的决议一经公布，贵族们立即改变了态度。也就在不久前，西塞罗发布了一本小册子，可与他的忏悔录相提并论，而忏悔录的问世就是要公开表明他自己的悔意和好意[①]。

新君主制的确立

这样一来，执政者们得以随意整顿罗马城的事务，而且较之以前更为全面彻底。尽管未有统一的武器装备，好歹意大利和首都都有了真正的驻军，并由执政者任统帅。至于克拉苏和庞培之前招募的叙利亚和西班牙军队，早已出发前往东方；而庞培则令其副将管理两西班牙省，派兵驻守，同时还假意解散去往西班牙的新军队，同他们一起留守意大利。

执政者们努力废除旧的政体，尽可能采取温和的手段令君主制适应国家现状。毫无疑问，这一举措导致公众的反对意见

①这悔过书便是那份指定罗马纪元699年即公元前55年执政省份的演说辞，至今仍可查阅。该演说发表于罗马纪元698年即公元前56年5月底，与它成对比的有拥塞思提乌斯反对瓦提尼乌斯的演说辞，又有论埃特鲁斯坎人意见的演说辞，分别作于3月和4月。他竭力赞美贵族政治，尤其用很傲慢的口吻对待恺撒。西塞罗自己承认说，甚至将那篇表示他又复归顺的文件传给他的亲密朋友，他都深感耻辱，这话诚然有理。

愈演愈烈，因为他们对此事了解愈发清晰。但是，他们还是屈服了，因为除了屈服别无他法。首先，一切重要事宜，尤其是与军事要务和外事关系相关的事务，都不再经元老院商议便直接实施，有时借助公民法令，有时只听从统治者的意愿。在卢卡会议所通过的决议中，高卢统帅一职的相关问题直接由克拉苏和庞培在公民大会上提出，而西班牙和叙利亚的事宜则由保民官盖乌斯·特雷波尼乌斯（Gaius Trebonius）在公民大会上提出。除此之外，比较重要的省长职位通常也是依靠公民法令决议。恺撒的行为也表示，执政者们无需征得当局者的同意，便可随意扩充自己的军队，他们之间还可毫不迟疑地互相借兵，如恺撒在高卢战争中得到了庞培的援助，克拉苏在帕提亚战争中也得到了恺撒的帮助。根据现行法令，波河彼岸的人只拥有拉丁人的权利，而在恺撒的统治下，他们都是完完全全的罗马公民[①]。过去，新征服的领地都要经元老院组织管理，但恺撒却完全按照自己的意愿，将在高卢攻克的大片领地管理起来，理直气壮地设立公民殖民地，最著名的当属那块拥有五千移民的诺乌姆·科姆殖民地（Novum－Comum，位于今科莫）。皮索指挥色雷斯（Thracian）战役，盖比尼乌斯指挥帕提亚战争，这些都没有同元老院商议，甚至未照例知会元老院；同样，举办庆祝凯旋盛典和其他象征荣誉的活动，也无人同元老院的人商量。显然，这绝不仅仅只是对于形式的忽略。正因为元老院的人极有可能不会否决这些事项，这种忽略才愈发令人费解。而恰恰相反，这是执政者们深谋远虑的一项计划，他们打算把元老院的权限从军事要务和高级政事中排挤出去，使他们只能参与财政和内政事务。元老院的人对此心知肚明，尽可能利用元老院决议案和刑事诉讼进行反抗。尽管多数执政者对

①此说不见于文献。不过若说恺撒完全不从拉丁民族征兵，就是说，完全不从他所辖省份里更为广大的一部分征兵，这本身就不可信。并且有一事可将其驳斥，即反对党用轻蔑的态度把恺撒招募的军队叫作“大部是波河外殖民地的土人”；因为这里所指的显然是斯特拉波所说的拉丁殖民地，然而恺撒的高卢军队里却没有拉丁士兵的痕迹。反之，据他自己所言，他从阿尔卑斯南部招募的新兵都被编成新的兵团而分配在各个旧兵团之中。恺撒可能将招募军队和授予公民权两者相结合，但更可能的是他在这事上固守他那一党的见解，不求替波河外的人取得罗马公民权，却认为罗马公民权依法应当属于他们。只有这样，才会有人传言恺撒擅自推行罗马城邦制于波河外的部落。这个假定也可以说明希尔提乌斯（Hirtius）为何称波河外的城邑为“罗马公民的殖民地”，恺撒为何把他所创立的科莫殖民地当作公民殖民地看待，而贵族的温和派则只准它的权利与波河外其他殖民地的相同，即拉丁民权。过激派甚至宣布移民所得的公民权完全无效，因而不准科莫人拥有担任拉丁城邦官吏所有的特权。

元老院都持排斥态度，但他们还是稍稍利用了一番公民大会，使得国家的主人不用再受街头霸王的刁难。不过，他们也经常脱掉公民大会这层空洞的遮蔽物，直接袒露地采用专制手段。

君主派西塞罗和多数党下的元老院

无论元老是否愿意臣服，他们都必须服从。西塞罗继续领导着逆来顺受的多数党，他拥有律师才华，可以为一切事情找到理由，至少给出一番说辞，因此大有作为。贵族们曾利用西塞罗向执政者们挑衅，如今执政者又利用他来充当奴隶的喉舌，如此体现了一种高明的恺撒式讽刺。于是，执政者原谅了西塞罗偶尔欲以卵击石的欲望，同时也确保了他将完全归顺自己的决心。他的弟弟因此被迫任职高卢军官，在某种程度上而言充当了人质角色。庞培还强制命令西塞罗担任自己的副官，以便在任何时候找到政治放逐他的把柄。克洛狄乌斯尤疑得到了命令，暂时保持休战状态，不过恺撒既未因西塞罗抛下克洛狄乌斯，也没有因克洛狄乌斯而抛下西塞罗。克洛狄乌斯这位伟大的救国主和自由英雄，深入萨马罗布里瓦（Samarobriva）总部，只是可惜，未有一位阿里斯托芬那样伟大的诗人进行一番恰当描述。

然而，当初那根悬在西塞罗头上、给过他重击的棍子如今依然悬在那里，甚至现在还加上了金锁链。在西塞罗囊中羞涩的时候，恺撒免息贷款给他，巨额资本因此流入罗马城内，因而他很乐意充当建筑监工的角色。考虑到恺撒的代理人或许会在事后递上一张账单，西塞罗将许多为元老准备的不朽演说都扼杀在了萌芽阶段。他发誓“将来不再追求权力和荣誉，而要尽力争取得到执政者的欢心”、“要成为护耳罩一样灵活多变的人”。执政者们利用西塞罗的这一才华，让他为自己辩护。身居其位，西塞罗只得根据上级命令，替其最痛恨的对手辩护，尤其是在元老院中他几乎是统治者的发声人，将一切“别人可能同意，但自己却不赞同”的观点提交商议。事实上，作为臣服者中多数人公认的领袖，西塞罗的政治地位也得到了提高。至于政府中的其他人员，凡是能用恐吓、奉承或者金钱动摇的，他们都以对待西塞罗的方式来应付，成功让他们大体臣服。

加图和少数派

当然，仍然有小部分的人固执己见，既不怕恐吓，也不接受利诱。执政者们坚信，对待加图和西塞罗的手段对自己有害无利，而容忍一个麻烦的共和党对手，比起将对手变成为共和党殉职的烈士来说，危害性更小。于是，他们准许加图回国（罗马纪元698年即公元前56年底）。从那以后，加图经常在元老院和罗马广场内，冒着生命危险不停对抗执政者们，这点无疑值得尊敬，但可惜的是也落下许多笑柄。特雷波尼乌斯提出提案时，加图将事情闹到罗马广场乃至互相争斗，然后向元老院提议，鉴于恺撒之前对乌斯佩特人和滕克特里人做出过违背信义的事，理应将他交给那些蛮族，对此执政者们都随他去了。元老院决议通过承担恺撒的军饷费用之后，加图的门徒马库斯·法沃尼乌斯突然出现在元老院的门前，向公众呐喊国家有难；当这个无耻下流之人一见到恺撒受伤的腿上绑着纱布，便无礼称道白色纱布是放错位置的王冠；前任执政官伦图卢斯·马西利努斯面对公众鼓掌声时，曾向大会鼓吹趁在拥有建议权时好好珍惜，多多进言；在克拉苏启程去往叙利亚时，保民官盖乌斯·阿泰乌斯·卡皮托（Gaius Ateius Capito）利用当时的各种宗教仪式，将邪恶的意愿强扣到克拉苏头上；对于以上种种，执政者们都十分耐心。

总的来说，这些都只是少数顽固派的无效示威行为，不过他们所代表的派别却很重要。这个派别一方面扶持那些暗中骚动的反对共和党分子，给他们暗语，另一方面激发元老院那些对执政者抱有同样情绪的多数派，让他们商议通过反对执政者的法案。即使是多数派，他们也觉得有时候至少要在次要的事上，发泄自己心中的积怨，而且根据拒绝充当奴隶的常情，也要把对强大敌人的不满发泄到较弱敌人的身上。只要遇到相关的事情，他们便向执政者的手下使坏。因此，伽比尼乌斯申请举办感恩节遭到拒绝（罗马纪元698年即公元前56年），皮索被所管辖的省份召回，保民官加图制止了罗马纪元699年即公元前55年的选举，直至共和派执政官马尔凯利乌斯卸任。西塞罗尽管之前在执政者面前假意奉承，也发行了一本恶毒的无聊小册子抨击恺撒的岳父。然而，元老院多数派的反抗意愿倾向，以及少数派那些无效的抗议行为，都表明了一个事实，即权力已经由元老院转移到执政者手中，正如之前权力由公民转移到元老院手上一样，元老院实际上成为执政者用来吸收反君主分子的政治会议了。下台政府的党羽抱怨道："除那三个人以外，任何人都没有价值。执政者们无所不能，他们务必让所有人明白这一点。整个元老院全都变了，人人对执政者惟命是从。我们这代人临死前是见不到时局改变了。"事实上，他们身处的时代早已是君主制，而非共和制了。

选举中的持续对立

但若是国家的领导权受到执政者的绝对支配，也依旧有另外一个易守难攻的政治领域，它同政府有所区别——那就是日常官职的任免和陪审法庭。显而易见的是，陪审法庭并不直属于政治，却也处处受到主宰国政精神的制约，在罗马城尤其如此。当然，官员的选举应属于国政本身，但在这一时期内，国家的实际治理者往往是特任官员或者无爵位之人，再加上如果职位最高的日常官员属于反君主阵营，那么他们都无法影响国家的机构，所以也就逐渐沦为傀儡——即便是其中最有反抗精神的人也无奈地自称废物，这也是事实。因此，所谓的选举也就成了纯粹的示威。就这样，尽管反对党失去了原来的战略位置，却仍然能在选举和诉讼上继续反抗。执政者为了取胜，自然也是竭尽全力。在选举方面，他们已经在卢卡商定了次年官员的候选名单，又想方设法地让这些人成功当选，大部分金钱也花在了策划选举这一项上。为了去罗马城投票，恺撒和庞培的军队每年都会有大批的士兵请假。为亲自指导和监视选举，恺撒就经常到上意大利最靠近首都的地方。然而，效果却并不如人意。虽然，庞培和克拉苏按照卢卡协定成功当选罗马纪元699年即公元前55年的执政官，反对党的候选人也只有卢奇乌斯·多米提乌斯挺到了最后，且最后出局，但这也是公然动武后的结果，其造成的不利影响很多，加图受伤只是其一。待罗马纪元700年即公元前54年再次选举执政官时，无论执政者们花费多大的努力，仍然没能阻止多米提乌斯当选，而且加图也成功当选副执政官。去年这个时候，恺撒的手下瓦提尼乌斯挤掉了加图当选该职，一度震惊国人。到了罗马纪元 701 年即公元前 53 年官员选举时，反对党将执政者手下蝇营狗苟的选举活动揭示得明明白白，导致后者招致国人的批评，无奈之下只得放弃。追究执政者在选举中惨败的原因，一部分是因为陈旧腐败的机构难以管理，投票过程常有意外发生，中等阶级也心有不满，众人常怀各自的私心，导致党派之间发生奇怪的冲突，但这些并不是主要原因。贵族阶级分为许多群体，当时的选举也掌握在这些人手中；他们将贿赂制度搞得规模宏大，组织严密。因此，在元老院中有支持者的贵族也就控制了选举；但尽管他们在元老院中勉强退让，暗地里却毫无顾忌地搞各种针对执政者的活动。因此，当克拉苏在罗马纪元 699 年即公元前 55 年当选执政官时，建议公民大会核准一项严惩群体私下操纵选举的活动，但贵族在这方面的势力并未因此受损，以后几年的选举就是明证。

陪审法庭中的争斗

陪审法庭同样也使得执政者大为头痛。按照当时的组织，虽然元老院的贵族在其中也有势力，但是决定权却为中等阶级所把持。罗马纪元 699 年即公元前 55 年，庞培建议施行一项新的法令，即提高陪审人的财产资格。由此可见，中等阶级正是反抗执政者的主要力量，大资本家则更加温驯，在陪审法庭同样如此。然而，共和党尚未失去在此处的影响，他们不厌其烦地提出各种政治弹劾案，对象虽然不是执政者本人，却也是其手下重要的人物。起诉任务依然属于元老院的那些年轻人，他们比同阶级的老年人更加热衷于共和事业，更有才能，也敢于以大胆地攻击他人为乐，因此这种诉讼场面相当活跃。当然，法庭并不自由；如果执政者较起真儿来，法庭也得跟元老院一样，不得不做出让步。恺撒的心腹之中，最勇猛最放肆的就数瓦提尼乌斯了，反对党口中谩骂不休的最痛恨之仇敌也正是他，可他的主人恺撒一下令，他便能安然无恙地逃脱一切指控。但是诸如盖乌斯·利奇尼乌斯·卡尔乌斯（Gaius Licinius Calvus）和盖乌斯·阿西尼乌斯·波利奥（Gaius Asinius Pollio）之类的人物，他们知道如何借助睿智的雄辩和尖刻的讽刺攻击对手，即便他们弹劾失败，也能让对手碰一头灰。当然，他们也有成功的时候，不过对手往往是低级人物罢了。但是也有例外，前执政官伽比尼乌斯作为当权者手下的地位最高、最招人恨的党羽，就是这样被人推翻的。对于伽比尼乌斯就海盗战事指挥权提出的法案，以及他在叙利亚任省长时对元老院的藐视，对贵族党而言完全不可饶恕。同时，他又在任内为了保护省民的利益而公然反抗资本家，到任后移交权力给克拉苏时又处处作梗，所以贵族群体和大资本家对其可谓是深恶痛绝，甚至连同克拉苏也一起恨上了。对于这些敌人，他唯一的靠山就是庞培，后者本应该不惜一切代价维护自己最忠实最有胆有才的部下，但是他并不懂得像恺撒那样运用权力维护自己的手下。所以，到了罗马纪元 700 年即公元前 54 年，陪审人员将伽比尼乌斯以贪污罪驱逐出境。

因此，总的来看，在人民选举和陪审法庭范围内，执政者全面受挫。控制这些地方的势力难以捉摸，同其他政治机关相比，也就更加难以威胁和买通。在人民选举中，对于那些秘密结成团伙的利益集团，掌权者即便是通过各种手段夺取他们的政权，也难以将其消灭；他们活动时隐藏得越深，也就越难以加以控制。在陪审法庭上，掌权者又遇到了中等阶级对于专权君政的憎恶，而且根本没有办法加以消弭。在这两个地方，他们都遭遇了连续的失败。虽然反对党的选举胜利只能起到示威的作用，毕竟执政者能利用各种方法撤掉那些反对自己的官员，但反对党能够利用刑事判决剪除他们的得力羽翼。在当时的情形下，执政者既不能废除人民选举和陪审法庭，也不能将其控制在手中。因此，反对党虽然感到束手束脚却也能够保留一定的阵地。

反对派文学

然而，反对党越是被排挤在直接政治活动以外，他们就越是想要转向另外的战场，但在那里对抗执政者显然更加困难。那个战场就是文学。司法的反抗也早已是文学的反抗，因其演说词同样要作为政治宣传的册子公之于众。人们以诗歌为箭，更加迅猛准确地射中目标。名门贵族的活泼少年以小册子和短歌积极响应，意大利各乡镇中受过教育的中等阶级正是热衷于此，他们取得了胜利。其中，有元老的贵子盖乌斯·利奇尼乌斯·卡尔乌斯（罗马纪元 672—706 年即公元前 82—前 48 年），他是个演说家和宣传册子作家，又是个多才多艺的诗人。还有克雷米纳（Cremona）的市民马库斯·福利乌斯·毕巴库罗斯（Marcus Furius Bibaculus）（罗马纪元 652—691 年即公元前 102—前 63 年）、维罗纳（Verona）的市民昆图斯·瓦勒里乌斯·卡图卢斯（Quintus Valerius Catullus）（罗马纪元 667—700

年即公元前87—前54年)。他们的短诗措辞优雅而讽刺辛辣,以离弦之箭的速度飞遍整个意大利,命中率毋庸置疑。这三人联合作战,让数年中的文学界都弥漫着反抗的氛围。作品中充斥着怒骂,对象就是"伟大的恺撒"和"无敌的将军",也是彼此勾结的翁婿,他们扫荡了全世界,让卑鄙宠臣得以嚣张,拿着从长发凯尔特人那里掠夺的赃物在罗马街头炫耀,拿那些从西方最远岛屿抢来的物品大开宴席,挥金如土般地追求女子,夺取本国真诚少年们的情人。在卡图卢斯[①]的诗歌和其他文学片段中,有写得绝妙的私仇和公恨,有共和党流露在肆意狂笑或残酷绝望中的无奈与苦闷。这些内容在阿里斯托芬和德摩斯梯尼(Demosthenes)的作品中更是随处可见。

三位执政者中至少有一个最精明的人深知,对于反对党,既不能轻视也不能强势压制。于是乎,恺撒私下里竭尽所能地拉拢当时稍有名气的作家。西塞罗深受恺撒的敬重是因为他早有名气,因为高卢省长曾在维罗纳结识了卡图卢斯的父亲,所以想要用这层关系同卡图卢斯达成和解。因此,尽管这位少年

---

①流传到今日的诗集里满是有关罗马纪元699—700年即公元前55—前54年的诗歌,无疑一定是在罗马纪元700年即公元前54年问世的。它所提到的事,最晚的是瓦提尼乌斯讼案(罗马纪元700年即公元前54年8月),而若希罗尼穆斯称卡图卢斯死于罗马纪元697—698年即公元前57—前56年,时间偏差尚不算大。由瓦提尼乌斯"任执政官时发假誓"一事来推测,人误以为这诗集发表于瓦提尼乌斯为执政官以后(罗马纪元707年即公元前47年)。由此可知的只是该诗集出版时,瓦提尼乌斯或许已算定做某年的执政官,早在罗马纪元700年即公元前54年他已势在必行,因为他的姓名确已列在卢卡会议商妥的候选名单里。

诗人对于大将军极尽挖苦讽刺之能，而恺撒却仍然待之以礼。恺撒的文学天才足以同对手叫板，为了间接地弱化四面八方来的攻击，他发表了一篇有关高卢战争的详细战报，天真地向公众陈述自己军事活动的必要性和合法性。但是只有自由才是诗意和创造力的源泉，自由，且只有自由，即便沦为最可怜的怪象，即便只剩下最后一口气，仍能再度激起文学的热情。文学的一切要素注定要反对君主专政，如果恺撒能够进入这一领域而全身而退，其原因也只能是他仍然抱着自由之国的伟大梦想。但可惜的是，他并不能将其传递给自己的敌人和自己的党羽。实际政治并没有受到执政者的绝对控制，正如文学没有受到共和派的完全操纵[①]。

---

①下面是卡图卢斯的诗（第二十九篇）作于罗马纪元699—700年即公元前55—前54年，在恺撒出征不列颠以后而在朱利安（Julia）死以前：

“原先属于长发凯尔特人和不列颠的，
现在被马穆罗据为己有，
人若不是浪子，不是赌徒，不是饕餮，
这事谁能旁观，谁忍得看下去！
你这软弱的罗慕洛，你见了就准许吗？
他就应该这样无礼，浓抹着香膏，
像个芬芳的大肚汉，现在做个阿多尼，
到这里走进我们处女的闺阁吗？
你这软弱的罗慕洛，你见了就准许吗？
你就是个浪子，是个赌徒，是个饕餮呵！
所以你，无双的将军，因此渡过海去，
到西方那个最远的岛屿，
就为的是把二三百万钱拿到这里，
浪费在你那陈旧无用的娱乐吗？

（转下页）

(接上页)
这若不是谬误的博施，还有什么是的？
难道他还不够倾家荡产的吗？
先是他祖遗的产业给他挥霍了，
然后是本都战利品，以后又是伊比利亚战利品，
这是塔古斯河冲着金沙的波浪看见的。
你们这些不列颠人，怕他吧！凯尔特人，怕他吧！
就是一份肥大的遗产，这无赖汉也能
把它吃光用光，你们为他保存什么？
所以，你们这相亲相爱的两翁婿呵，
你们就为这个毁灭全世界吗？”

福米亚的马穆罗（Mamurra aus Formiae）是恺撒的宠臣，在高卢战争期间曾为他部下的军官，大概在这诗写作以前不久，他回到首都，那时他似乎从事建造他那在凯林山上的云石宫，这座宫殿多为人所称道，装潢穷极壮丽。伊比利亚战利品与恺撒做远西班牙省长有关，并且马穆罗那时已在他的总部里，与以后确在高卢一样；本都战利品大概指那对米特拉达特斯的战事而言，因为据这诗人的暗示，使马穆罗发财的不只是恺撒一人。

这首诗一片痛骂，使恺撒十分难堪，另一首用词较为温和，几乎是作者在同一时期的作品（第十一首）。这首诗也可以引在这里，因为它以其悲剧感的笔调引出绝无可悲的差使把新摄政的属僚很巧妙地嘲笑一番——如伽比尼乌斯·安东尼等由最下流地方骤升到总部的一般人。我们须切记，作这诗时，恺撒正在莱茵河和泰晤士河上作战，克拉苏出征帕提亚以及伽比尼乌斯出征埃及都在准备当中。这位诗人仿佛也希望执政官之一给他一个空缺的职位，在他手下人要动身的时候，向其中二人最后吩咐道：

“福里和奥雷里亚，副将们
卡图卢斯对你们说，无论他要往印度极边，
到那途远的东洋，波涛汹涌
澎澎湃湃冲打海岸的地方，
或往赫迦尼和阿拉伯，

制定特殊措施

反对党虽然相当疲弱，却变得越发讨厌和无礼，有严加干涉的必要。伽比尼乌斯的定罪貌似改变了局势（罗马纪元700年即公元前54年底）。执政者一致赞成独裁制，不过是暂时的独裁，主要是为了落实有关选举和陪审法庭的新强制法。庞培既然负责罗马城和意大利政治，自然担负起决议案的实施工作。因此这件事情的处理也带着他拙于决断和行动的特色，透露出他少见的缺点。即便他愿意且能够发号施令时，仍然不能说出清楚坦白的话。

罗马纪元700年即公元前54年底，元老院就已经制定好独裁制一案的计划，但他们多方暗示，就是为了等待庞培本人亲

（接上页）
到欢喜弓箭的帕提亚和萨克，
或到七股尼罗河使如镜的海面交色之处；
或者他要沿路越过阿尔卑斯山
到伟人恺撒立界碑的地方，
到莱茵河流域，野蛮不列颠人所居的天涯——
你们，请准备与卡图卢斯共享这一切，
共事神意定给他的命运，
请把这短短的噩耗带给我的爱人吧！
不管她与她一伙情人行走坐卧，
她一次能拥抱三百个男子，
对人人都不贞，但随时能使人人满意。
她不像从前那样追寻我的爱情，
她把我的爱情随便摧残了，像犁铧
把散在田边的蝴蝶花翻起来一样。”

自提出来。其表面理由是首都的群体团伙制和乱党制仍然存在，依靠行贿和武力威胁的方式不仅危害了选举和陪审法庭的正当性，还加重了骚乱。毋庸置疑，有了这些理由，执政者很容易证明其方法的正当性。不过这样一来，未来独裁者不敢公然要求的东西，奴颜婢膝的多数派也不敢提供。罗马纪元 701 年即公元前 53 年选举执政官时，空前的骚扰带来了极其恼人的情况，导致选举后延了足足一年之久。经过七个月的空缺期，到了罗马纪元 701 年即公元前 53 年 7 月才得以举行。见此局势，庞培认为时机已到，再次向元老院说明独裁制的优势，即便不能解决纠纷，也可以迅速解决混乱局面。不过，他并未断然下令。罗马纪元 702 年即公元前 52 年选举执政官时，作为执政者候选人的昆图斯·梅特路斯·西庇阿（Quintus Metellus Scipio）和普布利乌斯·普劳蒂乌斯·希普塞乌斯（Publius Plautius Hypsaeus），两个人都同庞培有着亲密的私人关系，并且为其效忠，共和反对党中最勇猛的党员提乌斯·安尼乌斯·米洛竟然公然与其对抗，同样竞争该职位。若不是这件事，庞培的命令不知何时才能发出去。

米洛是个勇武之人，有些要阴谋和欠债的本事，带着与生俱来且又后天加强的自信心，在当时的政客中早有声望，并且名气仅次于克洛狄乌斯这类名人。因此，两者是相互竞争的仇敌。在执政官的指示下，克洛狄乌斯扮演过激的平民党，而米洛则变成贵族。如果当下有卡提利纳（Catilina）向他们毛遂自荐，共和反对党也会与其结盟，那么在暴动中他们自然会选择米洛做他们的庇护者。从实际情况来看，他们在这场争斗中取得的少数胜利，都要归功于米洛及其训练精良的角斗队。所以，加图与其同党为了投桃报李，便支持米洛成为候选人，即便是西塞罗也不得不举荐其敌人的敌人和其自身的保护者。同时为了成功当选，米洛本人也是大把撒钱，大肆使用暴力，似乎胜券在握。对执政者而言，这件事不仅会是个让人痛心的败局，也会是个真正的危险。毫无疑问，这位勇猛的竞选者一旦当选，肯定不会像多米提乌斯和其他老老实实的反对党人一样，他绝对不允许别人把他置于无足轻重的地位。凑巧的是，克洛狄乌斯和米洛在距离首都不远的阿庇安大道（Appian Way）撞面，双方的部下打作一团，克洛狄乌斯本人被砍伤了肩膀，只好躲到临近人家。虽然不是米洛指示，但事已至此，一场风波就要降临。在米洛看来，干脆一不做二不休，以绝后患。于是他命令手下把克洛狄乌斯从藏身之处拉出来，将他杀死（罗马纪元702年即公元前52年1月13日）。

罗马之乱

执政官一派的街市首领——保民官蒂乌斯·穆纳提乌斯·普兰库斯（Titus Munatius Plancus）、昆图斯·庞培·鲁弗斯（Quintus Pompeius Rufus）和盖乌斯·萨路斯提乌斯·克里斯普斯（Gaius Sallustius Crispus）——看到当下形势，认为时机已到，应该为其主人着想了，应破坏米洛的选举。克洛狄乌斯死后，其下层民众，尤其是新自由民和奴隶，也就失去了恩主和将来的靠山，骚乱由此而起。鲜血淋淋的尸体陈列在佛罗场的演说台上，向众人展示。造势演说一结束，暴动就爆发了。众人把尸体抬到元老院，将其建筑烧了个干净，原本贵族聚会之处就这样成了大解放家的火葬场。随后，人们又围堵在米洛的住宅前方，直到其部下的一通乱射才把围攻者赶走。然后，这些人又赶到庞培及其执政官候选人的住处，推前者为独裁者，推后者为执政官。接着又前往马库斯·雷比达（Marcus Lepidus）家中，因为他是负责执政官选举之人。激愤的群众要求他即刻准备选举，结果他坚决反对，拒绝屈服，于是被围困在家中长达五日之久。

庞培独裁

这些骚动事件的背后指使人做得太过，虽然其主人决定利用这一偶然事件做文章，不仅可以借机铲除米洛，也可以拿下独裁地位；但他希望借元老院达成自己目的，而不是一群暴徒的要求。整个都城一片混乱，让人难以忍受，庞培只得调动军队将其平息。同时，他一改原来的请求姿态，命令元老院采取行动。不过后者耍了个无用的计策：在加图和毕布路斯的建议下，允许执政官庞培保留原职，另任“无同僚的执政官”，这显然不是独裁（罗马纪元 702 年即公元前 52 年 1 月 13 日）[①] ——只是为了避免单纯的事实，而采用了一个带有双重矛盾[②]的名义，这样的做法让我们想到昔日贵族将亡时的一项精明议案，虽不让平民有机会成为执政官，却给予他们执政官的权力。

---

①本年一月有二十九天，二月有二十三天，随后有个二十八天的闰月，然后才是三月。

②Consul（执政官）一词即是“同僚”的意思，一位 Consul 同时又是 Proconsul，就等于一位正执政官同时又是代执政官。

执政官和陪审法庭的新变化

就这样，庞培依法取得全部权力，开始对那些在群体势力和陪审法庭中占据要位的共和党人发起诉讼。为了重申和厉行当下的选举法规，他制定了一项特别法令和另一种惩治运作操纵选举的法令。对于罗马纪元684年即公元前70年以来的犯罪行为，后者具有追溯的效力，同时还要加重处罚。另外一项更为重要的法规，就是在从政生涯中，省长一职原本是不错的美差，执政官、副执政官卸任时，政府应该在五年后再授予其省长官职。这一办法要生效也是在四年后了，因此以后数年内的省长补缺之事都受制于这项法令，实际上也就是由元老院的实际掌控者决定。陪审法庭虽然继续存在，但反诉权受到限制，更为重要的是，法庭除了言论自由，辩护人的数量和每个人发言的时间都受到定额限制。另外，当时盛行一种恶习，即除了事实证人外，还有所谓的品行证人或“赞颂者”，以便袒护被告，这些也遭到废除。

接着，百依百顺的元老院又按照庞培的指示下令：阿庇安大道上的争斗已把国家推入了危局，因此，依照特殊法律，任命一个特别委员会，专门审理有关此案的相关人员，并且所有委员受庞培直接指派。人们想要恢复监察官职的重要地位，借其力量清理混乱不堪的公民团，改变其鱼龙混杂的现状。

这一切措施，都在武力保障下得以顺利实施。在元老院宣布国家有难的情况下，庞培借机发动全意大利的男子入伍，确保他们对自己绝对服从。他还在卡皮托尔山上驻扎了一队坚实可靠的士兵，只要反对党一有活动，便用武力加以威慑干涉。

克洛狄乌斯案件审判过程中，他违背惯例，派了一队士兵驻守在审判所附近。

共和党人的羞辱

恢复监察官制度的计划遭到抛弃，因为在元老院那些奴性十足的多数派中，没有一个人有充分的高尚品德和权威，所以此事自然作罢。另一方面，陪审法庭判了米洛有罪（罗马纪元702年即公元前52年4月8日），取消了加图参选罗马纪元703年即公元前51年执政官的资格。盛行一时的演说和小册子也遭到新诉讼法的打击，湮没无闻；因此，曾经让人畏惧的法庭雄辩为政治领域所排斥，且受到君主制度的制约。当然，全国大多数人心中仍有反抗之心，其并未在公众生活中消失——要达到这种程度，不仅要限制人民选举、陪审法庭和文学创作，还要将它们全部消灭。在这些事情上，庞培尽管实现了独裁，仍因自己的笨拙和刚愎自用为共和党所利用，后者也借此取得了数次胜利。

执政者为了巩固自己的统治，采取了一系列特殊措施，官方自然将其掩饰为维持公共秩序和安全的法令，声称每一个品行端正的公民都会赞同这些措施。但是这种显而易见的骗局却在手中滥用，因此那些进入特别委员会的人，并不是可靠的手下，而是各个党派最有名望之人，甚至连加图也囊括在内。而且法庭中的士兵应该想着维持秩序，结果不论敌友都不能制造有利于己方的骚乱。执政者的中立态度也常见于特别法庭的判决。陪审人员不敢释放米洛，但共和党中的被告大都被释，遭到判罪的却是克洛狄乌斯方面最多。换句话说，被捕之人中有恺撒和庞培的亲近朋友，甚至是庞培的执政官候选人希普赛乌斯，连他借以利用的保民官普兰库斯和鲁孚斯也没能逃脱。庞培为了展示自己的大公无私，竟然没有为他们洗脱罪名，这真是愚蠢。同时，他却又在不值一提的事上袒护自己的朋友，破坏自己制定的法律——例如在普兰库斯受审时，他亲自出庭做品行证人，而且另外几个同他有特殊关系的人，例如梅特路斯·西庇阿，也是因他袒护而得以逃脱判罚。他的行事往往自相矛盾，想要同时承担起两种义务，既要做公正的执政者，又要当正当的领袖，结果只是一场空。舆论自然认为他是专横的执政者，同党也视他为不大乐意保护自己一方的党魁。

但共和党人仍在活跃，甚至因为庞培的失误而取得了几场胜利，可是执政者确定独裁制的目的几近达到，加强了集权，共和党因此大大受挫。新君主制度得以巩固，人民的生活也相对安定下来。

不久，庞培身患重病。待他痊愈时，意大利全国都遵照君主制下的礼制庆祝他康复，执政者对此相当满意。到了罗马纪元702年即公元前52年8月1日，庞培辞去独裁职位，同其部下梅特路斯·西庇阿共仕执政官。

第九章　克拉苏之死与共同统治者之间的决裂

克拉苏前往叙利亚

多年来，马尔库斯·克拉苏一直被认为是“三头怪物”的首领之一，却有名无实。他只是作为一个充数的人，调整真正统治者庞培和恺撒之间的平衡，或者更确切地说，他站在恺撒这边对抗庞培。这个角色并没有太多荣誉，但是任何荣誉感都无法阻止他追求自己的利益。他是个商人，会公开与人做生意。他所获得的并不多，但当没有更多可以获得时，他也会接受，并试图在他所积累的金山中忘却让他烦躁的野心，忘却那近似有权力却又无权力的地位带给他的苦恼。但是，卢卡会议也让他的形势发生了转变，为了在做出巨大让步后仍然能保持对庞培的优势，恺撒给了自己的老盟友克拉苏一个机会，让他通过帕提亚战争，在叙利亚取得和自己通过高卢战争在高卢获得的地位一样。我们很难说清这些新的机会是对他的贪财欲更具有吸引力，还是对他的野心更具有吸引力。现年六十岁的他，贪财欲已经位居次席，每次新获得的百万财富只会让他变得更加贪婪，而这位老人胸中长期压抑着的野心已经越来越难以抑制，现在开始燃烧起躁动的火焰。早在罗马纪元700年即公元前54年初，他就抵达了叙利亚，甚至不等执政官任期届满就出发了。他充满着迫不及待的热情，渴望挽回他所失去的每一分钟，渴望搜刮除西方财富之外的东方财富，渴望像恺撒一样迅速获得权力和荣耀，或像庞培一样不劳而获。

出征帕提亚

克拉苏发现帕提亚战争已经开始。我们曾经介绍过，庞培不遵守约定的界限幼发拉底河，为了亚美尼亚的利益，强夺了帕提亚帝国的几个行省，这种行为是对帕提亚人的背信弃义。现在，亚美尼亚成了罗马的一个属国。帕提亚国王弗拉特斯曾屈服于此，但后来他被自己的两个儿子米特拉达斯和奥罗德斯所杀，新任国王米特拉达斯立刻向亚美尼亚国王即已逝的提格兰[①]之子阿尔塔瓦斯德斯（Artavasdes）宣战。这同时也等同是向罗马宣战，所以叙利亚英勇能干的总督盖比尼乌斯（Gabinius）刚平定了犹太人的叛乱，就率军渡过了幼发拉底河。不过，与此同时，帕提亚帝国却发生了革命，贵族们在年轻有为的维齐尔的英勇领导下，推翻了米特拉达斯国王并拥立他的弟弟奥罗德斯为王。因此，米特拉达斯国王与罗马人联手，他还亲赴盖比尼乌斯的军营求助。一切都预示着罗马总督的野心将获得最好的结果，不料此时，他却接到命令用武力护送埃及国王返回亚历山大城。盖比尼乌斯必须服从军令，但预料自己很快就能回来，所以，当被废黜的帕提亚国王向他求助

---

①罗马纪元689年即公元前65年2月，提格兰仍然健在，另一方面，阿尔塔瓦斯特斯在罗马纪元700年即公元前54年以前就已经在位。

时，他说服国王先行开战。米特拉达斯依计而行，还获得了塞疏西亚和巴比伦的拥护，但是维齐尔攻陷了塞疏西亚，亲自登上城垛。在巴比伦，米特拉达斯因为弹尽粮绝而被迫投降，他的弟弟下令将其处死。显然，他的死是罗马人的损失，但这并未结束帕提亚帝国的动乱，而亚美尼亚的战争也将继续。埃及战役结束后，盖比尼乌斯正准备借此良机，继续对帕提亚的战斗，而此时，克拉苏来到叙利亚并接手了前任的作战计划。克拉苏满怀不切实际的妄想，轻视了行军的困难，也低估了敌军的抵抗力。他不仅满怀信心地要征服帕提亚，而且已经开始想象在此之后攻下大夏古国和印度。

作战计划

不过，这位新亚历山大倒是不慌不忙。在他实行这些宏伟计划之前，还抽空进行着枯燥乏味但利润丰厚的交易。他下令掠夺位于班比昔的海拉波里斯的德尔克托神庙、耶路撒冷的耶和华神庙和叙利亚行省其他富有神殿的财宝，向所有属国征招分遣队，或更准确地说是以出资代替出兵。克拉苏第一个夏天所采取的军事行动，仅限于在美索不达米亚进行广泛侦察。罗马人渡过幼发拉底河，在伊克那厄（Ichnae，位于拉卡北面的比勒卡河）打败了帕提亚总督，并占领了邻近的城镇，其中包括尼科福留姆城（Nicephorium，即拉卡）的一个重镇。随后，罗马人留下守兵后返回了叙利亚。一直以来，罗马人都在前往帕提亚的路线上犹豫不定，是绕行亚美尼亚更明智，还是直接穿过美索不达米亚沙漠更可取？罗马人值得信赖的盟友控制着第一条路线所通过的山区，更为安全可靠，而且阿尔塔瓦斯德斯国王还亲自来到罗马司令部提议采取这个作战计划。但侦察结果则支持通过美索不达米亚。在幼发拉底河和底格里斯河沿线，有很多繁荣的希腊和半希腊城镇，尤其是重要的塞疏西亚城，而这些城镇都不愿接受帕提亚的统治。现在，所有这些希腊城镇都和罗马有所往来，就像早先卡莱城的市民一样，他们几乎都无法忍受异族的统治，准备摆脱束缚，迎接罗马拯救者，几乎将其视为同胞。阿拉伯王子阿布加鲁斯（Abgarus）亲自来到罗马军营表忠心。这位王子控制了埃德萨和卡莱的沙漠地区，因此也就控制了通常由幼发拉底河到底格里斯河的道路。看起来，帕提亚人毫无防备。

渡过幼发拉底河

于是在罗马纪元 701 年即公元前 53 年，罗马人渡过了幼发拉底河（比拉德吉克附近）。从此地到达底格里斯河有两条路线：要么军队沿着底格里斯河向下行至塞疏西亚，在这里幼发拉底河和底格里斯河之间仅相距几英里；要么他们在渡河后，立刻走捷径穿越广袤的美索不达米亚沙漠抵达底格里斯河。前一条路线将直达帕提亚首都泰西封，它位于底格里斯河沿岸，与塞疏西亚相对。在罗马人的军事会议上，有几个重要人物支持这条路线，尤其是财务官盖乌斯·卡西乌斯指出，沙漠行军困难重重，而且据罗马守兵传来的可疑消息称，幼发拉底河左岸的帕提亚人已经做好了战争准备。但与此相反，阿拉伯王子阿布加鲁斯声称，帕提亚人正忙于从西部行省撤离，他们已经携带财宝向赫卡尼亚人和塞西亚人的地区逃去，只有快马加鞭走近路才能赶上他们。但这样行军，罗马人至少有可能歼灭西拉凯和维齐尔的殿后部队，成功缴获大量战利品。友好的贝都因人所提供的情报决定了行军方向。由七个军团、四千名骑兵、四千名投石兵和弓箭兵组成的罗马军队，离开幼发拉底河进入美索不达米亚北部的不毛之地。

沙漠行军

目之所及的地区看不见一个敌人，只有饥饿和干渴，还有那好似把守着东方大门的无垠沙漠。最后，在经历了多日的辛苦跋涉后，罗马军队在必须渡过的第一条河流巴利梭河附近，首次遇见了敌人的骑兵。阿布加鲁斯和他的阿拉伯人前去侦察，帕提亚骑兵撤退并渡过河，然后消失在远方，阿布加鲁斯和他的随行人员在后追赶。罗马人焦急地等待着阿布加鲁斯带回更确切的消息。罗马统帅希望在此处能最终追上不断撤退的敌人，他那年轻勇猛的儿子普布利乌斯追随恺撒，在高卢作战时立下赫赫战功，恺撒派他率领一队凯尔特骑兵参加帕提亚战争，渴望参战的炙热火焰在他的胸中燃烧着。还未收到消息时，罗马人便决定冒险前进。出发的命令下达了，军队渡过巴利梭河，晌午时分未作充分休整便立即快步前行。忽然之间，四周响起帕提亚人的战鼓声，到处都挥舞着他们绣金战旗。在中午炎热的太阳下，他们那身铁盔铠甲闪闪发光，而维齐尔的身边站着的，正是阿拉伯王子阿布加鲁斯和他的贝都因人。

罗马和帕提亚之战

罗马人发现中了圈套时，已经为时已晚。维齐尔准确地看出了罗马军所面临的危险，并找到了应对之策。东方步兵无法对抗罗马步兵，所以他摒弃了步兵，将主战场毫无用武之地的大量步兵交由国王奥罗德斯率领，前往攻打亚美尼亚。他阻止国王阿布加鲁斯向克拉苏提供允诺的一万名重骑兵参加战斗，这是克拉苏目前所急需的援军。另一方面，维齐尔用一种截然不同的战术体系来应对难以超越的罗马战术。他的军队全由骑兵组成，持长枪的重骑兵排成一行，人和马用金属铠甲和皮衣或类似胫甲保护着，军队大部分是弓骑兵。相较而言，罗马军队在数量和水准上都完全处于劣势。他们的步兵在近身搏斗时非常出色，无论是短距离的重标枪搏斗还是刀刃下的短兵相接，但他们不能强迫自己同一支仅由骑兵构成的军队交战。即使两军进行肉搏，他们认为这些身穿铁甲的枪骑兵就算不强于他们，也和他们势均力敌。与一支像帕提亚这样的军队相比，罗马军队在战略上处于劣势，因为骑兵控制了交通；在战术上没有优势，因为在近距离作战中所使用的武器必败于远距离作战所使用的武器，除非是一对一的肉搏。所有罗马军队的战术都是以密集阵为基础，当遇到这样的攻击时就使危险增加。罗马的队列越密集，它出击的威力肯定越大，但是被武器射中的概率也就越大。通常情况下，城镇的防御需要考虑地势的险峻，永远也无法完全采用这种只用骑兵迎战步兵的战术。但是在美索不达米亚沙漠，军队犹如海中行驶的船舶，在数日的行军中，既遇不到任何障碍物，也看不见一处战略要塞。因此，在这种情况下，骑兵可以充分发挥这种战术的威力，让其所向披靡。所有这一切汇聚起来，让外国步兵在与本地骑兵的对抗中处于下风。负重步行的罗马士兵拖着疲惫的身躯穿过沙漠和草原，在人迹罕至、远离水源的地区，人们很难找到饮用水，有些士兵死于饥饿，更多的则死于干渴。帕提亚的骑兵自幼就习惯骑马或骆驼，甚至是骑在鞍上过生活，他们早已熟知如何减轻或忍受沙漠行军的艰苦，从而轻松地穿越沙漠。沙漠之地没有雨水，酷热让人无法忍受，敌方弓箭手和投石者的弓弦和皮条却变得松弛。很多地方都是厚厚的沙地，驻扎营地时简直无法修建普通的壕沟和壁垒。人们很难想象在这种情形下，战争中的一方占尽了优势，而另一方完全处于劣势。

这种新型战术首次让国家军队系统，在合适的地形下优于罗马军队。对于这种源于帕提亚人的战术，是产生于何种情况之下，则无从考究，只能靠推测。长枪手和弓骑兵在东方已经具有悠久的历史，并盛行于居鲁士和大流士。但至今为止，这种武器只作为辅助，主要用来掩护一无是处的东方步兵。毫无疑问，帕提亚军队在这方面和其他东方军队如出一辙，据说军队中步兵人数占了六分之五。另一方面，在这一次同克拉苏的战斗中，骑兵首次独立出战，这种武器获得了全新的使用，具有完全不同的价值。这让世界各地的罗马敌人，在遇到近距离作战具有绝对优势的罗马步兵时，都会采用骑兵和远程武器来应对，同时都取得了相似的胜利。在不列颠，卡西维劳努斯取得了完胜，维辛格托里克斯在高卢有过一些胜利记录，甚至是米特拉达特斯六世也曾尝试过这种战术，而奥罗德斯的维齐尔不仅使用的范围更广，而且也更为彻底。对于这种战术，维齐尔具有特殊的优势，因为他采用让重骑兵排成一列的方法。弓箭在东方是一种国民性的武器，使用起来相当熟练，这为他在波斯地区进行远距离作战提供了一种有效的武器；这个国家和人民的独特性也让他可以自如地实现自己完美的想法。在此地，罗马的近距离武器和罗马的密集阵，首次败给了远距离武器和展开阵；在此地，开创了军事革命，直到枪炮输入时才始告终结。

卡莱战役

在这种情形下，罗马人和帕提亚人在沙漠之中进行了第一次战役，战场位于卡莱城（即哈兰）以南三十英里处，伊克那厄北面不远的地方，卡莱城驻扎着一支罗马守军。罗马的弓箭手首先发力，但面对数量占绝对优势，而且灵活性和射程都远强于自己的帕提亚弓箭，他们很快就退了回来。虽然深谋远虑的军官建议要尽可能展开队形来迎战敌人，但罗马军团还是采用每面十二阵的密集方阵，很快就被从侧翼攻来的骑兵包围起来，遭到弓箭的猛烈射击。在这种情况下，就算敌人的射击没有特定目标，罗马士兵也无力反击。罗马人希望敌人的弓箭终有用尽的时候，但看见源源不断的骆驼驮着弓箭前来时，他们的希望破灭了。帕提亚人仍然在延长他们的战线。为了让侧翼包围最终不会演变为被团团围住，普布利乌斯·克拉苏提议由他率领一支精锐的骑兵、弓箭手和步兵组成的罗马军团出战。事实上，敌人已经放弃了完全包围的意图，并不断撤退，这位鲁莽的罗马将领却穷追不舍。但是，当普布利乌斯所率领的军团完全脱离大部队时，却遭到重骑兵的抵抗，帕提亚大军从四面快速涌来，像一张网似的将罗马军团包围。普布利乌斯眼看着自己的军队在弓骑兵的箭下纷纷倒下，枉送了性命，绝望的他率领一支凯尔特骑兵，没有穿任何防护性的铠甲，便冲向了敌人的铁甲枪骑兵。但是，勇猛的凯尔特人虽然视死如归，手持长枪跳下马来，与敌人兵刃相接，却还是无力回天。剩余的军队和手臂受伤的将领被逼到了一座小山丘，沦为敌人弓箭手更易射击的目标。美索不达米亚的希腊人对这里了如指掌，他们恳求克拉苏与其一起逃命，但遭到了他的拒绝。他要与那些被他的鲁莽所害死的勇士们同生共死，便命令自己的持盾卫士将他刺死。很多还活着的军官都纷纷效仿他自杀。大约六千壮士的整支军队，被俘虏的不足五百人，其余的无一人生还。同时，罗马军团的主力部队所遭到的攻击有所缓和，军队重获休整。由于派出的军队一直杳无音讯，终于让他们从佯装的镇静中惊醒过来，为了解队伍的状况，他们便向附近的战场移动。克拉苏这才看见自己儿子的头颅被挂在杆子上，而敌人再次向主力部队发起恐怖的杀戮，凶猛的攻势丝毫没有减弱的态势。克拉苏的队伍既不能冲破长枪阵，又无法靠近弓箭手，只是因为夜晚降临，敌人才鸣金收兵，停止杀戮。如果帕提亚人在战场上安营扎寨，那么罗马兵恐怕无人生还。但是，他们习惯于在马上作战，因此害怕遭到偷袭，所以绝不会在靠近敌人的地方安营扎寨。他们用嘲笑的口吻向罗马人喊道，他们将给遭受丧子之痛的罗马将领一个晚上来为儿子恸哭，明早再来取他们的性命。

退往卡莱

罗马人当然无法等到天明。克拉苏已经完全失去了决断力，副将卡西乌斯和屋大维命令仍能行动的士兵，尽量悄悄地立即出发，以便前往卡莱城寻求保护。所有的伤兵和落队者被留下，据说总数达到四千人。事实上，当帕提亚人在次日返回时，首先就是寻找和屠杀这些留下的罗马散兵，而卡莱城的守军和居民早已从逃兵那里得知惨败的消息，匆忙赶来迎接败军，这才让这群残兵败将免于全军覆没。

撤离卡莱　辛纳卡的意外

帕提亚的骑兵并未想过要围困卡莱。但是，罗马人很快就离开了，或者是迫于缺乏粮食，或者是由于统帅意志消沉的缘故。士兵们本想拥护卡西乌斯来取代克拉苏的帅位，但并未成功。罗马军队向亚美尼亚山区行进。屋大维率领了一支五千人的队伍，日伏夜行抵达辛纳卡要塞，这里距离可以作为庇护所的高地只有一天的行程。一个向导将罗马军统帅引入歧途，将他交给了敌人，屋大维冒着生命危险将统帅救出。随后，维齐尔以国王的名义，骑至罗马军营前，提出与罗马人讲和，并建议双方的统帅进行一次私人会谈。士气低落的罗马军恳求，事实上是强迫他们的统帅接受和谈。维齐尔照例款待了这位执政官和他的随行人员，并重新提出缔结一个友好协议。只是，当他想起卢库勒斯和庞培关于幼发拉底河边界所订立的协议，便愤怒不已，所以要求即刻立字为据。帕提亚人牵来一匹盛装打扮的骏马，将它作为国王送给罗马统帅的礼物，维齐尔的侍从簇拥着将克拉苏扶上马鞍。罗马军官看到这儿，以为他们要擒拿统帅，手无寸铁的屋大维拔出一位帕提亚人的佩刀，将它刺向马夫。在随后的混乱之中，罗马军官全部丧命。这位白发苍苍的罗马统帅也像他的叔祖父一样，不愿被敌人当作战利品活捉，而以死了却残生。留守军营的大军群龙无首，有些被俘，有些逃散。卡莱开战的日子和辛纳卡结束的日子，这两天都可以和阿里亚、坎尼和阿劳西奥战役的日子相提并论。幼发拉底河再也没有罗马军队，只有从卡莱撤退时，与大部队走散的一支由盖乌斯·卡西乌斯率领的军队，还有其他一些走散的士兵和个别逃兵，成功躲过了帕提亚人和贝都因人而返回叙利亚。大约四万人的罗马军团渡过幼发拉底河，只有不到四分之一的士兵返回，近一半人牺牲，又有约一万罗马士兵被俘。胜利者将俘虏们发配到该国最远的东部地区（即梅尔夫绿洲），作为奴隶按照帕提亚的模式被迫服兵役。这是自罗马军团使用鹰旗以来，首次在同一年两次成为外族的战利品，几乎是同时在西方败给日耳曼部落，在东方败给帕提亚人。不幸的是关于罗马人战败对东方的影响，我们没有获得详实的史料信息，但肯定是深远而持久的。当维齐尔的捷报传来时，国王奥罗德斯正在庆祝儿子帕科鲁的婚礼。按照东方的惯例，一同送来的还有克拉苏的首级，而国王儿子所娶的正是新盟友亚美尼亚国王阿尔塔瓦斯德斯的妹妹。喜宴已经撤下，一支来自小亚细亚的巡游戏班，正在给观众表演欧里庇得斯的《巴克赫》（*Bacchae*）。那时有很多这样的戏班将希腊诗歌和希腊戏剧传播到远东地区。扮演阿伽夫的演员正在酒神的狂欢节中肢解她的儿子，从西塞隆回来的她用神杖挂着儿子的头，这里他们用克拉苏儿子血淋淋的头颅来代替。她开始唱起那首众所周知的歌曲，让半希腊化的野蛮人陷入无限的欢愉：

我们由山中拿来，
带到我们家里去。

这个顶好的礼物，
这个带血的野味。

这是自阿契美尼德（Achaemenids）时代以来，东方世界首次对西方世界取得重大的胜利。事实上，它具有深远的意义。为了庆祝这场胜利，西方世界最优美的产物——希腊悲剧——被堕落的代表拙劣地模仿成极其丑陋的滑稽戏。罗马的市民精神和希腊的天才，同时开始让自己去迎合苏丹主义的枷锁。

战败的结果

这本身就是一场惨败，结果看起来同样也很严重，它动摇了罗马在东方的势力基础。现在，至少帕提亚人对幼发拉底河对岸拥有了绝对统治权；脱离罗马盟友的亚美尼亚，甚至早在克拉苏惨败之前就已经完全依附于帕提亚；帕提亚新任命的卡莱之主对忠诚于西方的城民施以重罚，而这位名为安德罗马库斯的城主，就是曾经背叛罗马人的向导之一。现在，轮到帕提亚人认真准备，打算渡过幼发拉底河联于亚美尼亚人和阿拉伯人，将罗马人逐出叙利亚。犹太人和其他各类居住在西部的人群，都等待着从罗马统治中解放出来，这种急切的心情，并不亚于幼发拉底河对岸的古希腊人想要摆脱帕提亚的统治。而罗马内战迫在眉睫，在此时此地遭到攻打真是一场严重的危机。对罗马而言，幸运的是双方都更换了统帅。苏丹·奥罗德斯非常感激这位英勇的贵族维齐尔，是他第一次让自己戴上王冠，肃清敌人，但如此功高震主，所以不得不赶紧让刽子手将他铲除。叙利亚侵略军统帅的位置由国王的儿子帕科鲁（Pacorus）担任，由于年轻的王子经验不足，便让贵族奥萨克斯（Osaces）来辅佐他，担任军事顾问。另一方面，克拉苏的位置由稳重果敢的财务官盖乌斯·卡西乌斯接替，担任叙利亚的临时总督。

帕提亚人被击退

帕提亚人就像此前的克拉苏一样，并不急于进攻，只是在罗马纪元 701 年即公元前 53 年至罗马纪元 702 年即公元前 52 年之间，派出了一支不强的闪电行动军渡过幼发拉底河，轻易就被罗马人击退了，这让卡西乌斯因此获得了些许时间重整军队。克拉苏曾用武力掠夺神殿，这让犹太人心怀怨恨，有赖于罗马人忠诚的追随者希罗多·安提帕特的帮助，才迫使犹太人臣服。罗马统治者本有充裕的时间，派遣新军前往受到威胁的边境进行防御，但在社会动荡的革命初期无暇顾及此事。最后，在罗马纪元 703 年即公元前 51 年，当入侵的帕提亚大军出现在幼发拉底河时，卡西乌斯除了两支由克拉苏的残军所组成的薄弱军队外，仍然没有援军。这样，他当然无法阻止帕提亚人渡过幼发拉底河，也无法守卫叙利亚行省。叙利亚遭到了帕提亚人的蹂躏，这让整个西亚为之颤抖。但帕提亚人不懂围城之术，卡西乌斯率领军队进入安提俄克，帕提亚人不但被击退，没有达成目的，还在撤退到奥龙特斯河附近时，被卡西乌斯的骑兵诱入埋伏中，遭到罗马步兵的屠杀，奥萨克斯王子也惨被杀害。于是，敌人和朋友都意识到，在普通地形由普通统帅所领导的帕提亚军队，并不比西方军队更善战。不过，帕提亚人并未放弃进攻，罗马纪元 703 年即公元前 51 年至罗马纪元 704 年即公元前 50 年冬天，帕科鲁仍然在幼发拉底河岸边的齐赫斯提卡（Cyrrhestica）安营扎寨。叙利亚的新任总督是马尔库斯·毕布路斯，这位无能的政客也是位昏庸的将领，除了关城躲避外毫无作为。一般人都认为战争会在罗马纪元 704 年即公元前 50 年重燃战火，但是，帕科鲁没有将自己的武器对准罗马人，转而攻击起自己的父亲，甚至因此而和罗马总督达成共识。因此，污点并没有从罗马人荣誉的盾牌上抹去，也没有恢复罗马在东方的声望，但是帕提亚人结束了对西亚的入侵，幼发拉底河的边界暂时安静了下来。

卡莱战败对罗马的影响

同时，罗马的革命就像一座定时火山，翻滚着浓烟。罗马人开始不再用一兵一卒、一分一毫去对付国家共同的敌人，不再考虑民族的命运。克拉苏死后的两个月，某党派领导人克洛狄乌斯被杀死。那时的政客们所想所谈的，更多的是此事所引起的阿庇亚大道上的动乱，而不是巨大的国家灾难卡莱和辛纳卡战事，这是最严重的时事征兆。人们早就感到这两位统治者之间的决裂不可避免，且常常认为即将发生，而现在这一事态的形成已经变得不可遏止。正如古希腊船上的水手故事，现在，罗马共和国这艘大船发现自己正位于两块浮动的礁石之间。海浪不断上涨，船上的人时刻担心会发生碰撞，忍受着一种无名痛苦的折磨；每一次微小的晃动都会引起众多人的注目，不敢左顾右盼。

理解执政者

罗马纪元698年即公元前56年4月的卢卡会晤后，恺撒同意向庞培做出巨大让步，这让两位统治者大致上势均力敌。王权本身是不能分割的，就这种分割式的王权而言，如果外部条件不能持久不变，那么他们的关系根本无法维持。至少在当下，两位统治者是否决定联合，毫无保留地承认彼此间的平等地位，则是不同的问题。如前所述，恺撒就是这种情形，他以和庞培势力均衡为代价，来获得征服高卢所需的时间，但庞培对于这一计划甚至连暂时的诚意都没有。他生性狭隘卑鄙，对其施以宽宏大量是危险的行为。他那狭隘的心灵是第一次有机会谨慎地取代他所勉强承认的竞争对手，他那卑鄙的灵魂渴望报复恺撒的放纵所带给他的耻辱。但是，按照庞培愚钝懒散的性格，他可能永远都不会完全同意让恺撒与自己平起平坐，然而，他只能逐渐考虑破坏盟约的计划。无论如何，公众对于庞培的想法和意图，比他自己看得更清楚。他们能想到，至少美丽的尤丽娅之死，会让她的父亲和她的丈夫的私人关系破裂。在罗马纪元700年即公元前54年秋天，尤丽娅在风华正茂的时候逝去，不久她唯一的孩子也随她一起死去。亲戚关系的纽带被命运所割断，恺撒试图想要重建这种关系。他请求迎娶庞培唯一的女儿，并且让自己目前最近的亲属，他姐姐的女儿奥克塔维亚（Octavia）嫁给庞培。但是，庞培让他的女儿嫁给了她现在的丈夫即执政者的儿子福斯图斯·苏拉，而他自己则娶了昆图斯·梅特路斯·西庇阿的女儿。这时庞培收回了手，让他们之间的私人关系开始出现破裂。人们预料紧随其后的就是政治破裂，但这一次大家错了，在公开事务上，同僚之间的相互谅解继续维持了一段时间。原因在于，恺撒在完成征服高卢的事务前，不想公开解除这种关系，而庞培在被授予独裁者从而完全掌控政府和意大利之前，也不想解除这种关系。这事有些反常，但也不难解释，在这种情况下，执政者之间需要相互支持。罗马纪元 700 年即公元前 54 年冬天，在阿杜亚图卡惨败之后，庞培把自己解散休假的意大利军团借给恺撒，另一方面，恺撒同意并在道义上支持庞培其后镇压顽固的共和反对派的措施。

庞培独裁　庞培隐秘地攻击恺撒

罗马纪元 702 年即公元前 52 年初，庞培用这种方法让自己成为了唯一的执政者，并且在首都的影响力也完全超过了恺撒。终于，意大利所有能入伍者都以他的名义，向他许下军人的誓言。直到此时，庞培才下定决心尽早与恺撒正式决裂，这一意图也变得日渐显露。阿庇安大道上的动乱发生后，法院恰恰只对拥护恺撒的老平民党提起诉讼，这种做法或者只是让人感觉不适。此外，针对竞选舞弊所制定的新法，其所具有的追溯效力直到罗马纪元 684 年即公元前 70 年，这让恺撒竞选执政官时的可疑行为也包括在内。虽然很多恺撒的追随者都意识到这是庞培想要决裂的明显信号，但也觉得暂时无碍。但是，当庞培没有顺应时势的要求挑选自己的前岳父恺撒作为共同执政者，而是联合了他的新岳父西庇阿时，人们就算再不愿承认决裂的事实也无法视而不见，因为西庇阿就是一个完全依附于庞培的傀儡。同时，庞培将自己西班牙两省的总督任期延长五年直至罗马纪元709年即公元前45年，并从国库中支取了一大笔款项用来支付他的军饷，而他不仅没有延长恺撒的任期，也没有拨付相同的军饷，甚至还在此时颁布关于总督任期的新规来提前召回恺撒，这一切让决裂的事实再清晰不过。显然，这些侵犯行为，是计划先动摇恺撒的地位，最后再推翻他。万事俱备，只欠东风。在卢卡会议上，恺撒之所以对庞培做出让步，只是因为万一与庞培翻脸，克拉苏和他的军队将会加入恺撒的阵营，因为自苏拉时期开始，克拉苏就和庞培誓不两立。一直以来，克拉苏在政治和私人方面都和恺撒联合在一起。总之，恺撒一直都认为，就克拉苏的个性而言，如果他自己不能成为罗马国王，他也乐意成为新晋国王的金主。恺撒根本就不用担心克拉苏会联合自己的敌人来对付自己。罗马纪元701年即公元前53年6月的惨败，让统帅克拉苏和他的军队全军覆没，这对恺撒而言是个沉重的打击。几个月后，就在高卢地区的暴动看似即将被完全镇压时，这里爆发了比以前更为猛烈的民族叛乱，恺撒第一次在这里遇见了和自己水平相当的对手，即阿维尔尼部落（Arvernian）的首领维钦托利（Vercingetorix）。命运又一次帮助了庞培。克拉苏死了，整个高卢地区正在叛乱，庞培实际上是罗马的独裁者，元老院的主人。如果他现在立刻迫使公民大会或元老院马上从高卢地区召回恺撒，而不是在这么遥远的地方暗算恺撒，事态将会如何发展？

但是，庞培永远也不知道如何利用机遇。他已经明确表示会违背约定，在罗马纪元702年即公元前52年，他的行为也让人确信无疑。罗马纪元703年即公元前51年的春天，他公开表示将和恺撒决裂。但是，他却没有和恺撒决裂，让几个月的时间白白流逝，毫无作为。

党派和觊觎者

但是，不管庞培怎样拖延，受形势所迫，危机不断地促成二人之间的决裂。即将发生的战争可能不是共和制和君主制之间的斗争——实际上这个问题已经在几年前解决了，而是庞培和恺撒争夺罗马王权。但是，两位王权的觊觎者都没有坦白真实的理由，因为有很大一部分的市民想要维持共和制并相信有实现的可能，那么这样做会把他们直接驱入对手的阵营。被格拉古和德鲁苏斯、秦纳和苏拉所高举的老口号已经变得毫无意义，但对于争夺唯一统治权的两位统帅来说，还是一个不错的选择。虽然目前，庞培和恺撒都正式将自己归为所谓的平民党派，但毋庸置疑的是，恺撒宣称的是平民和民主的进步，庞培宣称的是贵族和正统的政体。

平民党派和恺撒

恺撒别无选择，他自始就是一位非常忠诚的平民党。他所了解的君主制与格拉古的平民统治之间，其表面差别比实际差别更大。作为一位品德高尚且学识渊博的政治家，恺撒会隐藏自己的政治倾向，只为自己而战。无疑，这个战斗口号并不能立刻给他带来优势，主要是在当前的形势下，可以缓和他直接称王所带来的不利。这种让人厌恶的说法会让那些冷漠的市民和恺撒的追随者感到惊恐，平民党的旗帜很难产生更积极的效应，因为格拉古的理念已经被克洛狄乌斯弄得臭名昭著和荒唐可笑。现在，或者除了波河北岸的人之外，哪还有什么重要的阶级会响应平民党的口号来参加战斗？

贵族党派和庞培

这种情形决定了庞培在即将到来的争夺中所扮演的角色，虽然事态还不明朗，他只能以合法共和制的统帅身份参与进来。如果有人天生就是贵族，那么这个人就是庞培，只是出于很自私的动机，让他意外地脱离了贵族派而加入平民派的阵营。现在，他要重返苏拉的传统，不仅符合当前的情形，而且从各方面看，都大有益处。既然平民党的口号已经失去了活力，那么保守党的口号如果由合适的人喊出来，反而更具影响力。大部分的市民，至少其中的精英人员还是属于宪政派，在两位觊觎者即将爆发的战争中，他们的人数和道德力量将介入其中，发挥强有力或是决定性的作用。他们所需的只是一个领袖而已。马尔库斯·加图是他们现在的领导人，他依其所知履行职责，在每天都冒着生命危险的情况下，可能没有成功的希望。他忠于职守的品格值得尊敬，只是作为敢死队的最后一员，若是一个战士则值得嘉奖，若是一个统帅则并非如此。为了被推翻的政府，一支后备军应运而生，加图既没有能力组织军队，也没有能力在适宜的时候发动战争。所有的一切最终都将取决于军队，而他却没有任何合理的理由成为军事统帅。此人既不懂如何担任党魁，也不懂如何担任统帅，如果取代他的是庞培这种政治和军事上的标志性人物，就能举起当前政体的大旗。意大利各城镇会聚集到庞培麾下，助其抗战，就算不是为了庞培夺得王权，至少也是反对恺撒称王。

此外，至少还有一个重要的因素。庞培的特点是，即使他已经下定了决心，但还是不能将其付诸实施。他或许知道如何指挥作战，却不清楚如何宣战，而加图派虽然不懂得作战，却很擅长也很乐意为反对建立君主制的战争提供理由。按照庞培的意图，他将用自己特有的方式置身事外，有时说要立刻动身前往西班牙属省，有时说要准备接任幼发拉底河的统帅之职。合法的统治机构即元老院将和恺撒决裂，向他宣战，并将这项任务委托给庞培。随后，庞培服从大众的意愿，作为宪法的保护者，反抗蛊惑君主制的阴谋者，作为正直的人和现有秩序的捍卫者，反抗放纵者和无政府主义者，作为元老院正式任命的统帅，反抗坊间的皇帝，再一次拯救这个国家。于是，庞培和保守党联合，获得了除自己的追随者外的第二支军队。当然，和自己有原则性冲突的党派结合，提出一个合适的宣战口号，必将付出巨大的代价。这种结合包含很多弊端，当时只有一个弊端暴露出来，但也已经非常严重了，那就是庞培放弃了由他来决定何时和以何种方式宣战的权力，这个决定性的权力，完全听命于贵族集团的偶然想法和反复无常。

共和派

多年以来，反对党共和派只能被迫作壁上观，鲜有谏言的机会。现在，两位掌权者之间即将决裂，这让他们再一次重返政治舞台。他们主要是以聚集在加图周围的一群人为主——这些共和主义者决心为了共和国而战，无论如何都要反对君主制，而且越快越好。罗马纪元 698 年即公元前 56 年，他们曾尝试反抗，但以惨败收场。这让他们明白，仅凭一己之力不仅无法指挥战斗，甚至无法号召人民。众所周知，在元老院，除了少数之外都是反对君主制的人，但大部分元老只想在毫无危险的情况下恢复寡头统治。毫无疑问，在这种情况下最好还是静候时机。加图派不惜一切代价要获得的，也是最重要的，就是和平。一方面是掌权者，另一方面是散漫的大众，他们不愿采取任何决定性的行动，尤其是与其中一位掌权者彻底决裂。所以，加图派想要恢复旧秩序，唯一可行的办法就是与危害最小的统治者结盟。如果庞培承认寡头政体，与恺撒作战，那么反对党共和派将会也必须承认他是统帅，联合庞培迫使怯懦的群众向恺撒宣战。确实，所有人都知道庞培并不是真心实意的忠诚于宪法，但是他对一切事情都犹豫不定。他决不像恺撒一样拥有明确而又坚定的信仰，知道确立新的君主制，首要的事情就是坚决彻底地铲除寡头政治的拖累。无论如何，战争将训练出一支真正的共和派军队和共和派将领，战胜恺撒之后，他们不仅能顺利地将其中一位君主铲除，还能消灭正在形成的君主制本身。虽然寡头政治让人失望，但是庞培提出结为盟友，还是最可行的建议。

共和派与庞培结盟

庞培和加图派的结盟可谓一拍即合。早在庞培独掌大权时，双方就已开始向彼此靠拢。在米罗危机中，庞培的全部行径都说明了这一点：他断然拒绝民众让他独裁的请求，明确表示只会从元老院接任这个职位；他严惩扰乱和平的滋事者，尤其是极端的平民党；他对加图及其同党的殷勤行径让人惊讶；

显然这些行为都是意图讨好守秩序的人，攻击恺撒为首的平民派。另一方面，加图及其拥护者没有像往常一样，猛烈地抨击让庞培独裁统治的建议，还将它改头换面作为自己的想法。庞培从布鲁图斯和加图的手中接过了唯一执政官的大权。所以，早在罗马纪元 702 年即公元前 52 年初，加图派和庞培之间就已经心照不宣，达成了共识。在罗马纪元 703 年即公元前 51 年的执政官选举中，双方才正式结盟。虽然，当选的并非加图本人，却是他的一位坚定的拥护者，也是元老院多数派中一个无足轻重的人物马尔库斯·克劳狄乌斯·马塞卢斯。马塞卢斯不是一个政治的狂热者，也不是一个天才，但却是一个坚定而又严肃的贵族派。如果要对恺撒宣战，他正好是一个合适的人选。按照当时的情形，这次选举之前对反对者共和派实施了镇压，没有罗马执政者的同意或默许，选举很难进行。庞培向来行动迟缓愚笨，但这次他坚定不移地向着决裂的方向前进。

恺撒的积极反抗

另一方面，恺撒并不想在此时与庞培产生争执。他确实不想永远都和任何同僚共同分享统治权，更不用说和庞培这样稍逊自己的人物。毫无疑问，他早已决定征服高卢后就独揽大权，需要的时候可以动用武力。不过，像恺撒这样完全隶属于政客的军官，他不可能不知道，用武力来管理政治机构的结果，就是让它深陷长久的混乱之中。所以，他不得不尽可能地采用和平的方式来解决这个棘手的问题，至少不要发动内战。但即使内战不可避免，他也不想在此时参战。因为反对恺撒的庞培和当政者掌控着意大利，而在罗马纪元 701—702 年（即公元前53—前52年）的冬天至罗马纪元702—703年（即公元前52—前51年）的冬季，维辛格托里克斯在高卢重新挑起战事，让恺撒忙于应对，无暇顾及国内事务。因此，他试图维持与庞培的关系，不破坏和平，如果可能，用和平的方式成为执政官，这是在罗马纪元706年即公元前48年的卢卡会议上就曾承诺他的事情。如果他最后解决了高卢战事，就会顺理成章地当上国家领袖。显然，与军事才能相比，恺撒作为政治家的才能更是让庞培望尘莫及，他能充分运用智谋，轻而易举地在元老院和古罗马广场击败庞培。或者能给这位笨拙、优柔寡断而又狂妄自大的对手安排一个有头有脸的职位，让他可以碌碌无为地安享晚年。恺撒一直试图与庞培保持姻亲关系，就是要谋划解决之道，通过与两位竞争者有血缘关系的后代成功继承事业，来最终解决持续已久的争执。但是，反对者共和派还是群龙无首，或者因此才会相安无事，维持着和平的状态。如果这个办法行不通，当然有可能最终需要通过武力解决，那时恺撒将会以罗马执政官的身份对付绝大部分顺从的元老。他能够阻碍或者挫败庞培和共和派的联合，比起现在他以高卢总督的身份下令向元老院和统帅进军，将会更合适更有利。当然，这个计划的成功取决于庞培是否会和气地按照卢卡会议的保证，仍然让恺撒成为罗马纪元706年即公元前48年的执政官。但即使是失败了，对于已经多次做出最大限度忍让的恺撒而言，通常也是有利的局面。一方面，这将为恺撒在高卢达成目标获得时间，另一方面，首先破坏关系并导致内战的憎恶将落在对手身上，这对于恺撒和元老院多数派与实利派，尤其是和自己士兵的关系，都非常重要。

恺撒便按照这个想法行事。他当然要武装自己，到了罗马纪元 702 年即公元前 52 年，至罗马纪元 703 年即公元前 51 的冬天，通过招募新兵，他的军团数量达到了十一个，其中包括从庞培那里借调过来的士兵。但同时，他公开赞赏了庞培在执政期间的工作和首都秩序重建的效果，拒绝听取好管闲事的朋友所提出的警告，把这当作诽谤，认为把灾难推迟一天就能获得一份利益，忽视他所能忽视的，忍受他所能忍受的——唯一不变的就是坚决要求当他在罗马纪元 705 年即公元前 49 年高卢总督任期结束时，按照共和国法律和他的同僚能依照的约定，允许他在罗马纪元 706 年即公元前 48 年第二次担任执政官。

准备攻击恺撒

正是这个要求现在演变成了外交战争的战场。如果恺撒被迫在罗马纪元 705 年即公元前 49 年 12 月的最后一天辞去总督职务，或者延迟到罗马纪元 706 年即公元前 48 年 1 月 1 日之后才前往首都任职，那么在总督和执政官之间，他将有一段时间没有担任公职，因此可能遭到刑事诉讼。按照罗马的法律，只能对无公职人员提起诉讼，公众有理由相信他将遭遇和米洛一样的命运，因为加图早就准备对他提起控诉，庞培很可能就是那个可以的保护者。

阻止恺撒担任执政官

现在，恺撒的对手有一个很简单的办法来达到目的。按照现行选举法，参加执政官选举的每位候选人，有义务在选举前即就职前半年，亲自向负责官员报名，登记在官方候选人名单上。这项纯属形式上的义务通常可以被免除，在卢卡会议上，人们理所当然地认为恺撒可以免于履行此义务。但是，相关法令并未颁布，现在立法机构由庞培掌控，所以关于此事，恺撒全得依赖竞争对手庞培的好意。让人费解的是，庞培放弃了这个确保他稳赢的方法。在他专政期间（罗马纪元 702 年即公元前 52 年），经其同意，通过保民官法令免除了恺撒亲自报名的义务。然而，很快新的选举法颁布，用一般条款重申了候选人必须亲自报名的义务，对于此前由人民决议所免除该义务的人员，并未附加相应的例外条款。严格说来，这部后颁布的通法废除了给予恺撒的特权。恺撒抗议道，这个随后附加的条文未经特殊人民法令的批准，所以仅仅是在已颁布的法律中插入的条文，在法律上只能视为无效。因此，庞培本来只要依法办事就行，他却先要主动让步，然后又反悔，最后用背信弃义的方式来为反悔找借口。

缩短恺撒的总督任期

他们这样做的唯一目的，就是要间接缩短恺撒的总督任期，同时颁布的关于总督的法规，是要直接达到这个目的。最后，根据庞培和克拉苏所提议的法律，恺撒的任期确定为十年，按照通常的方式计算，即从罗马纪元 695 年即公元前 59 年 3 月 1 日，至罗马纪元 705 年即公元前 49 年 2 月末。然而，按照以前的惯例，执政官和法务官在任职期结束后，可以立即担任行省总督和地方行政官员，所以恺撒的继任者不能从罗马纪元704年即公元前50年，而只能从罗马纪元705年即公元前49年的官员中任命，因此不能在罗马纪元706年即公元前48年1月1日前就职。所以，恺撒在罗马纪元705年即公元前49年的最后十个月还拥有军权，不是基于庞培—李锡尼法律的规定，而是按照旧例，即定期的统帅在任职期满后，仍然拥有军权直至继任者到来。但现在，自从罗马纪元702年即公元前52年新法颁布之后，不得任命在外的执政官和大法官为总督，但已经在外五年或五年以上者则可以担任总督。因此，以前首都官员可以立即担任统帅，而现在规定首都官员和担任统帅之间要有一定的间隔。那么，每一个总督依法出现空缺时，很容易直接从别处找人来填补。所以在这个问题上，高卢行省的统帅更换在罗马纪元705年即公元前49年1月1日，而不是罗马纪元706年即公元前48年1月1日。显而易见，在这些规章制度中，庞培极度的虚伪和拖延伎俩，与共和派狡猾的形式主义和法律学识结合了起来。多年前，当国家法律武器还不能运用之前，他们就已经在按部就班地准备着，一方面迫使恺撒在庞培向他允诺的任期届满时辞去统帅职务，即罗马纪元705年即公元前49年3月1日，并安排继任者，另一方面，将选举中把他选为罗马纪元706年即公元前48年执政官的投票视为无效。恺撒无法阻止这些活动，只能保持沉默，顺其自然。

商讨召回恺撒

因此，一切依照宪法的程序逐渐缓慢地发展。按照习惯，元老院必须讨论罗马纪元705年即公元前49年的总督人选，对于前执政官，在罗马纪元703年即公元前51年初讨论，对于前大法官，在罗马纪元 704 年即公元前 50 年初讨论。罗马纪元 703 年即公元前 51 年初，元老院首次讨论关于任命两高卢地区的新任总督问题，这让由庞培推动的宪政派和元老院里恺撒的支持者，第一次公开发生冲突。执政官马尔库斯·马塞卢斯提议，让自罗马纪元 705 年即公元前 49 年 3 月 1 日起一直担任行省总督的盖乌斯·恺撒，将他的两个行省交给那一年即将担任总督的两位执政官。水闸一旦打开，长久压抑在胸中的愤怒立刻喷涌而出，在这次讨论中，加图派将把恺撒的想法全部和盘托出。他们认为特别法律所赋予的总督恺撒不用亲自前来报名参选执政官的权利，已经被随后所颁布的人民法令取消，那么人民法令中所写的保留项就是无效的。按照他们的意见，征服高卢的事务现在已经结束，元老院应该让恺撒立即解散服役期满的士兵。他们宣称恺撒在上意大利所授予的公民权和建立的殖民地是违法的和无效的。下面这件事可以更清楚地说明此问题：一位受人尊敬的元老来自恺撒的殖民地科莫，即使那里没有公民权只有拉丁权，但此人有权要求罗马公民权，执政官马尼利乌斯命人对他施以鞭刑，而这只允许用于非公民。

当时，恺撒的支持者中要属盖乌斯·维利乌斯·潘撒（Gaius Vibius Pansa）最为出名。他的父亲曾被苏拉剥夺公权，而他还能进入政坛，曾担任恺撒军团的军官，此时为保民官。支持者们在元老院宣称，从高卢的现状和公正的角度考虑，都不能提前召回恺撒，而应该允许他兼任统帅和执政官。他们还明确指出，几年前，庞培就是这样同时兼任西班牙总督和执政官，甚至在当下，他除了担任首都粮食供给的监管要职外，还是意大利和西班牙的最高统帅。事实上，所有适龄的参军人员都向他宣誓，而且还未解除誓约。

一切开始走上正轨，但它的进程却没有因此而加快。元老院中的多数派看见破裂在即，几个月也不召开一次颁布法令的会议，另外几个月就消磨在庞培一本正经的拖延之中。最后，庞培终于打破沉默，用他一贯的冷漠和犹豫，但非常明确地站在宪政派一方反对他曾经的盟友。他立刻坚决地拒绝了恺撒党让他们的领袖兼任执政官和行省总督的要求，并直接粗鲁地指出，在他看来这个要求就好像让儿子鞭打自己的父亲。就庞培不允许恺撒直接兼任执政官和行省总督而言，他在原则上同意了马尼利乌斯的提议。虽然没有做出任何具有法律约束力的声明，但他暗示，或者可以允许恺撒无需亲自前来报名参选罗马纪元 706 年即公元前 48 年的执政官，并且可以留任总督最长至罗马纪元 705 年即公元前 49 年 11 月 13 日。但同时，恺撒的代表请求推迟任命继任者直到罗马纪元 704 年即公元前 50 年 2 月的最后一天。这可能是依据庞培—李锡尼法律的条款，即禁止在恺撒任总督的最后一年之前，在元老院讨论任命继任者的事宜。这位积习难改的拖延者同意了他们的请求。

因此，元老院据此颁布了法令（罗马纪元 703 年即公元前 51 年 7 月 25 日）。高卢总督的填补问题被安排在罗马纪元 704 年即公元前 50 年 3 月 1 日，但是他们甚至从现在就开始企图解散恺撒的军队——正如以前通过人民法令解散卢库勒斯的军队一样，他们劝说恺撒的老兵向元老院申请退伍。实际上，恺撒的支持者尽其所能，利用保民官的否决权来取消这些法令，不过庞培非常明确地宣称，官员必须无条件服从元老院，说情或类似的陈旧陋习都无法改变这一结果。现在，庞培让自己成了寡头党的喉舌，他们的意图显露无遗，就是一旦获胜，就要按照他们的意思修改宪法，甚至一切稍微涉及的人民自由也要被废除。毫无疑问，他们攻击恺撒时，完全不利用公民大会，就是因为这个原因。这样，庞培和宪政党正式宣布联合。显然，已经通过了对恺撒的判决，只是把颁布日期推迟了。次年的执政官选举也证明完全对恺撒不利。

恺撒的安排

当他的对手利用党派策略进行备战时，恺撒已经成功扑灭了高卢的叛乱，恢复了整个被征服地区的和平。早在罗马纪元703年即公元前51年夏天，恺撒就以边界的防御为借口，将其中一个军团调往北意大利，而事实显然是如今高卢开始不再需要驻军了。如果先前他没有注意到，现在无论如何都注意到了，就是他的刀必须对准自己的同胞。然而，因为刚刚平定了高卢，他很想把军团留在这里一段时间，甚至尽量拖延下去。他知道元老中大多数人都非常爱好和平，尽管宣战的压力来自于庞培，但他仍然不想放弃制止他们宣战的希望。他甚至毫不犹豫地做出巨大牺牲，只要能避免和最高管理层公然对抗的局面。罗马纪元704年即公元前50年春天，元老院应庞培的建议，要求庞培和恺撒分别提供一支军团参与即将开始的帕提亚战争。当双方同意这个建议时，庞培要求恺撒归还几年前借给恺撒的军团，以便将其派往叙利亚。恺撒遵从要求，提供了双倍的兵力，因为不管是元老院法令的适宜性还是庞培要求的公正性，它们本身都没有争议，而且对恺撒而言，遵守法律和行为忠诚比几千个士兵更重要。两个军团没有延迟，立即交由政府指挥，但是他们没有将军团派往幼发拉底河，却将士兵们留在卡普亚，准备为庞培所用。这让公众再一次有机会，将恺撒为避免决裂所付出的巨大努力与他的对手背信弃义的备战行为进行对比。

库里奥

为了和元老院论战，恺撒不仅成功收买了当年两位执政官之一的卢奇乌斯·埃米利乌斯·鲍卢斯，而且更重要的是，他还收买了保民官盖乌斯·库里奥。库里奥可能是当时众多放荡不羁者中最为声名显赫的人士，优雅的风度，流利机敏的辩才，诡计多端、精力充沛但堕落的性格，更加刺激他在懒散的生活中变得强大，但是他的生活非常放荡，喜欢借贷，而且道德和政治上缺少原则，据估计，他的债务高达六千万塞斯特斯。他以前曾向恺撒毛遂自荐但被回绝，后来他的才华打动了恺撒，最终让恺撒将他收入帐下，虽然价格昂贵，但物有所值。

关于召回恺撒和庞培的争论

在库里奥担任保民官的第一个月，他装作独立的共和派人士，怒斥了恺撒和庞培的行为。他利用手段让自己表面上看来是个中立人士，在罗马纪元704年即公元前50年3月，当关于高卢总督填补的提议再次提交元老院讨论时，他完全同意这项法令，只是要求该法令应该同时适用于庞培和他的特别统帅。

他的理由是只有废除一切特殊职位，才能让国家事务符合宪法，庞培仅仅是由元老院任命为行省总督，和恺撒一样不能违抗命令，如果只免除两位统帅中一人的职位，只能是增加宪法的危险。他的理由让肤浅的政客和广大群众深信不疑。库里奥声称，他将行使法律赋予他的投票权来阻止任何针对恺撒的单方面行动，这得到了元老院内外人士的广泛认同。恺撒立刻宣布他同意库里奥的建议，只要庞培同意，他将随时响应元老院的召唤辞去总督和统帅之职。他这样做之所以安全，是因为只要庞培失去了意大利和西班牙的兵权就不足为惧了。庞培也正是由于这个原因无法拒绝，他回复说，恺撒必须先辞职，他才会迅速效法。但这个答复并不令人满意，因为他没有明确自己离任的具体时间。当这个决议又推出了数月后，因为庞培和加图派注意到元老院中大多数人员都有疑虑，所以不敢贸然投票表决库里奥的提议。恺撒利用夏季恢复了他所征服地区的安定，在斯凯尔特河举行了盛大的阅兵仪式，并在途经完全效忠于他的北意大利行省时，举行了凯旋式。秋天，他来到了拉文纳，这里是他所管辖行省的南部边陲。

召回恺撒和庞培

库里奥的提议不能再拖延了，最后进行了投票表决，结果显示庞培党和加图派彻底失败。元老院以 370 票对 20 票，决定要求西班牙和高卢的行省总督同时辞职，善良的罗马市民们听到库里奥大功告成的喜讯时都欢声雷动。因此，庞培将和恺撒一起被召回，然而恺撒准备服从命令，而庞培却断然拒绝。主执政官盖乌斯·马尔凯卢斯（Gaius Marcellus）是马尔库斯·马塞卢斯的表兄，他和后者一样同属于加图派。他向奴颜婢膝的多数派发表了措辞严厉的指责，在自己的阵营里被一群懦夫击败肯定让人恼羞成怒。但是，一个领袖不能简单明确地命令元老们，而是在年老时，再次借助雄辩师的指示，用重新改进的口才来迎战青年才俊库里奥，在这样的领袖领导下，胜利从哪里来？

宣战

联合派在元老院遭遇失败，处境被动。加图派曾让元老院追随于他们，推动决裂的发生，现在眼睁睁看着他们的大船，用最棘手的方式搁浅在这片大多数人都无所作为的沙滩上。在会议上，庞培言辞激烈地指责他们的领袖，他用整个司法体系强调假和平的危险性。虽然，只能依靠庞培来快刀斩乱麻，但他的同伴清楚地知道永远也不要指望他了。是他们自己违背了诺言，让事态变成危机。在宪法和元老统治的捍卫者宣布公民和保民官的合法权利是无意义的形式后，现在，他们发现自己必须用同样的态度对待元老院本身的合法决议，合法政府既然不让人未经它同意来拯救它，他们就只能违背它的意愿来拯救它，这种做法既不新鲜也不偶然。苏拉和卢库勒斯就曾经被迫为了政府的真正利益，而强硬实施他们所想出的每项有用决策，这正如加图和他的朋友现在所打算做的一样。事实上，宪法的机构已经完全衰落，现在元老院就如几个世纪以来的公民大会一样，不过是一个脱轨的破车而已。

罗马纪元704年即公元前50年10月，有传言说恺撒已经从山外高卢地区调集了四个军团到山南高卢地区，驻扎在普拉森提亚。军队调动本来就是行省总督的特权，此外，库里奥也在元老院明确澄清了这次谣言属于无稽之谈，所以当执政官盖乌斯·马尔凯卢斯下令庞培攻打恺撒时，遭到了元老院大多数人员的反对。然而，前面提及的这位执政官，与罗马纪元705年即公元前49年选出的两位执政官一起投奔了庞培，这两位执政官也属于加图党。这三位人物利用自己的权力，要求这位统帅率领驻守在卡普亚的两个军团，并且可以自行决定征召意大利所有的适龄男性公民入伍。我们很难想象还有比这更随意的方式来授权发动内战，但是人们无暇顾及这些次要的事情。庞培接受了命令。军队准备作战，开始征召士兵，为了亲自率兵出征，庞培在罗马纪元704年即公元前50年12月离开了首都。

恺撒的最后通牒

恺撒已经完全达到了目的，将发动内战转移给了对手。虽然他自己遵纪守法，却迫使庞培公开宣战，不是代表合法的当权者，而是代表元老院中的少数派，作为革命者的将军，他们公然威胁元老院中的多数派。事实上，战争所涉及到的不只是正式的法律问题，还有其他事情，虽然此刻大众凭借着直觉不可能也不会被这些所欺骗，但这样的结果还是有重要意义。现在，当战争已经宣布开始，恺撒的兴趣转移到了尽快发动攻击上。他的对手正开始着手准备，甚至连首都还没有派兵驻守。十到十二天之内，他们就能在罗马集结一支军队，兵力是恺撒北意大利人数的三倍。但是，恺撒仍然不能偷袭这座没有守军的城市，甚至无法在冬季迅速控制整个意大利，或者切断对手最好的资源补给。精明强干的库里奥在罗马纪元 704 年即公元前 50 年 12 月 9 日辞去保民官之职后，就立即前往拉文纳投奔恺撒，他向自己的领袖详细汇报了首都事态。不过，就算没有这些汇报，恺撒也相信现在要是再拖延就只能带来危害。但是，为了不给对手留下控诉他的机会，迄今为止他一直没有把军队调到拉文纳。目前他只能命令全军迅速出发，而他必须等到驻守北意大利的军队至少有一支到达拉文纳。同时，他向罗马发出了最后通牒。这份通牒就算没有其他任何作用，在公众看来，恺撒仍然是用一种极端的顺从向对手做出进一步的让步，甚至因为他本身可能看起来有些犹豫不决，所以让对手攻打他的备战出现懈怠。在这份最后通牒中，恺撒放弃了所有先前针对庞培的要求，自愿按照元老院确定的日期辞去山外高卢总督之职，并解散十支军团中的八支队伍。他声称，如果元老院可以让他保留山外高卢及伊利里亚总督之职和一支军团，或者仅保留山外高卢总督之职和两支军团，而且他可以不必留任到就职执政官，只要到罗马纪元 706 年即公元前 48 年执政官的选举完毕时，他就心满意足了。如果在开始讨论时，元老派甚至庞培自己都宣布对和解协议满意，那么恺撒也同意这些和解协议，并表示自己准备从当选执政官到就职时都没有公职。我们不能断定，恺撒是否真的愿意做出这样难以置信的让步，是他相信自己就算做出巨大的让步也能顺利战胜庞培，还是他认为对方不可能接受和解协议？这只是证明恺撒认为和解本身不会成功。可能恺撒所犯的更严重的错误是行事过于大胆，而不是他不准备履行自己的承诺，如果他的建议被意外接受，他应该会说到做到。

元老院的最后一次辩论

库里奥将再次代表他的主人亲自前往元老院，他用三天的时间，从拉文纳来到了罗马。当罗马纪元705年即公元前49年1月1日，新任执政官卢奇乌斯·伦图卢斯（Lucius Lentulus）和小盖乌斯·马尔凯卢斯①首次召开元老院会议时，库里奥在全体会议上递交了恺撒写给元老院的信件。保民官马尔库斯·安东尼因一系列丑闻而被人熟知，库里奥是他的密友也曾参与其中，但同时他还是埃及和高卢战役中出名的骑兵官员。现在，他和庞培的前财务官昆图斯·卡西乌斯两人都替库里奥在罗马为恺撒办事，他们坚持要求立即宣读恺撒的信件。恺撒用严肃明确的言辞陈述了战争的迫在眉睫、他希望和平的总愿望、庞培的骄傲自大、他自己屈服让步的立场和所有一切不可抗拒的实情。他所提出的缓和形势的妥协建议，毫无疑问让他自己的支持者都感到惊讶。他所发布的确切声明，是他最后一次伸出寻求和平的手，这让人印象非常深刻。虽然庞培的很多士兵涌入了首都，让大家心生恐惧，但大众的情绪不言而喻，执政官也不敢让他们发表看法。关于恺撒重申责令两位统帅同时解除兵权的建议，关于他在信中所提议的一切妥协计划，关于马尔库斯·科利乌斯·鲁弗斯和马尔库斯·卡利狄乌斯所提议的，应该立即催促庞培前往西班牙。作为主持会议的

①此人与罗马纪元704年即公元前50年具有相同名字的执政官不同；马尔库斯·马塞卢斯是罗马纪元703年即公元前51年的执政官，罗马纪元704年即公元前50年的执政官是他的堂兄弟，罗马纪元705年即公元前49年的执政官是他的亲兄弟。

执政官有权发起投票表决，但他们却拒绝实施。甚至他们中一位最坚定的支持者马尔库斯·马尔凯卢斯，此人不像他的同党一样对军事情况不知所措，他建议将决议推迟至意大利的征兵都入伍，能够保护元老院再做决定，而这也不允许进行投票表决。庞培照旧通过他的喉舌昆图斯和西庇阿宣布，他决定抓住这次机会承担元老院的事务，如果他们再拖延，他就撒手不管了。执政官伦图卢斯直言不讳地说，甚至元老院的法令都已经不再重要，如果他们不改奴性，他将独自和有权势的朋友采取必要的步骤。因此，多数派被吓坏了，他们依照命令颁布法令：恺撒应该在距今不远的确定日期，把山外高卢交给卢奇乌斯·多阿埃诺·巴尔布斯·米提乌斯，把山南高卢交给马尔库斯·塞尔维里乌斯·诺尼亚努斯，否则将被视为叛变。当恺撒派的保民官利用否决权反对这个决定时说，他们不仅在元老院遭到庞培士兵的持刀威胁，为了保住性命，被迫穿着奴隶服逃出首都，而且现在受到巨大惊吓的元老们竟将他们正式合法的干预视为革命企图，宣布国家有难，照例号召所有公民入伍，所有忠于宪法的官员率兵响应（罗马纪元 705 年即公元前 49 年 1 月 7 日）。

恺撒进入意大利

现在，时机成熟了。当恺撒从逃到他的军营里寻求保护的保民官口中，得知首都如何对待他的提议，他便召集当时从特格斯特驻地来的拉文纳的第十三军团的全部士兵，向他们说明事态。这不仅是一位知识渊博、深谙人心的天才，在他自己和世事的命运变迁中，把他出色的口才发挥得淋漓尽致。

这是一位慷慨的统帅和常胜的将军，向受他征召入伍、八年来追随着他的旗帜、热情不断高涨的士兵发表的演说。这位精力充沛、始终如一的政治家，二十九年来，不论时势的好坏，他都捍卫着自由。他曾为了自由勇敢面对刺客的匕首、贵族的刽子手、日耳曼人的刀剑和未知海洋的风浪，永不退缩或动摇。他曾撕碎苏拉的法律，推翻元老院的统治，通过阿尔卑斯山外的战斗，为没有保护、没有武装的平民党提供保护和武装。他的话不是说给克洛狄乌斯派听的，因为他们的共和热情早已熄灭成灰烬，他是说给来自北意大利城乡的年轻人听的。他们仍然受到公民自由的强大影响，感觉到它的新鲜和纯粹，仍然能为理想而战，为理想而死。他们曾以革命的方式，从恺撒那里获得了政府拒绝赋予他们的公民权，若恺撒倒下了，他们必将再次受到政府的摆布，寡头党打算无情地用这些年轻的躯体来对付波河外的人民已经从事实上证明了这一切。这样的一位演说者，对这样的听众陈述事实：贵族准备发给平定高卢的统帅和士兵的犒赏；公民大会轻蔑地驳回；元老院受到惊吓；五百年前，他们的先辈曾手执武器从贵族手中夺回保民官职位，他们拥有保护它的神圣义务，他们的先辈曾代表自己和子孙后代誓言人人都将誓死保卫保民官，他们也有遵守古老誓言的神圣义务。随后，这位平民党的领袖和统帅号召人民的士兵说，现在和解的方法已经用尽，让步已经达到了极点，最后请他们跟随自己前去，和那些可恨又可鄙、无信又无能、荒唐可笑而又不可救药的贵族阶级，进行不可避免的、决定性的战斗。

当时，没有一个军官或士兵表现出犹豫。出征的命令下达了，恺撒率领着他的先锋部队渡过一条狭窄的河，这条河将他所管辖的行省和意大利分隔开，是法律明令禁止高卢总督渡过的河。离别九年后，他再次踏上了祖国的土地，同时也踏上了一条革命的道路。事已至此，木已成舟。

第十章 布隆迪西乌姆、伊莱尔达、法萨卢和塔普苏斯

双方的实力

因此，一直以来共同统治罗马的两个人物，现在将用武力来决定谁将成为首位独裁者。让我们来看看，在即将发生的战争中恺撒和庞培的实力对比。

恺撒在党内的绝对权威

恺撒的权力主要基于他在本党内所拥有的完全无约束的权力。如果平民派和君主派的想法一致，也不会是意外联合又意外决裂的结果；相反，平民派的本质是没有代议机构，平民制和君主制都在恺撒身上得到了终极体现。政治和军事事务的决定权，由始至终都掌握在恺撒的手中。然而，对于任何能为他所用的人，恺撒都很尊重，不过也只是视为一个工具而已。恺撒在自己的党派里没有盟友，只有军事和政治上的辅助者。通常，这些人都出自军队，作为训练有素的军人，他们做事从来不问原因和目的，只是无条件服从。尤其是基于这个原因，当内战开始的决定性时刻，所有恺撒的军官和士兵，只有一个人

拒绝服从他。那个人恰恰是所有人中最重要的一位，这种情况仅仅是证明了恺撒和他的追随者之间的关系。

拉比努斯

蒂乌斯·拉比努斯（Titus Labienus）与恺撒一起经历过喀提林时期的艰苦岁月，共同享受过高卢胜利时期的所有荣耀，他经常独自率领半支军队，是恺撒副将中资格最老、能力最强和最值得信赖的一员。毫无疑问，他也是地位最高、最受人尊重的副将。直到罗马纪元704年即公元前50年，恺撒委任他为山南高卢地区的最高统帅，一方面是为了把这个要职交给可靠的助手，一方面是为他竞选执政官拉拢拉比努斯。但是，拉比努斯正是在身居此职时，开始与敌党建立了联系。罗马纪元705年即公元前49年内战开始时，他背叛恺撒而转投庞培的大本营，在整个内战时期都与自己的老朋友和统帅进行艰苦鏖战。关于拉比努斯的性格和他在特殊环境下转投敌营的事情，我们都所知有限，但总的说来，此事进一步证明了这样一个事实，即相比起军队的最高指挥官，军队首领更该信赖的是军官。从一切迹象来看，拉比努斯就是那种拥有军事才能的完全无能的政治家，结果，如果他们不幸或被迫参与政治，就会产生一阵晕眩，拿破仑的那些上将的历史就是例子。他可能将自己视为和恺撒平起平坐的第二统帅，这个要求被拒绝后，他便转投敌营。他的事件让整个体系的严重弊端首次暴露出来，那就是恺撒将他的军官视为没有独立性的助手，让他麾下崛起的人员不能单独指挥，同时很容易预见到，当即将到来的战事不断在整个帝国各行省蔓延时，他所急需的正是这种人。但是，这个缺陷和最高领导权的统一比起来微不足道。最高领导权的统一是一切成功的首要条件，也是值得付出这种代价唯一的条件。

恺撒的军队

统一的领导权通过有效的手段获得所有权力。首先来看军队，军队仍然有九个军团，最多五万人，不过所有人都曾与敌人对抗，其中三分之二的人曾参加过与凯尔特人的战争。骑兵是由日耳曼人和诺里克人的雇佣兵组成，他们在与维辛格托里克斯的战争中已经被证明是有用而且可靠的士兵。从军事的观点来看，凯尔特人肯定次于意大利人，但他们具有英勇顽强的品质。在与凯尔特民族的八年战争中，充满了各种变数，这让恺撒有机会按照只有他知晓的方式来组织军队。士兵的全部效用以体格健壮为前提，恺撒在征兵时，相较于应征人员的财产和道德，他更注重他们的强壮和灵活。一支有用的军队就像其他任何一架机器一样，全部依赖于它移动的便捷迅速。恺撒的士兵在随时出发和行军迅速两个方面已经达到了近乎完美的地步，可能永远都无法被超越。当然，勇气的价值高于一切。恺撒精通激励的措施，实施物质奖励和讲求团队精神，所以，在评价个别士兵和队伍的荣耀时，甚至按照他们勇猛的等级来评定。他常在无关紧要的时候，让他的士兵全然不知即将到来的战争，让他们突然遭遇敌人的攻击，从而变得无所畏惧。恺撒要求他的士兵不问原因和目的，只需按要求行事即可。盲目服从往往是件难事，他让士兵承受很多毫无目的的疲惫，只是要训练他们盲目服从。他的军队纪律严格却不苛刻，当士兵和敌人对峙时，要绝对遵守纪律；而在其他时间，尤其是胜利之后，就放松束缚。如果一位能干的士兵迷恋香水或是用高雅的纹章和饰品装饰自己，甚至是犯下暴行或严重的违法行为，只要和军纪没有直接关系，这种愚蠢行为和犯罪行为就会被忽视。对于当地人的抱怨，统帅也会充耳不闻。但是，叛乱则另当别论，不但是煽动者，甚至连犯罪的队伍永远都不会被饶恕。

但真正的士兵应该不仅能干、勇敢和服从，而且还要完全出于自愿和自主。这种天赋的特权能以榜样、希望，尤其是知人善用的方式，让有生命的机器乐于为他服务。一个军官，若要让他的军队勇往直前，他自己必须与士兵们一起直面危险。恺撒甚至在做将领时都会挥剑御敌，且剑术优秀。此外，在军事行动和军中杂役方面，他对自己的要求一直都比士兵更严苛。当然，胜利主要是让将领受益，而恺撒将胜利与士兵的个人希望联系在一起。我们已经说过，他知道如何让士兵对平民事业满怀热忱，就是在乏味的时代也能产生热情，将意大利波河以北的政治平等作为奋斗的目标——很多士兵都是当地人。当然，同时还有物质报酬，不但有对卓越功绩的特殊奖励，还有对每位尽职士兵的普通奖励。军官有赏赐，士兵有奖励，最丰厚的礼物是凯旋时的犒赏。

最重要的是，恺撒作为一位真正的领袖，知道如何去唤醒这个庞大机器上每个单一的、或大或小的零件，做到人尽其才，物尽其用。普通人注定是为人服务的，如果有一位大师来操作，他便不会反对当一个工具。统帅随时随地都用敏锐的目光注视着整支军队，以公平公正的方式实施赏罚，将每个人的行动导向对全体有益的方向，所以，就连最卑微的血汗也不会被忽视和怠慢。但正是这个原因，统帅可以要求士兵无条件奉献甚至牺牲。恺撒不允许每个人都洞悉行动的全部动机，却允许他们领悟政治和军事的联系，从而确保士兵将他视为一个政治家和统帅，这也许有些理想化。自始至终，他都没把士兵视为平等的人，而是有权要求并且能够要求忠诚的人，他们必须相信统帅的承诺和保证，没有迟疑，不听信流言。他把士兵视为作战和取胜的伙伴，几乎知道每个人的姓名，在如此多的战役中，他们和统帅或多或少都建立了私人感情。他把士兵视为好友，可以与他快乐地谈心。他把士兵视为受保护的人，并报答他们的服务，把替他们的不公和死亡报仇视为自己神圣的义务。或者从未有过一支军队如此完美，在它主人的手里，这支军队成了一台机器，能够且乐意向着目标前进，主人将自己的灵活性赋予它。恺撒的士兵自诩为能够以一敌十，对此我们不能忽视，罗马的战术在赤膊战术尤其是刀剑战中，让罗马士兵比新手更强大，这种优势比在现代环境下还要明显[①]。但是，比勇猛更让恺撒的敌人胆寒的是，他的士兵对统帅坚定不移、让人动容的忠诚。当这位统帅号召他的士兵随他参与内战时，

---

①一位恺撒第十军团的百夫长被俘后，向敌军统帅宣称：他准备用自己的十个人去击败敌人的精英步兵（500人）。拿破仑一世评论道：“在古代的战斗方式中，一场战斗就是由简单的决斗构成，这话只有百夫长说来是正确的，由现代士兵说出来则只是夸大其词。”在恺撒的回忆录中，补充了两份关于阿非利加战争和第二次西班牙战争的报告，前者是由一位二等军官所写，后者从各方面看都是出自一位下级军官的军营日记，里面记录了恺撒军队中所盛行的尚武精神，这就是生动的证据。

除了前面所提到的拉比努斯外，没有一位罗马军官和罗马士兵弃他而去，这在历史上可能都无人能及。无耻的对手本想像瓦解卢库勒斯的军队一样，让恺撒的军队出现大面积的叛逃，结果失败了。拉比努斯自己投奔庞培阵营时，带去了一队凯尔特人和日耳曼人的骑兵，却没有一名罗马军团的士兵。每位士兵好像都把这场关乎统帅的战争当作自己的事。恺撒允诺在内战爆发时给予他们双倍的报酬，他们充分信任统帅，相信到内战结束时恺撒会支付给他们。同时战友之间相互扶持，每个副官还用自己的钱购置战马。

恺撒的势力范围　上意大利

然而，恺撒还有一件事情，即需要获得无限的政治和军事权力以及一支能战斗的可信赖的军队。相对而言，他的活动范围十分有限，基本集中在上意大利的行省地区。这片区域并不是意大利人口最稠密的地方，但这里支持平民派事业。这种情感在来自奥皮特乌姆的新兵队中得到了充分体现。内战爆发后不久，他们被敌人的战船围困在伊利里亚水域的木筏上，敌人全天都在不断地向他们射击，直到傍晚，却没有一人投降，躲过飞弹的士兵也在夜晚自杀身亡。可想而知，这样的人民将有所作为。他们已经让恺撒的军队增大了两倍，内战爆发后，立刻大面积征兵，使大量的新兵应征入伍。

意大利

但是，在意大利本土，恺撒的影响力则无法与他的对手匹敌。虽然他利用妙计让加图派陷入不义的境地，并对所有具有良知的人大肆宣扬自己的正直，这些人或者是仍然保持中立，如元老院的多数派，或者是追随他的士兵和波河以北的人民。但是，大多数市民不会轻而易举地被这些事所误导，当高卢统帅举兵攻打罗马时，他们不顾所有法律的正规解释，都认为加图和庞培是合法的共和国捍卫者，而平民派恺撒是篡位者。此外，从马略的侄子、秦纳的女婿到喀提林的同党，一般民众都猜测马略和秦纳的暴政将再次上演，出现喀提林所计划的暴动。虽然恺撒确实因为这些猜测而获得了盟友，亡命的政客立即委身于他，潦倒的人士视他为救星，但是最底层的人民听见他进发的消息都陷入骚乱之中，这些朋友比敌人更危险。

行省

在行省和属国，恺撒的影响力甚至比在意大利还要小。山外高卢直到莱茵河和海峡地区确实都听命于他，纳博的殖民地定居者和居住在高卢的罗马市民都效忠于他，但是纳博省本身还有很多护宪派的拥护者，甚至刚刚征服的地区在内战进行时，对他来说，更是一个负担，弊大于利。事实上，就是因为这些理由，他在战争中才没有使用凯尔特步兵，并谨慎使用凯尔特骑兵。在其他行省和半独立或独立的邻国，恺撒则试图为自己取得支持，向王公贵族们慷慨地馈赠昂贵的礼物，在各城镇修建雄伟的建筑，给予他们所需的财政和军事援助。总而言之，这些方法收效不大，对他来说，可能只有与莱茵河和多瑙河流域的日耳曼和凯尔特的王公贵族们的关系更加重要，尤其是与诺里克国王弗奇奥（Voccio）的关系，对于招募骑兵至关重要。

联合

因此，恺撒仅仅是作为高卢统帅参战，没有其他必要的资源，只有能干的副将、可靠的军队和忠心的行省，庞培则作为罗马共和国实际上的最高领导者，完全控制了所有属于罗马帝国合法政府管理的资源。但是，从政治和军事的观点看，庞培的地位并不是非常重要，而且也不明确和牢固。恺撒的地位必然导致也需要领导权的统一，而这种领导权的统一却与联合派的本质相悖。虽然庞培想要在联合派中推行领导权的统一，让元老院任命自己为海陆领域唯一享有绝对权的统帅，但却不能撤销元老院，也不能妨碍元老院在政治和管理上的压倒性影响，因此他们偶然对军事的干涉，都会产生双重损害。无论何种情况，他们之间都有足够的理由相互蔑视。庞培和宪政派应该还记得这二十年来彼此之间一直用恶毒的武器进行交战，双方都强烈地感到却一直努力地隐瞒着这样一个事实，就是胜利后的第一个结果，就是胜者之间的决裂。不论哪种情况，贵族阶级中受人尊敬、颇具影响的人物太多，几乎一切参加的人都智商不高、道德败坏，这一切导致恺撒的对手彼此间的合作有些牵强而且难以驾驭，这和另一方和睦而又紧密的行动形成最为糟糕的对比。

联合派的势力范围　努米底亚王尤巴

虽然恺撒的对手感到用这种特殊的方式，让具有世仇的势力联合起来会产生很多不利因素，但这种联合确实产生了非常强大的实力。它拥有了海上的绝对霸权，所有的港口、所有的战舰和所有战舰上配备的物资全部由它支配。两西班牙地区是庞培势力的根基，就像两高卢地区是恺撒的大本营一样，该地区是庞培的忠实拥护者，同时也掌握在值得信赖、有才能的官员手中。

近些年来，除了两高卢地区外的其他行省，在庞培和元老院少数派的影响之下，其总督和统帅之职都由可靠的人员担任。属国自始至终都坚定地支持庞培，反对恺撒。由于庞培的多方活动，最重要的君王和城市都和他保持着密切的私人关系。例如，在反对马略的战役中，他曾是努米底亚国王和毛里塔尼亚国王并肩作战的战友，并帮助努米底亚国重建家园；在米特拉达特斯战役中，除去一些小的或临时性的王国，他曾重建了博斯普鲁斯、亚美尼亚和卡帕多奇亚国，在加拉提亚创建了德奥塔鲁斯国；主要是受了他的唆使，发生了埃及战争，由于他的副将，拉吉德王朝再次巩固了统治秩序。甚至是恺撒自己行省里的马西利亚市，虽然很感激恺撒的各种善行，但在塞多留战役中，庞培让其极大地扩张了领土，因此也对庞培心怀感激。除此之外，马西利亚的寡头统治者，与罗马的寡头派有着天然的联系，并因为各种相互关系而加深联系。但是，这些个人和相关问题的考虑，以及胜者的荣耀所照射的三大洲，在这远离帝国的地方，这荣耀远远胜过高卢的征服者。在这些地区，这些或者对恺撒的伤害不大，伤害更大的是关于盖乌斯·格拉古的继任者的想法和意图，即将属国合并的必要性和行省殖民化的有用性。属国的君王中，要属努米底亚国的尤巴王深感危险迫在眉睫。不仅多年前，他的父亲希姆普萨在世时曾与恺撒发生过激烈的争吵，而且最近，正是现在恺撒的首要副将库里奥曾向罗马市民提议吞并努米底亚国。最后，如果事情发展到让独立的邻国来干涉罗马内战，唯一真正有实力的国家就是帕提亚，实际上这个国家已经因为帕克鲁斯和毕布路斯的联系而和贵族派结盟。恺撒是个典型的罗马人，不会因为党派的利益，而与战胜自己朋友克拉苏的人联手。

意大利反对恺撒

如前所述，意大利绝大部分公民都反对恺撒，尤其是整个贵族阶级及其大量的追随者。而且，大资本家也不会乐意恺撒获胜，一旦共和国进行彻底改革，他们就休想保留住对其偏私的法庭和横征暴敛的垄断权。小资本家、地主和所有会产生损失的阶层都反对平民派，不过通常情况下，比起其他事务，他们更关心下一期的播种和收割。

庞培的军队

庞培所能调遣的军队主要由西班牙军队组成，七个能应战而且在各方面都值得信赖的军团，再加上驻守在叙利亚、亚细亚、马其顿、阿非利加、西西里和其他地区的军队，不过这些军队实力不强，分布散乱。在意大利，最初可以参战的只有两个军团，还是恺撒在近期交出的军队，其人数不超过七千人。这些士兵征召自山南高卢地区，是曾与恺撒并肩作战的老战友。由于受奸计暗算，他们被迫调换了阵营，这让他们心怀怨恨。在他们离开时，宽宏大量的统帅将此前允诺给他们的凯旋奖发给了他们，这些事自然会让他们怀念曾经的统帅，因此，对庞培的忠诚度让人心存疑虑。不过，除了在春季通过高卢经陆路或海路来到意大利的西班牙军队外，还有罗马纪元 699 年即公元前 55 年征召的剩余的三个军团，以及罗马纪元 702 年即公元前 52 年征召的宣布效忠的意大利军团可以从休假中召回。算上这些军队，庞培所能调遣的军队总数，就算不包括散布在其他行省的七个西班牙军团，仅仅意大利就有十个军团①，大约六万人。所以庞培声称只要他一跺脚，遍地都是能打仗的士兵并不是夸大其词。确实，让这些士兵进入应战状态还需要一些时间，不过并不长，而且这些准备工作，与元老院由于内战爆发而开始下令征召新兵的计划都在有序进行中。元老院于罗马纪元 705 年即公元前 49 年 1 月 7 日颁布明确的法令后，贵族中的名人志士纷纷前往各地督促征兵和准备武器。他们还缺少骑兵，这类兵种通常完全依赖于行省，尤其是凯尔特地区。至少在开始时，他们从卡普亚的训练场带来了三百名属于恺撒的角斗士，让他们骑马。不过，这个方法遭到了大众的反对，庞培只好再次解散军队，从阿普利亚骑马的放牧奴隶中征召了三百人代替他们。国库的减少，让他们急忙用地方国库甚至是自治市神庙里的财宝来弥补资金不足。

---

①这个数字是由庞培自己列出的，并且与事实相符，他在意大利大概损失了六十营约三万人，带了两万五千人前往希腊。

恺撒先发制人

在这种情况下，战争于罗马纪元705年即公元前49年1月初爆发。恺撒所能出动的军队不过一个军团，包括步兵5000人，骑兵300人，驻扎在拉文纳，经公路距离罗马大约240英里。庞培在卢塞西亚有两个薄弱的军团，由阿庇乌斯·克劳狄乌斯（Appius Claudius）指挥，包括步兵7000人和一个小型骑兵队，经公路到达首都的距离大体相同。恺撒其他的军队，不考虑正在编队的新兵外，一半驻扎在索恩河和卢瓦尔河旁，一半驻扎在比利其。早在恺撒位于山外高卢的第一支援军抵达意大利之前，庞培在意大利的后备军早已从四面八方汇集到一起，这让恺撒不得不准备迎战一支强大的军队。以一支兵力和喀提林军队一样的队伍，而且此时没有任何可用的后备军，来攻击一支由出色的统帅率领且人数不断壮大的优秀军队，看起来有些愚蠢，但这是一种具有汉尼拔精神的愚蠢。如果开战的时间推迟到春天，那么庞培的西班牙军队将承担阿尔卑斯山以北的攻击任务，其在阿尔卑斯山以南、高卢和庞培自己的队伍，在战术上可以与恺撒相抗衡，而且经验更加丰富，在这种正规进行的战事中，他将是一个难以对付的敌人。庞培习惯缓慢而又稳健地指挥一支庞大的队伍，现在他可能害怕遭遇到突然袭击。恺撒的第十三军团经历过高卢人一系列的突袭，还有一月在贝洛瓦契的战争，这种突袭战和在冬季作战的艰苦都无法干扰他们，而庞培的军队是由老兵或没有经过严格训练和仍在训练的新兵组成，这样就会陷入混乱。

恺撒出征

于是，恺撒进入意大利[①]。那时，由罗马涅（Romagna）南下的道路有两条：一条是埃米尔—卡西道，从博洛尼亚越过亚平宁山脉到达阿雷提乌姆和罗马；另一条是波庇尔—弗拉米尼亚道，从拉文纳沿亚得里亚海岸到达法农，在此分成两路，一路向西经佛尔洛到达罗马，一路向南至安科纳，然后前往阿普利亚。马尔库斯·安东尼由第一条路进入阿雷提乌姆，恺撒自己则由第二条路向前进军。他们一路未遇抵抗，负责招兵买马的官员不懂军事训练，新兵也不算真正的士兵，城镇里的居民们担心的只是遭到围攻。当库里奥率领1500人向伊古维乌姆（Iguvium）进发时，这里集结了2000名来自翁布里亚的新兵，由法务官昆图斯·米努奇乌斯·特尔穆斯（Quintus Minucius Thermus）负责指挥。当这些将士们听说库里奥率军前来的消息时，都吓得四散而逃，随后在各地都出现了类似的小规模逃散。

撤离罗马

恺撒必须做出选择，是攻打罗马，还是攻打驻扎在卢塞西亚的军团。恺撒的一支骑兵已经抵达了距离罗马仅二百公里的阿雷提乌姆。他选择了后者，这让敌人感到惊慌失措。庞培在

---

①元老院法令是1月7日通过的，到了18日，罗马已经知道恺撒越界几天了，报信者从罗马到拉文纳至少需要三天。据此，恺撒出发的时间大概在1月12日，对应儒略历的704年即公元前50年11月24日。

罗马收到了恺撒出兵的消息，他本想保卫首都，但是当恺撒已经进入皮塞努姆，并取得初步胜利的消息传来时，他决定放弃罗马，下令撤离。而恺撒的骑兵已经出现在城门前的假消息，让恐慌在贵族社会里进一步蔓延。元老们被告知，所有留在首都的人都将被视为叛徒，是恺撒的同谋，于是，大家纷纷逃出罗马城。

执政官们完全丧失了理智，甚至连国库也不要了。因为时间充裕，庞培叫他们去取国库，他们回复说，如果恺撒首先攻占皮塞努姆，那么国库就是安全的。所有的一切都陷入混乱。因此，庞培在特阿努姆—西底奇努姆召开了一次大型的军事会议（1 月 23 日），出席的有庞培、拉比努斯和两位执政官。首先是恺撒再一次递交的调解建议，甚至到现在，他还宣称只要庞培离开前往西班牙，意大利解除武装，他愿意立刻解散军队，将他的行省交给被任命的继任者，并按照程序竞选执政官。特阿努姆会议的答复是，如果恺撒立即返回他的行省，他们将在首都通过颁布正式的元老院法令，解除意大利武装，并让庞培离开。或许这个答复并不是一种骗人的伎俩，而是一种接受建议的妥协，然而效果却适得其反。庞培已经失去了宪政派的信任，所以他不得不拒绝恺撒想要与他举行私人会晤的愿望。这看起来好像他将与恺撒建立新的联盟，这就引起宪政派更大的猜疑。

关于作战，特阿努姆会议同意：由庞培担任驻守在卢塞西亚的军队统帅，虽然他们无法获得人们的信赖，却寄托着人们所有的希望。庞培应该前往他和拉比努斯的故乡皮塞努姆，像三十五年前一样，亲自号召大家参战，率领忠诚的皮塞努姆步兵和以前恺撒的老兵，阻止敌人前进。

皮塞努姆战役

一切都取决于皮塞努姆是否能支撑到庞培前来协助抵抗。恺撒已经重新集合他的军队，顺着沿海公路经安科纳进入皮塞努姆。这里也在全力备战。位于皮塞努姆最北边的城镇奥克西姆，普布利乌斯·阿提乌斯·瓦鲁斯集结了一大队新兵。但由于自治市的恳求，恺撒还未到来，瓦鲁斯就撤离了。他们在距离奥克西姆不远的地方遭到恺撒少数士兵的突袭，交锋不久，就被彻底击溃，这就是双方的第一次交战。不久之后，盖乌斯·卢奇乌斯·希鲁斯（Gaius Lucilius Hirrus）同样带领3000人撤离卡麦里努姆，普布利乌斯·伦图卢斯·斯宾特（Publius Lentulus Spinther）带领5000人撤离阿斯库鲁姆。士兵们都对庞培忠心耿耿，大部分人都自愿追随统帅背井离乡。但是当庞培派来暂时处理防御任务的军官卢奇乌斯·维布利乌斯·鲁孚斯（Lucius Vibullius Rufus）——他不是一位文雅的元老，而是一位身经百战的军人——到来时，这地方已经失守。他只能从无能的征兵官手中接过六七千人的新兵，把他们带往最近的集合地点。

科菲尼乌姆被围

这个集合点就是科菲尼乌姆（Corfinium），是阿尔巴、马尔西和帕埃利尼地区征兵的集合地。这里集结了15000名新兵，都是由意大利最好战和最可靠的地区征召而来，是宪政派正在组编军队的核心。当维布利乌斯（Vibullius）来到这里时，恺撒距离此地还有几天的行程。他立刻按照庞培的指示，把从皮塞努姆逃出的新兵，在科菲尼乌姆进行整编后带往阿普利亚，和大部队汇合。但是，科菲尼乌姆的统帅卢奇乌斯·多米提乌斯，此人被任命为恺撒的继任者，担任山外高卢行省的总督。他是一位非常狭隘固执的罗马贵族，不仅拒绝履行庞培的命令，还阻止维布利乌斯带领皮塞努姆的新兵前往阿普利亚。他坚信庞培只是由于固执己见才有所迟延，一定会前来救援，所以他根本不做任何被围困的准备，甚至没有将周边城镇的新兵集合到科菲尼乌姆。

然而，庞培找了一个很好的理由没有前来援救。因为，他或者可以派两支靠不住的军队来做皮塞努姆的后盾，却不能单独迎战恺撒。几天之后，庞培没有来，恺撒却来了。在皮塞努姆，第十二军团加入到恺撒的军队，来到科菲尼乌姆之前，阿尔卑斯山外的第八军团也赶来了，除此之外，还有新成立的三个军团，一部分是庞培的人，他们要么是被俘，要么是自愿加入；一部分是当时在各地征召的新兵。所以，恺撒抵达科菲尼乌姆之前，已经有约四万人的兵力，其中一半的人曾参加过战斗。多米提乌斯盼望着庞培的到来，坚守着城池。最后，庞培的来信才让他彻底醒悟，决定不再坚守被遗弃的据点——这本来是对本党最大的效忠机会，他当然不会投降，而是对普通士兵说援军就快到了，自己却和军官们准备明晚逃跑。不过，他甚至连实施这么完美的计划的决断力都没有。他混乱的行径出卖了他。一些士兵开始兵变，而马尔西的新兵认为他们的将领不可能做出这种丑事，愿意攻打叛军，但他们还是不得不相信所指控的罪状确凿无误。于是，全体守军抓住了军官，将他们和这座城交给恺撒，自己也转投恺撒阵营（2 月 20 日）。于是，当恺撒的骑兵队一到，阿尔巴的 3000 名士兵和集合在特腊契纳的 1500 名新兵就放下了武器，而此前驻守在苏尔莫的第三支军队共计 3500 人也已经被迫投降。

庞培抵达布隆迪西乌姆，登船前往希腊

恺撒一占领皮塞努姆，就意味着庞培失去了意大利。为了尽量保全兵力，他只想尽可能地推迟登船，因此，他缓慢地向最近的港口布隆迪西乌姆行进。卢塞西亚的两个军团，庞培在被遗弃的阿普利亚仓促之间征召的新兵，还有执政官和其他委员所招募的队伍，都匆忙赶往布隆迪西乌姆。一些逃亡的政客，其中包括最受人尊敬的元老们，都携带家眷前往那里。他们开始登船，但是由于全体人员达到 25000 人，停泊的船舶不能一次性完成运输任务，没有其他办法，只能分批运输军队。大部队首先于 3 月 4 日出发，庞培和小部队共计约 10000 人在布隆迪西乌姆等待舰船返程。

虽然占据布隆迪西乌姆可能会最终重夺意大利，但是他们不敢长期占据此地来抵抗恺撒。此时，恺撒来到布隆迪西乌姆并开始围攻。恺撒首先想用防波堤和浮桥来封锁港口，把返程的舰船阻拦在港口外，但庞培让人将港口里的商船连起来，阻止港口被完全封锁直到返航的舰船出现。虽然围攻者警戒森严，当地居民也心怀仇恨，但庞培还是很巧妙地将所有人完好无损地转运出城，军队成功躲过恺撒并前往希腊（3 月 17 日）。就像围攻一样，恺撒由于缺少一支船队，也无法继续

追击。

一场历时两个月的战斗，没有进行一场重大的交战，恺撒就击溃了一支拥有十个军团的军队，只有不到一半的敌人在混战中艰难渡海逃亡，整个意大利半岛，包括首都以及国库和所有存货全部落入胜者手中。难怪战败者会哀叹：这个“怪物”速度惊人、精明能干、精力充沛。

夺取意大利后的军事和经济结果

但是，征服了意大利，对恺撒而言是受益还是损失尚属疑问。在军事方面，现在确实不仅让他的对手失去了强大的资源，为己所用，而且在罗马纪元 705 年即公元前 49 年春天，由于各地进行征兵，他的军队除了九个老军团外，又有了数量庞大的新军团。但在另一方面，现在他不仅需要在后方意大利留下一支庞大的守军，而且他的对手控制了海域，想要封锁海上交通，让首都免于饥荒，这也让他疲于应付。这样一来，恺撒本来就已经很繁重的军事任务变得更加复杂。在经济方面，恺撒幸运地获得了首都的库款，这当然非常重要，但是，主要的收入来源尤其是来自东方的收入掌握在敌人手中，而且还有军队需求的大幅度增加和为首都饥民提供粮食的新义务，都让庞大的资金迅速化为乌有。恺撒很快便发现自己不得不求助于私人贷款，看来这似乎不是长久之计，人们普遍预料只有大范围没收财产才会成为权宜之计。

政治结果　贵族的恐惧

恺撒发现征服意大利后，让他身陷更加困难的政治关系中。资产阶级担心会发生大范围的无政府革命，朋友和敌人将恺撒视为第二个喀提林，庞培则认为或是假装认为恺撒发动内战只是因为无力偿还债务。当然，这些都是荒谬的，但事实上恺撒以前的行为让人无法安心，而且现在围绕在他周围的随行人员更无法让人放心。身败名裂者、臭名昭著者如昆图斯·霍腾西乌斯、盖乌斯·库里奥、马尔库斯·安东尼都是他身边最重要的角色，其中安东尼就是西塞罗下令处死的喀提林派人士伦图卢斯的继子。最受信任的职位委任给长期借债甚至完全靠债务度日的人，人们还看见恺撒手下的官员不仅包养舞女——其他人也是如此，还和她们一起出现在公共场合。无怪乎就连严肃而又无私的政党人物也预料，恺撒将大赦所有流亡的罪犯、取消债主的权利、大范围没收财产、剥夺权利和杀人，甚至还会有高卢士兵劫掠罗马。

恺撒消除疑虑

不过，恺撒辜负了他的敌人和朋友在这方面的期望，甚至当恺撒占领第一座意大利城镇阿里米努姆时，他就禁止所有的普通士兵携带武器进城。无论这些城镇对他是善意的还是怀有敌意的，所有城镇都一视同仁受到保护，免于遭到破坏。当科菲尼乌姆的守军发生兵变，在深夜向他投降时，他不顾所有军事上的考虑，推迟到第二天清晨才占领该城，只是不想任由愤怒的士兵在夜间侵扰市民。关于俘虏问题，大概因为普通士兵对政治漠不关心，所以他们被并入恺撒自己的军队，而军官不仅被赦免，而且一视同仁全被释放，也不强求他们做出任何承诺。对于他们要求的所有私人财产，恺撒都直接交给他们，甚至没有要求他们提供证明，进行任何严格的审查。他就是这样对待卢奇乌斯·多米提乌斯，甚至让人将拉比努斯留下的钱和行李送到敌人的军营。在陷入最严重的财政窘境时，不管他的对手在或不在，他们庞大的财产都没有遭到破坏。事实上，恺撒宁愿向朋友借款，也没有强行征收土地税，这种方式形式上合法但实际上已经废除，将会激起财产所有者反抗他。这位胜利者认为胜仗只是解决了一半的任务，还有更困难的另一半任务。按照他自己的表述，他认为只有无条件地赦免战败者，才能保住胜利。因此，在他从拉文纳到布隆迪西乌姆的整个过程中，都在不断地努力想要和庞培举行私人会晤，达成可以接受的和解协议。

流亡者的威胁　恺撒获得大众的默认

但是，如果此前贵族曾拒绝听取任何和解建议，那么经历过有些让人丢脸的意外流亡后，更是激起他们的愤怒乃至疯狂，这种因战败而产生的疯狂的仇恨和胜利者的宽厚仁慈形成奇怪的对比。在流亡者从军营写给逗留在意大利的朋友的信里，常常充满着没收财产和剥夺人权的方案，还有肃清元老院和国家的计划，苏拉的王朝复辟和这些比起来简直就是儿戏，甚至连他们自己党派里的温和派听了都觉得毛骨悚然。无能者的狂怒和贤者的温和都收到了各自的效果，所有更重视物质利益而非政治利益的群众，都投入到恺撒的怀抱。这些城镇将这位“正直、宽容、精明”的胜利者当作偶像来崇拜，就连对手都承认他们的尊敬源自真心实意。宪政派遭遇重大失败后，大资本家、包税商和陪审员不想再相信这些领航员，资本再次出现，“富商重新开始他们每日的记账任务”。很多元老院的议员，至少以人数而论——里面不乏尊贵有影响力的元老，他们不顾庞培和执政官的命令继续留在意大利，甚至有些人留在首都，他们都默许了恺撒的统治。即使表面看来恺撒显得过于宽容，但他还是达到了目的：对于即将到来的混乱状态，资产阶级的焦虑情绪多少得到了一些缓解。这对未来来说，无疑是一种极大的利好。防止混乱和防止同样危险的混乱恐慌，是未来整顿共和国不可或缺的先决条件。

愤怒的无政府主义者反对恺撒　意大利的共和派

但在此时，恺撒的宽容比重演秦纳和喀提林的暴怒更危险，它没有化敌为友，反而化友为敌。追随恺撒的喀提林派人士，因为没有实行杀人和劫掠而变得愤愤不平，这些大胆的亡命之徒中有些是聪明能干的人员，想必性情就会倔强乖戾。另一方面，征服者的宽厚仁慈并没让各色共和派人士转变想法或平息愤怒。按照加图派的信仰，为了履行他们对所谓祖国的义务，可以不顾一切，甚至对于给予他们自由和生命的恺撒，他们仍然有权利和义务拿起武器反抗他，至少密谋伤害他。当然，宪政派中有所动摇的人士愿意接受和平与新君主的保护，然而他们还是会在心里默默地诅咒君主政体和这位君主。政体的改变越清晰明显，就越能唤起广大市民对共和派的情感——包括政治热情更敏感的首都市民和精力更充沛的乡镇市民。就此而言，宪政派留在罗马的朋友给他们逃亡中的同党报告说，祖国的一切阶级和人民都更支持庞培确属实情。这些更为坚决更为著名的人物作为流亡者，从他们的立场把这些观点告诉更为卑微更为温和的大众，这种道德压力让所有圈子的人们的不满情绪不断增加。正直的人因为留在意大利而受到良心的谴责，有些贵族认为如果自己没有随多米提乌斯和梅特路斯一起逃亡，即使让他坐在恺撒的元老院里，也是属于平民阶层。胜利者特别的仁慈使沉默的反对派在政治上变得更加重要，由于恺撒没有实施恐怖政策，这似乎让暗地里的对手可以毫无危险地反抗他的统治。

元老院对恺撒的消极抵抗

很快，元老院对待恺撒的态度，便让他在此事上印象深刻。恺撒发动战争也是要将受恫吓的元老院从压迫者手中解放出来，任务完成了，因此他希望自己的所作所为能获得元老院的认可，给予他继续作战的全部权力。三月底，当恺撒出现在首都城外时，其党派的保民官便召集元老们开会（4 月 1 日）。到会人数众多，但一些仍然留在意大利很有名望的元老们却并未出席，甚至包括以前领袖性的人物马尔库斯·西塞罗和恺撒的岳父卢奇乌斯·皮索。更糟糕的是，出席者都不愿按恺撒的建议行事。当恺撒提出让他拥有继续作战的全部权力时，出席的其中一位执政官塞尔维里乌斯·苏尔庇奇乌斯·鲁孚斯，一个只求能寿终正寝的懦夫，认为恺撒如果可以放弃前往希腊和西班牙作战的想法，就是有功于国家的行为。恺撒便请求这些元老们至少能充当中间人，把自己的和平建议交给庞培。他们确实不反对这个办法，但是逃亡者对中立派所发出的恐吓言辞，早已让他们吓得心惊胆战，没人敢承担这个和平信使的责任。因为贵族不愿帮助这位君主建立王位，也是因为这尊贵的委员会懒惰迟钝，不久前恺撒还利用此让庞培想要依法被任命为内战统帅的想法落空，现在他自己提出同样的请求时，也受到了阻挠，而且，还遭遇到了其他的阻碍。为了调整他的职位，恺撒想要被任命为独裁者，但这个想法没有实现，因为按照法律，只有两位执政官中的一位有权任命这个职位；恺撒又想收买执政官伦图卢斯，因为他的经济状况混乱不堪，很有希望成功，然而他失败了。此外，保民官卢奇乌斯·梅特路斯对这位总督的所有行动都提出抗议。当恺撒的人员想要掏空国库时，他显示出要用自己的身体保卫国库的姿态。在这种情况下，恺撒不得不让人尽可能轻地把这位不可侵犯的人物推开，在通常情况下，他绝不会使用任何暴力行为。他向元老院声明，正如此前宪政派所做的，他当然愿意在最高权力者的帮助下依法管理事务，但如果他们拒绝提供帮助，他将自行管理。

首都和行省事务的暂时安排

恺撒不再理会元老院和繁文缛节，将首都事务暂时交给法务官马尔库斯·埃米利乌斯·雷比达（Marcus Aemilius Lepidus）管理，并对服从他的行省也做出了必要的管理安排以及部署继续作战的计划。甚至在这喧嚣的大战之中，首都的广大居民听着恺撒用迷人的声音许下豪言壮语，在自由罗马第一次看见最高统治者利用君权，让士兵强行撬开国库的大门，这给他们留下了深刻的印象。但是，由群众的印象和感觉来决定事态发展的时代已经过去了，现在由军团来决定，或多或少痛苦的感觉已经不再重要。

庞培在西班牙的势力

恺撒迅速继续作战。恺撒的胜利向来归功于主动出击，他意图继续保持攻势。敌人的处境则变得异常奇妙。庞培原来的计划是准备同时从意大利和西班牙向两高卢地区发起攻击，现在由于恺撒的进攻而流产，庞培打算前往西班牙。在这里，他拥有非常强大的势力，总共有七个军团，很多庞培的老部下都在里面服役。多年在卢西塔尼亚山的作战经验让这些士兵和军官变得强悍有力。将领中，马尔库斯·瓦罗虽然只是一位有名的学者和忠实的党徒，但并不缺乏像卢奇乌斯·阿弗拉尼乌斯这样曾在东方和阿尔卑斯山脉立下战功的人物的能力，还有战胜了喀提林的马尔库斯·裴特雷，也是一位骁勇善战的军官。在远西班牙省，虽然恺撒还有很多自他担任总督以来就追随他的信徒，但更加重要的行省埃布罗，则满怀崇敬和感恩之心依附于名将庞培。二十年前，他曾在塞多留战争中，担任此地的统帅，并于战争结束后，对这里进行重整。显然，意大利失势后，庞培最佳的原则是率领他的残余部队前往西班牙，然后全力阻击恺撒。但不幸的是，他还想拯救科菲尼乌姆的军队，因而滞留在了阿普利亚，但最后还是被迫放弃了坎帕尼亚港，而选择较近的布隆迪西乌姆港登船。庞培作为海上和西西里的主人，他为什么之后没有重提原来的计划，我们不清楚。是否因为贵族目光短浅、心存疑虑，不想将自己委托给西班牙军队和西班牙人民？可以说庞培留在东方，恺撒将选择是先攻打庞培亲自率领的正在希腊整编的军队，还是先攻打由庞培的副将率领的在西班牙准备应战的军队。他决定进攻后者。意大利的战事一结束，他便将九个精英军团集结于罗纳河下游，还有六千人的骑兵和一些伊比利亚和利古里亚的弓箭手，其中一部分骑兵是由恺撒从凯尔特地区单独挑选出来的，一部分骑兵是日耳曼的雇佣兵。

马西利亚反抗恺撒

但是此时，恺撒的对手也在积极活动。由元老院任命的山外高卢地区恺撒的继任者、总督卢奇乌斯·多米提乌斯，刚被恺撒释放，就和他的追随者以及庞培的心腹卢奇乌斯·维布利乌斯·鲁孚斯一起，从科菲尼乌姆前往马西利亚。实际上，他们说服了马西利亚拥护庞培，甚至拒绝恺撒的军队通过此城。两个最不可靠的西班牙军团被留在远西班牙行省，由瓦罗率领。五个精英军团加上四万西班牙步兵和五千西班牙骑兵，由阿弗拉尼乌斯和裴特雷率领，其中四万步兵中一部分是凯尔特伊比利亚的步兵，一部分是卢西塔尼亚人和其他轻步兵，他们按照维布利乌斯所传达的庞培指令，已经出发前去封锁比利牛斯山，以抵抗敌军。

恺撒占领伊莱尔达的据点比利牛斯山

同时，恺撒亲自来到高卢，由于要开始围困马西利亚，让他无法脱身，便立即派遣在罗纳河集结的大军——六个军团和骑兵团，沿着大道经纳博前往罗德（Rhode，即罗萨斯），以期先于敌人抵达比利牛斯山。

这次行动取得了成功。当阿弗拉尼乌斯和裴特雷来到山口时，发现恺撒的军队已经占领了此地，比利牛斯山一线宣告失守。于是，他们占领了比利牛斯山和埃布罗河之间的伊莱尔达（Ilerda，即莱里达）为据点。这座城镇位于埃布罗河以北二十英里，坐落于它的支流西克里斯河（Sicoris，即塞格雷河）右岸，唯一一条能够过河的坚固的桥梁紧靠着伊莱尔达。伊莱尔达南面的高山，毗邻埃布罗河右岸，非常靠近城镇；伊莱尔达北面的西克里斯河两岸都是平地，这座城镇就建在山上。对于受到围攻的军队来说，这里的地理位置十分优越。但是，在无法占领比利牛斯山后，西班牙的防御只能退守埃布罗河。因为伊莱尔达和埃布罗河之间没有建立安全的交通路线，埃布罗河上也没有一座桥梁，所以，从暂时的防御点到真正的防线之间没有获得充分的保障。

恺撒军驻扎在伊莱尔达上游，位于西克里斯河与辛伽河形成的三角洲地带，两条河流在伊莱尔达下游相会。但是，直到恺撒到达军营后（6 月 23 日），才真正开始发动进攻。两军在城墙下进行了英勇顽强的激烈战斗，双方常常是互有胜负。恺撒军本来想占据庞培军营和城镇之间的地区，从而夺取石桥，但却没能达到目的。结果，他们只能继续依靠在西克里斯河上仓促修建的两座桥梁同高卢地区往来，实际上，由于河流到达伊莱尔达时非常宽，桥梁架在上游十八到二十英里的地方。

被隔绝的恺撒

恺撒军队临时修建的桥梁，很快被融化的雪水冲垮。因为他们没有船只通过高涨的河水，在当时的情况下，暂时也不想修建桥梁，这让恺撒的军队被困于辛伽河与西克里斯河之间的狭窄地带。当时，西克里斯河左岸的道路是恺撒军队与高卢和意大利联系的要道，完全暴露于庞培军队的攻击之下，几乎没有防御。

庞培军一部分由城镇的桥梁通过，一部分用卢西塔尼亚的皮筏游过去。当时正是粮食收获之前的短缺期，旧粮已经用完，新粮还未收割，两条河流之间的狭窄地带，粮食很快就吃完了。恺撒军营里饥荒蔓延，恶疾爆发，小麦需要五十第纳尔。然而，在河的左岸，堆积着粮食和各种物资还有所有军队，有来自高卢的援军骑兵和弓箭手，有休假归来的军官和士兵，还有返回的搜寻队。总共六千人的大军遭到了庞培优势兵力的攻击，损失惨重，被赶入山里，右岸的恺撒只能被迫旁观这场实力悬殊的战斗。军队的交通线掌握在庞培大军手里，意大利突然收不到来自西班牙的消息，于是流言四起，与真相相去甚远。如果庞培军队能利用优势继续发起攻击，那么这些聚集在西克里斯河左岸无力抵抗的军队，就能被庞培军击溃，至少也能将他们赶回高卢，然后完全占领河岸，无人能够通过。但是这两点都被庞培忽视了，恺撒的这些军队无疑都遭受了损失，但他们既没有被消灭，也没有被击退，阻止渡河的因素，基本上只受到河流本身的阻碍。

恺撒重建交通

于是，恺撒拟定了作战计划。他命人在军营里，按照不列颠人和后来撒克逊人在海峡中所用的船只样式，用轻木做骨架，编上柳条和皮革，做成便于携带的船只，用车运往桥梁所在的地方。他们乘坐这种脆弱的树皮船抵达对岸，这里无人把守，一座新桥顺利地重新搭建完成，交通很快就恢复了，急需的物资被陆续运抵军营。恺撒的妙计将陷于绝境的军队拯救出来。随后，恺撒依靠着比敌人还要强大的骑兵队，再一次开始扫荡西克里斯河左岸地区，比利牛斯山和埃布罗河之间最庞大的西班牙城邦奥斯卡、塔克拉、德尔托萨等，甚至包括几个埃布罗河南岸的城邦都转投了恺撒。

庞培的军队从伊莱尔达撤退

现在，由于恺撒的搜寻队和邻近城邦的变节，让庞培军队的物资供应出现匮乏。最终，他们决定退守埃布罗河，急忙在西克里斯河口的下游搭建横跨埃布罗河的浮桥。恺撒想要切断敌人渡过埃布罗河的退路，将他们困在伊莱尔达，但是，只要敌人控制着伊莱尔达的桥梁，他就无法控制那里的浅滩或桥梁，无法将军队派往河两岸，也无法包围伊莱尔达。所以，他让士兵夜以继日地挖渠排水，降低水深，以便让步兵能够涉水过河。但是，庞培的军队已经完成了渡过埃布罗河的准备工作，而恺撒还未安排好包围伊莱尔达的任务。当庞培的军队建好浮桥，开始沿着西克里斯河左岸渡过埃布罗河时，恺撒的步兵还无法涉水过河，他只好命令骑兵渡河追击敌人的后部，至少还能拖延和阻挠敌人。

恺撒追击

但是，天刚蒙蒙亮，恺撒的军团就看见敌军自午夜起就不断撤离的部队。凭借着老兵准确的直觉，他们觉察到这次撤离在战略上具有重要的作用，这将迫使恺撒军团跟随敌人走入偏远地区，陷入敌军四伏的危险境地。他们恳求统帅率领步兵冒险渡河。此时虽然河水齐肩，但全军安全抵达对岸。进攻的时候到了。环绕着埃布罗河有一片狭窄的平原，它将伊莱尔达城和山区分隔开，如果庞培的军队穿过平原进入山区，他们就能一路退守至埃布罗河。虽然庞培的军队遭到了恺撒的骑兵队不断的攻击，大大延缓了前进的步伐，但现在距离山区也只有五英里远。自午夜起的行军，让庞培的军团苦不堪言，筋疲力尽，于是他们放弃了原定于当天穿越整个平原的计划，决定安营扎寨。于是，恺撒的军队在这里赶上了他们，并于夜晚在对面驻扎下来。夜里，庞培的军队本想趁夜行军，但因为害怕遭到恺撒骑兵队的夜袭只好做罢。次日，两军都驻足不动，只是进行地形勘察。

封锁通往埃布罗河的路线

第三天清晨，恺撒的步兵团便出发了，他们翻过道路旁人迹罕至的山丘，绕过敌人的阵地，拦住了他们前往埃布罗河的通道。这次奇怪的行军，起初看起来好像是要返回伊莱尔达的营地，所以庞培大军的将领并没有立刻觉察到他们的意图。当他们觉察到时，只能牺牲营地和辎重，沿大路加速前进，以便在恺撒军之前占领山顶地区。但为时已晚，当他们抵达时，大道上已经密密麻麻地驻扎着敌人的军营。最后，孤注一掷的庞培军队企图通过陡峭的山路，寻找另一条前往埃布罗河的路线。但派出去执行任务的卢西塔尼亚军队，被恺撒的骑兵队包围，溃不成军，让这一企图宣告破灭。现在，庞培的军队后面是敌人的骑兵，前面是敌人的步兵，全军士气低落。如果此时，恺撒的军队与庞培的军队打起仗来，结果不言而喻，而且这种作战机会出现了多次。但是，恺撒没有挑起战争，他极力压制住对胜利胸有成竹、急欲作战的士兵。无论如何，庞培的军队在战略上已经输了，恺撒也避免了用无谓的流血牺牲削弱兵力和加剧长期的不和。就在恺撒成功切断庞培军到达埃布罗河的路线后，两军的士兵开始友好往来，商谈投降事宜。事实上，当裴特雷率领由奴隶和西班牙人组成的护卫找到谈判代表，并将抓到的恺撒军人员处死时，恺撒已经同意了庞培军所提出的条款，尤其是赦免他们的军官。然而，恺撒最终却选择了将庞培军人员完好无损地送回，并一直力求和平解决。

伊莱尔达仍然有一支庞培的驻军和一个大仓库，现在，庞培的军团试图前往该据点。但是，前面有敌军，西克里斯河又横在他们和要塞之间，所以他们的行军无法进一步接近目标。他们的骑兵感到越来越恐惧，步兵便让他们居于中间，军团殿后。由于水和草料越来越难以获得，他们无法再喂养负重的牲畜，只能将它们宰杀。最后，走散的军队陷入了被围困的境地，后面是西克里斯河，前面是敌军的壁垒和壕沟。他们本想渡河，但恺撒的日耳曼骑兵和轻步兵先发制人，占领了对岸。

庞培大军投降

勇气和忠诚都无法改变投降的结局（罗马纪元 705 年即公元前 49 年 8 月 2 日）。恺撒饶恕了官兵们的性命，给予他们自由，不仅让他们保有自己的财物，还将缴获的物品归还。由此而产生的损失将由他个人来全数补偿给本方士兵。不仅如此，在意大利，恺撒曾强制要求俘获的新兵加入他的军队，而在这里，他尊重庞培旧将的意愿，允诺所有人可以自愿选择加入恺撒军队。他只要求每个人交出武器，返回家园。因此，庞培军队中大约三分之一的西班牙本土士兵就地解散，意大利籍的士兵则在山外高卢和山南高卢的边境退伍。

征服远西班牙地区

瓦解了这支军队以后，近西班牙地区就落入胜利者的掌控之中。远西班牙地区，由马库斯·瓦罗代替庞培担任总指挥。当他得知伊莱尔达失守后，认为最明智的做法是将大量的财富带往海岛上的加的斯城，包括他从庙宇中搜刮得来的财富和没收恺撒派名人绅士的财产，一同前往的还有他所组建的一支小型舰队和他的两个军团。但仅仅是恺撒将要到来的传言，就已经让行省中几大长期依附于恺撒的著名城镇宣布拥护恺撒，将庞培的守兵要么驱逐，要么说服一起叛变，例如科杜巴、卡尔莫以及加的斯。还有一个军团离开自己的守城，前往希斯帕利斯城，与他们一起投奔恺撒。最后，甚至连意大利迦（Italica）都将瓦罗拒之于城门外，瓦罗便决定投降。

围困马西利亚

大概在同一时间，马西利亚也投降了。马西利亚凭借着一己之力，不仅抵御着围攻，还在海上与恺撒抗衡。海上是他们天然的活动场所，而庞培对海洋拥有绝对的统治权，他们很希望能获得庞培军队强有力的支持。但恺撒的副将，德奇姆斯·

布鲁图斯精明能干，就是他率领海军在大西洋上首次击败维内提人。布鲁图斯迅速组建起一支舰队。敌人的士兵一部分是马西利亚人所雇的阿尔比奥克的雇佣兵，一部分是多米提乌斯的牧奴。尽管遭到了他们的顽强抵抗，但布鲁图斯依靠着从强大的马西利亚军团中所挑选的勇士，击败了敌人，敌人的船只要么被击沉，要么被捕获。随后，卢奇乌斯·纳西迪乌斯率领庞培的一支小型舰队从东面沿西西里和撒丁抵达马西利亚。马西利亚人又重整海军战备，与纳西迪乌斯的舰队一起攻打布鲁图斯。双方交战于陶罗伊（Tauroeis，即马西利亚东面的拉奇奥塔特）。那一天，如果纳西迪乌斯的舰队能像马西利亚人一样奋勇杀敌，那么结局可能不同。但是，纳西迪乌斯的舰队临阵脱逃，让布鲁图斯取得了胜利，剩余的庞培舰队逃往了西班牙。被围困的马西利亚人完全被驱逐出海洋。

在陆路方面，盖乌斯·特雷博尼乌斯实施围攻，仍然遭遇到了最为坚决的抵抗。虽然阿尔比奥克的雇佣兵屡次出击，并且巧妙地运用堆积在城里的投掷物，但围攻者的工具最终还是架上了城墙，这座城镇失守了。

马西利亚人宣称，他们将放弃抵抗，但想向恺撒本人投降，恳求罗马将领暂停围攻直到恺撒到来。恺撒曾命令特雷博尼乌斯尽量不要损坏这座城镇，所以他同意了停战的请求。但是，马西利亚人利用这个机会实施突围，他们把毫无防备的罗马工具烧毁了近一半，于是，围攻战又重新开始，并且更加猛烈。罗马这位精力充沛的指挥官，用惊人的速度迅速修好了被毁的城楼和护堤，很快又再次把马西利亚人完全包围。

马西利亚投降

当恺撒征服西班牙后，来到马西利亚城前，他发现这里由于受到战争、饥荒和瘟疫的影响，已经陷入绝境。马西利亚准备再次提出投降，这一次他们是无条件投降，很有诚意。只有多米提乌斯还记得自己曾多么无耻地辜负了胜利者的宽容，他登上船，悄悄绕过罗马人的舰队，带着满腔仇恨去寻找第三战场。

对于这座背信弃义的城市，恺撒的士兵发誓要将利剑刺向所有的男人，强烈要求统帅发出掠夺的号令。但是，恺撒还记得他要在西方建立希腊—意大利文化的伟大任务，不准备强行制造一起毁灭科林斯的续篇。马西利亚属于古老的航海国爱奥尼亚，是距离母国最远的城市，几乎也是最后一个还完好保留着纯粹希腊式航海生活的城市，事实上，也是最后一个进行海战的希腊城市。马西利亚不得不将自己的武器库和海上补给品交给胜利者，但仍然保有了民族的自由。虽然从物质方面看，它的实力有所削弱，而在当时具有新的历史意义的远凯尔特地区，它依然是希腊文化的精神中心。

恺撒远征产粮大省

经过几次决定性的变迁后，西部行省最终决定支持恺撒，西班牙和马西利亚也被征服，敌军的主力部队全被俘获。恺撒认为在征服意大利后，有必要立即乘胜追击，开启第二战场。

占领撒丁岛　占领西西里

如前所述，庞培意图迫使意大利陷入饥荒，并且他有能力这样做。他们完全控制了海域，积极地在各地扩充舰队，尤其是在东方，还有加的斯、乌提卡、梅萨那。此外，他们还控制了所有给首都输送补给物资的行省。撒丁岛和科西嘉由马尔库斯·科塔占据，西西里由马尔库斯·加图占据，阿非利加则由自称为统帅的蒂乌斯·阿提乌斯·瓦鲁斯和他的盟友努米底亚国王尤巴占据。恺撒的当务之急是阻止敌人的计划，夺取产粮大省。昆图斯·瓦勒里乌斯率领一个军团前往撒丁岛，迫使庞培派系的总督离开此岛。恺撒将更为重要的夺取西西里和阿非利加任务委托给年轻的盖乌斯·库里奥，并且由能力出众且作战经验丰富的盖乌斯·卡尼尼乌斯·雷比鲁斯辅佐。库里奥不费吹灰之力就占领了西西里；而加图既没有一支真正的军队，也不懂军事，他直言不讳地告诫西西里人说，不要做有损自己的无畏抵抗，随后就撤离了这座岛。

库里奥登陆阿非利加

西西里岛对首都罗马至关重要，所以库里奥留下一半兵力保护该岛，率领另外一半即两个军团和500名骑兵登船前往阿非利加。他可能预料到了在这里将遭遇到更为顽固的抵抗，除了当时强大的尤巴大军外，总督瓦罗还整编了两个军团，士兵为居住在阿非利加的罗马人构成，并配备了一个有十艘船只的小型舰队。在哈德鲁米图姆，瓦罗驻扎了一个军团和战船，而在乌提卡，由瓦罗亲自率领另外一个军团驻守。不过，库里奥凭借着出色的舰队，顺利地在哈德鲁米图姆和乌提卡之间登陆。库里奥转而攻击瓦罗，在距离乌提卡不远处扎营，这里正好是一个半世纪以前的冬季老加图在阿非利加安营扎寨的地方。恺撒必须把最好的军队集合起来应对西班牙战争，所以出征西西里和阿非利加的军团，其大部分士兵不得不由敌军转投而来的人员组成，尤其是来自科菲尼乌姆的战俘。而在阿非利加庞培的军队中，有一些官员正是曾在科菲尼乌姆征战的人员，现在他们想尽一切办法，来让以前的老部下重回故主。不过，恺撒没有选错他的副将。库里奥不仅知道如何调遣军队和舰队，还知道如何利用个人的魅力影响士兵，他们物资充沛，战无不胜。

库里奥攻克乌提卡

瓦罗以为库里奥的军队会找机会转投自己这边，便决定发动战争给他们提供机会，结果却事与愿违。库里奥的骑兵团受到年轻统帅慷慨激昂的言辞激励，将敌人的骑兵打得落荒而逃，并将同骑兵一起来的轻步兵悉数派上阵。他们以库里奥为榜样，乘胜追击，向两条战线间凶险的沟壑挺进。不过，庞培军团并没有坐以待毙，他们羞愧地逃回营地，甚至连夜弃营而逃。大胜之后，库里奥立刻决定围攻乌提卡。不过，新的消息传来，说尤巴国王正率领他的全部兵力赶来救援，库里奥决定取消围攻西庇阿以前的营地，等待来自西西里的援军，这就像当年西庇阿等待塞法克斯的到来。随后不久又传来新的消息，说由于受到邻国的攻击，尤巴国王已经率领大部队返回，只派萨布拉率领一支队伍前来解围。精力充沛的库里奥只有在迫不得已的情况下才会休息，现在他又立刻再次出发，想要赶在萨布拉和乌提卡的守军取得联系之前攻打他。

库里奥在巴格拉达河败给尤巴　库里奥之死

库里奥的骑兵在夜间前进，成功地在巴格拉达河夜袭萨布拉的军队，让他们遭到重创。收到捷报后，库里奥便率领步兵全速前进，企图将敌军一举消灭。很快，他们在巴格拉达河高处最后一个斜坡上，看见萨布拉的军队正在和罗马骑兵交锋，库里奥的军团就赶来帮助自己的骑兵将敌军全部赶到平原地区。

但在这里，战势发生了逆转。让他们意外的是，萨布拉并非孤军作战，在五英里之外，是努米底亚的主力部队。努米底亚的精锐步兵以及两千名高卢和西班牙骑兵已经赶到战场支援萨布拉，尤巴国王亲自率领的大部队和十六头大象也在向这里靠拢。经历了夜间行军和激烈的战斗后，此时罗马的骑兵总数不足两百人，这些骑兵和步兵因为疲劳和作战而变得精疲力竭，他们被敌军引诱到广袤的平原上，不断增加的敌军数量将他们团团围住。利比亚的骑兵采用惯用的战术，罗马军前进，他们就后退，罗马军一转身，他们就追击。库里奥本来想重新占领高地，但却无功而返，敌人的马匹已经占领和封锁了那里。一切都完了。步兵全军覆没，骑兵只有少数几人成功杀出重围。库里奥本来也可以保全性命，但是统帅交给他的军队已经不复存在，让他无法面对统帅，便挥刀自尽。甚至聚集在乌提卡前方军营里的士兵，以及本来能轻松逃离西西里岛的舰船卫兵，都被如此快速的惨败吓到，于第二天向瓦罗投降（罗马纪元705年即公元前49年8月或9月）。

恺撒所布置的远征西西里和阿非利加之战结束了。远征的目的达到了，因为通过占领和撒丁有关的西西里，至少缓解了首都最迫切的需求。至于征服阿非利加的失败和损失了两个不值得信赖的军团则是可以接受的代价，而且胜利者并不能从阿非利加获得太多实质性的收益，只有库里奥的英年早逝，才是恺撒和罗马真正无法弥补的损失。

恺撒将最重要的独立指挥官的职位委任给库里奥并非没有缘由，虽然他没有军事经验，放荡的生活早已让他声名狼藉，但这位激情四射的青年身上有一点恺撒的精神。他很像恺撒，因为他也曾尽情享乐；因为他也不是身为军官而成为政客，而是由于政治活动使他手握兵权；因为他的口才也不是油嘴滑舌而是深思熟虑；因为他的作战模式也是用简单的方式速战速决；因为他也是生性轻率，时常变得有些轻浮，同时乐观坦率，活在当下。正如他的统帅评价他时说的那样，如果年轻气盛、心高气傲让他行事鲁莽，如果过于自负让他甘愿死亡，那么他不会因为一次可以饶恕的错误而接受被宽恕。在恺撒的人生历程中，他的性格也曾表现出类似的轻率和傲慢。遗憾的是这个热情洋溢的人没能改掉他放荡的性格，为了可怜的下一代人保护好自己，随之而来的平庸之才可怕的统治，很快就使恺撒的施政受到了困扰。

庞培的作战计划

罗马纪元705年即公元前49年的战事，对庞培整个作战计划有多大的影响，尤其是意大利失守后，原计划指派给西方重兵的任务，我们都只能靠猜测来判断。关于庞培原本打算经阿非利加和毛里塔尼亚前往西班牙援助他的军队作战的说法，是伊莱尔达军营里流传的谣言，是纯属夸张的无稽之谈。更为可能的是，甚至在失去意大利后，他还是按照先前的计划从阿尔卑斯山北面和山南高卢两个方向进攻恺撒，考虑立刻从西班牙和马其顿发起联合进攻。我们可以推测，西班牙军队是想继续留在比利牛斯山进行抵抗，直到马其顿的军队整编完毕，两者再同时出发，根据情况在莱茵河或波河汇合。据猜测，舰队也是打算在此时重新征服意大利本部。显然按照这种猜测，恺撒最初是准备亲自在意大利迎战。他最得力的将领是保民官马尔库斯·安东尼，行使代大法官的权力掌管此地。东南沿海的港口西普斯、布隆迪西乌姆和塔伦特姆，预计都将是首先尝试登陆的地点，派驻了三个军团在这里驻守。除此之外，那位著名演说者的逆子昆图斯·霍腾西乌斯在蒂勒尼安海集合了一支舰队，普布利乌斯·多拉贝拉在亚得里亚海集合了第二支舰队。他们的任务一部分是帮助进行防御，一部分是为远征希腊进行运输。如果庞培打算从陆路进入意大利，恺撒旧同僚的长子马尔库斯·李锡尼·克拉苏将指挥山南高卢的防御事务，马尔库斯·安东尼的弟弟盖乌斯将负责伊利里亚地区的安全。

恺撒的舰船和军队在伊利里库姆被摧毁

但是，预料之中的进攻迟迟才发生。直到盛夏，战火才在伊利里亚燃起。恺撒的副将盖乌斯·安东尼率领两个军团驻扎在库利克塔岛（Curicta，即夸尼罗湾的维格里亚），还有恺撒的海军将领普布利乌斯·多拉贝拉指挥的四十艘船停泊在这座岛屿和大陆之间的海峡中。庞培在亚得里亚海的海军将领马尔库斯·屋大维率领希腊舰队，卢奇乌斯·斯里鲍尼乌斯·利波率领伊利里亚舰队，对多拉贝拉的队伍发起攻击，摧毁了他的所有船只，并将安东尼拦截在岛上。巴西鲁斯和萨路斯特率领军队从意大利，霍腾西乌斯率领军队从蒂勒尼安海赶来营救他，但是在面对敌人强大的舰队时，无论前者还是后者都无功而返。他们只能让安东尼的军团听天由命。弹尽粮绝时，恺撒的军队开始变得躁动，出现了兵变。除了少数队伍乘坐木筏成功抵达了大陆，还有十五营的士兵放下了武器，被押上利波的船送往马其顿并入庞培的军队。现在，伊利里亚沿岸已经没有军队，屋大维留下来继续完成征服任务。此时，在这些地区最强大的部族达尔马提亚和重要的岛城伊萨以及其他城镇都投靠了庞培党，但恺撒的支持者仍然坚守着萨龙（Salonae，即斯帕拉托）和利苏斯（Lissus，即阿莱西奥）。在萨龙，他们不仅英勇地抵抗着围攻，而且在陷入绝境时，还进行了有力的出击，导致屋大维解除包围，驶往都拉基乌姆过冬。

概括战争的结局

庞培的舰队在伊利里库姆取得了胜利，虽然其本身规模不小，但就整个战事而言，影响甚微。当我们考虑到，在整个战事频繁的罗马纪元 705 年即公元前 49 年，在最高统帅庞培的领导下，陆军和海军仅仅取得了这一个功绩；而且，作为恺撒的对手，其统帅、元老院、第二大军、舰队主力、庞大的军事和无限的财力都汇集在东方，当西方进行决定性的战事需要援助时，他们完全是袖手旁观，那么这场胜仗就显得更加微不足道。在帝国的东部地区，庞培军兵力分散，除非具有人数优势，否则统帅绝不会出战，还有他笨拙单一的军队调遣以及联合派的意见分歧，这些就算不是理由，或许在一定程度上也能解释陆军不作为的原因。但是在地中海上所向无敌的舰队，却没有做任何事情来影响战局，它既没有援助西班牙，也没有帮助忠诚的马西利亚，更没有保卫撒丁、西西里和阿非利加，就算它不能重夺意大利，至少也该阻止敌军的物资供给。这让我们不难想到，庞培军营中充斥着混乱和乖戾。

这次战役的总战果也与此相一致。恺撒所进行的双线进攻即攻打西班牙和攻打西西里和阿非利加，都取得了成功，前者获得完胜，后者至少也取得了部分胜利。而庞培意图让意大利陷入饥荒的计划，大体来说因为恺撒夺取了西西里而失败，他的整个作战计划也因为西班牙军队的溃败而彻底泡汤。恺撒在意大利的防御部署只有一小部分得到了用武之地。尽管恺撒在阿非利加和伊利里亚损失惨重，但经过第一年的战争，他成了目标明确、行事果断的胜者。

流亡人士在马其顿的管理

如果他们从东方没有采取任何实质性的行动来阻止恺撒征服西方，那么他们至少要利用这段用耻辱获得的时间，来努力巩固在东方的政治和军事实力。恺撒对手重要的集合地点是马其顿。庞培自己和来自布隆迪西乌姆的大部分流亡人员都已前往那里，其他来自西方的逃难者也都去往那里：来自西西里的马尔库斯·加图，来自马西利亚的卢奇乌斯·多米提乌斯，尤其是很多精兵强将均来自西班牙已经解散的军队，他们由将领阿弗拉尼乌斯和瓦罗率领。在意大利的贵族中，流亡渐渐地不但是种荣誉问题，而且简直成了一种时尚。当恺撒的军队抵达伊莱尔达门前的不利消息传来时，又成了流亡新的推动力。很多热心的党徒和见风使舵的政客都逐渐开始考虑此事，甚至马尔库斯·加图最后也说服自己，仅仅写一篇和睦论并不足以履行自己的公民义务。在德萨洛尼迦，流亡的元老数量将近两百人，包括很多德高望重的老人和几乎所有的执政官，罗马政府确定这里为临时驻地。但他们还真不愧是流亡者。这个罗马的科布伦茨（Coblentz）呈现出一幅可怜的景象，罗马上流社会高度的虚荣做作和无足轻重的行为，他们不合时宜的怀旧和更为不合时宜的相互指责，还有他们政治上的任性和财务上的窘境。旧建筑已经倒塌，他们还非常仔细地审视这个体制上每一个装饰物和每一点锈迹。相对而言这还是小事，这些斯文的贵族还会顾虑元老院在神圣的罗马土地之外所召开会议的称法，于是他们谨慎地将它命名为“三百人会”①；他们还进行冗长乏味的调查，来探讨在罗马城之外，如何合法地制定元老院法律。以上这些简直荒谬。

①毫无疑问，按照正式的法律，“合法的议会”正如“合法的法庭”一样，只能在罗马城或城郊内举行，在阿非利加军队组织的元老院称自己为“三百人会”，并不是因为由三百名元老组成，而是因为这是自古以来元老的常规数目。很可能这次会议用有名望的骑士来补充数目，但普鲁塔克认为，三百人是意大利的批发商则是误读典籍。德萨洛尼迦的伪元老院一定也是类似的组织。

温和派

更糟糕的是温和派的漠不关心和激进派的固执狭隘。你无法让前者行动起来，甚至不能让他们保持缄默。如果让他们用某种确定的方式来为大众的福利努力，具有弱者反复无常特征的他们，便认为这个建议具有恶意，更会连累他们，所以他们要么完全不听命行事，要么敷衍了事。当然，与此同时，他们总是事后诸葛亮和不切实际地过度聪明，这让他们成为做事者永远的阻碍。他们每天的工作就是批评、嘲笑和惋惜每件大大小小的事情，用他们的懒惰和绝望让大众变得心灰意冷。

激进派

当弱者显得精疲力竭时，激进派却显得行为过激。他们直言不讳地说，要进行任何和平谈判，须先取来恺撒的人头。甚至到了现在，恺撒仍然屡次表达想要和平的意图，但他的建议每次看都没看就被扔到了一边，或者只是被用来掩盖谋害对方使者性命的阴谋。对于共同和单独表态支持恺撒的人员，被处死和没收财产，则是理所当然的事，但是，几乎算是中立的人员也没有得到好下场。科菲尼乌姆战役中的英雄卢奇乌斯·多米提乌斯，在军事会议上郑重提议，由曾在庞培军队中征战的元老们投票并按他们个人的意愿，决定仍然保持中立的人员或已经流亡但没有参军的人员，是宣告无罪还是处以罚金，甚至处死和没收财产。因为卢奇乌斯·阿弗拉尼乌斯在西班牙防御中犯了错误，另外一位激进派人士就正式向庞培提出他贪污受贿和背叛祖国的指控。这些顽固不化的共和派人士，简直就具有宗教信仰忏悔的特征，因此他们憎恨更为温和的党徒和庞培及其个人的追随者。如果可能，他们对这些人的恨甚至多过对公开对手的恨，这是典型的正统神学家所常有的愚蠢固执的仇恨。流亡军队和流亡元老之间所发生的无数次激烈争吵，主要都该归罪于他们。但是，他们不仅限于言语，马尔库斯·毕布路斯·蒂乌斯·拉比努斯和其他小团伙将他们的理论付诸实践。他们将落在手里的所有恺撒的将领和士兵全部处死，可想而知，这并不能让恺撒军胆怯。如果当恺撒不在意大利时，在万事俱备的情况下，宪政党的友人并没有响应他们爆发革命，据恺撒具有洞察力的对手说，原因主要在于他们普遍担心王朝复辟之后，共和派中的激进分子实施毫无节制的暴行。庞培军营中较为友好的人士都对这种行为感到灰心绝望。庞培本人是位英勇的战士，他会尽可能饶恕俘虏，但是他太过怯懦并且处境困难，不能按照统帅的行为去阻止甚至惩罚所有的暴行。只有马尔库斯·加图在战争中至少维持自己一贯的道德准则，努力阻止这种行为。他促使流亡元老们颁布一项特殊法令，禁止劫掠属国城市和在战争之外杀戮市民。精明能干的马尔库斯·马尔凯乌斯也持有相同的观点。事实上，没有人比加图和马尔凯乌斯更清楚，如果有必要，激进派会无视所有元老院的法令，实施被约束的行为。但是，如果连现在他们都不能谨慎考虑，驯服激进派的狂暴，那么胜利之后，人们将遭受连马略和苏拉都不忍直面的恐怖统治。这样我们就能理解，为什么加图自己承认，对本党胜利的担忧更甚于失利。

备战

马其顿军营的备战管理工作由统帅庞培负责。他身居此位，经常陷入苦恼之中，在经历了罗马纪元705年即公元前49年一系列不幸事件后，情况变得更加糟糕。在他的同党看来，造成这样的结果主要都是他的责任。从各方面来说，这种评判都有失公允。他们所遭遇的大部分灾祸都是由于副将任意妄为、不服从命令造成的，尤其是执政官伦图卢斯和卢奇乌斯·多米提乌斯。自从庞培担任军队最高领袖之后，他凭借着自己的本领和勇气，至少将大军挽救于危难之中。他无法和天才恺撒相匹敌，现在得到大家公认的是，就此事责备他并不公平。但是，只有结果才能决定人们的评判。宪政党因为信任庞培，才与恺撒决裂，这种决裂的恶果却报应在统帅庞培的身上。虽然由于其他所有的领袖在军事上都是声名狼藉的无能之辈，他们并不打算更换最高统帅，但是不管怎么说，他们已经丧失了对统帅的信任。除了战败的惨痛结果之外，还有流亡的不利影响。

来到这里的流亡人士中当然有一些精兵强将，尤其是以前属于西班牙军队的人员。但是，从军打仗的人只是少数，而与庞培具有相同头衔、自诩为总督和统帅的贵族将领，和一些勉强才来参军的贵族人数则数量惊人。这些人把首都生活的方式带到军营里，对军队毫无益处。这类大人物的帐篷就是优雅的凉亭，地面上铺着精致的新草皮，墙上覆盖着常春藤，桌上摆着银器，这里甚至在大白天也经常是觥筹交错的场所。这些时髦的武士与恺撒这种莽夫形成了鲜明的对比，后者会吃粗面包而前者则望而却步，当没有粗面包时，前者甚至会吞咽树根来充饥，并发誓宁愿嚼树皮也不会放过敌人。此外，庞培还必须考虑和一个不喜欢他的团体的权威如何相处，这让他的行动受到了阻碍。当流亡的元老院几乎就在他的指挥部驻扎下来时，现在流亡者所有的恶毒都在元老院开会期间发泄出来，这让庞培的境地更加难堪。最后，没有一个名人能凭借自己的能力反抗所有这些荒谬的行为，庞培自己也太过愚笨、太过犹豫、笨拙和拘谨。马尔库斯·加图至少具有所需的道德权威，也不乏想要帮助庞培的好意，但是庞培没有找他帮忙，还带着怀疑和嫉妒之心让他居于不重要的位置，例如，他宁可把重要的舰队统帅之职交给各方面都无能的马尔库斯·毕布路斯，而不愿交给加图。

庞培的军团

当庞培任性地处理工作中的政治事务时，却让事情越变越糟，而在另一方面，他用值得称道的热情履行自己的军事责任，管理本党庞大而又分散的军队。庞培军的核心是由他从意大利带来的军队组成，除此之外增加了由伊利里亚的战俘和定居在希腊的罗马人所组成的五个军团。另外三个军团来自东方，其中两个叙利亚的军团由克拉苏的剩余兵力组成，另一个是由一直驻守在西利西亚的两个薄弱军团组成。这些驻军之所以撤离，一方面是因为庞培党和帕提亚人达成了谅解协议，如果不是庞培愤然拒绝割让罗马帝国的叙利亚行省，他们之间甚至能够结成同盟；另一方面是因为庞培计划派遣两个军团前往叙利亚，借助阿里斯托布鲁斯王子被囚禁在罗马，来鼓动犹太人再次起兵作乱，结果因为其他的原因和阿里斯托布鲁斯王子逝世而宣告失败。此外，还组建了两支新的军团——一支是由定居在克里特和马其顿的老兵组成，一支是由来自小亚细亚的罗马人组成。而且还加入了两千名志愿兵，他们是来自西班牙的精英部队和其他类似的兵源。最后，就是属国的分遣队。庞培和恺撒一样，不屑于征用属国的步兵，只是征召了伊庇鲁斯、埃托利亚和色雷斯的民兵驻守海岸，还有来自希腊和小亚细亚的三千名弓箭手和一千二百名投掷者加入轻步兵。

庞培的骑兵

另外，庞培的骑兵仅仅是由罗马属国和保护国的小分队组成，其中不包括贵族护卫队，他们是由罗马的贵族少年和庞培增加的阿普利亚的放牧奴隶组成，他们更多的是种身份的象征而非军事重要性。骑兵的核心是由凯尔特人构成，他们一部分是来自亚历山大城的驻军，一部分是来自德奥塔鲁斯国王和其他加拉提亚君王的分遣队。德奥塔鲁斯国王虽然年事已高，但还是亲自率军前来。与他们联合作战的有色雷斯出色的骑兵，一些是随他们的亲王沙多拉和拉斯库波里斯而来，一些是庞培在马其顿行省招募的；还有卡帕多奇亚的骑兵；康马革纳国王安条克派来的骑射弓箭手；亚美尼亚的分遣队，其中来自幼发拉底河西岸的是塔格西莱斯的属下，来自东岸的是麦伽巴特的属下；最后是尤巴王派来的努米底亚军队——全部骑兵共计七千人。

庞培的舰队

最后，庞培有一支非常庞大的舰队。其中一部分是从布隆迪西乌姆带来的或随后建造的运输船，一部分是埃及国王、科尔基斯亲王、西利西亚君主塔孔迪牟、推罗、罗斯、雅典、科西拉等城市的战船，一般而言，包括所有亚洲和希腊沿海的国家，总数将近五百艘，罗马船只占了五分之一。在都拉基乌姆，粮食和军需物品堆满了仓库。因为庞培党控制了公共收入的主要来源，还有来自属国亲王、著名元老和包税商的资金支持，总之，所有罗马和非罗马人民的资金都为他们所用，所以军费充足。在阿非利加、埃及、马其顿、希腊、西亚和叙利亚，他们运用一切可以调动的力量来保护罗马共和制，包括运用合法政府的名望，以及庞培与国王和民族之间有名的保护关系。在意大利流传着这样一个传闻，说庞培正在武装盖塔人、科尔基人和亚美尼亚人来对抗罗马，人们在军营里都称庞培为“王中王”，这个传闻并非夸大其词。

总的说来，庞培指挥着一支七千人的骑兵队和十一个军团，当然其中久经沙场的最多就五个军团，还有五百艘舰船。庞培很注重军队的补给和军饷，如果获得胜利，还承诺有丰厚的赏赐。虽然这些条件让士兵情绪高昂，尤其是几个骁勇善战的队伍更是斗志昂扬，但是，这支军队绝大部分是由新招募的士兵构成，训练还在热火朝天地进行，形成战力还需要时间。整支军队声势浩大，但又有些鱼龙混杂。

庞培军在伊庇鲁斯沿岸汇合

按照统帅的计划，到了罗马纪元 705—706 年即公元前 49—前 48 年的冬天，军队和舰队将在伊庇鲁斯水域和沿岸全面会合。海军将领毕布路斯已经到达新的总部科西拉，舰船还未抵达。另一方面，陆军还未抵达，夏季时他们曾以哈亚克孟河的柏罗亚为总部，大部队正从德萨洛尼克出发，沿着大道朝西岸缓慢行进，去往未来的总部都拉基乌姆。梅特路斯·西庇阿从叙利亚带来的两个军团还留在亚洲的波加蒙过冬，预计要到春季才能抵达欧洲。事实上，这些军队行军还需要一些时间。此时，保卫伊庇鲁斯沿岸的除舰船外，只有民兵和附近地区招募来的士兵。

恺撒攻打庞培

这样，虽然受到西班牙战争的干扰，恺撒仍然可能在马其顿发起攻击，至少他不会放慢脚步。他早已命令战船和运输船在布隆迪西乌姆会合，在西班牙军队投降和马西利亚落败后，他又将那里的精英部队调遣到目的地。毫无疑问，恺撒要求士兵竭尽全力地做事，但是战斗减员还是困扰着恺撒，在经过普拉森提亚时，最老的四个军团之一，即第九军团竟然发生了兵变，这显然是关于军中情绪的一个危险信号。但是，恺撒凭借着自己的镇定和个人威望镇压住了兵变，并没有因此而妨碍登船。但是，在罗马纪元705 年即公元前49 年3 月追击庞培时就已经暴露出来的船只缺乏问题，现在也威胁到了这次的远征行动。恺撒已经命人在高卢、西西里和意大利港口建造船舶，但还没有完工。他在亚得里亚海的舰船，去年在库里克塔被摧毁，布隆迪西乌姆只有不到十二艘舰船，总共十二个军团和一万名骑兵，当前只能运输不足三分之一的兵力前往希腊。敌人庞大的舰队在亚得里亚海拥有绝对的霸权，尤其是东部沿海地区的大陆和岛屿上的一切港口。在这种情况下，就提出了这样一个问题，恺撒为什么舍弃经伊利里亚的陆路而选择走海路？走陆路可以免于受到舰队的威胁，而且他的队伍大部分来自高卢，走陆路比走布隆迪西乌姆的海路更快捷。确实，伊利里亚地区的贫瘠和崎岖让军队行军困难重重，但是，不久之后另一支军队就通过了这里，所以这个阻碍对高卢的征服者来说，并非无法克服。或者，恺撒认为，当他艰难跋涉着穿过伊利里亚时，庞培将调遣自己的全部兵力驶过亚得里亚海，于是，他们两人的位置将会立刻转换——恺撒在马其顿而庞培在意大利，虽然能够预料到行动迟缓的对手，不太可能做出如此迅速的转变。或者，恺撒之所以决定走海路，是因为他认为那时他的舰队将能控制海域，然而，当他从西班牙返回后，才意识到亚得里亚海的实际情况，不过要改变作战计划已经太迟。或者，恺撒的急性子经常让他仓促做出决定，我们甚至可以说很有可能是，此刻他还没有占领伊庇鲁斯港，敌人却可以在几天之内占领，所以无法抵抗住再次大胆出击而挫败敌人整个计划的诱惑。

恺撒首次成功登陆伊庇鲁斯

然而，可能是在罗马纪元 706 年即公元前 48 年 1 月 4 日，恺撒率领着因为辛苦和疾病而人数锐减的六个军团和六百名骑兵，从布隆迪西乌姆出发前往伊庇鲁斯海岸。这次出征类似于有勇无谋的不列颠远征，但至少第一步很顺利。他们抵达阿克罗科劳尼（Acroceraunian，即奇马拉）峭壁的中间，在人迹罕至的帕莱萨（Paleassa，即帕尔贾萨）登陆。庞培在奥里克港（Oricum）停泊的十八艘船和敌军舰队总部科西拉（Corcyra）的人员，都看到了这次恺撒的士兵运输。但是，其中一处的人员认为自己势单力薄，而另一处的人员还没有准备好出航，所以，这一次的士兵运输没有受到任何阻挠，顺利登陆。船舶立刻返回运输第二批士兵，当晚恺撒就登上了阿克罗斯伦安山。他的首次成功和带给敌人的震惊一样巨大。在伊庇鲁斯的民兵，没有一处进行抵抗，恺撒夺取了重要的沿海城镇奥里克和阿波罗尼亚连同一些较小的城镇。都拉基乌姆是庞培所选择的仓库主要驻扎地，这里存放着各种物资，但驻兵薄弱，这时也陷入了极大的危险之中。

恺撒与意大利的联系被切断

但是，随着战事的深入，恺撒并没有取得开始时的辉煌战绩。随后，深感内疚的毕布路斯加倍努力来弥补自己因疏忽所犯下的过错。他不仅捕获了近三十艘返回罗马的运输船，还将船上的一切付之一炬。他对恺撒所占据的整个海岸线，即从萨松岛至科西拉港进行严防把守。不过，由于当时正值一年中气候最恶劣的季节，而且守卫船上所需要的一切物资甚至包括木柴和水都需要从科西拉运送，所以任务非常艰苦，毕布路斯很快就因劳累过度而逝世。事实上，他的继任者利波，有一段时间甚至将整个布隆迪西乌姆港全面封锁。他驻扎在港口前的一个小岛上，直到缺少淡水时才撤离。恺撒的军官无法将第二批士兵运送给统帅，恺撒仅凭一己之力也无法夺取都拉基乌姆。庞培从恺撒的和平使节那里得知，恺撒准备渡到伊庇鲁斯沿岸。于是，庞培加速前进，及时占领了那里的军械库。恺撒的处境变得十分危险。虽然他势单力薄，还是尽一切可能扩大在伊庇鲁斯沿岸的势力范围，但军队的供给还是很困难，处境危险。反观敌人却控制着海域，拥有都拉基乌姆的储备，物资供应充足。恺撒军队的人数不过两万人，而庞培军队的人数至少是他的两倍，所以恺撒不敢挑起战事。不过幸运的是，庞培并不急于进攻，他正在阿普索河的右岸，即都拉基乌姆和阿波罗尼亚之间有序地搭建冬季的营房，以便等到春季波加蒙的军团到来后，以绝对的优势歼灭敌人。就这样，几个月过去了。如果好的时节到来，敌人兵力增加并且舰队可以自由航行，而恺撒还滞留在原地，那么他薄弱的军队将被夹在伊庇鲁斯的峭壁间，一面是海上强大的舰队，一面是陆路上三倍于己的敌军，那么他将全军覆没。现在，冬季正在慢慢结束，他唯一的希望仍然寄托在运输船，因为偷渡或冲破防线的希望都不大，但在经过第一次大胆的蛮干后，只有在逼不得已的情况下才会进行第二次冒险。我们可以从恺撒的决定看出他当时的处境多么危险——当舰船还未来到时，他决定独自乘坐一条渔船，渡过亚得里亚海前往布隆迪西乌姆去接应士兵，而现实中找不到一条船来承担这次冒险的航海任务，最终他只能放弃。

安东尼驶向伊庇鲁斯港

但是，无需他亲自出马，他在意大利有一位忠心的军官马尔库斯·安东尼，会用尽全力来救援自己的主人。运输船装载了四个军团和八百名骑兵再次从布隆迪西乌姆港出发，幸运的是一阵南风让他们成功避过了利波的船队。但这阵南风虽然救了运输船，却让它无法在指定的阿波罗尼亚港登陆，迫使它驶过恺撒和庞培的营地，驶向都拉基乌姆北边的利苏斯，所幸的是这个城镇也是依附于恺撒的。当运输船驶过都拉基乌姆港时，罗德斯的船队便出动进行追击，安东尼的船刚驶入利苏斯港，敌军舰船就出现在了港口前。可就在此时，风向突然改变，将舰船刮向外海，船体的一部分撞上了沿岸的岩石峭壁。这次不可思议的幸运，让第二批运输的士兵也成功登陆。

恺撒军队汇合

安东尼和恺撒之间隔着都拉基乌姆和全部敌军，确实还有几天的行程，但是安东尼通过格拉巴—巴尔干山口，绕过都拉基乌姆，幸运地完成了这次凶险的行军。恺撒来到阿普索河右岸迎接他。

庞培本想阻止两支敌军的汇合，迫使安东尼孤军奋战，现在这个想法落空了，他便在格努萨河的阿斯帕拉吉姆占领了一个新的据点。格努萨河位于阿普索河与都拉基乌姆城之间，与阿普索河平行。庞培来到新的据点后再次按兵不动。现在，恺撒感到兵力充足，想要与庞培一决高下，但后者拒绝出战。另一方面，恺撒成功地欺骗了敌人，用自己更善于行军的部队切入敌人军营和作为基地的都拉基乌姆之间，给敌人来了个措手不及。

格拉巴—巴尔干山脉自东向西延伸，直至亚得里亚海在都拉基乌姆的狭窄岬角，并且在都拉基乌姆以东十四英里的地方向西南延伸出一个侧面，这个侧面朝向海洋形成新月形，山峦主脉和侧面之间包围着一个小平原，平原向外延伸，围绕着海岸上的一个悬崖。现在，庞培扎下营地，虽然恺撒对他实施了封锁，并控制了通往都拉基乌姆的陆上路线，但他依靠舰队的帮助，依然可以继续和城镇保持联系，可以轻松地补足一切必需品。反观恺撒的军队，虽然派遣了一支强大的分遣队去往内陆，虽然统帅尽力组织了一条运输系统，保证日常供给，但还是出现供给短缺，他们常常用肉、燕麦甚至根茎来代替习惯食用的小麦。

恺撒包围庞培的军营

因为恺撒的对手沉着冷静，一直按兵不动，他便占据了围绕着庞培所控制的沿岸平原的高地。这样至少能阻止敌人优势兵力和骑兵的活动，还能更自由地攻击都拉基乌姆，如果可能，还能迫使对手出战或登船。恺撒有近一半的兵力被派往内陆，用余下的兵力来包围大概比自己多两倍且人员集中、依靠着大海和舰船的敌军，这看起来有些异想天开。然而，恺撒的老兵们凭借着不懈的努力，围绕着庞培的军营修建了一条长约十六英里的包围线，随后又像此前在阿莱西亚一样，在这条线之外又修建了一条包围线，用于防御来自都拉基乌姆的进攻，还可以防止敌人利用舰队轻松实施的迂回战术。庞培不止一次地想要攻破这条防线，但他并不打算用战争的方式来突破包围，他宁愿在自己的军营周围也修建多处战壕，将它们连成一条防线。双方都努力把战壕尽量向前推进，在不断的冲突中，工程进展缓慢。同时，在恺撒军营的另一边，他们与都拉基乌姆的守军不断有小规模战斗，恺撒希望借助城内的居民来控制这座要塞，但遭到了敌军舰船的阻挠。各个据点都不断有小型冲突发生，最激烈的时候，一天有六处据点同时交战，通常都是英勇善战的恺撒军占据上风。例如有一次，恺撒的一支步兵在战壕中连续几个小时抵抗四个军团的进攻，直到援兵到来。两边都没有取得明显的胜利，不过，包围逐渐让庞培军感到无法忍受。从高地流向平原的小溪被截流后，迫使他们只能依靠稀缺而又水质糟糕的井水。更让人感到糟糕的是，缺少驮兽和马匹的饲料，舰船不能及时补充，让它们成群地死去，虽然马匹被舰船运往都拉基乌姆，但还是收效甚微，因为他们同样找不到充足的饲料。

恺撒的防线被攻破　恺撒再尝败仗

为了摆脱这种困境，庞培不能再拖延了，他要向敌人发起进攻。从两位凯尔特人的逃兵那里，他得知敌人在两条防线之间忽视了对海岸地区的防御，两道防御墙之间相隔六百英尺。据此，庞培想出了他的作战计划。他让军营里的军团攻击恺撒的内圈防线，让船上的轻步兵登陆后攻击敌人的外围防线，再派第三支队伍前往敌人两条防线的空虚处，从后面攻击防御完备的敌人。庞培军夺取了沿海的战壕，驻守的士兵都落荒而逃。旁边的战壕在指挥官马尔库斯·安东尼的率领下，艰难守住了阵地，暂时阻止了庞培军的前进。但是，暂且不说恺撒军队损失的惨重，其沿海最外围的防线仍然被庞培军控制，现在防线也被攻破了。

恺撒急于想要反攻庞培的军团，很快机会出现了。庞培的军团不慎陷入孤军作战，他就率领大量步兵发起攻击。但是，这次进攻遭到了顽强的抵抗。由于交战地曾多次作为大大小小队伍的营地，所以山坡和壕沟纵横交错，让恺撒的右翼部队和骑兵完全迷了路，落入一条从旧营地通往河流的沟渠里，无法支援左翼部队攻击庞培的军团。所以，庞培急忙率领五个军团赶来援助他的队伍，他发现敌人的两翼分离，其中一支已经完全陷入孤立无援的境地。当恺撒军看见他进攻时，都变得惊慌失措，四处逃散。如果战事的结果是恺撒军损失了一千名精兵，没有遭受一场完败，那只是因为庞培在这坑洼不平的路面无法自由发挥军力，进一步来说是他担心中计，首先鸣金收兵。

恺撒失利的后果

但即使如此，这些日子也让恺撒损失惨重。他不仅遭受了最严重的损失，四个月花费巨大人力所修建的战壕一下就垮了，而且由于近期的交战，让他又重回原点，恺撒被驱赶到距离海洋更远的地方。由于庞培的长子格涅乌斯的大胆进攻，让恺撒停留在奥里克港的几艘船，不是被烧毁就是被抢走。随后，他们又放火烧毁了停留在利苏斯的运输船，这让恺撒再也无法通过海路从布隆迪西乌姆运送增援部队。现在，庞培数量众多的骑兵可以畅通无阻地涌入附近地区，这严重威胁到了恺撒军队的补给。恺撒军队的补给本来就已经困难重重，现在完全无法维系。没有舰船的恺撒胆大妄为地向坐拥海洋和舰船的敌人发起攻击，结果彻底失败。迄今为止，在战区内，他遭遇到了坚不可摧的防御阵地，无法给都拉基乌姆或敌军以致命一击。另一方面，现在完全由庞培一人决定，是否在最有利的形势下，继续进攻补给已经严重匮乏的对手。战争进入到危急关头。迄今为止，庞培在作战中显然没有制订特别的计划，只是根据每次迫在眉睫的进攻调整他的防御。这样做无可厚非，因为随着战事的延长，让他有机会训练士兵作战、调来后备军、更充分地发挥舰队在亚得里亚海上的巨大优势。恺撒被击败，不仅有战术问题，还有战略问题。确实，都拉基乌姆恺撒的战败没有达到庞培预料的结果，恺撒的老兵拥有着卓越的军人气质，他们不会因为饥饿和叛乱而立刻完全瓦解。不过，这结果似乎还是取决于他的对手，明智的乘胜追击，将会收获全部的胜果。

庞培的战争前景　西庇阿和卡尔维努斯

攻击的主动权掌握在庞培手中，他也决定发起进攻。他有三种不同的方式来取得胜利果实。第一种也是最简单的一种，就是继续攻击败军，如果他们逃，他就追。第二种是庞培将恺撒和他的精锐部队留在希腊，而他亲自率领主力部队返回意大利，这也是他长久以来准备采取的行动。毫无疑问，意大利的人民是反对君主制的。恺撒把最好的军队和英勇可靠的将领派往希腊后，此刻正是后方空虚的时候。最后一种是胜利者转战内陆，与梅特路斯·西庇阿的军团会合，一起俘获恺撒驻守在内陆的军队。确实，在恺撒的第二批援军到达意大利后，他一方面立即派遣一支强大的分遣队，前往埃托利亚和色萨利为军队收粮；另一方面命令格涅乌斯·多米提乌斯·卡尔维努斯率领两个军团，沿伊格纳提亚大道前往马其顿，以便拦截从德萨罗尼卡出发，沿同一条路行进的西庇阿的军队，有可能的话将它逐个击破。当卡尔维努斯和西庇阿之间相距只有几英里时，西庇阿突然调转方向南下，留下马尔库斯·法沃尼乌斯率领辎重部队，而自己迅速渡过哈里亚克蒙河，进入色萨利，用优势兵力进攻由卢奇乌斯·卡西乌斯·朗基努斯所率领的恺撒新兵团。但是，朗基努斯翻过山向安布拉西亚方向撤退，想要和格涅乌斯·卡尔维西乌斯·萨比努斯所率领的分遣队会合，这支队伍是由恺撒派往埃托利亚的。西庇阿只能派遣色雷斯的骑兵去追击，因为卡尔维努斯威胁到了他留在哈里亚克蒙河上的法沃尼乌斯所率领的后备队，正如他自己想要攻击朗基努斯一样。所以，卡尔维努斯和西庇阿再次在哈里亚克蒙河相遇，他们在这里安营扎寨，对峙多日。

恺撒从都拉基乌姆向色萨利撤退

庞培可以从这些计划中进行选择，恺撒却别无选择。在那次惨烈的战役之后，他开始向阿波罗尼亚撤退。对于一支被敌军追击的败军而言，从都拉基乌姆向阿波罗尼亚撤退的行动并不容易，沿途道路崎岖，需要蹚过几条河流。但是，凭借着统帅的机智聪明和战士们坚持不懈的努力，迫使庞培在追击四天后，因为徒劳无功而放弃。现在，庞培的决定是出征意大利还是转战内陆。虽然前者好像都更明智更具吸引力，还得到了很多声音的支持，但他不想抛弃西庇阿的队伍，更想乘此机会拿下卡尔维努斯的队伍。此时，卡尔维努斯正位于赫拉克莱亚—林塞斯蒂斯（Heraclea—Lyncestis）的伊格那提亚大道上，介于庞培和西庇阿之间。在恺撒向阿波罗尼亚撤退后，他的军队距离恺撒的军队比距离庞培的军队还要远，而且对于都拉基乌姆的战事一无所知，也不知道自己的危险处境。因为在都拉基乌姆取胜后，整个地区都倾向于庞培，恺撒的信使在各地都遭到了逮捕。直到敌军主力部队距离他只有几小时路程时，卡尔维努斯才从敌人的先遣队那里得知事情的实情。最后时刻，他向南方的色萨利快速前进，才避免了这场即将到来的杀戮，庞培只得满足于替深陷困境的西庇阿解围。

此时，恺撒已经顺利抵达阿波罗尼亚。都拉基乌姆惨败后，他立即决定将战场由沿海转入内陆，让敌人的舰船鞭长莫及，这是他此前战败的根本原因。恺撒的库房在阿波罗尼亚，所以向这里行进只是要把伤兵安顿到安全的地方，并给士兵发放军饷。他一处理完这些事务，就立即向色萨利出发，让驻军留守阿波罗尼亚、奥里克和利苏斯。卡尔维努斯的队伍也在朝色萨利的方向前进。两支由昆图斯·科尼菲乌斯所率领的军团从意大利出发，由陆路经伊利里亚前来。相较于伊庇鲁斯，恺撒在色萨利与援军会合更容易。他沿着崎岖的小路攀登埃乌河谷，越过将伊庇鲁斯和色萨利分隔开的山脉，抵达佩涅奥斯河（Peneius）。卡尔维努斯也奉命来到这里，于是两军经过路程最短，也最不容易受到敌人攻击的线路成功完成会师。会师的地点位于距离佩涅奥斯河源头不远的埃吉尼乌姆（Aeginium）。

现在，会合后的大军来到第一座色萨利城镇贡菲（Gomphi），他们将城门紧闭，拒绝其他人入内。大军通过迅速的猛攻，对这座城镇进行劫掠，这让其他色萨利的城镇魂飞魄散。随后，只要恺撒军团出现在城墙前，他们就立刻投降。伴随着不断的行军和冲突，依靠着佩涅奥斯河流域所提供的并不充裕的补给，他们所经历过的灾难性事件和记忆都逐渐消散。

都拉基乌姆的胜利并未给胜利者带来太多立竿见影的效果。庞培和他笨拙的军队、众多的骑兵无法跟随灵活的敌人进入山地。恺撒就像卡尔维努斯一样躲避了追兵，两人都安全地抵达色萨利会合。现在，如果庞培毫不迟疑地率领主力部队登船前往意大利，必将在那里取得胜利，这或许是最好的方案。但此时，只有一支舰船前往西西里和意大利。在联合作战的营地，人们认为经过都拉基乌姆一役，与恺撒的争斗已经取得了决定性的胜利，现在只剩下收获胜利果实了，换句话说就是搜捕败军。他们先前的过度谨慎，在缺乏审时度势的情况下被自大所蒙蔽，忽视了以下事实：严格说来，他们的追击已经失败，他们得准备在色萨利迎接一支彻底重整旗鼓后的军队，那里远离海洋，失去了舰船的支持，跟着对手来到由他所选择的战场，这些都是不小的风险。他们只是决定不惜一切代价要和恺撒作战，尽可能快地用最便捷的方式抓住他。加图负责管理都拉基乌姆和科西拉，在前者留下了十八支步兵中的一支驻守，在后者留有三百艘战船。庞培和西庇阿向佩涅奥斯河下游前进，显然前者是沿着伊格纳提亚路至佩拉后转入向南的大道，后者从哈里亚克蒙河穿过奥林匹斯山口，二人在拉里萨（Larisa）相遇。

驻扎在法萨卢的军队

恺撒的营地位于拉里萨以南的平原上，这是库诺斯克法莱丘陵（Cynoscephalae）和俄特律斯山（Othrysand）的延伸，佩涅奥斯河的支流埃尼佩乌斯河（Enipeus）穿境而过。恺撒的军队就驻扎在埃尼佩乌斯河的左岸靠近法萨卢城（Pharsalus）的地方，庞培的军队则在他的对面安营扎寨，即埃尼佩乌斯河

的右岸沿库诺斯克法莱高地的斜坡处[①]。庞培的全部兵力都集

---

①很难准确地确定战场。阿庇安明确地将它定位于“新”法萨卢（今费萨拉）和埃尼佩乌斯河之间。在这个问题上，只有两条河流具有重要意义，毫无疑问就是古老的阿皮丹诺斯河（Apidanus）和埃尼佩乌斯河，即索法第提科河（Sofadhitiko）和费萨里提河（Fersaliti）。前者发源于陶马克山（Thaumaci）和多洛皮高地（Dolopian），后者发源于奥斯里斯山（Othrys），只有费萨里提河流经法萨卢。现在，按照斯特拉波所说，埃尼佩乌斯河发源于奥斯里斯山，流经法萨卢，那么莱亚克所宣称的费萨里提河就是埃尼佩乌斯河，随后格雷假定费萨里提河就是阿皮丹诺斯河的说法就站不住脚了。古人关于这两条河的其他所有说法都与此相符。我们必须和莱亚克一同假定，费洛科河是由费萨里提河和索法第提科河汇聚而成，流入佩涅奥斯河，古人称之为阿皮丹诺斯河，又名索法提第科河。可能因为索法提第科河常年水流不息，而费萨里提河则不然，所以自然这样称呼。这场战争取名为旧法萨卢肯定是因为地点位于费萨拉和费萨里提河之间。因此，战争在费萨里提河左岸打响，这样庞培军面对法萨卢，将右翼依靠着此河。不过，庞培的军营不能驻扎在这里，只能在埃尼佩乌斯河右岸狗头山的斜坡上，一部分是因为他们阻挡住恺撒前往斯科图萨的路，一部分是因为他们的撤退路线显然是翻过营地上面的山前往拉里萨。按照莱亚克的假设，如果他们驻扎在埃尼佩乌斯河左岸法萨卢的东面，那么他们不可能渡过河朝北前进，因为此处河床很深，庞培必将逃往拉弥亚而非拉里萨。所以，庞培可能在费萨里提河右岸安营扎寨，他们为了过河作战，也为了战后返回营地，由此处登上克兰农山和斯科图萨山的斜坡，斜坡位于斯科图萨之巅，在狗头山上，这是有可能的。莱亚克发现，埃尼佩乌斯河是一条水流缓慢的窄溪，在11月水深两英尺，炎热的季节经常会干涸，这场战役就发生在盛夏。此外，战争前两军相距3.5英里，所以庞培军能够做好充足的准备，也能用桥确保与营地的交通安全。如果战争最终完败，他们肯定不会退到河边或渡河，庞培无疑是因为这个原因只能勉强同意在此作战。庞培的左翼感觉距离撤退的基地最远，但至少中路和右翼在特定的情形下，可以从容撤退，不至于无法施行。恺撒和他的抄写员都没有提及渡河的事情，因为从整个叙述中，庞培军渴望作战已经描写得非常明显了，他们也没有提及有利的撤退条件。

合在这里，而恺撒还在期盼着此前派往埃托利亚和色萨利、现在由昆图斯·福菲乌斯·卡勒努斯（Quintus Fufius Calenus）率领的位于希腊的两个军团，以及跟随恺撒经由陆路从意大利出发，已经到达伊利里亚的科菲尼菲奇乌斯的两个军团。庞培有七个军团近四万七千名士兵和七千名骑兵，步兵人数是恺撒的两倍多，骑兵人数是他的七倍。连续不断的疲劳应战让恺撒的军队兵力大减，八个军团能参战的人数不足两万两千名士兵，所以人数只是正常情况下的一半。取胜的庞培军有骑兵无数，还有上好的仓库让物资供应充足，而恺撒军则在困境中勉强维持生计，只能寄希望于从即将到来的粮食收割中获得更多的供给。庞培的士兵状态正佳，他们从最后一次的战役中学会了如何打仗，也更加信任统帅。

在庞培这一边，所有的军事专家都赞成这样一种观点，即现在他们和恺撒在色萨利对峙，决战不能再拖延。毫无疑问，在军事会议上还有一个比这个更有分量的理由，那就是众多体面的军官和其他随军人员难以忍受流亡生活。自都拉基乌姆之战以来，这些贵族就将本党的胜利视为必然的事实，已经就恺撒大祭司的填补事宜产生激烈的争论，他们向罗马下达命令，在广场租赁房屋以供下次选举使用。

两军被一条河流隔开，对于渡河作战一事，庞培一直举棋不定，而兵力较弱的恺撒也不敢冒险过河，这引起人们的愤慨。据说，庞培之所以拖延战事，只是想更久地统治这些前执政官和前副执政官，占据统帅之职。庞培还是屈服了。恺撒给人以不想开战的感觉，却计划绕过敌军，向斯科图萨出发。当他看见庞培的军队在岸边准备作战时，他也安排军团准备出战。

战役

于是，法萨卢战役在罗马纪元706年即公元前48年8月9日爆发，战场差不多就是一百五十年前罗马人奠定其在东方统治权的地方。庞培的右翼位于佩涅奥斯河，恺撒在他的对面，将左翼布置在佩涅奥斯河前崎岖不平的山地上，另外两翼则驻扎在平原上，双方均用骑兵和轻步兵掩护。庞培的意图是用步兵防守，而用骑兵冲垮他所面对的按照日耳曼式由轻步兵混合而成的薄弱骑兵，然后从后部攻击恺撒右翼。恺撒那英勇的步兵抵抗住了敌人的第一波进攻，战役就此停滞。同样，英勇的拉比努斯经过短暂的抵抗，驱散了敌人的骑兵，为了绕过步兵，他将兵力向左翼展开。但是，恺撒已经预见到自己的骑兵会败下阵来，所以将他最精锐的两千人军团布置在骑兵的后方。当敌人的骑兵追逐恺撒的骑兵而沿着线路飞驰过来时，这批精锐士兵突然冲出来，顽强勇猛地攻击他们。敌人的骑兵在遭到这批特殊步兵的意想不到的攻击时[①]，立刻陷入混乱，全

①与此相关的是恺撒所下达的著名指示，即让士兵袭击敌人骑兵的脸。军刀无法打到骑兵，在这里，步兵采取了非常规的方式来进攻骑兵。他们没有投掷短矛，而是使用长矛攻击骑兵，刺向他们的脸，也能更好地进行防御。这个指示变成一件趣闻轶事，即庞培的骑兵因为害怕脸上留下疤痕所以逃跑了，他们“将手挡在眼前”骑马飞驰而去，这个说法不攻自破。因为这个观点只有假设庞培的骑兵主要是由罗马年轻的贵族组成，是“优雅的舞者”，事实并非如此。这很可能是军营中风趣的人士将这个非常荒谬但确实滑稽的事情赋予这个简单明智的军事命令。

速冲出了战场。现在，获胜的军团转而攻击失去保护的敌军弓弩手，然后冲向敌人的左翼，开始攻击。同时，恺撒一直保留的第三队也沿整条战线开始进攻。庞培最好军团的意外战败，让对手士气大振，而本方士兵，尤其是统帅都备受打击。庞培从一开始就不相信自己的步兵，当他看见骑兵逃跑后，甚至还没等恺撒下达统帅攻击的命令，就立刻骑马从战场飞奔回营。他的军团开始军心动摇，很快就从河流处向营地撤退，期间损失惨重。

庞培出逃

那天就这样战败了，很多骁勇善战的士兵都牺牲了，但军队基本保全了下来，庞培的处境也远不及恺撒在都拉基乌姆战败时所面对的危机。但是，恺撒在命运的变迁中懂得，即使是对待幸运女神最宠爱的人，她有时也会抽身离去，只为让自己通过坚持不懈的努力再次将她带回身边。而庞培一直以来都受到幸运女神的垂青，当她离他而去时，让他感到绝望不已。恺撒拥有强大的心性，绝望只会让他释放出更巨大的能量，而庞培庸俗的灵魂，在面对同样压力时，则陷入悲观失望的无尽深渊之中。正如昔日他与塞多留（Sertorius）作战时一样，当面对强大的对手时，他曾差点临阵脱逃。当他看见自己的军团从河边撤退时，他扔掉统帅的围巾，从最近的路线逃往海边，准备登船。他的军队群龙无首，灰心丧气。虽然西庇阿拥有庞培一样的最高命令权，但只是名义上的统帅，他想在壁垒后防御，但恺撒不允许他休息。军营中罗马人和色雷斯守兵的顽强抵抗很快就被攻破了，大量的士兵落荒而逃，被迫退往克兰农

(Crannon) 和斯科图萨 (Scotussa) 高地。庞培的军营就驻扎在这片高地之下。他们企图沿着山路前进返回拉里萨，但恺撒的军队将战利品和疲劳抛诸脑后，通过平原上更顺畅的小路前进，拦截了逃亡者的路线。事实上，到了深夜庞培军停止行军时，追兵甚至已经建起了一条防线，阻止逃兵前往附近唯一一条小河。

法萨卢之战就这样结束了。敌军不仅战败，还被彻底歼灭，战场上的敌军死伤人数为一万五千人，而恺撒仅损失了两百人。战后的清晨，有近两万人放下了武器，举手投降。只有个别队伍，其中包括最著名的军官逃往山上避难，庞培军的十一面鹰旗有九面都交给了恺撒。就在战役打响的那天，恺撒还提醒自己的士兵，不要忘记敌人是自己的同胞，不要像毕布路斯和拉比努斯那样对待战俘。不过，现在他也认为有严惩战俘的必要。普通士兵都被收编入恺撒的军队，地位较高者则被处以罚金或没收财产，而被俘获的元老和骑士则被处死，鲜有例外。仁慈的时期已经过去，内战持续时间越长，也就变得越发残酷，越难和解。

法萨卢战役的政治效果　东部投降

随着时间的流逝，罗马纪元706年即公元前48年8月9日的战争后果才逐渐显现出来。毫无疑问，此前那些因为庞培更强大而依附于他的人们，在法萨卢战败后，全都转投恺撒一方。庞培的战败具有决定意义，让所有不愿或不必替失利者而战的人都和胜利者联合起来。所有的国王、市民、庞培的保护国现在都召回了他们的海军和陆军，并拒绝向战败者提供避难场所，包括埃及、普兰尼、叙利亚各城邦、腓尼基、西利西亚、小亚细亚、罗德斯和雅典等所有东部地区。事实上，一直装腔作势的博斯普鲁斯国王法纳塞斯，听到法萨卢战役的消息后，不仅占领了几年前庞培宣告为自由市的法纳歌利亚和经他批准的科尔基斯王子的领土，甚至还将庞培授予德奥塔卢斯王的小亚美尼亚据为己有。在这普遍的归顺中，仅有的例外是小城梅伽拉被恺撒包围并遭到猛攻，还有一个是努米底亚王尤巴。他早就预料到恺撒要吞并他的王国，在他战胜库里奥后就更确信无疑了，所以不论好坏，他都必须忍受战败的党派。

法萨卢战役后的贵族

宪政党的跟随者即所有不是诚心加入党派的人士，或者像马尔库斯·西塞罗之流，他们就像围绕着布罗肯山的女巫一样在贵族周围活动。正如属国向法萨卢的胜者投降一样，他们也和新君主讲和，因此，新君主满怀轻蔑之心客气地与请愿人和解。但是，战败党派中的中坚分子却不妥协。虽然贵族阶级大势已去，可是，贵族却永远也不会转投君主政体。人类最高的启示已经被摧毁，曾经信仰的真理成了谎言，昔日赐福的政体成了诅咒，但是，即使是那逝去的福音也仍然拥有信徒，如果这种信仰不能像人间信仰的真理那样撼动高山，它仍然相信自己直到最后，直到它拖住最后一位祭司和最后一位信徒，直到新一代人不再笼罩在过去和死亡的阴影之下，统治一个重建的新世界，它才离开人间。罗马正是如此。无论贵族统治堕落到何种深渊，它曾经是一个伟大的政治制度，曾经依靠着它神圣的火焰，征服意大利并战胜汉尼拔，虽然这火焰已经黯淡无光，但只要罗马贵族存在，它就将继续在贵族中燃烧，这些旧政体中的人不会和新君主达成友好的谅解。大部分宪政派至少在表面上认输了，承认了这位君主，甚至接受了恺撒的赦免，尽可能地选择退休回归个人生活。不过，通常这种做法内心都有所保留，那就是寻求自保等待未来改朝换代。这种做法主要是一些不太出名的党派人士，但是精明能干的马尔库斯·马尔凯乌斯也在这些谨慎者之中，自愿流放到勒斯博斯，正是他造成了和恺撒的决裂。不过，大多数真正的贵族，他们的热情都比冷静的思考更强烈，毫无疑问，他们仍然用还有可能成功来自我欺骗的同时，还担忧必然会遭到胜利者的报复，两种思想以各种方式交织在一起。

加图

或者没有人像马尔库斯·加图一样，对事态的判断如此痛彻和分明，不受自己的恐惧或希望所影响。在伊莱尔达和法萨卢之战后，他就完全相信君主制不可避免，强烈的道德感让他承认这个事实并按照它来行事，所以对于宪政党是否应该继续作战，他曾犹豫不决，继续作战必然会让许多不知道为何而战的人为这项必败的事业牺牲自己。当他决定不是为了胜利，而是为了一个即将灭亡的荣耀而与君主制作战时，对于那些不愿与共和制共存亡而要和君主制和解的人，他都尽可能不让他牵涉入战争之中。他认为，当共和制仅仅是受到威胁时，人们有权力和义务强迫冷漠和恶劣的人员加入战斗，但是现在，还强迫个人与必败的共和制同归于尽则是毫无意义的暴行。他不但释放了每个愿意返回意大利的人员，而且当狂热的党派人士中最疯狂的小格涅乌斯·庞培，坚持要把这些人尤其是西塞罗处死时，也只有加图凭借着自己的道德权威阻止了这种行为。

庞培

庞培也不想和解。如果这个职位就该属于他，我们想他一定知道，一个渴望王冠的人不可能再回到普通生活中，因此世界上没有失败者的容身之地。但是，庞培不是因为太过高尚而没有请求原谅，他若请求，宽宏大量的胜利者或许不会拒绝他，相反，他是太过卑鄙而没有请求原谅。无论是他无法下定决心依靠恺撒也好，优柔寡断也罢，在法萨卢的不幸所造成的巨大影响消失后，他又开始怀抱希望。庞培决定继续和恺撒对抗，在法萨卢之后，他将去寻找另一个战场。

战役的军事影响　逃散的将领

因此，无论恺撒多么努力想用宽容审慎的态度去平息对手的愤怒，减少他们的数目，然而战争没有改变多少，依然继续进行。但是，几乎所有的领导人都参加了法萨卢战役，除了卢奇乌斯·多米提乌斯·阿亨巴布斯在战斗中被杀，其他的都逃了出来，不过他们散布在各地，不能继续讨论一个共同的作战计划。他们大部分都来到科泽拉即马尔库斯·加图率领后备部队留守的地方，一些人是经由马其顿和伊利里亚的荒山来到这里，一些人是搭乘舰船来到这里。在加图的主持下，他们在这里召开了战争会议，到会的有梅特路斯·西庇阿、蒂乌斯·拉比努斯、卢奇乌斯·阿弗拉尼乌斯、小格涅乌斯·庞培等，但是统帅的缺席，让大家对他的生死未卜感到痛心。党内意见产生了分歧，让他们无法达成任何共同的协议，最终，他们采取各自认为对自己和共同事业最合适的方式行动。事实上，我们很难说出在他们可能抓住的众多稻草中，哪一根会在水上漂浮最久。

马其顿和希腊、意大利、埃及、西班牙、阿非利加

法萨卢之战让马其顿和希腊失守。加图听到战败的消息后，立刻撤离了都拉基乌姆。的确，在此期间，他仍然为宪政党把守着科西拉，卢提利乌斯·卢普斯把守着伯罗奔尼撒。那一刻，看起来好像庞培将在伯罗奔尼撒的帕特雷进行抵抗，但卡列努斯进军的消息足以把他们从这片地区吓跑。他们也不打算再坚守科西拉。在意大利和西西里沿岸，庞培在都拉基乌姆胜利后将舰队派往那里，攻打布隆迪西乌姆、梅萨那和维勃港口，并取得了重要的胜利。尤其是在梅萨那，他们烧毁了正在为恺撒准备的所有舰船。但是，作战的船舶大多来自小亚细亚和叙利亚，由于法萨卢战役而被他们的城邦召回，所以这次远征无疾而终。此时，在小亚细亚和叙利亚都没有双方的军队，除了有一支法纳塞斯的博斯普鲁斯军队，表面上是为了恺撒占领了属于对手的多个地区。

在埃及，实际上还有一支庞大的罗马军队，由伽比尼乌斯留下的队伍，及随后招募的意大利流浪汉和叙利亚或西西里的土匪组成。但是显而易见，亚历山大的朝廷绝不想被战败党紧紧地控制或由他们调遣自己的兵力，这一点从不久之后他们召回了埃及的舰船便得到了证实。

对于战败者而言，西方的形势稍微有利一些。在西班牙，人民对庞培怀有强烈的同情心，因此恺撒不得不放弃想要从这里攻打阿非利加的念头。所以，一旦这个半岛来一位著名的领袖，叛乱似乎就不可避免。

此外在阿非利加，联合派更准确地说是这里真正的统治者努米底亚王尤巴，自罗马纪元705年即公元前49年秋天，就在不受打扰的情况下进行备战。联合派因为法萨卢战役失去了整个东方，但他们可能以一种荣耀的方式继续在西班牙作战。当然还有阿非利加，因为努米底亚王早已臣服于罗马，请求他帮忙对付革命同胞，无疑会让罗马人感到痛心耻辱，但这绝不是叛国行为。在这场让人失望的战争中，有些人会不再顾虑正义或荣誉，宣称自己置身法外，发动强盗式的战争行为；或者，他们将和独立的邻国联合起来，把公敌引入内部冲突；或者，最后他们将口头承认君主制，却继续用刺客的匕首恢复正统的共和制。

强盗和海盗的战争

至少战败者应该撤退并退出新的君主政体，这是理所当然的事情，这是关于他们所处绝境最真实的表述。自人类有记录以来，山林尤其是海洋永远都是罪犯的避难所，也是无法忍受痛苦和压迫者的安身所。庞培党和共和派自然会在山林和海上发起对恺撒君主政体的反击战，直至他们被驱逐出去，尤其是他们会发动大规模的海上劫掠，而且组织更牢固，目标更明确。即使是来自东方的舰队被召回以后，他们仍然拥有一支属于自己的庞大舰队，而到目前为止，恺撒几乎没有战船。达尔马提亚人为了自己的利益起兵反抗恺撒，庞培党与他们联手，控制了最为重要的海域和港口，这对海战尤其是小规模的战役非常有利。以前，苏拉追捕平民派最终导致了塞多留的叛乱，这场战争最初是由海盗发起，然后是强盗，最后演变成一场非常严重的战事。如果加图派的贵族和庞培的追随者中有马略平民派那样的意志和激情，如果在他们中间有一位真正的海上国王，那么也许会在还未被征服的海上，兴起一个独立于恺撒君主制并能与其匹敌的国家。

盟国帕提亚

由于想把独立的邻国拖入罗马的内战，借助它的财力反击革命，这从各方面看都应受到更为强烈的反对。法律和良心将叛国视为比强盗更为严重的罪行，一伙胜利的强盗比依靠公敌返回国家的流亡者，更容易回归到一个自由而且秩序良好的国家。而且，战败的党派几乎不可能用这种方式实现复辟。他们唯一能够寻求帮助的国家就是帕提亚，至于它是否会将他们的事情当作自己的事情则让人怀疑，也不太可能为了此事与恺撒斗争到底。共和派密谋的时机还未到来。

恺撒追击庞培至埃及

因此，战败党的残余势力只能无奈地听从命运的驱使，甚至那些决定继续战斗的人士也不知道该如何做、从哪儿做起。向来当机立断、行动迅速的恺撒，抛开一切事务追击庞培——他的敌人中只有此人是让他肃然起敬的官员，抓住庞培就等于让一半的敌人束手就擒，而且可能是最危险的那一部分。恺撒带了一些士兵随他渡过赫勒斯滂海峡，他的孤舟遇到了正驶往黑海的敌军舰船。敌舰中全体船员被法萨卢之战的消息吓得魂不附体，因而被恺撒全部俘获。当最必需的准备工作一完成，恺撒赶紧前往东方追击庞培。后者已经从法萨卢战场逃往勒博博斯，从这里带上他的妻子和次子塞克斯图斯，绕过小亚细亚驶往西西里，然后去塞浦路斯。庞培原本可以在科西拉或阿非利加和他的党徒汇合，但是，他憎恨贵族同盟，想到法萨卢之战尤其是他可耻地逃跑后，在那里等待他的待遇，似乎这才导致他采取自己的路线，宁可向帕提亚王寻求保护也不去找加图。当他在塞浦路斯向罗马包税商和商人敛财和召集奴隶，并武装了一支两千人的奴隶队伍时，他收到消息说安条克已经拥护恺撒，这样前往帕提亚的道路就无法通行了。所以，他改变计划，启航前往埃及，那里有很多他的老兵在军队里服役，而且这个国家的位置和丰富的资源可以给他时间和机会来重整旗鼓。

在埃及，托勒密·奥勒特斯去世后，按照他的遗愿，他的孩子十六岁的克利奥帕特拉（Cleopatra）和十岁的托勒密·狄俄尼索斯（Ptolemaeus Dionysus）结为夫妻共同继承王位。但不久之后，其弟弟更准确地说是他的监护者波提努斯，将姐姐赶出王国，迫使她前往叙利亚避难，她准备由此返回祖国。为了保护东部边界，托勒密和波提努斯将埃及的全部兵力布防在佩鲁修姆，正是在此时，庞培在卡西角抛锚，请求国王允许他登陆。埃及王室早就得知了法萨卢战役的惨败，准备拒绝庞培的请求，但是国王的导师狄奥多图斯（Theodotus）指出，那样的话，庞培就可能利用自己在埃及军队的关系煽动叛乱。他认为对于庞培，如果他们能借此机会除掉他，才是较为安全的策略。在希腊世界的政客中，这种政治推理容易且行之有效。

庞培之死

王室军队的将领阿契拉斯和几名庞培的旧将乘船前往庞培的帆船，他们邀请前去会见国王。由于海水太浅，他们请庞培登上他们的驳船。当庞培上岸时，军事保民官卢奇乌斯·塞普提乌斯从后面刺杀了他。庞培的妻儿在帆船的甲板上目睹了这次谋杀，却无法施救或报复（罗马纪元706年即公元前48年9月28日）。

三十年前的同一天，庞培在战胜米特拉达特斯后，在进入首都时享受了凯旋式，就是这个被一代人称为伟人的人物多年来统治着罗马，现在死在了他的旧将手下，死在了卡西海滩的荒凉沙地上。他是一位好官，但在情商和智商方面的天赋平庸。三十年来，命运坚定不移地让他轻松顺利地完成所有任务，让他采摘到别人栽种培育的桂冠，让他拥有获得最高权力所必需的一切条件，只是为了让他亲自展示一个史无前例的虚假的伟人形象。最可怜的莫过于庞培名不副实，这种不可避免的不幸即是君主制的宿命，因为在一千年里，人民中几乎不可能再出现一位名副其实的国王。如果从未有人像庞培一样，其虚假的外表与真实的内在间的不相称体现得如此突兀，那么从某种意义上来说，正是他开启了一系列罗马君王的事实，这真是发人深省。

恺撒抵达埃及

当恺撒追随庞培的足迹来到亚历山大城的停泊处时，一切已经结束。当凶手将庞培的头颅献到恺撒的船上时，他深感不安地将头转了过去。就是这个人，他的女婿，多年来和他共同统治罗马，为了生擒他而让自己来到了埃及。恺撒将如何处置被俘的庞培？鲁莽刺客的匕首让这个问题无法解答。但是，野心和同情心共存于恺撒伟大的灵魂中，他将下令饶恕曾经的朋友，而利害关系又将要求他用刽子手之外的方法铲除庞培。二十年来，庞培是罗马公认的统治者，这种根深蒂固的统治权不会因为统治者的死亡而消灭。庞培的离世不会让庞培党分崩离析，反而让他们换掉了这位年老无能的领袖，交由他的儿子格涅乌斯和塞克斯图斯担任。这两个年轻人办事积极，而且后者确实具有决断力。世袭性的王位觊觎者立刻像寄生虫一样附着在新成立的世袭君主政体上，这种人员的变化对于恺撒来说是否利大于弊，非常值得怀疑。

恺撒管理埃及

现在，恺撒在埃及已经无事可做了，罗马人和埃及人都认为他将立即启航去征服阿非利加，胜利之后还有繁重的组织任务等待着他。但是恺撒还是按照惯例，无论他走到庞大帝国的哪个地方，最后都会立刻亲自处理事务，他坚信罗马守兵和埃及王室都不会有所反对，此外这里还遭遇到了紧迫的经济困境。恺撒率领两支混合军团在亚历山大城登陆，共有 3200 名步兵和800名凯尔特人与日耳曼人的骑兵，并在皇宫安营扎寨，着手征收必要的款项和处理埃及王室的继承问题。他并未理会波提努斯的无礼谩骂，恺撒不会为这种琐事耽误自己的要事。他对待埃及人秉持着正直的原则，甚至有些纵容。虽然埃及人曾给庞培提供帮助，完全有理由对他们征收战争费用，但恺撒还是免除了对这片贫瘠土地的收费。而在罗马纪元695年即公元前59年规定的欠款，自那时起埃及只偿还了一半，现在恺撒将它全部免除，只用支付一千万第纳尔。他让交战的姐弟立即停止战争，将他们的争端交由仲裁人调查和裁决。姐弟俩都屈服了，由于弟弟已经住在皇宫，克利奥帕特拉也搬了进来。恺撒按照奥勒特斯的遗嘱，将埃及王国判给这两位已经结为夫妻的姐弟，即克利奥帕特拉和托勒密。他更是未经请求，取消了早前的塞浦路斯合并法案，将塞浦路斯国作为埃及王次子的封地，分给了奥勒特斯的幼女阿尔西诺埃（Arsinoe）和幼子小托勒密。

亚历山大城的叛乱

但是一场暴风雨正在悄悄地酝酿着。亚历山大城和罗马一样也是一座国际性的都市，它的居民人数并不亚于意大利的首都，而商业精神的觉醒、手工艺技术、科学和艺术品位则远高于意大利。这里的公民具有强烈的民族自尊感，即使缺乏政治意识，至少有一种躁动的精神，这导致他们像如今的巴黎人民一样，经常会热衷于上街发动暴乱。当他们看见罗马的统帅支配着拉吉德王宫，他们的国王接受仲裁人的判决，这种感受可想而知。波提努斯和年轻的国王都非常不满这样专横地追讨旧债，还干涉王位的争夺，这样做只能让克利奥帕特拉受益。为了满足罗马人的需要，他们将神庙里的珍品和用来炫耀的国王金器都扔进了熔炉。埃及人向来敬畏神灵，甚至有些迷信，他们为拥有这座世界闻名的华丽皇宫而欢喜，就好像属于自己的一样，现在看到神庙里四壁空荡，国王的餐桌上摆着木制餐具，这让他们越发愤怒。长久以来，罗马的驻军一直居住在埃及，很多士兵与埃及妇女结婚，基本已经失去了其原有的国民性，而且大批士兵都是庞培的旧将，还有意大利的逃犯和奴隶。他们也痛恨恺撒，痛恨他麾下一些傲慢的军团士兵，正是由于他的命令，才不得不停止在叙利亚边界的行动。甚至在登陆时，当群众看见罗马战斧进入古老的皇宫时，就已经引起了一次骚乱，还有很多进城的士兵在城内被刺杀。这些都让恺撒意识到，以他弱小的兵力面对如此愤怒的群众，是多么危险的一件事。但此时正值一年中西北风盛行的季节，很难返航，而且意图登船很容易变成发动叛乱的信号，此外事情没有完成就离开也不是恺撒的性格。因此，他立刻命令亚细亚的援军过来支援，同时在援军到来之前，他尽力表现出泰然处之的样子。他在军营里的生活从没有比在亚历山大休息时更快乐的时光了。聪明美丽的克利奥帕特拉对一般人尤其是对她的仲裁人，施展着自己的魅力，恺撒似乎在他所有的胜利中也最珍视赢得美人的芳心。这是一出严肃剧目的欢快序幕，正如后来所证实的，阿契拉斯按照国王和监护人的密令，率领驻守在埃及的罗马军突然出现在亚历山大。人民一看见军队来攻打恺撒，他们就立刻与士兵联合起来。

恺撒在亚历山大城

恺撒用才智多少弥补了先前的鲁莽，他赶紧召集各地人员，逮捕了国王和他的大臣，并用壕沟围住了王宫和邻近的剧院。因为他的战舰停泊在剧院前的重要港口，来不及转移到安全的地方，他就下令将其烧毁。而对于指挥港口的灯塔，他用船占据了灯塔所在的法洛斯岛（Pharos），这样，至少可以控制住一个防御阵地，保住一条运送物资和援军的道路。同时，他命令小亚细亚的将领和最近的属国，包括叙利亚人、纳巴泰人、克里特人和罗德斯人，立即派援军和船只赶来埃及。叛乱由公主阿尔西诺埃和她的密友宦官伽尼墨德斯率领，此时已经掌握了整个埃及和首都大部分地区。首都的大街上每天都有战事发生，但是两边都没有获得胜利。恺撒无法夺取更大的活动区域，无法前往城后玛雷亚湖饮用干净的水源，那里可以为他提供水源和草料。而另一方面，亚历山大人无法战胜被围困者，就切断他们的饮用水，因为在恺撒所在的城区，尼罗河的水由于引入了海水而无法饮用，但恺撒在海滩上意外挖掘出了有饮用水的水井。

围攻者无法通过陆路击败恺撒，便直接毁掉他的舰船，让他无法通过海路获得补给物资。灯塔所在的岛和把此岛与大陆连起来的防波堤，将港口分成东西两部分，海水通过防波堤上的两个拱形洞口流通。恺撒控制着灯塔所在的岛和东港，亚历山大人则控制着防波堤和西港，因为亚历山大的舰船被烧毁了，所以恺撒的船舶可以随意进出港口。从小亚细亚调来的军团登上了一艘运输船，当恺撒的舰船拖着这艘运输船驶来时，亚历山大人本想让着火的船从西港驶入东港，却没有成功，他们便将库中的剩余物资装上一艘小舰船，想用它来封堵恺撒舰船的去路。但是，恺撒军中出色的罗德斯水手战胜了敌人。然而不久之后，亚历山大人夺取了灯塔岛[①]，由此彻底封锁了用于停靠大型船舶的狭窄而多礁的东部港口。所以，恺撒的舰船被迫只能停靠在东部港口前的开敞锚地，他的海上交通线变得很狭小。在这个锚地，恺撒的舰船多次遭到敌人强大海军的攻击。他们既无法回避这种敌众我寡的战争，同时因为灯塔岛的失守完全封锁了内港，他们也无法撤退，又因为失去了停泊港口，让恺撒完全无法驶入大海。虽然英勇的罗马军团有娴熟的罗德斯水手的支持，常常让罗马人获胜，但是亚历山大人坚持不懈地补充和增加他们的海军兵力。每当围攻者要开战，被围者就不得不应战，一旦被围者有一次彻底失败，恺撒就将被完全包围，最终导致战败。

所以，必须想方设法夺回灯塔岛。恺撒军从两路发起进攻，一路乘船由港口进攻，一路驾驶战舰由海岸进攻。事实上，他们不仅夺回了灯塔岛，还控制了防波堤的下端。只是到了防波堤的第二个拱洞，恺撒下令停止进攻，用横切墙堵住防波堤朝向城市的一面。但是，激烈的战事在修墙者的周围爆发，罗马军纷纷逃离与灯塔岛相连的防波堤的下端。不料，一支埃及军在此登陆，他们从后面攻击聚集在防波堤横切墙上的罗马步兵和海军，让全军慌不择路地跳入海中。一部分人被罗

①灯塔岛现在是个峡谷，这里肯定曾经失陷过，因为这座岛最初是由恺撒控制。防波堤肯定一直由敌人控制着，因为恺撒只用船和此岛往来。

马船舶救起，而大部分人都溺水身亡。在这一天，大约有四百名士兵和很多战舰上的士兵都牺牲了。统帅本人也遭遇到了相同的命运，不得不登船避难，但是当船舶因为人员超载下沉时，他只能游到另一条船上求生。恺撒虽然损失惨重，但是收复了灯塔岛，已经足以弥补其损失。此时灯塔岛连同远至第一个拱门的防波堤，都仍然掌握在恺撒的手中。

小亚细亚的援军

最后，渴望已久的援军终于到来了。波加蒙的米特拉达特斯，是米特拉达特斯·攸帕托一派骁勇善战的武士，号称是他的私生子。他通过陆路从叙利亚带来了一支混合军队，包括黎巴嫩亲王的伊泰里亚人、散西科蓝之子詹布里克的贝都因人、大臣安提帕托领导的犹太人以及西西里、叙利亚和小酋长的分遣队。幸好米特拉达特斯在抵达佩鲁修姆时，占领了此地，由此沿大路前往孟菲斯，可以避免三角洲纵横交错的水网地区，然后在尼罗河分支前渡河。在埃及这片土地上，居住了特别多的犹太农民，他的军队前进期间获得了很多来自他们的帮助。恺撒释放了年轻的国王托勒密，希望通过这种方法来缓解这里的动乱，结果毫无用处。埃及人民在托勒密的领导下派遣了一支军队前往尼罗河，想要将米特拉达特斯阻止在更远的河岸。这支军队竟然和敌军相遇在孟菲斯之外一个号称“犹太军营”的地方，位于翁尼（Onion）和赫利奥波利斯（Heliopolis）之间。然而，受过罗马式军队的调遣和安营扎寨训练的米特拉达特斯，在冲突中获胜，抵达了对岸的孟菲斯。另一方面，恺撒一得知援军抵达的消息，就用船将一部分军队运往亚历山大以西玛雷亚湖的尾部，绕过湖水顺着尼罗河而下，迎接沿河而来的米特拉达特斯。

尼罗河战役

两队人马没有遇到敌人的阻拦顺利会师。恺撒随后来到国王退守的三角洲地区，虽然敌人的先头部队在前方挖了一道深渠，恺撒还是在第一次出击时就将他们击败，然后立刻猛攻埃及的军营。这座军营设在高地的山脚下，位于尼罗河和难以穿行的沼泽地之间，与尼罗河仅隔一条小路。恺撒命令军队同时从三个方向攻打埃及军营，一支队伍从前方进攻，一支队伍沿尼罗河的小路从侧翼进攻，与此同时第三支分遣队悄悄登上军营后方的高地。恺撒的军队攻下了军营，取得完胜。埃及人不是死在敌人的刀下，就是在逃往尼罗河上的舰船时溺水身亡。年轻的国王由于他所乘坐的船只负荷过重而沉没，他也落入祖国的河水中。

平定亚历山大城

尼罗河战役后，恺撒立即率领他的骑兵从陆路进入被埃及人占领的首都城区。敌人身穿丧服，手持神像前来恭迎恺撒并祈求和平。恺撒的军队看见他从出发时的反方向胜利凯旋，都欢欣鼓舞地迎接他。这座城市曾斗胆想要阻挠世界之主的计划，险些让他丧命，现在它的命运掌握在他的手里。但是恺撒是一位太过感性的统治者，他就像对待马西利亚人一样对待亚历山大人。恺撒规劝这里的市民，在未来的日子里认真培养和平的艺术，治愈他们加注在自己身上的创伤。他指出，这座城市饱受创伤，粮仓枯竭，世界闻名的图书馆和一些重要的公共建筑都在烧毁舰船的过程中被毁灭了。此外，他满怀诚意地赋予亚历山大城中的犹太人与希腊人享有同样的权利，并在亚历山大城派驻了一支正规罗马守军，此前驻守这里的罗马守军至少在名义上服从埃及国王的命令。这支守军其中两支队伍来自围攻这里的军团，第三支队伍是随后来自叙利亚的军团，守军的将领由他亲自任命。对于这个职位，他特意挑选了一位值得信赖的人——鲁菲奥（Rufio）。他的出身让他不会滥用权力，他是一位精明能干的士兵，但却是被释放的奴隶的儿子。克利奥帕特拉和她的弟弟托勒密在罗马的霸权下取得共同统治埃及的权力。公主阿尔西诺埃被押往意大利，这样埃及人不能再用她来作为发动叛乱的借口。因为遵循东方风气的埃及人非常忠于他们的王朝，却不关心具体的统治者，塞浦路斯再一次成为罗马西利西亚行省的一部分。

恺撒在亚历山大时的罗马事务

亚历山大城的叛乱本身无足轻重，与同时发生在罗马国内的一系列重要的事件联系甚微，然而却对它们产生了重大影响。它迫使这位大权在握者，这位无他则事务无法分派、事情无法解决的人，在罗马纪元706年即公元前48年10月至罗马纪元707年即公元前47年3月，将他的正事放在一边，而和犹太人、贝都因人一起攻打这座城市的一群乌合之众。这也让他们亲身感受到了一人专政的后果：他们有君主，但君主的缺失，就会让各地陷入混乱之中。此时，恺撒派就像庞培派一样，无人管理，各地事务尤其是意外事件，全凭官员的个人能力来处理。

法萨卢投降

在恺撒出发前往埃及时，小亚细亚并没有可以同他抗衡的敌人。但是，恺撒命令副将格涅乌斯·多米提乌斯·卡尔维努斯（Gnaeus Domitius Calvinus），将法萨卢国王擅自从庞培的同盟国夺走的土地收回来。法萨卢国王就像他的父亲一样，也是一位顽固不化、狂妄自大的暴君，他断然拒绝从小亚美尼亚撤离，这让恺撒军除了讨伐之外别无选择。卡尔维努斯有三个军团，其中有两个军团不得不被派往埃及，剩下一个军团是由法萨卢战役中的战俘组成。为了弥补空缺，他急忙用定居在本都行省的罗马人整编了一个军团，再加上来自德奥塔鲁斯麾下按照罗马方式训练的两个军团，一起出征小亚美尼亚。但博斯普鲁斯（Bosporan）的军队曾多次与黑海的居民交战，显然比卡尔维努斯的军队更加骁勇善战。

卡尔维努斯在尼科波利斯战败　恺撒在泽拉取胜

在尼科波利斯的交战中，卡尔维努斯在本都行省所征召的军团被击溃，加拉提亚的军团逃走了，只有一支罗马的老兵军团杀出重围，损失不大。卡尔维努斯非但没能占领小亚美尼亚，甚至无法阻止法萨卢重新夺回“世代相传”的本都地区。法萨卢国王将君主可怕的任性全部发泄到当地的居民身上，尤其是不幸的阿弥索斯人（罗马纪元706—707年即公元前48—

前47年)。当恺撒亲自来到小亚美尼亚时，他让人通知国王：虽然法萨卢没有给予庞培援助，也不能饶恕他给帝国造成的损害，在进行任何协商之前，他必须撤离本都行省并返还掠夺的财产。国王当然宣称他准备投降，不过他深知恺撒要赶回西方，所以并没有真的准备撤离。他不知道恺撒无论做什么，都会把手头的事情做完。恺撒不再进行谈判，率领从亚历山大城带来的一个军团，同卡尔维努斯和德奥塔鲁斯的军队一起，直接进攻法萨卢在泽拉的军营。当博斯普鲁斯人看见恺撒攻来时，勇敢地越过掩护在他们前方的沟壑，冲上山攻打罗马人。恺撒的士兵正在安营扎寨，队伍一时间陷入了混乱，但是身经百战的老兵迅速集结起来，以身作则发起总攻，并取得了完胜(罗马纪元707年即公元前47年8月2日)。五天之内战争就结束了——在时间宝贵的时候，此时取得的胜利真是无比幸运的事情。

小亚细亚的管理

法萨卢国王经西诺逃回国，恺撒派国王同父异母的弟弟去追赶他。为了奖励这位波加蒙英勇的米特拉达特斯在埃及立下的战功，恺撒让他取代法萨卢成为博斯普鲁斯的国王。在其他方面，叙利亚和小亚细亚的事务均已得到和平解决，恺撒自己的盟友都获得了丰厚的奖赏，而那些庞培的盟友通常在缴纳罚金或被训斥后释放。只有庞培属国中最强大的德奥塔鲁斯，再次局限于自己世袭的狭小领地托利斯托伯吉，卡帕多奇亚的阿里奥巴赞国王取代他拥有了小亚美尼亚，德奥塔鲁斯所篡夺的特罗克弥的四帝共治的职位授予博斯普鲁斯的新国王。这位国王的母亲来自伽拉廷的王室，父亲来自本都地区。

伊利里亚的海陆之战　伽比尼乌斯战败　陶里斯的海战胜利

当恺撒在埃及时，伊利里亚也发生了非常严重的事件。几个世纪以来，达尔马提亚沿岸一直都是罗马统治的痛处。自都拉基乌姆战役以来，这里的居民就开始公开与恺撒作对，而且自色萨利战争开始，分散的庞培党就涌入了内陆地区。然而，罗马军团随昆图斯·科尔尼菲西乌斯从意大利来到这里，镇压了当地人和流亡者，同时还能在这贫瘠的地区解决军队补给的难题。甚至当库里克塔战役的胜利者、悍将马尔库斯·屋大维率领庞培的舰队来到这片海域，从海陆两个方向对恺撒军发起攻击时，科尔尼菲西乌斯依靠船舶和耶德斯丁（Iadestini，即扎拉）港口的支援，不仅知道如何坚守阵地，还能与敌人的舰船战斗，并在海战中取得几次胜利。但是，恺撒将流亡中的奥卢斯·伽比尼乌斯召回，任命他为新的伊利里亚总督。当罗马纪元706—707年即公元前48—前47年的冬季，这位新总督率领十五个步兵队和三千名骑兵由陆路来到伊利里亚时，战局发生了转变。他不像前任总督将战事局限在小范围之内，这个积极勇猛的人不顾天气严寒，立刻率领全军向山区进军。但是，不利的气候条件、补给的困难和达尔马提亚人的英勇抵抗，摧毁了他的军队。伽比尼乌斯不得不开始撤退，在中途又遭到了达尔马提亚人的攻击，一败涂地。他率领着这支优秀军队的残兵败将艰难地抵达萨隆，不久他就死在了此地。于是，很多伊利里亚沿岸的城镇都向屋大维的舰队投降，那些依附于恺撒的城镇如萨隆和伊庇道鲁斯（Epidaurus，在拉古萨—维齐亚之间），在海上遭到舰队的逼迫，在陆上又遭到蛮族的逼迫，看起来被围困在萨隆的残兵败将不久也将缴械投降。当时，布隆迪西乌姆据点的指挥官是充满魄力的普布利乌斯·瓦提尼乌斯，由于没有战船，他便让人将战舰舰首突出的铁嘴安装在普通船只上，用医院离职的士兵充当船员。他用这种临时修建的战船与屋大维强大的战舰在陶里斯岛（Tauris，即勒西纳和库尔佐拉之间的托尔科拉）交战。同许多案例一样，在一场战争中，骁勇善战的将领和海军可以弥补战舰的不足，恺撒军打了一场漂亮的胜仗。马尔库斯·屋大维离开了这片水域前往阿非利加（罗马纪元707年即公元前47年春）。当然，达尔马提亚人继续进行了多年顽强抵抗，但都只限于局部的山区战争。当恺撒从埃及返回时，这位果断的副将已经平息了伊利里亚即将发生的危险。

联合派整顿阿非利加

阿非利加的形势越发严峻。自内战开始以来，宪政党就不断地在阿非利加扩大势力范围，获得绝对统治权。或者说直到法萨卢战役，国王尤巴都统治着这里，是他战胜了库里奥，他那飞奔的骑兵和无数弓箭手成了军队的主力。庞培的总督瓦罗成了国王旁边的下属，甚至要将库里奥的士兵交给他，不得不目睹他们被处死或押往努米底亚的内陆地区。法萨卢战役后，一切发生了转变。除庞培本人外，战败党中没有一位名人想要投奔帕提亚人。他们也没想过联合起来控制海域，马尔库斯·屋大维在伊利里亚海域所发动的战争只是个别行为，没有取得持久的胜利。很多共和派和庞培党都逃往阿非利加，只有在这里他们才能继续对篡位者发起荣誉之战。法萨卢逃散的残兵，驻守都拉基乌姆、科西拉和伯罗奔尼撒的军队，还有伊利里亚舰船的剩余力量都逐渐聚集在一起。第二统帅梅特路斯·西庇阿、庞培的两个儿子格涅乌斯和塞克斯图斯、共和派的政治领袖马尔库斯·加图、精明能干的军官拉比努斯、阿弗拉尼乌斯、裴特雷、屋大维等，都在这里碰面。如果说流亡者的数量有所减少，但他们甚至可能变得更加狂热。他们不仅继续杀害俘虏，甚至还杀害已经休战的恺撒军官，而且国王尤巴兼有支持者的愤怒和阿非利加半开化人的狂暴，立下规定说，任何城邦的公民，要是怀疑有同情敌人的倾向，就将被斩草除根，将城镇烧毁。他甚至对一些城镇实施了这项政策，例如哈德鲁米图姆旁边不幸的瓦加城。事实上，只是由于加图的大力干预，该行省繁荣的首都乌提卡——一座像曾经的迦太基一样的城市，才没有遭到尤巴同样的毒手。他们仅仅对该城的市民采取防范措施，说这些市民倾向于恺撒并非虚言。

无论恺撒本人还是他的任何副将，都没有对阿非利加采取行动，这让联合派有充足的时间整顿政治和军事。首先，庞培死后，需要选出新任统帅弥补空缺。国王尤巴不想维持法萨卢战役前，他在阿非利加所处的地位。事实上，他不再像是罗马的被保护者，而像是与罗马平起平坐的同盟者，甚至是保护者。例如，他将自己的名字和纹章刻在罗马银币上，不仅如此，他甚至提出在军营里只有他能身穿紫袍，提议让罗马将领脱掉他们的紫色官服。另外，梅特路斯·西庇阿要求担任最高统帅，因为在色萨利战役中，庞培从女婿的角度而非军事的角度考虑，曾承认他享有平等的地位。瓦鲁斯自命为阿非利加的总督，也提出相同的要求，因为战争将在他的行省爆发。最后，军队希望由前执政官马尔库斯·加图来领导。对于这个困难重重的职位，只有加图拥有所需的奉献精神、活力和权威。如果他不是军人，那么任命一个听信忠言让属下做事的非军人为统帅，比任命一个像瓦鲁斯那样能力未经考验的军官，或像梅特路斯·西庇阿那样经检验毫无能力的人为统帅要好得多。但是，最后还是决定由西庇阿担任，这个决议主要也是由加图本人做出的。他之所以这样做，并不是因为他感到自己无法胜任这个任务，也不是因为他的虚荣心认为婉拒比接受更合理，更不是因为他喜爱或敬重西庇阿。相反，他们之间存在分歧，西庇阿的无能众人皆知，他之所以能获得如此重要的地位，仅仅是因为他是庞培的岳父。加图这样做仅仅是因为他固守法律的形式，宁愿选择让共和制由于法律的原因灭亡，也不要用违规的方式拯救它。

法萨卢战役后，加图和马尔库斯·西塞罗在科西拉相遇。自西塞罗管理西利西亚以来，他仍然拥有将军的军衔，依照法律是比加图职位还要高的官员，因此加图将科西拉的指挥权交给了西塞罗。他的这个意愿几乎让不幸的支持者感到绝望，现在他们无数次诅咒来自阿玛诺斯的荣誉，这连稍微有点眼光的人都感到惊讶。现在，当遇到风险更大的事情时，他采用了同样的原则。加图衡量关于统帅位置由谁担任的问题，就像考虑关于图斯库鲁姆的一块地的问题，他将其判给了西庇阿。这个判决让他和瓦鲁斯的候选人资格一同被撤销。但是，理直气壮地面对尤巴王要求的人也是他，也只有他。这让尤巴王感觉罗马贵族来到这里与到帕提亚大王那里不同，他们并不是作为一个恳求者来向保护者寻求援助，而是命令属国提供帮助。就目前罗马在阿非利加的兵力状况而言，尤巴王不免会降低一些要求，但他仍然坚持让懦弱的西庇阿用罗马国库支付他的军饷，并向他保证，获胜后将阿非利加行省割让给他。

三百人的元老院也伴随着新任统帅再次成立了。元老院设在乌提卡，为了填补席位，允许骑士阶层中最受尊重和最富有的人加入。

战事准备正全力向前推进，这主要得益于加图的热心。每一个能入伍的人员，甚至是释放奴隶和利比亚人，都被召入军团。这导致很多人员脱离农业，大量的土地无人耕种，但所产生的结果确实惊人。重步兵数量达到十四个军团，其中两个军团是由瓦鲁斯成立，另外八个军团是由流亡人员和行省招募的人员组成，还有四个军团是由国王尤巴按照罗马方式配备。重骑兵除了尤巴按照罗马方式配备的外，是由随拉比努斯一起来到阿非利加的凯尔特人和日耳曼人以及其他各类人员组成，共有一千六百人。轻骑兵是由无数没有缰绳仅持有标枪的努米底亚人、一些骑马的弓箭手和一大队步行的弓箭手组成。此外还有尤巴的一百二十头大象，普布利乌斯·瓦鲁斯和马尔库斯·屋大维所指挥的五十五艘战舰。由于急需金钱，元老院采用自动征税的方式来补救，因此他们让阿非利加最富有的资本家进入元老院，让资金更为充足。没有恺撒，没有他那让人苦恼的军团，而西班牙和意大利又不断发生动乱，法萨卢战败的记忆开始被胜利的新希望所取代。

恺撒在埃及所浪费的时间，让他遭受了前所未有的损失。

如果他在庞培死后立即前往阿非利加，将会遇见一支实力薄弱、纪律散漫、胆小怯懦的军队，而且组织混乱不堪。然而现在的阿非利加，尤其是经过加图的努力，在名帅的领导下，受到严格的管理，军队人数和法萨卢战败时不相上下。

西班牙的运动

这次恺撒远征阿非利加，好像受到了特殊灾星的主宰。甚至在他登船前往埃及之前，他已经做好了出征阿非利加的各种初步准备，但所有这些只是酿成了祸患。按照恺撒的安排，南部行省的总督昆图斯·卡西乌斯·郎吉努斯将率领四个军团自西班牙前往阿非利加，在这里与西毛里塔尼亚的国王博古德会合①，然后一起进军努米底亚和阿非利加。但前往阿非利加的军队里，包括很多本地西班牙人和两支以前隶属于庞培的军团。然而这支军队以及该行省弥漫着对庞培的同情，同时，听

①在此期间，西北非洲各国还未界限分明。朱古达战争之后，西部海域至萨尔底港即现在的摩洛哥和阿尔及尔，由毛里塔尼亚国王博库斯统治；丁吉斯（即丹吉尔）的君王可能从开始就与毛里塔尼亚统治者不同，他们甚至出现得更早。我们推测，萨路斯特提到的勒普塔斯塔、西塞罗提到的马斯塔尼索苏斯，就属于丁吉斯君王。他们可能在一定范围内享有独立性，或者受封于毛里塔尼亚王，就像徐法克斯已经统治了很多部落的酋长，而且大约在此时，马西尼萨王子占有了邻国努米底亚的锡尔塔，很可能是在尤巴统治时期。大约在罗马纪元 672 年即公元前 82 年，我们发现国王不是博库斯（Bocchus），而是一个名为博库特（Bocut）或博古德（Bogud）的人，他是博库斯的儿子。自罗马纪元 705 年即公元前 49 年，王国一分为二，博古德国王占据西部，博库斯王国占据东部，毛里塔尼亚后来分为丁吉斯国和博库斯国（即约尔国）就是源于此。

命于恺撒的总督笨拙而又粗暴的行为，也无法安抚他们的情绪。一场正式的叛乱爆发了。军队和城市既有支持总督的，也有反对总督的。那些已经揭竿而起反对恺撒副将的人们，甚至公然亮出庞培的军旗。庞培的长子格涅乌斯已经从阿非利加登船前往西班牙，想要借此机会扭转局面。但是，最受尊敬的恺撒党人亲自否认了这位总督，同时还加上北方行省统帅的干预，才及时镇压了叛乱。格涅乌斯·庞培本想在毛里塔尼亚建立自己的势力范围却无功而返，但这次事件却让他耽误了时间，来迟了。恺撒从东方返回后，派遣盖乌斯·特雷博尼乌斯前去接替卡西乌斯（罗马纪元 707 年即公元前 47 年秋天），各地都对特雷博尼乌斯惟命是从。但在铸成大错的过程中，共和派在阿非利加的组织完全没有受到来自西班牙的干扰，而郎吉努斯事件同时还导致拥护恺撒的西毛里塔尼亚的国王博古德，将军队调回西班牙，没法阻止国王尤巴的扩张。

坎帕尼亚的军事叛乱

恺撒让军队前往南意大利集合，以便和他一起登船前往阿非利加，就是在这些军队中发生了尤为严重的事件。他们大多都是老兵，为恺撒奠定了高卢、西班牙和色萨利的王权。这些军队的精神面貌没有因为胜利而提升，反而因为在南意大利长时间的休息而变得涣散。将领对他们所提出的非人要求，结果只让他们惊恐地发现人数在不断减少，甚至在这些铁汉心中悄悄滋生出怨恨，只要有时间让他们安静下来，他们便会变得心烦意乱。唯一能够影响他们的人，已经有一年的时间不见踪迹、杳无音信。比起士兵对军官的畏惧，军官更加畏惧士兵，他们忽视了这些征服世界者在营地所犯下的所有暴行，也忽视了他们违反军纪的所有行为。当登船前往西西里的命令下达时，士兵们将要离开坎帕尼亚安逸的生活，而去参加第三次战役，这次战役的辛苦程度肯定不亚于西班牙和色萨利的战役。长时间松弛下来的缰绳突然被拉紧，很快就扯断了。军团拒绝服从命令直到允诺的赏赐发放为止，他们轻蔑地回绝了恺撒派来的军官，甚至向他们投掷石头。军官们试图提高允诺的军饷来平复刚刚萌发的叛意，结果不仅没有成功，士兵们还成群结队地前往首都，强迫统帅履行承诺。在途中，几位军官试图阻住叛乱，却被士兵们杀害。这是一次棘手的危机。

恺撒命令城里的几名士兵把守城门，至少抵挡住第一波进攻的劫掠，然后他突然出现在愤怒的人群中，问他们想要什么。他们高呼："退伍。"这个要求立即就被恺撒批准了。恺撒补充道，关于他曾允诺给士兵的凯旋赏，还有他尚未言明但已决定给他们的土地，他们可以在他和其他士兵胜利凯旋时申请，因为已经提前退伍，所以他们不能参加凯旋礼。士兵们对于这种转变毫无准备，他们确信，恺撒没有他们无法进行阿非利加的战争，他们之所以要求退伍，只是为了一旦被拒绝，他们能为服役附加自己的条件。他们有些担忧关于自己不可或缺的想法，重新回归他们的目标又太棘手，很难将走错方向的谈判带回正轨。作为男人，他们感到惭愧，因为统帅对于已经忘掉忠诚的士兵还尽责地遵守自己的诺言，甚至现在还要慷慨地给予他们比承诺更多的东西。作为士兵，他们深受触动，因为统帅说他们将来仅能作为市民旁观战友的凯旋仪式，当他不再称他们为"战友"而是"市民"时，听他说出来是如此陌生，正是用这种形式的说辞好像一下子就将他们过去的从军生涯全部毁灭。除此之外，这个男人的个人风采让人着迷，具有一种无法抵抗的力量，士兵们站在那里沉思了半晌，直到四周传来喊声，请求统帅再次开恩，允许他们被称为恺撒的士兵。恺撒等他们恳求到自己心满意足后才同意，但是兵变的罪魁祸首被剥夺了三分之一的凯旋赏。这是历史上最伟大的心理战杰作，没有比这更成功的。

恺撒前往阿非利加　鲁斯皮那的冲突

这次兵变对出征阿非利加造成了不利影响，至少严重拖延了出征时间。当恺撒到达利利巴厄姆港准备登船时，预计前往阿非利加的十个军团还没有在此地集合，身经百战的军队更是远远落在后面。然而六个军团中差不多有五个是新兵队，他们刚抵达，战船和运输船就来了，恺撒便和他们一起离港出海（按未修正的历法是罗马纪元707年即公元前47年12月25日，按儒略历大约是8月8日）。因为秋风盛行，敌人的舰船停靠在迦太基海湾前埃吉穆岛的沙滩上，没有阻碍航道。但还是这阵秋风，将恺撒的舰队吹得七零八落，当他借机在哈德鲁米图姆（Hadrumetum，即苏萨）不远处登陆时，随他一起上岸的只有不足三千的步兵，而且其中大部分为新兵，还有一百五十人的骑兵。恺撒本来打算占领哈德鲁米图姆，可是这里被敌人重兵把守，只能宣告放弃。不过，他控制了两处相距不远的海港，鲁斯皮那（Ruspina，即苏萨附近的莫尔斯提尔）和小勒普蒂。在这里，他用壕沟围住自己，但这个据点并不安全，所以他让骑兵守在船上，船上备有淡水做好出航的准备。一旦他遭到了强敌的进攻，随时都能登船出港。不过无需如此，因为正在此时，偏离航道的舰船也相继抵达（罗马纪元708年即公元前46年1月3日）。由于庞培的部署，恺撒军出现了粮食匮乏。恺撒率领三个军团于次日开始进入内陆地区，但是行进到距离鲁斯皮那不远的地区时，遭到了拉比努斯的攻击，他们是为了把恺撒逐出阿非利加而从沿岸赶来的军队。因为拉比努斯只有骑兵和弓箭手，而恺撒只有步兵，所以恺撒军团很快就被团团围住，遭到敌人的射击，毫无还手之力，也无法进攻取胜。毫无疑问，整条战线的展开再次解救了侧翼，恺撒英勇地冲锋陷阵保住了他的军队的荣誉，但是撤退不可避免。如果鲁斯皮那远一些，摩尔人的标枪，或许能取得与帕提亚人的弓箭在卡莱一样的战果。

恺撒在鲁斯皮那的据点

这次的战役让恺撒深深地知道了即将到来的战争有多困难，他不再让这些缺乏经验、对新战术感到气馁的士兵遭到攻击，而是等待老兵团的到来。敌人的武器在远距离作战中具有绝对优势，恺撒只是利用间隙稍作抵抗。他将舰船上适合作战的士兵合并到陆军里，充当轻骑兵或弓箭手，但收效甚微。相反，恺撒所实行的牵制战倒是更见成效。盖图利亚（Gaetulian）是一支在大阿拉特斯山南麓朝向撒哈拉沙漠地区的游牧部落，恺撒成功地让这支部落拿起武器和尤巴作战，原来因为马略和苏拉时期的战争也曾波及到了他们。庞培那时让他们臣服于努米底亚王，而伟大的马略所进行的朱古达战争至今还让他们记忆犹新，所以从一开始他们就更倾向于马略的继承人。毛里塔尼亚的国王即丁吉斯的博古德和约尔的博古斯，他们和尤巴生来就是对手，长久以来都和恺撒保持着联盟关系。此外，最后一位喀提林派人士即努凯里亚的普布利乌斯·西提乌斯（Publius Sittius），仍然游荡于尤巴和博古斯两国之间。十八年前，这个人由意大利的破产商人变成了一位毛里塔尼亚的游击队领袖。从此以后，他在利比亚的冲突中，名声鹊起，还有一队追随他的忠仆。博古斯和西提乌斯联合起来攻入努米底亚，占领了重要的城镇锡尔塔。他们的攻势以及连同盖图利亚人的攻击，迫使尤巴王将一部分军队调往南部和西部边界。

不过，恺撒的处境仍然不是很乐观。他的军队全都挤在一块六平方英里的区域里，虽然有舰船运送粮食，恺撒的骑兵还是和此前在都拉基乌姆的庞培士兵一样，草料供给匮乏。虽然恺撒尽力了，但是敌人的轻骑兵还是具有极大的优势，看起来好像利用老兵将进攻引入内陆地区几乎不可能。如果西庇阿撤退，放弃沿海城镇，他或者可以像奥罗德斯的维齐尔战胜克拉苏、尤巴战胜库里奥一样获胜，至少也能把战事无限期地拖延下去。只要稍微考虑一下，就能想到这个作战计划，甚至连加图，虽然他完全不是一位军事家，也建议采用此战术，同时自告奋勇随军队前往意大利，号召共和党起兵反抗——该地区正陷入混乱之中，兵变很容易成功。但加图只能建议，不能下达命令。

作为统帅的西庇阿决定让战事在沿海地区展开，这就犯下了一个大错，不仅放弃了有胜算的作战计划，而且将战场转移到了正处于危险的动乱之地，他们用来抵抗恺撒的大部分军队都心怀怨气。他们进行可怕严苛的征兵、夺取物资、摧毁较小的乡镇，一般人感到，他们从一开始就在为与自己无关而且已经失败的事情做牺牲，这让本地人民对罗马共和党在阿非利加的土地上做最后一搏而感到愤怒。而且，罗马共和党还对所有疑似参战不积极的城镇施行恐怖政策，这更让愤怒情绪高涨，发展成深深的憎恨。只要有勇气，各地的阿非利加城镇都宣布拥护恺撒，大量在轻骑兵甚至是军团中服役的盖图利亚人和利比亚人都纷纷逃亡。但是，西庇阿用蠢人所特有的固执坚持执行他的计划，率领全军从乌提卡来到恺撒所占领的鲁斯皮那和小勒普蒂城下，用重兵驻守哈德鲁米图姆以北和塔普苏斯以南。尤巴王也率领不用镇守边疆的全部军队来到鲁斯皮那，他和西庇阿一起屡次向敌人索战。不过，恺撒决定耐心等待他的老兵团。随着老兵陆续抵达战场，西庇阿和尤巴又不想冒险进行阵地战，因为他们的轻骑兵具有绝对优势，所以恺撒也不打算迫使他们出战。

将近两个月的时间都消磨在行军和鲁斯皮那及塔普苏斯附近的小规模战役中，主要目的是寻找当地常见的隐蔽式粮仓和扩大岗哨。敌人的骑兵迫使恺撒不得不尽量占据高地，甚至用壕沟来掩护自己的侧翼，不过艰苦和无尽的战事，逐渐让他的士兵习惯这种陌生的作战方式。朋友和敌人几乎认不出这位急性子的将领，用谨慎的辩论家的态度细心训练自己的士兵，常常还会亲自上阵。他娴熟地展现出拖延时的沉稳和行动时的迅捷，让他们困惑不解。

塔普苏斯战役

最后，恺撒和最后一批援兵汇合后向塔普苏斯的侧面移动。如前所述，西庇阿在这里部署了重兵把守，这样他就犯下了一个大错，给他的对手提供了一个易于夺取的攻击目标。很快，他又犯下了第二个不可饶恕的错误，为了营救塔普苏斯进行地面作战，将决定权交到了步兵手里，而这正如恺撒所愿，却一直为西庇阿明确拒绝。西庇阿和尤巴的军团立即沿着海岸，出现在恺撒军营的对面，前面的士兵准备作战，后面的士兵挖掘壕沟围住军营，同时，塔普苏斯的守军也准备反击，而恺撒军营里的卫兵就足以击退后者。身经百战的恺撒军团已经准确地判断出，敌军缺乏明确的队形而且行列混乱，虽然壕沟正在向前挖掘，但他们不等统帅发布命令，就让号兵吹响进攻的号角。当恺撒看见自己的士兵不等命令就进攻，他赶忙疾驰到前方，率领全军向前进发，攻击敌军。右翼部队位于其他队伍的前方，他们发射利箭，把敌阵的战象吓得调转方向，朝自己的队伍冲去，这也是最后一次在大战中使用大象。掩护的队伍被歼灭，敌军左翼被击破，于是西庇阿的军队全线溃败。由于败军的新军营还未建好，旧军营又相距甚远，所以导致其损失惨重，两个军营几乎毫无抵抗就被相继占领。众多战败的士兵都放下武器请求手下留情，但是恺撒的士兵已经不是伊莱尔达城下甘愿停战、法萨卢战役中饶恕放弃抵抗者的人。长久的内战和兵变所留下的仇恨，让他们执意要用权威以一种恐怖的方式在塔普苏斯战场上发泄出来。如果和他们交战的九头蛇总是长出新头，如果军队一直匆忙地从意大利到西班牙、从西班牙到马其顿、从马其顿到阿非利加，如果渴望的休憩永远都无法到来，那么士兵们所寻找的造成这种状况的原因是统帅的不当仁慈，这也并非毫无理由。他们发誓要补救统帅的疏忽，对于缴械投降的同胞们的恳求以及恺撒和高级军官的命令，一概置若罔闻。五万具尸体横尸于塔普苏斯战场，其中还有几位恺撒的军官，被他们自己的人借机杀害，这些军官被认为是秘密反对新君主制的人。这昭示了士兵们如何用自己的方式获得休憩。另一方面，胜利的军队中阵亡人数不超过五十人（罗马纪元 708 年即公元前 46 年 4 月 6 日）。

加图在乌提卡　加图之死

塔普苏斯之战后，阿非利加的战斗已经无法持续下去，正如一年半以前法萨卢战败后，在东方的战事一样。加图作为乌提卡的统帅召集元老院开会，陈述了实施防御的方法，并让集会者决定是投降还是抵抗到最后，只是要求他们不要单独决定和采取行动，而要统一行动。有几个人支持采取较为勇敢的想法，他们建议为了国家应该释放能够作战的奴隶，不过遭到了加图的否决，因为他认为这侵犯了私人财产权，并提出一个替代做法，即呼吁奴隶主爱国。但是，很快这个决议就被终止了，因为聚会者主要是由阿非利加的大商人组成，他们都同意投降。随后，当执政官苏拉的儿子福斯图斯·苏拉和卢奇乌斯·阿弗拉尼乌斯，从战场上率领强大的骑兵队抵达乌提卡时，加图仍然想要依靠他们保住这座城。不过，他们要求首先要处死乌提卡不忠心的市民，加图愤然拒绝，他宁愿选择让这最后的堡垒落入君主手中，也不想让这种屠杀玷污了共和国最后的时刻。他利用自己的权威和慷慨的馈赠，极力压制住士兵对不幸的乌提卡人的愤怒。他尽其所能，为不愿委身于恺撒的仁慈者提供出逃的资金，为留下的人提供最好条件下的投降机会，这种关怀让人感动。他在无法给任何人提供帮助后才心满意足，卸任统帅职务，回到自己的卧室，用剑刺入胸膛。

共和派领导人被处死

至于其他逃亡的领导者，只有少数能幸免于难。从塔普苏斯逃走的骑兵遇到了西提乌斯的队伍，都被杀死或俘获，他们的领导者阿弗拉尼乌斯和福斯图斯被交给恺撒。当恺撒没有下令将他们立即处死时，他们却在骚乱中被老兵杀害。统帅西庇阿和战败者的舰船落入到西提乌斯巡航舰队的势力范围，当他们准备要攻击他时，西庇阿用剑刺向了自己。尤巴王对此也有所准备，他决定假如一定要死去的话，他要用一种符合国王身份的方式去死。他让人在扎玛的集市上堆积起一个巨大的火葬堆，想要把他所有财富和全体扎玛市民的尸体随他的躯体一起烧毁。但是，这座城镇的居民不想让自己成为这位阿非利加的萨尔丹纳帕鲁斯葬礼的装饰品，当马尔库斯·裴特雷陪同尤巴王从战场逃到城门前时，他们紧闭城门。有些人在放纵的享乐生活中，变得性情残暴，甚至将他们自己的死亡准备成一场醉人的宴会，尤巴王就是这样的人。他和自己的同伴一起前往他的别墅，让人准备好盛宴，宴会结束后，便向裴特雷发起挑战，进行一对一的死亡决斗。这位喀提林的战胜者死在了国王的手里，然后国王让一位奴隶刺死自己。少数逃走的名人如拉比努斯和塞克斯图斯·庞培，都跟随后者的兄长逃往西班牙，就像从前的塞多留一样，在这片仍然是半独立的土地上，在它的山山水水中寻找强盗和海盗最后的避难所。

阿非利加的管理

恺撒可以毫无阻碍地管理阿非利加的事务。按照库里奥曾经的建议，马西尼萨国被分割。最东部的西提非（Sitifis）地区并入东毛里塔尼亚国王博库斯的国土，忠心的丁吉斯的国王博古德也受到重赏。一直以来，尤巴王在锡尔塔及其周边地区拥有至高无上的权力，由亲王马西尼萨和他的儿子阿拉比奥占据着，现在被授予雇佣兵队长普布利乌斯·西提乌斯，他可以用来安置自己那支半罗马化的队伍[①]。但同时，这个地区以及前努米底亚国最宽广最肥沃的土地都被并入老阿非利加行省，命名为“新阿非利加”。共和国曾将该地沿海地区对沙漠游牧部落的防御，委托给属国负责，新君主将此任务交由帝国自己承担。

君主制的胜利

庞培和共和派与恺撒的君主制之间的战争，在历时四年后结束了，以新君主的完胜而告终。毫无疑问，君主制不是在法萨卢和塔普苏斯的战场中首先建立，而是始于庞培和恺撒推翻以前的贵族政体，建立联合统治时。然而，只有经过罗马纪元

①在该地区的碑文中，还保存着大量关于殖民地的遗迹。西提乌斯这个名字在那里很罕见，非洲的小镇弥勒夫，罗马名为萨尔努斯殖民地，显然是来自努凯利亚的河神萨尔努斯。

706 年即公元前 48 年 8 月 9 日和罗马纪元 708 年即公元前 46 年 4 月 6 日的流血洗礼，才废除了与绝对统治权相对立的共和管理，才让新君主获得稳固的地位和正式的认可。觊觎王位者和共和派的密谋者，可能相继发动新的骚乱甚至新的革命和复辟，但是连续五百年没有间断的自由共和制被打破，合法性已成既定事实的君主制，在罗马帝国辽阔的土地上建立起来。

罗马共和国结束

体制的斗争结束了，当马尔库斯·加图在乌提卡用剑刺向自己时就已经宣告了结束。多年来，在正统的共和派与压迫者的斗争中，他都是前沿斗士；在早已没有任何胜利的希望时，他仍然继续战斗。但是现在，已经不可能再战斗了，马尔库斯·布鲁图斯所建立的共和国灭亡了，永远不会复活，共和派现在还能做什么？财富被夺走，哨兵被解除，如果离开，谁又能指责他们？加图的死是他一生中最高尚，也是最明智的事件。加图并不是一个伟人，尽管他缺乏远见、刚愎自用、枯燥乏味，还有些似是而非的言论，但对于他自己和永世而言，他作为轻率的共和主义的典范，以及嗜好共和主义者最喜爱的人，他却是唯一一位在最后的战斗中，仍在英勇捍卫这注定毁灭的伟大制度的一人。正是因为最精明的谎言遇到最简单的事实便自惭形秽，因为人性的高尚和荣耀最终不是依赖于精明而是诚实，所以，加图在历史上的地位高于很多智力远胜于他的人。他这个傻子只是让自己的死具有更深远的意义，事实上正因为堂·吉诃德是个傻子，才成为一位悲剧性的人物。让人深受感触的是，在这个活跃着众多伟人智者的舞台上，这个傻子注定成了最后一幕的上演者。

他的死不是毫无意义。共和派非常明确地反对君主制，当第一位君主上任时，最后一位共和派人士离去了。恺撒赋予他的君主制以合法性，然而抗议就像撕碎蜘蛛丝似的撕掉了所谓的合法性，揭露了所有虚伪的谎言，即宣称它能调和所有党派的关系，但结果却是，在其庇护下发展起独裁制。

几个世纪以来，正统的共和派幽灵，自卡西乌斯和布鲁图斯至特拉赛亚和塔西佗，甚至更晚的时候，他们持续不断地向恺撒的君主制发动战事——一场阴谋战和文学战，这就是加图临死时留给敌人的遗产。这些共和派反对者从加图那里获得了全部的态度——庄严、超验的虚夸言辞、自命不凡的刻板、消极的绝望、至死不渝的忠诚。这个一生被当作笑柄和丑行的人，在死后甚至立即被奉为圣人。但是，恺撒无意间向他致以了最大的敬意。恺撒向来对于自己的反对者，如庞培和其他共和派人士，都给予轻蔑的宽容，唯独对加图例外，甚至在加图死后，仍然对他怀有强烈的怨恨。对于反对他们的敌人，务实的政客通常所感到的仇恨，是认为既危险又束手无策。

第十一章　旧共和与新君政

恺撒大帝

罗马新君盖乌斯·尤利乌斯·恺撒（生于罗马纪元 652 年即公元前 102 年 7 月 12 日？），是整个罗马—希腊文明领域的第一位统治者。他在 56 岁那年，通过塔普苏斯会战，完成了一系列重大胜利的最后一击，将世界未来的走向把握在自己手里。很少有人能像恺撒一样久经考验仍百折不挠，他是罗马时期举世无双的创造天才，也是古代世界最后一位旷世奇才，古代世界遵循他设定的轨道运行直至消亡。

恺撒出身于拉丁姆（Latium）古老的贵族家庭，其家族血统可追溯至伊利亚特的英雄人物，他实际上是希腊与罗马两族人民共同信奉的爱与美之女神——维纳斯的后裔。童年和少年时期，他一直过着贵族青年惯有的生活，也正是那段日子，让他饱尝上流社会的甘与苦。他曾吟咏朗诵，闲暇时习作文学和创作诗歌，也曾卖弄风情，探索风靡一时的剃须、卷发和褶边等化妆方式的奥秘之处，还曾钻研赊账的神秘色彩。虽长期身处纸醉金迷、闲散轻浮的生活之中，但得益于柔韧如钢的天性，他始终能够明哲保身。不仅保存了身体活力，恺撒的理智与心灵的弹性也不曾受外界侵染。他极为擅长剑术和骑术，在军中无人能敌。游泳技术也十分了得，曾因此在亚历山大死里逃生。为赢取更多的宝贵时间，他常以惊人的速度带兵连夜行军——与庞培游行似的缓慢行军恰恰相反，他这样的做法令众人惊愕不已，但这也往往是他取得成功的原因所在。除了强健的体魄，他还拥有强大的心智。恺撒有着超乎常人的洞察力，他在战场上布局精确，战术安排合理，甚至在他没有亲临的地方仍能准确发号施令。此外，他还有无与伦比的记忆力，可以在谈笑风生之间兼顾诸事。他虽是绅士、才子、君主，但也是性情中人。父亲早逝，有生之年，他一直对母亲奥瑞莉亚（Aurelia）毕恭毕敬、关怀备至。他对妻子和孩子怜爱有加，尤其宠爱女儿尤利娅，即使婚姻中掺杂了某些政治因素，也丝毫没有影响他与妻儿的感情。他与当时的各界精英（无论地位尊卑），建立了互信互助的忠诚关系。他绝不是庞培那种胆小怕事、无情寡义之人，更不会像庞培（Pompeius）那样舍弃自己的同党。无论在顺境还是逆境中，他都对朋友不离不弃，与他们同甘共苦，甚至在他离世后，他的朋友，如奥卢斯·希尔提乌斯（Aulus Hirtius）和盖乌斯·马提乌斯（Gaius Matius），仍然对他十分忠诚。

如果说他刚柔并济的性情中，有什么独特之处的话，就是他拒绝一切空谈的理论和虚幻的事物。恺撒是一位充满激情之人，当然，没有激情，何来天才。但他从未被激情冲昏头脑而无法自控。他也曾在青春岁月中，沉迷欢歌、恋爱和酒精，但这些都没有令他迷失心性。他长期热衷文学，亚历山大因忧虑荷马阿基里斯而辗转反侧夜不能寐时，恺撒却沉浸在冥思拉丁名词和动词的曲折变化中。吟诗作赋甚为流行时，他也曾跟风作了几首，但他的诗着实少了些许诗情画意；相反，他对天文学和自然科学相关领域的问题却颇感兴趣。亚历山大终日借酒消愁时，这位张弛有度的罗马人却在历经少年疯狂后痛改前非，彻底戒了酒。那些曾在年少时爱慕美色、拜倒在女性爱的石榴裙下的人们，虽历经沧桑，仍有女性爱之余光摇曳在他们内心深处，经久不灭，恺撒亦复如是。甚至晚年时，他仍旧追求爱情，也如愿抱得美人归。他的外表依然透露着几分花花公子的性情，或者不如说，焕发着独具魅力的男性美。他小心翼翼地掩盖着自己脱发的事实，晚年时，每当外出公共场合，他都会戴上桂冠以掩其秃头。如果能重回少年意气风发时，他宁愿放弃几次胜仗。成为一代君王后，他虽仍喜女色，却仅限于同她们玩耍取乐，绝不受她们迷惑。甚至连他与克娄巴特拉王后那惹人非议的关系，也只是掩饰他政治地位弱点的一个幌子。

恺撒是一个彻底的现实主义者，也是个有理智有头脑之人。他最为显著的特点便是清醒冷静，这一点在他平日的所作所为中深有体现。也正因如此，他坚持活在当下，不为回忆和期望所扰。他能时刻专心于所操行之事，甚至在最琐碎枝节的事情上仍能充分发挥自己的全部才能。他能以八斗之才领略心智所能理解的一切，主宰意志所能控制的全部。他能镇定自若地边舞文弄墨，边筹划军备，无论身处顺境还是逆境，他都能保持“超乎想象的平静”。他能时刻独立自主，不受包括爱好、女宠、朋友在内的任何人的挟制。鉴于此，恺撒拥有足够的理智，所以从不幻想掌握命运的力量和人类无限的才能。揭开那层诱人的面纱时，他深知自己才短力绌。他时刻谨记，无论如何精妙绝伦、思虑周全的筹划，都无法逃脱命运的安排或者说阻止意外的来临。或许他对命运孤注一掷、屡次挺身犯险的劲头儿，也与此有关。实际上，睿智的人偶尔也会迷信于运气之说，所以恺撒的理性主义，或多或少也与神秘主义有相连之处。

政治家恺撒

拥有如此聪颖天资之人，必会成为一名杰出的政治家。从深层意义上讲，恺撒年轻时就已然是一名政治家了。他为自己设定了人类所能树立的最高目标，即从政治、军事、智慧、道德各个方面，来实现堕落的本民族以及更为堕落的姊妹民族——希腊的伟大复兴。三十年的饱经沧桑，让他对实现这一目标的方式另有见解。但无论是身处绝望屈辱之中，还是大权在握之时，无论身陷民魁乱党的暗中算计之间，还是成为最高权力共有者而后再成为君主之时，抑或是于众目睽睽下执行任务之际，他的目标始终如一。他在不同时期所做的长久策略，都在其建设大计中各有所用。所以严格意义上讲，恺撒的成就不能割裂开来，他做的一切都有其内在联系。他拥有雄辩之才，虽不屑于采用律师那套方法，却仍旧如明艳照人的火焰，既使人明智，又激发热情，因此人们对演说家恺撒赞不绝口也不无道理。他的文章简洁有序，语言纯粹优美，旁人无法与其比拟，所以人们赞赏作家恺撒也自有其缘由。他特立独行，从不墨守成规，总能找出特定情境下击破敌军的妥当战法；他犹如占卜大师一般胸有成竹，总能寻得达成目的之良策；他在战败后，仍能像奥兰治的威廉（William of Orange）一样重新振作，积极备战，每次战事均大胜而归；他拥有超群的作战才能，具有军事天才之所以异于凡庸武将的本领，即行军迅速，成功的关键不在于兵多将广，而在于行军敏捷的程度，不在于长期备战，而在于速战猛攻，即使兵力不足仍能以寡敌众，因此古今最伟大的战略家非常推崇军事家恺撒也十分在理。但这些都是次要的，毋庸置疑，恺撒是伟大的演说家、作家和军事家，但他之所以能在这三方面都有所建树，主要因为他是一个登峰造极的政治家。

军事才能是他身上不可或缺的一部分，他从事政治活动时往往从政治煽动者而非武将的思维角度出发，这也是令他不同于亚历山大（Alexander）、汉尼拔（Hannibal）和拿破仑（Napoleon）的主要特点。按照原本的计划，他期望能像伯里克利（Pericles）和盖乌斯·格拉古（Gaius Gracchus）那样，不费一兵一卒便能达到政治目的。十八年来，他一直以平民党领袖的身份活跃于政治策略和政治阴谋中，直到四十岁时，才勉强认同军事力量的必要性，继而接任一军之首。但自那以后，他仍视自己为政治家而非军人，就像克伦威尔（Cromwell）一样。克伦威尔由反对党领袖摇身一变成了军事首脑和共和国护国主，那位清教君主虽不似这位放浪形骸的罗马人，但从他的发展、目标和成就上来看，他是一众政治家中与恺撒最为接近的人。从作战方式，也能看出他是临时受命的将军。拿破仑远征埃及和侵略英国之举，深刻反映出他是凭战功劳绩一步步提升为炮军中尉统帅的；相反，恺撒攻打埃及与英国之举，却恰恰能展现他是从政治煽动家一路攀升为将军的。一个受过正规训练的军官，必然不会如恺撒一般，屡次三番地为一些不甚紧急的政务舍弃大好军机，伊庇鲁斯（Epirus）登陆事件便是其中典型案例之一。从军事角度来看，他的几次行动都颇可非议。但失之东隅，收之桑榆，作为将军来讲，他确实一次次贻误了大好战机；但作为政治家来讲，他却是十足的胜者。本质上讲，政治家的职责存在普遍类似性，恺撒便拥有这样的政治天赋。即使他所做的诸事都相差甚远甚至截然不同，但它们无一例外都为了一个共同的目标，一个他多年来始终如一、满含真诚甘愿献身的伟大目标。他的伟大行动中涉及诸多方面，包含不同方向，但他对待每一桩事件都不偏不倚。他虽为战术大家，却因政治理由竭力避免内战。然而战争四起时，他也定会不遗余力地尽量减少杀戮，使自己的桂冠不沾染血迹。他虽开创了军事君主政体，却以史无前例的魄力不许有元帅集团或政府卫队擅权之事发生。如果说他对国家的任何一种服务形式有所偏好的话，那就是科学与和平的艺术而绝非战术。

他的政治工作中，最逸群绝伦之处便是“完美和谐”。事实上，恺撒身上融合了一切足以成就人类最具挑战事业的条件。他是一个彻彻底底的现实主义者，绝不允许既往的印象和所谓的传统干扰自己。在政治活动中，他看重的往往是活在当下和理性之法，正如在文法上，他舍弃了历史和古文物研究，仅仅承认现存的习用语法、认同对称法则。他是天生的统治者，统治人心犹如风逐浮云，令形形色色的各界人士，无论是市井臣民还是粗鄙军官，是罗马贵妇还是埃及和毛里塔尼亚的美貌公主，抑或是出色的骑兵军官和牟利的银行家，无一不甘愿臣服于他。他拥有卓越非凡的组织才能，没有哪位政治家能如恺撒对联合党一般，令大家甘愿加盟而后同舟共济；也没有哪位将军能像恺撒收拢他的兵团一般，令桀骜不驯的分子入伍而后精诚团结；更没有哪位统治者能似恺撒一般知人善用，为每个人提供适合其才能的职位。

他是位高权重的君主，却从不摆君主的架子。甚至当年作罗马专制君主时，他仍不失一党首领的风度。他为人十分温柔和顺，谈话舒适悦人，对任何人都彬彬有礼，他别无所求，仿佛一切都只为了成为同辈中的佼佼者。恺撒完美地避免了那些与他地位等同的人们经常犯的错误——把军事命令的格调应用到政治上。虽然他与元老院的元老在诸多方面政见不同，但却从未采取暴力手段来解决争议，比如法国共和时期 2 月 16 日当天发生的“雾月政变”（Achtzehnten Brumaire）。恺撒是万人之上的帝王，但他绝不似暴君一般昏庸无能。世界众多伟人中，或许也只有他能够事无巨细，按照统治者的义务严格执行，从不任性妄为。回顾平生，他会因曾经的失策而惋惜，却从不会因过往的感情失足而悔恨。据史书记载，恺撒的伟大前辈在东方时曾因诗意与情欲肆虐，杀害了克莱多（Kleitos），焚烧了波塞波利斯（Persepolis），而恺撒一生中的任何一件事，即使是小规模事件[①]，都不曾似前辈般做出如此荒唐之事。伟人中或许也只有恺撒一人，能够时刻保持政治家对事物发生可能性的敏锐辨别力，直至晚年而不失。对天赋异禀的伟人而言，人生最难之事莫过于在功成名就之时勇于承认成功的局限

①如果著名序言中恺撒与拉贝利乌斯（Laberius）之事，被引用为恺撒任意肆虐的例证，那么，人们一定完全误解了情况的离奇和诗人的反讽，姑且不论有人甚至天真地把欣然揣起酬金的诗人看作了烈士。

性，而恺撒或许也是唯一一个成功做到此点之人。凡世间可能之事，他都去做了。他从不会为了那些看似美好却不切实际的事情，放弃眼前可实现的好事，也从不耻于用缓和剂减轻不治之症的病痛。但每当命运做出安排时，他都无不听命。亚历山大在希帕尼斯河（Hypanis）上以及拿破仑在莫斯科时，曾为形势所迫班师回朝，为此他们痛恨命运的安排，痛恨命运只允许其宠儿获得有限的成功。而恺撒当年在泰晤士河和莱茵河上征战时，却甘愿主动撤退，就连曾经深入多瑙河和幼发拉底河之际，他也未曾有过征服世界的野心，仅仅是按计划对边界进行调整而已。

他就是这样一个举世无双的人，一个看似可以轻而易举地去描述，实际上又很难用言语去形容的人物。他的全部性情都如水般清澈澄明，代代相传的关于他的遗闻轶事，比古代世界中任何同辈人都更为丰富生动。人们虽对恺撒的认识或深或浅，但严格讲绝不会有异。对于每个没有全然堕落的研究者而言，恺撒的伟人形象都会显露出其本质特征，然而后世再无人能如他一般，其中奥秘源于他的完美无瑕。从人性角度和历史地位来看，恺撒屹立于人世矛盾显现与抵消的平衡点上。他拥有无上的创造力，尖锐的辨别力，虽不复少年，但也算不上老迈；他有极顽强的意志力，又有极高效的执行力；他虽满怀共和梦，却生来就注定将成为君主。他虽骨子里是个彻底的罗马人，却又背负着外界和自身调和罗马与希腊文化使其合二为一的历史使命——恺撒是个十足的完人。因此，在我们看来，相对其他历史人物而言，恺撒身上少了些许所谓的特点，而实际上，这种特点不过是对人类自然发展进程的背离而已。粗浅看来可视为恺撒的特点，经精心考究后，才发现其实并非他个人所有，而是当时文化或民族的特色。比如他年少轻狂喜欢冒险，而与他地位相当又极富天资的同辈人也都有这样的特点，他那缺乏诗意却逻辑严谨的性格，也是罗马人所共有的特性之一。他完整人性的形成，也极大程度得益于时间和空间的影响，因为世上并无抽象的人格，任何人都无法独立于民族和文化潮流而存在。恺撒之所以堪称完人，是因为他能更坦然地将自己置身于时代潮流中，他身上散发着更鲜明的罗马民族特色，即身为公民的本职，当然这也源于他身上特有的与意大利民族性紧密融合的希腊精神。也正是因为这一点，我们几乎不可能把恺撒描写得惟妙惟肖。正如艺术家的双手能勾勒世间万物，却无法绘出无瑕的美，史学家亦复如此，遇到千载难逢的完人时，其语言也黯然失色。模范固可言传，但其传递给我们的只是一种“无缺点”的反面概念；模范与个性的结合，才是自然的奥秘，只可意会不可言传。我们别无他法，只能祝贺那些曾有幸目睹如恺撒这般完人的人们，而后再从这位伟人所创造的不朽光辉中参悟一点关于“完人”模糊的概念。

确实，这些光辉业绩也带有时代特色。这位罗马英雄不仅能与自己年少时所崇拜的希腊前辈相提并论，而且一跃而起凌驾于先辈之上；但与此同时，世界也在慢慢变老，逐渐失去其年轻的光彩。恺撒的行为，不似亚历山大那般满心欢喜地追寻着遥远而虚无的目标，他在废墟上重建家园，只求在自己那宽广有限的一方土地上安稳有序地建功立业。也正因如此，来自各民族的杰出诗人早已将这位毫无诗意的罗马人置之度外，却把诗歌的光辉与荣耀寄托在菲利普（Philip）之子身上。数千年间，各民族的政治生活周而复始地循着恺撒制定的轨道运转着。时至今日，掌握世界命运的人们仍以恺撒之名代表无上的君主，这其中饱含了一个意味深长而又可耻不幸的警告。

废除旧党派

若要废除堕落破败的旧制度，实现民族的伟大复兴，首先必须保证国家的安稳平静，对近期事变以来造成的满目疮痍之地进行清扫。针对此事，恺撒以和解各党派之争为原则，或者准确地说，如果敌对状态无法化解，也就谈不上真正的和解，贵族与民众应化干戈为玉帛，两党也应就新君主制达成一致。所以当务之急就是抛开旧共和时期的争执，永不再提。首都的暴民听闻法萨卢（Pharsalus）的战讯时，集众人之力推倒了苏拉雕像，如今恺撒命人重新竖起雕像，也因此承认了只有历史才有权评判伟人的功过。此外，他还祛除了苏拉特殊法律的遗毒，召回了秦纳和塞多留（Sertorian）之乱中被放逐的流犯，恢复人们曾被苏拉剥夺的被选举权。同样，在祸乱萌芽期，因监察官或政治程序的审判（尤其是罗马纪元702年即公元前52年的特殊法提出的弹劾制）而丧失元老院职位或公民权的人们，如今也都已官复原职。那些为了金钱利益而杀害流犯的刽子手，虽合乎礼法，但仍备受谴责，当然元老党最凶猛善战的雇佣兵米洛（Milo）也不在大赦之列。

平民党的不满

诸如此类的问题已属陈年旧事，不难解决，更棘手的问题是恰当处理对立党——恺撒的平民党与被推翻的贵族党——间的矛盾斗争。夺取胜利后，恺撒要求放弃本党旧立场等一系列行为，可想而知，都令平民党比贵族党更为不满。毋庸置疑，恺撒心中所愿与盖乌斯·格拉古图谋之事相吻合，但时过境迁，恺撒党的计划已不再是格拉古党曾经的筹谋。罗马平民党无奈之下，一步步由改良转为革命，又由革命转为作乱，最后由作乱变至所有权之战。他们自发地庆祝纪念恐怖政治，从前用鲜花和花环装扮格拉古昆仲之墓，如今却用来粉饰喀提林（Catilina）的墓碑。他们曾甘愿臣服于恺撒，为的是希望恺撒能实现喀提林未竟之事。但随着事态逐渐明朗，他们发现恺撒无意施行喀提林遗愿，负债者唯一可寄希望于恺撒的，最多只是债务缓解和诉讼程序调整。此时，愤怒的人们哗然发问：平民党战胜，难道不是为了人民吗？此类乌合之众，无论身份贵贱，只因恼恨政治经济神农节（Saturnalia）的失利，转而向庞培党献媚取宠，甚至在恺撒离开意大利的近两年期间（罗马纪元706年1月至罗马纪元707年秋即公元前48年1月至公元前47年秋），鼓动内战中的二次内战。

凯利乌斯和米洛

副执行官马尔库斯·科利乌斯·鲁孚斯（Marcus Caelius Rufus）出身贵族，不爱还债，小有天赋，知书达理，是元老院里慷慨激昂的演说家，更是佛罗场（Forum）里最热心拥护恺撒之人。但他未经上级批准，擅自向民众推行法律——此法准予欠债者无息还款六年，随即遭到反对，但仍不死心，又提出一种法律，此法竟声称要取消一切借款和现行房租债权，无奈之下恺撒党元老院只得将其免职。此时正值萨卢斯之战前夕，庞培党似乎占据了大战的有利局势。鲁孚斯勾结元老党旧队长米洛，两人打着共和制的旗号，还扬言要取消债权、解放奴隶，实际却在合谋策划革命。米洛逃离流亡地马塞利亚后，召集了图里区的庞培党和牧民奴隶，跟他一起起兵造反。鲁孚斯计划借武装奴隶之力夺取卡普亚城（Capua），但其计划尚未执行，就被卡普亚民兵组织扼杀在摇篮中。昆图斯·佩狄乌斯（Quintus Pedius）率领军团进入图里境内，一举击溃驻扎当地的乱党。两位领袖的阵亡，也宣告此次祸乱告一段落（罗马纪元706年即公元前48年）。

多拉贝拉

尽管此次祸乱被成功镇压，但次年（罗马纪元707年即公元前47年）又有一位愚不可及之人，即保民官普布利乌斯·多拉贝拉（Publius Dolabella），再度提出鲁孚斯的关于债权和房租的法律，他与鲁孚斯一样无力还债，但其才能也远在鲁孚斯之下。他与同僚卢奇乌斯·特雷贝里乌斯（Lucius Trebellius）再次借此发动暴乱，这也是最后一次煽动性战争。双方武装力量进行了激烈交战，街市上也爆发多起暴动，随后意大利统帅马尔库斯·安东尼（Marcus Antonius）命军队对其加以镇压，不久后，恺撒自东方返回，才彻底结束了这次暴乱。恺撒并未对恢复喀提林计划的这类蠢事予以重视，以致在意大利时对多拉贝拉多方容忍，甚至一段时日后，竟再次对其加以恩宠。这种暴民从不关心政治问题，他们在乎的只是反对所有权之战，简直与匪徒无异，只有强大的政府才足以对其加以管制，一些杞人忧天的意大利人十分忌惮当时的共和党派，恺撒太过伟大缜密，对此却不以为意，也不曾趁机为其君主政权去博得那份虚假的人民爱戴。

反抗庞培党和平民党的举措

如此一来，旧平民党的瓦解几乎已成大势所趋，恺撒可以且已经任由其分裂。另一面，旧贵族党仍拥有长久强大的活力，恺撒对它兼施以镇压和安慰，目的并非为促成其瓦解——只有时间能做到如此——而是为其铺路、引其融入。拿其中一件小事来说，恺撒出于天然的礼仪感，避免以无畏的讽刺触怒失败的党派。他不会因战胜同国人而举行凯旋礼。每每提及庞培时，他都满含敬意，元老院会堂的庞培雕像战时曾被民众推倒，修复会堂时，他又命人重新将其竖立在先前显赫的位置处。

战胜后，恺撒把政治检举范围缩减到最小。宪政党曾与有名无实的恺撒党有着千丝万缕的联系，对此恺撒既往不咎。法萨卢和塔普苏斯的敌军总部堆积了众多文件，恺撒未曾过目就直接将其焚烧了，以防自己和国家对叛国罪嫌犯提起政治诉讼。此外，曾追随罗马将领或地方军官对抗恺撒的普通士兵，一律免罪放行。唯一的例外是那些曾在努米底亚（Numidia）王尤巴（Juba）军中谋事的罗马公民，没收了他们的财产，以惩罚其叛逆罪。到罗马纪元705年即公元前49年西班牙战争结束时，恺撒甚至赦免了战败党的军官。不过后来，他开始觉得这样做太过仁慈，当初至少应铲除战败党的首领。此后，恺撒制定了新规则，凡在伊莱尔达投降后任职于敌军或曾在敌军元老院有一席之位的人，如果他们战后得以保命，则没收其财产，剥夺其政治权，终身流放意大利境外；如果在战争中殒命的，则将其财产充公；但那些曾经获得恺撒恩赦而后再次加入敌军的人，则要被处以死刑。但实际执行中，这些规定的力度却大大减轻。众多弃明投暗的人中，也只有少数被处以死刑。没收死者财产时，不仅清偿了依附财产的债务和遗孀要求的嫁妆，还允许留一部分父产给儿女。最后那些按律应当流放和没收财产的人中，也有相当一部分被当场赦免，或像被拉入乌提卡（Utica）元老院的非洲资本家那样被处以罚金了事。其余人只要甘愿低头向恺撒请求，也无一例外地重获自由和财产。当然其中也有少数几个人，比如前执政官马尔库斯·马塞卢斯虽不愿向恺撒请求，却也得到了恩赦。罗马纪元 710 年即公元前 44 年，恺撒颁布了一道大赦令，赦免了所有尚未召还之人。

大赦

共和的反对党愿接受恩赦，但却未达成和解。他们普遍不满于新局势，十分痛恨这位不同寻常的统治者。但公然举行政治反抗却已绝无可能。涉及称号问题的讨论时，反对党几位保民官公开加以干涉，竟荣获共和党烈士称号，此事姑且不论。共和党竟断然流露出反对的声音，还暗中进行煽动和密谋。皇帝驾临时，公众竟无一人鼓掌欢迎。街头布告和讽刺诗一时风靡全国，言语中满是对新君政刻薄生动的通俗嘲讽。喜剧演员冒险将共和主义暗示融入表演时，竟获掌声如潮。专写小册子的反对党人士，常以歌颂加图（Cato）为时髦题目，他们的著作之所以颇得民众喜爱，只因文学也失去了其自由。恺撒无奈也采取了共和党之法来攻击共和党，他与才华横溢的心腹用“反加图文学”来回应加图文学。共和党与恺撒党的写手竟因已逝的乌提卡英雄而针锋相对，一如当年特洛伊人和希腊人为了帕特洛克罗斯（Patroclus）的尸骸而争斗不休。但不言而喻，这次争斗，民众完全偏向共和党，最终以恺撒党的失败告终。万般无奈，他们只能出此下策——恐吓作家。因此在一众流放之人中，那些在文学方面闻名遐迩却又极具危险性的人物，如普布利乌斯·尼吉狄乌斯·菲格拉斯（Publius Nigidius Figulus）和奥卢斯·凯奇那（Aulus Caecina），相对其他人而言，更难获取返回意大利的许可；而与此同时，反对党的作家虽被容许暂居意大利，但必须接受实际审查，然而可畏的处罚竟完全是随意的，所以这种束缚也愈加显得无关痛痒。[①] 失败党因反对新君政而暗地谋划的阴谋诡计，也会在后文相关内容中加以叙述，此处姑且先说说这几件事：在罗马全境，伪装者和共和党的起事风起云涌；内战的硝烟时而由庞培党煽动，时而由共和党谋划。在首都，刺杀新君的阴谋时有发生。但恺撒丝毫未被这些密谋吓到，也并未要求亲兵时刻守护在侧，通常只用公告宣布侦破的阴谋，仅此而已。

恺撒对各党派的容忍

这些愤愤不平之人不但威胁恺撒，竟还威胁他的创作，恺撒虽毫不在意一切关乎自身安全的事，却也不得不时常面对此

---

①任何人若想对作家如今和曾经遭受的苦难进行对比，均可以从凯奇那的书信中找到相关资料。

等十分危险之事。尽管如此，他却一意孤行，全然不顾朋友的警告和劝说，明知自己的怜悯无法化敌为友，却仍旧泰然自若地对绝大多数敌人施以恩赦。他执意如此，并非源于骄傲之士的慷慨侠义，也不是懦弱之人的多情与仁慈，而是政治家的深谋远虑。

在他看来，相对剥夺失败党人士的人权或将其流放境外而言，让他们逐渐融入国家，能更快速有效地解决双方矛盾，且造成的公众伤害也更少。恺撒若想实现自己的宏伟蓝图，宪政党是不可或缺的一部分，实际上，宪政党不仅包括贵族阶级，还囊括了意大利市民内部一切含有自由精神和民族正义的元素。若要实现民族复兴的伟大目标，必然少不了宪政党中一批才华横溢、学富五车之士、世袭名门之子以及自得声望之众的鼎力相助。从这一意义上来讲，他可以视赦免敌人一事为胜利的最佳奖励。因此，他虽铲除了失败党的最高领袖，却毫不介怀地对二、三等人物尤其年轻人予以恩赦。恺撒不许他们心怀怨气地进行消极抵抗，却刚柔并济地鼓励他们积极参与新政府建设，并授予荣耀和官职。恺撒与亨利四世、威廉·奥兰治一样都面临“打江山易，守江山难”的战后难题。血的经验教训让每一场革命的战胜者懂得了同一个道理，即打败对手后，他们不甘愿像苏拉和秦纳（Cinna）那般只做一党之首，而更欲如亨利四世和威廉·奥兰治那样，以国民福利代替片面的一党之纲。如此一来，各党各派，无论是本党抑或是失败党，都会团结一致反对新领袖。宪政党之友和庞培党，虽然口头上表示服从恺撒，但心中多少对新君政怀有怨恨，至少对新朝廷恶意满满。堕落的臣民发现恺撒的目的与本党目的不一致时，也开始公然反抗他。甚至在恺撒的拥护者中也是一片怨声载道，只因他们发现其领袖非但没有建立佣兵之国，反倒建起了人人平等的君主国，并且理应分得的利益也因失败党人的加入而减少。任何党派都不赞成这种治国理政之法，故只能在党内臣民与敌人中间一律采取强制措施。恺撒目前的处境比胜利前更危险了，但失之东隅，收之桑榆，他牺牲个人利益却成就了国家兴盛。

恺撒虽消灭党派、处置党内人士，却也不计政治前嫌，任用一切有才之士与名门望族之后，也正因如此，他的宏伟大业在国内有了良好的人力基础。不仅如此，无论是出于自愿也好，还是被迫也罢，各党各派人士都投身于国家建设中，国家也在不知不觉中走上正轨。恺撒心知肚明，各党只是表面上和解，他们步调一致之处不在亲附新局势上，而在对恺撒共同的憎恨上。恺撒深知敌对势力一旦形成表面联合之势，就会失去其敏锐性。但作为政治家，他只有通过这个办法，才能抢占先机，把一切留给时间去评说，时间可以淡化一切，也会让老一辈人永远安息，令矛盾冲突得以解决、永不复发。他从不过问都有谁恨他、谁企图刺杀他。与每位真正的政治家无异，他为人民服务，从不求回报，甚至不为博得人民爱戴，他牺牲同辈人的支持以求得后代幸福，祈求世人许他拯救和复兴自己的国家。

恺撒的事业

若想详细论说旧局势过渡到新局势的模式，我们首先要清楚恺撒不是来开创新世界格局的，而是来完成历史使命的。盖乌斯·格拉古早已制定了适应时代的新政体，多年来，他的追随者和继承人矢志不渝地固守着这个政体，虽成就有多有少，却从未发生动摇。根据世袭制，恺撒生来就是平民党领袖，三十年来他一直高举平民党的伟大旗帜，从未改变或隐藏过自己的党性。高居君主之位时，他仍保持平民党身份。他毫无保留地接受本党的一切传统，当然喀提林和克洛狄乌斯的荒谬计划除外；他毫不畏惧地展现出自己对贵族阶级以及纯贵族激烈的愤恨。他的君主政体基本继承保留了平民党思想，如缓解债务人压力，建立海外殖民，逐渐缩小国内各级人士的权利差异，令行政权脱离元老院管控等等，他借君主政体完成并实现了平民党的期望。他的君主政体不属于东方的神权专制独裁，而是盖乌斯·格拉古所欲创立、伯里克利和克伦威尔成功创立的政体，即由国民委以高度信任之人来代表国家。由此可见，恺撒治国理政的思路，并非他首创，但重点在于是他让这一思路成为了现实。当初那位天才设计者若能目睹恺撒的丰功伟绩，定会对此惊讶不已。现在抑或将来，处于不同历史时期、来自不同政治背景的人们，倘若有幸在现实或历史中目睹此等伟绩，加之对伟人和历史大事的理解力，必定会流露深深的感动和敬佩之情。

谈及此处，我们完全可以参透史学家心照不宣的假定，抗议愚蠢和背信弃义之人共有的习惯，正是这种习惯令历史的褒贬脱离了既定的结果。就当前的事例而言，就是把我们对恺撒的批评误解为对所谓的恺撒政体（Caesarism）的批评。历史固然可以指导现实，但并不意味着任何人都能够通过翻阅古籍而得知当今局势，再由此搜集证据对政治加以判别，或寻找对症下药的锦囊妙计。历史的指导作用，在于通过对历史文化的观察和解读，揭示文明的一般发展规律——文明的基本推动力亘古不变，只是其组合方式有所差异，也可借此引导鼓励人们要敢于独立创造而非一味地模仿。从这种意义上讲，恺撒和罗马帝国所创造的历史，虽有贤能之士的倾囊相助和一定的历史必然性，但不能否认其对专制政治进行了空前尖锐的批评责难。根据自然法则，最小的有机体远远好过最灵巧的机器，任何政体即使存在一定缺陷，但只要能给予公众自由选择的权利，都远胜那最精彩人道的专制制度。前者持续发展，因此得以延续；后者自甘现状，故而走向消亡。此自然法则在罗马军事专制的君主政体中得以证实。在创造者的天才推动和良好的外交环境下，这一政体的发展比其他任何国家都更加纯粹自然，再次完美证实了这一自然法则。

吉本（Gibbon）早年间也曾指出，自恺撒时代起，罗马体制仅存有表面团结和机械扩张，而其内部早已消亡殆尽，名存实亡。如果在专制体制初期或恺撒心中，留有一丝把人民自由发展与专制政治合二为一的希望，那么尤里乌斯家族一位天赋异禀的皇帝，不久后就会以血的教训告诉臣民水火不相容的道理。恺撒所行之事之所以必要且有益，并非因为它已经或有可能造福人类，而是因为远古国家体制，以奴隶制为基础，对共和与宪法代表制完全陌生，同时正统城邦政体历经五百年的发展演化已成长为寡头专制主义，故而军事专制的君主政体顺理成章地成为时代之巅，也是危害最小的政体。弗吉尼亚（Virginia）和卡罗莱纳（Carolinas）的蓄奴贵族一旦达到苏拉时代罗马的同质地步，则从历史精神角度来看，恺撒政体也终将成为合法政体。但倘若这种政体[①]出现于其他发展条件下，则会成为一种滑稽的讽刺，或成为篡权僭位之事。历史的评判虽会导致愚人误解恺撒之过，也可能会给流氓之徒以弄虚作假的机会，但却不会因此削减真正的恺撒应得的荣耀。历史亦是《圣经》，如若她无法似《圣经》一般防止愚人误解、魔鬼缠身，她会选择容忍并回报它们。

独裁政体

形式上，国家新元首的地位看似是独裁专制，至少最初如此。罗马纪元 705 年即公元前 49 年恺撒自西班牙返回后首次接任国家元首之位，但几天后又将其废弃。于罗马纪元 706 年即公元前 48 年，他以执政官身份指挥了一决胜负的重大战役——执政官任命问题正是引发内战的导火线。然而，当年秋季法萨卢之战结束后，恺撒重登独裁之位，刚开始时任期无限，709 年即公元前 45 年 1 月起改任期为一年，罗马纪元 710 年即公元前 44 年 2 月[②]又改为终身任命，故最终言明废除曾保留之职，正式宣布以“终身独裁”的新称号任期终身。

这一独裁职位，不管是开始暂时性的独裁，还是后来永久性的独裁，都已不是旧制的独裁，只是与它同名——苏拉法令设定的最高特别职位。其职权取决于人民特殊法令，而非最高

①1857 年我写这句话时，人们还无法预知人类历史上一场空前的大规模战斗和最光荣的胜利是如何迅速使美国免于这种可怕的考验，确保了未来绝对的自治自由不受任何地方恺撒主义限制。

②罗马纪元 710 年即公元前 44 年 1 月 26 日，恺撒仍为第四任独裁者；但在同年 2 月 18 日，他已改为终身独裁者。

个人官员的合法章程，也就是说，高居此位之人在拟定法律和治理国政时，其职权不受法律限制，且打破了共和的分权制。根据特殊法案，秉政者无需过问元老院和人民，即有权决策是战是和，有权独立支配军队和国库，有权任命省长，而这不过是一般权力应用于特例的体现。因此，恺撒兼掌了行政职权甚至最高当局权以外的特权[1]。他放弃代人民大会推举官员之权，仅要求在部分执政官和低级官员的任命上保留自己的建议权，又使人民特殊法令授予他贵族创立权——惯例绝不允许之事，这两件事似乎表明了他的让步。

其他官吏与归属

其他的职位都没有同独裁并立的余地。他虽不曾担任监察官职务，[2] 却无时无刻不在行使监察官的权力，尤其在至关重要的元老院议员任命上。除位居独裁之位外，他还屡次兼任执政官，甚至某次兼任时竟然无同僚共事，但他从不长居此职，且对那些要求他连任五年甚至十年之久的提议不予理睬。如今，恺撒已是大祭司长，无需借托他人委任其管理祭神之事。他也理所当然地成为占兆院成员，且享有许多或旧或新的名誉权，如“国父”的称号和沿用至今的以“尤里乌斯”（Julius）代指他的诞辰，此外，起初的宫廷风气最后演化成彻底的个人崇拜。其中只有两件事值得一提：第一，恺撒自称与保民官同

①规定独裁的条文似乎一并提出“道德改良”，但恺撒未曾担任此类官职。

②恺撒用 imperator 称号时通常不加次数表示世代，一般都是直接把它放于名字之后的第一位。

等，尤其在人身不可侵犯的特权上；第二，“皇帝”的称号永生与他共存，且并列于他曾担任过的其他官衔。

智者无需任何证据就知晓，恺撒欲将其至高权铸入国家政体，不是像当年苏拉摄政期间短短几十年或无限的任期，而是致力于使其成为国家基本且永恒的机关，换言之，成为一种世袭制。恺撒为新制度选择了简洁合适的名称，因创造无实质内容的名称属政治错误，设定有实质内容而无名称的全权同样不对。我们很难断定恺撒期望中的具体形式，一方面由于处于过渡期的暂时或永久的体制制度尚未明确分离，再者因为热心的属下揣度他的想法后，未经示意便擅自收揽了一批信任案和荣典法——毋庸置疑，他必会对此厌恶不已——交予他审理。新君政绝不可依附于执政官之手，因为执政官与同僚制密不可分。

显而易见，恺撒煞费苦心欲将曾经至高无上的官职降为虚名，后来他接任此职时，任期未满便将其交付给二等人物。实际上，独裁之职是恺撒担任过的最长久稳定的职务，但可能只是因为他希望按照古往今来宪法机制中独裁的意义——抵御危难的非凡领袖——来运用它。但若以独裁作为新君政支柱，着实不可取，这一职位本身带有一定的例外性，不为民众所喜，又因为独裁制乃反对党出类拔萃的拥护者为实现其个人利益所创，平民党代表竟出乎意料地选择独裁制为其永恒体制。

由于“皇帝”一称史无前例[①]，且选用该名也无明确外因，

---

①共和时期，imperator 一称代表凯旋的将军，战争结束后，便废除了这一称呼，似乎自恺撒开始，把它作为一种永久称号。

故而该称号于方方面面都十分适用于新君政。新酒不应装于旧瓶中，新事物的涌现必然伴有新名称，这一新名称意义深远地概括了平民党在伽比尼乌斯法律中已阐述——虽不够精确——的政党领袖职权，即把政权（imperium）永久集中在独立于元老院的人民领袖手中。尤其在恺撒晚年的钱币上，赫然可见“皇帝”并列于“独裁”字样。在恺撒颁布的政治犯惩处法中，也以“皇帝”代指君主。直到后世（虽并非下一世），君主政治仍沿用“皇帝”一称。为赋予新职平民和宗教的神圣性，恺撒欲将它与保民官之权和大祭司长之职永久合为一体。毫无疑问，新体制绝不局限于创立者一人的一生。恺撒未能成功解决棘手的皇位继承难题，我们也无法断定他究竟是想建立一种原始王政已存在的选举制，还是建立后来他养子提倡的皇帝终身制和皇权世袭制。[①] 但也有可能他有意结合皇帝终身制和皇权世袭制，效仿后来克伦威尔和拿破仑的做法来拟定继承人，如此一来，皇帝应传位于子嗣，若无子嗣或子嗣无德无才，则可自由收纳养子以继大统。

根据政治法，“皇帝”一职基于执政官或地方总督在城界以外的地位而立，故兵权、最高司法权和行政权均归皇帝一人

①据称恺撒在世时，曾制定了一项正式的立法手续，以便让他的男系后嗣——亲生或收养的，继承他的号令权和大祭司职位，他的儿子恺撒即可以此为其统治权的合法依据。由于这也只是传言，所以我们对于此法的存在，或者说元老院是否通过此决议，都必须持有决然否认的态度，但是无疑存在一种可能性，即恺撒打算发布类似法令。

所有。[①] 从性质上讲，皇权之所以高于执政官和地方总督之权，是因为皇权不受时间和空间限制，可终身执掌并有权在首都发号施令；[②] 执政官需接受同僚弹劾，皇帝则不用；历来享有最高职权之人都在多方面受限，尤其在必须接受他人上诉、尊重元老院建议等方面，但皇帝却不会受限于此。总而言之，皇帝俨然是原始王位再现，执政官之所以有别于国王，正是由于执政官的职权受限于时间空间以及同僚共治，且特定情形下必须与元老院和民社保持合作。

---

①有一种广泛流传的说法称，帝国的皇帝只不过是终身帝国元帅职，但这一观点不论是从其字面意思还是从古代记载的见解来看，都毫无根据。Imperium 的意思是号令权，imperator 即此权的拥有者。在希腊语中，与二词相对应的是 kratos，autokrator，这些词蕴含极少的特殊军事意味，而恰恰相反，它们包含着罗马官方权力的特征。罗马官权作为一个不可分割的整体，清楚地、完全地呈现在战争与诉讼之中，也就是说，官权掌握了军事和民政的支配力。狄奥说得相当正确：皇帝们使用"imperator"的称号，目的在于"代替国王和独裁者的称号，展示他们的全权（pros deilosin teis autotelous sphon exousias，anti teis basileos tou te diktatoros epikleiseos），至于这些旧名号，虽然名义上消失了，但实际上，"imperator"的称号同样享有特权（"de de ergon auton tei tou autokratoros proseigoria bebaiountai"），例如征兵权、征税权、宣战权以及求和权，对首都内外的公民行使至尊权，在任何地方对任何人行使刑罚权，总体来说，享有一切与最高权力相连的特权。"Imperator"只不过是"rex"（君主）的别名，正如"imperare"（管理）的意思就是"regere"（整治）一样。

②当奥古斯都建立元首制（principate），恢复恺撒式的号令权，他此番行事有如下限制：元首制受制于空间，在某种意义上也要在时间上有所限制；皇帝作为最高执政机关的权力，也就是所谓的"imperium"号令权，并不适用于罗马城和意大利。在这个要素上，恺撒的号令权与奥古斯都元首制的根本区别就在于此。另一方面，两种制度真正的相似之处在于，这些限制都只存在于原则上，实际中完全没能实现。

王权的重建

新君政与古君政在属性上完全吻合：集最高军事权、司法权、行政权于君主一人之手；身兼一国大祭司之职；有权发布法规以约束民众；削减元老院职能，成立议政会；复兴贵族和市政官。除此之外，恺撒的君主政体竟与塞尔维乌斯·图利乌斯的君主政体有着更为惊人的内在相似。如果这些大权在握的古罗马君主负责掌管自由民社、抵抗贵族和保护平民的话，那么恺撒也是为实现自由而绝非摧毁它，最初也是为了打破忍无可忍的贵族制。不足为奇，恺撒虽不是古政治研究者，却千方百计地重读五百年前的历史，为稳固新国家探寻值得借鉴的良策。罗马最高王位一直以来饱受多方限制，王位观念本身也未曾作废。不同历史时期，不管是十人政治和苏拉摄政时，还是恺撒独裁时，都曾有过在共和体制下复兴王政的事发生。从逻辑必然性上看，只要世人需要特权，那么有限政权的对立面，即无限政权就会自然而然地出现，而无限政权便是皇权。

最后，外因也会导致王权重现。人类在创新上举步维艰，故唯有将已有的体制善加珍惜。因此，恺撒将自己与塞尔维乌斯·图利乌斯联系在一起，实乃明智之举，正如后世查理大帝（Charlemagne）把自己同恺撒联系在一起，拿破仑至少也曾试图与查理大帝建立联系。恺撒行事与其后嗣一样力图光明磊落，从未偷偷摸摸或拐弯抹角。恺撒希望借助这种联系，为新君政寻得一个为民众所接受的清晰表述。七尊国王雕像自古屹立于卡匹托尔山上，他们的生平事迹被载入历代史书。恺撒命人将自己的雕像与他们并排而立，也因此成为历史上第八位屹立于此的伟人像。恺撒面见公众时，常身着古阿尔巴王服装。恺撒新拟定的政治犯惩治法，与苏拉法律主要的不同之处在于，皇帝代表广大人民的利益，地位与民社平等。在政治誓言套语中，除了原有的约维斯和罗马家神，又新增了皇帝神灵。据上古流传，印刻在钱币上的君主像是其重要外在象征。罗马纪元710年即公元前44年，恺撒像开始出现于罗马钱币上。

恺撒向民众清楚地展现了他对自己地位的见解，从未让民众蒙在鼓里，至少在这一点上，民众是毫无怨言的。他行得端走得正，是罗马君主，亦是罗马王。据说恺撒有意不用新名“皇帝”而直接以旧称“国王”代指其职权，虽实际上未必如此，但也不无可能，不过总的来说这都是次要的。[①] 恺撒在世时，许多敌人和朋友都以为他有意托人推举自己为罗马王。实

①关于这个问题，可能会有不同的意见。恺撒打算以“imperator”的身份来统治罗马人，但是要以“rex”之名来管理非罗马人，这个假设必须被直接排除。此话只源于一个故事：在恺撒被暗杀的元老院，人们在举行会议之时，一位负责神谕的祭司卢奇乌斯·科塔（Lucius Cotta）提出一句西比利的断语，称帕提亚人只能败于“王者”（king）之手，因此，元老院便通过一项决议，赋予恺撒王者之权来统治各省。恺撒死后，这个故事肯定立即流传开来。但是，这个故事不仅没有任何间接的证据来证实，而且在当时就被西塞罗（Cicero）明确地宣告为子虚乌有，此外，后来的历史学家，特别是苏维托尼乌斯和狄奥都表明，该说法只是一个谣言，他们绝不担保其真实性。在这种情况下，普鲁塔克和阿庇安也都依照旧例来描述这件事情，前者是通过轶事形式，后者则借因果来解释。但是，这个故事仍然未经证实，而且本质上也不可能发生。鉴于恺撒的睿智以及其精明的政治手段，他绝不会将国家重要的决定通过寡头党的方式，用神谕机制来传达，即使不考虑这一因素，恺撒也绝对不想从形式上和法律上来分裂国家，因为他所希望的正是减少分裂，加强统一。

际上，几个尤为热衷的追随者曾通过种种方式屡次劝他加冕为王，最引人注目的，便是马尔库斯·安东尼做执政官时，曾当着万民的面向恺撒贡献王冠（罗马纪元710年即公元前44年2月15日），但这些提议无一例外地都被恺撒拒绝了。如果他对借此事挑起事端，鼓动对共和党反抗之人加以惩戒，我们有理由断定，他乃诚心拒绝。也有人曾设想，恺撒特意安排属下对加冕一事进言劝告，意在令民众对罗马王权复兴之举有心理准备。此说法着实低估了恺撒处理反对意见的能力，若恺撒本人公开认可反对意见，虽无法借此令民众更加顺服，却也赢得了更广泛的群众基础。或许此事实乃恺撒的忠实信徒过于热心而为之，也或许是恺撒曾允许或暗示过安东尼上演这一幕，意在于万民瞩目之下光明正大地谢绝王号，借此杜绝闲言碎语。恺撒甚至命人把此事载入国家史册，不得改动删减。恺撒深知惯用名称的价值，也明白民众反感的是名称本身而非其所代表事物的本质，加之王号为古老的诅咒所缠，而当代罗马人只知其一，不知其二，即他们熟知王号乃东方专制君主之称，却不知本国的先人和塞尔维乌斯也曾选用此名，故最终决定冠皇帝之名行王权之事。

新法庭　新贵族

不管民众对新君的名称意见如何，既然有君主在位主政，朝廷也顺理成章地建立起来了，尽显其应有的浮华、平淡与空虚。恺撒面见臣民时身着一件上古流传的彰显君王风范的紫袍，却不穿紫条镶边的执政官制服，他危坐于黄金王位上接受元老院百官朝拜，且无需起身相迎。日历中陆续出现了各种节日来庆祝恺撒的诞辰、胜利、誓约等。恺撒驾临首都时，重要臣仆会步行远迎接驾，护送恺撒进城。与他相关的一切事物都变得极为重要，以致他所在城区的房租高涨。请求谒见之人络绎不绝，见他一面尤为困难，因此恺撒不得不常以书信方式与亲信来往，即使地位显赫之人也需在接待室等候多时。

人们虽不愿接受，但仍清楚地意识到他们与人民渐行渐远。君主政治的贵族制兴起，值得一提的是这是一种半新半旧的贵族制，其兴起是希望以王室贵族代替以往的寡头贵族，以新贵族代替旧贵族。贵族团体虽无既定的特权，却仍以一种封闭贵族公会的形式存在着。因贵族团体不许其他氏族加入，历经几百年的时间，其人数与规模都在不断减小，直到恺撒当政时，只有十五六个贵族氏家尚存于世。恺撒也出身贵族，他借人民法令授予皇帝创设新贵族氏家之权，于是建立起不同于共和贵族的新贵族，俗称新贵族氏家。新贵族氏家拥有以政府为依托、延续古贵族传统、存在毫无意义等君主政体贵族所需的一切特点。新君权在方方面面都已显露出来。因君主之权不受任何限制，宪法失去了其发挥的空间，更不用说延续至今的以公民大会、元老院和各执政官依法合作为基础的共和政体了。恺撒已将罗马完全恢复至王权时代的风貌：公民大会仍旧是昔日王权时代的公民大会，与国王并列共同代表最广大人民的意志；元老院也恢复了原有职能，以应君主要求、为君主出谋献策为己任；最后，君主重新集大权于一身，居万人之上，国内再无其他官吏能与其匹敌，正如昔日无人能与古代国王并列。

立法　法令

对于立法，这位平民党君主继承了罗马政治法的原始准则，即只有人民大会与召开此会的国王有权治理国家，国王制定的法令定期受人民大会核准。古代战士大会可支持或否定自由力量和道德政治权威，但恺撒时代的公民大会绝不许此事发生。旧体制中，公民大会在立法合作上的权利虽十分有限，但却是货真价实存在的，而新体制中却似水月镜花无任何实权，因此无需制定特殊法规来限制公民大会。多年的经验告诉我们，每个政府，无论是寡头政府还是君主政府，都能与这种形式的君主和平相处。在恺撒时期，公民大会是恺撒政体的重要组成部分，具有间接意义的重要性，其职能是，原则上保障人民主权，同时力行抗议苏丹政治。

但同时还有一事是显而易见且证据确凿的，即恺撒本人而非其继承者恢复了最古老的政治法的另一准则。该准则规定，最高或者说唯一官员所下的命令，在其在位期间都绝对有效。毋庸置疑，立法权虽为国王与市民共有，但国王发布的诏令，至少在其离位前都与法律同效。

元老院——君主政体议会

这位平民党国王虽在形式上将部分主权让予人民团体，但绝无意与至今仍秉持国政的元老院分掌政权。恺撒的元老院俗称最高议会，与后世奥古斯都的元老院大不相同，恺撒借助最高议会预先商定法律法规，通过此会或至少以它的名义发布重要行政法规——元老院的法令发布后，参与拟定该法令的元老们竟无一人知晓此事。元老院乃议事机关，虽合法，但实际上却被视为越权之举，若要令元老院恢复原位，形式上讲绝非难事，但在这种情形下，恺撒需对此加以防备，因为罗马元老院是反恺撒党的大本营，一如当年雅典战神法庭（Areopagus）是反伯里克利党的大本营。大概也是因为这种缘故，元老院正常情形下，人数曾多达六百人，受近期战乱影响而人数锐减，但目前经人员非常补充后，已增至九百人之多。同时，为维持这一水准，每年推选的财务官名额，即每年新增入元老院的名额，由原来的二十人增至四十人。[①] 只有君主一人有权办理元老院的非常人员补充。至于寻常的人员补充，选举团受法律束缚，[②] 需在持有君主推荐信的候选财务官中投前二十名的票，恺撒借此来保证权势的永恒性。此外，君主有权任意将财务官或任何高官的名誉权（特别是元老院议席）破例赐给没有资格的人。所以当选非常补充的人员，自然是依附新秩序之人，因此体面的骑士连同可疑与卑微之人都能加入这个崇高的团体，比如曾被审查官或司法判决除名的元老，来自西班牙和高卢（Gaul）的外国人（需在元老院学习拉丁文），曾经的下级军官（至今连骑士都算不上），低贱的从商人士之子，以及其他诸如此类之人。贵族中的排外者自然最痛恨元老院的这一人事变动，他们认为这一举动是故意贬低元老院的职能价值。恺撒不能施行这种自我毁灭的政策，他虽决心不令自己受议会管制，

①按往日假定的约数估算，这将平均产生一千至一千两百名元老。

②这确实只与罗马纪元711年即公元前43年和罗马纪元712年即公元前42年的选举有关，但这种制度无疑是永久性的。

却也深知议会存在的必要性。如果他们有明辨之能，便可一眼看穿，君主此举的目的在于剔除元老院独立代表寡头贵族的旧性质，让其重回王政时期的状态，即以各个阶层的最聪明睿智之人，包括寒门子弟和异国他邦人士，来代表所有阶级的国民。正如最古老的国王把非公民引进元老院，恺撒也把非意大利人引入了自己的元老院。

恺撒的个人政府

如此一来，旧贵族政体得以废除，其生存空间也相应遭到破坏，新式元老院只是君主的工具，同时专制政体在国家的行政管理和统治方面，也是极为严格的。国家行政大权都掌握在君主一人手中。首先，任何时候，任何问题都由皇帝亲自决定。恺撒能以一种常人所无法想象的程度贯彻个人专政，这不仅因为他工作迅速高效、处事精确果敢，还有更普遍的原因。如果我们认为恺撒、苏拉、盖乌斯·格拉古和罗马一般政治家所为之事，超越了我们观念中所认为的人类工作能力，原因不在于自那时起人性发生了转变，而在于自那时起家庭的组织形式发生了改变。罗马家庭如同一个机构，奴隶和自由民的智慧都可为其主人所用，如果主人懂得如何有效管理其奴仆，他便仿佛拥有了千百倍于他人的智慧来工作。这属于典型且完美的官僚集权制，如今我们的运营制度致力于对此加以效仿，却仍旧相去甚远，正如今日的资本主义政治依然逊色于古代奴隶制。但恺撒懂得如何有效利用这种优势，在其他条件允许的情况下，原则上他会在任何需要特别信任的岗位上任用他的奴隶、脱籍人和出身寒微的门客。从他的整体工作看，像恺撒这样出色的组织天才，知人善用，一定能够创造一番伟业。但若问他究竟是如何实现这些非凡的成就，我们却没有充分的答案来解答。官僚制宛如一个工厂，其产品代表的是整个工厂而非单个生产工人。不言而喻，在恺撒的大业中，绝没有任何一个助手能对其施加个人影响，同样更没有任何助手得知整个计划。恺撒是唯一的建造师，他的事业只任用普通劳工，而不与其他合伙人共事。

财政事务

对于重要政治事务，恺撒自然会尽量避免托人代理。迫不得已时，例如他每次离开罗马之际，他会设立高级机关，选定的人员并非君主的法定代表——市政府，而是未经官方认可的亲信，经常是恺撒的银行家，即狡猾顺从的腓尼基（Phoenician）商人卢奇乌斯·科尔涅利乌斯·巴尔布斯（Lucius Cornelius Balbus）。

行政上，王朝颠覆后，元老院曾将国库钥匙据为己有，借此把持朝政，如今恺撒收回了国库钥匙，并将其交付给忠心耿耿的奴仆。财政上，君主的私有财产当然仍与国家财产严格分开，但恺撒把国家整个财政与币制的管理权紧紧握在自己手里，与一般罗马贵族完全一样，以管理私人财产的方式来经营。大致上说，未来各省赋税的征收和币制的管理，都会委托给皇帝的奴隶和脱籍人来办理，元老阶级人员不得参与——这具有里程碑意义的一项举措，为后来重要代理人阶级和“皇室”的衍生发展奠定了基础。

统帅权

另一方面，各省省长以前属军事统帅性质，现今更是如此，已按规定把财政事务权移交给了皇家收税官，其中只有埃及的统帅职移交给了君主的私人亲信。尼罗河流域的情形复杂特殊，它在地理上孤立，政治上集权，比其他地方更适合在一位有能力的领袖带领下永久脱离中央政府。在近期变乱中，意大利身陷危难的党魁屡次企图盘踞此地，便充分证明了这一事实。恺撒之所以没有正式宣布埃及为罗马的一省，而选择容忍无害的拉吉德王家族，大概正是此故。驻埃及的兵团之所以没有托付于一位元老即前政府之人，统帅一职之所以如收税官一般被视为奴才之职，也是因为此故。但一般看来，恺撒尤为重视的，还是罗马将士不能像东方皇家军队那样被奴隶统领。按常规，曾任执政官之人可委以重要省份的长官，曾任副执政官之人则可委以次要省份的长官。罗马纪元702年即公元前52年的法律规定，京官任省长须有五年间隔，如今却又恢复了古时的旧制，京官任期一结束似乎即可就任省长之职。此外，关于合格候补人员的省份分配问题，以往常由人民或元老院决议，或由官吏内部商定以及抽签的办法来解决，如今也已经移交君主决策。由于执政官常在任期未满一年时就被劝退，让位于当选的补任执政官，又因每年提名的副执政官名额由八人增至十六人，且其中一半人数又由皇帝钦定（如财务官的一半人员也是由皇帝提名），最后还因即使皇帝不保留名义执政官的推举权，至少也会保留名义副执政官和财务官的推举权，故而恺撒可保证拥有足够数量令自己满意的候补人员来担任各省长官。当然，这些人员的召回与任命都要由君主裁决，一般规定前执政官不得留在省内逾两年，前副执政官不得留在省内逾一年。

首都的行政管理

最后，对于皇帝居住的首都的行政管理，显然恺撒也一度打算委托他任命的官吏来负责。他恢复了古代王政时期的市政官职，并屡次在离京期间，把首都的行政交付给一个或几个市政官，而市政官完全由他个人选定，并未征询人民的意见。市政官一职，任期无限，兼掌一切行政官职权，甚至有权用自己的姓名而非肖像造币。罗马纪元 707 年即公元前 47 年和罗马纪元 709 年即公元前 45 年的前九个月，既没有副执政官，也没有官职显要的市政官，更没有财务官；罗马纪元 707 年即公元前 47 年的执政官也是在年末之际才得以选定，罗马纪元 709 年即公元前 45 年恺撒任执政官时竟无同僚共事。从全局上看，恺撒似乎欲借新君的平民资历，在罗马城内彻底恢复昔日的王权，换言之，除国王以外的官职，只允许国王离京时的市政官、为保障人民自由而任命的保民官和平民市政官存在，废除执政官、监察官、副执政官、牙座市政官和财务官。[①] 但后来，恺撒却背离了这一设想，他既不接受王号，也没取消与共和的光辉历史相互交织的庄严名号。执政官、副执政官、市政官、

---

①因此恺撒的法律提到这些官员时均用谨慎的语气：cum censor aliusve quis magistratus Romae populi censum aget; praetor isve quei Romae iure deicundo praerit; quaestor urbanus queive aerario praerit.

保民官和财务官仍拥有曾经的职权，但地位却完全改变了。共和的基本政治观点即为：罗马城等同于代表了整个罗马帝国，因此势必会视首都市政官为帝国官员。在恺撒的君主制中，这一政制及可能导致的结果都已化为乌有。从此以后，罗马城的官员仅位居罗马帝国众多自治市首位，尤其是执政官一职已名存实亡，它之所以仍保留了某种实际重要性，只为凭借此职为将来可连带享有高等省长的职权。罗马民社惯于为被征服者设定的命运，如今却降临到自己头上，昔日拥有的罗马帝国统治权，现今却变为罗马国内的有限市自治权。此外，如前文所述，副执政官和财务官的人员已增加了一倍，平民市政官也是如此，新增了两位粮食市政官（aediles Ceriales）负责督办首都的供应事宜。这些官员的任命权仍由民社掌管，且执政官、保民官和平民市政官的任命权不受限制。如上所述，每年按例应推举的副执政官、牙座市政官（curule aediles）和财务官中，皇帝保留半数人员的提名权，选举人不得违犯。总的来说，关乎人民自由的古老而神圣的守护符尚未受到侵害，当然，这无法阻止实际已废黜或除名的元老对个别顽强保民官加以干涉。

普遍和重大问题由皇帝亲自决策，同时任用臣仆管理财政、将领节制军队，共和旧有的国家官吏再次变为罗马城的市政官，据此，专制政体便充分建立起来了。

国教组织

此外，至于宗教机构，恺撒虽颁布了相关国政的详细法规，但并未进行重大改革，只是允许君主身兼大祭司或高等僧院之职。与此相关的还有，在三个最高僧院中，各设立一个新职位，同时在第四个僧院即餐主院中设立三个新职位。如果罗马国教组织迄今仍担当专政寡头的后盾，那么它对新君来说也有同等作用。元老院昔日宗教的保守政策如今也移交罗马新王，大约与此同时，严格守旧派瓦罗（Varro）发表了被誉为罗马国定神学总籍的《神物古迹》（*Antiquities of Divine Things*），并将其献给了大祭司恺撒。人们对约维斯的崇拜，仍能发出微弱的余光，洒在新建的宝座上，最终，旧国教也成了恺撒教皇制的工具，然而这种教皇制自开始便充满了空虚和脆弱。

王室司法权

在司法事务上，首先，昔日的王室司法裁判权已重建。既然国王原本为刑事和民事裁判官，刑事上依法不受人民赦罪机构约束，民事上依法无需将争端交付陪审法庭判决，因此恺撒宣称，他的法庭有权对死刑与司法案件进行唯一和最终的审判，他若在首都，便亲自处理，离开时则交由市政官处理。实际上，我们发现恺撒基本效仿了古代国王的方式，时而端坐于首都公堂上公开审判被指控谋逆叛国的罗马公民，时而在住宅处开庭审理属国君主亲王的叛国案。因此相比其他臣民，罗马公民唯一的特权似乎只在于审判手续的公开。虽然恺撒公平谨慎地恪尽职守，但这种重生的国王最高审判权，也只能在例外事件中得到实际应用。

昔日司法管理的保留

在刑事和民事的正规手续上，现今大体沿用了之前共和时的司法形式。刑事案件仍归有权处理各类罪案的陪审法庭负责，民事案件部分由遗产法庭即所谓的百人法庭审理，部分交由个别陪审员。首都的司法程序由副执政官监督，而各省的司法程序则由省长监督。即使在君主政体下，政治罪也交由陪审法庭来审判。为此恺撒颁布了新法规，以宏扬排除一切迫害异见的自由精神，清楚详细地列举了依法应受惩办的行为，新法规以放逐代替死刑作为处罚。至于陪审人员的选择，元老党希望专从元老院中选派，狭义的格拉古党希望专从骑士阶级中产生，恺撒则坚持党派调节原则，按科塔“绥靖法案”处理此事，但该法案略有修正——大概由罗马纪元669年即公元前85年庞培法开始，废除下级人民的“国库使”（tribuni aerarii），故规定陪审员至少属四十万塞斯特斯级。长期以来，陪审职务都是元老和骑士间的争端，现在由双方分别担任。

向君主申诉

大体而言，国王裁判权和共和裁判权具有同等法律效力，因此任何案件既可由国王法庭审理，也可由共和法庭审理，如二者发生冲突，共和法庭理应退让。此外，如二者之一已经宣判，则案件终结。即使新君也无权推翻一位合格陪审员的民事或刑事判决，除非在特殊情形下，如陪审贪污或采用暴力手段时，按共和法律应取消陪审的判决。另外，因官员法令而受害的人，均可以向宣判法官的上级申诉，如今这条原则似乎得到了扩展，后来皇帝的受理上诉权便源于此。大抵全部有裁判权的官员，至少所有省份的省长都被视为君主的属官，因此对于他们执行的任何法令，人民都有权向君主提出申诉。

司法制度的衰退

上诉的普遍化虽是改革最重要的内容，却不能算作绝对的改进，因此这些改革根本无法彻底治愈罗马司法的病症。任何奴隶制国家都没有健全的刑事诉讼，因为奴隶主虽在法律上无权惩办奴隶，但至少实际上他们是有这个权利的。可以想象，罗马奴隶主惩治奴隶罪行时，根本不当作犯罪来处置，而只是因为奴隶犯罪后便对他不再使用或为其所厌恶。他打发犯罪的奴隶时，俨然像是在打发一头伤人的牛，只是后者被卖给屠户，前者卖给决斗场。甚至对自由人的刑事诉讼——大部分永远都是政治诉讼，也在最近几代人于战乱中，从严肃的诉讼演化成用私情、金钱和暴力来维持的党派战。参与其中的所有人，包括官员、陪审团、党派和围观群众都难辞其咎，但正义最难治之症源在于辩护士的行动。罗马法庭的雄辩如寄生植物一般昌茂繁荣，一切正义观念却烟消云散了。意见与证据的差异不易为公众所理解，故而实际应用中被罗马刑事程序摒弃了。当时一位经验丰富的罗马辩护士曾说："欲加之罪何患无辞，即使单纯老实的被告，也可以被人任意控告，不管他是否犯罪都会被判刑。"许多由当时保留至今的刑事辩护词中，却难见一个认真审问、查明证据或反证的犯罪案件。① 自不待言，

①西塞罗在他的《论演说》（*De Oratore*）一书中，涉及刑事审判的内容时曾说道："经常起决定作用的是爱、憎、偏好、愤怒、忧、喜、希望、恐惧、幻想，或一般说来，以人民的判断为证据、规矩、律条、诉讼指示和法律。"然后他又以此为基础，对初出茅庐的律师加以提示。

当时民事诉讼的各个方面都不健全，民事诉讼也受到掺和一切的党派政治影响，例如伴随秦纳或苏拉在罗马的得势，普布利乌斯·昆克提乌斯（Publius Quinctius）一案（罗马纪元671—673年即公元前83—前81年），竟得到十分矛盾的判决。常常是非法学家出身的辩护士，也在这里有意无意地制造了众多纠纷。当然，政党在此处的掺和只是例外，辩护士的巧舌如簧也不会快速或深刻地破坏正义的观念。因此，那个世纪的全部民事辩护辞，虽按严格观念讲算不上绝佳的辩护文章，但就内容而言，却远比同时期的刑事辩词少了几分诽谤而多了一些法学意味。继庞培钳制辩护士的雄辩后，如果恺撒延续庞培的做法，甚至进一步加大对辩护士的约束，至少对他而言没有任何损害。如果对官员和陪审员的任命经过更加完善的遴选和监督，同时杜绝贪腐和恐吓法庭之事的发生，那么这一方法也是十分有益的。但在人们心中，神圣的正义感和对法律的敬畏心虽难以毁灭，却也难以再生。这位立法家虽然消除了许多弊病，却始终无法根治病症。时间可以治愈一切可治之症，但在这件事上，时间是否还能有效治愈，仍是一个未知数。

罗马军事体制的衰退

当时罗马的军事组织与汉尼拔时代迦太基的军事组织可谓是如出一辙。只有军官能够充当统治阶级，国人、平民和省民则组成军队。将军在财政和军事上几乎不倚仗中央，幸与不幸他都只能依靠自己和所辖省份的资力。军队中，城邦精神、民族精神都已泯灭，仅剩团体精神作为内部团结的维系。军队不再是国家的工具，从政治上讲，军队失去了自己的意志，而只听从主帅的意志；从军事上讲，军队如在凡庸之辈的率领下即是一帮无用的乌合之众，但在出类拔萃的将军麾下，却能达到国民军远不能及的完美地步。尤其是军官阶级，堕落极深，上层阶级的元老和骑士，都日益不喜从军习武。从前，人们对军官之位的争夺十分激烈，如今任何骑士阶级只要愿意从军，一律可授予兵团长官一职，其中很多此类职位空缺，只得由身份低微之人来担任。贵族阶级若还有从军之人，至少都要求在西西里（Sicilia）或其他确保无敌军来犯之处以消磨军旅时光。有寻常勇气和才能的军官，便会被誉为旷世奇才，尤其像被同代人敬若神明的庞培，其实从任何角度考虑，这种崇拜都只会害了他。通常由军官发布命令，决定脱逃或叛乱。统帅虽十分放任与宽容部下，每天仍有革职高级军官的提议出现。我们至今仍保存着恺撒亲手绘制的一幅极具讽刺意义的画作，画中描写了恺撒大本营中奉命进攻阿里奥维斯特时的景象，画面充斥着咒骂和哭泣，有的人在写遗嘱，甚至还有人在请假。士兵中，已不再有上层阶级的痕迹可循。按律，普通服兵役义务依然存在，征兵外加招募后，程序便没有按规矩办。许多有义务服兵役的人被忽略，但已入伍人员则须留在军中三十年或更久。如今，罗马国民骑兵仅仅以一种骑马的贵族侍卫队形式存于世间，浑身散发着香水味的骑士和精挑细选的骏马的存在，仿佛只是为了在首都节庆日时亮相表演。所谓的国民步兵，不过是从最底层公民阶级征召的佣兵队。由属国人专供的骑兵和轻兵，如今在步兵队中也日渐变得普遍化。就当时的作战方式而言，队伍效能大都寄托于百夫长。按国家军制，士兵曾须经真刀实枪的军功战绩累积，才能一步步晋升至百夫长的位置，如今却一律凭私情来授予，把此职位卖给出价最高者之事竟然屡见不鲜。政府的理财不当和大部分官吏的纳贿、行骗，导致士兵军饷短缺，无法定期发放。

此事导致的必然结果是：罗马军队任意掠夺各省民众之财，起兵反抗军队长官，遇敌军就落荒而逃。竟有大队人马，如罗马纪元697年即公元前57年皮索的马其顿（Macedonia）军，没被敌军击败，反倒因为此类事件处理不善而全军覆没。反之，精明能干的领袖如庞培、恺撒、伽比尼乌斯（Gabinius）等人，善于利用现有的材料打造骁勇善战而且一定程度上可以称得上模范的军队，不过这种军队与其说属于国家，不如说属于某个将军个人。自始至终，罗马海军都十分不得民心，而且从未完全本国化，随之而来的是，海军更加腐败衰落。可以说，在这里一切能被破坏的事物，都在寡头政治下破坏了。

恺撒重新整顿军事制度

在之前松懈无能的上级管理下，纪律约束已基本废弛，为此恺撒对罗马军制进行了整顿，以加紧和增强纪律约束力。在他看来，罗马军事制度似乎不必也无法彻底改革，他接受军队应有的属性和成分，正如汉尼拔曾经接受他们一样。恺撒市政法规定：未满三十岁者，如果希望担任市政官之职或市参议会议员，前提必须要服骑兵役（即军官）三年或服步兵役六年，此举固然证明他希望吸引上层阶级从军，但同样也明显表明了民族不尚武的精神日益增长。恺撒自己也认为今时不同往日，不能再像之前那样把高官显爵无条件地与服役期满联系在一起，这也恰恰阐释了恺撒为何无意重建罗马国民骑兵。征兵事务得到了妥善安排，服役期间也调整并缩短了，除此以外的事宜都照旧办理。列阵步兵仍主要从低层罗马公民中征募，骑兵和轻兵依旧从属国人民中征召。出乎意料的是，舰队竟没有进行任何整改。

外国佣兵　兵团副将

由于属国所供给的骑兵不可靠，恺撒不得不对此进行革新，毋庸置疑，他自己都觉得此次革新有些冒险。他首次违背绝不用佣兵打仗的古罗马制度，把雇佣的外国人尤其是日耳曼人编入骑兵队伍。此外，兵团副将（legati legionis）的设立则是另一革新。迄今为止，兵团长官一部分由公民推选，一部分由有关省长推荐，他们统领兵团的方式，为六名兵团长官负责一个兵团，轮流执掌兵权。将军从中任命一人为兵团司令，用于临时和非常时期的措置。久而久之，这种兵团长或副将逐渐成为组织上的永久性制度，并且直接由罗马城的最高统帅而非他们所服从的将军来任命。这两种改革，似乎都源于恺撒与伽比尼乌斯法相关的安排。军事组织中增添了这一重要中级官阶，究其原因，部分是源于加强兵权集中的需要，部分是由于具备才能的高级军官的缺乏，主要是希望借皇帝任命的一个或多个高级军官，与省长共理政事，来平衡省长的权力。

新最高统帅之职

军事制度上，最重要的改革是规定皇帝为永久军事领袖，皇帝代替了曾经非军事且一无是处的统治团体，总揽军事大权，也因此把原来那大都有名无实的指导，转变成为真实有力的最高统帅权。至于最高统帅对各省素来全能的分统帅而言处于怎样的地位，我们无据可寻。一般而言，副执政官与执政官的关系以及执政官与独裁官的关系，似乎可作为类推的依据，故而省长虽拥有本省的最高统帅权，但皇帝却可以随时将其统帅权归为己有或交付给自己的代理人，此外省长之权仅限于其本省，皇帝之权却与君权、昔日执政官之权无异，遍布整个帝国。再者，如今军官的任命权，包括兵团长官和百夫长在内，凡之前归省长负责的，[①] 一概直接移交皇帝掌管。同样，征兵安排、假期批准和较重要的刑事案件，或许也早已交由最高统帅裁夺。省长权力得到了有效限制，皇帝也拥有了管制监控之权，将来再无需担心军队会完全紊乱，也不必惧怕军队成为个别军官的私人部属。

恺撒的军事计划　抵御边界

虽然时局必然趋向于军事君主制，虽然恺撒无疑独揽了最高统帅权，但他绝不愿意借军队建立权威，也不愿意把权威建立在军队上。他固然认为国家有必要建立常备军，但这仅仅是基于地理上的考虑，认为国家有必要广泛调整边界，同时建立永久边防军。在早期和近期的内战中，恺撒一直致力于稳定西班牙局势，沿大沙漠一带设立强固据点以守卫阿非利加边境，同时在莱茵河沿岸设据点以守卫帝国西北边境。他以同样的方式，在幼发拉底河和多瑙河沿岸国家设立防御。他迫切希望远

---

①关于公民选举部分兵团长官一事，身为平民党的恺撒未曾干涉。

征帕提亚（Parthia），以报莱茵一战之仇。他曾以三年为战期，决心谨慎彻底地与这班劲敌进行最后清算。随着盖塔王布雷比斯塔斯（Burebistas）在多瑙河两岸势力的日益增长，恺撒也曾采取类似的计划来攻打布雷比斯塔斯，同时效仿他之前在高卢创立的边区的形式来保卫意大利东北部。但没有任何证据表明恺撒希望像亚历山大一样，乘胜追击无限扩大疆域。当然，也有人曾言，恺撒欲由帕提亚向里海，由里海至黑海，而后再沿黑海北岸到多瑙河，把西徐亚和日耳曼远至北海的全部领土——按当时的观念北海距离地中海并不遥远——都划为帝国疆域，然后经高卢返回。但权威典籍无一能证实这种荒唐计划的存在，像恺撒统治的罗马那样的国家，已有大批难以管制的蛮族分子存在，想要同化他们恐怕还需要未来几百年的努力，就算在军事上可以征服，也终将成为比亚历山大远征印度那样更璀璨却也更严重的错误。从恺撒在不列颠和日耳曼的行动以及他政治思想的继承者的行动来判断，恺撒很可能与西庇阿·埃米利亚努斯（Scipio Aemilianus）极为相似。他祈祷神灵助他保全帝国而非扩张疆土，他的作战策略仅限于调整疆界——当然以他定义的庞大规模为标准——既要保证幼发拉底河沿岸的安定，又要在多瑙河建立边界，代替曾经波动不已且于军事上一无所用的帝国东北界限来防守外敌。

恺撒避免军事独裁的尝试

但“不应将恺撒与亚历山大和拿破仑混为一谈而称他们为世界征服者”的说法也许是正确的，他确实无意于令新君主制主要以军队为依托，也不希望把军事凌驾于文治之上，而是欲将文武融为一体，尽可能使军事隶属于文治。军事国家堪称无价之宝的支柱，以及闻名遐迩的高卢老兵团，都被恭而有礼地解散了，他们光辉的名字被刻在新立的城邦城墙上，永垂不朽，究其解散原因，主要是由于他们的团体精神与文治国家水火不容。苏拉的士兵仍旧如军队一般聚居在自己的殖民地，但解散时接受恺撒分配田地的士兵则不然，他们（尤其是住在意大利的人）大都离群独居，人员散布于整个半岛。其中只有一个例外，因坎帕尼亚仍有一部分土地由恺撒支配，所以不可避免地会有老兵聚居此地。为解决维持常备军士兵不超越公民生活范围的难题，恺撒一方面保留老办法——规定兵役年限但不确定长期服役，即不得遣散任何正在服役的士兵，另一方面采取上文提到的缩短兵役年限之法。因此军队组成人员的变动逐步加快，一方面让服役期满的士兵落户务农，另一方面令军队远离意大利。一般而言，将士兵调遣至君王认为的只适于士兵聚居的地方，即调至边界基地抵御外敌。

禁卫军的缺乏

军事国家的真正标志是发展和优待禁卫军，但恺撒却没有按例行事。虽然现役军队中为将军特设亲兵的制度由来已久，但恺撒率兵时却彻底废弃了这一制度，他的卫队似乎基本都是由传令官或非军人侍从构成，因此从来都不是真正的特选队，也从未成为行伍军队的嫉妒对象。恺撒身为将军时就已经废除卫队，登上王位后更不许禁卫军相伴左右。恺撒虽深知刺客无时无刻不潜伏于身旁，却仍旧拒绝了元老院提出设立贵族卫队的建议。局势略显平静时，他便解散了原先在首都所用的西班牙卫队，只是按照罗马高级官员延续下来的惯例，以仪仗队为随从。

理想的无法实现

虽然在与现实作斗争时，恺撒迫不得已放弃本党和少时的理想——在罗马创造一个不依靠武力而全凭国家信任的伯里克利式政府，可就在今日，他仍以史无前例的魄力，坚持着那不成立军事君主制的基本主张。当然，这一主张只能是一种幻想，根本无法实现，只是此时这位精明的君主对这种伯里克利式政府的渴望，已经远远胜过自己清晰的理智。一个政府，如恺撒心中所想，本质上具有个人性，因此难免会伴随开创者的离世而消亡，一如当年伯里克利和后来克伦威尔类似的事业已随着他二人之死湮灭了。在国家陷入大乱的情势下，罗马第八代国王在世时，都未必能像七代先王那样只凭借法律和正义来统治国民，更何况如今常备军已在近期内战中，知晓自身的强大力量而变得有恃无恐，再企图将军事与文治相结合，使之成为社会建设的有效力量，这一点已几无可能。任何人都无法静下心思考，法律约束在由低到高各个社会阶层中消失到了何种程度，曾经的期望也成了南柯一梦。如果采用马略（Marian）的兵制改革，士兵基本不再是公民，那么，坎帕尼亚（Campanian）兵变和塔普苏斯战场已用惨痛的代价，清晰地展现了如今的军队是以何种形式来支持法律的。甚至这位平民党的伟大领袖也只能勉强控制他所解放的军力，成千上万的刀剑仍听他的号令出鞘，却不再按他的号令入鞘。命运的力量胜过了天才之能，恺撒本欲做一位文治国的复兴者，最后却成为他所厌恶的军事君主制的创始人。他推翻了国内贵族和资本家的专政，结果却建立了军阀专政，于是国家仍处于少数特权阶级的欺压和剥削下。绝世之才的特权之一，就是犯这种创造性错误。为实现理想，伟人做了伟大的尝试，即使无法达到目的，也是人类瑰宝。罗马军事国之所以在几百年后才成为警察之国，罗马代代皇帝可以在其他方面与开国伟人不同，却唯独保持一致的是，兵刃只挥向敌人而绝不剑指公民，视人民和军队同等重要，绝不让军队监管人民，这一切都是恺撒的功劳。

财政管理

至于财政管理方面，由于帝国非常庞大且排斥贷款制，加之财政基础稳固，因此财政困难较少。如果国家长年处于财政危机中，其原因绝不在于财政收入不足，实际上近几年来财政收入已大幅提高。以往的年总收入约计两亿塞斯特斯，比提尼亚—本都（Bithynia—Pontus）和叙利亚（Syria）两省设立后，又增加了八千五百万塞斯特斯的财政收入，在此基础上再加上其他新开拓或扩增的财源，特别是日益增长的奢侈税收益，远超过了坎帕尼亚地租的损失。此外，大量额外款项经卢库勒斯（Lucullus）、梅特路斯（Metellus）、庞培、加图等人之手，不断流入国库。财政困难一部分源于日常和额外支出的增多，一部分源于事务处理的混乱。前者主要指首都群众配粮所需经费过多。罗马纪元 691 年即公元前 63 年，因加图扩大配给，导致每年支出费用高达三千万塞斯特斯，罗马纪元 696 年即公元前 58 年废除延续至今的偿付后，竟耗费了国家年收入总额的五分之一。除西班牙、马其顿和其他省份的原有兵力外，又增加了西利西亚（Cilicia）、叙利亚和高卢的兵力，故而军事预算也相应地增长了。在额外支出费用中，必须首先说明装配舰队的巨额花费，例如罗马纪元 687 年即公元前 67 年大侵略后的第五个年头，竟一次性支出三千四百万塞斯特斯。此外，还要加上战事和备战所需的巨款，如仅仅为配备马其顿军，就一次性支付了皮索一千八百万塞斯特斯，甚至每年还需付给庞培两千四百万塞斯特斯作为西班牙军的给养和军饷，同时支付恺撒相当数额供高卢军用。这些巨额支出，对罗马国库的要求虽然很大，但倘若当初曾堪称模范的国库管理没有被遍及一时的懈怠和欺诈所侵染，或许仍可以满足这些需求。因国库忽视了对积累欠款的追索，导致停止支付的状况频发。国库的主管官员是两个每年一换的年轻财务官，他们整日满足于无所作为。昔日的文书和其他职员都以诚实廉政而广受敬仰，如今他们中间（尤其自从此类职位可以用金钱买卖以来）却盛行起各类胡作非为。

恺撒的财政改革　废除直接税租赁

自从罗马的财政权力不似从前一般集中在元老院手中，而改由恺撒的内阁掌管，财政这个堪称伟大机器的转轮和发条都自然而然地拥有了新的生气、严格的秩序和紧密的联系。盖乌斯·格拉古曾制定的两种制度——出租直接税和粮食分配制——似痈疽一般腐蚀着罗马财政，故而只能对其进行部分改造、部分取消。恺撒不愿像先辈那样借富豪和首都群众来约束贵族，而是更倾向于废除贵族，保障国家免受一切寄生虫祸害，所以在这两个重大问题上，他更愿意追随寡头党苏拉的脚步而非盖乌斯·格拉古。间接税仍施行租赁制，这种制度由来已久且不可或缺，罗马财务管理中原有一条准则，曾规定不惜一切代价也要保证收税的简便和易于管理。当然，恺撒也谨遵这一准则，没有打破其规定。但自此以后，直接税，如阿非利加（African）和撒丁（Sardinian）缴纳的粮食和油类，被视为保证国家供给的实物贡献，而如小亚细亚（Asia Minor）缴纳的赋税，则转化为定额税金，由税区负责征收各类款项。

粮食分配改革

罗马民社居统治地位，按例应受属国供养，因此首都的粮食配给一向被看作罗马民社的有利特权。恺撒废弃了这种无耻的原则，但也不可忽视仍有大批一贫如洗的公民全仰仗这点施舍才免于挨饿，这样一来，恺撒又不得不延续此原则。根据加图更新的森布罗尼法（Sempronian ordinance），罗马城的每位居民都依法有权要求免费粮食，领粮的人员名单最后增至三十二万人。如今恺撒从名单中剔除了所有的富人和有其他谋生之法的人，把名单上的人数降到了十五万人，且永久设定此数额为免费领取粮食者的上限。同时，恺撒又命人每年修正一次名单，以便有人迁居或死亡时再由最贫困的申请者及时填补空缺。如此，政治特权摇身一变成了济贫事业，一个在历史和道德上都引人注目的原则便初次应运而生了，文明社会缓缓地一步步地走到利益休戚相关的境地。古代初期，国家无疑应保护人民免受公敌和杀人犯的侵害，却没有义务为无助的人们提供生存必需品以抵抗更险恶的敌人和贫困。雅典文明在梭伦和他之后的立法中，首次设立了一种原则，规定民社有义务赡养残疾者和一般贫民，但在雅典狭窄的生活圈中，这种义务始终是城邦之事，直到恺撒时期才把它发展为有组织的国家制度，把这种曾被视作国家的累赘和耻辱的安排，改造成如今无数造福人类机构组织的先驱，人类无限的同情心和痛苦便在这里交互争斗。

收入预算

除了这些基本改革外，收支事务也进行了彻底修正。正常收入来源都加以规整和修正。为数不少的民社甚至整个区域的免税权，或是间接由罗马和拉丁公民权授予，或是直接由特别优待授予。例如，西西里的全部民社[①]的免税权都是由罗马和拉丁公民权授予，伊利翁（Ilion）城则凭借特别优待获得了免税权。还有更多民社的贡额得到削减，例如恺撒在远西班牙（Further Spain）任省长后，他的提议经元老院批准，规定可削减各民社贡额。最受压迫的亚细亚（Asia）省现在不但在征收直接税上拥有便利，而且免去了三分之一的直接税。新增税收，如伊利里亚（Illyria）被征服民社的税，尤其是高卢各民社的税——后者每年共缴四千万塞斯特斯——一概从低估算。此外，有些个别城市，如阿非利加的小勒普蒂（Little Leptis），撒丁（Sardinia）的苏尔奇（Sulci）以及几个西班牙民社，为惩戒它们在最近战争中的行为，其贡额有所提升。意大利港口

①在西塞罗去世后，瓦罗发表了一篇论文，其中证实了西西里人什一税的废除。文中，他列出为罗马人供粮的省份——只提到阿非利加和撒丁岛，不再有西西里。因此，毫无疑问，西西里获得的拉丁权中，必然包括免税权。

税的收入颇丰，在近期无政府阶段曾被取消，但由于这种税的征收对象主要是从东方进口的奢侈品，因此十分有必要恢复。除这些新开发或恢复的经常财源外，另增添了内战中获胜所得的非常财源，包括在高卢搜集的战利品，首都库存的现金，从意大利和西班牙寺庙收取的财宝，属国的民社和君主以强行借贷、馈赠或赔款等方式筹集的款项，还有同样借法庭判决或直接送付款令等方式施加在罗马富人身上的罚金，但最主要还是变卖失败敌人财产获得的收益。我们可以从一个事实来推断这些财源究竟有多么丰富，单阿非利加曾加入反对党元老院的资本家的处罚金，就高达一亿塞斯特斯，而庞培财产的买主付价，也达七千万塞斯特斯。确实有必要实施这一举措，因为失败贵族的势力主要基于其巨额财富，只有强迫他们支付战争费用，才能有效打破其势力。恺撒把变卖财产所得的款项用于有利国家的事务上，一定程度上缓和了没收财产招致的怨恨。苏拉往往对侵吞公款的宠臣予以饶恕，但恺撒则不然，即使对最忠实的党徒例如马尔库斯·安东尼，他也会严追购物款项。

支出预算

首先因配粮大受限制，支出得以削减。仍旧延续首都贫民的配粮制，此外恺撒新创立了罗马浴堂供油制，配粮和供油至少大部分都基于撒丁尤其是阿非利加的实物征收，因而全部或大部分由财政划拨。此外，由于常备军增多，加之兵团士卒的年俸由四百八十塞斯特斯增至九百塞斯特斯，因此军务日常开支相应增加了，但恺撒坦言这两项举措都是必不可少的。罗马十分缺乏真正的边界防卫军，而扩充军队是加强边防的必要先决条件。恺撒采取加倍发放军饷的措施，希望借此收拢人心，令士兵誓死效忠于他，但这一举措并非作为永久性改革。远古时期规定每日饷金为一又三分之一塞斯特斯，彼时的货币价值与恺撒时代罗马城的货币价值大相径庭，现今首都的普通短工平均每月可通过手工劳作挣得三塞斯特斯。那时的饷金数额之所以能延续至今，只因当时的士兵从军不为饷金，却主要为了赚取兵役中大都不合法的外快。切实做到军务的真正改良，铲除各省人民的负担——士兵非法所得，第一要务便是要适应时势地提高固定军饷。恺撒现在改军饷为两个半塞斯特斯，理应视为公平之举。也正因如此，国库必须承此重担，其带来的结果也必然是有益的。

恺撒必须或自愿负担的额外支出实难想象。战争本身消耗了大量财力，加上恺撒在内战期间逼不得已做出了一些承诺，而履行诺言所需的金额也不是个小数目。普通士兵因参与内战而获得两万塞斯特斯的赏金，首都群众也因不参与内战，除粮食供给外，还额外获得三百塞斯特斯的赏金，这个欠佳的事例却不幸被后世铭记。但鉴于时局施加的压力，恺撒没有降低赏金，也充分显示了他的王者风范。此外，索要荣誉奖赏的人不计其数，恺撒也都一一答应了。共和晚年，国家遭遇财政危机，建筑行业被严重忽视，为此恺撒将大量资金流放市场以发展建筑业，他在首都的建筑物，部分建于高卢战役期间，部分建于高卢战役之后，花费共计一亿六千万塞斯特斯。

恺撒在财政管理方面取得的总成就表现在以下方面：凭借明智有力的改革以及节约与慷慨的结合，恺撒妥善处理了一切公平合理的要求，到罗马纪元710年即公元前44年3月时，国库存款已达七亿塞斯特斯，他的个人存款也有一亿塞斯特斯，总额是共和鼎盛时期现金数目的十倍。

国家的社会条件

虽然解散旧政党并为新国家建立一个适当的政体、一支骁勇善战的军队和一种秩序井然的财政实属不易，但于恺撒而言，这些却不是他工作中最难的部分。如果意大利民族希望得到真正的复兴，那么则需要对这个庞大帝国的每一部分（罗马、意大利和所有省份）进行改造重组。

首都

罗马城中的拉丁民族世家早已绝迹。这件事告诉我们，一个首都失去其城市甚至民族特色的速度，必然远远大于其他任何附属民社。为在全国而非一城中觅得安家之所，上层阶级快速脱离了城市公共生活。在这里，难免聚集着外籍侨民，或多或少的为娱乐或生意而来的游客，以及大群由于无业、懒惰、犯罪、道德败坏、身无分文等原因而四海为家的流浪者。显然，这一切与罗马城的现状相得益彰。殷富的罗马人常把城中住宅看作一个寄宿之处。当罗马市政推选出帝国官员时，当罗马城执事人员集会成为帝国公民大会时，当首都不再容忍任何市区的自治小团体及其他协会存在时，罗马的一切城邦生活便就此告一段落。帝国各地的民众蜂拥而至地涌向罗马城，为的是投机、荒淫、阴谋、学习犯罪甚至躲避法律监控。

民众

以上这些弊病一定程度上由首都的本质衍生，同时相伴而衍生出来其他许多意外的或更为严重的弊病。自古以来或许没有哪个大城市像罗马一样全部靠赡养而生，进口和家庭奴隶工业导致这里不可能有任何自由生产。古代一般国度的根本弊病即奴隶制，在首都的危害程度要远大于其他地方。从未有任何地方像大家族和暴发户的宅邸一样，聚集着大批奴隶。也从未有任何地方像首都这样混杂着来自三大洲各个民族——叙利亚人（Syrians）、弗里吉亚人（Phrygians）和其他半希腊人（half－Hellenes）与利比亚人（Libyans）、摩尔人（Moors）相混杂，及盖塔人（Getae）、伊比利亚人（Iberians）和与日俱增的凯尔特人（Celts）、日耳曼人（Germans）相混杂——的奴隶。与自由缺失密不可分的道德败坏，形式正义和道德正义的对立冲突，在这半开化或全开化——仿佛化身儒雅贵族——的城市奴隶中如此昭著，这绝非是那些像束缚的牛一样戴着镣铐耕田的农奴所能比拟的。比奴隶群体更坏的是那些在法律上或仅事实上获得解放的奴隶，其中混杂着乞讨的流氓和腰缠万贯的暴发户，他们虽不再是奴隶，但也还算不上真正的公民，在经济甚至法律上仍依赖主人，却自命为是自由人。这些脱籍人十分向往有着种种利益可得的首都，零售业和手工业几乎完全操控在他们手中。他们在选举上的势力已有目共睹，此外，民魁常借售卖场作为宣布街市暴动的惯用信号，也明显说明他们在街头暴动中居于领导地位。

寡头政治与民众的关系

更过分的是，政府不但不对首都人民的腐化加以抵制，反倒为方便他们的利己政策而鼓励这种腐化。法律条文中明令禁止严重犯罪者留居首都，但玩忽职守的警察并未认真执行。虽然迫切需要警察对流氓团体加以监督，但起初此事被人们所忽略，后来竟被定义为一种阻碍人民自由的枷锁而受到处罚。因允许民间自由开展庆祝节日，导致节庆日剧增，单是七个寻常节庆——罗马节、平民节、神母节、谷神节、阿波罗节、花神节和胜利节——就共计持续六十二天之久，此外还有角斗赛会和很多其他额外娱乐。既然有完全无余粮的无产阶级存在，那么低价供粮在所难免，但人们却以肆无忌惮的轻浮态度来处理它，以致粮价涨落离奇怪诞、难于预估①。最后，配粮制实际形成了一种官方邀请，即邀请那些无食物果腹又不愿意工作的无产公民迁居首都。

首都无政府状态

播的是恶种，收的自然也是恶果。政界的帮会和团队组织、宗教界对伊西斯（Isis）的崇拜和类似的虔诚狂，都源于此。人们无时无刻不为明日之餐忧虑，也无时无刻不身处无尽

---

①在产粮省份西西里，几年之内，一罗马斗的粮食可能会卖到两赛斯特斯，也可能是二十赛斯特斯。罗马供粮依赖海外，同时这里又是投机者的老巢，仅从上面提到的这一点，我们可以猜测，罗马的价格波动是何等剧烈。

的饥荒中。生活在首都，比其他任何地方的人身安全都更难以保障。匪徒以杀人为业，这是首都唯一特有的职业。引诱受害者来首都，是实施暗杀的第一步，如果没有武装扈从贴身保护，无人敢冒险孤身前往首都城郊。首都外面的状况与内部的混乱状态不相上下，似乎是对贵族政府的尖锐讽刺。政府在台伯河的治理上碌碌无为，只是命人用石料把还在勉强使用的唯一桥梁建造起来①，至少延伸到台伯河的沙洲。罗马城矗立在“七山”（Seven Hills）上，关于夷平城区之事，除了堆积的垃圾有所改善外，他们毫无作为。街道狭窄曲折，随山丘盘旋上下，极少修理，人行道十分狭小，且路面坑洼不平。普通住宅由砖瓦草草筑成，高得令人眩晕，大都是投机建筑师为小本产业者建造，也因此让建筑师变成巨富，小本产业者却沦为乞丐。富人金碧辉煌的宫殿像一座座孤岛出现在破败的建筑海洋中，它们压缩城市房屋的空间，恰如它们的主人压缩市井小民在国家的公民权。在那些云石立柱和希腊雕像旁，破败的寺庙及大部分由木雕制成的神像却显得十分凄凉。城市中，几乎未曾听闻有任何街市警察、河岸警察、消防警察和建筑警察。政府若对连年发生的水灾、火灾和房屋坍塌事件有所困惑，只能诉诸于神学国师，聆听他们对这种征兆和怪异之事所象征的意义进行剖析和建议。如果我们设想，伦敦有新奥尔良（New Orleans）奴隶人口、君士坦丁堡（Constantinople）警察和今日

①有一件有趣的事情：一个时代稍晚又颇有见解的政论作家，以萨路斯特为名上书恺撒。这位作者建议恺撒，把京城的粮食分配制度移用到其他的自治市。这一劝戒很有意义，因为在图拉真时代，类似的想法确实主宰着自治市养育孤儿的义举。

罗马城的非工业者，按照1848年巴黎时局后的政治动荡，我们便略知彼时的共和荣耀——西塞罗（Cicero）及其同党在愤懑的书信中所哀悼的没落的共和光荣。

恺撒在首都的事务处理

恺撒从不悲悼谴责，但只要还有补救的余地，他都会设法补救。当然，罗马城仍旧是昔日的那个世界之城，再强加给它意大利的特殊性质，不仅行不通，也违背恺撒的计划。正如亚历山大当年以希腊的、犹太的、埃及的甚至世界的亚历山大城作为希腊和东方帝国的适宜首都，那么这座新罗马和希腊的世界帝国之都，位于东西方交接处，也就不应该仅仅成为意大利的民社，而应成为去民族化的万国之都。因此，恺撒容许人们崇拜约维斯天父之外的新晋埃及神，甚至允许犹太人在帝国首府自由演练他们那奇怪的外国仪式。无论罗马城内鱼龙混杂的寄生人口，尤其是希腊—东方人口，有多么粗暴无礼，他都绝不对其额外施加阻碍。有一件十分有意义的事值得一提：在恺撒为首都举行的人民节庆中，他下令表演戏剧时，不仅要使用拉丁语和希腊语，还要使用其他语言（大概有腓尼基语、希伯来语、叙利亚语或西班牙语等）。

无产阶级人数的减少

恺撒虽充分地有意识地接受了他所目睹的首都的本质，却也致力于改良罗马城盛行的可悲可耻之状。但不幸，根本的祸患是最不可能被铲除的。恺撒无法废除奴隶制，当然也无法消除随之而来的国家灾难。他是否会在某个特定时期对首都的奴隶人口加以限制，与他在另一领域所采取的措施一样，我们永远没有答案。恺撒虽不可能用魔法变出首都的自由产业，但庞大的建筑业却能对那里的贫乏略施援救，为无产者开辟了一个微小却体面的收入来源。此外，恺撒也致力于减少自由无产阶级的数量。配粮制吸引人们络绎不绝地涌向罗马，为此恺撒改配粮为限额济贫制，这一改良虽不能完全阻止人们涌向罗马，但至少起到了较大的限制作用。一方面，由于法庭奉命不留情面地严惩流氓之徒，另一方面由于广泛开辟海外殖民地，现今无产者的人数也相应减少了。在执政的几年时间里，恺撒向海外殖民地输送的人数共计八万，其中大部分人员来自首都下层阶级，例如科林斯的移民大半都是脱籍人。最初规定脱籍人不可从事城市的任何体面职业，恺撒却背离了这一原则，在殖民地开放元老院的大门欢迎他们加入，当然这样做无疑是为了获得地位尊贵之人对移民制度的支持。然而，这种移民制已经不再单纯是一种临时政策，恺撒说服每个理智之人，希望他们相信管理良好的殖民体系，是真正解救无产者使其摆脱穷苦的唯一良策。面对帝国国情，要想实现殖民地的无限扩张，必须制定永久可持续的规划程序，如此一来，便有了一种长期措施来缓解这种无限再生的弊病。首都市场最重要的生存必需品一直存在严重的价格波动问题，为对此加以限制，恺撒采取了进一步的措施。新组织和自由管理的国家财政为此事提供资金，此外还配备了两位新任官员即粮食市政官，专门负责监管承办商和首都市场。

帮会体系的限制

政体变更有效抑制了帮会风气，达到了禁律所不能及的效果。随着共和与共和选举、法院和选举团的腐败施暴的终结，暴民的喧哗胡闹也随之结束了。再者，由克洛狄乌斯法（Clodian law）创立的结合体也瓦解了，而后将协会的全部事宜交由政府当局监管。古代公会和协会、犹太的宗教团体以及其他特殊类别的团体，在知会元老院后即可创立。此外，若是定期召集拥有固定资金的团体召开集会，则需事先得到君主批准，后经元老院特许，才可成立。

道路警察

此外，应加强更为严厉的刑事司法制度和强有力的警政制度。法律（尤其有关暴力犯罪的法律）应比以前更严苛。共和法中不合理的规定，如已定罪的犯人仍有权自动离境以逃脱惩罚，则势必会被废除。恺撒颁布的有关首都警政的详细章程，大部分至今尚存。有意者自行考证便可得知，皇帝注重奉劝户主修理街道并以粗凿的石头铺设整个人行道，同时还发布了关于抬轿和赶车的合理规定，鉴于街道的性质，车轿只许在夜间自由行驶于首都。地方警政的监督主要由四名市政官负责，即使之前此事不归他们管，但至少现在他们奉命分别视察首都各个划分明确的警区。

首都的建筑

最后，恺撒既热爱罗马式建筑，又是一位善于组织谋划之人，因此首都的建筑业和与之相关的公益机关，都经恺撒之手有了突飞猛进的发展。这种现象不仅是对近期无政府状态下管理不善的讽刺和羞辱，而且超越了罗马贵族鼎盛时期所行之事，正如恺撒的天赋远胜于马尔奇氏和埃米利氏。恺撒超越前人之处，不仅在建筑本身的规模和拨给建筑业的巨款上，更在于恺撒身上一种真正政治家的公益感，这也是恺撒为罗马公共机关所做之事不同于其他同类事业的本因。恺撒不像他的继承者那样去建造庙宇和其他宏伟壮丽的建筑，而是致力于缓解罗马城的市场用地——当时罗马的公民大会、最高法庭、交易所以及日常的业务和消遣场所都拥堵在此地，恺撒至少把公民大会和最高法庭迁移到了别处，为此他专门为公民大会建造了一座新会场——战神广场（Campus Martius）上的尤利亚神庙（Saepta Julia），同时为最高法庭建了新的司法所——皮卡托尔（Capitol）和帕拉廷（Palatine）中间的尤利亚广场（Forum Julium）。出于一种同样的情怀，他创立了浴堂供油制——每年提供三百万磅油（多数出自阿非利加）给首都浴堂使用，因此浴堂可为浴客免费提供涂抹身体的油，此法源自上古时期人们以沐浴和涂油为基本保养的习惯，也是保持清洁和卫生的明智之策。

但这些宏大安排不过是彻底改造罗马的初步策略，他的各方面计划均已制定妥当：建造一所元老院新会堂，一座壮观的新商场，一家与庞培剧院相匹敌的新剧院，一个拉丁文和希腊文的公共图书馆——效仿亚历山大城近期被毁的图书馆，来打造罗马首个此类图书馆，最后还有一座玛斯（Mars）庙——其富丽堂皇要超过迄今为止所有的庙宇。恺撒还有一个精妙绝伦的想法，首先经彭甸沼地（Pomptine marshes）建造运河，水流排放至特腊契纳（Tarracina）；其次改造台伯河的下游河道，使其自当时的莫列桥（Ponte Molle）起，中途不流经梵蒂冈场（Campus Vaticanus）与战神广场（Campus Martius）之间，而是绕过梵蒂冈场和雅尼库鲁山（Janiculum），引流至奥斯提亚港（Ostia）——把该地的不良停泊状况改造为适当的人工港。倘若这一宏伟蓝图能够实现，那么一方面首都的劲敌——附近的空气污染——将会得到治理，另一方面人工港从梵蒂冈场转移至台伯河左岸代替战神广场后，战神广场的宽阔土地便可供公共和私人建筑使用，故而首都极其有限的建筑空间将会空前扩大。这样一来，一直以来首都深感缺乏的安全海港也有了着落。这样看来，这位皇帝意欲转山易河，冒险与大自然抗衡。

然而，罗马城虽在这种新秩序下获得了更多的舒适和壮丽，但如上文所述，它却因为这一变动永远失去了政治上的至尊地位。随着时间的流逝，罗马国与罗马城合二为一的想法逐渐被人们视作悖理的妄言，但这条准则早已与罗马共和的本质密不可分，只要共和不灭，这条准则也不会消亡。也只有在恺撒的新帝国里，除一些法律拟制外，这条准则的其他内容全部被废除了，且法律上首都民社与其他自治市地位同等。实际上恺撒在这里与在他处无异，照样尽心竭力地进行整顿，而且冠以正式恰当的名称。此外，他还发布了意大利自治市法，并将其应用于首都和其他城市民社，毋庸置疑，此举乃恺撒有意为之。此处补充一点，正因为罗马作为首都而言缺乏生活的共性，所以大体说来，帝国时代罗马城的地位甚至低于其他自治市。共和时期的罗马城乃匪徒聚集之地，但也是一国之都。君政时期的罗马城虽以三大洲的辉煌为荣，在满目的黄金和云石中闪耀，但金玉其外败絮其中，国家内部不过是一座与贫民窟相连的皇室宫殿，换言之，就是个难以避免的邪物。

意大利　意大利农业

目前在首都，唯一的目标就是借警察和律令大规模铲除明显的恶弊，但挽救深度混乱的意大利经济仍然任重而道远。根本的祸患（上文已详述）便是农业人口的消失和商业人口的非正常增长以及随之带来的无尽的祸患。想必读者不会忘记意大利的农业状况，尽管曾殷切地尝试查明小地产的消亡原因，但除了亚平宁山和阿布鲁奇山的谷地之外，在意大利的任何区域，农业经济都已不再是当地的主流经济模式。田庄经营管理方面，曾经谈及的加图系统和瓦罗描述的系统并无差异，只是后者把罗马时代城市生活中优劣参半的发展轨迹展示了出来。瓦罗说："昔日田庄的谷仓大于庄主住宅，现今却截然相反了。"图斯库鲁姆（Tusculum）和提布尔（Tibur）以及特腊契纳和贝亚（Baiae）沿海区域，昔日都是拉丁和意大利农民播种收获的地方，而今罗马贵族一幢幢富丽堂皇的别墅却在此处拔地而起，其中部分别墅连同其围地和引水渠，保护饲养河海鱼类的淡水池和咸水池，蜗牛和蛞蝓的培养所，野兔、家兔、牧鹿、牝鹿和野猪的兽圈，以及足以容纳仙鹤、孔雀的鸟屋等用地，几乎占据了一座中等城镇。但大城市的奢侈却能令众多勤勉的工人致富，这远比慈善事业提供的救济更有效。当然，普遍认为贵族的鸟屋和鱼池确实是一种奢靡的嗜好，但这种经营模式已经得到了广泛和深度的发展，比如一座鸽棚里的现货，据估计价值达十万塞斯特斯。当时已经涌现了系统的施肥法，因此鸟屋的肥料成为了农业的重要需求品。一位鸟商可一次性供应五千只田鸫——当然他们懂得如何饲养这种鸟，每只卖价三第纳尔，一位养鱼户也能一次提供两千尾海鳗，卢奇乌斯·卢库勒斯留下的鱼类也卖了四万塞斯特斯。可想而知，在这种情形下，谁若能勤劳明智地抓住机遇从事这种职业，谁就能以小投资换取大收益。当时的一位小型蜜蜂养殖者，每年平均卖出至少一万塞斯特斯的蜂蜜，而这些蜂蜜竟产自法勒里（Falerii）附近不过一英亩的花园。果树种植者间的竞争更为激烈，以至于在高雅的别墅里，镶嵌云石的水果室常常同时布置为餐厅，有时还把买来的优质水果陈列起来作为自家产物。也正是在此期间，小亚细亚的樱桃树和其他外国果树首次在意大利果园种植。拉丁姆和坎帕尼亚的菜园、玫瑰和紫罗兰花坛产量丰富，神圣路的“美味市场”（forum cupedinis）常摆着水果、蜂蜜和花冠来售卖，这些都在首都生活中扮演着举足轻重的角色。一般而言，庄园经营其实是种植园式的经营，在经济上已经达到登峰造极的状态。列蒂谷地（valley of Rieti）、福奇诺湖（Fucine lake）周围区域、利里斯河（Liris）和沃尔图诺河（Volturnus）各区域以及意大利中部地区的农业发展已经极为繁荣。甚至工业中某些适宜与奴隶制田庄经营合办的分支领域，都被智慧的田主兼办起来，在有利形势下，田庄内还建造了旅馆、织布厂和砖瓦厂。特别是意大利酒和油的生产商不仅供应国内市场，还大量出口海外。当时一本纪实的专著曾把意大利形象地比作一个大果园。还有一位诗人描绘了自己家乡的美丽景象：这里有水量充沛的草地、生长茂盛的玉米地、橄榄树围起的景色怡人的葡萄山，田野里的“装饰”一笑百媚生，把俊俏可爱的花园拥入怀中，周围长满了花环似的果树——这种描写显然是每天展现在诗人眼前的真实场景，令我们有幸徜徉在托斯卡纳（Tuscany）和特拉·底·拉沃罗（Terra di Lavoro）的繁荣景象中，恍如身临其境。由于前文提及的原因，畜牧业在逐步向意大利南部和东南部扩展，从各方面看，这都是一种退步，但却也一定程度上追随了农业的总体进步。例如在改良育种方面做了大量工作，种驴可以卖到六万或十万塞斯特斯，甚至有的竟卖到四十万塞斯特斯。在此期间，意大利农业奠定了坚实的基础，人类智慧的普遍发展以及资金的丰富充盈，令农业产量愈加丰富，其欣慰可喜的结果迥非昔日小农经济所能及。这种农业经营模式已远播海外，意大利农业家开始转向利用省内的大片土地，广泛饲养牛畜，种植谷类。

金融业

田庄经济的非正常繁荣是如何建立在牺牲小型农业者基础上的呢？与其并行的金融业达到了何种规模？与犹太人竞争的意大利商人是如何进驻帝国各省和属国的呢？全部资金又是如何最终流入罗马的呢？这些问题还须加以说明。我们在此指出一个事实：当时首都金融市场中的正规利率为百分之六，表明这里的货币比古代其他地方货币的平均价值还要低一倍。

社会不均衡

这种经济制度在农业和商业上都以资金累积和投机事业为

基础，导致财富分配严重不均衡。这句惯用、滥用的习语“由百万富翁和乞丐组成的国家”，用来描绘共和末期的罗马再贴切不过了。或许没有任何地方能如罗马一般，将奴隶国度的本质诠释得如此淋漓尽致，即公私交际的基本原则[①]是：靠奴隶劳动获益的富人受众人尊敬，而靠自己的双手劳作的穷人却受人鄙夷。这里没有所谓的真正意义的中等阶级，因为这个阶级

①以下是西塞罗论文《论义务》（*De Officiis*）中的论述，可以说明当时的特色：一般看来，何种职业和行业可以算作体面，何种可以算作下贱，由下面各种观念统治着。首先被咒骂的是人们为了它而招公众怨恨的职业，例如征税官、放贷者的行业。那些通过体力劳动，劳力而不费心地获得酬劳的职业也并非体面，而是下贱的，因为他们就为了这些工钱把自己放到了奴役的地位上。那些从商人手里批发，然后立即零售出去的货贩，也是低俗的职业，因为他们若不漫天撒谎就不会发财。手艺人这一行业是下贱的，因为在作坊里不可能是君子。最不体面的是那些双手沾满污秽的手艺人，比如，引用特伦提乌斯的话“制香肠者、厨子、卖飞禽者、渔民”之外，还有调香者、跳舞的技师以及整个赌博摊上的所有人。但有些行业，从业者需要先接受较高的教育，如此一来，或能赚取不少利益，比如教授医术、高等学科的人，相对来说这些是比较体面的职业。商业，如果是零售业，它被认为是粗俗的，但是，如果大商贾从四面八方运来大批货物，并童叟无欺地销售给公众，当然就不会被贬低。事实上，如果他已经不在乎盈利，或者说，他觉得获得的盈利已经足够，从前常常从海上走到港口，而后又从港口涉足地产，那么，人们有充足的理由来赞美他。但在一切行业里，没有什么比地产业更好、更有利、更令人满意的，对自由人来说也更体面。据此，严格地来讲，可敬的人必须是一名土地所有者，作为一个商人从事交易活动，只是为了达成这个最终目标的手段。学艺作为一种职业，只适合于希腊人和不属于统治阶级的罗马人，这些人通过这种方式，凭借他们的学问能在上流社会中跻身，寻得自己一席之地。当时那些完全发展了的庄园贵族式的文化，带着商业投机的浓厚色彩，也轻微地映射在通俗文化上。

确实无法存在于发达的奴隶制国家。有些看似或某种程度上是中等阶级的人，实际却是富有的实业家和地主，其中不乏素质低下或修养高尚之人，却个个都知足常乐，满足于自己的活动范围，远离公众生活。

实业家中有大量脱籍人和部分暴发户，他们经常浑浑噩噩、佯装贵族，真正的智者并不多见。他们中的模范人物蒂乌斯·庞波尼乌斯·阿提库斯（Titus Pomponius Atticus），常见于当时的记载中。他通过意大利和伊庇鲁斯经营的大型田庄农业，以及分支遍布意大利、希腊、马其顿和小亚细亚的金融业，获得了大量收益。但同时他依旧是位单纯的实业家，抵制诱惑未曾去谋取一官半职或与国家合作金融业务。他不贪不吝，也没有沾染当时挥霍奢侈的习气，比如他每天的膳食费仅一百塞斯特斯。他满足于自己舒适的生活，沉浸于城市和乡村多姿多彩的生活中，享受着罗马和希腊上流社会的交际乐趣，醉心于文学和艺术带来的快乐。

意大利的旧式地主数目众多，基础雄厚。曾有一位名为赛克斯图斯·洛奇乌斯（Sextus Roscius）的人，在罗马纪元673年即公元前81年放逐期间被杀害，当时的文学作品还曾描写过他，给世人留下一个这样的乡村贵族（pater familias rusticanus）形象：他持有约计六百万塞斯特斯的资产，基本投在了他的十三处田庄上。在田庄经营上，他都是亲力亲为、热情饱满，把田庄打理得井井有条。他很少或者可以说从不去首都，但有朝一日倘若他确实去了首都，那么他的村野风度势必会与世故圆滑的元老形成鲜明对比，正如他那数不尽的粗笨的农奴与首都彬彬有礼的家奴有着天壤之别。比起深受世界主义熏陶的贵族界和四海为家、居无定所的商人阶级，这些地主和基本由他们主宰的“乡村市镇”（municipia rusticana），不但保存了祖先纯朴高尚的语言，还延续了前辈的纪律和习俗。地主阶级被视作民族的未来，投机者挣得家产后，希望能跻身国内名人之列，于是便买一处田庄，即使自己无法成为乡绅，也会把儿子按乡绅的标准来培养。我们可以在政治民族运动和文学萌芽时期发现地主阶级的痕迹，拥有反抗新君政最大力量的爱国反对党，正是源于地主阶级，瓦罗、卢克莱修（Lucretius）、卡图卢斯（Catullus）也都来自地主阶级。没有任何著作能如西塞罗《论法律》（*De Legibus*）第二卷典雅的阿尔皮努姆引言一般，把地主生活的激情与活力描写得如此鲜明——在这位作者空虚而冗长的著作中，这段引言犹如沙漠中的一片绿洲。

穷人

有修养的商人阶级和充满活力的地主阶级，不幸被淹没在乞丐和贵族界这两个可以改变社会风气的阶级中。我们没有统计数据来精确地展现当时贫富人群的相对数量，但我们可以借用五十年前的一位罗马政治家的言论——罗马公民中拥有稳定财富的人数不及两千。自此以后，公民团体已大不同以往，但贫富差距与以往持平。大批民众蜂拥去领取配粮或从军的事实，也充分说明了贫困人口的剧增。当代一位作家证实了相应的财富增长，谈及马略时期的情形时，他称价值两百万塞斯特斯的田产为“时下的财富”，我们所发现的有关个人财富的言论也得出了相同的结论。富甲一方的卢奇乌斯·多米提乌斯·阿亨巴布斯（Lucius Domitius Ahenobarbus），曾允诺从他的个人财产中为两千名士兵人均分配四尤格土地。庞培的田产共计价值七千万塞斯特斯，演员埃索普（Aesopus）的田产价值两千万塞斯特斯，首富马尔库斯·克拉苏（Marcus Crassus）起家时就已经持有七百万塞斯特斯，离世时，他把大量财产捐给人民后，竟还有一亿七千万塞斯特斯。

贫富间的剧烈差距源自经济和道德中质同行异的混乱与败坏。如果普通民众仅依赖政府救济才能免于饿死，那么沉溺于乞丐的懒惰和享乐中的人们，所要承受的乞丐之困苦也是一种必然结果，当然两者间也是互相影响的。罗马平民宁可在剧院发呆也懒得工作，酒馆和妓院却门庭若市，生意红火，以致民魁为了一己私利，特意去拉拢这些行业的老板归附他们。角斗比赛深刻揭露且助长了古代世界最不堪的道德败坏，但在当时角斗赛却达到了鼎盛状态，连卖节目单都成为了厚利的行业。但当时人们采用一种可怕的新方式，即战败者的生死不取决于角斗规则和战胜者的意志，而取决于观众的臆想，战胜者根据观众指示饶恕或杀死对手。随着角斗业的市值骤增，自由的价值却大幅下降了，当时战场上极缺乏的无惧无畏和勇于斗争的精神，竟普遍存在于角斗场队伍中，且被视为角斗的必要规则，每一位角斗士都能做到一声不吭地忍受刀剑穿身，毫不退缩，连自由人也常为了糊口和工钱把自己卖给承办者做角斗奴隶。罗马纪元五世纪的平民也曾忍饥挨饿，但他们却未曾出卖自由。那时的法学专家更不屑于借粗暴的法律秘诀，把角斗奴隶这种伤风败俗、违反法律的合同——“如果承办方的角斗规则需要，就允许自己毫无抵抗地被锁住、鞭打、烧伤、杀害”——视为合法且可控告的合同。

奢靡浪费

虽然贵族界尚未出现类似的事，但本质上讲，贵族也没什么两样，更谈不上良好。但贵族却与无产者争相不作为，如果无产者在街道上逍遥自在，贵族便舒服地躺在床上直到日上三竿。

这里盛行着无限度又没雅趣的奢靡浪费。政治和剧院中都存在大肆浪费的现象，当然他们也会因此而贪腐堕落。人们用惊人的高价购买执政官职——罗马纪元700年即公元前54年夏季，单是初次的投票表决就须支付一千万塞斯特斯，愚妄而奢侈的装饰毁了雅致之人看戏的雅致。罗马城的房租竟比乡镇城市平均高出四倍之多，城内的一所住宅曾卖到一亿五千万塞斯特斯的天价。苏拉离世之际，马尔库斯·雷必达（Marcus Lepidus）（罗马纪元676年即公元前78年的执政官）的住宅堪称罗马之最，但在短短三十年后，竟连罗马宫殿的前一百名都排不上号。前文已经提及在别墅上的铺张浪费，曾有人花四百万买一套别墅，鱼池是其主要价值所在。现在真正的贵族至少都有两套别墅，一套在首都附近的萨宾山或阿尔巴山，另一套位于坎帕尼亚浴场附近，可能的话，还有一个紧靠罗马城门外的花园。比别墅宫殿更荒唐的是陵墓建筑，此类陵墓至今仍有几座尚存于世，这也证明罗马富人为彰显其地位不知用了多少砌石来垒成建筑。嗜好养狗驯马之人也不在少数，一匹骏马卖价两万四千塞斯特斯也是常有的事。他们讲究木料优质的家具——一张非洲柏木桌就卖价一百万塞斯特斯。他们喜欢紫色或透明纱料的衣服，常常在镜子前把衣服褶皱处整理得美观得体，据说演说家霍腾西乌斯（Hortensius）曾因同僚在人群中挤皱了他的衣服而以伤害罪起诉这位同僚。他们醉心宝石和珍珠，也正是在这一时期，珠宝开始代替昔日更为美丽雅致的金饰。庞培战胜米特拉达特斯（Mithradates）之际，出现了全由珍珠制作的胜利者塑像，餐厅的沙发和家具都镶嵌了银边，连厨房的器皿都是银造的，这一切都变得完全野蛮化了。与此类似，当代的收藏家竟从旧银杯上取下精致的奖牌，再将其镶嵌于金器上。旅行中也不乏奢侈浪费之状，西塞罗曾告诉我们有关西西里一位省长之事，他说："省长旅行时都是选择初春时节，绝非寒冬腊月，此处的春并非日历上所载之春，而是玫瑰盛开的季节。按照比提尼亚王的惯例，他出行时可乘坐八抬大轿，头戴花环，颈佩花圈，坐在玫瑰花叶装饰的马尔达纱软垫上，时不时闻闻那芝麻点细布缝制的玫瑰花香囊，有时甚至会让轿夫直接把自己抬至寝室。"

饮食奢侈

但奢侈之风最为兴盛之处当属饮食奢侈，整栋别墅的布局和生活终归都与饮食相关。冬季和夏季各配有不同的餐厅，不仅如此，而且画廊、果室、鸟屋以及鹿园、月台等处均可摆设宴席，预定好的"俄尔浦斯"（Orpheus）宴席戏服盛装出场，随着他的喇叭声响起，训练有素的牝鹿和野猪便应声赶来。他们虽用心掩饰这一切，却也不忘现实。不仅厨师学过烹饪法，连主人自己也厨艺了得，常常指导厨师做饭。相比海鱼和牡蛎，烤肉略有几分黯然失色，如今的意大利河鱼基本上不了盛宴的台面，佳肴与美酒竟也被视作下等品。现在就连在人民节庆中，除了意大利法勒里酒以外，还供应三种外国酒——西西里酒、勒斯博斯（Lesbian）酒和开俄斯（Chian）酒，而三十年前，即使在盛宴中也只是将希腊酒分予在座之人便足够了，演说家霍腾西乌斯家中酒窖竟存有一万瓶外国酒。难怪意大利的葡萄种植者开始抱怨产自希腊岛的葡萄酒的竞争力。博物学家虽热心于在海、陆上搜集新的动植物，但其热情度远不及搜罗当日烹饪新品的美食家[1]。宴会后，宾客服一剂催吐药，以避免眼前品类繁多的美食可能带来的不良后果，这早已不是什么新鲜事了。所有荒淫之事逐步恶化、系统化，因而有了专门的教师开始教习贵家子弟罪恶的理论和实践。

债务

我们无须再细说这种复杂而单调的混乱景象，更不必细说

①我们仍然可以窥得一场宴会的花销情况。在罗马纪元691年即公元前63年以前，穆西阿斯·伦图卢斯（Mucius Lentulus）就任大祭司之时举办了这场宴会，僧侣——连同恺撒在内，包括维斯塔贞女，以及其他别种祭司及他们的近亲女眷，都前来参加。宴会的菜单如下：餐前的小食，包括海胆、鲜牡蛎（任宾客敞开来吃），大个的贻贝、海菊、芦笋田鸫以及肥鸡，牡蛎和贻贝馅饼、黑的白的海橡果。随后，又会提供海菊、甘蛎、刺鳌水母、小候鸟肉、鹿排骨、野猪排骨以及烘煎的鸟类，接着又是小候鸟肉和两种紫贝。宴会的正餐包括猪乳房、野猪头、鱼馅饼、猪肉馅饼、鸭子、炖小水鸭、兔肉、烤鸟、小粉糕、本都糕。这类的僧院宴会，据瓦罗说，他们使得所有美味佳肴的价格飞涨。在瓦罗一篇讽刺诗中，他列举如下著名的外国奇馐珍肴：萨摩的孔雀、弗里吉亚的松鸡、米洛斯的鹤、安布拉基亚的山羊羔、喀尔西顿的金枪鱼、加的斯海峡的鳃鳗、培希努的翘嘴鲌（鱼肝油）、塔伦特姆的牡蛎和扇贝、罗得岛的鲟鱼、西利西亚的斯克鲁鱼、萨索斯的坚果、埃及的枣椰、西班牙的橡子。

其实罗马人在这方面并非首创，他们只是在愚蠢地夸大模仿希腊—亚细亚的奢靡之状。布卢托（Plutos）和克罗诺斯（Kronos）理所当然地吞噬着他们的儿女，贵族为满足欲望，竞相争夺这些大都毫无价值的物品，必然导致物价上涨，随波逐流的人们手中握有的巨额财产不久也随之烟消云散了，甚至有人迫于声望利益而去做不得已之事，最后只能眼睁睁地看着他们继承的稳固财产被快速地消耗殆尽。例如，执政官的选举运动便是名门望族走向败落的常路，可以说，赛会、宏伟建筑以及其他一切追求愉快却昂贵之事都是他们通向败落的路径。当时虽拥有堪比王侯的财产，他们却也背负了高于其财产的巨额债务。罗马纪元692年即公元前62年前后，恺撒的债务在减去其资产前提下，竟高达两千五百万塞斯特斯；马尔库斯·安东尼二十四岁时就已经欠债六百万塞斯特斯，十四年后，竟达到了四亿塞斯特斯；库里奥也欠债六千万塞斯特斯，米洛尔欠七千万塞斯特斯。

罗马贵族界的大肆浪费如何彻头彻尾地依赖贷款，有事实为证：一次由于竞选执政官人员的陆续借贷，罗马当时的借贷月息竟由百分之四涨到了百分之八。无力还债者常常想尽一切办法拖欠债款，很少有人在期限内参与债主商会或清理债务。他们非但不会变卖财产，尤其是田产，反而会继续借债佯装富豪，最终加速破产。清理结果与米洛的相似，债主所得只有他们清算数额前的百分之四。在这种由殷富到破产的急速转变和系统化的骗局中，获利最多者当属冷静的银行家，他们懂得什么时候应予以放贷、什么时候该拒绝贷款。如此一来，债务人和债主的关系基本又回到了罗马纪元五世纪期间社会危机最严重时的样子。有名无实的地主仿佛成了债主的衣食之主，欠债人的地位犹如债主的仆人，卑贱得像脱籍人一样跟随在债主的侍从队伍中，其中更有元老院的位高权重之人，竟也按照债主吩咐进行发言和投票。也有人打算向财产宣战，不是以恐吓手段恫吓债主，就是借作乱和内战铲除债主。克拉苏的势力形成与这些关系有关，他们中的秦纳，当然还有喀提林、科利乌斯(Coelius)、多拉贝拉等人曾带头发起暴动，此类暴动都打着“清账”的旗号，与百年前震惊希腊的有产者与无产者的战争十分相像。这种腐败经济的本质下，任何财政或政治危机都有可能引发极其可怕的战乱，更不用提一些常见现象，如资金流失、地产急剧贬值、无数人破产、普遍无力还债等——这些现象出现于内战期间，一如曾经的同盟战争和米特拉达特斯战争期间的状况。

道德败坏

不言而喻，在这种情形下，道德和家庭生活在社会的各个阶层都不再是主流思潮，贫穷竟成了唯一的一种奇耻大辱、罪大恶极。为了钱，政客可以出卖祖国，公民放弃自由；为了钱，官位和陪审员的投票权都可以拿来卖；为了钱，贵妇甘愿卖身为妓。伪造文件、背信弃义之事时有发生，当代的一位诗人曾称誓言为“债务的石膏”。人们忘记了诚信为何物，拒收贿赂者竟被视作私人仇敌而非正直之人。奥卢斯·克伦提乌斯(Aulus Cluentius)一案向我们展现了一幅骇人的画面，即意大利某个城市和乡镇最具名望之家，呈现出骇人听闻、伤天害理的罪恶嘴脸——古往今来各国的犯罪统计罕有其匹。

友谊

这种污秽在民族生活的最低端，日复一日年复一年地积累起来，其毒害性日益加重，也愈加根深蒂固，但表面上却光鲜亮丽地掩盖上一层文雅和友好之气。罗马世界，互相拜访蔚然成风，因此贵族住宅每日接待之人，需依主人或仆役排定的顺序入内，稍有名望之人由主人单独接见，其余人则分组接见，或直接在最后一轮一次性接见——据说盖乌斯·格拉古首创了这种接见之法，也因此为新君政奠定了基础。互通书信也似拜访之礼一般，彼此既非私交也无商务往来的人之间的“友谊”之信，却飞驰于海陆两地，反之，真实正式的商业信件却用于寄给某个团体。同样，请客赴宴、惯常的新年贺礼、家庭节庆都失去了原来的性质，几乎成了公众的典礼，连死亡也无法令罗马人从无数“亲人”的殷勤中解脱。为了留存死者的颜面，他必须为每人准备至少一件纪念品。正如当今商界的某些圈子，纯真诚挚的家庭关系和家庭友爱已经完全从罗马人当时的生活中绝迹了，导致一切商业往来和知己挚交都以毫无意义的形式和花言巧语来维系，因而真正的友谊逐渐为虚情假意所替代，而这也正是这个剥削人权、内战四起的时代中，各种邪恶精神泛滥的最与众不同之处。

妇女

在这个时期的衰落中，妇女的解放与友谊的变质有着类似的特点。妇女早已经济独立，且当时已有专门为妇女办事的律师，他们殷勤地帮单身贵妇管理财产和诉讼，希望凭借自身的商业和法律知识博取她们的青睐，进而比跑交易所之人获得更丰厚的酒钱和遗产。妇女们觉得自己脱离了父亲或丈夫的经济监护，各色各样风流韵事也持续不断。舞女（mimae）的业务繁多、技巧纯熟，完全能与当今舞女相提并论，她们的歌星、饰演的爱神（Cytheris）等甚至玷污了历史的篇章。但她们的行业仿佛获得了特许，反倒是贵族界妇女的自由艺术竟成了一种危害。上等门楣的通奸案屡见不鲜，因此只有极其罕见的丑闻才能令奸情成为人们茶余饭后的闲聊对象，如今法庭干涉也成了荒谬可笑之举。罗马纪元 693 年即公元前 61 年，普布利乌斯·克洛狄乌斯（Publius Clodius）在大祭司家中的妇女节庆日中，做了一件闻所未闻的丑事，甚至比五十年前那件牵连甚广导致一连串死刑的事态严重千倍，最后此事竟未经调查也未行处罚便不了了之了。四月的浴场季来临之际，人们会暂停政务，贵族界聚集在贝亚和普特奥利（Puteoli）。之所以有如此魅力，主要源于合法和非法关系都在这里上演，加之船上和岸边处处歌舞升平，到处美味佳肴，让大家的游船航行兴致勃勃。在那里，妇女有绝对的操控权，但她们从不满足于自己所属的领域，于是装作政客出席党派集会，通过金钱和阴谋参与当时放荡的帮会活动。人们若目睹这些在西庇阿（Scipio）和加图舞台上演戏的女政客以及站在她们身边的美少年——他们下巴干净、柔声细语、步伐细碎、头戴发饰、颈戴围巾、身着长袍、脚穿女鞋，尽力模仿着放荡的娼妓——一定会为这个男女性别似乎有些颠倒的反常世界所惊骇。贵族界如何看待离婚一事，可通过他们中品行最为端正的佼佼者马尔库斯·加图

（Marcus Cato）的行为得知：一位朋友请求迎娶他的妻子时，他毫不犹豫地答应了，朋友离世后，他又再次毫不迟疑地娶回了这位妻室。独身和绝嗣日益普遍化了，尤其是在上流阶层。在这些人中，结婚早已被视作一种累赘，人们最多为了公众利益才会选择结婚，现在我们从加图和他的朋友身上也验证了百年前波利比乌斯（Polybius）视为希腊衰亡之源的准则，即公民有义务保护大额财产不分散，因此不能生育太多儿女。“普罗大众”（Proletarius）这一称呼昔日曾是罗马人的荣耀，如今已一去不复返！

意大利人口萎缩

这样的社会情形导致意大利的拉丁人口锐减，意大利的大好河山如今却是部分遍布着寄生的移民、部分成了纯粹的荒地，大批意大利本国居民却移居海外。整个地中海领域的意大利官员和卫戍部队所需的人才和劳动力，已经超过这座半岛的供应能力，尤其因为那些派往外国的人们，大都成了民族的永久损失。随着罗马逐渐变成包罗各个民族的帝国，贵族统治者也逐渐失去了意大利作为自己唯一家乡的意义。至于应征入伍或应募从军的士兵，他们大部分死于连绵不绝的战事，尤其是内战，还有一部分则因长期甚至长达一生的服役而与家乡完全脱离关系。与公众事业类似，投机事业导致部分地主和几乎全部商人长期或终生留居国外，特别是道德败坏的巡行贸易，令商人日益疏远了祖国人民的生活和约束较多的家庭。为弥补人口流失，意大利一方面致力于吸收身为奴隶和脱籍人的无产者，另一方面还吸收了大批从小亚细亚、叙利亚和埃及迁来的手工艺者和商贩，这些人主要迁往首都，还有更多人迁往奥斯提亚、普特奥利和布隆迪西乌姆（Brundisium）等港口城镇。然而，在意大利占地最广、最为重要的地区，甚至都没有这种以其他人口代替本地居民的情况，因此人口数量仍在不断减少中。这种状况在牧民地区尤为严重，例如养牛业福地阿普利亚（Apulia），据当时的人们所言，此地是意大利最荒凉之地。同样，这种现象在罗马周边地区也十分明显，在逐渐退步的农业和日益恶劣的空气的交互作用下，坎帕尼亚也变得一年比一年荒凉。拉比奇（Labici）、伽比（Gabii）和包维莱（Bovillae）之前都是欣欣向荣的小镇，如今也衰落至此，竟连一位拉丁节庆日的代表都很难找到。虽然图斯库鲁姆依然是拉丁姆最大的民社之一，但它的人员构成却主要来自一些上流社会的家族，这些人虽长居首都但却保留了图斯库鲁姆的本地公民权，若以拥有选举权的公民人数来计算，它竟远不及意大利内地的一些小民社。这个地区有能力当兵的男人们曾经是保卫罗马的兵力基础，如今这种现象已完全绝迹了，因此，人们在年史上读到埃奎（Aequian）战役和沃尔西（Volscian）战役时，都显得十分震惊或许还有几分恐惧。当然也不是处处都如此狼藉，尤其在意大利中部的其他地区和坎帕尼亚地区，就不似这般不堪，然而正如瓦罗所抱怨的，一般说来：“意大利昔日里那些人口大城如今都萧条衰落了。”

寡头政治下的意大利

这是一幅骇人的景象——也是寡头政党统治下的意大利景象。这种存在于乞丐界与富人界之间的残酷对立，既无法调解，也无法缓和。这种对立的差距在双方间逐渐变得清晰明朗，同时也愈加惨痛。财富加速累积的同时，贫穷的深渊也逐渐加深，在这种投机与赌博横行的多变世界里，有些人被捧到天上又狠狠摔倒在地。这两种世界的鸿沟表面看似越来越深远，但在某些方面却有着惊人的一致，比如他们都摒弃了被视为全民族未来和核心的家庭生活，同样都懒惰且奢靡，都拥有薄弱的经济基础，都有着类似的懦弱依赖性，都存在着形式不同的腐败，都拥有罪恶的道德品质，也一样都渴望对财富开战。殷富与贫穷合力将意大利人逐出境内，令这座半岛部分充斥着奴隶人群，部分又满是可怕的荒芜。这是一种可怕的景象，但却也不是意大利独有。在任何地方，只要奴隶制的资产阶级政治得到充分发展，就势必会把上帝赠与人类的美丽家园化为荒无人烟的沙漠。正如江河可以映射出绚丽多彩的颜色，阴暗的沟壑却处处弥漫着相同的臭气，因此，西塞罗时代的意大利与波利比乌斯的希腊大体相似，却也更像汉尼拔时代的迦太基，那时资产阶级的全能专政以全然类似的方式消灭了中产阶级，令商业和田庄农业达到繁荣鼎盛之状，最终导致整个国家处于一种虚伪伪装下的道德和政治腐化。当今资产阶级对民族和文明所犯下的所有罪过，都远不及古代资产阶级国家所做的恶，正如自由人再怎么贫穷，都好过奴隶，等到北美埋下的恶种成熟时，世界也会收到同样的恶果。

恺撒的改革

从根本上讲，这些压倒意大利民族经济的症候是无可救药的，其尚可挽救之处基本上也要依赖人民和时间来不断改善。

最明智的政府犹如技术纯熟的医生，无法令有机体的腐败血脉化成新鲜的血液，对于一些根深蒂固的症结，政府所能做的也不过是尽力防止意外发生，以免影响自然界自治功能的顺利运行。新政府的和平力量本身就是一种预防剂，在这种力量牵引下，那些最严重的症瘤（例如用人力供养无产阶级、犯罪却不受惩罚、买卖官职等）也会逐渐消失。但政府能做的远不止如此。有些人自恃聪明，拒绝修筑堤坝，因为没有哪种堤坝可以抵抗突然上涨的潮水，但恺撒却不属于这类人。如果一个民族以及经济能够自发地循着自然界规定的路径发展，结果会更好，但实际上它们早已超越了原本的路径，恺撒采取特殊干预措施，尽心竭力地把民族恢复成家乡、家庭生活原本的样子，并借助法律、法令改良民族经济。

避免意大利人离境措施　重视家庭地位措施

为阻止意大利人持续脱离意大利，也为能让贵族和商人在家乡安居，恺撒缩短了士兵服役期限，禁止元老阶级人士留居境外，除非因公出国。同时规定已达结婚年龄（二十四岁至四十岁）的意大利人，不得连续三年不在意大利生活。出于同样的考虑，恺撒在最初担任执政官、创立卡普亚殖民地时，便已经特殊优待子女众多的家长，如今荣登王位后，他再次提议额外奖赏人口较多的家长，同时他以全国最高裁判官的资格，采取罗马人认为最为严苛的方式来处理离婚案和奸淫案。

反奢侈法

恺撒甚至颁布了反对奢侈的详细法律，削减了建筑中最不合理的墓碑奢侈做法，他也从未认为此举有失他的个人体面。规定只有特定的时期、年龄和阶级才有权使用紫衣和珍珠，同时禁止任何成年人使用。为筵席花费设定上限，直接禁用部分奢侈菜肴。当然，此类法律也并非首创，但规定“道德监察官”（master of morals）须严格遵守法令，聘请管理员有偿监督食品市场，命令下属检查贵族筵席并没收宴席上违禁菜肴等措施却是前所未有的。君主的警察们用理论和实践教导贵族何为俭约，但最终所能达到的效果，只不过是令奢侈在表面上有所缓解。如果伪善是恶习对美德的包装，那么，在当时的情形下，借警察之力建立起的表面监督，也不失为一种不可忽视的进步。

债务危机

为更好地规约意大利金融业和农业，恺撒发布了力度更强的相关法规，有望取得较好的成效。该暂行法规的首要问题，便涉及资金短缺和债务危机。人们对收藏资金一事的怨声载道，催生了相关法律，该法规定：“每人手中不得存有超过六万塞斯特斯的现金、现银”，颁布该法的主要目的是为缓和公众盲目地迁怒于放贷者，公布的方式以重新启用曾经遗忘的旧法为由，可见恺撒把此法的颁布视为一种耻辱，因此未必会实际执行它。另一个更为严峻的问题是，如何处理久悬未决的债权案。自称为恺撒党的人士要求恺撒对其债务予以全免，上文已提到，对于此类要求，他一概不予允准，但他早在罗马纪元705 年即公元前 49 年就已经对欠债作出了两项重要让步：第一，积欠的利息一笔勾销[1]，已付的利息从本金内扣除；第二，债主被迫接受欠债人代为支付的动产和不动产，按内战前尚未跌价的价格来对这些财产进行估算。第二点让步是公平合理的，如果债主被视为欠债人财产的所有者，当然此处的财产以欠债人应付的金额为准，那么债主理应负担这部分财产的常规跌价。另一方面，平民党强烈要求取消由贷款带来的债权，加之如今也取消了已付或未付的利息，这就意味着债主除利息本身外还将承受平均损失，该法公布时他们有权提出当作本金的数额的百分之二十五的要求，这无疑只是对民众叫嚣的部分让步。无论放贷者的行为如何恶劣，都不能以此为由来辩护这种借追溯以往方式来无差别取消全部利息的要求。

为基本了解这种行为，我们必须对当初平民党看待利息问题的立场加以回顾。旧平民党在罗马纪元 412 年即公元前 342 年逼迫国家颁布了禁止收取利息法案，当然，这种法案势必会被凭借副执政官职来操控民事诉讼的贵族阶级搁置弃用，但形式上该法案仍合法有效。罗马纪元七世纪的平民党始终自命为这种阶级社会旧运动的传承者，一直坚持视纳息为违法行为，而且这一主张曾在马略时代的混乱时期短暂实施过。如果说恺撒认同平民党的浅见，实在不可信。他阐述清理债务一事时，曾提到欠债人需上交财产代为付款的规定，却只字不言取缔利息一事，或许也是一种自我谴责。但恺撒与其他政党领袖一样，也要依赖于自己的政党，所以不能在利息问题上直接否认

①典籍中并未说明这一点，但是如若用现金或者转让方式来支付利息是违法的，那么遵从法律将必然导致利息要从本金中扣除。

平民党的传统主义，况且在决心解决这个问题时，他尚未前往伊庇鲁斯，也还不是法萨卢的全能常胜将军。但或许他只是允许这件违犯法纪和财产规则之事，却并不是此事的发起者，因此，拒绝取消一切由贷款带来的债权一事，确实是他的功劳。此外，还有一事可以视为恺撒为个人荣辱所做的辩解：从欠债者角度出发，他们对恺撒所做的让步极为不满，为此他们甚至比受害的债主更为愤慨，而且在凯利乌斯（Caelius）和多贝拉手下做了一些愚蠢（如前所述）又被迅速摧毁的尝试，想要借暴动和内战强制取得恺撒没有给予他们的东西。

关于破产的新条令

但恺撒没有局限于对负债者的暂时帮扶，而尽到一个立法者所能做的一切，永久压制资本那可怕而无限的力量。首先，他宣布了法律上的一大原则，即自由不能与财产相提并论为个人所有物，而是永恒的人权，国家虽有权剥夺犯罪人员的人权，但无权干涉负债者人权。对于这一点，恺撒或许受更为人道的埃及和希腊立法（尤其是梭伦立法）的影响[①]，因此把与早期债务法规截然相反的原则加入了习惯法，自此以后，这条原则便无任何异议地延续了下来。按照罗马法，负债者若无法偿还债款，就会成为债主的奴隶。毋庸置疑，如果负债者只因暂时的经济困难而非真正负债累累，无法如期还债，那么，波

①埃及王法和梭伦法在契约签订上规定，欠债人即便无力还债，处罚代价也不能是其人身自由；至少欠债人遇有破产情况，其所受处分也不过是转让全部财产。

埃特利法则允许他转让财产以保全自由。然而对于真正负债累累之人，该原则虽在次要部分有所修改，但主要部分却历五百年未变，只有在例外情况下，即当负债者已过世或失去公民权或不知所踪时，才会直接以负债者财产来清理债务。恺撒史无前例地给予破产者向债主正式割让财产的权利（现今的破产法恰恰是在这一规定上建立起来的），无需过问债主是否满意，如此一来，虽然负债者的荣誉权和政治权有所削减，却能借此永保自由，进而有机会重新开始新的财务生活，如果他届时能够偿付债款而不至再次陷入经济破产，便只会因以前清算中未得到满足的要求被起诉。

高利贷法

因此，荣光属于这位平民党伟人，他在原则上将个人自由从资本的束缚之中解放出来，另外，他还试图通过警政体系来执行高利贷法，以便管辖限制资本所拥有的过剩权力。他也没有故意否认平民党对于利息约束的反感。在意大利货币交易方面，对于个人资本家来说，法律规定了有息放贷的最大额度，这似乎与各资本家拥有的意大利土地资产形成一定比例，其贷款数额最高可能达到其资产价值的一半。在共和国高利贷法所规定的程序通过后，凡是违反该准则的行为都被视为刑事犯罪，并且会将触犯者移交特别陪审委员会审理。如果这些规定顺利实施，那么意大利的商人必将同时成为意大利地主，而仅依靠利益而存在的资本家阶层将在意大利消失殆尽。间接看来，那些无力还贷，实际上只为债主管理房地产的破产土地所有者，也会间接大幅受限，因为放债者如果想要继续从事贷款业务，他们就强制要求自己买进地产。这一事实清晰地表明，恺撒绝对不是简单地翻新那些旧平民党所制定的已有政策，不只是单纯地禁止利息，相反，他颁布的高利贷法允许在一定限度内收取利息。很可能他不仅想将这个只适用于意大利的法律，局限在规定最高限额的借款上，而且还规定了利息本身的最高利率，特别是对于各省而言。法案规定每月收取的利益不得超过百分之一，不得收取拖欠利息的利息，不得以法律手段要求大于本金的利息，该法案也许是在模仿希腊—埃及模式[①]，最初由卢奇乌斯·卢库勒斯引入罗马帝国，专门适用于小亚细亚，并由后来更好的继任者保留使用。不久之后，这些法案通过省长（总督）的布告流传到其他省份，最终至少有一部分内容凭借罗马纪元 707 年即公元前 47 年罗马元老院的法令，在各个省份被赋予了法律效力。事实上，卢库勒斯法令随后全盘作为帝国法律出现，因此在利息法规制定上成为罗马甚至现代立法的基础，这也许可以追溯到恺撒的一个法令。

重视农业地位

除却抑制资本崛起的努力，还有一些农业方面的并行措施，让农业回归到对国家最有利的地位。要达到上述目的，完善司法体制和改良警政系统尤为重要。但在此之前，意大利无人可以确保生命及财产安全，无论是动产抑或不动产。比如罗马的雇佣军首领，除了协助管理首都治安外，在其余时间还带

---

①至少后一种规则曾存在于埃及王法中。另一方面，梭伦法在利息上没有任何限制，但相反，明确规定利息多少可随意制定。

领帮派在埃特鲁里亚（Etruria）森林掠夺抢劫，抑或为其领主抢掠土地，增加领地范畴。此类暴力统治到此为止，各阶层的农业人口一定对这种改变所带来的实惠深有体会。恺撒在公共事业上的伟大计划绝不只限于在首都，他有意为此地带来改变，例如，为振兴意大利的内陆交通，修筑了从罗马经由亚平宁山区通往亚得里亚海的方便高速公路，同时降低福奇诺湖的湖面高度，使马尔西亚（Marsian）的农民受益。但同时，恺撒也探索并采取更多的直接措施来影响意大利的农牧业。他勒令意大利的牧场主至少雇佣三分之一的自由民作为牧人，如此一来，不仅减少了抢劫，也为自由的无产者提供了收入来源。

土地分配

恺撒在初次担任领事官时，就管理规划过土地问题。恺撒比提比略·格拉古（Tiberius Gracchus）更加明智，他没有试图不计代价地恢复小农经济，没有将针对私产的革命性条款放诸法律之中；正如其他真正的政治家一样，在他看来，首要且最不可侵犯的政治准则是保证财产，抑或任何被公众视为财产之物的安全。他只在此准则允许的范围之内，力行鼓励意大利小资产的发展，在他看来，这也是关系家国生存的重大问题。即便如此，在这方面还有很多事情须由他去做。每种私人权利，无论是被称为财产还是继承财产，无论追溯到格拉古还是苏拉，一概得到恺撒无条件的尊重。另一方面，恺撒掀起一场紧缩式的经济作风，不容许任何浪费和疏忽，随后他恢复了“二十”委员会（commission of Twenty），以便检验意大利产权情况。这样一来，意大利实际统治的土地，包括相当大一部分法律上属于国家但实际上掌控在宗教行会手中的不动产，均按照格拉古的方式分配。当然，到目前为止，这种方式仅适用于农业发展，阿普利亚夏季牧地和萨姆尼特（Samnite）冬季牧场仍然由国家控制。如果这些公地不够，恺撒至少还有备用计划，即以公共基金来购买意大利地产，从而获得额外的土地。在选择新农民时，自然会优先考虑退伍的士兵，实际上，恺撒尽可能地把国家征兵给无产者所带来的负担转化为一种利民优惠，无产者因征募为兵背井离乡，还乡时还能回家做个农民。值得注意的是，那些荒凉的拉丁民社，比如维爱（Veii）和卡佩纳（Capena），似乎颇受优待，获得了新殖民地。恺撒规定，这些新主人只有在二十年后才有权将土地转让，这一规定，是开放土地转让以及禁止土地交易二者之间圆满的折中手段。如果将土地转让权完全赋予地主，大部分被分配的土地将会迅速重回大资本家手中。那种永久限制土地的自由买卖可谓徒劳，提比略·格拉古及苏拉也都曾执行过类似规定，同样一无所获。

改善市政制度

最后，政府因此积极采取措施消除自身弊端，并巩固自身长处。与此同时，在同盟战争的混乱之中，新制定的市政制度从国有经济中浮现出来，并与国有经济共同发展，旨在为新君主专政制提供与之相适应的民社生活，并加快传播公共生活中萧条迟钝但难能可贵的要素。恺撒先后发布了两个市政法令，第一个法令于罗马纪元705年即公元前49年在内阿尔卑斯高卢（Cisalpine Gaul）地区发行，此后在罗马纪元709年即公元前45年，恺撒在意大利颁布第二个法令[①]，该法令则已然成为后世的基本法。这两个市政法令有以下显著特点：首先，法令规定，严格肃清市政机构的一切不道德成分，但其中没有任何迹象提及政治警察；其次，法令要求，尽量限制中央集权，给予民众最大化的行动自由。直至今日，该地区仍保留了选举官吏的权力和有限的民事、刑事审判权。当然，一般的警察法令，例如对结社权的限制，同样适用于该地区。以上便是恺撒尝试改革意大利国民经济而颁布的法令，当然，这些法令也存在一些明显不足之处，法律条例之中仍有诸多弊病。显然，这些法令因对交易自由施加限制（其中一些非常严苛），而引发了多方危害。当然，意大利国民经济所存在的弊病无可救药的事实，也很容易证明这一点。但尽管如此，注重实践的政治家也会赞赏这些努力以及为之努力的人。像苏拉这样的人，不寄希望于补救，只提出形式上的改造来自我安慰，如若能够找到这些弊病的根源所在并加以改进，已算不小成就。就此，我们可以得出以下结论：恺撒借助改革，尽可能最大限度地达到一位政治家和罗马人所能做的一切。他无法也不曾期望，这些改革能令意大利复兴，相反，他希望通过其他与此迥然不同的方式来实现意大利复兴，为正确理解这一方式，我们首先应着眼于恺撒当时所面临的各省现状。

省份

恺撒时期统治的省份共计十四个，七个省份位于欧洲：远

①这两个法律中相当部分的内容，至今依然流传。

西班牙省、近西班牙省（Hither Spain）、外阿尔卑斯高卢省（Transalpine Gaul），包括伊利里库姆（Illyricum）在内的意大利高卢省，包括希腊在内的马其顿省、西西里省，包括科西嘉（Corsica）在内的撒丁省；五个省份在亚洲：亚细亚省、比提尼亚和本都省、包括塞浦路斯（Cyprus）在内的西里西亚省（Cilicia）、叙利亚省、克里特省（Crete）；还有两个省份坐落于非洲：昔兰尼加省（Cyrene）和阿非利加省。此外，恺撒还增加了三个新省份。他为卢格顿高卢省（Lugdunese Gaul）以及比利其省（Belgica）设立了两位新省长，并且分设伊利里库姆为单独省份[①]。

寡头政府对省份的管理

在这些省份的管理中，寡头的恶劣施政已经达到了一个极点。尽管在寡头政治方面，后世也有不同程度的表现，但至少在西方，没有第二个政府能达到如此境地，据我们所了解，这种状况似乎也无法被超越。当然，如此境况不能只怪罪在罗马人身上，在此之前，希腊、腓尼基人或亚洲人的统治中，就早已将美好盛世所拥有的崇高精神、正义感、自由感驱逐殆尽了。毋庸置疑，当时的情况十分糟糕，省内居民一旦被指控、问讯，均有义务亲自前往罗马为自己辩护，罗马总督竟可随心所欲地干涉其附属民社的司法和行政，有权宣判死刑，取消市

①根据恺撒的法令，每年十六名副执政官和两名执政官将分任省长职位，执政官任期为两年。我们可以得出结论，恺撒打算把省份的数量增加至二十个。然而，也许恺撒故意设立了职位和候选人间的差额，因此结论也并非板上钉钉。

议会已通过的决议。战事爆发时，总督有权任意指挥民兵，而其指挥方式往往臭名昭著，比如，科塔（Cotta）围攻海上的赫拉克里亚（Heraclea）时，他为保全意大利部下，竟将全部危险岗位指派给民兵，又因战事不利和围攻不顺，下令砍下工兵的头颅摆在他脚下。当时的境况无疑是极其糟糕的，罗马行政管理及其随从不受任何道德规范约束和刑法管制，各个省份每天都上演着法律形式之内和之外的暴力犯罪、强奸和谋杀。但至少，诸如此类事件也并非新鲜事，长期以来，各地民众似乎都习惯了被视为奴隶。长远来看，地方统治者，无论是迦太基的监督者、叙利亚总督抑或是罗马执政官，都显得无足轻重了。各省民众唯一关心的便是物质福利，以上提到的种种暴行很少令他们不安，即使大部分暴君都横行肆虐，但也只会影响到一些独立个体。与之相比，真正困扰他们的是压迫在每个人身上的财政剥削，其剥削力度达到了前所未有的境地。

如今，罗马人在此领域，仍展现出昔日在金融业上的强大优势。在上文中，我们已力求以一种公正中立的态度，叙述了罗马各省寡头政府压迫制度的背景、发展及其愈演愈烈的腐败。谈及普通税的征收，除却高昂的税款剥削，人们更要遭受分配不均的纳税比率以及荒谬的征税制度带来的剧烈压迫。此外，驻扎部队也给当地民众带来了沉重负担，罗马政治家也曾表示，罗马军在城市中驻营度冬所带来的危害，几乎等同于敌军的攻城略地。虽然征收赋税的本意是为了换取罗马政府为当地提供军事保护，因此缴纳税费的民社享有免服兵役之权，但如今很多地方，正如撒丁岛现况一样，地方卫戍兵役大部分都由省内民众组成，甚至在普通军队中，除其他义务外，骑兵部队的组建重担也要依靠省内民众。此外，政府还要求民众提供各类频繁沉重又无法预计的额外捐助，如收取少许补偿或无偿缴纳粮食以供首都无产者的配粮，屡次升级花费昂贵的海军及海岸防御部队的装备以抵御海盗入侵，进贡艺术作品、野兽或他物以满足罗马剧院和猎场穷奢极欲的要求，以及战事爆发时的军事需求等。随便一个例子，就可以说明剥削的剧烈程度。在盖乌斯·维列斯（Gaius Verres）统治西西里的三年中，莱翁蒂尼（Leontini）的地主数量从八十四减少到三十二；莫图卡（Motuca）原有一百八十七名地主，后来降至八十六名；赫比塔（Herbita）的地主人数从二百五十二名下降到一百二十名；阿吉里翁（Agyrium）的地主也从二百五十人锐减到八十人。因此，在西西里土壤最肥沃的四个地区，百分之五十九的地主宁愿让土地荒废，也不愿意在政府盘剥之下继续耕种。由此处统计的地主人数来看，几乎明确表明了这些人绝不是小农人，而是有声望的农场主，并且很多是罗马公民！

保护国

在罗马的保护国中，税收形式与各省有所不同，但负担本身可能会更加严重，因为除了要满足罗马的苛求之外，民众还要承担本国宫廷的开支。在卡帕多奇亚（Cappadocia）和埃及，由于农民无法满足本国收税官吏的要求，而国王也无法向罗马债权人交代，因此农民和国王一起破产了。这些勒索——称之为勒索再合适不过了——不只来自于省长本人，他的“朋友”也如此行事，他们人人都臆想着自己仿佛有一张随时向省长取钱的支票，并以此名目在省里搜刮民脂民膏，然后衣锦还乡。

这样看来，罗马的寡头政党俨然一群匪徒，以内行且有条不紊的方式侵吞抢掠省内民众之财，其中抢掠的手法没有丝毫的友善，实际上他们要与律师和陪审员共分赃物，而且他们抢掠的越多，行事就会更顺利安全。盗贼的虚荣和自尊心也逐渐成型，大盗鄙夷小偷，小偷蔑视不偷，若有谁奇迹般地被判罪，那人便会以掠取的高额钱款自吹自擂。曾经，罗马各省省长都秉持廉洁之风，在任期间广受民众的感激和认可，从不谋取私利，而如今，他们的继任者竟放肆至此。

罗马各省的资本家

屋漏偏逢连夜雨，各省可怜的民众还要时刻遭受意大利商人所施加的毫无节制的重压。各地利润最大的地产业、商业以及货币业务都集中在他们手中。意大利显贵的海外房产，由管家全权打理，主人却从未露面。主人偶尔会现身猎场，猎场最早出现于外阿尔卑斯高卢地区，其面积约达二十平方公里。高利贷行业也已发展到前所未有的盛况。瓦罗时期，伊利里库姆、亚细亚以及埃及的小地主，实际上大都以罗马或非罗马债主的债奴的身份来管理产业，他们间的关系就像往日平民和贵族庄主之间的关系一样。在首都，甚至出现对城邦贷款的月息达百分之四的情况。有权势的商人，为经营便利，或求元老院授予特使名义[①]，或向总督求取军官身份，可能的话还会组建卫兵充势，这些做法在当时已经司空见惯。有人曾举出一个有

①这就是所谓的“自由使团”（libera legatio），即没有任何真正公务的使团。

据可循的例证，当时的一位可尊可敬的银行家，为向塞浦路斯的萨拉米斯（Salamis）城索债，将市政议会的成员封锁在市政厅，最后竟活活饿死了五个人。

抢劫和战乱之灾

抢劫和战乱的双重压迫，任意一重都让民众难以承受，但两者却常常互相勾结，日益交相为用，从而在常压之下，加剧了灾难。当然，罗马政府在很大程度上，至少间接地对此负有责任。在接连不断的战争中，不论是敌方的野蛮人，还是己方的罗马军队，都从国家带走了大量财物，同时消耗、摧毁掉了大量资本。由于罗马陆军和海军的无能，匪帮和海盗在各地蜂拥四起，啸聚成群。在撒丁和小亚细亚的内陆地区，盗贼猖獗竟成了地方特色。在阿非利加和远西班牙，建立城墙和碉堡用以加强城市防御成了必要之举。海盗的种种可恨可恶之处，已在其他相关内容中做了论述。这种情形所导致的必然结果，便是钱荒或粮贵，为缓解此状况，各省省长常颁布禁令来实施干涉，禁止从本省输出黄金或谷物，但在如今这种状况下，即使采用这种堪称灵丹妙药的方法也无济于事了。除了一般的灾害，民社局势无处不受到地方混乱和公职人员舞弊的扰害。

各省通况

压迫和怨怒并不是暂时的，民众难以挣脱这些年以继年、长期存在、日益严重的剥削。经营良好的私人经济无奈只能在压力之下苟延残喘，从塔古斯（Tagus）河畔蔓延至幼发拉底河流域，所有的国家都深陷在无法言说的苦难之中。早在罗马纪元684年即公元前70年，已有一篇文章曾提到："所有民社被摧毁了。"在一些经济情况相对较好的地方，比如西班牙和纳博高卢（Narbonese Gaul），据记载其情况亦复如此。在小亚细亚地区，像萨摩（Samos）和哈里迦纳索（Halicarnassus）这样的小城镇，也是一片萧索，几乎空无一人。在这里，跟饱受折磨的自由民比起来，合法的奴隶身份似乎为人们提供了避难天堂，根据罗马政治家的描述，甚至最隐忍的亚细亚人也处处民不聊生。将这个时期的犯罪记录收集在一起，就可以发现，人类可以在犯罪深渊中极限堕落，而同时面临这些暴虐无边的压迫，人们会用同等残暴的方式反抗并寻求正义。在这些记录中，罗马贵族的肆虐暴行，和希腊人、叙利亚人和腓尼基人承受的苦难一览无余。即便是罗马自己的政治家也公然不讳地坦承，在希腊和亚细亚全境，罗马这个词儿代表着恶贯满盈，人们对其极度厌恶。甚至有一次，海上赫拉克里亚地区的人们竟将罗马派来的税吏全部杀死，唯一遗憾的是，这种事并不常见。

恺撒和各省

新君主亲自逐个巡视他的"农场"，这一举动却招来罗马贵族的无情嘲笑。实际上，就各省状况而言，目前迫切需要这样一位奇才的全部热心和智慧，正是有了这样的奇才，王者之名才不会被各民族视为尽显人类缺陷的典例。现存的问题和弊病需要时间来处理和恢复，恺撒关心的是解决问题的办法，并尽可能不再带来新的伤害。

恺撒时期的官吏

恺撒时期，对政府的行政体制进行了彻底改造。苏拉时代，各省代执政官和代副执政官实际掌握着一省的主权，且不受任何管制；恺撒时期的代执政官和代副执政官，则如同纪律严明的仆人，其主权完全掌握在严厉的主人手中。主人将权力集中在自己手中直至终生，因此与那些年年更换的众多小暴君比起来，臣民与他的关系也更加自然从容，更易被接受。各省省长人选无疑仍然出自于每年退休的两位代执政官以及十六位代副执政官之中，但由于皇帝直接举荐了八名代副执政官，因此，各省省长的任命和分配完全由他操控，也就是说，实际上是皇帝确定各省省长人选。如此一来，省长的职权实际上也受到了限制。他们仍然掌握司法监督和民社行政管理的权力，但他们的统帅权却被罗马政府新任的最高统帅以及与省长共事的副将牵制，显得疲软无力。在当时，各省的税收事务几乎全部移交罗马派遣的专员处理，自此以后，省长身边常伴有罗马帝国派遣的各类助理官员，而这些官员或受军纪军法的严格控制，或受更为严苛的国内法纪约束，绝对服从于皇帝。在以前，省长和财务官似乎是被派遣而来征捐募税的匪徒，而如今恺撒派出的监察官员，来到当地的使命是保护弱者不受强者威胁，他们代替了昔日的无能骑士团以及元老院派出的庸碌的监察陪审团，如今他们必须在公正严明的君主面前交出满意的答卷。恺撒第一次做执政官时，就针对勒索颁布了极为严格的法律来约束省内的高级将领，该法令执行的严格程度甚至超过了条文的字面描述。如果税吏确实做了不公正的事情，则须接受极其沉重的惩罚，正如当时奴隶和脱籍人违抗主人而遭受的残酷家法一般。

规范公共负担

反常的公共负担，被削减至正当且可满足实际需求的比率，日常负担也大大减轻。上文已经提及对于税收的综合规范管理，拓宽免税范围，普遍下调直接税税率，什一税制只限用于阿非利加和撒丁两地。彻底废除直接税征收时的中间人制度等举措，是有利于各省民众的改革的。此前，平民党最伟大的前辈塞多留（Sertorius），为让属国臣民免去承担驻兵开销的负担，而坚持让士兵自建城市式的固定营地。我们固然无法证明恺撒是否想效仿塞尔托乌斯，但他至少在变僭主为国王之后，没有把臣民扔给士兵，他的这种政策和精神为后人所继承，也因此创立了如今的军营，再逐步把军营发展为城市，使其成为意大利文明在边疆蛮夷之地的集中代表。

对资本主义制度的影响

除了遏制各省官员的徇私舞弊，恺撒要完成更棘手的任务，就是将各省民众从罗马资本的压迫下解放出来。若不采取比邪恶本身更危险的手段，就无法直接打破资本的力量。政府暂时只能消除某种孤立的弊病，比如恺撒禁止国家特使利用职位之便谋取经济利益，并且严格执行通用刑事法律和推广适用至各省的高利贷法律，来约束处理公然的暴行和明目张胆的高利贷行为。但只有推行了更完善的行政管理制度，各省才可能重振昔日繁荣，最终根治社会积病。不久前，为了缓解某些省份的破产状态，恺撒曾发布了几次暂行规定。罗马纪元 694 年即公元前 60 年，恺撒任远西班牙省省长时曾规定，负债者收入的三分之二需交付债主，以这种举措来偿付债务。同样，卢奇乌斯·卢库勒斯在担任小亚细亚省长时，也曾直接取消了部分极度膨胀的拖欠利息，同时，负债人土地收益的四分之一以及他们从房租或奴隶劳动中所得利益的适当比例，都要拿来还付剩余利息。虽然并无明确资料记载，内战后恺撒在各省是否施行过类似的债务普遍清偿举措，但通过上文所述内容和在意大利所采取的措施来看，我们不能质疑恺撒也为此目标做出过努力，至少这是他伟大计划中的一部分。

恺撒尽人力之所为，努力让各省民众摆脱罗马官吏和资本家的压迫，也可以肯定，他建立的新政府充满活力，因此可以吓走边境的野蛮民族，新政府如冉冉升起的太阳驱散了薄雾一般，驱逐着海上及陆地的盗匪。无论曾经的伤还如何作痛，恺撒的出现，让历经磨难的人们看到了一个更宽容时代的曙光，见证了几个世纪以来第一个开明而人道的政府，一个通过自身的强健而不是一味软弱退缩来追求和平的政府。也正因如此，在这位伟大的解放者的葬礼上，属国臣民与大多数罗马人一起齐声哀悼。

希腊—意大利国家的兴起

但是，恺撒改革省政的要务并不是废除现有弊端。按照贵族党和平民党的观点，在罗马共和国，各省一直只能被当作“罗马人的外乡地产”，并且它们的功能和效用也照此安排管理。但现在，这种观点已经过时了。为了给复兴崛起的希腊—意大利国家创造足够的空间以建立新家乡，以上那样的省份已经在逐渐消失，家乡的几个组成部分没有哪一个是专为了另一个而存在的，而是各部分间互相依赖，共同组成整体。在这个恢复青春的家乡出现了新的事物，一种新的生活，一种更新鲜、更宽广、更宏伟的民族生活，新生活本身已能够战胜旧意大利无可救药的痛苦和不平。

众所周知，这些想法并非首创。几个世纪以来，从意大利往行省迁徙的移民行为，不断地发生着，尽管移民本身并非有意识地扩大领土，但该行为无疑为意大利的扩张开了先路。罗马平民党君主制的创始人盖乌斯·格拉古，是外阿尔卑斯之战的发起人，他开创性地将迦太基以及纳博（Narbo）征服为殖民地，也因此成为第一个系统性地指导意大利人向境外移民的人。之后，罗马平民党出现了第二位天才政治家昆图斯·塞多留（Quintus Sertorius），他首次把拉丁文明引入野蛮的西方人中，他为西班牙省的贵族青年提供罗马礼服，力劝他们讲拉丁语，并敦促他们前往他在奥斯卡（Osca）创立的学府，深入学习意大利文化。恺撒最初从政时，各省和保护国中已有大批意大利人，尽管在很大程度上其数量不稳定、分布不集中。且不说西班牙省和南高卢正规的意大利城镇，我们只需回顾赛尔托里乌斯和庞培在西班牙，恺撒在高卢，尤巴在努米底亚，宪政党在阿非利加、马其顿、希腊、小亚细亚和克里特，罗马人征募了众多公民队伍，此事便可一目了然。更不要说，早在赛尔托里乌斯战争时期，科杜巴（Corduba）的城邦诗人，就已经开始用拉丁七弦竖琴弹唱起赞美罗马将军的颂歌，虽说其曲调不合；恺撒逝世不久，当时意大利境外最著名的诗人，外阿尔卑斯奥德（Aude）的普布利乌斯·特伦提乌斯·瓦罗（Publius Terentius Varro），就发表了希腊诗歌的译本，并以其优美的文字而闻名遐迩。

另一方面，我们可以说，自罗马诞生以来，拉丁和希腊特性就开始相互渗透。在意大利统一时，作为征服者的拉丁民族已经同化了所有被征服民族，但唯独希腊文化被原封不动地保留下来并入本国，从表面上看，并未被同化融合。无论罗马军团士兵开赴何方，希腊的教师都会紧随其后，因此在某种意义上，希腊教师也可称得上是征服者。我们发现在很早以前，教授希腊语的著名教师就已经定居在瓜达尔基维尔河沿岸，在奥斯卡的学府中，希腊语和拉丁语同时作为授课内容。罗马的高雅文化，本身其实就是用意大利语来传播希腊文学和艺术的伟大福音。看似温和谦虚，实则掠夺成性的征服者，用西方蛮族自己的语言来宣传希腊文化，对此希腊民族至少无法大声反抗。希腊每个地方的人民，都认为罗马是希腊文化的剑盾，其中感受最深的，应该是那些居住在边界地区的希腊人。在那里民族性遭受野蛮民族威胁，同时民族感情也最强烈、最纯粹，比如在马西利亚（Massilia）、黑海（Black Sea）北岸、幼发拉底河和底格里斯河流域。事实上，亚历山大所做的工作，为几百年后庞培在远东地区创建城镇奠定了基础，在此意义上，后者可谓是前者的复兴。

一个具有两种语言、单一民族性的意大利—希腊帝国的构想并非首次提出，否则就只不过是一场失误，但这一想法是逐步形成的，从浮动的构想进而发展成为坚定的理念，从分散的初步努力到建立坚实的基础，这是罗马平民党第三位也是最伟大的政治家的成就。

统治民族　犹太人

若要保持罗马帝国在政治和民族层面的平等，首要也是最重要的先决条件，就是维护和扩大两个共同统治民族的地位，同时尽快吸收那些野蛮的种族或者那些他们认为野蛮的一切。

某种意义上，在罗马民族和希腊民族之外，我们无疑还能列举出与之并驾齐驱的第三个民族，该民族存在于当时世界各地，并注定在恺撒的新政府中扮演举足轻重的角色。我们所说的正是犹太民族。这个卓越的民族，柔软却又坚韧，正如在当今世界一样。在古代，犹太人也是四海为家却又无立足之地，其势磅礴却又微如蝼蚁。大卫和所罗门的后代，对于那个时代的犹太人来说，其意义相当于当今耶路撒冷在犹太人心中的地位。为了宗教和精神的统一，这个民族诚然在小小的耶路撒冷王国建立了有形的聚居地，但是该民族本身不但包括哈斯摩尼（Hasmonaeans）的臣民，也包括遍布整个帕提亚帝国和整个罗马帝国的无数犹太人。特别是在亚历山大城和昔兰尼城，犹太人在当地建立了行政自治，甚至还建立了地界分明的“犹太民社”，与如今的“犹太区”基本无异，但当时的“犹太民社”更自主，而且由“人主”担任最高审判员和行政官，监督管理民社。

在恺撒时代之前，犹太人口在罗马城已然数目众多，而且当时的犹太人以共同民族的身份认同而紧密相连。这一时期某位作者曾表示，一旦各省省长在行省里冒犯了犹太人，其处境就相当危险，因为他必定会料到自己回国时，会被首都民众嘘声不止。即使在当时，犹太人也主要从事商业活动。犹太商人与攻城略地的罗马商人并驾齐驱，正如在之后时期中，犹太商人追随热那亚人（Genoese）和威尼斯人一样，如此一来，四处涌来的资本不是流入罗马商人手中，便是进入犹太人的口袋。

我们也发现，在这个时期，西方人对这个绝对的东方民族以及他们奇怪的观念和习俗，怀有独特的反感。当时，各民族之间交杂融合的情景绝无可喜之处，当然犹太教虽不是其中最为可喜的特色，但却是事物自然发展过程中，逐步形成的一个历史因素，因此政治家既不能忽视其存在，也不能压制其发展。恺撒正如他的前人亚历山大一样，对情势做出正确的了解和判断后，反而尽可能地促成这一要素。亚历山大奠定了亚历山大城犹太教的基础，其尽心之举带给犹太民族的贡献，可比拟犹太人大卫在耶路撒冷建立神庙，恺撒也通过特殊的恩惠和特权，提升了亚历山大城和罗马城中犹太人的利益，特别是对他们的特殊宗教崇拜给予保护，免受罗马以及希腊地方祭司的干扰。当然，这两个伟人并没有考虑将犹太民族放在与希腊或意大利—希腊民族同等的地位上。但是，犹太人不像西方人那样接受潘多拉的礼物，或者更明确地说，犹太人并不欢迎政治组织，并且本质上对国家状态保持漠不关心的态度。他们谁也不愿意放弃犹太民族特性的核心，随时随地、随心随性地准备对冠以任何某种民族的名义加以掩饰，并愿意在一定程度上适应其他民族的习惯，正因为如此，犹太人仿佛注定为某种国家而存在，这种国家应该建立在现存的成百上千个政治废墟之上，其民族性略显抽象且从一开始就不甚明确。即使在古代，犹太教也是世界主义和分解国家的活跃因素。从这个角度上看，犹太民族在恺撒国中属于特权成员。恺撒国的政体不过是世界公民制，其民族性不过是人性。

希腊主义

但是新公民国中，绝无仅有的积极元素仍然是拉丁民族和希腊民族。如此，具有特殊意义的意大利共和国便不存在了。但也有传言称，恺撒故意破坏意大利和罗马城，并有意将帝国中心转移到具有希腊风的东方，计划将伊利翁或者亚历山大城定为帝国首都，但显而易见，这不过是贵族一怒之下散布的愚蠢谣言。恰恰相反，在恺撒的组织建构内，拉丁民族一直保持着优越地位，而下列事实也能证明这一点，他制定的所有法律条文都由拉丁文发布，尽管那些针对希腊语国家的条文同时也用希腊语发行。总体来说，他在自己君主国中，对这两个伟人民族关系的处理，正如他的共和前辈在统一的意大利中对两者关系的处理。凡有希腊民族的地方，其民族性均受到保护，且在情势允许的前提下，允许意大利的民族性延伸，各个被吞并民族的遗产也都归意大利人所有。此举十分有必要。在这个国家，如果希腊成分和拉丁成分完全居于平等地位，极有可能在短时间内带来灾难性后果，就像几百年后拜占庭主义招致的灾祸一般，因为希腊元素不仅在各种艺术思想方面优于罗马，且希腊元素在数量上也处于上风。

在意大利境内，大量被迫或者自愿移民前来的希腊人或者具有一半希腊血统的人，都是传播追随希腊文化的使徒。表面看来，他们微不足道，但其影响力不可低估，在这方面，我们可以通过一个最引人注目的现象说明：希腊裔仆人对罗马君主的控制，自有君主制以来就存在了。在这份冗长且又令人厌恶的名单中，列在第一位的就是庞培的亲信仆人米蒂利尼的提奥法尼斯（Theophanes of Mytilene），凭借对软弱主人的掌控，他在庞培和恺撒战争爆发中的贡献可能超过任何一个人。他死后，被自己的同胞敬若神明，并非全无缘由。他似乎开创了帝国时代的奴仆政治，这在某种程度上就是希腊人对罗马人的统治。因此，政府有理由不鼓励传播希腊风气，至少在西方，官方不会推广希腊文化。如果西西里不但摆脱了什一税的负担，而且民社还都被赋予与拉丁民族同等的权利，这大概意味着在适当的时候，西西里与意大利享有完全平等的权利。但恺撒的计划只可能是，在他的构想里，这个美丽的岛屿，虽然当时十分荒芜且实权大半都被意大利人掌控，但它注定不会是意大利的一个邻国，而是意大利国内最好的省份，应该完全合并进意大利。但除此之外，希腊风气无论存在于何处，都得到维持和保护。虽然政治危机可能导致恺撒有意摧毁希腊文明在西方和埃及的势力，但在马西利亚和亚历山大城，希腊文明没有被毁坏，希腊民族性也没有被剥夺。

拉丁化

另一方面，在帝国各个角落，政府通过殖民化和拉丁化，不遗余力地推行罗马文化。政府奉行如下原则：各省的所有土地，只要未经政府法令许可让渡给民社或者私人，就都属于国家财产，这些土地的持有人只拥有临时获准的、可能随时被撤回的可继承的所有权。这一原则毫无疑问是形式法律和暴力联合之下的产物，但是为了自由处理那些被吞并民族的事务，这又是不可避免的必要之举。平民党提出的这一理论也由此被恺撒升华为君主法的基本原则。

内阿尔卑斯高卢

当然，要扩张罗马的民族性，首要解决的就是高卢问题。长期以来，罗马平民党一直认为波河彼岸的各民社加入罗马公民团之事早已完成，但实际上该任务直到如今（罗马纪元705年即公元前49年）才由恺撒彻底完成，由此一来，内阿尔卑斯高卢才彻底获得了与罗马完全平等的政治权利，即使大部分居民长期以来已经享有了该项权利。实际上，在内阿尔卑斯高卢省被赋予拉丁权的四十年间，该省已经完全拉丁化了。那些出自恺撒军团、为其开疆辟土、以其军功赢得罗马佛罗场甚至罗马元老院席位的排外派，可能会嘲笑凯尔特拉丁人浓重的口音和喉音，嫌弃茵苏伯利亚人（Insubrian）和威尼斯人缺乏“难以捉摸的首都优雅风度”。然而，拥有密集农业人口的内阿尔卑斯高卢甚至在恺撒时代之前，就是意大利的属国，几个世纪以来，这里一直是意大利风俗和意大利文化真正的庇护所。事实上，拉丁文学教师在任何地方，都无法享受到在首都所受到的高度鼓舞和赞许。

纳博省

如此一来，内阿尔卑斯高卢已基本被意大利合并，它昔日的地位，则由外阿尔卑斯高卢来代替。恺撒将外阿尔卑斯高卢由边境省变为内陆省，由于其地理位置便利、气候适宜，相比其他区域更适合逐步发展为意大利领土。根据罗马平民党海外移民的旧目标，该地是意大利移民的主要流向。一方面，新移民的加入再次加强了政府对古老的罗马殖民地纳博的统治，另一方面，罗马政府还在距离纳博不远的贝特雷（Baeterrae，又称贝继耶［Beziers］），罗纳河（Rhone）畔的阿雷拉特（Arelate，又称阿尔勒［Aries］）和阿劳西奥（Arausio，又称奥兰治［Orange］），以及新海港佛罗尤利（Forum Julii，又称弗雷瑞斯［Frejus］）建立了四个新的公民殖民地，同时这些殖民地的命名也是为了纪念那些出征北高卢（Northern Gaul），为帝国而战的英勇军团①。政府会将拉丁市权赋予大部分没有殖民团的乡镇，并引导这些乡镇逐渐实现罗马化，此举与曾经在波河彼岸高卢地区实施的举措一样。尤其是尼茂苏斯（Nemausus，亦称尼姆［Nimes］），该地是马西利亚人在反叛恺

①纳博被称为德奇曼尼（Decimani，第十兵团）殖民地，贝特雷被称为塞普提曼尼（Septimani，第九兵团）殖民地，而佛罗尤利被称为奥克塔瓦尼（Octavani，第八兵团）殖民地，阿雷拉特成为塞克斯塔尼（Sextani，第六兵团）殖民地，同时阿劳西奥成为塞昆达尼（Secundani，第二兵团）殖民地。第九兵团实属有所欠缺，因为它曾发生过普拉肯提亚兵变，也因此辱没了这一番号。有人说，这些殖民地属于那些命名它们的兵团，但这一说法未见明确记载，也并不可靠。那些退伍军人，至少他们中的绝大多数都被安置在意大利。西塞罗的怨言称恺撒“一下子把好些省份和地区都没收了”，这些话与斥责战胜马西利亚人的凯旋紧密连接在一起，所指责的无疑应是为了建立这些殖民地恺撒在纳博省没收土地一事，尤其指的是马西利亚境内的领土损失。

撒的战争失败后，被罗马夺取的领土中的重镇。尼茂苏斯从马西利亚的一个乡村变成了拉丁的城市民社，被赋予了大片的领土，甚至享有造币权[①]。内阿尔卑斯高卢因此从预备阶段进而发展到与意大利完全平等的地位，与此同时，纳博省也进入预备阶段，正如之前的内阿尔卑斯高卢一样，这里最重要的民社享有完全的公民权，其余的民社也具备拉丁权。

北高卢

在帝国其他非希腊非拉丁地区，由于过于偏远，意大利的同化进程对其影响甚微，恺撒也只是有节制地仿效当初在高卢地区设立纳博的先例，建立了几个意大利文明中心，以便凭借它们的力量，为实现未来的完全平等做好准备。在帝国所有省份都可以找出此类的初步努力，除了最贫穷、最不重要的撒丁。恺撒在北高卢如何行事，上文已经提及，拉丁语虽然尚未被用于所有公共事务，但已经获得官方认可。而拥有意大利体制的最北城市，便兴起于莱曼湖上的诺维奥杜努姆（Noviodunum，亦称尼永［Nyon］）殖民地。

①史籍中并没有明确告知，本区域的非拉丁城市，特别是尼茂苏斯被谁赋予拉丁权。但是，根据恺撒本人曾经表示，尼茂苏斯在罗马纪元705年即公元前49年之前，一直是马西利亚境内的一个村庄。根据蒂乌斯·李维乌斯的说法，这部分领土正是由恺撒从马西利亚夺来的。最后，甚至在奥古斯丁时期之前的硬币，以及在斯特拉波的记载中，这个镇似乎已是一个拥有拉丁权的民社，那么其拉丁权只可能是被恺撒赋予的。至于纳博高卢的鲁西诺（Ruscino，即 Roussillon near Perpignan）以及纳博高卢地区其他早期获取拉丁城市体制的民社，我们只能推测，它们与尼茂苏斯在同一时期获取拉丁权。

西班牙

当时的西班牙大概是罗马帝国中人口最密集之地。在这里，恺撒的殖民团和原著居民都聚居在希腊—伊比利亚的重要港埠恩波利（Emporiae）。但近期发现的史料显示，大批首都无产者组成的殖民团，也曾被安顿在距离安达卢西亚腹地塞维利亚（Seville）不远的乌尔索（Urso，即奥苏纳［Osuna］）小镇和该省的其他乡镇。恺撒在古老富庶的商业城市加的斯（Gades）担任副执政官时，就对该城的市政自治制度进行了适当改造，如今加的斯也已从皇帝手中获得了完全的意大利城市自治权（罗马纪元705年即公元前49年），一如当年图斯库鲁姆在意大利的情形。加的斯是第一个在意大利境外，非罗马所建立却又加入罗马公民团的城市。几年后（罗马纪元709即公元前45年），西班牙其他民社也被赋予同样的权利，另外还有一些民社也获得了拉丁权。

迦太基

在阿非利加，此前盖乌斯·格拉古没被允许的计划，而今却开始执行了。在罗马的世仇盘踞之地，入驻了三千多名意大利人组成的殖民团和大量来自迦太基的租客或投靠者。凭借非常有利的地势，这座新维奴殖民地（Venus - colony）——罗马迦太基，迅速腾飞繁荣。乌提卡（Utica）本无法与迦太基匹敌，但为复兴迦太基，政府预先将拉丁权赋予了乌提卡，在一定程度上算作补偿，迄今乌提卡已发展为省内首府和首要商业重镇。在帝国新领土努米底亚附近，曾被分配给罗马佣兵团首领普布利乌斯·西提乌斯（Publius Sittius）及其部队的重要领地——锡尔塔（Cirta）和其他民社，如今已成为合法的罗马殖民地。该省中繁华壮丽的城市，曾被怒火中烧的朱巴以及宪法党溃军破坏，重启复兴之路毕竟不像付之一炬那般简单迅速，多年之后，许多残破的遗址总让人回想起那个绝望的时期。但两个新维奴殖民地，迦太基和锡尔塔却成为并长久以来一直保持为阿非利加—罗马文明中心。

科林斯　东方

在荒凉的希腊土地上，恺撒除了着手其他计划，如在布特罗顿（Buthrotum，今科孚岛［Corfu］对面）建立罗马殖民地外，还尤其热衷于重振科林斯。他不仅将一个规模庞大的殖民团调来此地，还专门拟定了一个凿通地峡的计划，以避免绕航伯罗奔尼撒半岛途中遭遇危险，同时令科林斯—萨罗尼湾成为意大利和亚细亚之间交通的必经之路。最后，这位君主竟然在遥远的希腊东部，也建立了意大利人定居点。例如在黑海沿岸，意大利殖民团和恩波利（Emporiae）的情况一样，都是与原住居民一起居住在赫拉克里亚和锡诺普（Sinope）；在叙利亚沿海，重要港口贝鲁图斯（Berytus）与锡诺普一样获得了意大利体制；甚至还有一个罗马殖民站设立于埃及俯瞰亚历山大港的灯塔岛上。

意大利市政体制在各省的延伸

意大利市政自治制度通过这些法令，以一种较以前而言更为全面的方式被引入各省。完全的公民社，包括内阿尔卑斯高卢省的所有城镇，以及一些分散在外阿尔卑斯高卢或其他省份的公民殖民地和公民自治市，在某些方面享有与意大利的平等地位，比如它们行政上基本自治，并且还可以行使有限的司法裁决权。而另一方面，更重要的诉讼则需交由罗马当局派来的官员——通常是各省省长处理①。正式自治的拉丁民社和其他被解放的民社，如今也包括西西里和纳博高卢两省内的全部非公民民社，当然还有大批其他省份的民社，均享有行政自治权，而且还可能会享受不受限制的司法审判权。因此在这些地方，各省省长只能采用较为武断的行政监察权来干涉。虽然早些时候在各省省长所辖制的省份，也存在完全的公民民社，如阿奎莱亚（Aquileia）和纳博，也有像内阿尔卑斯省一样，整个省份都是意大利体制的民社。但现在来看，有一个省份同意

①已经证实，任何完全的公民民社，的确只拥有有限的裁判权。但是实际上，从恺撒在内阿尔卑斯高卢颁布的市政法令来看，情况却恰恰相反。这个令人惊讶的事实是，在该省，自治市权限不能覆盖的诉讼，并非经由省长，而是由罗马副执政官审判。其他省的情况则是，总督在省内，不但代表管理公民间司法事务的副执政官，也代表在公民和非公民之间进行审判的副执政官，他们有权判决一切诉讼。无疑，这一奇事是苏拉之前的制度遗留，根据该制度安排，在整个大陆领土直至阿尔卑斯山区，只有首都治安官才有裁判权。因此，这里的一切诉讼，只要超出自治市的管辖范围，都必须通过罗马的副执政官来审判。反之，在纳博、加的斯、迦太基、科林斯，遇到这种情况，诉讼当然由省长来审理。的确，出于实际考虑，将这些讼案送往罗马审判，并非明智之举。

大利一样，全部都是罗马公民[①]，其他省份也有希望变成这样，如此景象即使在法律层面不算新鲜，但至少在政治层面上可算作创举。

意大利和各省间差别减少

如此一来，首先意大利与各省之间存在的实质差别消失了；再者，军队通常驻扎在各省而非意大利的现象也在逐步消失；现在，军队只驻扎在边境地区以保卫疆土，而在没有驻军的各省如纳博和西西里，统帅不过是个虚名军官。意大利与各省的差异一直存在而且会继续存在，而这种差异又是由其他方面的差异造成的，如今也绝对不会消除，因为意大利是民事司法裁决体系下的执政官、副执政官监管制，而各省却是军事司法裁决体系下的省长、特派官员监管制。但长期以来，根据民事和按照军法而进行的诉讼程序实际上已经趋于一致，不管皇帝如何更迭，官员的头衔如何更换，其实质并无太大改变。

在各式各样的城市基础和相关法令中，蕴藏着一个确定的体系，即使无法确认这些是否全部由恺撒执行，至少相关构想可以追溯至恺撒。意大利原来是各个附属民社的女主人，摇身

---

①我们不知道，为什么按通常想法来看，赋予一个省份的罗马公民权，但同时允许省级政府继续存在，二者之间水火不容难以调和。此外，大家都知道，内阿尔卑斯高卢于罗马纪元705年即公元前49年3月11日罗斯奇人民决议案而获取到公民权，同时，在恺撒时期它只是一个行省。恺撒去世之后，内阿尔卑斯高卢才同意大利合并，一直到罗马纪元711年即公元前43年该省都有明确的总督任职。恺撒市政法令从来没有把这个地区称为意大利，而是将其定义为内阿尔卑斯高卢，这足以让人们得到正确的观点。

一变竟成了意大利—希腊民族的母亲。那么，完全与母国平等的内阿尔卑斯高卢省就代表着一种承诺和保证：正如罗马共和国强盛时期一般，恺撒的君主国中每个拉丁化的地区，都有希望取得跟姐姐甚至跟母亲一样的平等地位。其他邻近区域，如希腊风格的西西里以及高卢南部地区，已经处于快速拉丁化中，迈入预备阶段，随时可以实现与意大利在民族上和政治上的平等地位。帝国的其他省份还处于距平等更远的预备阶段，如同曾经纳博是南高卢的罗马殖民地一样。沿海大城市如恩波利、加的斯、迦太基、科林斯、本都的赫拉克里亚、锡诺普、贝里图斯以及亚历山大，现在都已成为意大利或希腊—意大利民社，甚至成为希腊东方的意大利文明中心，成为这些地区在未来与帝国在民族和政治上平等化的柱石。罗马城邦对地中海沿岸城市的统治已经结束了，取而代之的是新出现的地中海国家，该国推行的首要举措，就是补偿本城邦针对文明所做的最大的两件暴行。罗马统治地区两个最大商业集市遭受破坏一事成为罗马城邦暴政的转折点，标志着罗马民社的保护制开始转变为主国对属国的政治肆虐和财务剥削。迦太基和科林斯两座城市快速振兴、恢复繁荣，标志着这个伟大的新国家的创立，新国家引导地中海地区的所有属国，让其在民族和政治上达到平等，并相互团结为一体。也难怪，除保留科林斯的旧名字外，恺撒还赐予其新的名称：“朱利之荣”（Lavs Jvli）。

新帝国的组织架构

统一的新帝国由此具备了一种民族性，该民族性必然缺乏个性，不是自然的鲜活产物，而是人为的无生命产物。此外，帝国需要统一反映各民族总体生活的行政机构和组织体系，统一宗教、司法、货币和度量衡。当然，多样化的地方差异与总体上的本质统一可以并存。在这些方面，我们只能谈论其初步进程，因为恺撒君主国的统一大业在未来才能实现，他如今所做的一切，都是为以后几个世纪的国家建设奠定基础。但是，这位伟人在这些领域描绘的蓝图，仍有一些依稀可以辨认，这远比研究他如何复兴各民族的废墟更令人愉悦。

帝国的民情调查

在组织体系和行政机构方面，前文已阐述了新统一最重要的因素，即统治权从罗马市参议会手中转移到地中海君主国皇帝手中，市参议会被转变为代表意大利和各省的帝国最高参议会，且帝国现在开始将罗马或者说普遍的意大利民社组织形式引入各省民社。我们所说的另一种转变方式——先将拉丁权，而后将罗马权赋予那些业已成熟且可以加入统一国家的民社，这样也就逐渐实现了统一的民社秩序。但在此过程中，有一点人们不能等太久。新帝国迫切需要一个机构，将行政的基础信息，即各个民社所占人口和财产的比例，呈现给政府，换言之，帝国需要一个改良版的民情调查。为此，恺撒首先改革了意大利的民情调查。按照恺撒的法令[①]，实际上可能因为内战，只执行了法令中某些在原则上采纳的管理方式，根据这些条

① 自治市民情调查机构的继续存在，证实了这一观点，即由于内战（同盟战争），意大利的地方民情调查已然开始，但是该制度的实施可能是恺撒所为。

例，未来在罗马民社进行民情普查时，每个意大利民社的最高权力机构，必须同时登记每一个城市公民及其父亲或其解放者的姓名、地区、年龄和财产信息。这些名单需要尽早提供给罗马监察官，以便他能够在适当的时间完成罗马公民和罗马财产总册的编写。恺撒有意把此类机构也引进各省，这一点从两方面可以证明：首先，他命人丈量和调查整个帝国的土地，并登记造册；其次，他所做的这类安排本身有着特殊意义，因为这实际上提供了一种通用的范本，便于在国内的意大利以及非意大利民社中完成帝国所需的调查。显然恺撒有意借此重温早期共和时代的遗风，并重新引入早期共和国所实行的帝国普查。昔日的帝国普查与恺撒推行的意大利调查大致相仿，通过类似的延伸，将罗马城民情调查制的规定和其他基本规则应用于意大利和西西里的所有附属民社。废除民情调查是麻痹的贵族任其衰落的鲜明表现，此举令最高行政当局无法了解一切人力和税收资源概况，并且失去了所有可能的有效管制。现存的迹象以及事物之间微妙的联系，都明确地显示出，恺撒准备恢复荒废了几个世纪的民情总调查。

帝国的宗教

可想而知，在宗教和司法上绝对不会存在彻底的平等，尽管帝国对于地方信仰和市政法规持有宽容态度，但是仍需要一个与意大利—希腊民族性相通的共同崇拜，也需要一部高于市政法规的通用法典。帝国需要它们，事实上这两者都已存在。在宗教领域，人们几百年来一直致力于通过外部借鉴和内部调整各自神灵概念，将意大利和希腊崇拜融合在一起。而且由于意大利神灵柔弱无形，所以可以轻而易举地将罗马神朱庇特化为希腊神宙斯、罗马神维纳斯化为希腊神阿芙罗狄忒、拉丁信仰的每一个基本观念化为其希腊对应概念。意大利—希腊宗教在现存基础上进一步得到了发展。在这个方面，人们如何意识到他们已经超越了特定的罗马民族性，进而迈入意大利—希腊的准民族性，可见上文中提及的瓦罗的神学。他曾对罗马人和希腊人所认可的“共通”神，以及罗马民社的特殊神加以区分。

帝国的法律

在刑法和警察法方面，政府则实行直接干涉，在明智的立法基本上可以满足案件的合法需求。为了帝国的统一大业，立法层面必须要达成一致，鉴于上述情况，此事并不困难。反之，在民法中，创议权属于商业交易，立法者只能掌握法条字句形式的拟定。统一帝国的法典早已在商业贸易中自发形成，绝非立法者创造而来。罗马城市法律的制定仍旧以十二铜表（Twelve Tables）中所载的拉丁国法条文为基础。后期法律必然会在细节上进行适当改进，以适应时代发展，其中最重要的修改可能就是：废除诉讼中以原告、被告固定声明形式开始的不便模式，改为由主诉官下发给单个陪审员书面指示（formula）的方式开始。但大致看来，民众立法只能堆积在古老国法基础上，又堆砌上大批与英国成文法相仿的、陈腐且无人问津的特殊法条，因而造成无尽的混乱。显然，尝试将这些法律以科学的形式和体系进行整合，的确为民法改革的曲折道路带来一丝曙光，但其根本缺陷仍然存在。试想一部四百多年前的城市法典，附加各种繁复混乱的修正案，而今却要作为一个大国的通用法，对此任何罗马布拉科斯顿（Blackstone）都无计可施。

新城市法律及法令

商业贸易为自身提供了较为全面的补救。在罗马城内，罗马人和非罗马人之间繁盛的贸易交往，早已发展出一种国际私法（ius gentium），也就是说，当时已经出现了一批专门与商业交易相关的规则。当一个案件不能只根据罗马人自己或任何其他民族的法律进行判决时，罗马法官不得不撇开罗马的、希腊的、腓尼基的抑或其他法律的所有特殊性，转而回归到所有交易存在的普遍性——为交易奠定基础的共同正义感，继而对案件进行处理。

首先，作为罗马公民间合法交易的准绳，新的法规实质上作为新城市法取代了以往弃用的旧城市法。新城市法的主要基础实际上是两种法律的折中产物，是本国十二铜表法以及国家法或即民族法二者的妥协。虽然当时进行了一些相应修改，但涉及婚姻、家庭以及继承权的法律，基本上遵循十二铜表法，而所有涉及财产包括所有权和合同的条例，则依照国际法。在这些事务上，人们甚至还从当地的省级法律中借鉴了许多重要规定，例如高利贷法和抵押制度（hypotheca）。究竟是何人何时何地开始这种全面革新，是突如其来还是逐渐发展的，是一个人抑或是几个人开创的，我们无从得知。我们只知道，这种改革自然地由罗马城的法院开启先例。最初该法律有明文规定，每年由城市副执政官上任时发布，告知众人在即将开始的司法年度中，最重要的最高法律原则（edictum annuum 或

perpetuum praetoris urbani de iuris dictione）为诉讼当事人提供参考。尽管早些时候在革新上可能进行了大量的准备工作，但直到如今改革才得以完成。新法典是理论的、抽象的，因为罗马的法律在此褪去了先前形成的鲜明民族特性，但同时新法典也是实际的、确凿的，因为它绝不会消失在一般朦胧晦暗的普遍公平之中，亦不会消失于纯粹虚空的所谓自然法则之中，而是被确定的官员根据固定规则应用于确定的具体案件上。这一点不仅能够体现在城市法中，而且从根本上变成了城市法律中的明文规定。此外，该法典也适应当时的需求，因为它所提供的新的法律形式，更加便于人们处理诉讼，也更方便购置财产和缔结契约。

最后，该法典已在罗马帝国全境成为附属法律。即便各式各样的地方法律被保留下来，以处理那些并不直接涉及商业的法律关系，同时也会处理同一法律管辖范围内的地方事务，但不论是在意大利还是各省， 且要处理不同法律区域的财产纠纷，虽然从法理上来讲并不能直接运用城市法，但需要城市法作为范本来指导。因此，城市法令在当时的地位，完全可以比拟罗马法在我们政治发展中所占据的地位。当然只要这样的对立组合起来，就会变得既抽象又具体。相比之前的法律准则，这种法律的优势在于其交易方式较为灵活，所以，它与地方法令一道成为通用的辅助法律。不过，罗马的法律发展同我们相比，具有一个极大的优势，即无民族特性的立法，似乎并没有像我们这样通过人为手段来促进其诞生，而是顺其自然，水到渠成地出现。

恺撒编制新法典

以上便是恺撒所面对的法律状况。如果他计划编制一部新法典，不难看出他的意图何在。当时的法律只囊括了罗马公民的法律，之所以能成为帝国的通用法律，只是因为帝国适应时势的法典本身就能成为帝国全境内通用的附属法律。

在刑法方面，如果该计划竟然包括刑法，那么只需修正和编纂苏拉的法令。在民法方面，对于一个民族性即人性的国家来说，必要而且唯一可能的民法制定方式，就是以固定和准确的成文法形式，来修饰已经自发地从合法商业中发展出来的城市法令。罗马纪元 687 年即公元前 67 年的科尔涅利乌斯法，在这方面迈出了第一步。该法令规定，法官必须遵守他在最初就职时所设立的原则，不能任意武断地引用其他法律。这条法规，可媲美十二铜表法，这一法规对于后来修订城市法的意义，相当于十二铜表法在修改此前城市法中发挥的作用。但是，尽管在科尔涅利乌斯人民决议法案之后，法令不再隶属于法官，但法官依法受法令的约束。虽然新法规实际上在法律管理和司法指导中，剥夺了旧城市法的功用，但是每个城市法官在他入职时，仍然可以自由地、任意地更改法令。因此十二铜表法及附加条例，其重要性仍然超过正式的城市法令，所以每每遇到相关冲突，要想破除陈旧的规则，必然会出现裁判官的武断干涉，因此，严格来说，只有破坏正式法律才能带来改变。

在罗马外事法庭和各省法律体系中，城市法是否要发挥辅助作用，完全、武断地取决于主审法官的喜好。显然，旧城市法只要尚未被转移到新城市法，确实需要被废除，至于新城市法，每个城市法官对它的任意改变需要被限制，同时，其作为地方成文法的辅助法律功能，也应该被规范。当恺撒拟定编制新法典计划时，其目的如上，也必须如此。但该计划并未被执行，因此，罗马法学的过渡状态长期存在，直到六个世纪后，恺撒的后人查士丁尼皇帝（Justinian）才着手进行这一必要的改革，但仍留下许多缺憾。

最后，在货币和度量衡方面，拉丁制和希腊制的大致一体化实际上早已开始。自古以来，重量定义、容积和长度测定的统一，是商业和交易往来中不可或缺的部分，而币制统一始于银币的引入。但是这些较为古老的统一是不够的，因为仅在希腊世界之内，就有多种度量制和币制并存。因此，在新的统一帝国中，任何尚未完成币制、度量衡统一的地方，十分有必要引入罗马货币制度和度量衡标准，这也是恺撒计划的一部分。如此一来，官方交易则只能使用统一的计量方式，非罗马制只限应用于地方通货上，或者规定其与罗马制之间的固定换算比率[①]。然而，我们只能在币制和历法这两个重要领域，指明恺撒所采取的行动。

金币作为帝国货币

罗马货币体系以两种贵重金属为依托，这两种金属之间相

---

①最近在庞贝出土的衡器，提出了这样一个假设，即在帝制时代初期，除却罗马磅之外，也通用阿提卡的迈纳（mina，与罗马磅的换算比例大概为3∶4），这是帝国的第二种衡量单位。

互依赖，有着固定换算比率。黄金按照重量[1]、白银按照钱币形式赋值，但实际上，由于大量的海外贸易，黄金远比白银占优势。我们无法断言，帝国早期阶段是否强制使用罗马货币，但无论如何，非货币的黄金基本上在整个罗马境内代替了帝国钱币的地位。又因罗马人禁止所有省份和保护国用黄金铸造货币，罗马便士（denarius）除意大利外，还在内阿尔卑斯高卢、西西里、西班牙等各个地方尤其是在西方使用，在法律上或事实上已成为当地货币，所以黄金基本成了帝国钱币的替代品。

帝国钱币始于恺撒。正如亚历山大一样，他也用一个创举标志了一个拥抱文明世界的新帝国的开始，那就是将在全世界通用的唯一金属媒介，作为制币原料的首选。立即投入铸造的恺撒新金币规模大到何种程度，有一事实可作为证据，在恺撒逝世七年后埋藏的一个库藏中，出土了多达八万枚的这种金币。确实，财政投机可能也对此产生了一些影响。[2]

至于银币，罗马便士几乎居于垄断统治地位，独霸西方。之前此事已经拥有良好基础，恺撒时期终于圆满完成。当时，

①尽管苏拉和同时期的庞贝让人打造的金币数量很少，并不能打破这一原则，因为它们可能只是论重量来使用，正如恺撒时代仍然流通的腓力金币一样。当然，这些金币也相当重要，因为它们是恺撒帝国金币的原型，正如苏拉的专政是新君制的先驱一般。

②当然在早期，国债的持有者如果坚持收取白银，那么显然政府不能违反其意志，不能按照黄金与白银的合法比例换算，用黄金来偿还国债。反之，从恺撒时代来看，毫无疑问金币成为不能被拒绝的法定支付方式，其价值相当于一百赛斯特斯。更重要的是，由于恺撒在民间流通中大量投放黄金，一时之间，金币在商业通货中的换算价值低于法定比率百分之二十五。

唯一能与罗马制银币抗衡的西方马西利亚造币厂，被恺撒强制关闭。当然，在一些西方民社中，仍允许铸造银制辅币或铜制辅币，南高卢几个拉丁民社仍可以打造四分之三便士（three quarter denarii），北高卢几个地区仍可以打造半便士（half denarii），甚至在恺撒时代之后，西方的一些民社仍在铸造不同面额的铜制辅币，但是这种小额的货币完全遵循罗马制定的造币标准，而其流通也几乎被限制在当地。

与此前的政府一样，恺撒也并无打算规范东方币制，东方流通着大量粗银货币，其中大部分都容易贬值且磨损也很严重，甚至在一些地方，比如埃及流通着类似于我们纸币的铜币。而叙利亚各商业城市中，严重缺乏与美索不达米亚通货相当的本国旧币。而后，我们在这里发现了一些后续规范，罗马便士成为法定货币，也是官方记账的唯一媒介①，但当地硬币在一定范围内仍享有合法地位，而且要按照一定比率折合成便士，这样一来，显然当地货币处于不利地位。② 这种规定并非一次性推行的，或许在恺撒之前就已经引入了部分规范，但无

①大概在帝国时期的铭文中，在涉及到金额的时候，只用罗马硬币结算记录。

②因此，雅典的德拉克马（drachma）——虽然在重量上明显比“第纳尔”要大，但其价值仍然相当；安条克的四德拉克马（tetradrachmon）硬币的平均重量为15克，但换算为罗马货币却只相当于三个罗马第纳尔（denarii），其重量约为12克；按照银价换算，小亚细亚的吉斯托弗鲁（cistophorus）相当于三个多罗马第纳尔，但根据法定换算比率，等价为两个半罗马第纳尔；罗德斯的半德拉克马（drachma）根据银价，能换算四分之三个罗马第纳尔，但按法定换算比率，只相当于八分之五个罗马第纳尔。

论如何，恺撒的安排是对帝国币制必不可少的补充，他特意按照重量几乎相等的亚历山大货币模型铸造新金币，必定有意使之成为东方的流通货币。

历法改革

历法改革与币制改革的性质类似。说来也奇怪，罗马共和国竟还在使用旧历法，即十人专政时期默冬（Meton）之前的八年三闰法（octaeteristhat）的改良版本，所以仍存在诸多缺陷。糟糕的数学计算和混乱的行政管理，导致按照历法计算的时间比真实的时间晚了整整六十七天，比如花神节本应在 4 月 28 日，但按历法计算，该节日竟延迟至 7 月 11 日。恺撒废除了这一旧历，在希腊数学家索西吉斯（Sosigenes）的帮助下，将欧多克索斯（Eudoxus）的埃及历法引入意大利农民纪年法中，并将这一历法与合理的置闰法相结合，开始应用于宗教和官方的活动。而与此同时，恺撒还废除了旧历法中以 3 月 1 日作为新年开始的规定，改原官方规定政府高官换届的固定日期 1 月 1 日（长期以来已成为民众生活中的重要日期）为新年开端。这两种改革都在罗马纪元 709 年即公元前 45 年的 1 月 1 日生效，该历法与以创始人命名的朱利安历法一道，在恺撒帝国瓦解很久之后，仍然是文明世界的规范性标准，并且大致看来至今仍在沿用。为了更好地解释说明，恺撒还在诏令中添加了一份由埃及天文观测而来的恒星历法，并不甚高明地将其转移到意大利恒星历法中，根据日历日期确定恒星的起落情况[①]。在这个领域里，罗马世界和希腊世界也归于一致。

恺撒及其成就

这些就是恺撒地中海君主国的建立基础。在罗马，社会问题再度出现危机，对抗一旦出现就很难解决，一旦表现出来就无法调解。此前出现的危机得以化解，是因为意大利并入罗马而罗马也并入了意大利，在这个扩大和改造后的新国度里，旧矛盾并没有得到和解，只是被暂时搁置。如今罗马再次因地中海地区各个国家的并入或准备并入而得以存活。在旧意大利，穷人和富人之间的战争只能以某一民族的灭亡而结束，而今在地跨三大洲的新意大利，战争失去了意义，因此也不再有战场。罗马纪元五世纪时，贫富差距几乎要吞噬罗马民社，但建立拉丁殖民地的举措适时地消除了这一隐患。罗马纪元七世纪时所出现的更深刻的裂痕，也借助盖乌斯·格拉古和恺撒在外阿尔卑斯以及海外建立殖民地化解了。

单就罗马而言，历史不仅创造了奇迹，亦重演了奇迹，两度通过再造国家的办法，解决了该民族本身无法化解的内部危机。在这种再生国家中无疑也存在诸多破坏，意大利的统一建

①这或许是由马尔库斯·弗拉维乌斯起草的诏令，其与相传为恺撒所作的论文《论恒星》（*De Stellis*）实为一物，这可以从西塞罗曾讲过的笑话中看出，他曾戏称现在天琴座要按照诏令升起。此外，我们还可以说，即使在恺撒之前，太阳年就是颇长的365天6小时了，这是埃及历法的根本，而恺撒也将其作为自己历法的基础。古代世界中所使用的最精确的一年时长，当属希帕恰斯计算的365天5小时52分。

立于萨莫奈和埃特鲁斯坎等民族的废墟上，所以地中海君主国其实也建立在无数曾经活泼健旺的国家和部落废墟上。但这种破坏，带来了新生，带来了一株新鲜的、如今仍保持活力的根苗。为了新体制而被推翻的，只是那些次要的民族政权，它们注定要消失在文明的洪流之中。恺撒所做的毁灭，只是执行历史发展所宣告的预兆，而不论何方的文明火种，无论是自己民族的抑或是姐妹民族希腊的，恺撒都加以保护。他拯救并复苏了罗马文明，他不但保全了希腊要素，也通过自己重振了罗马的天才之智，复苏了希腊民族，继续了亚历山大大帝未竟的事业。我们可以相信亚历山大的风采，永远都存在于恺撒的灵魂中。恺撒并非分别解决了两个伟大的任务，而是找到了一种相辅相成的办法。人性的两大根本要素，即一般和个体的发展，或者说国家与文化发展，在距地中海岛屿和海岸遥远的、古老的以畜牧为生、原始质朴的希腊—意大利民族，曾经出现过统一的雏形，而后该民族被分解为意大利民族和希腊民族，并且在此之后几个世纪中一直保持分离状态。现在，特洛伊王子和拉丁公主的后裔，创造出一个没有固有文化、汇聚世界文明的国家，一个全新的整体，国家和文化再次在人类生存的繁荣盛世、在充满幸福的时代团圆会聚，适时而又圆满。

上文所述的便是恺撒事业的整个轮廓。他按照这一轮廓开展工作，几个世纪以来后人也都循着他预设的路线前进。即便后人不曾拥有如他一般的胆识和魄力，却也大致沿着他的志向努力推动历史发展，其中完成的很少，大部分处于进行中。他的计划是否完备，且留给那些同样抱有雄心壮志的冒险者来评说。在我们看来，他的计划中没有实质缺陷，这座建筑中的每一块石头都足以让一个人名垂青史，况且作为一个整体又是如此和谐。恺撒统治罗马的时间仅有五年半，在位时间还不及亚历山大的一半，况且在此期间，他出征七次，因此他在帝国首都总共停留的时间不超过十五个月①。他不仅改变了当前世界，还决定了世界的未来，上自建立文明与野蛮之间的界限，下到修整首都街头的雨水坑。此外，他竟还有充足的时间和兴致注意到剧院的剧本竞赛，还撰写即兴的经文赠予胜利者。他的计划执行得快速而精确，这也证明该计划经过深思熟虑，深入推敲到每个细节才制定出来。但即使如此，各个部分的精彩程度却不亚于整个计划。有了治国大纲，新国家的未来也明朗了，有无限的未来承担整个架构的完成。就此而言，恺撒可能会说他的目标已经实现了。但这也不过是道听途说，很可能是他表达自己“死而无憾”的说辞。正是因为这座建筑需要无休无止地修筑，所以他在有生之年总是一次次地堆石砌瓦，永远以同样的灵敏、保持同样的弹性，殚精竭虑地坚持工作，从未有迟疑或耽搁，对他来说，仿佛只有今日没有未来。他就这样日以继日地工作着、创造着，他的成就可谓空前绝后。作为执行者和创造者，两千年后他仍存在于各民族的记忆之中，是人们心中独一无二的恺撒大帝。

①恺撒住在罗马的时间为罗马纪元705年即公元前49年4月和12月，每次时间都不长；还有罗马纪元707年即公元前47年9月到12月；罗马纪元708年即公元前46年约四个月；罗马纪元709年即公元前45年10月至罗马纪元710年即公元前44年3月。

第十二章　宗教、教育、文学和美术

国教

在宗教和哲学的发展上，这一时期没有出现新的因素。罗马—希腊的国教和与之相连且不可分割的斯多葛国家哲学，对每种政府——寡头制、民主制或君主制——来说，不仅是一种便捷工具，更是不可或缺的。因为要缔造一个完全没有宗教成分的国教实属不可能，而发现一个适合取代旧宗教的新国教也不可能。因此，革命的扫帚有时确实非常粗鲁地清扫了占卜鸟独具眼光的蛛网，不过这腐朽的机器每一次结合都发出吱吱呀呀的声音，却能在那次葬送共和本身的地震中存留下来，并将它的死板和骄恣完好无损地传到新的君主国。无疑，它越来越被一切保有自由判断力的人所厌恶。确实，舆论对国教大体保持一种淡漠的态度。从各方面来说，人们都把它看作一种政治便捷机制，除了政治文人和古文物学者以外，没有人会特别关心它。但对于同它休戚与共的哲学，在毫无偏见的公众中逐渐产生一种敌对态度，这种态度是虚无而又背信弃义的空头支票势必要激起的。斯多葛派（Stoa）开始意识到自己的无用，我们可以从它想用多种方法吸收一些新精神可以看出这一点。阿什凯隆的安条克（罗马纪元 675 年即公元前 79 年在世）承认曾把斯多葛体系和柏拉图—亚里士多德体系融合成一个有机的整体，竟真的成功地使他那畸形的学说成为当时保守派的时髦哲学，罗马贵族中的文雅之士和学者都本着良心加以研究。凡是聪明睿智、饶有气势的人都反对斯多葛派或对其置若罔闻。在这期间，主要由于罗马那些夸张烦人的法利赛派惹人厌恶，当然再加上人们日益倾向脱离实际而在懒散的淡漠和虚无的嘲讽中寻求托身之所，所以伊壁鸠鲁（Epicurus）体系传播更广，第欧根尼（Diogenes）的犬儒哲学也在罗马实现了归依。

无论伊壁鸠鲁体系在思想上如何苍白空洞，一种哲学若不改变传统名词以寻求智慧之路，而止于使用现有的名词，并且彻头彻尾地只承认感知是真实的，那便永远要优于名词盈耳但却概念虚空的斯多葛哲学。犬儒哲学在当时所有的哲学体系中是最好的，因为它的体系仅限于绝无体系并讥笑一切体系和体系制定者。在两个领域内，对斯多葛派的战争如火如荼地进行着，且取得了胜利：对于庄重的人士来说，伊壁鸠鲁派的卢克莱修（Lucretius），以充满着诚挚信念和神圣热情的语调攻击斯多葛派对神和命运的信仰以及斯多葛派灵魂不死的学说，而对于容易发笑的大众，犬儒瓦罗以他那如飞镖一般、为人所广泛传诵的讽刺诗更加尖锐地刺向目标。这样一来，老一辈的能人攻讦斯多葛派，与此同时，与它毫无内在联系的年轻一辈如卡图卢斯（Catullus）也完全对其不予理会，对它进行更为严厉的责难。

东方宗教

但是，如果一种不再为人信仰的宗教出于政治方便而继续留存于世，那么人们就会在其他方面寻求充足的补偿。在当时的罗马世界，不信与迷信，同一历史现象的不同信仰，也都并行不悖。两者兼备而与伊壁鸠鲁派一同否认神祇，却在所有神祠前祷告献祭的人并不是没有。当然，只有来自东方的神祇正在兴起，而且因为人们继续从希腊流入罗马，所以东方的神也越来越多地迁入西方。弗里吉亚崇拜（Phrygian cultus）在当时罗马的重要性，可从瓦罗和卢克莱修等老人的论战中看出来，也可从时髦人物卡图卢斯的赞颂诗中看出来，此诗以一个独特的请求作结，即神可屈尊而仅仅扰乱其他人的头脑，却不扰乱这位诗人的神志。

密特拉（Mithra）崇拜

新加入的是波斯崇拜，据称这种崇拜最初是以自东方而来、在地中海相遇的海盗为媒介传到西方的，听说利西亚的奥林匹斯山是这种崇拜在西方最早的圣地。东方的崇拜传到西方，它们所蕴含的理论上和道德上的高级要素便会大体流失掉，这一点已得到明证：在查拉图斯特拉（Zarathustra）纯正学说中，至高无上的神是阿胡拉玛兹达（Ahuramazda），但在西方却几乎始终无人知晓，西方人特别崇拜的是在波斯旧国教里占首位、但却被查拉图斯特拉移至第二位的神，即太阳神密特拉。

伊西斯（Isis）崇拜

然而，在较为光明较为温和的波斯教天神抵达之前，埃及一大群乏味、神秘而奇形怪状的神灵就已来到罗马——自然之母伊西斯及其全部随员，其中有总是死而复生的奥西里斯(Osiris)，凄惨的萨拉皮斯（Sarapis），沉默严肃的哈伯克拉底(Harpocrates)，以及狗头的阿努比斯（Anubis）。当克洛狄乌斯解放各社团和秘密集会（罗马纪元696年即公元前58年）时，无疑又解放了平民，这批社团和秘密集会甚至准备进入位于卡庇托尔山的罗马朱庇特（Jupiter）古堡，人们历经艰辛才阻挡住它的入侵，把不可避免的神庙至少驱逐到罗马城郊。然而，在首都的下级民众中，没有哪一种崇拜像它这样受到欢迎。元老院下令拆毁城内的伊西斯神庙，没有一个工人敢先动手，执政官卢奇乌斯·保卢斯（Lucius Paullus）只得亲自拿斧头先砍第一斧（罗马纪元704年即公元前50年）。我们可以打赌，一个女人越是浪荡，对伊西斯的崇拜便越是虔诚。抽签、圆梦和相似的人文科学，养活以此为业的人是理所当然之事。占星术已经是一门科学的研究，费尔蒙（Firmum）的卢奇乌斯·塔鲁提乌斯（Lucius Tarutius）是个受人尊敬且学识渊博的人，他是瓦罗和西塞罗的朋友，一本正经地计算罗慕路斯王和努马（Numa）王以及罗马城的生辰八字，而为了教化双方的信徒，他利用他对迦勒底和埃及的了解，证实了罗马年史上的记载。

新毕达哥拉斯主义尼吉底乌斯·菲古鲁斯（Nigidius Figulus)

但在这个领域，我们最需要注意的现象，是首次尝试将粗俗的信仰和推测性思想杂糅在一起，即我们习惯称之为新柏拉图主义的倾向首次出现在罗马世界。这里最老的信徒是普布利乌斯·尼吉底乌斯·菲古鲁斯，他是个罗马贵族，属于贵族中最严格的层级，罗马纪元696年即公元前58年他担任执政官，罗马纪元709年即公元前45年，他身为被放逐的政治犯死于意大利境外。他以惊人的渊博学识以及更为惊人的信仰之力，在最为矛盾的元素中创造出一个哲学—宗教体系，至于这种体系的特殊轮廓，他在口头宣讲中所提及的，大概要比在他那些神学和自然科学著作中描写的多。在哲学上，他想摆脱时下流行体系和抽象概念的骨架，重溯被人们忽视的前苏格拉底哲学之源，那种哲学思想还仍然生动感人地出现在古圣人的心中。

自然科学研究得到合理对待，甚至现在能为玄妙的骗术和假借神灵的把戏提供一个很好的应对方法。上古时代，人们对物理定律缺乏了解，便更容易注意到这种事物，我们可以感知到，它在这种情况下占据着重要地位。菲古鲁斯的神学大体基于这种离奇的混杂，与他志同道合的希腊人，已将俄耳普斯和其他或新或旧的本土学识，与波斯、迦勒底和埃及的神秘学说混合在一起，菲古鲁斯又将托斯卡纳研究的虚无结果与本地传统鸟飞学的虚无结果结合起来，以至于产生了更加协调的混乱状态。

整个体系在政治上、宗教上和民族上的神圣化都源自毕达哥拉斯的名字。这位极端守旧政治家的最高准则是“促进秩序、防止混乱”，他有着神奇的事迹，也能招神驱鬼。他生于意大利，甚至与罗马的传闻交织在一起，是远古时期的圣人，罗马佛罗场上还有他的雕像。因为生与死互相关联，所以看起来毕达哥拉斯不仅作为英明君主努马的朋友和智慧之母埃格里娅（Egeria）的同事立于共和摇篮之侧，而且作为神圣鸟学的最后一位守护者立于共和坟墓之侧。然而，这个新体系不但神奇，它更能成就奇迹。菲古鲁斯在后来做皇帝的奥古斯都（Augustus）诞生之日，就告诉他的父亲：此子日后必成大器。不仅如此，这些先知竟唤起了信徒的灵魂，更重要的是，他们向这些信徒告知金子丢失的地点。这种又新又旧的学识深深触动了当时的人，属于不同党派的最高贵、最博学、最能干之人——罗马纪元 705 年即公元前 49 年的执政官阿庇乌斯·克劳狄乌斯（Appius Claudius）。博学的马尔库斯·瓦罗（Marcus Varro）和勇将普布利乌斯·瓦提尼乌斯（Publius Vatinius）都参加灵魂召唤仪式，甚至还动用警察来干涉这些社团的活动。这些想保全罗马神学的最后企图，与加图在政治学领域所做的类似努力一样，给人们留下既可笑又可悲的印象。我们可以对教义和传教人一笑置之，但能干之人竟开始自甘堕落，这仍是件严重的事。

这一时期的青少年教育和普通文理教育

青少年教育事业，理应遵照前一时期所划定的双语人文范畴。罗马世界的普通文化，也应更加符合希腊人为此目的所设立的形式。甚至体育也从球戏、赛跑和比武，进步到更加具有艺术发展性的希腊体育竞赛，虽然还未有任何公立的体育机构，但在贵族宅邸中，已可见建于浴室旁的体育场。

在罗马世界，普通教育的范围于一百年间的演变形式，我们可以通过比较加图的百科全书和瓦罗相似性质的著作《论学校的学科》中看出。作为非专门教育的组成部分，加图所列的有雄辩术、农学、法学、军事学和医学；根据大致推测，瓦罗所列的是文法、逻辑学或辩证法、修辞学、几何学、算术、天文学、音乐、医学和建筑学。所以在罗马纪元七世纪中叶，军事学、法学和农学，已从普通学科变为专门学科。另一方面，瓦罗的著作中已经完备地记述了希腊的青少年教育。除文法、修辞学和哲学等课程早已传入意大利外，现在又有属于特殊希腊课程的几何学、算术、天文学和音乐。特别是天文学在星宿命名方面，迎合了当时无思想而又好博学的罗马人的业余嗜好，在与占星术的关系方面，又迎合了当时盛行的宗教诈骗，因而受到意大利青少年的热情追捧。这一点也可以用其他方法证明：在亚历山大城的所有文学作品中，阿拉托斯（Aratus）的天文启示诗，最早为罗马青少年教育所采用。除了这个希腊课程以外，还有罗马旧时教育留下来的医学，最后是建筑学。对于当时不种田而建房屋造豪宅的罗马贵族来说，建筑学也是必不可少的。

希腊教学亚历山大主义

与前一时期相比，希腊和拉丁教育，在范围和学习严谨性上都有所进步，但在纯粹性和精美性上却也有所退步。人们日益热心于追求希腊学识，这赋予了教学本身一种博学性。荷马或欧里庇得斯（Euripides）毕竟不能算作艺术，对教师和学者而言，亚历山大城的诗歌较为有利，此外从精神层面看，比起纯粹的希腊民族诗歌，这些诗歌更适合当时的罗马世界，即使它们不像《伊利亚特》那样珍贵，至少在年代上也足以让教师们奉它们为经典。欧福里翁（Euphorion）的情诗，卡利马科斯

（Callimachus）的“因缘”和“朱鹭”，吕哥弗隆（Lycophron）晦涩滑稽的“亚历山德拉（Alexandra）”，都包含着大量适于摘录和解释的罕见词（glossae），及编撰和分析都很费力的语句和冗长离题、堆砌得莫名其妙的过时神话，一般来说，它们都包含着各种复杂的学问。教学需要越来越困难的练习，这些作品大都是教师的模范著作，非常适合做模范学生的学习材料。因此，亚历山大城的诗歌，在意大利的学校教育中占据着永久性地位，尤其经常用作考题，它们确实促进了知识的传承，尽管是以牺牲鉴赏力和辨别力为代价。再者，这种不健康的求知欲，驱使罗马青少年尽可能从源头学习希腊文化。希腊教师在罗马教授的课程只够入门之用，但凡想要用希腊语会话的，就到雅典去听希腊哲学讲学，到罗得去听希腊修辞学讲学，并穿过小亚细亚，经历一场文学艺术之旅，在这里，希腊人大部分旧时的艺术珍宝都还留在原地。他们的美术培养虽有些机械化，但却能连续不断，反之，较远的亚历山大城因其严谨科学更负盛名，却很少作为求学少年的旅行目的地。

拉丁文教学

拉丁文教学的发展与希腊文教学相似。这一部分仅源于希腊教学的反作用，因为拉丁文教学的方法和动机，实际上基本是借鉴希腊文教学。而且，政治局势和平民党的活动都使得越来越多的人成群前往佛罗场讲坛，极大促进了演讲练习的传播和强化。西塞罗有云：“不论人的目光投向何处，处处都是修辞家。”此外，罗马纪元第六世纪的著作越退回到更遥远的过去，便越开始被人们毅然视作拉丁文学黄金时代的经典作品，因而基本以它们为中心的教学便取得更大的优势。最后，蛮族分子从各方迁入并扩张，凯尔特和西班牙的广阔地区开始拉丁化，自然就使得拉丁文法和拉丁教学，比昔日只有拉丁姆人说拉丁语时更加重要。自此，拉丁文学教师在科姆（Comum）和纳博的地位，开始与他们在普莱内斯特（Praeneste）和阿尔代亚（Ardea）的截然不同。

整体来看，文化教育在退步而非进步。意大利各城乡遭到毁坏，外来分子成群涌入，国家政治、经济和道德都在衰退，尤其是混乱的内战对拉丁语造成了巨大的损害，非世界上所有教师所能修补。罗马青少年与当时的希腊文化联系更加密切，再加上受多言善辩的雅典智识以及罗得和小亚细亚的修辞学产生的决定性影响，他们所汲取的恰好都是希腊文化中最为有害的部分。

拉丁姆在凯尔特人、伊比利亚人和利比亚人中间担负的宣传使命——尽管这个任务值得骄傲——只会给拉丁语带来如东方希腊化给希腊语带来的相同结果。这个时期的罗马民众，为演说家层次分明、音韵铿锵的话语鼓掌，而对伶人语法上或韵律上的错误加以抨击，这无疑表明，母语作为学校教育的反映，对于它的洞察力正成为越来越多人的共同特质。但同时，有判断力的同时代人却在抱怨说：罗马纪元690年即公元前64年前后，意大利的希腊文化水平远低于三十多年以前，人们很少有机会能听到纯正的拉丁语，只有从受过教育的老妇人嘴里才能听到。真正的文化传统，旧时美妙的拉丁母语，卢西利亚的优雅，西庇阿时代文明的读者圈，都在逐渐消逝。至于“温文尔雅（urbanitas）”这个名词和观念，即优雅的民族素养，也起于这个时期，这并不说明它很流行，而是说明它正在没落，说明人们深感这种“温文尔雅”在语言中、在拉丁化的蛮族或蛮族化的拉丁人的风俗中并不存在。在仍可听见文雅谈吐的地方，正如在瓦罗的讽刺诗和西塞罗的信札里，它就是在列阿特（Reate）和阿尔皮努姆（Arpinum）没有像罗马那样作废的古道遗风。

国立学府的萌芽

这样，以前的青少年教育大体保持不变，不过这主要是由于它本身的腐败而非由于民族的整体衰落，比起前一时期，这种教育带来的利更少而弊更多。恺撒也在这个领域发起了一场革命。对于文化教育，罗马元老院最开始持抵抗态度，而后仅仅是多加容忍，新意大利—希腊帝国政府的本质是人文主义，只能效仿希腊模式自上而下地推进文化教育。如果恺撒把罗马特权赠与首都所有的人文科学教师和医师，我们可以从中看出，这在某种程度上为之后国家设立学府以供帝国青少年学习双语高等教育奠定了基础，也是新的人文主义国家最有意义的体现。如果恺撒又决定在首都建一座希腊和拉丁的公立图书馆，并任命当时最博学的罗马人马尔库斯·瓦罗为馆长，其中意图分明就是要把世界君主国和世界文学联合起来。

语言　小亚细亚的俗语

这个时期语言的发展，取决于文明社会的古典拉丁语和公共生活的俗语之间的区别。前者本身是特殊意大利文化的产物，甚至在西庇阿的阶层中，“纯粹拉丁语”已经成为口号，人们说母语不再是出于完全单纯的心态，而是有意识地与大众语言保持距离。本时期伊始，针对迄今为止盛行于高等交际语因而也盛行于文学领域的古典主义，发起了一场异常的反动，这场反动无论在内容上还是在形式上，都与希腊同种性质的语言反动有着密切的关系。就在大约这个时候，马格尼西亚（Magnesia）的修辞学家和浪漫主义作家赫格西亚斯（Hegesias），以及依附于他的许多小亚细亚修辞学家和文学家，开始反抗正统的雅典主义。他们要求完全认可生活的语言，一视同仁，不管字词是源于阿提卡还是源于卡里亚和弗里吉亚。他们自己发言写作，不是为了学术派系的品味，而是为了大众的喜好。他们不能对这一原则持有异议，只是结果确实不会优于当时小亚细亚的民众，这些民众已完全丧失对作品简洁性和纯粹性的鉴赏力，只会追求哗众取宠的东西。姑且不论由此趋势衍生出来的各种虚假艺术——尤其是浪漫小说和浪漫小说体的历史，我们可以想象，这些亚洲人的风格是生硬的，没有抑扬顿挫的音节，装腔作势，孱弱无力，满是藻饰和夸张，彻头彻尾地庸俗和做作。西塞罗说：“谁知道赫格西亚斯，谁就知道何为愚蠢。”

罗马俗语赫滕希乌斯（Hortensius）反动罗得学校

然而，这种新风气也传入拉丁世界。希腊时兴的修辞学，在前一时期末就已侵入拉丁的青少年教育中，然后从本时期伊始便迈出了最后一步，苏拉时代最著名的律师昆图斯·赫滕希乌斯（罗马纪元640—704年，即公元前114—前50年）也踏上了罗马的讲坛，这时修辞学甚至在拉丁习语上也固守差劲的希腊审美。罗马民众接受的已不再是西庇阿时代纯粹严谨的文化教育，自然热情赞赏这位知道如何给俗语披上一层艺术外衣的革新者。这一点非常重要，正如在希腊，语言斗争总是先发生在修辞学家的学府里，因此在罗马，法庭演说在某种程度上甚至比文学更能树立作风典范，于是，律师界的领导权似乎理所当然地与发言和写作的时兴模式结合在一起。这样一来，赫滕希乌斯的亚洲俗语，将古典主义逐出罗马讲坛，一部分也逐出文学领域。但是，不久希腊和罗马的风尚又发生了转变。在希腊，罗得修辞学家的学校不恢复阿提卡的纯粹严谨之风，而是试图在它和现代时尚之间开辟一条折中之道。如果罗得的教师不太考究他们思想言谈的正确性，那也至少要坚持使用纯正的语言和风格，审慎选择字词和节奏分明的句法。

西塞罗主义

在意大利，马尔库斯·图利乌斯·西塞罗（罗马纪元648—711年，即公元前106—前43年）少年效仿赫滕希乌斯的作风，然后听了罗得教师的讲学，他自己的鉴赏力也更加成熟，因而归于善道，自此以后，他致力于严谨纯正的语言和彻底圆满而富有韵律的演说辞。在这一方面，他所效仿的语言模范主要是源于罗马上流社会中那些少受或完全未受俗语侵害的人，而且如上所述，这些人虽然正逐渐消失，但却仍有遗存者。无论优美的希腊文学对他演说辞的节奏有何重大影响，在这件事情上，古拉丁语和优美的希腊文学也只占据着次要地位。语言净化绝不是书本语言对交际语言的反动，而是真正受教育者的语言对未受教育者或半受教育者的俗语的挑战。

在语言领域内，恺撒也是冠绝当时的大师，他表达了罗马古典主义的基本概念，下令发言和写作时应避免使用任何外来词，一如船员应避开礁石。人们应摒弃古文学里的诗意词、废词以及取自公共俗语的乡间措辞，尤其要摒弃希腊字词和习语，就这一时期的信札来看，这种字词和习语已大规模渗入到交际语言当中。尽管如此，西塞罗时代这种学究式的人造古典主义，相对于西庇阿时代的古典主义，就如同忏悔相对于无罪，或如同拿破仑时代的古典派法语，相对于莫里哀（Moliere）和布瓦洛（Boileau）的模范法语。西塞罗时代的古典主义源自鲜活饱满的生活，而西庇阿时代的古典主义，就像是在恰当的时间抓住了一个即将灭亡且不可复生的民族的最后一口气。既然如此，这种古典主义当然迅速地传播出去。律师界的领导权以及语言和鉴赏的独裁权，都一并从赫滕希乌斯移交到西塞罗手上。西塞罗所著作品丰富多样，因而这个古典主义有了前所未有的长篇散文。于是，西塞罗成为新古典拉丁散文的开创者，罗马的古典主义始终与文体家西塞罗完全联系在一起。古典主义最有才华的代表如恺撒和卡图卢斯，都对他不吝赞美之词，这些赞词虽有些过分，但却不完全是空话，他们所赞美的并不是作家西塞罗，更不是政治家西塞罗，而是文体家西塞罗。

罗马新式诗歌

不久之后，他们又有所进展。临近本时期末，罗马新派诗人，将西塞罗在散文方面所做的成就贯彻到诗歌中去，这些诗人以希腊盛行的诗歌为范本，其中最大的才子就是卡图卢斯。在这里，高等交际语言将过去在此领域也很流行的古文驱逐出去。正如拉丁散文臣服于阿提卡的韵律，所以拉丁诗歌也逐渐遵守亚历山大诗体那严谨或称苛刻的诗律，例如自卡图卢斯时代开始，不再允许用单音词或者不是特别有力的双音词同时做一行诗的开头，又作始于前一行诗的句子的结尾。

语法科学

最后，科学也介入其中，确定语法，发展规则，这规则不再取决于经验，而是拥有决定经验之权。过去实词的词尾变化一部分是不定的，而今则完全一成不变，例如所谓第四种词形变化里，一向并行不悖的所有格和与格形式（senatuis 和 senatus，senatui 和 senatu），恺撒认为只有缩略形式（-us 和 -u）才属有效。各种书法改革使得书面语和口头语更趋于一致，例如，依恺撒前例，i 代替 maxumus 一类词中间的 u；k 和 g 这两个字母已属多余，前者已被废除，而对于后者，至少也已有人提议将其废除。语言即便还未固化，也已经在固化的路上，它的确还未在不知不觉间被规则支配，但却已经感受到规则的影响。

在拉丁文法领域，此举从希腊大体汲取了它的精神和方法，不仅如此，拉丁语也依照希腊先例直接接受修正。这一点有事实为证，例如，词尾的 s 原来任由人们随意使用，有时做辅音，有时又不是，但新式诗人却按照希腊用法将它当作辅音语尾。这种语言的规整就是罗马古典主义的恰当领域。古典主义的领袖西塞罗、恺撒以极不相同的方式——也正因此更有意义——甚至在卡图卢斯的诗作中反复灌输语言规则，斥责违反规则的行为，反之，老一辈人极力反对语言界的改革，就如同他们反对政治改革一样。但当新古典主义，也就是受规则支配且尽可能与标准希腊语处于平等地位的标准拉丁语，源于对闯入上流社会甚至文学领域的俗语的有意挑战，即便它取得稳固的文学地位，且具有系统化的形态，俗语也绝不撤离阵地。我们不仅发现有人天真地将俗语用到偶然进入作家之列的次要人物的作品中，如恺撒第二次征伐西班牙的记载，而且在真正的文学、在哑剧、在半浪漫主义小说、在瓦罗的美学著作中，我们也或多或少会看到俗语的痕迹。还有一种显著的情形，那就是俗语恰好处在最富民族性的文学领域，能够自保，而像瓦罗这样真正的守旧之士也将它纳入保护。古典主义基于意大利语的消亡，一如君主政体基于意大利民族的没落，共和的遗老们竟继续将共和的权利赋予正在使用中的语言，为了它的相对活力和民族性，竟容忍它的美学缺陷，这是完全一致的。这样一来，本时期的语言见解和趋势处处不同，卢克莱修的旧式诗歌旁边出现了卡图卢斯彻底的新式诗歌，西塞罗富有韵律的文句旁边立着瓦罗那有意不再划分的长句。语言领域同样也能反映出时代的分裂。

文学作品在罗马的希腊文人中

在本时期的文学领域，首先让我们吃惊的，是与前期相比，罗马文学的发展极为显著。希腊人文学活动的繁盛发展早已不在公民独立的自由空气中，而只在大城市尤其是宫廷的学术机关里。希腊的文人只得寻求大人物的照拂和庇护，又因为帕加马（罗马纪元621年即公元前133年）、昔兰尼（罗马纪元658年即公元前96年）、比提尼亚（罗马纪元679年即公元前75年）和叙利亚（罗马纪元690年即公元前64年）等国的王朝相继灭亡，拉基代王朝光辉日减，他们被人从先前的缪斯之位赶下来，再加上自亚历山大大帝去世以来，他们必然散居各地，至少在埃及人和叙利亚人中间，和在拉丁人中间同为异乡之客，于是这些希腊文人开始越来越多地关注罗马。除了厨师、娈童和弄臣外，还有追随在当时的罗马贵族身边的一群希腊侍从，其中哲学家、诗人和传记家也居于显赫地位。

居于这种地位的著名文人我们已有了解，例如，伊壁鸠鲁派的菲洛泽穆斯（Philodemus），受罗马纪元696年即公元前58年的执政官卢奇乌斯·皮索之命担任首席哲学家，并偶尔以他庇护者粗鲁不文的享乐主义为主题，创作美妙的讽刺短诗来教诲新人。当时罗马的文学成就比任何地方都要丰足，越来越多极负盛名的希腊艺术代表和科学代表迁入罗马。在这些迁居罗马的人当中，有医师阿斯克雷庇阿德（Asclepiades），国王米特拉达特斯试图诱他离开罗马转而来侍奉自己，但却是徒劳；有米利都（Miletus）全知全能者亚历山大，又名波里希斯托（Polyhistor）；有来自比提尼亚国尼西亚的诗人帕耳忒尼俄斯（Parthenius）；还有叙利亚国阿帕米亚的波西多尼乌斯（Posidonius），他在旅行、教学和写作方面样样闻名，在罗马纪元703年即公元前51年已达高龄之时从罗得移居罗马；此外还有其他很多人。像卢奇乌斯·卢库勒斯家那样的府邸是希腊文化所在，也是希腊文人聚集之地，就跟亚历山大的图书馆差不多。在这些充满财富和科学的厅堂里，罗马财力和希腊鉴赏力，将古今大师无与伦比的雕刻和绘画作品，与一座选址慎重、装潢华丽的图书馆合而为一，每一个有学问的人，尤其是希腊人在这里都受到欢迎——人们经常看见府邸主人在精美的柱廊里走来走去，亲自与一位博学宾客谈论语言学和哲学。当然，这些希腊人不仅带来了丰富的文化宝藏，同时也把他们的荒谬和奴性带到了意大利，例如，一位博学的游历之士，“谄媚术”的作者，尼萨（Nysa）的阿里斯托德穆斯（Aristodemus），竟在罗马纪元700年即公元前54年前后，声称荷马生于罗马，以取悦他的主人。

罗马人的文学追求

希腊文人的事业在罗马兴旺到什么程度，罗马人自己的文学活动和文学兴趣就发展到什么程度。甚至在西庇阿时代被完全排斥的希腊文章现在也得以复兴。希腊语现在普遍流行，一篇希腊文章自有与拉丁文章截然不同的读者群，所以罗马贵族如卢奇乌斯·卢库勒斯、马尔库斯·西塞罗、蒂乌斯·阿提库斯（Titus Atticus）、昆图斯·斯凯沃拉（Quintus Scaevola，罗马纪元700年即公元前54年的保民官）与亚美尼亚和毛热达尼亚（Mauretania）的国王一样，也偶尔发表希腊散文甚至希腊诗歌。但是罗马本地人用拉丁文写作一直都是次要手段，几乎只是个消遣。意大利的文学派别和政治党派全都固守他们的意大利民族性，只是或多或少沾染了一些希腊文化而已。在拉丁文写作领域，人们至少也不能抱怨它缺乏活力。

在罗马，各种各样的书籍和小册子，尤其是诗歌，如雨后春笋般冒出头来。诗人蜂拥而至，只有塔尔苏斯（Tarsus）或亚历山大才有这种景象。发表诗歌已成为生性活泼之人年少时常犯的过错，甚至一个人年少时所作的诗被慈悲的人忘记，因而得以免受批评，这在当时也算是幸事。任何懂艺术之人都可一口气写出五百行六韵步诗，教师无可非议，读者也无可赞美。妇人也积极参与这些文学活动，她们不限于舞蹈和音乐，而是凭借聪明才智掌握会话主动权，并且非常善于谈论希腊和拉丁文学。当诗歌灵感涌上心头，被围攻的堡垒用优美诗作订约投降的例子也不在少数。韵律越来越成为成年男女的时髦玩物，书信体诗文、共同作诗练习、好友间的竞赛都是稀松平常之事，到本时期末，首都已开设了供羽翼未丰的拉丁诗人缴费学习作诗的机构。

由于书籍畅销，复制生产技术大体完善，发表工作相对迅速且便宜。卖书成为一个体面且赚钱的行当，书店也成为文化人日常的聚会场所。读书成为一种时尚，甚至一种狂热。宴会时，较为粗俗的消遣还未出场，阅读便已先行；旅行时，人们也几乎不会忘记带上途中阅读的书籍。人们看见高级军官在营帐里读希腊的淫秽小说，元老院的政治家则手拿哲学论著。相应地，罗马国内的情形，无异于任何一个国家内的公民“从门口读到厕所”的情形。帕提亚的维齐尔（Vizier）把在克拉苏营中找到的浪漫小说指给塞琉西亚的公民看，并问他们是否依然视这种书籍的读者为可怕的敌人，此举不无道理。

古典主义者和现代主义者

这个时代的文学倾向是多样的，也不得不多样，因为这个时代本身就有新旧风气的区别。在政治领域互相冲突的倾向，保守派的本国—意大利倾向，新君主制的希腊—意大利倾向或曰世界主义的倾向，也在文学领域进行着它们的斗争。前者依附于旧拉丁文学，这种文学在剧院、学校和学术研究领域都日益具有古典性质。鉴赏力不如西庇阿时代，党派倾向却比那时更强，于是恩尼乌斯（Ennius）、巴库维乌斯（Pacuvius）尤其是普劳图斯（Plautus），现在都被抬举得跟天一样高。西比尔（Sibyl）的书页越少，价钱便越高。罗马纪元第六世纪的诗人民族性相对较强，成果较为丰硕，人们从未如此强烈地感觉到这完全成熟的模仿主义，文学上的模仿主义如政治上的模仿主义一般，坚定地望着汉尼拔手下众勇士所处的那个世纪，不幸的是，这是一个一去不复返的黄金时代。无疑，在这种对旧古典作品的崇拜中，有很大一部分是这个时代的守旧主义者所特有的空洞和虚伪。这里也不乏立场不坚定之人，例如西塞罗虽然在散文界是新倾向的主要代表，但是对于旧的民族性诗歌，他却几乎显示出对贵族政体和占卜课程的同等敬意。我们听见他说：“爱国主义要求我们宁可读臭名昭著的索福克勒斯（Sophocles）译本，也不读原著。”这样一来，甚至在恩尼乌斯的正统崇拜者中间，那与平民党君主制同根同源的新文学倾向，也能数出许多秘密党羽，与此同时，也不乏较为大胆的批判家，他们对本地文学与元老院政治一样不留情面。他们不但恢复西庇阿时代严厉的批判主义，重视特伦斯（Terence），只为了谴责恩尼乌斯甚至声讨恩尼乌斯派。而更为年轻也更为大胆的人大步向前，虽说目前还只是异端对文学正统的反叛，但却已经敢称普劳图斯为粗俗弄臣，称卢西利厄斯（Lucilius）为坏诗匠。这种新倾向不依附于本地文学，而依附于希腊的新文学，即所谓的亚历山大主义。

希腊的亚历山大主义

我们不可避免地要对希腊语言和艺术的这种奇异再生现象多加叙述，以供人们了解这个时期乃至以后的罗马文学。

亚历山大文学是以纯粹希腊语的没落为基础，从亚历山大大帝时代开始，在日常生活中，希腊语就被一种下等俗语所取代，这种俗语是由马其顿方言与各种希腊部落和蛮族部落的语言相互接触衍生而来，或者更准确地说，亚历山大文学大体起于希腊民族的灭亡，就其民族个性而言，是为了建立亚历山大世界帝国和希腊文化帝国，这个民族必须灭亡，而最终也确实灭亡了。如果亚历山大的世界帝国继续存在，那么之前的民族流行文学便会被一种仅在名称上属于希腊的世界文学取代，这种文学基本没有民族性，在某种程度上是由贵族提倡而来，但它确实能主宰世界。然而，由于亚历山大去世，他的国家也随之解体，与之对应的文学萌芽也迅速湮灭。不过，希腊民族及其所拥有的一切——它的民族性，它的语言，它的艺术——都属于过去。它只在一个相对狭窄的圈子，这不是文化人的圈子，因为严格来说，这种人已不存在，但这是学者的圈子。希腊文学即便在消亡后依然受人珍视，它留下的丰富遗产被人们记录下来，或悲戚，或喜悦，或苦心钻研、不厌其烦，鲜活的怜悯之心或湮灭的学识也可能被蒙上一层生产力的外衣。这种死后的生产力，构成所谓的亚历山大主义。亚历山大主义在本质上类似于一种学究文学，这种文学脱离了鲜活的罗马民族性及其俗语，作为已逝的人为再生品，它于罗马纪元十五、十六世纪在一群世界性的哲学家中间发展壮大。无疑，狄阿多西（Diadochi）时代古典希腊语和庸俗希腊语之间的差别并不是非常明显，但严格说来，的确与马努提乌斯（Manutius）的拉丁语和马基亚维利（Macchiavelli）的意大利语之间的差别相似。

罗马的亚历山大主义

过去，意大利对亚历山大主义基本敬而远之，它的相对兴盛期是在第一次布匿战争前后不久。然而，在一切体裁的诗歌作品中——甚至说教诗也不例外，奈维乌斯（Naevius）、恩尼乌斯、巴库维乌斯以及下至瓦罗和卢克莱修的全体罗马作家，都不依附于同时代或者不久之前的希腊人，而无一例外地依附于荷马、欧里庇得斯、米南德（Menander）和其他有生气、有民族性的希腊文学大师。罗马文学从来就不是新鲜的、有民族性的，但只要存在一个罗马民族，作家们便会本能地寻求有生气、有民族性的范本，然后加以模仿，即便这不是出于最好的目的，他们也不是最好的作家，但起码看起来像是原创。到了西塞罗和恺撒时代，才有人开始模仿起源于亚历山大以后的希腊文学，因为马略时代的小小开端不能计算在内。

现在罗马的亚历山大主义传播得非常迅速，这种结果一部分是源于外部因素。罗马人与希腊人联系增多，特别是罗马人经常到希腊各地旅行，希腊文人聚集在罗马，这自然就使得希腊的时兴文学以及当时盛行于希腊的史诗、挽歌、短歌和米利都轶事在意大利人中间拥有一个读者群。再者，如上文所述，亚历山大诗歌已在意大利青少年教育中占有一席之地，又因为后者本质上一直依赖于希腊化的学校教育，所以亚历山大诗歌对拉丁文学更有反作用。在这方面，我们甚至发现新罗马文学和新希腊文学的直接联系。上文所提到的帕耳忒尼俄斯是个比较出名的亚历山大挽歌作家，似乎在罗马纪元700年即公元前54年前后，他在罗马开办了一个教文学和诗歌的学府。按照著名的亚历山大范式，他把带有情色和神话色彩的拉丁挽歌材料交给一个贵族学生，这份材料中的一些节选至今仍在。但成就罗马亚历山大主义的，绝不仅仅是这种偶然的原因，相反，它是罗马政治发展和民族发展的产物，也许并不讨人喜欢，但却完全不可避免。一方面，正如希腊分解出希腊精神，拉丁姆现在也分解出罗马精神。意大利民族发展过于迅猛，现在并入恺撒的地中海帝国之中，一如希腊的发展并入亚历山大的东方帝国之中。另一方面，希腊民族性和拉丁民族性两条大河，在平行河床分流已有数百年，如今终于汇合到一处，新帝国以这一事实为依据，因而意大利文学不仅要在希腊寻求一般性的根基，而且必须要使自己与现时的希腊文学，也就是与亚历山大主义保持平等地位。有了学院式的拉丁文，有了定额的古典著作，有了专门的文人古典作品阅读圈，民族性的拉丁文学便见陨落，走向终结，取而代之的是一个完全变质、人工培育的帝国文学。这种文学不依赖于任何定性的民族性，但却用两种语言来宣扬人类的普遍福音，在精神上彻底而有意识地依赖古希腊文学，在语言上一部分依赖古希腊文学，一部分依赖古罗马的通俗文学。这并不是个进步，恺撒的地中海君主国，固然是个伟大的更是个必要的创造，但它是自上而下产生的，因此是个更加年轻、更多限制也更加自然的国家，而罗马纪元第六世纪时意大利国家仍能体现出的精力充沛的民众生活和四溢的民族活力，在此却无迹可循。意大利民族性的消亡在恺撒的创造中得以完成，掐断了文学发展的希望。谁感受到艺术与民族性之间的亲密关系，谁就要永远背弃西塞罗和贺拉斯（Horace），转而依附加图和卢克莱修。只有在这方面获得认可的、教师式的历史观和文学观，才能称始于新君制的文艺时代为黄金时代。然而，人们必定认为恺撒时代和奥古斯都时代罗马—希腊的亚历山大主义劣于那总不完美的古民族文学，而另一方面，这种亚历山大主义却绝对要优于狄阿多西时代的亚历山大主义，一如恺撒的耐久体系要优于亚历山大的短暂创作。我们之后还会指出，奥古斯都时代的文学，与狄阿多西时代的同类文学相比，其语言学的性质远远少于后者，而其帝国文学的性质却远远多过后者，因此它在上流社会中的影响力，远比希腊的亚历山大主义深远。

戏剧文学悲喜剧的消逝

没有哪个领域的发展比戏剧文学更加凄惨。在本时期之前，悲剧和喜剧已消失在罗马的民族文学中，新剧本不再上演。在苏拉时代，观众仍希望看新剧本，这一点可以从本时期重演普劳图斯的喜剧但改换其剧名和人名看出来，对此有人说得好："看好的旧剧本胜过看坏的新剧本。"自此，便已快到戏剧完全让位于死去诗人的地步，这一点可见于西塞罗时代，亚历山大主义对此并不做反驳。它在该领域的高产量比零产量更糟糕，亚历山大文学从不了解真正的编剧，它只能把那些原本用于阅读而非表演的伪剧本引入意大利，于是不久之后，这些抑扬格诗剧在罗马和在亚历山大同样流行，尤其是悲剧写作开始显露出惯常的青年病态。我们可以从这样一件事对这些作品的性质得出颇为准确的观点，即昆图斯·西塞罗用顺势疗法消除身处高卢冬营的疲劳，在十六天内创作了四部悲剧。

拉贝里乌斯滑稽戏

只有在“生活画”，即滑稽戏中，罗马民族文学最后的、依然蓬勃发展的阿特兰滑稽戏，开始与希腊喜剧的分支相生相长。与和诗歌的其他流派相比，希腊喜剧的分支更多地受到亚历山大主义诗歌意蕴的滋养，发展成果也更加显著。滑稽戏起源于早已家喻户晓的笛子伴奏化装舞，这种舞蹈主要在剧院两场戏剧的间歇上演，有时也会上演于其他某些场合，例如宴请宾客的筵席中。不难想象，在这些舞蹈中，很早就采用语言工具的辅助，只要加入相对条理清晰的情节以及常规的对话，便可称其为小喜剧，这种喜剧与此前的喜剧乃至滑稽戏，仍然存在本质上的差异，因为舞蹈以及与舞蹈密不可分的色情依然占据主导地位。

滑稽戏本来并非用于舞台表演，而是剧场，故而无需考虑任何理想化的布景，例如面具和戏鞋，而且至关重要的是，女性角色可以由女人扮演。这种新型滑稽戏似乎是在罗马纪元672年即公元前82年前后开始登上首都的舞台，随即迅速吞并罗马民族丑角戏，但在关键处也与之十分契合，依旧被用作幕间节目，尤其是与其他戏剧表演共同当作助兴节目[①]。当然，这种新型滑稽戏较之丑角戏，情节更加松散，内容更放荡且更荒诞，只要足够五彩缤纷，就能引起观众情不自禁地发笑，他们也不会诘责作者为何情节荒诞。

支离破碎，而不是解开结扣

新滑稽戏的主题以情爱为主，大多数属于放纵淫乱之流，例如，诗人和观众毫无例外地抨击为人丈夫的一类人，其所谓扬善惩恶不过是对美德的讽刺。其艺术魅力，恰如阿特兰滑稽戏，完全依靠对普通和下层民众生活方式的描写，它抛开乡村景象，转而展开对首都生活和事件以及罗马群众的描绘——正如同类希腊剧本对亚历山大群众的生活等进行发掘——并要求他们向自己熟悉的画面鼓掌喝彩。许多主题都取材于手艺人的生活，其中有戏剧中的“漂布匠”，还有“制绳匠”、“染匠”、“盐工”、“女织工”和“狗童”。此外有些剧本也刻画人物，比如“善忘者”、“吹嘘者”和“腰缠十万赛斯特斯之人[②]”；或描写异地的景象，例如“伊特鲁里亚妇人”、“高卢人”、

①根据西塞罗的说法，与他同时期的滑稽戏已经取代了阿特兰戏，表演滑稽戏的男女演员在苏拉时代开始出现，这两点不谋而合。可是“mimus”一词有时被误用以形容一般喜剧演员。因此罗马纪元542—543年即公元前212—前211年现身于阿波罗的所谓滑稽戏演员，显然只是平常的喜剧演员，因为当时罗马剧场的发展还未给后世所谓的滑稽戏留下相应的空间。

②塞斯特斯（古代罗马的货币名），十万塞斯特斯是第一级选举人需要具备的资格，其继承受到沃克努斯法的约束，财产数额达到十万塞斯特斯，下等人和上等人之间的界限就不复存在了。

“克里特人”和“亚历山大城”；或描写人们欢庆的节日场面，例如“户神节”（Compitalia）、“农神节”[1]（Saturnalia）、“安娜·贝伦那”（Anna Perenna）和“热水浴”；或模仿神话，如“地心游记”和“阿尔维尼湖”（Arvernian Lake）。恰当的口头禅和简短易懂的熟语都受到欢迎，不过每一句浅白的话语都具有某种意义。在这个荒诞的世界里，人们向酒神巴克斯求水，向泉神祈酒。甚至罗马剧场昔日严厉禁止的讽喻时政的话语，在这些滑稽戏中也屡见不鲜[2]。

关于韵律的形式，这些诗人如是表述：“不桎梏于诗歌韵律。”甚至即将发表的剧本，其语言也充斥着通俗表达和低俗的新生词汇。显而易见，滑稽戏在本质上与之前的闹剧如出一辙，不过化装面具、阿特兰滑稽戏的固定布景以及乡村特色不复存在，被首都高度自由、狂放糜烂的生活取而代之，登上舞台。大多数这类剧本都是偶然编成，无意在文学领域占据一席之地，然而拉贝里乌斯（Laberius）滑稽戏中满是尖锐的人物刻画，语言和韵律的处理方面亦有精彩之处，在文学上也有一定的地位。史学家必然感慨万千：罗马共和制濒临瓦解之际的戏剧，已经无法再与伟大的阿提卡戏剧相提并论。

---

①于12月举行为期一周的农神节（Saturnalia），期间学校放假，奴隶可和主人同席进食，大家交换礼物，并举办市集，很像现在的圣诞节。——译者注

②在拉贝里乌斯的“地心游记”中，知晓奇闻异事的人抛头露面，邻人对一夫二妻的现象表示，这比最近占卜算卦者梦见有六位市政官还要糟。根据当时的流言，恺撒的确有意在罗马实行一夫多妻制，而他推举的市政官的确是六位，而非四位，由此可见拉贝里乌斯对操纵弄臣的特权了然于胸，恺撒也纵容弄臣。

戏剧布景

随着戏剧文学发展每况愈下，舞台布景和奢华风气与日俱增。戏剧表演不仅在首都的公众生活中占据正统地位，而且在乡镇也是如此。现在罗马已经通过庞培获得了一座永久的剧场(罗马纪元699年即公元前55年)。旧日里戏剧表演都是露天进行，此时坎帕尼亚的习俗，即演出时在剧场搭起帆布，为演员和观众提供容身之所，也传入罗马（罗马纪元676年即公元前78年)。与此同时，希腊的布景方式也取得了长足发展，活跃于戏剧舞台上的，不是亚历山大戏剧家们不局限于黯淡的七巨头的创作，而是古典戏剧，尤其是欧里庇得斯的悲剧，所以在西塞罗时代的罗马，恩尼乌斯、帕库维乌斯和阿奇乌斯的悲剧以及普劳图斯的喜剧备受推崇。在前一时期，普劳图斯在喜剧领域的地位被特伦斯取代，特伦斯的喜剧趣味横生，然而其喜剧功底与普劳图斯相差甚远。现在罗斯奇乌斯与瓦罗合作，也就是舞台和语言的结合，特伦斯的喜剧，恰如莎士比亚戏剧得益于伽里克（Garrick）和约翰逊（Johnson）的联袂而脱胎换骨。但是观众受到简短粗糙的闹剧带来的影响，情感僵化，心绪急躁，甚至普劳图斯也深受其害，所以剧院经理自觉地有必要为普劳图斯喜剧进行长度辩解，甚至不得不进行删减和修改。现成的剧本越有限，剧院经理、演员和观众就越在意剧本布景的表现。

在罗马，一流演员和舞女成为最有利可图的行当。如上文所述，悲剧演员伊索普富比王侯，较之伊索普更为出名的同代人罗斯奇乌斯，年收入达六十万赛斯特斯[①]，舞女狄奥尼西亚（Dionysia）年收入估值二十万赛斯特斯（折合2000英镑）。与此同时，装饰和服装上的花费数额巨大，有时六百匹带鞍的骡子一行一行地走过舞台，特洛伊的剧场被用来向观众表演庞培在亚洲征服各民族的生动场面。剧中合唱时伴奏的音乐同样更加气势恢宏，且更具独立的重要性。瓦罗如是说："如风牵起涟漪，技艺娴熟的吹笛人抑扬顿挫的曲调，让听众内心泛起波澜。"笛子的曲调往往节拍急促，导致演员不得不更加卖力地表演。

音乐和戏剧鉴赏随之发展起来，剧院常客能由第一个音拍识别任何曲调，而且对剧本烂熟于心，音乐和朗诵上的每一个失误都会引起观众的严厉指责。西塞罗时代罗马戏剧的盛况堪比如今的法国戏剧界。罗马的滑稽戏与当下戏剧中的荒淫场面相当，对于二者而言，事无优劣之分，故而能同时容纳传统古典悲剧和喜剧，受教育者有义务对此进行褒扬或至少鼓掌。人们在滑稽戏中观摩自己的生活，在戏剧中惊羡装饰之华丽，从而获得理想世界的总体印象，便心满意足。意趣高雅的人士在剧场中并不关心剧本，而只在乎其艺术表现。罗马的戏剧艺术在不同阶层之间周旋动荡，恰如法国的戏剧艺术在村舍和殿堂之间流转。罗马的舞女在谢幕之前，往往会脱去上衣，穿着内衣为观众献舞，但是根据罗马的塔尔玛（Talma），其艺术的最高法则不是自然的真理，而是和谐。

---

①他每演一天戏，可以从国家领取一千第纳尔，此外戏班子也有工资。到了晚年，他辞谢了自己应得的酬金。

诗体编年史

在朗诵诗中，似乎不乏以恩尼乌斯模式为蓝本的诗体编年史，然而，或许是因为卡图卢斯所吟咏的女子的慈悲誓愿——只要神圣的维纳斯能够让她的爱人放弃卑劣的咏政诗，重回她的怀抱，她愿意烧最坏的史诗向他献祭——这些诗体编年史受到猛烈抨击。

卢克莱修

这一时期，在整个朗诵诗领域，代表罗马民族倾向的，只有一部名著，然而这部名著却是罗马文学最重要的诗歌作品之一，这就是蒂乌斯·卢克莱修·卡鲁斯（Titus Lucretius Carus，罗马纪元655—699年即公元前99—前55年）的《物性论》。

作者本人出身罗马最上流的社会阶层，可是不知道是因为体弱多病，抑或是不醉心于此，他从未参与公众生活，并且在内战爆发前不久撒手人寰，当时还正值壮年。作为诗人，卢克莱修坚决依附恩尼乌斯，故而依附希腊的古典文学。他愤然脱离当时“虚空的希腊主义”，全心全意地自称是“正统希腊人”的学者，在罗马诗歌最负盛名的段落中，甚至连修昔底德的神圣热诚亦不无令人称道地回响。由于恩尼乌斯从道于埃庇卡摩斯（Epicharmus）和欧赫迈罗斯（Euhemerus），所以卢克莱修也从具有“得天独厚的西西里岛最瑰丽的珍宝”之称的恩培多克勒（Empedocles）形成自己的表现形式。至于题材，卢克莱修“搜集伊壁鸠鲁作品中的金玉良言”，“伊壁鸠鲁的光辉让其他人黯然失色，如太阳当空，众星皆黯淡”。和恩尼乌斯一样，卢克莱修也蔑视亚历山大主义将神学知识强加给诗歌的要求，他只要求读者知晓普遍流行的传说①。

虽然当时流行的语言纯洁主义拒绝将外来词融入诗歌，但是卢克莱修效仿恩尼乌斯，宁可使用含义丰富的希腊词语代替生硬晦涩的拉丁词语。罗马旧有的双声格，诗行和句子的划分不相符合，一般的旧式表达和行文方式，在卢克莱修的诗歌作品中仍然屡见不鲜，虽然他的诗句较之恩尼乌斯的更加朗朗上口，但是他的六音步诗却庄重迟缓，如同滞缓流动的金液，不像新派诗如溪流碧波荡漾般的优美生动。在哲学上，卢克莱修完全倚重恩尼乌斯，实际上也是如此，他在诗中赞美的本国诗人只有恩尼乌斯。鲁第亚（Rudiae）歌者信奉这样的宗教信条：天神自然是存在的，我说过了还要说下去，但在我看来，天神并不会理会人类的命运。这种信条完全彰显出了卢克莱修的宗教观点，所以他称自己的诗几乎就是恩尼乌斯诗的续篇，这不无缘由：

恩尼乌斯向我们歌唱，他首先从赫利孔
怡人的丛林里带来了不朽的桂冠，
使它照耀意大利的人民，光辉灿烂。

罗马纪元第六世纪所有诗人的傲骨和诗意的热忱，再一

①香料产地潘凯亚（Panchaea）似乎是例外，因为卢克莱修的这番表述或许已经通过欧赫迈罗斯的游记小说进入恩尼乌斯的诗歌中，至少已经进入卢奇乌斯·曼利乌斯的诗中，所以卢克莱修的读者对此了如指掌。

次、也是最后一次在卢克莱修的诗中引起共鸣，卢克莱修非凡的想象力，在可怕的迦太基人和壮美的西庇亚德交相辉映的罗马纪元第六世纪如鱼得水，却在他自己所处的堕落的时代里一无是处[①]。对于卢克莱修而言，他自己的诗歌是“情感丰沛的真挚流露”，与普通诗歌相比，“有如天鹅放歌比之野鹤鸣叫”。就他自己来说，听了自己创作的曼妙曲调，心中洋溢着崇高和光荣的希冀，正如恩尼乌斯禁止那些“从内心深处提前领略火热诗歌”的人们到他——一位不朽的诗人——墓前悼念那样。

但不幸的是，这位超凡脱俗的才子——其诗歌创作才能若不说远远超过同时期诗人，至少远胜大多数人——却生不逢时，曲高和寡，因此他在题材选取上犯了十分罕见的错误。伊壁鸠鲁体系将宇宙归结为原子的漩涡，并企图通过纯粹机械的方式，说明世界的起源和终结以及关于自然和人生的所有问题，其痴愚之极，几乎可以和将神话认定为历史，如欧希米鲁斯以及之后的恩尼乌斯所作的尝试等量齐观，但伊壁鸠鲁的体系并非锐意创新的产物，用诗歌来展现这种机械的宇宙观，在这种题材上，诗人只不过白白耗费生命和艺术而已。阅毕卢克莱修的说教诗，哲人批评它遗漏了伊壁鸠鲁体系的可圈可点之处，而且十分肤浅地提出辩论，组织存在诸多欠缺，时常循环反复。对此，诗人理直气壮地指责道，由于将数学韵律化，导致诗的绝大部分完全不可读。天资驽钝之人若犯了诸如此类令人难以置信的错误，必然会身败名裂，然而卢克莱修却洋洋自

---

①这种情形在战争描写中展露无遗，其中有写横扫千军的狂风，有践踏自己军队的战象队，这些都是布匿战争的场景，可是却宛如浮现在眼前。

得，声称自己从诗歌的原野中摘取了缪斯尚未授予任何人的崭新桂冠，他之所以能得到这顶桂冠，绝不是因为那些恰当的比喻，也不是因为附加了雄伟的自然景象描写和强烈的感情描写。卢克莱修人生观和诗歌上所特有的天赋，来源于他的不信奉神灵，正是因为不信奉神灵，卢克莱修满怀着真理的力量，因此也满怀着诗歌的力量，抵抗大行其道的虚伪和迷信。

当一位希腊人在地上见人生在世，
可悲地被对神灵的畏惧束缚着，
神从天空露出面庞，
狰狞的样子威吓下界的凡人，
卢克莱修竟敢率先投以凡人的眼睛，
抬头审视着它，站出来反抗它；
于是思想的英勇力量胜利了，
他大步流星地迈过宇宙的炎炎界限，
明智的心跨过了无边的整体。

所以卢克莱修热衷于推翻众神，如昔日布鲁图斯矢志于推翻君主，“把自然从其严苛的主人那里解放出来”。不过这番激烈的言辞，并非指向早已坍塌的约维斯王座。和恩尼乌斯一样，卢克莱修所抨击的，实际上是荒淫的外国信仰和大众的迷信，例如对圣母的崇拜以及伊特鲁里亚人幼稚愚昧的闪电学。

卢克莱修生活在一个令人生畏的世界里，并为之创作，他上面这首诗，正是由这个世界恐怖和谎言横行激发而生的。这首诗问世的时候，正处于寡头政治已经被推翻、恺撒的统治尚未确立的过渡时期，形势陷入绝境。在那些岁月里，人们处在水深火热之中，焦急而紧张地等待内战的到来。如果我们自认为可以从这首诗参差而焦躁的措辞中，体会到诗人无时不刻都在预想着，内战的爆发究竟会给他以及他的写作带来怎样的影响，那么我们谈到他对人对事的见解，必须考虑到他的这些见解缘从何人、因何而起。在亚历山大以前的希腊，流行着社会上层深有感触的一句话：最好从未降生于世，其次是杀身弃世。在与之相似的恺撒时代，慈悲而富于诗意的心灵所能触及到的最为高尚、最能使人向上的，是人们认为摆脱对灵魂不朽的执迷，就像恐惧侵袭暗室里的孩童，对神灵和死亡的畏惧也不断侵扰人们。正如夜间的睡眠比白日里更能让人恢复精力，故而死亡——脱离所有希望和恐惧，堕入永恒的睡眠——胜于生存，实际上诗人所信奉的神不过是永恒而幸福的安宁，除此之外别无他求。人受到地狱的惩罚并非在死后，而是活着的时候，跳动的心充斥着狂野、永不止息的欲望，人们要做的就是追寻内心的宁静，视紫衣罗裳无异于家常素服，甘愿留在被统治阶级阵营，不争先恐后挤进统治阶级的队伍；宁愿仰卧绿茵草地、溪流之侧，也不愿意在达官显贵富丽堂皇的宫殿尽享玉盘珍馐。这种既富含哲理又实际的理念，是卢克莱修诗歌真正的思想核心，一切粗浅的表现或许会将这个核心遮蔽，却不可能将其消除。这种理念的相对智慧和真实，或许正是以此为基础。

在本世纪里，卢克莱修对伟大先辈的崇敬和热情无与伦比，他以这种崇敬和热情宣扬自己的理念，用艺术的笔触加以点缀，可谓是个好公民，同时也是个伟大的诗人。这篇关于

《物性论》的说教诗，无论引起多少诘难，在星辰寥落的罗马文学中，都不失为一颗璀璨的明星，这也难怪德意志最伟大的语言学家重新编订卢克莱修的诗歌，使之能够诵读，成为卢克莱修流传于世的最杰出的作品。

希腊的流行诗歌

虽然卢克莱修的诗歌才华和艺术才能为同时代的名人雅士所称赞，但他是晚成的诗人，所以成了没有学生的大师。与此相反，希腊的流行诗歌却不乏努力赶超亚历山大的大师们的学生。亚历山大诗人天资过人，以其高超的领悟能力，避免长篇累牍地创作纯粹诗体形式，例如戏剧、史诗和抒情诗等，和新兴拉丁诗人一样，他们最得意、最成功的是“短小精悍”的作品，尤其是与纯粹艺术形式接壤领域的，以及属于叙事诗和歌曲之间广泛领域的作品。他们创作了各式各样的说教诗。他们的半英雄半情爱的短篇叙事诗受到热烈追捧，尤其是一种博采众长的情歌，这是发展成熟的希腊诗歌所独有的，也是其语言学渊源赋予的特征。在情歌里面，诗人或多或少有些牵强附会地将自己的情感，主要是对爱情的描写，与从希腊传说获得的残缺不全的史诗穿插起来。欢宴诗歌的创作煞费苦心，且艺术水平很高，一般来说，由于缺乏自发的诗歌创作，应景诗十分盛行，尤其是短诗，成为亚历山大诗人最为成功之作。创作题材的贫乏，以及语言和韵律缺乏新意，是每一种非民族文学不可避免的弊病，人们试图竭力以奇特的题目、牵强附会的成语、罕见的措辞和矫揉造作的诗歌韵律掩盖这两种缺陷，总之，将其掩藏在语言和博闻强识以及技艺娴熟的整套体制之下。

这是本时期希腊诗歌向罗马童子宣扬的福音，他们蜂拥而至，前来听讲和练习。罗马纪元 700 年即公元前 54 年前后，欧福里翁的情诗以及同类的亚历山大诗歌，已经成为有文化的青年人的日常读物和朗诵材料①。文学革命应运而生，但这场革命起初的成果无一例外早熟或不成熟。“新式诗人”人数众多，可是有名的诗歌作品却寥如晨星，阿波罗不得不按照众人蜂拥至帕纳斯山（Parnassus）的常例，创作篇幅很短的作品。长诗从来都是一文不值的，短诗的价值也很少得到认可。甚至在这个文学时期，时尚的诗歌也成为众矢之的。有时，一个人的朋友出于玩笑，从书店买来一堆废诗，当作礼物送到他家，诗的价值，从其华美的装订和光滑的扉页来看，已然付诸东流。民族文学有读者大众，从这个意义上来说，罗马的亚历山大派和希腊的亚历山大派一样，都不具备真正的读者大众。罗马新诗仅仅在一个小圈子或者说几个小圈子流行，圈子里的人紧密团结，对外来入侵者严惩不贷，他们在内部诵读和批评新诗，有时也仿亚历山大的方式创作新诗来庆贺成功的作品，不断相互吹捧，追求虚假而转瞬即逝的声名。

瓦莱里乌斯·加图（Valerius Cato）是拉丁文学界的名师，他也开始顺应诗歌新潮流进行创作，似乎成为以学术泰斗的身份统摄罗马新诗界最有名的人士，并对这些诗的相对价值有最

①西塞罗提到恩尼乌斯时说：“诚然，这位光荣的诗人为今日朗诵欧福里翁诗歌的人们所鄙视。”他写信给阿蒂古说：“顺风将我们从伊特鲁里亚漂洋过海吹将过来，我已经平安抵达。这些诗句，你若愿意，可以当作你自己的卖给新式诗人。”

终的裁决权。与希腊的流行诗歌相比，这些罗马诗人始终表现出不自由的、有时像学童一样的依赖性，他们的作品或多或少仍只是尚在学习过程中，还未有成熟的诗歌学习的结果。因为在语言和韵律上远比本民族的拉丁诗更契合希腊诗歌，罗马新诗在语言和韵律上确实发展到了更加正确、更加协调的地步，但是这个结果的代价是牺牲民族语言的灵活性和丰富性。关于题材，由于受到女性化模式以及道德沦丧的时代风气的共同影响，情爱主题获得对诗歌毫无裨益的惊人优势，可是希腊人偏好的诗体，在很多情况下也是翻译过来的，例如西塞罗所译阿拉托斯（Aratus）的天文学著作，本时期末或者可能是下个时期之初，奥德（Aude）的普布利乌斯·瓦罗（Publius Varro）翻译埃拉托斯特尼斯（Eratosthenes）的地理指南，以及埃米利乌斯·马克尔（Aemilius Macer）翻译尼坎德（Nicander）的医药手册。

不足为奇，也不值得惋惜，在浩如星辰的诗人中，流传至今的名字寥寥无几，甚至这几个也多半被当作古董或者前代伟人见诸称述，例如演说家昆图斯·赫腾希乌斯（Quintus Hortensius）及其“五十万行”令人生厌的淫诗，更频繁受人称道的莱维乌斯（Laevius），他的“爱情笑话”（Erotopaegnia）仅仅由于韵律杂乱以及措辞矫揉造作受到一定的关注。甚至于盖乌斯·赫尔维乌斯·秦纳（Gaius Helvius Cinna，大约逝世于罗马纪元 710 年即公元前 44 年）的短篇叙事诗“士麦那”（Smyrna），虽受到世界的广泛褒誉，但是其中父女乱伦的题材，而且花费九年时间创作完成，刻上了那个时期最腐朽的印记。

卡图卢斯

在新派诗人中，只有几个具有独创性、令人欣喜的例外，他们知道应该如何将新诗形式的简洁灵活，与共和生活，尤其是城乡生活中依然保留的重要民族元素相结合。我们在这里暂且不论拉贝里乌斯和瓦罗，这种表述特别适用于前文所提及的共和反对派阵营的三位诗人，即马尔库斯·福利乌斯·毕巴库罗斯（Marcus Furius Bibaculus，罗马纪元625—691 年即公元前129—前 63 年）、盖乌斯·李锡尼·卡尔乌斯（Gaius Licinius Calvus，罗马纪元 672—706 年即公元前 82—前 48 年）以及昆图斯·瓦勒里乌斯·卡图卢斯（Quintus Valerius Catullus，罗马纪元 667—700 年即公元前 87—前 54 年前后）。前二者的著作均已散佚，我们实际上只能推测他们的作品确乎如此，而关于卡图卢斯的诗歌作品，我们尚且能够做出评判。同样地，卡图卢斯在题材和形式方面也遵循亚历山大主义。在他的作品集里，我们可以找到卡利马库斯（Callimachus）诗歌作品的译文，这些被翻译的诗篇并非最佳的，却是最难的。在卡图卢斯创作的诗歌作品中，我们也可以找到精雕细琢的流行诗，例如歌颂弗里吉亚圣母的近乎矫情的双抑双扬诗（Galliambics，由两个抑扬格音步组成的诗句），甚至在其他方面堪称完美的忒提斯（Thetis）成婚诗，也因为按照地道的亚历山大风格，在诗的主体部分插入阿里亚德涅（Ariadne）的怨诉，艺术性大打折扣。

除了上述对希腊诗歌模仿学习的新诗，卡图卢斯的作品中还有哀怨沉郁的挽歌、完全立足于个人和戏剧技巧的宴会诗，更重要的是对上流社会进行的形象生动的描绘，赏心悦目、毫不保留的爱情传奇（吸引人的多半是其中关于爱情之神秘讨论和歌颂），年轻人身无分文却纵情畅饮的欢快生活，旅行和诗歌带来的欢娱，罗马的、尤其是维罗纳（Veronese）城中的奇闻轶事以及朋友圈子里的滑稽戏谑。可是他不仅像诗人轻抚里拉琴弦①，而且弯弓射箭，对令人生厌的诗人和破坏语言规则的乡下人乱矢相向、冷嘲热讽，不过最频繁受到严厉抨击的是威胁人民自由的强权者。卡图卢斯的诗篇幅短小、节奏轻快，且频繁使用叠句以加强语势，毫无疑问是尽善尽美的艺术品，同时没有长篇累牍带来的令人反感的圆滑和雕琢。这些诗交替着引领我们进入尼罗河流域和波河流域，不过诗人对后一处更加偏好。

卡图卢斯的诗虽然立足于亚历山大艺术，但同时也植根于公民尤其是城乡公民的自觉，维罗纳与罗马的对立，以及自治市与时常虐待其出身卑微的同仁的元老院贵族的对立，因为在卡图卢斯的家乡，在繁荣且相对富有活力的阿尔卑斯高卢，人们大概对这种对立感受最为深刻。

卡图卢斯最优美的诗歌，描绘了加尔达湖（Lago di Garda）的美景，他那情深意切的悼亡兄诗，妙笔生花、真挚素朴的祝贺曼利乌斯（Manlius）和奥伦库雷娅（Aurunculeia）新婚的婚庆诗，在当时的首都可谓一览众山小，无人能及。

卡图卢斯虽尊崇亚历山大城的诗人为老师，并且处于当时

①里拉琴（Lyre），古希腊时期的一种弦乐器，琴身为U字形。——译者注

新诗和社区诗之间，但是在诸多资质平庸、不学无术的学生中，他算是个出色的学生，而且卡图卢斯青出于蓝而胜于蓝，超过了自己的老师，正如意大利自由公社的公民胜过希腊的世界主义文人。当然，我们或许在他身上找不到卓越的创造力和崇高的诗意，卡图卢斯是一位富于天资的高雅诗人，却不是一位伟大的诗人，他的诗歌，像他自己所说的，不过是“戏谑和痴语”罢了。然而我们认识到卡图卢斯无心创作的诗歌，不仅给同时代的人带来巨大震撼，而且奥古斯都时代的文艺批评家也把他和卢克莱修同称为本时期最重要的诗人，所以卡图卢斯同代人和后人对他的评价实属不谬。卡图卢斯将艺术内容和艺术形式高度完美地结合起来，拉丁民族诗人中再无第二人，从这种意义上来说，卡图卢斯的诗集无疑是拉丁诗歌呈现的最完善的作品。

散文小说中的诗歌

最后，这一时期散文诗开始形成。此前纯粹、素朴的自觉艺术，遵循一个一成不变的法则，即诗歌的题材和韵律的设置应该相辅相成，可是现在这个法则不复存在了，艺术的种类繁多，形式各异，且相互交织、界限模糊，这是本时期一个十分重要的特征。当然，关于浪漫小说，本时期值得一提的，只有最负盛名的史学家西塞纳（Sisenna），他煞有介事地将阿里斯蒂德斯（Aristides）风靡一时的米利都（Milesian）故事集——愚不可及的流行淫秽小说——译为拉丁文。

瓦罗的美文

在诗歌和散文之间界限模糊的地带，产生了一个十分新奇、令人欢欣鼓舞的现象——瓦罗的美文。瓦罗是拉丁语言学以及历史研究最重要的代表人物，也是一位著作颇丰、饶有趣味的美文作家。

雷亚特的马尔库斯·特伦提乌斯·瓦罗（Marcus Terentius Varro，罗马纪元638—727年即公元前116—前27年）出身于一个平民氏族，该氏族原先定居萨宾，但近二百年来属于罗马元老院，受过严格的古训古礼教育①，在本时期之初已经长大成人。瓦罗在政治上理所当然属于宪政派，而且竭诚尽力，与宪政派同患难、共进退。他支持宪政派，一方面通过文学，例如创作小册子抨击第一次的联合政府，称之为“三头怪物”；另一方面通过更为严酷的战争，我们发现他曾在庞培麾下担任远西班牙的将军。共和大势已去的时候，瓦罗被征服者选任为首都即将建立的图书馆的馆长。随后乱象繁生，瓦罗再次被卷入漩涡，直到恺撒离世十七年之后，历经沧桑、劳碌一生的瓦罗才等来死神轻叩门扉，时年八十九岁高龄。

①瓦罗曾在某处如是说：“童年时期，一件单薄粗糙的袄和一件单衬衣，有鞋无袜子，有马无鞍，已然满足；没有条件每天洗热水澡，也很少在河里洗澡。”在抗击海盗的战役中，他率领一支舰队，由于他英勇奋进，被授予海军桂冠。

瓦罗的创作模式

瓦罗之所以名声大噪，凭借的是他的美文，这些美文是小品文，有些是简单的散文，内容相对庄重，还有些诙谐的描写，在散文的基础上，穿插入各种诗体。前者被称为“哲学—历史论述”（logistorici），后者被称为“梅尼普斯式讽刺文”。二者都不遵循拉丁文学模式，尤其是瓦罗的“萨图拉”，完全脱离了卢奇利乌斯的范式。其实总体看来，罗马的“萨图拉”并不是一种确定的艺术，而仅仅是消极地表示“这种五花八门的诗”不属于任何一种公认的艺术形式，所以对每一位才华横溢的诗人而言，“萨图拉”诗歌具有迥然不同的特殊性质。

我们倒不如这样说，瓦罗庄重的论述和清丽的美文，都遵循亚历山大以前的希腊哲学。庄重的论述仿效黑海之上的赫拉克利亚（Heraclea）的赫拉克利特（Heraclides，去世于罗马纪元450年即公元前304年前后）所作的对话集，讽刺文则效法叙利亚加达拉（Gadara）的梅尼普斯（Menippus，活跃于罗马纪元475年即公元前279年前后）。这种选择意味深长。赫拉克利特作为一位作家，受到柏拉图哲学对话的鼓舞，醉心于其丰富多彩的形式，却完全无视其科学的内容，且本末倒置，将寓言诗的形式当作重中之重，所以他是一位备受推崇、读者广泛的作家，但绝不是一位哲学家。同样地，梅尼普斯也不是哲学家，而是一个哲学派系最真诚的文学代表，该派哲学的智慧，在于否认哲学，嘲讽哲学家，这也是第欧根尼犬儒学派的智慧。梅尼普斯是庄严智慧的滑稽导师，他用实例和玩笑证明，除了正直的生活，天上地下的一切都是无用的，而且最无用的莫过于所谓圣人的辩争。这正是瓦罗的创作模式，他的身上饱含着旧时罗马人对世风日下的时代的愤慨，充满了昔日罗马人的诙谐，也绝不缺乏可塑造才能，可是一见到任何不类似的显而易见的事实，而是观念甚至体系的东西，便彻底茫然失措，在缺乏哲学意识的罗马人中，他或许是最缺乏哲学意识的①。不过瓦罗并不是一个奴颜婢膝的学生，他由赫拉克利特和梅尼普斯处获取创作的动力，同时取得创作的形式，不过他本性独特，具有显著的罗马特色。所以他的模仿创作，大体上依然不失其独立性和民族性。

瓦罗的哲学—历史散文

瓦罗的庄重论述文，议论道德格言，抑或是其他有普遍兴趣的主题。在讲述故事的时候，他不屑于像赫拉克利特那样援引米利都小说，也不屑于向读者讲述例如阿巴里斯（Abaris）和死亡七日后复活的少女等幼稚的小故事。他只是间或采用更为崇高的希腊神话的形式，例如“俄瑞斯忒斯论疯狂”一文。历史，尤其是瓦罗祖国的现代史，通常为他论述的主题提供更加合适的框架，所以这些小品文同时也被称为颂词（laudationes），就是对罗马贵族尤其是对宪政派科里菲氏（Coryphaei）的歌颂。所以“论和平”一文，同时也纪念处于

①世界上没有比瓦罗的“哲学要览”更幼稚可笑的，他首先简略地声明，一切不以造福人类为终极目标的哲学都是不存在的，而后基于这一假设，统计哲学共计二百八十种。瓦罗才华出众，不肯承认自己不能也不愿意成为哲学家，所以作为一位哲学家，他终生在斯多葛派、毕达哥拉斯派和第欧根尼派之间周旋动荡。

元老院长胜将军光荣行列里最末位的梅特路斯·西庇阿；“论神灵信奉”一文，同时有意怀缅备受尊崇的贵族和大祭司盖乌斯·库里奥（Gaius Curio）；“论命运”一文涉及到马略；“论历史创作”一文，与当时有第一史家之称的西塞纳相关联；“论罗马剧场的起源”一文，与导演戏剧无数、有王者风度的斯考鲁斯相联系；“论数字”一文，则涉及到高雅的罗马银行家阿提库斯（Atticus）。西塞罗创作的“莱利乌斯友谊论”和“加图老年论”两篇文章，都以瓦罗的哲学—历史论述为范本，我们大概可以由此稍微知晓瓦罗处理这些主题时，所采用的半说教、半叙事形式。

瓦罗的梅尼普斯式讽刺

同样地，瓦罗也将新奇的内容和形式运用于梅尼普斯式的讽刺文，他大胆地把散文和诗歌结合起来，这是希腊原始作品所不具备的特点，而且瓦罗的作品完全浸染着罗马人的特质，或者可以说浸染着萨宾的乡土气息。瓦罗的讽刺文和上述论文相似，也论述了一些道德或者大众喜闻乐见的主题，以下标题可以作为例证：“赫拉克利斯柱与论荣誉”、“壶与盖，论丈夫的义务”、“酒壶的容量与论酒席”、“天花乱坠与论赞颂”。创作风格塑造的外在形式同样不可或缺，不过自然而然很少像“塞拉努斯与论选举”一样，从他本国历史中选取素材。反之，第欧根尼的犬儒世界在其中理所当然占据很大的比重，在瓦罗的作品中，犬儒学者、犬儒修辞家、骑士与狗、狗与饮水者、狗问答等意象此起彼伏。

此外，神话也成为诙谐幽默的工具，我们可以看到“解放了的普罗米修斯”、“草做的阿伊亚”、“苏格拉底派的赫拉克勒斯”和“一个半奥德修斯”，其中的奥德修斯在漫游中耗费的时间不是十年，而是十五年。在几篇残缺不全的文章里，例如“解放了的普罗米修斯”、“六旬老者”、“早起的人”，戏剧和传奇的框架轮廓依然可见。瓦罗似乎通常将故事当作自己的经验来讲述，例如在“早起的人”中，故事中的人物登门拜访瓦罗，与他交谈，“因为他们知道瓦罗是一位作家”。至于上文提到的创作风格塑造的外在形式，其诗歌价值不容我们作任何确切的评判，在断章残简中仍有些许充满智慧和灵动的令人为之倾倒的表述，例如在“解放了的普罗米修斯”里，主人公解脱枷锁之后，开了一个造人场，在造人场，富人金履（Chrysosandalos）用牛乳和米利都蜂采集百花酿成的上等花蜡，为自己制作了一个少女，这少女无骨无筋，无皮无发，纯洁而细腻，身材苗条，冰肌玉体，温柔而魅惑。

这种诗歌的生命在于论辩——不是卢奇利乌斯和卡图卢斯所进行的那种政治党争，而是一般性的道德上的斗争，例如庄重严肃的老者对恣意妄为的年轻人，寄居古典的学者对放荡鄙陋或者总是倾向于堕落的新诗[1]，循规蹈矩的旧式好好公民对新罗马的斗争。用瓦罗的话来说，新罗马如同猪圈，如果努马（Numa）回过头来看这座城市，再也无法寻觅到他昔日制定的、饱蘸智慧的法律遗轨。在宪政的斗争中，瓦罗履行了他认为公民所应尽的义务，不过他无心于党争——他曾经如是抱怨：“你们为何要把我从清净的生活中召唤出来，拖入你们元老院的污浊中去呢?”瓦罗属于话锋急切、言辞激烈的美好的旧日时光，不过他的心智是健全的。

纯粹罗马精神的宿敌是希腊哲学家，瓦罗对希腊哲学家的论战只是对新时代精神的传统反抗的一个方面，但是犬儒哲学的本质以及瓦罗的性情，导致梅尼普斯针锋相对地鞭挞哲学家，引起哲学家们的无尽恐慌——当他们把新出的论集寄送给这位“苛刻的人”的时候，不免心有余悸。哲学论述当然不是艺术。若要主人训练奴隶成为面包师，或许需要花费十分气力，而训练他自己成为哲学家，可能只需一分气力，当然，如果面包师和哲学家一同被带至拍卖场，糕饼技工的卖价必然百

---

①瓦罗曾经如是写道：“你是否愿意，比如去掉克洛狄乌斯的辞藻和诗句，放声疾呼命运啊命运!”在另一处，他又如是说道：“昆图斯的家奴克洛狄乌斯胸无点墨，却创作了如此多的喜剧作品，我不应该借用恩尼乌斯的话，‘制造’一本小书吗?”在其他地方，名不见经传的克洛狄乌斯必然是一位拙劣的特伦提乌斯的模仿者，因为那些带有讽刺意味的“命运啊命运”，见之于特伦提乌斯的喜剧。

下面是瓦罗“对驴吹笛”里一位诗人的自白：

“人们说我是帕库维的弟子，帕库维是恩尼的学生，恩尼是缪斯的门徒，我自称为庞庇利。”

这种很可能是模仿卢克莱修的序言，因为瓦罗既然与伊壁鸠鲁公开为敌，便不可能对卢克莱修有好感，便不可能援引他的话。

倍于圣人。这些哲学家何其怪哉！一位哲学家命人在自己死后将自己的尸体葬于蜂蜜之中——幸好人们未按其遗命行事，否则哪还有剩下的蜜酒？另一位哲学家认为人像水芹一样，是从地里生长出来的。还有一位哲学家声称发明了一个世界钻机（Kosmotorounei），未来终有一天世界会被这个钻机摧毁。

实际上，患病者所梦呓的荒唐，哲学家都曾述讲。

看起来十分可笑，一个长胡子——指的是一位讲词源学的斯多葛派人物——在称量金子的天平上小心翼翼地称每一个词，不过什么也比不上真正的哲学家的论战——斯多葛派的拳赛远远胜过任何力士的角斗。在讽刺文“马尔克城，论政权”中，马尔库斯按照自己的设想打造一座云中布谷之家，就像阿提卡在喜剧中让农民受益颇多，哲学家却备受磨难，斯多葛派成员安提帕特的儿子塞勒尔（Celer）用一端证（di´-enos-leimmatos-logos），以鹤嘴锄击碎敌人的头颅，显然是对哲学的两端论法（Dilemma）而言的。

瓦罗既有这种道德上的辩论倾向，又有尖刻而生动地将这种倾向表现出来的论述才能，这种论述才能，正如瓦罗在其八十高龄时创作的“论农业书”的对话形式中所表现的，到他极其苍老之际仍未丧失。而且瓦罗十分侥幸，同时对本国的风俗和语言知识了然于胸，这以随感的形式见之于他老年的语言学著作，不过在这些讽刺文中，其丰富性和新颖性表现得直截了当。瓦罗淋漓尽致地诠释了何为乡土学者，通过多年亲身观察研究，瓦罗知晓罗马民族昔日的异质和与世隔绝，也了解它近代的变迁和瓦解，并且渊博地考证历史和文学文献，补充和深化自己对民族风俗和民族语言的直接认知。若他在我们所谓的理解力和学问上有任何欠缺之处，瓦罗的真知灼见、满腹诗书也足以补其缺漏。他既不拘泥典籍，也不寻求生僻的古词或者充满诗意的字眼[①]，可瓦罗是一位传统的老者，也几乎可以算是个乡下人，他钟爱于自己熟悉的民族古典文学，所以怎能不在他的著作中细述自己心之所向、了然于胸的先祖风俗？他的表述不可避免地充斥着格言式的希腊成语和拉丁成语，以及昔日萨宾口语中的妙语及恩尼乌斯、卢奇利乌斯尤其是普劳图斯的记忆。

我们不应该凭借瓦罗老年论述语言学、发表时或许尚未完成的作品，进而评判其早期美文的创作风格，在这些作品中，从句理所当然地以关系句为主线，如同一条线上的诸多夜鸫。如上文所述，瓦罗不无原则地排斥力求严谨的创作风格和阿提卡式的整齐划一，而且他的美文虽然没有落俗到粗鄙和浮夸，但欠缺古雅之风，甚至有些不修边幅，句子组织不合常规，衔接十分生硬。与之相反，文中穿插的诗句不仅表明作者能够创作各种形式的节奏韵律，其工巧不亚于任何时下的诗人，而且

①瓦罗曾经如是表述，他不是很喜欢古词，但是经常使用古词，他很喜欢诗意的词汇，不过几乎不用诗意的词汇。

有权身居“用诗歌和神圣的诗歌艺术排遣心中忧愁”① 的行列。瓦罗的小品文，和卢克莱修的说教诗一样，没有形成独立的派别，除了一以贯之的原因之外，还因为这些作品带有纯粹个人的特点，这种特点与作者本人的高龄、田园气息，尤其是博学多知不可分离。

---

①以下是“马尔库斯家奴”中摘录的描写：

“忽然之间，大概时已半夜，
远处天空纹织闪烁的火焰，
我们看见空中群星载歌载舞，
天宫金阙笼罩着一层薄纱，飘渺的云彩携来清爽的雨露，
大雨瓢泼倾洒于凡人之身，
狂风挣脱冰雪封冻的北极，
呼啸着向大熊星狂暴吹袭，
将屋瓦树枝和尘土一同刮起。
但我们的行船已漏，
如同群鹤的翅膀在双股叉的点火上烧焦，
我们摔将出来，一头栽倒在地，黯然神伤。”

在“人类之城”中有如下几句：

“金玉满堂不能使你敞开胸膛，
对于凡人而言，波斯的金山亦不足以消遣
心灵的忧愁和恐惧，
甚至富人克拉苏的客所亦是如此。”

但是瓦罗也善于表达轻快的情调。在“酒壶有其容量”中可见如下雅致的酒赞词：

“酒仍是老少咸宜的饮品，
它是使病人复原的妙药，
它是滋生欢乐的好田地，
它是团结朋友的黏合剂。”

在“世界钻机”里，还家的游子如此结束与船夫的对话：

“让缰辔被轻风拂去，
直到狂风护送，
送我们回温馨的家。”

在瓦罗的作品中，梅尼普斯式的讽刺文的数量和地位似乎远远超过庄重的文章，当时以及后世喜好独创风格、具有民族精神的人士，无不为其优美别致和幽默诙谐所倾倒，虽然如今我们已然无法赏阅这些文章，但依旧可以或多或少从尚存的断句残篇中知晓作者“欢笑和戏谑都不无分寸”。作为旧公民时代高尚精神最后的余息，作为罗马民族拉丁诗歌最晚期的萌芽，瓦罗的讽刺文值得诗人写在自己的遗嘱诗中，把这些梅尼普斯式的作品介绍给每一个关心罗马和拉丁姆繁荣的人。因此，无论是在意大利人民文学，还是在他们的历史中，这些讽刺文章都地位尊显①。

---

①瓦罗的小品文在历史上，甚至在诗歌史上都具有非同一般的意义，但是因为时至今日相关记载残缺不全，知情者甚少，难以解读，所以我们可以在这里提供其中几篇的纲要，为了便于阅读，同时增加一些不可或缺的修改。

讽刺文“先驱者”（Manius）中，叙述乡间治家的方法：太阳一出，曼尼乌斯就叫人起来，亲自带领手下前往工作地点。少年劳动后铺整自认为柔软的床榻，并自备水壶和灯盏。他们饮清冽的泉水，食面包，吃葱头。屋宅和天地一派兴旺景象。屋宅不是美术的建筑物，不过有一位建筑家也观摩学习其协调规整。人们照料土地，使其不至于荒芜，或因疏忽而致毁坏。谷神大悦，不使灾害侵袭，禾束高高堆起，农人喜上眉梢。这里仍然不忘款待宾客，每个生而为人者都受到欢迎。面包房、酒桶、梁上的香肠库和房间钥匙都供旅客使用，美味佳肴任由享用，客人馨享美食，心满意足，无需瞻前顾后，在厨房炉灶边打盹。温暖的双毛羊皮铺就卧榻。在这里，人们以良好公民的规约要求自己，服从正当合理的法律，既不心生妒怨、伤及无辜，也不徇私饶恕有罪之人。在这里，人们不中伤毁谤邻人。在这里，人们不会将腿伸到神圣的炉灶边，他们虔诚献祭、致敬神灵，将小块肉投到家中供奉神灵的固定的小碟子里。一家之主亡故时，他们以其父亲和祖父出殡时所用的祈祷伴送他的灵车。

(接上页)

在另一篇讽刺文中，讲述了一位“老人之师”：这沉沦的时代需要他，较之对少年之师更为迫切，他解释“从前罗马万事都纯粹而虔诚”，如今一切都变了。“我的眼睛出毛病了，还是我果真看到奴隶揭竿而起反对他们的主人呢？以前不主动应征入伍的人都要被卖到外国去当奴隶，如今监察官任由懦夫和其他人逍遥法外，却被贵族称为伟大的公民，而且因为他不会叨扰国人、沽名钓誉，竟然博得赞美。从前罗马的农人每星期找人剃须一次，现在田间的奴隶剃须，还嫌不够考究。从前，田庄的谷仓可以容纳十次丰收的产量，宽敞的地窖里放着酒桶和配套的榨酒机器，现在主人在这些地方养起了几群孔雀，并命人用非洲柏木装点他的门面。从前主妇需用手转动纺锤，同时照料火炉上的锅，以免烧煳饭菜，现在已然另一幅景象。”另一篇讽刺文中如此表述：“女儿请求父亲给她一磅重的宝石，妻子请求丈夫给她一斛珍珠。从前丈夫在新婚之夜总是表现腼腆，如今为人妻者委身于捷足先登的车夫。从前儿女的幸福是母亲最大的慰藉，现在若丈夫想要小孩，妻子便回道：‘你不知道恩尼的话吗——我宁愿在战场上三度拼命，也不愿被生下一次。’从前如果丈夫让妻子每年一两次乘坐没有垫子的车子旅行，她也十分满意，现在，丈夫可以说下去，如果丈夫去到乡间的田庄而不带着妻子，妻子必然噘起嘴来，旅行的太太们常常带着一群时髦的希腊奴仆和音乐队去别墅。”在一篇比较严肃的文章“加图与论儿童训练”里，瓦罗不仅按照古代风俗、为了孩童的安康应该供奉的神灵，来指教那些为此前来问道之人，而且论及波斯人较为明智的育儿方式和自己年少时期遭受的苦难，他告诫大家不可饱腹耽眠，不可食用甜味面包和名品佳肴——这位老者认为当时喂养小狗的方式比喂养小孩的方法更为明智——也不可在抱病之时照旧请巫师作法和祈祷而不延医诊治。他奉劝人们务必让女孩学会刺绣，目的是让她们今后能够正确分辨绣制品和纺织品。他劝人不要过早脱下儿童的服装，不可带着孩子去观看角斗戏，避免他们的心肠过早变得坚硬和残忍。在“六旬老者”中，瓦罗扮演一个名为埃庇米尼德斯（Epimenides）的罗马人，他十岁时入眠，五十年后才苏醒过来。他发现自己的头已经从剃光的童子头变成老人的秃头，嘴角长上了杂乱的硬毛，如同一只刺猬，心中惶惑，但他见到罗马的变化之后，更是大吃一惊。

西塞纳的历史创作

批判地进行历史创作，如古典时期的阿提卡作家之书写本民族历史，以及后来波利比乌斯之书写世界史，罗马人却从未真正做到。甚至在最适宜进行批判历史写作的场合——叙述当代和最近历史事件的时候——总体看来，罗马作家也只有或多或少的尝试。特别是从苏拉到恺撒的这一段历史时期，他们在这个领域的成就，甚至比不上前代的安蒂帕特和阿塞利乌斯著作表现出来的不甚重要的贡献。本时期唯一的批判历史著作，是卢奇乌斯·科涅利乌斯·西塞纳（Lucius Cornelius Sisenna，罗马纪元676年即公元前78年副执政）的《同盟战争和内战史》。读过这部书的人都声明此书既形象生动又流畅易懂，远胜于此前枯燥无味的编年史，不过此书的风格有失纯正，甚至落俗到幼稚，而且从所剩无几的断简残章看来，我们能见到的

（接上页）卢克里的牡蛎从前是婚庆宴席上的菜肴，现在出现在寻常百姓的饭桌上，破产的老饕们不声不响地准备放火的火把。从前父亲对儿子具有绝对的权威，现在本末倒置，儿子毒死自己的父亲。大会场成为交易场所，刑事审判成为陪审员牟取暴利的手段。除了“无所受就无所授”这个定则之外，人们不再服从任何形式的法律。所有美德都不见了踪影，取而代之的是亵渎神灵、背信弃义和纲常丧乱。“唉，你太惨了，马尔库斯，如此坠入睡眠又这般苏醒过来！”这篇文章所描写的似乎是卡塔利纳时代，应该成文于此后不久（罗马纪元697年即公元前57年前后），结尾近乎牢骚的口吻隐含着这样一段实情：“因为马尔库斯不合时宜地谩骂、沉迷于过往不能自拔，他被当作无用的老人拉到桥上，投在台伯河里。”这种戏谑的笔触写出了一种罗马原始的规范。毋庸置疑，这种人在罗马不再有容身之所。

无非是对恐怖事物卑劣而琐碎的描写[1]，以及些许新造的或取自于俗语的词汇。再者，西塞纳的模范，或者说他唯一熟悉的希腊历史学家，就是《亚历山大大帝传》的作者克里塔库斯（Clitarchus），这本传记徘徊于史书和小说之间，仿照署名为库尔提乌斯（Curtius）的野史，如是，我们便可以毫不犹豫地承认，西塞纳的历史著作并非纯粹历史批评和史学艺术的产物，而是罗马人在希腊人热衷的、将历史和野史混合的初次尝试，这种混合作品本来意图利用虚构的详细情节，使历史事实演绎得更加生动形象，但是结果反而使其意味索然，真相佚失。所以西塞纳翻译希腊的时新小说，也不足为怪。

罗马城编年史

当然，对于一般的罗马城史，甚至世界史而言，凄婉景象远甚于此。考古研究日益活跃，人们期望可以通过利用文献和其他可靠的史料，纠正时下流行的表述，不过这种希冀并未成为现实。随着研究的深入发展，人们越来越明显地察觉到创作一部批判的罗马史书意义深远。研究和表述的困难已经很大，不过最大的阻碍并非来自学术层面。传统的罗马早期历史，为人传述和相信已有三百余年之久，与罗马民族的日常生活深刻交织，在任何深入而忠实的研究中，早期历史的详细情节须多处更改，与法兰克人关于法拉蒙王（Pharamund）以及不列颠

①在一篇演讲词中有这样的表述："破晓时分，你在高高耸立的河岸边，拉去手脚颤抖的无辜者（你令他们被宰杀）。"这里的若干表达可以轻易插入一本通俗小说里。

人关于亚瑟王（Arthur）的古史一样，整个叙述体系都需要推倒重来。守旧主义的研究者，例如瓦罗，绝不会有意愿着手这种工作，如果一位自由思想家着手此事，所有良好公民必然会一同声讨这些极其败坏、甚至企图夺走宪政派的过去的革命党。所以语言学家和考古学家的研究妨碍了历史创作的进展，而非指导历史创作。瓦罗和开明之士显然认为编年史无可救药，弃之不顾，或者至多像蒂乌斯·庞波尼乌斯·阿提库斯（Titus Pomponius Atticus）那样，将官方和氏族的人名录列成简单的表格形式——这使希腊—罗马的比较年代学最终确立，并流传后世。

不过罗马城历史的创作理所当然从未停止，诗歌和散文不断融入那些无聊人给无聊人写的大部头里，同时著书立说者已有一部分是获释奴隶，他们完全不关心所谓的研究。这些作品如今均已散佚，根据我们所了解到的，这些作品不仅毫无价值可言，而且大多数甚至充满了偏狭和虚伪。当然，昆图斯·克劳狄乌斯·夸德里伽利乌斯（Quintus Claudius Quadrigarius，罗马纪元676年即公元前78年前后）的编年史依然仿照旧式传统，不过创作风格优良，至少在神话时代的叙述上，力求简洁，实属可嘉。盖乌斯·李锡尼·马克尔（Gaius Licinius Macer，前副执政，逝世于罗马纪元688即公元前66年）是诗人卡尔乌斯的父亲，也是一位热心的平民党人，与其他史家不同，马克尔自称致力于文献的研究和批评，可是他的《床布书》（*libri lintei*）及其独特的其他作品令人十分困惑，而且为了平民党的利益篡改了所有的编年史——篡改的规模很大，一部分流传到后世的史家——这些都可以追溯到马克尔。

瓦勒里乌斯·安提亚斯

最后，瓦勒里乌斯·安提亚斯（Valerius Antias）创作的烦冗以及天真的叙述超越了前人。伪造数字大行其道，甚至连当代史都不能幸免。罗马上古历史本就意趣索然，重编之后依旧索然无味，例如圣君努马尊奉仙人伊吉里亚的指示，用酒抓住福努斯（Faunus）和庇库斯（Picus）二神的叙述，以及此后努马和朱庇特神进行的美妙交谈，作者们十分迫切地向所谓罗马传说历史的信奉者推介，希望他们相信，或者至少大体上相信这些事件的存在。如果本时期的希腊小说家让这种仿佛为他们量身定制的素材逃出手心，那就不免怪哉了。实际上，当时也不乏把罗马历史写成野史的希腊文人，例如上文提到的侨居罗马的希腊文人亚历山大·波利希斯特所创作的五卷本《论罗马》，该书把陈腐的历史传说与倾向于色情的琐碎的杜撰杂糅在一起，令人心生反感。根据我们的推断，波利希斯特或许是一事的始作俑者，即从特洛伊灭亡到罗马兴起的这段时间，按照二者的野史推算应该有五百年，时间上才可能联系起来，所以波利希斯特用一种埃及和希腊史家习以为常的无所作为的君主名录补其缺漏，因为综合看来，是波利希斯特塑造了阿文提努斯王（Aventinus）、第伯里努斯（Tiberinus）以及阿尔巴的西尔维氏（Silvii），所以后世若有其事地分别给他们附上姓名、在位年代，而且为了更加明确，给他们附上一幅画像。

如此一来，希腊的历史小说全方位融入罗马的历史创作中，我们如今习以为常称之为罗马上古时期遗闻的，可能很多取自与高卢的阿马迪斯（Amadis）和福克（Fouque）的侠士小说相似的史料——对于那些通晓历史的诙谐幽默，并且能够领会公元十九世纪某些人对努马王依旧心怀虔诚和崇敬的滑稽，这是个启发心智的思想。

涅波斯与世界史

在这一时期内，罗马文学里出现了与本民族编年史并立的世界史，或者更准确地说，罗马史和希腊史的结合。提西努姆的科尔涅利乌斯·涅波斯（Cornelius Nepos，罗马纪元约650—约725年即公元前104—前29年）首先编纂了一部世界编年史（发表于罗马纪元700年即公元前54年以前）以及一部普通传记集，把罗马和希腊政界和文学界的名人、对两国历史产生巨大影响的人物，按照一定的分类整理排列。这些作品与长期以来的希腊世界史同宗同源。希腊的世界史，例如加拉廷王德奥塔鲁斯的女婿卡斯托（Kastor）的著作，本来以罗马纪元698年即公元前56年为时间终结点，现在又开始将此前忽略的罗马史收录在内。与波利比乌斯的著作一样，罗马的这些世界史著作也企图以地中海世界史代替相对地方性的历史，然而在波利比乌斯作品中某些来源于明达晓畅的概念、深邃历史洞见的内容，在这些编年史中却成为学校教育和自我教育必不可少的产物。这种世界史、学校教育的课本或提供参考的手册，以及一切与之相关、以后在拉丁语言里亦十分丰富的书籍作品，都不能归于具有艺术性的史学之列，尤其是涅波斯本人，他只是一个既没有独特的思想精神，又不具备系统协调布局的编辑家。

本时期的史学成绩斐然，且独具一格，但是和那个时代一样，远不足以令人心生快感。希腊和罗马文学错综复杂地交织在历史领域的最为显著者，正是在这个领域内，两种文字在内容和形式上首先合二为一。从前，希腊—罗马历史统一的概念曾经使波利比乌斯超越了自己所处的时代，如今这种统一概念，希腊和罗马的童子在学堂中就已习得。不过这个地中海国家在自觉存在以前，就已经有史家存在了，如今这种感觉已经落地生根，遗憾的是希腊和罗马却没有能够将其正确表现出来的人。西塞罗如是说："罗马不具备历史著作之法。"根据我们掌握的信息来看，此言非虚。做研究的无心于历史创作，进行历史创作的人无心于研究，故而史书只能徘徊于课本和野史之间。一切纯粹的艺术——史诗、戏剧、抒情诗、历史——在这虚无的世界里终属虚无，但在其他艺术形式中，西塞罗时代的智力衰落，远远不及在史学上表现得这般明晰和可怕。

恺撒的军事报告——历史附属文献

另一方面，本时期的小史书籍，除了诸多微不足道、已被世人淡忘的作品之外，出类拔萃的一流著作，当属恺撒的备忘录，或者说是这位民主将领给向其授命的人民提交的一份军事报告。该报告已经完成的部分由作者自行发表，叙述从凯尔特战役到罗马纪元 702 年即公元前 52 年为止的这一段历史，其目的显然是向大众极力辩护恺撒形式上不合法纪的行为，即没有当局授命，就攻陷一个大国，并为此不断扩充自己的军队。该报告写成并发表于罗马纪元 703 年即公元前 51 年，当时罗马反对恺撒的声音风起云涌，恺撒被要求解散军队，听候查办[①]。这份申辩书的作者如是表述，自己完全以军官的身份进行书写，并小心谨慎避免将军事报告扩展到政治组织和管理的危险领域。恺撒以军事报告体裁偶然创作的党派文章，和拿破仑的战报一样，本身就是历史作品，但是严格意义上来说，却不是、也不应该是历史作品，因为这篇叙述的客观形式不是历史的，而是公文形式。不过在这种质朴的文章中，这是一篇尽善尽美的杰作，非罗马文学的其他作品所能及。其叙述简洁而无遗漏，素朴而不随意，透彻生动而不矫揉造作。语言全无古词和俗语，是新式优雅文气的典范。在这部叙述内战的书中，我们似乎可以觉察到作者曾试图避免战争却不能如愿以偿，或许也能感觉到在恺撒的心灵深处，和其他人一样，怀着希望的时候洋溢着清新和纯洁，实现的时候却不复如是。不过这部叙

①人们对这部《高卢战记》是全书一次发表的猜测由来已久，事实证明，第一卷就已经有波伊部与埃杜伊部平等的表述，但在第七卷里，波伊部仍然以埃杜伊部纳贡附属国的资格出现，显然只是由于在对韦辛格托里克斯的战争中的表现，波伊部才开始获得与旧日宗主国平等的地位。另一方面，任何细心研究本时期历史的人，都能在米洛之乱的叙述中找到这篇文章确乎发表于内战爆发以前的证据，并不是因为其中有赞美庞培的表述，而是因为恺撒赞成了罗马纪元702年即公元前52年的特殊法律。彼时恺撒力求与庞培达成和平协议，此举他是有能力的而且还不得不为之，但在协议破裂之后则不然，一些以对他有害的法律为基础的判决被他悉数推翻。所以这部作品的发表时间被推算在罗马纪元703年即公元前51年，不是没有原因的。这部著作对每一场战争行为都加以辩解，并不时加上——最明显的或许是征讨阿奎塔尼亚部——牵强附会的辩解，所谓在当时的情况下，这场战争是不可避免的自卫行为，由此我们可以洞见这部书的用意。恺撒的仇敌尤其指责他无故攻击凯尔特人和日耳曼人，此事人尽皆知。

述高卢战史的作品洋溢着光明、安宁和简单的美妙，这在文学上独一无二，正如恺撒在历史上独一无二。

书信集

与上述相似的，还有本时期政治家和文人们的书信集，到了一个时期以后才有人把它们搜集起来，予以发表，恺撒本人和西塞罗、卡尔乌斯等人的书信集就在此列。这些书信集更不能算是严格意义上的文学作品，但却是史学和其他研究领域的宝贵文库。而且在这个时期，过去诸多可贵的劳绩、思想精神和聪明才智都耗费在琐事上，这些书信集就是本时期最真实的写照。

新闻报纸

罗马从未形成今日所谓的新闻文学，文学论战依然局限于小册子和当时普遍流行的习俗，即用铅笔或墨笔把要通知公众的告示写在公共场所。另一方面，身份高贵者不在首都时，通常差使手下记录每日的事件和首都的新闻。为了能够即时宣布元老院会议录的梗概，恺撒早在第一次担任执政官的时候就采取了相应的措施。由罗马穷酸文人的私人记载和官方的时事报告，兴起了一种首都新闻报纸（acta diurna），这种新闻报纸记载公众面前和元老院里讨论的事项纲要，以及出生、死亡及诸如此类的事宜。这些也成为十分重要的史料，不过在政治和文学上依然无关紧要。

政治演说辞写作的衰落

演说辞的写作也应当属于历史文学的材料补充。无论是否书写在纸张上，演说辞都带有临时性，不属于文学的范畴，但是与报告和书信一样，而且较之二者更加容易，由于发表的时间意义深刻以及演说人超强的感染力，可屹立于民族文学的永久宝藏之列。故而在罗马，在公民或陪审员面前发表的政治演讲记录，早已在公众生活中扮演重要角色，而且尤其是盖乌斯·格拉古的演说辞，应该归于罗马古典作品之列。不过在这一时期，所有的一切都发生了特殊的变化。政治演说辞的写作与政治演说本身一样，每况愈下，其道式微。和上古国家的情形一样，罗马的政治演说也以公民大会上的讨论为高潮，因为在这里，演说家不像在元老院里那般顾忌同僚和繁文缛节，束手束脚，也不受在法庭为控诉和辩护上与政治本身无关的利益所束缚，只有在公民大会上，面对以他的唇齿为转移的整个强大的罗马公社，胸中方能汹涌起澎湃的豪气。但现在这一切都过去了。演说家似乎不缺乏，面向公众发表的演说辞似乎也并不缺乏，恰恰相反，政治写作开始丰富起来，宴会中开始经常出现一种怨言，埋汰主人向宾客诵读最近的演说辞，令他们心生懊恼。

普布利乌斯·克洛狄乌斯命人将他对公众的演说制作成小册子发布，盖乌斯·格拉古也曾采用这样的办法。不过二人做了同样的事，结果却大不相同。这样一来，甚至连反对派的重要领袖，尤其是恺撒，也不经常向公民发表演讲，而且也不再公布他们的演说辞。实际上，他们一方面也在传统的大会上发表演说，但在演说辞（contiones）体裁之外，另寻一种临时的政治写作体裁，在这些写作体裁中，赞美和毁谤加图的文章尤其值得注意。这一点不难解释，盖乌斯·格拉古过去向公民发表演说，现在公民向平民发表演说，有什么样的听众，就会有什么样的演说辞。难怪声名显赫的争论作家，都避免用这种仿佛向聚集于罗马广场的群众致辞的文体。

西塞罗辩护文学的兴起

所以就其以往在政治和文学上的价值而言，演说辞的写作与一切发源于国民生活的文学分支都走向了衰落，与此同时，一种奇特的非政治的辩护文学却开始形成。

罗马人从来不知晓，律师的演说辞不仅是为法官和官司双方所作，而且具有以文字启发当代和后世的作用。律师不会把自己的辩护辞令写下来发表，除非这些辩护同时具备些许政治演说辞的性质，以便适于用作党派文章进行流传，但是这种情况并不常见。甚至这一时期初最著名的罗马律师昆图斯·赫滕希乌斯（Quintus Hortensius，罗马纪元 640—704 年即公元前 114—前 50 年），也仅公布了少许演说辞，而且他所公布的似乎都是政治性或半政治性的东西。

继昆图斯之后的罗马律师界领袖是马尔库斯·图利乌斯·西塞罗（Marcus Tullius Cicero，罗马纪元 648—711 年即公元前 106—前 43 年），此人从一开始就兼为作家和法庭演说家。他时常公布自己的辩护辞，甚至是与政治毫无关系或者仅存在些微关系的辩护辞。这不是进步，而是异常和倒退。在雅典，非政治的辩护辞成为一种新的问题，也是一种病态的征候，而在罗马更是如此，因为雅典过分讲究修辞学，似乎不可避免会产生这种畸形的东西，罗马则不然，罗马文学离经叛道，违背本民族的优良传统，任意从国外引进这种畸形产物。然而这种新的文学体裁迅速流行，一方面是因为它与之前的政治演说辞写作有诸多吻合和相似之处，另一方面是因为罗马作家毫无诗意、因循守旧，且喜用修辞，为新文体的发展提供了丰沃的土壤。即使在今日，律师的演说辞，甚至某种诉讼文学，依然在意大利占有一席之地。

西塞罗其人

如是，西塞罗之后，脱离政治的演说辞写作便开始进入罗马文学界。在上文，我们已经屡次提及这位多才多艺的人。西塞罗作为一个政治家，他目光短浅、心无主见且胸无大志，先后沦为平民党、贵族和君主的工具，自始至终都是个毫无远见的利己主义者。在他似乎有所作为之处，所涉及到的问题无不尚待解决，所以在维尔列斯（Verres）一案中，元老院的法庭已经撤销的时候，西塞罗才站出来发表反对意见；他在伽比尼乌斯法的讨论中默不作声，却为曼利尼斯法而奔走呼告；卡塔利纳已经决定离开罗马的时候，西塞罗才对此人大发雷霆，诸如此类的事一再发生。西塞罗勇猛抵抗糖衣炮弹的攻击，轰然打倒许多纸糊的墙，但无论是与非，没有任何一件大事是他解决的，尤其是卡塔利纳党羽被杀一事，是由于他的默许，绝非因为他的主使。

关于文学，我们已经有所提及，西塞罗是新拉丁散文的开山之人，他之所以举足轻重，是因为熟谙文体，只有作为文体学家，他才能胸有成竹，反之，西塞罗作为作家和政治家的身份都无足轻重。他曾经尝试过各种类型的创作，用长篇累牍的六步诗歌咏马略的丰功伟绩，赞美自己微不足道的成就，用言辞疾厉的演说在战场上击退德摩斯梯尼，以哲学对话败退柏拉图，只是因为时间不足，未能打败修昔底德。实际上，西塞罗自始至终都只是广泛涉猎，却又浅尝辄止，所以不管在任何一个领域，他带来的影响都微乎其微。西塞罗是一位极其糟糕的新闻记者，他曾坦言自己言辞过多，思想却不可思议地贫乏。在任何文学领域，他都能够借助少量书籍，翻译或编撰一篇可读的文章。

西塞罗遗留下来的书信最真切地反映出他的性格。人们常常称赞这些书信读来趣味横生、耐人寻味，真实反映了贵族的城市或别墅生活。不过在作者被迫自力更生的时候，比如在被放逐的途中，在西利西亚以及法萨卢之战以后，他的书信变得索然无味且虚无空泛。只有当一位通俗文艺栏的作家被驱逐出自己熟悉的圈子，他的心灵才会受到如此重创。西塞罗作为政治家和文学家，作为一个寻常之人，除了稍加浮饰的浅薄和冷酷无情，没有任何突出的表现，无需赘述。

我们还需要继续描述这位演说家吗？一位伟大的作家，同时也是一位伟大的人物，尤其是作为一位伟大的演说家，信念或激情从内心深处汹涌而出，有如一条澄澈奔腾的河流，非其他众多有名无实的演说家所能比肩。西塞罗既无信念亦无激情，他只是一位律师，还是一位并不高明的律师。他知晓如何通过奇闻轶事把案情叙述得深刻动人，知道即使听众不能领会其意也会激起情感上的共鸣，懂得如何用大部分对个人的戏谑和妙语连珠，排遣司法事务的枯燥。西塞罗相对优美的演说辞，虽然远不及同类的绝佳著作自然优雅和深中肯綮，例如包玛榭[①]备忘录（Memoirs of Beaumarchais），但却是晓畅易懂的读物。不过在严谨的批评家看来，上述的优点未必是难能可贵的优点，任何阅读西塞罗演说辞的读者，在关于宪政问题的演讲中绝不会有政治的认识，法庭演说绝无法学上的推断，将义务的利己主义抛之脑后，永远只关注律师本人，却对诉讼案不予理睬，其中思想枯燥贫乏，令人心生不悦。

西塞罗主义

如果说有任何惊异之处，其实并非西塞罗的演说辞，而是演说辞引发的赞赏。对于西塞罗其人，任何心无偏私的人都很快知根知底，不过西塞罗主义却委实令人费解，我们只能将其归结为人性的深邃奥秘，即语言及其给人心灵带来的震撼。备受推崇的拉丁语，作为民族语言即将凋亡之际，仿佛再次被这位炉火纯青的文体学家从死亡线上攫住，应用于自己丰富的著作中，语言所激发的力量，唤起的虔诚，为这些著作倾注了些许活力。罗马没有伟大的拉丁散文作家，因为恺撒和拿破仑一样，成为作家纯属偶然。因为罗马缺少这样一位伟大的作家，人们便把西塞罗这位伟大的文体学家当作拉丁语言的大师，也难怪西塞罗的读者和西塞罗一样，从不过问写作的内容，而仅仅在意写作的方式，之后语言力量发轫的，习俗和教师就能够

---

①法国剧作家，擅写戏剧，著名剧本有《费加洛的婚礼》（*Mariage de Figaro*）。——译者注

完成。

反西塞罗主义：卡尔乌斯及其追随者

不难想象，西塞罗同时代的人绝不会像后人那般陷入所谓的偶像崇拜。虽然西塞罗风格影响了罗马律师界整整一代人，正如臭名昭著的赫滕希乌斯风格带来的极其恶劣的影响。不过最为举足轻重之人，如恺撒，却永远不会沾染这种风气，而且在后辈中，年轻活跃的有识之士无不斩钉截铁地反抗这种鱼龙混杂、孱弱无力的演说方式。他们认为西塞罗的语言既不简洁，又不严谨，诙谐有失生动，布局不够明白晓畅，没有明确的组织，尤其是他的雄辩之才完全缺乏演说家具备的激情。人们开始舍弃罗德斯的折中主义，回归真正的阿提卡人，特别是回溯到吕西亚斯（Lysias）和德摩斯梯尼，意图将一种更加铿锵有力、气魄雄健的辩论术引入罗马。其中的代表人物有严肃而呆板的马尔库斯·尤尼乌斯·布鲁图斯（Marcus Junius Brutus，罗马纪元669—712年即公元前85—前42年），宪政党的马尔库斯·科利乌斯·鲁弗斯（Marcus Caelius Rufus，罗马纪元672—706年即公元前82—前48年）和盖乌斯·斯克里波尼乌斯·库里奥（Gaius Scribonius Curio，逝世于罗马纪元705年即公元前49年），后面二人都是慷慨激昂、朝气蓬勃的演说家，以诗人身份广为人知的卡尔乌斯成为这些青年演说家的领导人物，还有严正守义的盖乌斯·阿西尼乌斯·波利奥（Gaius Asinius Pollio，罗马纪元678—757年即公元前76—公元3年）。

不可否认，这种后期的演说文学更加趣味横生、精神昂扬，即使把赫滕希乌斯和西塞罗的演说词联合起来，也不能与之平分秋色。可是革命风潮突起，在这群才华横溢的演说家中，除波利奥外，其余的很快都不复存在，我们无法知晓，在当时的情况下，这些本可以寄予厚望的年轻人取得了何种程度的发展。他们历经的时间太过短暂，新的君主制一开始就打击言论自由，随即彻底禁止政治演说。自此以后，虽然属于次要类别的纯粹律师辩护辞仍留存在文学之中，但是更为高雅的、完全依附于政治活动的演说艺术和辩论文学，必然会和政治活动同归于永寂。

西塞罗将虚拟对话应用于专门科学题材

最后，在这一时期的美文中，兴起了一种按照艺术方式处理专门学术题材的对话体文章，这在希腊广为流传，罗马亦早有些许迹象。尤其是西塞罗，他曾屡次尝试采用这种对话体裁论述修辞学和哲学主题，让专业丛书读来简明易懂。他的主要著作有《论演说家》（*De Oratore*，作于罗马纪元 699 年即公元前 55 年），《罗马辩论史》（论《布鲁图斯》的对话，作于罗马纪元 708 年即公元前 46 年）以及其他关于修辞学的小品文；另有《论共和国》（*De Republica*，作于罗马纪元 700 年即公元前 54 年），该书联合了以柏拉图著作为蓝本的《论法律》（*De Legibus*，约作于罗马纪元 702 年即公元前 52 年）。这些都不是伟大的艺术作品，但毋庸置疑，它们是使作者长处得到最大展现，而短处得以最好隐藏的作品。

西塞罗的修辞学著作，较之献给赫伦尼乌斯的修辞学，其说教之精辟、思想之深刻方面，都远不能相提并论，不过这些著作却收录了许多叙述轻快而有趣的法庭经验和法庭轶事，而且确实解决了寓教于乐的问题。《论共和国》以一种异常复杂的历史和哲学混合的结构，论述了一个根本思想：罗马现有的政体大致就是哲学家们所追求的理想政体。当然这种思想既非哲学又非历史，甚至并非作者本人所特有的观念，但我们可以想见，这会成为流行不衰的观念。

西塞罗的这些修辞学和政论作品，其科学基础自然完全来自于希腊，而且其中许多细节，例如《论共和国》宏伟壮丽的结尾、西庇阿的梦境，直接取自希腊作品，不过在论述当中极力表现罗马的民族色彩。如此说来，这些作品可谓具有相当的创造性，而且在政治上的优越感，对希腊人而言，诚然是罗马人无可厚非的权利，所以西塞罗甚至以某种独立的姿态对抗希腊的作品。毫无疑问，西塞罗的对话形式既不是大多数希腊虚拟对话的纯粹问题辩证，也不是狄德罗或莱辛（Lessing）的那种真正的对话，然而聚集在克拉苏和安东尼周围的众多律师、西庇阿派的政治家们可谓少长咸集，为西塞罗提供了灵活高效的架构，和引用史实和奇闻轶事的适当渠道，以及方便进行学术探讨的立足点。其风格之精巧优美，堪比最出类拔萃的演说辞，所以更加令人心旷神怡，作者本人对此也很少无故的感慨。

如果说西塞罗的这些带有哲学色彩的修辞学和政论作品不无可取之处，那么与此相反的，他晚年被迫赋闲（罗马纪元709—710年即公元前45—前44年），投身于哲学研究，匆忙在短短两个月时间内编撰了一部丛书，却是绝对的失败。原因十分简单，亚里士多德的通俗著作主要采用对话形式叙述和批评各种旧有的学说，西塞罗大胆地加以模仿，将讨论同一问题的伊壁鸠鲁学派、斯多葛派以及综合学派的著作，只要是他接触到的，都相互联系起来，编成一篇所谓的对话录。西塞罗要做的，不过就是从现存给将来著作使用的大量引言中，任意挑选一篇作为新书的序言。注入某种通俗化的特质，把罗马的事件和典故穿插其中，并不时旁征博引一些毫无关联、作者和读者却熟悉的事物，例如在《论伦理》（*De Officiis*）中，提及演说家的行为举止，揭露某种拙劣。一位文人未能企及哲学思想的高度，甚至不具备哲学知识，便急切而果断地投入写作，意图模仿辩证法的思维方式，大错在所难免。当然，通过这种方法，诸多大部头作品很快批量制造出来。作者的友人惊叹其著述颇丰，作者写信回答道："这些作品都是毫不费力抄下来的，因为我只需倾之以字句，而字句俯拾皆是。"对此我们无需赘述，不过若有人意图通过这种抄抄写写造就经久不衰的作品，我们必然要劝其在文学上尽量保持体面的缄默。

瓦罗与拉丁民族语言学

科学中唯一表现出勃勃生机的便是语言学。西洛（Silo）已经拟定了拉丁民族范围内的语言和文物研究计划，尤其是其学生瓦罗，很大程度上完成了该计划。随即出现了语言总库的综合论述，尤其是菲格拉斯（Figulus）的文法广注和瓦罗的长篇著作《论拉丁语》（*De Lingua Latina*）。在文法和语言史的专著方面，有瓦罗《论拉丁语惯用法》《论同义词》《论字母的产生时间》《论拉丁语起源》等文章。古典文学的注解方面，有普劳图斯作品的注解，还有关于文学史著作、诗人传记，以及关于古代戏剧、普劳图斯喜剧的分幕、普劳图斯喜剧真伪等的研究。

拉丁考古学以全部古史以及除实用法律以外的礼法制度为研究范围，研究成果网罗于瓦罗的《论古代的人事和神道》一书中，该书一直是这个领域的奠基之作（发表于罗马纪元687—709年即公元前67—前45年之间）。该书的前半部分“论人事”叙述了罗马的原始时期，城乡的划分，年月日的知识，最后叙述境内和战时的国事；后半部分“论神道”，对国家的神学理念、专家院、圣地、宗教节日、供献和献祭以及神灵本身的性质和意义都有简明的解释。此外，除了一些专著——例如论罗马民族的起源、论出自特洛伊的罗马氏族、论部族——之外，还有一个规模更大、更加独立的补编，即“论罗马人民的生活”，这是罗马风格历史著作值得一提的尝试。该书简略叙述了王政时期、共和初期、汉尼拔时期以及最近时期罗马的家庭、经济和文化的状况。瓦罗这些著作的基础是关于罗马及其邻近希腊的经验知识，他的这些知识与其他罗马人——不论前人还是后来者——相比，都更加全面，也更加深刻，他对事物的积极观察和文学的研究都给这些知识裨益甚多。同代人对他的赞誉可谓实至名归，他们称颂瓦罗让那些在自己世界里毫无存在感的国民知晓了自己在国家中的地位，教导罗马人认知自己的身份以及立足的这块土地。但如若人们欲从中寻求批判和组织，则必然将无果而终。

瓦罗对希腊的认知来源似乎些许混乱，有迹象表明，甚至关于罗马的知识见解，作者也不可避免地受到当时历史小说的影响。毫无疑问，瓦罗只是将这些信息材料堆砌在一个恰如其分的框架上，却并未进行分类和梳理，使其井然有序、条理清晰。尽管瓦罗极力促使传说和亲身阅历协调一致，但他的科学著作依然带有盲目信仰传说和不切实际的经院哲学的弊病[①]。所谓以希腊语言学为依托，不过是模仿其缺点，却对其优点置若罔闻。例如瓦罗和当时其他的语言学家都把谐音当作字源学的依据，如此一来，他们必然陷入纯粹的猜想，继而无法避免地直入谬误的深渊[②]。无论就其经验的准确和丰富，还是其经验的缺乏与方法的不足而言，瓦罗派的语言学和英国民族语言学十分相似，而且前者与后者一样，都以古戏剧为研究中心。我们在上文提到，君政时期的文学，发展出和语言经验主义背道而驰的语言规则。饶有兴味的是，新文法家的领导人物就是大名鼎鼎的恺撒，他首先在“论类比”一文中论述迫使自由语言服从于规则的权威。

其他专门科学领域

与语言学领域的风生水起相比，其他学术领域并没有多少

---

①有个值得注意的例子，在论农业一文中，有一段畜牧通论，将畜牧理论分为九九八十一节，叙述“难以置信的事实”的奥利西波（Olisipo，即里斯本）的牧马因风受孕。总而言之，把哲学历史和农业知识相互混合，令人心生奇异之感。

②所以瓦罗认为 facere 源于 facies，因为人无论造什么，总想突出某种重视。根据西洛的说法，volpes（狐）源于 volare pedibus 即“飞足”的意思，当时的法律哲学家盖乌斯·特雷巴提乌斯（Gaius Trebatius）说，sacellum 源于 sacra cella，菲古库斯说 frater 源于 fere alter，依此类推。这种风气并非个别的事例，而是这一时期语言学著作的主要成分，类似于不久之前，语言有机体的认识还未禁止经验派的行为，这是比较语言学所用的研究方法。

声息，实在令人诧异。哲学领域稍许重要的东西——例如卢克莱修采用苏格拉底以前的哲学的襁褓诗体，论述伊壁鸠鲁和西塞罗较为优秀的作品——之所以能够带来影响，获得读者的青睐，并非因为其哲学内涵，而是因为跨越了这些哲学内涵，纯粹因为其形式之华丽。伊壁鸠鲁的文章和毕达哥拉斯的著作都有许多译本，如瓦罗的鸿篇巨著《论数的要素》，以及菲古鲁斯更加宏篇巨制的《论神灵》，毋庸置疑，既无学术价值，又无形式上的意义。

甚至专门科学也鲜有人问津。瓦罗用对话体创作的《农业论丛》，无疑比加图和萨赛尔纳的著作更加条理清晰，所以瓦罗时常对二位前辈进行斥责和抨击。不过总体看来，瓦罗的著作是埋头研究、伏案书写的成果，而不像较早期的作品源自于自己的生活经验。关于瓦罗和塞尔维乌斯·苏尔皮奇乌斯·鲁孚斯（Servius Sulpicius Rufus，罗马纪元703年即公元前51年执政官）的法律著作，值得一提的，是它们为罗马法学贡献了一些辩证法和哲学的点缀。此外，除了盖乌斯·马提乌斯（Gaius Matius）论烹饪、腌制和贮藏的三本书之外，无需赘述——据我们所知，这是罗马最早的关于烹饪的作品，而且因为是出自贵族之手，所以无疑是个值得注意的现象——君主政制日益倾向于希腊化和实利主义，促进了数学和物理学的发展，由于数学和物理学在少儿教育上的地位日益重要，以及二者在各方面的实际应用来看，此事显而易见。在实用方面，除了改良历法，可付诸笔墨的还有这一时期开始出现的地理挂图、造船和乐器的技术进步。设计和建筑方面，有瓦罗所描述的鸟房、恺撒部下工兵在莱茵河搭起的板桥，甚至还有两个半圆形的预备拼接在一起的木架——使用的时候先分成两个戏场，而后合成一个半圆形的戏场。

举行人民节庆的时候，经常会公开展览外国的天然奇物，恺撒在其战报中夹叙的稀奇罕见的动物。如此看来，如果亚里士多德再世，定能再次遇到将其奉为上宾的君主。不过在这个领域里，见于表述的著作大多以新毕达哥拉斯主义为依据，例如菲古库斯对希腊和蛮族（即埃及）天文观测的比较研究，以及他论述动物、风和生殖器的著作。希腊的物理学研究已然偏离正轨，从亚里士多德的在万物中求法则的努力，日益转入依靠经验、不加批评地对自然界的外在和奇特现象的观察，一旦自然科学作为自然神秘哲学而存在，它带来的不是启迪和激励，而只能是愚昧和麻痹。面对这种研究，人们不如满足于西塞罗奉苏格拉底名言的陈词滥调——自然研究所追寻的不是无人能认知的事物，就是无人需要认知的事物。

建筑艺术

最后，如果我们将视线投回到艺术，这一时期的艺术依然一片惨淡，精神生活遍布乌云。共和末年，由于财政困难，国家的建筑事业几乎完全陷入停滞状态。罗马贵族建筑之奢华，我们在上文已提及，由此建筑师学会了在云石上大费周章——数种有色大理石，如努米底亚的黄云石（Giallo antico）等，都在这一时期成为时尚，卢那（Luna ，即卡拉拉）的云石矿也在这一时期被开采——他们开始在房间的地面上镶嵌花饰，把云石板砌在墙上，或者把隔间的墙壁绘成云石的形状——这是之后壁画的雏形。然而这种奢华对艺术毫无裨益。

造型艺术

在造型艺术上，鉴赏和收藏水平与日俱增。一位鉴赏家在他人面前提起某件“普拉克西特勒斯”（Praxiteles）的艺术作品，他们若还像加图那样毫不知晓，那便是纯粹的装模作样。人人都去旅行和考察，艺术导游，即当时所谓的 exegetae，成为不错的职业。人们开始郑重其事地搜寻古代的艺术品——当然，他们很少搜寻雕像和绘画作品，却十分热衷于各种精巧的器具以及室内装饰品和餐桌装饰物。在那个时候，卡普亚和科林斯的希腊古墓就已被人发掘，侵盗其中殉葬的青铜器和陶器。一个小铜像卖价四万塞斯特斯（折合 400 英镑），一对价值不菲的地毯卖价二十万塞斯特斯（折合 2000 英镑），一架精美的铜质烹饪机，价值竟然高于一份田产。

在这种狂热追求艺术的氛围中，多金的艺术爱好者必不可免地时常受到报信人的欺骗；不过小亚细亚拥有丰富的艺术品，特别是因为这个地方经济遭受重创，许多真正古老而珍稀的装饰品和艺术品辗转于市场，所以从雅典、叙拉古、希俄斯、波加梦、开俄斯、萨摩以及其他古代艺术的发源地，所有出卖品甚至许多非卖品，都流入罗马贵族的府邸和庄园。例如我们在上文叙述的，卢库勒斯的家中藏有诸多此类的艺术珍品。卢库勒斯确实遭到指控，或许是不无缘由的指控，原因是他曾为了满足对美术的追求，玩忽职守，弃将军的责任于不顾。美术爱好者们成群结队赶赴卢库勒斯的府邸，一如现在人们蜂拥而至鲍格才庄园（Villa Borghese）。彼时，他们就开始抱怨这些宝物都被收藏于显贵人物的府邸和庄园，他们必须大费周折，争取到主人的许可，方能一睹珍品。与之相反，罗马的公共建筑并没有大量出现希腊建筑大师的著名作品，而且首都很多神庙里依然只立着昔日木雕的神像。至于艺术的应用，几乎没有值得表述的内容。这一时期罗马的雕刻家或画家，除了一位名唤阿雷利乌斯（Arellius）的，无人见于记载。阿雷利乌斯的画作之所以畅销，不是因为其艺术价值高，而是因为这个狡猾的酒色之徒，将女神像画成他当时恋人的模样。

音乐和舞蹈

在公众生活和家庭生活中，音乐和舞蹈的地位日趋重要。在这一时期戏剧的发展中，舞台音乐和舞蹈剧已经取得独立地位，我们在上文已有叙述。可以补充一点，现在的罗马，希腊音乐家、舞蹈家和演说家已经频繁登上舞台公开表演，正如在小亚细亚，总而言之，这在希腊和希腊化的世界里已然成为惯例[①]。此外，音乐家和舞女在宴会或者其他地方奉命表演，贵族自己家中有管弦乐器并蓄养乐队，都已经不足为奇。不过从音乐被收录为公认的教育课程来看，贵族界本身也对奏乐和歌唱十分热衷。至于舞蹈，暂且不说女子，前执政官都因此受到斥责，人们控诉他们在小型集会里表演舞蹈。

①这些“希腊戏”不仅时常在意大利的希腊城市上演，尤其是在拿波利，而且当时也经常在罗马上演。十四岁的李锡尼·欧加里斯（Licinia Eucharis）的著名墓志铭大约是在这一时期末端，它如是表述道：“受过良好教育，并且在艺术上受过缪斯亲自指点的女孩子”，以舞女的身份在贵族的私下表演中崭露头角，首次公开现身希腊舞台。这句话的意思，不过是说她是第一个现身罗马公开舞台的希腊女子。当然，一般来说，到了这个时期，女人才开始能够在罗马公开表演。罗马的这种希腊戏剧似乎并不是真正的舞台剧，而是属于纷繁杂陈的以音乐和演说为主的类别，这种戏以后在希腊也屡见不鲜。这种见解的证据是：在波利比乌斯的著作中，吹笛开始出现；苏埃托尼乌斯叙述恺撒举行的赛会中，有小亚细亚的武装舞蹈，舞蹈的重要性也更加明确，在欧加里斯的墓志铭中，舞蹈的地位尊显；筝杆（citharoedus）的描写必然也是源自于这种希腊戏。在罗马，还有把这些表演与希腊的勇士比武合并举行的，这也很重要。戏文朗诵并未被排斥在这种杂戏之外，因为在罗马纪元585年即公元前169年，应卢奇乌斯·阿尼奇乌斯（Lucius Anicius）之召前来罗马的伶人当中，明确有悲剧家的存在。不过狭义的表演剧并不存在，只有单个艺人朗诵或者伴随笛声歌唱的整个戏剧，更加常见的是单个艺人朗诵或者歌唱其中的几段。那么，在罗马必然也是这样。然而由于综合来看，对于罗马观众，这些希腊戏的主要成分是音乐和舞蹈，大概戏文对他们的意义，正如意大利歌舞剧对如今伦敦人和巴黎人的意义。这种杂戏及其纷繁复杂的音乐，与希腊的真正舞台剧相比，更加适合罗马的观众，尤其适合非公开的表演。还有人以为罗马也有希腊语的真正舞台剧，对于这个见解，我们不能驳斥，亦无法证明。

君主政制的早期影响

然而这一时期末，随着君主政制的开始，艺术的繁荣时期也开始初见端倪。由于恺撒的倡导，首都的建筑事业得到长足发展，整个罗马帝国的建筑事业极大繁荣，这在上文已有表述。甚至铸制钱币的模具雕刻，也在罗马纪元700年即公元前54年前后得到显著变化，此前铸制的钱币大都粗糙且不拘小节，此后则更加精致和仔细。

尾声

至此，我们已然抵达罗马共和的尽头。我们已经见证了它五百年来统治着意大利和地中海各国；见证了它并非受到外力的侵扰，而是由于内部的腐朽，在政治和道德，宗教和文学上陷入毁灭，被恺撒的新君主制度取而代之。

恺撒所承袭的这个世界，有诸多过去历史的丰厚遗产，有无限璀璨的壮丽和光荣，但精神陷入疲乏，风雅颓丧殆尽，生活中纯粹的喜悦也不复存在。这个世界已然垂垂老矣，甚至满腔爱国之心的恺撒，亦不能使其再次焕发青春和生机。

黑夜完全侵入之后，黎明方能复归。因为有恺撒的存在，地中海上历经风雨的人们，才能在闷热的午后享受到一个舒适的夜晚；漫漫历史长夜之后，新的一天再次在人们面前绽放曙光，各新兴民族在自发的活动中，开始自由地向更高的新目标进发。其中诸多民族带着恺撒播下的种子，开始生根发芽，不管是过去还是现在，他们都因受到恺撒的影响而获得其民族性。